「文検」試験問題の研究

戦前中等教員に期待された専門・教職教養と学習

寺﨑 昌男
「文検」研究会
編

学文社

は じ め に

　本書は，寺﨑昌男・「文検」研究会編『「文検」の研究——文部省教員検定試験と戦前教育学』(1997年2月，学文社発行。以下「前著」と記す) に続く共同研究の報告である。

　広く知られているように，「文検」とは，戦前の文部省が行っていた数種の教員検定試験の一般的略称である。しかし，特にその中の「文部省師範学校中学校高等女学校教員検定試験」の略称として教育界に慣用された呼び名であった。私どもは，前著と本書を通じて，後者の意味で「文検」という呼称を用いている。

　この「文検」は，1885 (明治18) 年から1943 (昭和18) 年にわたって通算78回施行された。戦争によって1944～46 (昭和19～21) 年の3年度間は中断されていたが，戦後には，1947・48・49年の3年度に，戦時下の中学校制度の改革と戦後の師範学校制度廃止を受けて，「中学校高等女学校教員検定試験」と名称・内容を変えながら継続された。しかし最終的には，教員資格に関しては国家検定試験を廃止するという方針のもとに姿を消した制度である。結局，累計62年間に及ぶ施行歴を持ち，全81回にわたって施行された。すなわち，戦前日本における最大規模の教員資格試験であった。

　前著では，副題が示すように，研究の焦点を，もっぱら文検の「教育科」の試験問題・出題者・学習組織を分析することにあてた。併せて教職教養としての「教育ノ大意」の試験問題を分析し，その前提として，これまで全貌が明らかでなかった文検全体の制度史を展望した。この成果は，幸いに教育学界で多方面から好意的な反響を呼び，執筆者一同大いに励まされた。

　さて本書では，前著の研究範囲をさらに拡大し，実際に試験が行われた諸学科目のうち幾つかを選び，試験問題について精細に分析する作業を中心にした。

さらに「教育ノ大意」の試験問題に再考を加え，併せて「国民道徳要領」の問題研究を行った。また合格体験記，の分析，国家検定試験論史の研究も行った。
　行った作業をやや詳しく列記してみよう。
(1)　文検がカバーした中等教育各学科目・領域等のうち，英語，数学，歴史，家事，裁縫（家事及裁縫），公民科の各学科目について，その試験問題の収集と分析を行い，検討を加える。
(2)　文検受験者の合格体験記をできる限り渉猟し，その分析を通じて，学習の状況，受験の動機，合格後の教職経歴，文検出身者が中等教育現場において占めた比重や役割を検討する。
(3)　前著で十分に内容的検討を加えられなかった「教育ノ大意」と，これと並ぶ準必修科目と言うべき「国民道徳要領」につき，研究を発展させる。
(4)　資格試験制度としての文検に対して，明治期以来どのような論議が行われてきたかを整理・展望し，どのような経緯を経て教員検定国家試験が整備され，また姿を消したかを明らかにする。

　上記のうち，(3) および (4) は，前著を補うものである。これに対し，特に (1) は，本書の中心部分をなすだけでなく，文検の中心部分を解明することを志したものである。
　文検の受験者総数は，累計約25万7000人，合格者は累計約2万4000人と推定される。ただしこの数字は現在確認される年度だけのものであって，実態は恐らく確実にこれを越える。その受験者・合格者の量的中心はまさに中学校・高等女学校の各学科目の受験者であり合格者であった。前著で取り上げた「教育」科の受験者や合格者は，例えば1930（昭和5）年度をとれば全体の5％程度に止まる。もっぱらこの「教育」科の研究に限って行った前著の研究だけでは文検の主要機能に切り込む研究にはならない。
　繰り返すが，今回の共同研究は，前著を拡大し深化することを目指して，企画された。この新しいプロジェクトに即応するため，研究グループも再編を行った。前の研究では，教員養成史・教育学説史を専攻する人々に呼びかけたが，本研究は，教科教育史を専攻とする教育史研究者を中心に組織した。学際的な

広がりが必要だったからである。

　もし今回の研究が果たされれば，教育学・教育史の研究者にとってだけでなく，数学教育，英語教育，歴史教育，家庭科教育などの，いわゆる教科教育学の研究者に示唆するものが生まれるであろう。さらにまた，英語英文学，数学，歴史学，家政学等の諸分野の専門研究者のうち，関連教科の教育に関心を持つ研究者，さらには現在中学校・高等学校等で教育に携わる教員諸兄姉にも示唆するところがあるだろう。

　言いかえれば，近代日本の科学史・学問史と教育史の関連，特に中等教育との関連を明らかにする性格を持つ研究になりうる。

　周知のように，現在の日本では，教員養成・教員免許制度は絶えず改訂・変更を加えられ，今後も変動が予想される。教科専門教育の水準はどうあるべきか，教師に不可欠の教職教養は何か，教師自身の学習・研究意欲はどのように育てられるべきかなど，多くの問題や課題が山積している。しかし，教員養成・教師教育の歴史研究は，必ずしもこの課題に対応するに至っていない。中等教員資格試験に関する私どもの研究が，この間隙を少しでも埋めることになれば，幸いこれに過ぎるものはない。

　この研究を行うに当たって，多くの支援や協力を得ることができた。

　1998（平成10）年度から4年度にわたって，寺﨑を研究代表とする文部省科学研究費基盤研究（B）補助金（題目「近代日本中等教員に期待された教科専門知識並びに教職教養に関する史的研究——『文検』主要教科およびその受験者等の調査分析——」）を受けられたことは，最大の福音であった。また研究の途中で，日本教育学会第58回大会（1999年9月，玉川大学），第60回大会（2001年8月，横浜国立大学）において2度にわたって中間発表ができたことも大きな励みになった。それぞれの会場で出された質疑や討論は，前著に対する学界諸兄姉の紹介や書評とともに，私どもに大いに力を与えてくれるものであった。さらに研究の半ばでインタビューに応じてくださった方々のご厚意にも，あつく感謝する。

　本研究に多くの分野から忌憚ない感想や批評を受けることができれば，私ど

もの喜びはさらに大きい。このような期待をこめて，本書を送り出したい。
　2002年9月

　　　　　　　　　　　　　　　　　　　　　　　　編者　　寺﨑　昌男

目　次

はじめに

研究編

序　章 —————————————————————————3

　　共同研究の第一ステップ（3）
　　学科目試験レベルに降りた研究の必要——第二ステップ（6）
　　学科目を広げることの困難さ（7）
　　研究の三つの意義（9）
　　教職教養と国家資格試験制度（11）
　　おわりに（12）

第1章　「文検」論史 ————————————————15

第1節　戦前教育界における「文検」論 …………………………… 15
　　1）教育雑誌や受験手引書にみる「文検」論　15
　　2）沢柳政太郎の「文検」廃止論　16
　　3）諸教育審議会における「文検」論　16
　　　（1）臨時教育会議（16）
　　　（2）教育審議会（17）
第2節　教育刷新委員会における「文検」………………………… 19
第3節　教育職員免許法の成立過程における「文検」…………… 29
　　1）文部省による第1次案の作成（1947年1月段階）　30
　　2）文部省による第2次案の作成（1947年2月段階）　32
　　3）文部省による第3次案の作成（1947年7月段階）　33
　　4）文部省による第4次案の作成（1947年8月段階）　34
　　5）文部省による第5次案の作成（1947年10月段階）　34

第2章　「英語」の試験問題とその分析 ————————37

第1節　制度的変遷 ……………………………………………………… 37
　　1）文検英語科の試験制度　37
　　　（1）3段階の選抜（37）
　　　（2）高等女学校の予備試験問題（40）
　　　（3）教職教養＝「教育ノ大意」・「国民道徳要領」の導入（41）
　　2）中等学校の学科程度の変遷　42
　　　（1）文検開始期（42）

(2)　中学校教授要目（1902年2月）／中等教育の整備（44）
　第2節　試験委員について……………………………………………………… 48
　　1）日本人試験委員　48
　　2）外国人試験委員　50
　　3）神田乃武　51
　第3節　試験問題の分析………………………………………………………… 53
　　1）第1回〜第9回の試験問題　53
　　2）予備試験の問題　54
　　3）本試験第1回試験の問題　56
　　4）本試験第2回試験の問題　60
　　5）ネイティブ・スピーカーの「加入」による本試験への影響　61
　小　括　64

第3章　「数学」の試験問題とその分析────────73

　第1節　制度的変遷……………………………………………………………… 73
　第2節　第1期の試験問題（1885年第1回〜1896年第9回）………………… 75
　第3節　第2期の試験問題（1897年第10回〜1920年第34回）……………… 79
　第4節　第3期の試験問題（1921年第35回〜1941・42年第75回）………… 84
　第5節　各時期の試験委員……………………………………………………… 90
　第6節　試験問題の分析………………………………………………………… 91
　小　括　94

第4章　「歴史」の試験問題とその分析──────── 109

　第1節　文検「歴史」の制度的変遷……………………………………………109
　　1）出願制度と試験科目の変遷　109
　　2）試験委員について　122
　第2節　試験問題の分析…………………………………………………………126
　　1）試験形態と全体の時期区分　126
　　2）「日本史」試験問題の分析　130
　　　(1)　時期区分（130）
　　　(2)　内容の特徴（131）
　　　(3)　求められた知識・学習（140）
　　3）「支那史」・「東洋史」試験問題の分析　142
　　　(1)　時期区分（142）
　　　(2)　内容の特徴（142）
　　　(3)　求められた知識・学習（156）
　　4）「万国史」・「西洋史」試験問題の分析　159
　　　(1)　時期区分（159）
　　　(2)　内容の特徴（160）
　　　(3)　求められた知識・学習（173）
　小　括　177

第5章 「家事及裁縫」の試験問題とその分析 —— 193

第1節 文検における女子用学科目 …………………………………… 193
第2節 中等諸学校の「家事」・「裁縫」と文検 …………………… 195
　1）文検「家事」・「裁縫」の始期　195
　　（1）家　事（196）
　　（2）裁　縫（198）
　2）「家事及裁縫」　200
　3）文検「家事」・「裁縫」の終期　200
第3節 文検「家事及裁縫」試験委員の変遷 ……………………… 204
　1）「家事」試験委員　204
　2）「裁縫」試験委員　204
　3）試験委員の略歴　205
第4節 「家事」試験問題とその検討 ……………………………… 207
　1）試験の実際　207
　2）試験問題の出題傾向　210
　　（1）第1期（第6回1893年〜第25回1911年）（210）
　　（2）第2期（第26回1912年〜第32回1918年）（213）
　　（3）第3期（第33回1919年〜第65回1936年）（215）
　　（4）第4期（第67回1937年〜第78回1943年）（219）
　小　括　220

第6章 「公民」の試験問題とその分析 —— 229

第1節 学科目公民科と文検公民科 ………………………………… 229
第2節 第1期（1933年度〜1937年度）－変わらぬ知識重視の実態 ………… 232
　1）公民科文検の重点　232
　2）出題問題と教授要目との関係　234
　3）教授要目とのアンバランス　236
　4）委員の学説と設問　238
第3節 第2期（1938年度〜1943年度）－「聖戦」の根拠づけ …………… 240
　1）学科目公民科の変容　240
　2）設問の時局化　242
　3）木村委員の不機嫌　244
　4）時局問題としての「法経」　248
　5）国民道徳的情操の教育能力　249
　小　括　251

第7章 教職教養の試験問題とその分析 —— 257

第1節 導入の経緯 …………………………………………………… 257
　1）予備試験か本試験か？　258
　2）文検における教育学・教授法　259

3）「教育ノ大意」の新設　261
　　4）新設の時代背景　265
　第2節　「教育ノ大意」の試験問題の分析 ……………………………………267
　　1）試験委員の教職教養観と出題傾向　267
　　2）受験参考書の構成とその内容　274
　　3）模範解答にみられる教職教養の水準と内容　282
　第3節　「国民道徳要領」…………………………………………………………287
　　1）国民道徳要領の新設　287
　　2）新設の時代背景　289
　　3）国民道徳とは何か？　290
　　4）文検・国民道徳要領の出題内容　293
　　5）「国体」教育に利用された教職教養　296
　小　括　299

第8章　受験記にあらわれた文検受験者・合格者────────307

　第1節　問題の所在と本章の限定 ………………………………………………307
　第2節　時期区分 …………………………………………………………………309
　第3節　マス・メディアと受験記 ………………………………………………310
　　1）マス・メディアの限定と受験記　310
　　2）リアルタイムに語られた受験記　310
　第4節　受験者のキャリアと受験動機 …………………………………………313
　　1）受験者のキャリア　313
　　2）受験動機　315
　　　（1）先行研究の紹介と検討（315）
　　　（2）全体的概観（316）
　　　（3）小　括（325）
　第5節　中学校・師範学校・高等女学校の教員組織に占める
　　　　　試験検定の割合と担当科目―いくつかの学校を事例として ………326
　　1）中等学校有資格教員のなかでの無試験検定合格者と
　　　　試験検定合格者の占める割合　326
　　2）中学校・師範学校・高等女学校の教員組織に占める
　　　　試験検定合格者の割合と担当科目　327
　　　（1）中学校の場合（327）
　　　（2）高等女学校の場合（330）
　　　（3）師範学校の場合（332）
　　　（4）小　括（333）
　第6節　文検国語（英語等も）合格者のキャリアと合格後の動向 …………334
　　1）受験記にあらわれた合格後の動向　334
　　2）合格者のなかの著名人たち　335
　　　（1）国語科合格者のキャリア（335）
　　　（2）英語科合格者のキャリア（338）

　　　　(3)　群馬県出身等の文検合格者のキャリア（342）
　　　　(4)　土佐梁山泊と文検合格者たち（344）
　　　　(5)　小　括（348）
　　第7節　「文検」合格者にとって「文検」とは何であったか……………349

結　章──────────────────────────────355

　　第1節　受験動機の問題………………………………………………356
　　第2節　受験を支えたルサンチマン…………………………………359
　　第3節　教授要目からズレた出題内容………………………………361
　　第4節　試験委員と出題内容との関係………………………………362
　　第5節　教職教養科目の内容…………………………………………364
　　第6節　各試験科目間における異同…………………………………365
　　第7節　文検制度の廃止………………………………………………367

　　　　　　　　　　　　　資料編

1．試験問題例──────────────────────────373

　　英　語　373
　　数　学　385
　　歴　史　419
　　家　事　480
　　公　民　485
　　国民道徳要領　488

2．試験委員略歴─────────────────────────495

　　英　語　496
　　数　学　501
　　歴　史　507
　　家　事　511
　　裁　縫　513
　　公　民　515

3．文検受験用参考書（手引き書・問題集）一覧─────────517

4．文検出願者数・合格者数・合格率（1891〜1939年）──────526

　　あとがき　529
　　索　引　531

研 究 編

序　章

　「文検」において，どのような学科目試験問題が，どのような委員たちによって出題されたか。試験問題は時代状況や出題メンバーに応じて変化したか。試験合格者たちは，中等教育現場にどのように迎えられ，いかに貢献したか。さらに，「専門教養」と並ぶ「教職教養」的科目の問われ方は，どのようなものであったか。全体として，戦前日本では，中等教員に関する国家資格検定試験のあり方をめぐって，どのような論議が交わされたか。
　「はじめに」で記したように，本書は，以上のようなテーマのもとに行われた共同研究の報告である。
　寺﨑昌男・文検研究会編による前著『「文検」の研究』（1997年）に続く第二次の研究であり，内容的には「文検」を正面から取り扱うことを志した研究報告である。
　「文検」という言葉については「はじめに」および前著を参照していただきたい。ここでは，二つの報告が併せ読まれることを期待しながら，着手後十数年に及ぶ共同研究の経緯を記し，研究の問題意識を振り返ってみよう。

共同研究の第一ステップ

　戦前日本の中等教員養成はいったいどうなっていたか。それは初等教員養成と比べてどのような特徴を持っていたか。素朴に表現すれば，これが通算十数年に及ぶ共同研究の出発時の関心であった。
　それより先，本研究のオルガナイザー役を務めてきた寺﨑は，1980年代初頭に行われていた日本教育学会の長尾十三二氏（中央大学教授＝当時）を代表者とする課題研究「教師教育に関する研究」の委員の一人であった。中等教員養成制度研究を分担して研究を進めるうちに，中等教員養成において特に検定試験

制度が重要であることに改めて気づかされた。

　まず，試験検定制度および無試験検定制度が戦前日本の中等教員供給の2大システムであることに改めて思い至った。高等師範学校・女子高等師範学校からの中等学校教員供給は，量的に決して大きいものではなく，戦前最大時の1917（大正6）年度でも20％程度に止まり，上記二つの検定システムを通じての教員供給こそが大きな比重を占めていたことに改めて気づいた。具体的な例を1935（昭和10）年度に取れば，二つの検定ルートを通して教員免許状を取得した者は，全体の70％を超えていた。

　初等教員の量的供給は，師範学校によってほぼ30-40％を支えられており，中等教員の場合の高等師範学校・女子高等師範学校の役割より確実に高かった。その残りのうちの免許状取得者は，府県の資格検定試験による者であった。

　学校現場の教員構成の実態は初等教育と中等教育で大きく違っていた。小学校・国民学校では，検定等を一切経ない無資格教員の割合は1908（明治41）年度には22.28％にのぼり，その後いったん8％程度に下がるが，戦時下の1943（昭和18）年度にはまた18.66％にのぼった。これを師範学校卒以外の60-70％から差し引くと，検定合格者は30-40％に止まる。言いかえると，初等教員の場合，師範学校に並立する検定試験の機能は弱く，そのことが無資格教員の量的比重を減らさなかったと言えるであろう。

　これに比べ，中等教員の場合は，官公私立高等教育機関を担い手とする無試験検定と「文検」という名の試験検定との二つが有資格教員層の量的根幹を支え，その周辺に高等師範学校，女子高等師範学校，臨時教員養成所が配される，というかたちを取っていた。その結果，中等教育の教員供給システムは，初等教育のそれに比べ，官・公・私立の高等教育機関や個人に対して遙かに広く開かれていた。このことを改めて認識するに至ったのである。

　気づかされた第二の点は，文検の学科目の一つに「教育」科なるものがあったことである。それは師範学校の「教育」科の教員資格試験ではあるものの，試験内容を分析すれば，実は近代日本教育学説を映し出す鏡のようなものと思われた。

もし試験問題そのものや模範答案を提示した参考書の記述，さらに教育学者の著作のうち「文検」教育科の参考書としても用いられた教育学書を渉猟・分析すれば，戦前日本の教育学におけるいわば公認のパラダイムを明らかにすることができるのではあるまいか。

　もちろん，以上の二つは，決して新しい発見ではない。中等学校教員養成制度の開放的性格については早く阿部重孝が指摘し，また「教育科」の試験そのものについては阿部のほか例えば石山脩平も批判的な分析を発表している。だが，以上の二つの気づきを，近代日本教育学の歴史的性格の解明ならびに中等教員志願者に期待された教職教養の戦前史研究とつないで，新しい研究プロジェクトを立ち上げることはできないだろうか，と考えるようになった。さらに，改めて考えてみると，「文検」という資格試験制度そのものも，戦後の消滅とともに忘れ去られ，教育史研究の対象外となっていた。

　以上の経緯が，1989年に，中堅の研究者諸兄姉と共同研究を組織するきっかけとなった。その成果が前著『「文検」の研究——文部省教員検定試験と戦前教育学——』であった。

　以上が共同研究の第一ステップである。

　その書で，共同研究参加者一同は，上記の著作の主題と副題が語るように，戦前最大の教員資格試験であった「文検」の総体を紹介しつつ，特に，「教育科」の問題を誰がつくったか（出題委員の分析），主要出題委員の研究経歴と出題傾向とはどのような関係に立っていたか（出題と教育学研究史との関係の分析），「教育科」なる学科目の受験者はいかなる受験動機に動かされ，どのような学習レファレンスや学習組織を持ち，さらに合格前後いかなるキャリアをたどったか（試験とライフコースの分析）を柱にして，研究を進めた。さらに併せて，教職教養として教育科受験生以外の大部分の者に課された「教育ノ大意」という科目の試験問題分析にも手をつけた。こうした組立てにおいて大きな示唆になったのは，佐藤由子氏によって行われた研究『戦前の地理教師』（1983年）であった。

　つまり，以上の第一ステップは，(1) 中等教員養成史，(2) 中等教員資格制度史，(3) 教育学説史，という三つの領域に一度に足をかけた，見ようによっ

ては極めて欲張りな研究となって，世に出たのである。

学科目試験レベルに降りた研究の必要——第二ステップ

さて『「文検」の研究』の刊行後間もなく，次のステップが必要であることを痛感させられるようになった。

そもそも「文検」という資格試験が最も主要に機能したのは，「教育」科のような師範学校と高等女学校に限定された教員資格の検定ではなく，師範学校や中学校，高等女学校の各学科目教員資格の検定ではなかったか。今日で言えば中学校・高等学校の各教科の検定試験，当時の法令用語では「学科目」とその内側の「部」（例えば「外国語」のなかの「英語」等）であったはずである。

そこを明らかにしなければ，上記の (1) (2) の領域の研究としては全く不十分である。つまり是非とも各学科目の試験と試験問題のレベルに降りて研究してみなければ「文検の研究」にはならない。天野郁夫，稲垣忠彦，吉田文その他の同学者たちも，書評等で，異なった文脈でこのことを指摘された。

旧文検研究メンバーのうち，これらの書評や感想から刺激を受けた樽松かほる，菅原亮芳の両氏が，寺﨑を説いて，新たな共同研究を提案された。その結果，今度こそ正面から「文検」それ自体の研究を行わねばならない，特に各学科目の問題を収集し分析するという作業をしなければ「文検」の研究にはならないという合意と覚悟が生まれ，第二ステップの研究を企画することになった。これが本書刊行のきっかけである。1997年夏のことであった。

第一次メンバーであった竹中暉雄，船寄俊雄両氏には，それぞれ「公民」「国民道徳要領」の担当と制度史の補足を担当する含みで，再登場を願った。そのほか全く新たに各学科目の担当者として茂住實男（英語），井上惠美子（家事及裁縫），奈須恵子（歴史），佐藤英二（数学）の各氏に参加を呼びかけた。事情のため担当者を中途で失った国語を除き，計9名が上記の学科目について研究を続け，ここにようやく本書の刊行を迎えようとしている。

学科目を広げることの困難さ

　研究の成果については，本書を見ていただく以外にない。まず，各学科目に降りた研究の困難について述べよう。

　第一は，試験問題収集の困難さである。「教育科」の研究でも同様だったが，意外に困難な作業であった。

　試験問題は『文部時報』（1920年5月創刊）その他の公的刊行物に掲載されていることも少なくなかったが，時期的に限定されていた。となると明治期以降刊行の一般教育雑誌等ももちろん渉猟しなければならない。また，学科目や年次によっては，関連専門誌によってしか問題が検索できないものもある。例えば英語科における『英語青年』，数学科における『物理学校雑誌』などは，貴重な資料源となった。場合によっては『文検受験生』その他の受験雑誌や，学習参考書所載の「最近問題集」だけが頼りであるという場合も少なくなかった。勢い，幾つかの異なった試験問題が残されており，どれに基づいて判断すればよいか苦労する場合もあった。

　第二は，「教育科」の試験問題分析に集中した第一ステップの研究と同様，第二ステップの今回も，各メンバーは，各学科目について，出題者と推定される委員（多くは臨時委員であった）の確定を行った上で，その委員の学界的地位や研究史上の位置づけを判定し，それが出題にどのように影響したか等をできうる限り綿密に判断しようとした。言いかえれば，「関連各領域の専門学発達史と中等教員資格試験内容との連関」を見定めたいと志した。

　だが，この作業も，各領域について十分に行えたとは言えない。「教育科」の場合は，教育学説史そのものが明確にあとづけられていないために苦闘したのだが，それと同じように，英語英文学，数学，歴史学，家政学等の関連各領域の学問史それ自体が，必ずしも整理されていない。研究を進めるうちにそのことが次第に分かってきた。言葉をかえると，近代日本の人文科学，社会科学および（数学を自然科学とするならば）自然科学も含めた「日本近代学問史」は，まだ未成熟ないし不在に近い。このことが，各学科目の試験問題の内容と変遷

を学問史との関連で明らかにするという作業を,極めて困難なものにした。

もちろん,困難さの度合いは領域および学科目によって異なる。そのことは本書「研究編」の各章で明らかであろう。

かつて佐藤由子氏は前記の『戦前の地理教師』において,「地理」の出題傾向と日本近代地理学の発展との間に明確な関連があることを,精密に実証された。しかし今回,茂住氏ほか5名が担当された研究において,同様の作業ができたか否かについては,今後の評価や批判を待つほかない。特に,今後,諸専門分野の研究者の方々の検討を期待したいのである。

ここで断っておかなければならないのは,この研究で取り上げることのできた試験問題は「文検」で実際に施行された学科目の一部に過ぎないということである。

例えば,受験者の極めて多かった時期の一つ,1932(昭和7)年以降の実施学科目とその学科目中に含まれる「部」(カッコ内に記す)とは,以下のように広がっていた。受験者は「部」ごとに出願したから,実際にはカッコ内の「部」を含めた全39種の試験が行われたのである。

修身　公民科　教育　国語漢文（国語,漢文,習字）歴史　地理　外国語（英語,独語,仏語,支那語）数学　理科（動物,植物,鉱物,生理及衛生,物理,化学）家事　裁縫　手芸（刺繡,造花,編物,染色,機織）実業（農業,工業,商業,簿記）図画（日本画用器画,西洋画用器画）手工　音楽　作業科　体操（体操,教練,剣道,柔道）

このほか,歴史,数学も時期により部に分かれていた。師範学校専攻科,高等女学校専攻科の場合は「家事」「裁縫」の中がさらに細分化するのだが,それは措いておこう。上記の中から「教育」を除いても,なお試験の種類は17学科目にわたり,「部」を考慮すれば38種類になる。そのうちこの研究で取り上げることのできたのは6種類に過ぎない。取り上げなかったものの中には,合格者に大変な威信を保証した領域もある（習字など）。今後の研究の余地はまだ

大きいと言わなければならない。

研究の三つの意義

　このような困難があったが，研究の意義について，今回の作業を通じて参加者一同は次の諸点に気づかされた。

　第一に，言うまでもなく，この研究によって，中等教員養成史研究の従来の空白を埋めることができる。特に試験問題の収集という作業を通じて，教員養成システムの歴史に止まらず，教師に要求された学識の具体的内容，テーマ，さらに水準を判断することができるという点で，本研究は意義を持つ。

　中等教員養成制度の歴史について戦前には阿部重孝の古典的研究があり，戦後にはさまざまなメディアに発表された西村誠氏・寺﨑らの研究がある。また，1970年代はじめに公刊された国立教育研究所の『日本近代教育百年史』は，学校教育編の「中等教育」特に「教員養成」の章で，試験検定・無試験検定の制度史を，無視することなく取り上げている。しかし，西村氏らの場合，考察の対象は無試験検定制度に置かれており，それゆえに，研究視角は私立高等教育機関・大学への行政的統制の解明に置かれていた。他方，『日本近代教育百年史』は言うまでもなく通史であるから，主として制度史叙述と統計的整理がなされているに止まる。

　これに対し，本研究のように具体的な出題を悉皆収集し，それを実証的に通観すれば，「各学科で，教育内容をどこまで学習し理解していれば中等学校教員としての資格を認められたのか」，言い方を換えれば「教科教育に関して，中等教育教員に公的に期待された学識水準はどの位のものであったか」を具体的に推定することができる。つまり，中等教員養成史の内容的質的解明が期待されるのである。

　第二に，戦前日本の中等教員資格制度が，各学校の教員動態にどのような影響を与えたかについても，一つの視野を開くことができるのではないか。

　この資格試験への合格が，合格者のその後の教職生活にどのような影響を与えたかについては，菅原氏が主たる担当者となって可能な限りの回想録・手記

などの収集と分析を試みられた。さらに彼らを受け入れた学校現場の受け入れ方や「文検出身者」の役割や比重等についても，事例は限られているものの，可能な限りの資料収集を行った。

これらは，いわば旧制中等教育教員動態史の一環をなすものであり，中等教育史や教員史研究でまだ手の付けられていない領域である。

第三に，この研究は，近代日本における「学問と教育の関連」の分析の一環となるのではないか。特に出題委員の変遷やその学派・所属機関等の特質を明らかにし，それらと出題傾向の変遷とを関連させて分析することを通じて，「教育科」の場合と同様，諸関連学問の発展史と中等教育内容史との具体的連関を知ることができる。

戦前の中等教育内容史に関しては，これまで主に中学校・高等女学校のカリキュラムや教科書内容の歴史が実証的に解明されてきた。検定・国定教科書の内容分析や，教則，「学科目及其程度」「教授要目」等の法令などによるそれらの研究は，たしかに中等教育内容のある部分を明らかにした。しかし法的な学科内容規定と基本教材である教科書との間に存在したのは教師であり，その教師自身の担う学識そのものがいかに試され，何を期待されたかは，上記の研究では明らかにすることができない。さらに，教師になろうとする者にどのような学識が期待されたかという先述の問題も分からない。まして，その学識への期待に，学者たちによる専門研究の動向がいかに投影したかは，全く分からない。

大学は「学問」の機関であり，尋常中学校以下は「教育」の機関，高等中学校は「半ハ学問，半ハ教育」の機関だと言ったのは，初代文部大臣森有礼だった。しかしその後の尋常中学校や高等女学校の教育内容には，実際には大学における研究の蓄積やそこにおける学問区分などが，色濃く反映しているのではないか。教員検定試験の内容を分析すればその実態が解明できるということは，すでに先述の佐藤氏による地理教師研究が明らかにしているところである。本研究でもその解明が達成できるのではないか。

研究者一同の抱いた仮説の一つはそれであった。本書の中心をなす各学科の

試験問題分析は，その実証を志すものである。言いかえれば，この研究によって，近代日本学問・教育関連史という視角に基づく新しい中等教育内容史研究が生まれるのではないか，と考えたのである。

教職教養と国家資格試験制度

　この研究で取り上げたその他の2テーマは，第一に教職教養の史的分析であり，第二に「文検論」の歴史的研究である。

　「教育ノ大意」と「国民道徳要領」は，原則として全受験者に対する必修受験科目であった。ただし，教員免許令による免許状所有者あるいは小学校本科正教員免許の所有者は,受験を免除され,また修身科出願者は「国民道徳要領」を，教育科出願者は「教育ノ大意」をそれぞれ免除された。本研究では，樗松・竹中の両氏が，この二つの試験問題についても分析された。各学科目の出題問題が今で言う教職課程中の「専門教養」の内容・水準を意味するとすれば，この2科目は，中等学校教員に期待された「教職教養」の内容・水準をあらわすことになる。特に「教育ノ大意」は，今日の「教育原理」の前身である。

　樗松氏と竹中氏は，両科目の登場の背景を改めて検討するとともに，学科目試験と同じく，出題問題の検討を行われた。特に「教育ノ大意」は，前著で西山薫・岩田康之の両氏が，試験問題の「問い方」についての検討を行われている。今回は，試験問題の教育学的内容を分析するとともに，受験用の諸参考書も検討し，そこで問われた教育学的知見の研究を進め，前著で果たせなかった解明を行うことを目指した。

　最後に，船寄氏による「文検論史」の研究がある。これも，一面では前著の補いである。

　「文検」は，言うまでもなく文部省を責任官庁としてその管理のもとに行われた国家検定試験であった。出題委員も文部大臣の任命によって就任した。しかしこの形態による全国試験は，現在は存在しない。第二次世界大戦後，教員養成制度・教員免許制度が改革された際，教員資格に関する国家制度全体が廃止され，その一部であった「文検」ももちろん廃止された。しかしそのときど

のような論議が起きたのかは，まだ研究されていない。また，さかのぼると，明治以降，特に大正期に入ってから「文検」そのものについて，帝国議会，教育界あるいは民間で，さまざまな論議が交わされている。これらを整理することが必要ではあるまいか。

このように考えての新たな研究が「文検論史」である。前著の補足であるとともに，いわば中等教員資格試験社会史の一環ともなるべき研究である。

おわりに

以上が，本書の骨子である。

全体を2部に分け，第Ⅰ部を「研究編」，第Ⅱ部を「資料編」とした。

「研究編」では「文献」論史の研究（第1章）を受けて，英語を始めとする学科目の試験問題とその分析を配し（第2－6章），次いで「教育ノ大意」と「国民道徳要領」の研究を掲げ（第7章），最後に，受験者による合格体験記，合格者の現場浸透の研究を載せた（第8章）。

「資料編」には，前著に引き続き，研究編の基礎となった資料を収録した。今後の研究の発展にとって必要な資料を共有できることを願って，設けたものである。各学科目試験委員一覧，各学科目の試験問題の中の主要部分，参考書一覧等を掲げて，研究編の記述を補強することを心がけた。

なお，このほか研究の中途で発表した中間報告の一覧を掲げておく。

1 寺﨑昌男・井上惠美子・佐藤英二・茂住實男「『文検』の研究（1）——数学・英語・家事及裁縫各学科目試験問題の分析——」日本教育学会第58回大会（於：玉川大学），1999年9月3日

2 寺﨑昌男他編著『「文検」諸学科目の試験問題とその分析——数学・英語・家事・公民・国民道徳要領・歴史——（中間報告）』科学研究費補助金基盤研究Ｂ（1）課題番号10410074，2001年3月

3 寺﨑昌男・菅原亮芳・竹中暉雄・奈須恵子「『文検』の研究（2）——歴史・国語の試験問題ならびに受験記の分析——」日本教育学会第60回大会

(於：横浜国立大学），2001年8月29日

　このうち，特に2は各学科目試験問題を大量に復刻したものであり，本書を大いに補うものとなろう。あわせて参照されれば幸いである。
　研究グループによる「文検」の共同研究は，これで一段落を迎える。
　しかし教育学・教育史学界では，近年，中堅の研究者たちによって，無試験検定制度に関する大規模な共同研究が開始されている。
　こうした動向を含め，中等教育教員養成史さらに中等教育史総体に関する研究がますます発展することを執筆者一同願っている。

第1章　「文検」論史

第1節　戦前教育界における「文検」論

1）教育雑誌や受験手引書にみる「文検」論

　教育雑誌を素材とするなら，戦前教育界における「文検」論は，次の六つの型に分類できるだろう。第一は，試験委員に対してさまざまな要望，苦情，注文を投げかけるものである。例えば「動もすると其の個性的傾向が問題に偏し表はるゝ事である。而して暗記的の問題，奇想天外的の問題は之を避け，答案の審査の如き，寧ろ同情ある採点法を取られたい」[1]というものである。

　第二は，試験問題に対する意見，要望，批判を展開するものである。例えば「言ふ迄もなく此の試験は中等教員として其資格ありや否やを試めすものである。決して専門学者としての能力を試めす性質のものではないのです。然るに検定試験問題集と言ふやうなものを見たり，試験委員や受験者の話を聞けば，専門学者としての力を試す流儀が多い」[2]というものである。

　第三は，制度の意義を述べるものである。例えば「一種の登竜門であつて又同時に偉大なる修養法でもある」[3]というものである。

　第四は，文検出身者の教員界での位置について述べるものである。例えば「果して社会は吾人をどれだけ信頼視してゐることでありませう。学校の待遇や地位から見ても，吾人は優遇されてゐるとは決して思ひません」[4]というものである。

　第五は，中等教員としての資質論に言及するものである。例えば，「近頃，地方の中学の英語教授を視察して帰京した某大学教授の談に，『一見して此奴

は確かな教授振りだと思はせる教師は，きまつて検定出の人である』と言うて居る[5]」というものである。

そして第六が廃止論である。例えば「医者となるには必ず大学程度の教育を受けた者に限られることになるであらう……教員養成の機関を充実して……現在の独立自修したる者に対して，一回の試験を以て教育者たるの資格を与へると云ふ制度は，之れを早く廃止する必要がある[6]」というものである。

2）沢柳政太郎の「文検」廃止論

「文検」に対するもっとも痛烈な批判はいうまでもなく第六の廃止論である。ただ管見の限りであるが，「文検」廃止を正面から論じたものはほとんど見あたらない。わずかに1931（昭和6）年1月1日発行の『帝国教育』第581号に，西山哲治「中等教員検定試験及臨教の廃止」が掲載されているくらいである。そのなかで，上に若干引用したが，沢柳政太郎の論稿「教育尊重と文検廃止論」は短いものであるが注目に値する。沢柳は，「医者となるには必ず大学程度の教育を受けた者に限られることになるであらう」という現状を踏まえた予測をしつつ，教員（初等・中等）も「教員養成の機関を充実して」，「現在の独立自修したる者に対して一回の試験を以て教育者たるの資格を与へると云ふ制度は，之れを早く廃止する必要がある」と述べた。専門の教育機関での養成を主張する沢柳には，「文検」はかなり不十分な制度であると意識されたらしい。「独立自修したる者に対して一回の試験を以て教育者たるの資格を与へる」というくだりにそのことがよく表れているといえよう。

3）諸教育審議会における「文検」論

(1) 臨時教育会議

嘉納治五郎が「文検」出身教員の学力の不備・道徳的資質の欠如を論じ，山川健次郎がやはり「文検」出身教員の学力増強の必要性を述べたりしたが，廃止が考えられたわけではなく，答申では「教員ノ試験検定ハ努メテ受験者ノ便利ヲ図リ且ツ其ノ検定ヲ周密叮寧ニシテ受験者ノ実力ヲ判定スルニ遺憾ナカラ

シムルコト」と，より丁寧な実施方法が提言された。[7] 丁寧な実施方法について，答申理由は「僥倖ヲ以テ登第スルカ如キ弊ナカラシムルト同時ニ実力十分ナル者カ偶然ニモ不合格者トナルカ如キ虞ナカラシメ試験問題ノ如キモ中等教員タル学力ノ程度ヲ標準トシ適正ノ考試ヲ施スニ於テ遺憾ナカラシムルノ方法ヲ講セムコトヲ要ス」と述べた。[8] また，答申は「師範学校，中学校，高等女学校教員試験検定合格者ニシテ実地授業ノ経験ナキモノニ関シテハ試補ノ制度ヲ設クルコト」[9] とも述べ，「実地授業ノ経験」が中等教員にも必要であるとの認識に達していたことが分かる。

(2) 教育審議会

同審議会は，答申である「中等学校教員，高等学校教員及師範学校教員ノ養成及検定ニ関スル要綱」において，中等学校・高等学校・師範学校の教員は大学卒業者を充てることを「本則」とした（第1項）。[10] そして第10項において，次の趣旨により「教員検定制度」の刷新を提言した。

(1) 教員タラントスル者ニ対シ凡テ検定ヲ行フコト
(2) 検定ハ学力，性行，身体ニツキ一層厳正ニ之ヲ行フコト
(3) 検定内容ヲ刷新シ検定ノ単位ヲ二科目以上トナスコト

また，第11項において，「教員検定ニ関スル行政機構ノ拡充整備ヲ図リ検定制度運用ノ完キヲ期スルコト」として，「(1)教員検定委員会及検定事務ノ組織機構ヲ拡充整備スルコト，(2)監督機関ヲ特設シ無試験検定ニ関スル監督指導ヲ一層厳正ナラシムルコト」と提言した。

さらに，中等学校教員に対し「試補制」を設け，「初任後一定期間ヲ試補トシ特ニ教育者タルノ修練」を積ませること，そのために「教員練習所」を設置すること（第12項）という画期的な提言を行った。

中等教員の供給源を大学に求めるという「本則」を打ち出しつつも，教員検定に関する行政機構を拡充整備しようとしたことにみられるように，「文検」を残置した。しかし審議経過においては，「文検」に関してかなり突っ込んだ批判が行われた。1940（昭和15）年5月10日に開かれた第29回整理委員会にお

いて，教員検定委員会書記牧正一は次のように「文検」の現状に対する認識を示した。[11]

　　大体ニ於キマシテ出願者ガ最近好況ニ乗ジマシテ段々減ツテ参リマス，幾ラ試験ヲ致シマシテモ良イ素質ノ者ガ応募シナイヤウナ傾キガゴザイマス．就中理科系等ハモウ殆ド従前ノ受験者ガ受ケルダケデアリマシテ，新シク発奮シテ願書ヲ出スナドト云フコトハ非常ニ珍シイヤウニ感ジテ居リマス，此ノ方ハ臨時委員ト云フ方ノ委員ガ全部担当致シマシテ合格不合格ヲ決メ，ヤハリ委員長ガ大臣ニ上申致シマシテ免状ヲ授与スベキカドウカヲ決メル訳デアリマスガ，今ノ所ハ臨時委員ガ決メタ通リニ決マツテ居リマス，ソレハ規定ニハアリマセヌガ，事実上ハサウデアリマス永年書記ヲ致シテ居リマシテヲカシク感ジテ居リマスノハ，科目間ノ合格率，其ノ他標準ハ科目間ニ全部違ツテ居リマシテ，是モ先程民間ノ許可学校ノ点ガ不揃ヒダト申シマシタガ，文部省ガヤツテ居リマス科目モ，或ル科目ハ殆ド全部ガ合格シ，或ル科目ハ非常ニ厳格ノヤウデゴザイマス。

牧は「文検」の学科目による合否の基準の不安定性を問題視したが，「公民科」の臨時試験委員であった穂積重遠は，1940（昭和15）年5月15日に開催された第30回整理委員会において，学歴もなく独学でやってきた人に受験機会を開くという意味で「文検」は支持できるが，ただ一回の試験で果たして中等教員としての適性が分かるかどうかきわめて疑問であるとして，次のように述べた。[12]

　　昨年カラ第二部ノ公民科ノ試験委員ヲ頼マレテ，初メテ答案ヲ見，又口述試験ヲシ，今年モ今自分ノ答案ヲ握ツテ居ルノデスガ，前回ニ於ケル当局ノ報告御説明ヲ伺ヒマシタ所ガ，色々思ヒ当ル所ガアル……私ノ受持ツテ居リマス公民科ナドハ，実ニ答案ノ成績ガ悪イノデス，ソレデ私ハ今マデ帝大ノ学生ナリ或ハ行政科試験ノ少シ進ンダ答案ヲ見テ居ル結果ト思ヒマスケレドモ，殆ド問題ニナラナイモノガ多クテ，厳格ニヤツタナラバ全

部通セナイト云フ結論ニモナツテ来ルト思フ……受験者ニ気ノ毒ダト思ヒマスケレドモ，出来ル出来ナイハ別トシテ，アレダケノ試験デ果シテ是ガ中等学校ノ教員ニ適スルト認メテ宜イデアラウカ疑問ニ思フノデス，科目ニ依ツテ，習字ナドハ其処デ書カシテ手跡ガ立派デアルナラバ宜イノデスガ，公民科トカ，修身ト云フモノガ，唯一度ノ試験ヲシタリ，口述試験モ極メテ簡単ニシカ出来マセヌカラ，果シテアレデ宜イデアラウカト云フコトヲ非常ニ疑ツテ居ルノデアリマス，サレバト云ツテ，全然何モ学歴モナイ，独学デヤツテ来タ人ノ道ヲ開クト云フコトハ非常ニ結構デアリマスカラ，試験制度ハ結構デスガ，ヤルナラバ頼リニナル試験ヲシナケレバ安心ガナラナイト云フコトヲ痛切ニ感ジマス理科方面ノ御話ガアリマシタガ，今日偶然掛谷ト云フ数学ノ専門家ト一寸御話ヲシマシタガ，掛谷氏ハ前ニ数学ノ試験委員ヲシタコトガアル，其ノ当時ハ数学ハ全体トシテ悪イケレドモ，時ニハ独学デ非常ニ良イ者ガ居ルト云フ話ヲシテ居ラレマシタガ……数学ナドハ或ハ試験デハ悪イカモ知レヌガ，或ル程度試験デ実力ガ分ルト思ヒマス，大事ナ科目デ試験デ分ラナイノハ公民科，修身デアラウト思ヒマス。

第2節　教育刷新委員会における「文検」

　教育刷新委員会において教員資格問題に関する議論が行われたのは，第8特別委員会における第8回（1947年5月23日）から第12回（同年7月11日）にかけてのことであった。この間の議論の焦点は，国家試験にあった。[13]

　5月23日の第8回委員会の冒頭，文部省の係官から，文部省が考えている新しい教員資格制度構想の基本枠が示された。本章に関する限りでの要点は，「国家試験によるということが原則として立てられなければならん」ということと，検定機構の充実強化ということであった。後者については，「教員検定委員会というものが別にいまあって，免許状のことをやっておりますが，何れにしても教員検定は今後非常に重要な，そうして大きな仕事をして行かなければなり

ませんので，常設機関が要ると思います。そうして地方を視察し，学校の程度と言うか，教育の監督というか，見て歩き，それから検定に関する諸問題を常に研究して，次々と検定制度の改善を図って行けるように常設機関が要る。小学校中学校まではこれはどうしても地方に譲らなければならんでしょう。そうすると地方に又，検定常任委員会と言うよりも，検定課というか，検定庁というか，そういう形のものが要るのではないかと思います。高等学校はどうするか，文部省で従来のようにやるか，それとも地方教育長というものができて，そこに委譲するか，それらも相当研究を要する」ということが述べられた。

その後，無試験検定制度の今後について務台理作（東京文理科大学長）が尋ねたところ，文部省は「無試験検定制度はやめなければいかんと思います」と回答し，無試験検定制度廃止の意向を表明した。論議の最後で，務台が，「大体今日のお話合いで皆様のご意見の大体一致したようなことは，教員の資格は国家試験制度を原則にして，従来の学校を卒業すればすぐ資格を貰えるという無試験検定試験制度は廃止してしまう。その代りに教員の試験委員会というようなものを強力な常設的なものにするということ。それから小学校，中学校の教員検定に関することは地方の方でやる。高等学校の方はこれは色々考えなければならん問題だと思いますが，大体その辺でございましょうか」とまとめた。この時点では，試験検定制度の廃止はまったく考えられておらず，むしろその充実・強化策が講じられようとしていた。

ところが，そこへ遅れてきた稗方弘毅（和洋女子専門学校長）が，次のような反対論を展開した。

> 文検の試験……結果が甚だ良くない。実際ああいう試験をやりましても，本当は実力は分からないので，而もそういう検定試験に合格した先生は決して良い先生じゃない。多くの場合……偶には良い先生もおりますが，多くの場合偏った教育者で，試験勉強の名人が合格する。そういう人が教授に従事しまして，何ができるか。自分の試験勉強ばかりやっておるというような利己的な，個人主義的な人が多い。学校教育を受けた人は素直で，本

当に常識もあり，比較的良い先生がおられる訳です。試験勉強で人の能力を見る制度は前から反対なんです。従来の無試験検定の制度は私はこの弊害を矯めて改善して行けば結構役に立つ，又その方が意義があると思う。元来専門学校でも大学でもその学校を信用して，その学校が良くなれば，その卒業生は大体において良いと考えなければならんのであって，悪い学校の生徒は，良いのもあるけれども，大体悪いと考えなければならんと思うのです。それで従来の無試験検定制度もその資格を得るについてはその学校の歴史なり実績を考えて，卒業生が従来どういうふうに活動しておるかを見て，又その設備なり何なりすっかり精細な調査をし，又学生の試験もやって，なかなか無試験検定の資格を獲得するには何処の学校も苦心をして来ておる。ただ専門学校なり大学なりの制度を無視した検定委員会を特に一方的の学科課程その他によって註文があって，それで専門教育や大学教育が阻害されておった事実はありますが，それと睨み合せて無試験検定の科目とか設備とかいうものを調和すれば，決して専門教育が阻害される訳ではない。今までは折角専門学校なり大学の学科課程を唯無試験検定の一方的の考え方でどうしてもそれを滅茶苦茶にする。それに悩んでおるのであって，それはやはり無試験検定の方で従来のカリキュラムと睨み合せて調和の取れるような試験科目にするということにして行けば弊害がないと思う。従来何十年前に無試験検定の認可を与えたのを，その後調査もしないでおるのですから，国家試験は制度は反対じゃありませんが，その学校を試験すべきものであって，国家試験は国家の調査に合格したものが卒業には無条件で資格を与えるので，大体信用のない学校にその資格を与えるのは無理なんで，一割とか，二割とか標準を設けて，学校で自粛して悪い生徒は進級させない。そういうふうにしてその学校が申請したものは無条件で免状をくれる。これは全く学校を目標とすべきものであるということが私の従来の考え方ですが，一体個人の試験で，あんな形式な文検（ママ）みたようなものをやって，そういう要するに形式的な一時の試験をやってその人の能率が分るものでない。学校を良くすれば生徒も自然に良くなる。

この間からも大体の委員の方々の御意向が国家試験国家試験ということを言われるのですが，私は甚だ遺憾に思っておった。

務台がまとめようとした方向とは逆に，「文検」に反対し，無試験検定制度の厳密な運用を主張したのであった。

6月13日の第9回委員会では，この論議の続きが行われた。まず意見を求められた稗方は，前回に引き続き反対意見を展開した。反対理由を個条的にまとめてみると以下のとおりである。

・国家試験制度が採用されれば，学生は受験技術の研究に，学校は合格者輩出の実績競争に狂奔することになる。
・都道府県で実施するのは不統一になり，不合理が生まれるのではないか。
・教員養成の水準を大学に引き上げ，かつその卒業生に国家試験を課するという煩瑣に耐えない。
・試験制度によって今まで優秀な教員を得られなかった。「一般的に教員としての人物，あるいはすべての学科に亘って常識とかの方面においては非常に欠けて学校でもそういう人はなんだか個人主義で学校のことには協力しない。自分のことばかりをやるという傾向が非常に強い」。
・試験官とか試験委員会が生殺与奪の権をもつことになる。

この回から出席した倉橋惣三（東京女子高等師範学校教授）も反対の立場から意見を述べた。その主張をやはり個条的にまとめてみると次のとおりである。

・教員養成を主としたる学芸大学や教育に関する課程を履修した者にさらに国家試験を課するのは矛盾している。
・「教員を養成するというような意味においてのスクーリングにおいてできて行く全面的な教員としての素質可能性」を試験することはできない。
・国家試験は，試験委員がどんな適当な問題を出しても，「その人々の一般の知識を観念的な表現において調べるだけであって，殊に教育に関する方面にしましても私ども教員検定の試験と，これからも多分余ほど名案が出ない限りにおいては同じじゃないか」。

前回欠席の木下一雄（東京第一師範学校長）も意見を求められて国家試験反対の意見を述べた。

これらの意見に対して，国家試験に賛成の立場をとったのが城戸幡太郎（教育研修所長）であった。城戸は次のように述べた。

　学校に特権を与えないために国家試験をやるということじゃないかと思う。それで一つは矢野さんの言われたような，今までの日本の歴史を見て学校を信用し得なくなったと思う。初めから学校を信用することならば問題はない。だから国家試験をやるということは，まず学校を信用し得なくなったからで，これをどうしたらいいかという問題だと思う。それと一つは……学校そのものにクレジットを与えるのじゃなくして，個人にクレジットを与えるのであって，教員になろうという意欲のある者は，国家試験を受けようという意欲を持ってもいい。学校にそういうものを与えるということが学校を一つの特権階級にするし，学校を出なくても，教員になろうと思って一生懸命勉強した者に対しては今まで検定試験があった。……試験をやるということは結局公平ということが問題ですから，公平ということ以外に試験をやるという意義はないと思う。だから各学校に自主的に試験をやらしても，学校が信用されない限りは，どの学校を出てもいいということじゃなくて，やはり一様に公平な立場で試験をやって個人に資格を与えてやるという個人本位の考え方が結局は国家試験ということじゃないかと思う。

この意見のなかにも現れているし，稗方の「城戸さんは，私立学校に対して前からの御議論を拝聴しておると，非常に信用をお持ちにならない」という発言に対して，「持たない」と明言しているように，議論の一つの焦点は，学校に対する信用，とりわけ私立学校に対する信用の有無であった。

城戸が国家試験にこだわったのは，従来の目的養成，無試験検定制度のように，学校卒業に付随した資格付与を排除して，教員を希望する個人に均等に教

師となる機会を与えようというところに主眼があった。

　このような論議のなかで、務台は、「妥協案のようなものを一つ考えておる」として試補制度の提案を行った。

　城戸は、「学校はできるだけ一度特権を得て置けば、あとはかなり無責任になるということであるし、生徒の方でもその学校を出さえすれば、もう資格が得られるのだということになると、できるだけイージーゴーイングの方法でその学校を卒業するというのが今までの実情」であり放任するわけにはいかない、要するに「学校を信用するかしないかの問題である」と述べた。城戸は、あくまで学校の卒業と教員資格の取得および就職を区別し「採用するものが選ぶ権利がある」制度を考えていた。したがって、「理想は試補制度」ということになるのであった。試補制度の採用に関しては、木下も稗方も倉橋も賛意を表明し、こうして国家試験案を残しながら試補制度案が浮上してきたところで、散会した。

　6月20日の第10回委員会の冒頭、務台はこれまでの議論のまとめと今回の委員会の議論の焦点を指し示し、およそ次のように述べた。

　　「国家試験というようなものは止めて、謂わば学校を十分信頼できるような方法を立てて、そして或る一定の基準に適った学校であればその卒業生に国家試験を課さない方が宜い」という考えと、「総てどういう学校であろうと一様に国家試験を課して一様に資格を決める」という二つの意見が出た。「その際試補制度ということも国家試験という問題と関係」あり、その期間を考える場合、「教員養成を主とする大学或は普通の大学で教師になるに必要な一定のコースを通って卒業した者」と「そういうコースを通ってこない者」の2種類の卒業生で何らかの差をつける必要があろう。そういう点を話し合って欲しい。

　この提案に対し、城戸と稗方、星野あい（津田塾専門学校長）の間でまた国家試験に対する議論が展開された。このやりとりを聞いて、玖村敏雄師範教育課

長は，次のように述べた。

> もし文部省に検定試験という制度をお考えでしたら，検定委員は国として大規模な検定委員会が常置せられなければならない。各地方庁が大きな委員会を持たなければならんと思います。その委員会の構成のことは考えておりませんけれども，もし考えよとおっしゃるのでしたら，今おっしゃったような意味でいろいろな要素を採り入れるような工夫をしなければならない。従来の少数の二三の人が学力だけによって検定したというようなことは勿論その弊害その他については皆さんの御指摘の通りでありますから，いかにその弊を矯めて行くか。……民主的な運営によってその人のあらゆる面から検定ができるような方法を取らなくちゃならないと思います。……なおこの受入側の中学校の校長とかあるいはその方面の優秀な人，ある場合には地方にできるところの教育審査委員会(ママ)の委員のような人，そういう人たちもやはり出て貰わなくちゃならんでしょうし，技術の場合には特殊の専門家を入れてもいいのじゃないか。全然学校教育とは関係なしに，社会的に働いておるところの人々をそこにやはり来て貰ってその実際の教育を見て貰うということさえ必要じゃないかと考えております。

　務台は，ここまでの論議の一致点として，「従来のような特別に無試験制度に恵まれておるような学校，その学校を出れば直ちに一定の資格を持って全部が就職できる。そういうような制度は認めない」ということと，「試補制度は置いたがいい」ということであると述べ，さらに，「大学の卒業の認定」ということと「職場の資格の認定」とを原則として離した方がよいのではないかと述べた。

　7月4日の第11回委員会では，これまでの論議をまとめる形で「協議案」が務台から提案された。全文を引用しておくなら以下のとおりである。

1．根本方針
　(1)学校卒業に伴う特権は勉めてこれを除去する。
　(2)大学卒業者で所定の教職的課程を修めない者には充分な効力を有する教員免許状（資格）を授与しない。
　(3)現行の教員無試験検定制度は之を廃止する。
　(4)学校の卒業認定と教員の資格認定とはその本質上公共性の大きさが異なる。
　従って教員の資格等認定の為には権威ある公の機関を設けることが必要である。
2．試補制度
　一定の資格を有する者を一定期間試補として実務につかしめ，教員として必要な研修をなさしめると共にその人物，学力等の適性を審査する。
(1)試補とする者の資格
　(イ) 大学に於て所定の教職的課程を修了した者を試補とする案
　(ロ) 大学に於て所定の教職的課程を修了しなかったものを試補とする案
　(ハ) 教員として経験のない者はすべて試補とする案
(2)教員免許状（資格）授与
　(イ) 校長が視学官等の具申書によって検定委員会が審査する案
　(ロ) 学校毎に審査委員会を作り採用された試補を審査する案
　(ハ) 検定委員会が直接試補を審査する案　委員会で審査した結果に基づいて免許状授与者が教員免許状（資格）を授与する
3．大学卒業予定者に卒業前に国家試験を行う案
　大学設置基準によって教職的課程として認められた課程を修了した者に対して卒業前に国家試験を行う。
(1)国家試験の対象
　(イ) 学校（教職課程を修了した者全員）を単位として之を対象とする案　国家（学科）試験は教員として必要最小限度に於て之を行う
　(ロ) 教職的課程を修了した各個人を単位として之を対象とする案　卒業学校長よりの人物学力身体に関する調書と国家（学科）試験成績とを合せ審査する
(2)試験委員会
　　都道府県に之を設ける
　　試験委員は都道府県或は地方ブロックから最も民主的な方法で選任し委員会は強力なものでなければならない
4．大学卒業者に卒業後国家試験を行う案

> 　大学が卒業者に対し修了課程証明書を与え，採用学校長はこれによって審査し，試補として任用する
> 　国家試験は大学卒業者で現に試補として在職中の者又は将来教員になろうとする者が之を受験することができる大学卒業者で所定の教職的課程を修了した者と教職的課程を修了しなかった者とでは国家試験受験に際し取り扱いの異なることは当然である
> 　試験及び審査
> 　(1)学科試験
> 　(2)在職学校長の具申書
> 　(3)卒業学校長よりの人物学力身体に関する調査
> 　現に試補の職にない者は(1)及び(3)のみを受けることができる。これに合格した者には証明書を与え，試補奉職後(2)の審査を受け，免許状（資格）を受けることができる。
> 　備考　この案は大学卒業者に対する教員資格審査に関するものである。大学を卒業しない者に対する資格審査はこれに準じ別に考えられなければならない。

　倉橋から，教職的課程を修めた者についても１の(1)の「特権」に当たるのかどうかという問題が提出され，務台は，「学校卒業に伴う特権というものは原則としてはなくて」，ただ「大学卒業者で所定の教職的課程を修了した者と，修了しなかった者とでは取扱の上に区別をつけることは当然だ。この区別をどこへ置くかというと，主として試補の時期とか，或はその試補中の審査に関する時に，そういうコースを修了した者はいろいろ便宜がある」ということなのだと説明した。

　稗方も牛山栄治（東京江戸川青年学校長）も倉橋に賛成した。牛山は，「教職的課程を修めた者は教員になり得るように教員の資格を与えるということは，……当然そうなるべきもので，……そこに詰らん試験をしないよう」に考えるべきであると述べた。

　稗方は，「教職課程を経た者の水準を高めるということが今度の命令であって，その上に国家試験をやる。試補制度をやり，又審査委員会で審査するという，屋上屋を架して，試験試験で教育者をいじめた方を抜擢するということは，

……優秀な教育者をむしろ逃がすというような結果になりはしないか」と述べた。

木下一雄も「学芸大学を出て教員になったり，或は大学を出て教職的課程をやった者が教員になることは自然の結果であって，私はこれを特権と認めることはどうしてもこの場合考えられない」とし，星野も「教職的課程を終えた者がもう一度権威のある公共の機関によって試験を受けなければ駄目だということには非常に疑問を持つ」と述べた。

これらの議論を通じて，城戸の国家試験に関する主張は，試補制度との関連で試補終了後の資格認定が国家試験に相当するとの判断で一つの妥協点に近づいていたと考えることができる。元来城戸の主張が学校卒業に伴う特権の排除にあったからである。この「根本方針」に関する問題を後回しにする形で，試補制度が論議された。結果だけ示せば，大学を卒業した者で教員を希望する者すべてに対して試補制度を適用するが，所定の課程を修了した者とそうでない者との間で差異を設けることでほぼ一致をみようとしていた。つまり，「ここに，すべての大学卒業者は試補になれる，『もう国家試験は行わない』，しかし試補の終了時に『審査』をする，その審査とは『けじめ』をつけるためだということになった。したがって正規の教員資格は，就職して試補をやらなければ与えられないということで大体の一致をみたのである」[14]。

こうして国家試験の主張はようやく姿を消し，試補制度による資格認定が合意を得るに至った。そのため，根本方針の提案は取り下げられた。教育刷新委員会においては，ここに，「文検」が生き残る可能性がまったく消滅したのである[15]。

その後，7月18日の第12回委員会の冒頭でこれまでの議論のまとめが示された。

一．教員検定の方法
　大学の課程を修了又は卒業した者で，所定の教職的課程を履修した者を一定期間教諭（養護教諭）試補として実務につかせ，教員として必要な事項について指導

> 研修させ，所定期間終了後，教員検定委員会が左記の資料等に基いて，その人物，学力，身体について検定し合格者に教諭（養護教諭）免許状を授与する。
> 　1．出願者の教育研究報告書
> 　2．在職学校長の意見書
> 　3．卒業学校長からの人物，学力，身体についての調査書
> 二．教員検定委員会
> 　教員検定委員会は都道府県にこれを設け都道府県内の小学校，中学校，高等学校及び幼稚園の教員資格を検定する。都道府県教員検定委員会は，都道府県監督庁に属し視学及び学識経験者を以て構成する。

　そして若干の修正を経て，同日午後の第39回総会にこの修正案が第8特別委員会第3回中間報告として提案された。採択にあたり，教員検定委員会について，当分の間高等学校の教員資格は，「中央教育検定委員会」が検定を行うというように修正され採択された。しかしこれは，国家試験制度のためのものではなく，地方の機構が整うまでの過渡的措置であった。

　この後，CI&Eとの意見調整において疑義が出され，特別委員会および総会においてさまざまな論議が引き続き行われた。しかしそれらは，本節の主題と係わらないので，ここでは割愛する。

第3節　教育職員免許法の成立過程における「文検」

　1947（昭和22）年4月1日から学校教育法が施行され，従来教員免許制度が依拠していた国民学校令，幼稚園令，中等学校令などが廃止された（第94条）。しかし，教員免許状の効力，授与その他に関しては，「文部大臣の定めるものの外，なお従前の例による」（第99条）と定め，移行措置については施行規則によって定めた。

　教育職員免許法（以下，教員免許法と略記）成立まではこのように暫定措置が継続される一方で，新しい教員資格制度の構想が動き始めた。

1）文部省による第1次案の作成（1947年1月段階）

　現在判明しているもっとも早い構想は，「春山順之輔文書」（日本私学教育研究所所蔵）に収録されている[16]。以下はその一覧である。

① 「教員検定規程案」　　　1月16日付
② 「教員免許令案」　　　　1月17日付
③ 「教員免許規程付則」　　1月18日付
④ 「教員免許令案」　　　　1月24日付
⑤ 「教員検定規程案」　　　1月24日付
⑥ 「教員免許令・教員規程案の構想の概要（一）」　　1月31日付
⑦ 「教員免許令・教員規程案における経過規程の概要（二）」　2月2日付
⑧ 「教員の資格（案）」　　2月12日付
⑨ 「試案　教員免許状ヲ有シナイ者ヲ以テ教員ニ充テルコトヲ得ルノ件」
　　日付不明
⑩ 「試案　教員免許令案」　　日付不明
⑪ 「教員検定試験規定」　　日付不明

　山田昇によれば，⑩，⑪は要綱であり，これに基づいて①，②，③が用意されたという。

　まず②によれば，新しい資格制度は免許状主義を基本とすることが定められ，免許状の種類は，小学校，中学校，高等学校，幼稚園とし，これらの免許状は盲学校，聾唖学校，養護学校のそれぞれ相当程度の部門に通用するものとしている。本章に必要な範囲で書き抜くと以下のとおりである。

　　第4条　教員免許状は官立大学に於て教員養成を目的とする課程或は教員となるに必要な課程を終了した者及び文部大臣の許可した公私立大学の教員養成を目的とする課程或は教員となるに必要な課程を修了した者又は教員検定に合格した者に授与する。教員検定は之を試験検定及び無試験検定とする。小学校教員及び幼稚園教員免許状は教育総長，中学校教員高等学

校教員免許状は文部大臣がこれを授与する。
　第5条　小学校教員及び幼稚園教員の検定は都道府県毎に都道府県教員検定委員が之を行い，中学校教員及び高等学校教員の検定は中央教員検定委員が之を行う。教員検定に関する規程及び教員検定委員会に関する規程は文部大臣が之を定める。

　これらの条項には大学における教員養成によって免許状を授与する基本構想が示されているが，同時に従前の試験検定・無試験検定制度が残されていることに注目したい。
　次に①であるが（③は①の一部であると思われる），これは，上の第4条，第5条を具体化したものである。これによれば，検定には試験検定と無試験検定がある。試験検定については，学科試験および身体検査による第一次試験，実習審査および人物考査による第二次試験を行うものとし，第一次試験合格後，一定期間の実習を経て第二次試験を実施するものとしていた。
　次に④であるが，その骨子は②と同様であり重要な変更点は認められない。④が修正された⑤によれば，試験検定の場合の学力検定として，「一般学科目，教職関係学科目，免許科目関係の学科目に就てこれを行う」ことが定められた。さらに，試験検定の第一次試験の内学科試験については，予備試験と本試験に区分し，「予備試験に於ては一般学科目及び教職関係学科目を，本試験に於ては免許科目を中心として試験を行う」こととした。
　なお，小学校教員，幼稚園教員については都道府県，中学校教員については地方行政地区，高等学校教員については第一次を地方行政地区，第二次を中央において検定試験を実施することとした。
　⑥には以上の案が図示されているので，必要な個所のみ引用しておこう。

2．教員免許状の授与方法
(1)大学卒業者　　総合大学教育学科
　　（官公私立）　教育大学

　　　　　　　　　実業大学教育科
　　　　　　　　　実業教育大学
　　　　　　　　　（中略）
(2)教員検定合格者
　　a．試験検定　1．試験科目を一般学科目（従来実施していない），教職関係学科目，免許科目関係の学科目とする。
　　　　　　　　2．一定期間の教育実習を終了していることを要求し，教育実習の審査をする。
　　b．無試験検定（中略）
3．試験検定受検者の受検順序
　　　　　　　　　第二次試験　　　　　　　第一次試験

　免許状授与 ← 教育実習 ← 身体検査 ← 学科試験 ← 受検者
　　　　　　　　　人物考査
　　　　　　　　　　　　　　　　　　本試験 ← 予備試験
　　　　　　　　　　　（免許科目関係　　（一般学科目，
　　　　　　　　　　　　の学科目）　　　　教職関係学科目）

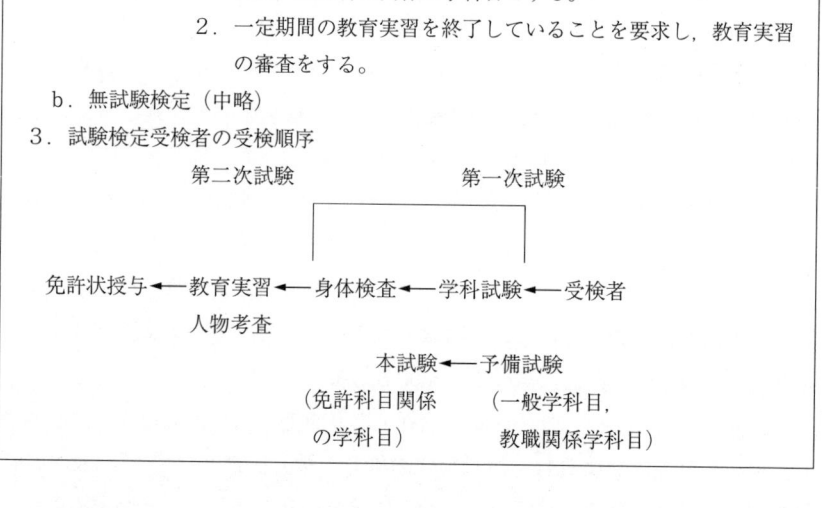

2）文部省による第２次案の作成（1947年２月段階）

「戦後教育資料」（国立教育政策研究所所蔵）のなかに，第１次案に続く第２次案が収録されている。以下はその一覧である。

　⑫　「小学校教員，中学校教員，高等学校教員，幼稚園教員（教員免許令）案」
　　　　2月15日付
　⑬　「教員の資格（案）」　　2月18日付
　⑭　「教員検定規程（案）」　2月19日付

　これら諸案にも，大学における教員養成と教員検定による教員供給が併置されており，教員検定は試験検定および無試験検定によることとし，検定制度が依然として重要な位置を占めている。また大学における教員養成についても，「文部大臣は教育成績不良な教員養成大学，教員養成学部学科に対しては教員

免許状授与の停止，制限等の措置を講ずることができる」（第25条）として，戦前の許可学校的な考え方を残しており，「全体としてなお旧制度の影響を多分に残存させた教員免許令案であった[17]」。

⑭では教員検定について詳細な構想が示されているが，骨子は第1次案が示すとおりである。試験検定については，学科試験（予備試験，本試験）による第一次試験と教育実習審査および人物考査による第二次試験[18]を行い，正教員または副教員の免許状を授与するものとされた。そして，第一次試験合格者の内，大学合格者は一定の月数，その他の者は一定の年数教育実習を終了しなければ，第二次試験を受験できないことになっており，後の試補制度構想につながっている。

3）文部省による第3次案の作成（1947年7月段階）

第2節で述べたように，1947（昭和22）年7月18日の教育刷新委員会第39回総会で第8特別委員会の第3回中間報告が採択された。文部省では，7月21日付で試補制度案を骨子とする「教員の免許状及び検定制度改善基本要綱案」が作成された。本章に関係する部分は次のとおりである。

7　免許状は教員検定に合格した者に授与する。教員検定はこれを試験検定及び無試験検定とする。

8　教員検定はその人物・学力・身体について行い，学力は一般教養学科，専門教養学科，教職教養学科についてこれを行う。

9　一定の資格を有し所定の教育経験を有しない者は一定期間教諭（養護教諭）試補として実務につかせ教諭として必要な事項について指導研究させ所定期間終了後左の資料に基づいて教諭（養護教諭）無試験検定を行う。
　(1)出願者の報告書（試補としての教育実習記録，修了した再教育，教育意見等）
　(2)在職学校長の意見書
　(3)卒業学校長からの人物，履修学科単位及び成績についての調査書
　(4)医師の健康診断書

興味深いことは，教育刷新委員会の方針に必ずしも忠実でない点である。特に，所定の教育経験の有無により試補を必要としたり必要としなかったりという点は，学校卒業に伴うあらゆる特権を排除するため全員を試補にするという教育刷新委員会の方針とは矛盾していた。また，試験検定と無試験検定を残している点もその廃止をうたった教育刷新委員会とは異なっていた。

4）文部省による第4次案の作成（1947年8月段階）

この案はさらに8月29日付「教員免許令（法）基本要綱案」となった。やはり関係部分を引用するなら次のとおりである。

5　免許状は教員検定に合格した者に授与する。教員検定はこれを予備検定及び本検定に分ける。教員検定は試験検定及び無試験検定とする。
6　教員（校長を除く）採用の場合は一応六ヶ月の期間，教諭試補，養護教諭試補または助教諭試補として仮採用し，教員として必要な実務について指導研修させる。教員試補は予備検定合格者を以てこれに充てる。予備検定の受験資格は別にこれを定める。
7　教員試補は所定の教職的学科の修了証明書を有する者でなければ幼児，児童，生徒の指導に当たることはできない。
8　本検定は教員試補期間終了者についてこれを行う。
9　教員検定は人物，学力，身体について行い，学力検定は一般的学科（専門的学科）教職的学科についてこれを行う。

7月段階の第3次案との違いは，教職的教養を重視した点である。予備検定に合格すれば試補になることはできるが，教職的学科を修了していなければ，子どもの指導にあたることはできないとされた。

5）文部省による第5次案の作成（1947年10月段階）

10月段階では，4日付の「教員免許法基本要綱案」に続いて，25日付，29日付の「教員免許法要綱案」が残されている。29日付の案から教員検定の部分を

抜粋すれば次のとおりである。[20]

> 第八条（定義） 教員検定は教員としての適格性を検定することをいう。
> 第九条（実施） 教員検定は，その出願者についてこれを行う。
> 第十条（種類） 教員検定は，これを初検定及び更新検定とする。初検定は有効期間の同一免許状を有しない者に，更新検定は免許状の更新を出願する者に対してこれを行う。初検定及び更新検定はこれを無試験検定と試験検定とする。無試験検定は学校その他の教育施設において文部大臣の定める課程を修了した者，その他所要の条件を備えた者についてこれを行う。試験検定は前項に規定する者以外の者についてこれを行う。
> 第十一条（範囲） 教員検定は出願者の人物，学力及び身体についてこれを行う。
> 第十二条（学力検定） 教員検定に於ける学力検定は文部大臣の之を定めるところにより左の各号について行わなければならない。
> 　一　一般教養　二　専門教養　三　教職教養　四　教育実習又は教育実践

　残された案をみる限りでははっきりしないが，教育刷新委員会において国家試験制度が断念されたのと同じ時期である1947年7月案の段階で文部省も国家試験制度を断念したものと思われる。しかし，その後も一貫して教員検定制度は残存され，試験検定制度が少なくとも1947年10月段階まで残されていたことが確認できるのである。

　その後の文部省の動きについては，先行研究によると，1949年4月の法案国会上程直前まで教員検定制度は残されていたらしい。いつ，どのような経緯で法案からはずされたのかは依然として今後の課題である。

注
1) 『家事及裁縫』7-10, 1933年10月1日, 1頁。
2) 内外教育評論主筆「文部省教員検定試験に就て」『文部省検定試験受験指針』内外教育評論社, 1909年, 4頁。
3) 長谷川宥太郎編『文検受験の栞』明治図書, 1922年, 1頁。
4) 細島昇一「文検出身としての自覚と告白」『文検世界』13-1, 1927年1月1日, 131頁。
5) 『内外教育評論』17-9, 1923年9月1日, 54頁。
6) 沢柳政太郎「教育尊重と文検廃止論」『沢柳政太郎全集』第6巻, 国土社, 1977年所収。

7) 海後宗臣編『臨時教育会議の研究』東京大学出版会，1960年，596頁。
 8) 同前書，603頁。
 9) 同前書，596頁。
10) 米田俊彦『教育審議会の研究　高等教育改革』野間教育研究所，2000年，367～369頁。
11) 『教育審議会諮問第一号特別委員会整理委員会会議録』第11巻第3輯第4輯，宣文堂書店出版部，1975年（復刻版），383頁。
12) 同前書，412～413頁。
13) 本節における教育刷新委員会の議事録の引用は，日本近代教育史料研究会編『教育刷新委員会・教育刷新審議会　会議録』第9巻，岩波書店，1998年による。
14) 山田昇『戦後日本教員養成史研究』風間書房，1993年，270～271頁。
15) 国家試験制度案が姿を消した理由について，かつて林三平は7月3日に開かれたステアリング・コミッティ（CI&Eと教育刷新委員会の連絡委員会）の議事録を引用し，この結果第8特別委員会が国家試験制度とは異なる構想を考え始めたと主張した（海後宗臣編『教員養成』東京大学出版会，1971年，270頁）。本文に記したように，7月4日に開かれた第8特別委員会第11回委員会の議論の推移をみると，すでに国家試験制度に執着する議論は姿を消しており，林の主張と符合する。ただし，7月3日のステアリング・コミッティの議事内容が，いつ，どのように第8特別委員会のメンバーに伝わったかは定かでないし，むしろ6月20日に開かれた第10回委員会あたりから，国家試験制度にこだわる人たちのトーンが落ちてきたことを考え合わせると，国家試験制度の実施が実際問題として難しいということが，その実施を主張していた人たちにもみえてきた時期であったことは間違いない。
16) 教育職員免許法の成立過程については，山田昇の次の二つの論稿を参考にした。
　　・「教育職員免許法の制定に関する考察」『奈良女子大学教育学年報』第2号，1983年。
　　・「履修基準を中心とした教育職員免許法の成立に関する考察」『特別研究報告書　戦後教育改革資料の調査研究』国立教育研究所，1985年。
　　なお「春山順之輔文書」の閲覧にあたっては，当時日本私学教育研究所員であった菅原亮芳氏にお世話になった。
17) 山田昇「教育職員免許法の制定に関する考察」『奈良女子大学教育学年報』第2号，1983年，34頁。
18) これは従来みられなかった要素で，海後宗臣編『教員養成』（東京大学出版会，1971年）は「米国側担当官の示唆によるものであると考えられる」（262頁）と記している。
19) 山田昇前掲書，292頁。
20) 国立教育政策研究所所蔵「戦後教育資料」Ⅴ－36。

第2章 「英語」の試験問題とその分析

　文検英語科出身の教師の実力には定評があった。彼らが文検受験のために猛烈に勉強したことはよく知られているが，文検「英語」が，中等教員を目指す彼らにどのようなレベルの，そしてまたどのような内容を要求したのかを，その変遷を含めて，明らかにしたい。

第1節　制度的変遷

1）文検英語科の試験制度

(1) 3段階の選抜

　1884年8月に「文検」が法制化され（文部省達第8号），翌年の3月から4月にかけて文検第1回試験が実施された。英語科もその一つとして行われ，5人が英語科教員免許状を授与されている。文検はこの1885年から1943年にかけて78回行われ，その後戦争激化のため中断された。そして戦後に復活され第79〜第81回が行われた。通算81回の文検のうち，英語科は第46回以降は，第48回，第50回とおおむね1回おきの実施となり（ただし，毎年実施），都合64回行われた。戦前最後の試験となった第78回までに1182名が合格し，戦後再開された第79回には26名が合格している。[1] 最終回第81回の合格者数は不明であるが，ともかく総計1200名以上の合格者を生み，そのほとんどが免許状を取得し，わが国の英語教育の一端を支えた。文検英語科出身教師の評判は当初はさほどでもなかったが，[2] 20世紀に入った頃から，文検合格者に学力あり，との評判が立つようになったようで，例えば第16回（1902年）には，教員になるつもりはないが学力を公の場で証明しようと文検を受験，合格した者が現れている。[3] 試験委員神田

乃武も第18回試験（1904年度実施）が終わった後の談話で、「今日文部省に於て行ふ、英語教員検定試験は中々に念を入れて其実力を試験する、それ故或る特種の学校を卒業し、無試験で検定を得た者より、此文部省の検定を経た教員の方が余程全国の中学校で受けが善いやうである、云々」と言っているから、文検英語科も第16，17回以降は権威ある試験になっていたのであろう。

文検は、1896年12月の免許規則の改正により（省令12号）、第10回（1897年）より試験を「予備試験」と「本試験」の2段階に分けることにした。そして予備試験に合格の者が本試験を受験できることとし、前者を地方で、後者を東京で行うことにした。この2段階方式は以後最終回まで続けられた。英語科に当てはめて言えば、地方において行われる予備試験で「英語の基本的学力」を筆記試験によって試し、それに合格した者を本試験において、筆記ならびに口述の方法で、「総合的な英語力」を試験しようというのであった。受験から最終合格までに関門が大きく一つ設けられたのであるが、実は英語科においては、文部法規によるというのではなかろうが、最終合格に至るまでにすでに次のような3段階の選抜が行われていた。

第9回（1896年）文検英語科は以下のような日程で行われたのであるが、神田

5月8日：書取・和文英訳・英文和訳（午前8時より12時まで）
5月15日：読書・会話　附文法（午前8時より）
5月20日：教授法（午前8時より）

乃武によれば、この回は受験者100名と知らされていたが、欠席者がきわめて多く受験したのは64名であったという。そして第1日目の試験が終わってこれを通過した者は半数以下の26名（合格率26％であるが、実質は41％）、第2日目には18名（70％）が通過し、第3日目の試験を終えて最終的に合格となった者は9名（50％）であった。第9回においては受験生を試験日ごとに篩にかける、つまり都合3度の選抜が行われていたことが知られる。実は第8回も試験日が3日間であったこと、試験委員が第9回と同様であったことから、やはり3度

の選抜が行われていたものと推察される。

　これもまた文部法規によるのではなく，英語科試験委員が合議の上で行っていた試験の方法であったと思われるが，本試験が第1回試験（筆記試験）と第2回試験（口述試験）に分けられ，第1回試験に合格した者だけが第2回試験を受験できることになっていた。この方式が第10回のいわゆる最初の本試験から行われていたかどうかは判然としないが，英語専門誌『英語青年』が，文検「英語」を積極的に取り上げるようになった第15回本試験からは，そのことを確認することができる。予備試験で1回，本試験で2回，都合3回の選抜方式は，以後第60回（1934年度実施）まで続く。しかしその次の第63回（1935年度実施）以降は本試験での第1回試験から第2回試験への関門は廃止され，全員が最終段階まで受験することになった。その理由は必ずしも明らかではないが，例えば第65回試験（1936年度実施）の報告記事中に「筆記試験合格者だけに課せられる最後の口述試験は前回以来受験者の便を計つて筆記試験直後に全員に対して行はれ，云々[7]」と見える。また試験委員石川林四郎は第69回本試験を振り返って，「今年は人数が少かつたので，将来の指針にもなる様にと全部口述に出て貰ふ事にした，云々[8]」と述べている。ここで共通する理由は，例えば不合格になったとしても最終試験まで体験させておけば，次回の受験準備の参考になろうというのであった。

　参考のために第15～第25回の予備試験合格者，本試験第1回合格者，本試験第2回合格者（文検合格者）の数字を掲げておく。おおむね予備試験の合格率の平均は20％，以下同様に本試験第1回試験合格率は50％，第2回試験合格率は70％となる。読むこと reading・書くこと writing という基本的学力できびしく篩にかけていたこと，そしてそれ以外の聞くこと hearing・話すこと speaking，教授法，英文学，等々で比較の緩やかな選抜が行われていたことが知られる。上述の第9回においてもたまたま大量に出た欠席者を考慮に入れなければ，第1日目の試験合格率は26％であり，2日目の合格率が70％，3日目が50％となり，総合的にみれば，同じような傾向にあったと指摘できる。そしてこうした傾向のあったことも考えると，やはり第10～第14回においても本試

験では第1回試験，第2回試験を行っていたと見てよいであろう。

表2-1 「英語科」予備試験，本試験第1回・第2回試験の
合格者数と合格率（第15回～第25回）

回	実施年	A	A'	B	B'	回	実施年	A	A'	B	B'
15	1901～1902	262	$44^{17\%}$	$30^{68\%}$	$21^{70\%}$	21	1907～1908	448	$72^{16\%}$	$29^{40\%}$	$22^{76\%}$
16	1902	290	$86^{30\%}$	$36^{42\%}$	$24^{67\%}$	22	1908～1909	407	$92^{23\%}$	$36^{39\%}$	$31^{86\%}$
17	1903～1904	332	$63^{19\%}$	-	27	23	1909～1910	189	$54^{29\%}$	$29^{54\%}$	$20^{69\%}$
18	1904～1905	339	$59^{17\%}$	$29^{49\%}$	$22^{76\%}$	24	1910～1911	196	$41^{21\%}$	$23^{56\%}$	$16^{70\%}$
19	1905～1906	345	$65^{19\%}$	$27^{42\%}$	$15^{56\%}$	25	1911～1912	169	$35^{21\%}$	$24^{69\%}$	$17^{71\%}$
20	1906～1907	373	$65^{17\%}$	$32^{49\%}$	$24^{75\%}$						

（注1）本表中A，A'，B'は『文部省年報』による．Bは『英語青年』によるが，第17回は不詳．
（注2）A：予備試験受験者数　　A'：予備試験合格者数／右肩の％は合格率
　　　　B：本試験第1回試験合格者数／右肩の％は合格率
　　　　B'：本試験第2回合格者数（文検合格者数）／右肩の％は合格率

(2) 高等女学校の予備試験問題

1899年2月8日「高等女学校令」が新しく制定され，高等女学校は女子の高等普通教育機関として明確に制度化された。同月21日に定められた「高等女学校ノ学科及其程度ニ関スル規則」によると，外国語は学科目としては第3番目に置かれているものの，「外国語ハ之ヲ欠キ又生徒ノ志望ニ依リ之ヲ課セサルコトヲ得」とされた。もっともこうした「外国語（中略）ハ本体ヲ必修科トシ而シテ監督官庁ノ許可ヲ得テ随意科ト為スコトヲ許セリ」（1895年1月「高等女学校規程制定　説明」）という扱いは，高等女学校にあっては以前からのものであった。また「高等女学校令施行規則」（1901年3月22日）によれば，週当たりの授業時数は第1～第4学年各3時間（各学年とも週28時間）で，中学校のおよそ半分であった。高等女学校と中学校の「施行規則」は次のようになっており，英語の各分科は，中学校，高等女学校とも同様であることが知られるが，授業時数からみて，英語の内容・程度に相違のあったことは述べるまでもない。

　　第四条　外国語ハ普通ノ英語，独語又ハ仏語ヲ了解シ且之ヲ運用スルノ能ヲ

得シメ兼テ知識ノ増進ニ資スルヲ以テ要旨トス
外国語ハ発音，綴字ヨリ始メ簡易ナル文章ノ読方，訳解，書取，作文ヲ授ケ進ミテハ普通ノ文章ニ及ホシ又文法ノ大要，会話及習字ヲ授クヘシ
（＊アンダーラインの部分のみ高等女学校の規程になし。引用者）

そうした背景があったためか，第16回予備試験（1902年8月施行）以降，試験問題に「高等女学校教員志願者ハ英文和訳四問中三問題ヲ撰ミ和文英訳二問中一問題ヲ撰ムベシ，云々」というような注意書きが付されるようになる[9]。高等女学校のみの教員検定志願者に対して，試験問題を師範学校・中学校・高等女学校の教員検定志願者よりも少なくしたのである。試験時間は双方同じであったから，程度を低くしたということである。こうした措置の根拠となる法規を知らず，いつから始まったことか特定できないが，第16回予備試験合格発表が『官報』第5773号（1902年9月30日）に掲載され，その後『官報』第5780号（1902年10月8日）に「氏名ノ上ニ※印アルハ高等女学校女子師範学校師範学校女子部ノミノ教員検定予備試験合格者ニ係ル」として，いわゆる手違いによる再発表ともいうべき訂正版を掲載しているところをみると，やはり第16回からこうした措置が採られるようになったのであろう。

高等女学校教員検定志願者に問題量を減らす措置は第26回（1912年度実施）まで続けられた。この措置について試験委員小島憲之は第27回の文検を振り返りながら，「此れまでは高等女学校教師の志望者は程度を下げて試験したが今は夫れは廃せられて表面上は男子も女子も程度が一定したのです。[10]」と述べている。なおこうした措置があったのは予備試験の段階だけであり，口述・教授法が中心の本試験においては師範学校・中学校の志願者と同一条件で行われていたから，文検「英語」で考慮の対象となったのは，英文和訳・和文英訳という英語の基本的学力の部分であったと指摘できる。

(3) 教職教養＝「教育ノ大意」・「国民道徳要領」の導入

文検において第22回までは，英語科教員志願者は専門知識およびその教授法

のみを検定されてきた。ところが第23回予備試験（1909年度実施）より試験科目に「教育ノ大意」（のち「教育大意」と改められる）が導入され，さらに第30回予備試験（1916年度実施）より「国民道徳要領」が加えられたことにより，受験生は予備試験において専門の基本的学力と教職教養を，本試験において口述・教授法を検定されることになった。この試験体制は戦前最後の文検第78回まで続いた。なお教職教養科目については別の章で詳述されており，そちらを参照されたい。

また1944年1月「中学校高等女学校教員検定規程」（省令3）の改正により，予備試験に「副科目」が新設され，外国語科のそれは「国民科国語」と定められたが，1944年度，次いで1945年度の文検が中止となったため，実施されることはなかった。

2) 中等学校の学科程度の変遷

(1) 文検開始期

当時英語科教員にいかなる程度の学力が期待されていたのであろうか。文検試験問題の検討はそれを明らかにする重要な作業の一つであるが，まずここでは中等学校の学科程度を概観しておきたい（本章の末尾に付した，表2-2 文検「英語科」略年表も参照されたい）。

文検第1回試験が行われたころの中学校の英語の程度を示す資料は少ない。「中学校教則大綱」（1881年7月）によれば，中学校を「初等中学科」（4カ年）と「高等中学科」（2カ年）とし，履修教科については初等，高等ともに「修身，和漢文，英語，云々」とし，英語の週当たりの時間を，前者が各学年とも6時間（全28時間中），後者が7時間（全26時間中）と定めている。初等中学科においては和漢文（週7時間）に次ぐ多さであり，高等中学科においては和漢文と並んでもっとも多くの時間を与えられており，英語は重要科目として扱われている。同「大綱」によって英語について知りうるのは以上である。

ところで1882年6月に文部省に認可された「宮城中学校学則」がある。その第三章「中学科教授要旨」の第三款は「英語」の教授要旨となっているが，こ[11)]

の要旨は，上述の「大綱」では知りえない当時の中学校英語科の分科や程度を考察する上で，貴重な資料である。分科を示す第三款の冒頭と，分科の一部を引用すれば次のようである（下線は引用者）。

英語ノ中人以上ノ業務ヲ執リ又高等ノ学科ヲ修ムルニハ英語ノ知識ヲ要スルモノ多シトス故ニ各級ニ通シテ之ヲ授ケ<u>綴字，読方，訳読，読書，文法，修辞，及習字，作文ノ八分科</u>ヲ授ク

<u>読方</u>ハ稍綴字ノ法ヲ解スルノ時ヨリ之ヲ授ク其要ハ音声ノ抑揚句読ノ断絶ヲ明ニシ句章ノ読法ヲ正クシ聴者ヲシテ容易ク其旨意ヲ会得セシムルニ在リ且誦読ノ際音調ヲ正クシ状貌ヲ整ヘシメンコトヲ要ス

<u>訳読</u>ハ読方ヲ授クルノ際之ヲ授ク其要ハ英語ヲ邦語ニ訳スルノ法ヲ授ケ意義ヲ了解セシムルニ在リ其訳スル所ノ語句ハ自カラ章ヲナシ直ニ之ヲ筆シ之ヲ誦シ得ルヲ以テ旨トスヘシ

<u>読書</u>ハ読方，訳読ヲ兼授クルモノニシテ生徒ヲシテ読方ヲ正クシテ句章ヲ誦読セシメ教師其意義ヲ講明シ或ハ生徒ヲシテ之ヲ解釈セシメ遂ニ其ヲ了解スルノ力ヲ養成スルヲ旨トス又時々書中緊要ノ句章ヲ書取ラシメ以テ聴感ヲ練リ筆記ニ慣レ益綴字ノ法ヲ明カニシ兼ネテ行文ノ例格ニ通セシメンコトヲ要ス

これにより英語科に綴字，読方，訳読，読書，文法，修辞，習字，作文の8科目のあったこと，およびそれらの内容・程度がある程度知られる。各科目にはそれぞれ個々の目標が示されているが，しかし各科目は個々別々に教えるのではなく，例えば「訳読」は「読方」と結びつけて，「読書」は「読方」・「訳読」・書取と関連づけながら，教授するように指示されている。そうした，英語は総合的に教授されるべきであるという考えは，もう少し後年に広く提案されるようになるが，この時期に教則のなかで指示されているのは注目されるべきであろう。

実はこれとまったく同一と言っていい「英語科授業の要旨」が，松村幹男氏

の調査によれば「17府県18校[12]」もある。宮城中学校の要旨が認可されてから半年のうちに10府県10校、北は岩手から南は高知まで制定していることから、この要旨は「中学校教則大綱」の一種の教授要目として広く行き渡っていたと推測される。ともかくこの要旨により、当時の尋常中学校の英語の内容をある程度うかがうことができるのである。

1886年6月に「尋常中学校ノ学科及其程度」が、「中学校令」(1886年4月)のもとに定められた。それによれば学科は「倫理国語漢文第一外国語第二外国語、云々」とあり、「第一外国語ハ通常英語」となっていた。そしてその「程度」は「読方訳解講読書取会話文法作文翻訳」であった。後に文部省が尋常中学校課程表を作成して示したが、それは英語科各分科の学年配当表の域を出るものではなかった。

(2) 中学校教授要目（明治35年2月）／中等教育の整備

1899年2月「中学校令」が改正公布され、尋常中学校は中学校と改称された（高等女学校については、1) の (2) を参照）。この時期は中等教育機関が著しく増加し、例えば中学校は1895年に87校(教員数1324人,以下同様)、1900年194校(3748人)、1905年259校 (5113人) となり、高等女学校はそれぞれ15校 (186人)、52校 (658人)、100校 (1561人) となっている。文部省は中学校・高等女学校に対してそれぞれに「施行規則」「教授要目」を定め、増加の一途をたどる中学校・高等女学校の教育内容の整備統一を図った。

ここでは中学校をとおして20世紀初頭の英語科の内容・程度等を検討したい。1901年3月に制定の「中学校令施行規則」において、中学校の学科目は「修身,国語及漢文, 外国語, 云々」とし、外国語は「英語, 独語又ハ仏語」としている (第一条)。そして英語は、先に高等女学校の項で掲げたように、普通程度の英語を理解し運用する能力をつけることを目標とし、その教授は音声より入り、易から難へと進むように、というのであった。ことに「之ヲ運用スルノ能ヲ得シメ」として、英語の発表能力に言及したのが注目される。英語の週あたりの時間数については、表2-2 文検「英語科」略年表を参照されたい。

1902年2月文部省は「中学校教授要目」を定め，各学科各学年ごとに，教授すべき基本的な内容を示し，また実施上の諸注意を与えた。外国語について言えば，英語の要目を定め（独語・仏語はそれに準ずるものとした），英語教授要目の冒頭に，「各学年ノ教授事項ハ之ヲ分割スルコトナク同一教授時間ニ於テ相関連シテ之ヲ授クヘシ但特ニ示シタル場合ニ於テハ教授時間ヲ分ツコトヲ得ト雖モ尚其ノ相互ノ連絡ニ留意センコトヲ要ス」として，英語科各分科を，例えば読方は読方，文法は文法と個々別々教えるのではなく，訳解と読方を関連づけまた必要に応じて文法説明を行うなど，総合的・統一的に教育するように定めている。これと同様のことを先に宮城中学校の規則のところで指摘したが，今回はいっそう明確に，分割して教授することの弊害を取り除こうとした，と言えよう。

この点について文検「英語」はどうであったかというと，すでに第9回の「読書」において，また予備試験・本試験の2段階制となった第10回以降では，本試験第1回試験の「訳解」（第10～第13回），「読書」（第14回以降）において，'総合的な'試験を行っていた。それは試験委員の外山正一や神田乃武が，例えば訳読の時間には訳読のみが教えられるというように，英語の各科目が別々の独立科目として教授されているのを，「各学校に於ける英語教授法の一大欠点」と認識し，各科目は互いに関連づけて総合的に教えられるべきだと考えていたからに他ならない[13]。彼らは英語を総合的に指導できる教師を切望していたのである。

本教授要目がいう「教授事項」は，各学年に以下に示すように配置されている。内容・程度が示しやすい文法事項は具体的に学年別に配当されている（残念ながら，紙幅の関係でここに掲げることができない）。またそうしたことを示示するのが困難な読方・訳解等については，当時よく知られていた数種の読本を掲げることで対応している。

第1学年（毎週6時）　発音・綴字，読方・訳解・会話・書取，習字
　　　　文部省会話読本，なしょなる読本，ろんぐまんす読本，すういんとん読

本等の第1巻，または第2巻の初めの程度
　　第2学年（毎週6時）　読方・訳解・会話・作文・書取
　　　同読本の第2巻，または第3巻の初めの程度
　　第3学年（毎週7時）　読方・訳解・会話・作文・書取，文法
　　　同読本の第3巻，または第4巻の初めの程度
　　第4学年（毎週7時）　読方・訳解・書取，会話・作文，文法
　　　同読本の第4巻の程度
　　第5学年（毎週7時）　読方・訳解・書取，会話・作文
　　　同読本の第5巻，またはろんぐまんす読本の第6巻の程度

　The Monbushō Conversational Readers（全5巻），*New National Readers*（全5巻）などの各巻を中学校の各学年に配当することで，それまで不明瞭であった各学年の目指すべき程度を示したのである。こうした英語科の教授要目は20世紀初頭にあっては「刮目すべきもの」[14]と高く評価されているが，しかしその評価の過半は「教授事項」もさることながら，そのあとに掲げられている，新教授法の精神を十分に理解しその指導法を採り入れた「教授上ノ注意」に向けられたものと言ってもよい。

　「教授上ノ注意」は10項目から成り，習熟，発音，実物・絵画，人情・風俗，反復練習，暗誦，耳，対話，応用自在，辞書などのキーワードを用いて，教師に対してあるべき指導法を説いている。そのいくつかを掲げれば第一に，(1)英語教授は習熟を主とし，詰め込み主義を止めるべきだとしている。生徒の学力を無視した注入的な方法は変則英語の温床であり，反復練習・習熟というのは外山の訓練法，神田の自然教授法に合致する。習熟は「語学教授法の本道」[15]である。(2)発音はことに入門期に徹底指導すること，(3)実物・絵画などの視覚教具の奨励，(4)東西の人情・風俗・制度の異同を教えること（＝異文化理解），(5)書取の勧めなどとなる。これらはいずれも，現代においても英語科教育法に欠かせない内容である。

　「教授要目」に唱われたこうした英語教育の考えは，上に述べたように新教

授法の精神を取り入れた，英語の運用力の向上を強く求めたものであり，当時主流であった理解・分析に重点を置いた英語教育に，方向転換を迫るものであった。

次に解決されなければならない問題は，「このすぐれた教授要目をどれほど活用できるかは，教師の実力とすぐれた教科書がなければならない。[16]」ということであった。英語観の変化に伴い教師・教科書にも質的変化が求められたのである。教師に対しては，教えるのは Living Language としての英語であり，したがって音声を重視し運用力育成を目指し，教え方においては習熟を旨とすべし，というのであった。そうしたことは外山も神田もすでに認識するところであり，それに沿った教師論を展開し，教科書を編纂していた。前者は1897年に『英語教授法』を著し，その冒頭で「中学卒業の生徒に英語の力の乏し」いのは，「語学教員の不完全なること及び教授法の不良なること」を指摘している。また後者は1899年に Kanda's New Series of English Readers を著し，目・耳・口・手を同時に訓練することが英語教授に好結果をもたらすと教師に助言している。翌1900年には小学英語読本 Kanda's English Readers for Primary Schools を著し，その表紙の四隅に目・耳・唇・手を描いて自らの教授法を主張している。

ところで外山は前掲書中で文検受験者に触れて，その学力の不十分さに言及し，また『教育制度論』（1900年[17]）においても「検定試験受験者の学力」の項目を立てて論じているほどであるから，文検「英語」で，上述したようなあるべき教師論や英語学力を受験生に問いかけていたことであろう（外山が委員であった文検初期の問題は，残念ながら英文和訳・和文英訳と，口頭解釈（１問）しか見出せない）。神田については早い時期のものでは第９回分が彼の手によりほぼ完全な形で残されていること，また第14，15回頃からは問題の大方が『英語青年』や受験参考書に掲載されるようになったことから，上記「教授要目」が求める教師を，すでに文検「英語」が先だって試験していることを知ることができる。[18]

このあと1911年７月に中学校教授要目が改正された。従前の要目と比べて注目すべき点は，(1) 発音指導の重視，(2) 直接教授法（英語の授業中はできるだ

け英語を使う）の奨励であろう。この「教授要目」は，2年前の1909年にまとめられた「中等学校ニ於ケル英語教授法調査委員報告」を生かしたものといわれるが，調査委員には神田，浅田，岡倉由三郎が入っており，前二者は当時文検試験委員，後者の岡倉はしばらく後に試験委員となる。上述の2点は確かに注目すべきであるが，改正要目の英語教授についての考えは，基本的には1902年の要目の延長線上にあり，したがって当時の英語教育界に方向転換を迫るということはなかった。改正要目の影響かどうか判断がつかないが，文検第29回（1915年実施）本試験で「作文」が，英語スピーチを聴いてその大意を英語で書くという Hearing and Written Comprehension とでもいうべき，きわめて音声重視のものとなっているのが目を引く。

第2節　試験委員について

1）日本人試験委員

　本章末尾に掲げた，表2-3「英語科」試験委員一覧，ならびに資料編の英語科試験委員略歴を参照されたいが，日本人試験委員を修学歴で大別すれば，外山正一から浅田栄次までと，茨木清次郎から中野好夫までに2分される（戦後に任命の森下捨巳についてはここでは除いておく）。この区分は専門という観点で分けても，また日本の大学を卒業したか否かという点で分けても同様である。おおむね，前者は英語が教授・学習用語であった時代に教育を受け，英語を生活用語として獲得したグループ（Ⓐ），後者は教授・学習用語が日本語となった時代に教育を受け，英語・英文学を専攻したグループ（Ⓑ）であるといえる。
　Ⓐグループは熊本謙二郎を除けば，みな米国の大学を卒業あるいは修了している。専門はそれぞれ化学，植物学，建築学等々で，英語・英文学専攻というのはひとりもいない。英語教育に関連のありそうなところを挙げれば，浅田が神学を学んだ後に大学院で博言学を学び（Ph.D.取得），神田乃武と津田梅子が専門とは別に暫く師範学校で聴講したことである。いずれにしても彼らの留学

期間は長く，津田や神田のいわゆる日本語を忘れてしまう程というのは別にしても，短い方でも足かけ6年は米国で生活していたのである。津田と神田は母語以上に英語が使え，他の者も英語圏での生活になんら支障がないほどの英語の使い手であった。したがってこのグループは専門は英語ではないが，英語は英米人並の使い手であった，ということである。彼らが試験委員に任命されたときの勤務先は東京大学3名，第一高等中学校，高等師範学校，女子英学塾，東京外国語学校が各1名である。後に矢田部は東大から高師に，神田は高等商業学校（後身は東京商科大学）に移っている。熊本も神田の要請で，東京高師から学習院に移っている。津田は自身で女子英学塾を設立（1900年）する前は華族女学校・女子高等師範学校教授であった。

　この時期の委員として例外的であったのは熊本で，彼は東大予備門を経て帝国大学法科大学に入学するが，1年ならずして病気退学している。その後尋常中学校教諭をしているときに試験委員・高等師範学校教授矢田部に見いだされ，第三高等学校教授を経て高師教授となった。後に「理論の岡倉，実地の熊本」[19]と評判を取るが，矢田部はすでにそれを見抜いていたのかも知れない。そして熊本は急死した矢田部の後任として第13回委員となり第16回まで務めるが，その後は浅田が代わっている。その浅田が，次いで小島が辞めたあとに再び委員になるが（第28〜第32回），この時期になると日本で英語教育を受けて育ったⒷグループが委員に任命され始めるので，熊本にすればむしろこのときの方が委員として活躍できたのかも知れない。

　以上は，発足したばかりのわが国の高等教育機関がようやく輩出した人材が，未だ中堅の教育者や学者に成長しておらず，米国で正規の高等教育を受けて帰国した者が中心となって，文検「英語」を実施した時期であるといえる。

　茨木以下のⒷグループはほぼ全員が日本の高等教育機関で英語，英文学を専攻している。但し，市河三喜は東京帝大言語学科卒，木村ふみは神戸女学院専門部卒，文検英語科合格（第28回），米国ブリンモア大学卒である。委員の出身校と，参考のために委員任命時の所属を示せば次のようになり（かっこ内は人数），Ⓑグループでは東京帝大出身が圧倒的であったことが明瞭である。

〈出身校〉	〈委員任命時の勤務先〉
東京帝国大学（8）[注1]	東京帝国大学（4）
東京外国語学校（2）	東京高等師範学校（3）[注2]
東京高等師範学校（1）	東京女子高等師範学校（2）
女子高等師範学校（1）	東京外国語学校（2）
広島高等師範学校（1）	東京商科大学（2）[注3]
神戸女学院専門部・ブリンモア大学（1）	文部省督学官（1）

（注1）東京帝国大学には前身の東京大学，帝国大学も含む。また選科修了者1名も含む。
（注2）東京文理科大学1名を含む。
（注3）東京商科大学予科1名を含む。

　試験委員の構成を時代別に見ると，明治時代はⒶグループのみ，大正時代はⒶと，Ⓑのうち東京帝大と会話担当の岡田みつ（女高師），昭和時代になるとⒷグループのみとなり，東京帝大を中心に外語と高師，それに会話担当の木村ふみ（ブリンモア大）となる。

　試験委員と出題内容の関係であるが，日本人委員については明確な関係は見出せなかった。出題形式に限定して言えば，石川林四郎が目を引く。彼の作成する問題は当時から評判であったらしく，「石川氏は十幾年も英語教員検定試験委員の一人として特殊の試験問題を考案した[20]」とか，「大正十四年以来毎年教員検定委員として新工夫による問題で研究と教授の刷新を図つた[21]」などの記事が散見する。いくつかの問題を検討してみたが，きわめて正確な知識がなくては解けず，僥倖を期待できないという印象を受ける。例えば，資料編に収めた第52回本試験初日の筆答試験が石川の出題である。

2）外国人試験委員

　外国人委員は，ロイドが第18回に補助員として任命され，書取，会話等を担当したのが始まりで，以後一度も途切れることなく，戦前最終回までに9名が任命されている（戦後に任命のブライスについては上記日本人委員森下と同様除いておく）。彼らの学歴については判明しているものだけで言えば，ケンブリッジ大，エール大，シカゴ大等々の卒業であり，正規の高等教育を受けたうえで来日していることが知られる。彼らの任命時の勤務先を掲げれば，その傾向は日本人

委員と同様で東京帝大2名，東京高師3名，第一高等学校1名，文部省英語教授顧問1名となり（2名は不詳），こうしたことからも外人教師のなかでも，相応の者が文検の委員として任命されていたことが知られる。

彼らが文検「英語」で関わったのは書取，聴取作文，会話であったが，その出題に個性を発揮したのが，日本の英語教育の改善という明確な目的を持って来日したパーマーであった。彼の行った試験については第3節の5）で取り上げるのでそちらを参照されたい。

3）神田乃武

文検英語科の試験委員，あるいは文検「英語」を論ずる場合，その歴史の半分以上に中心的現役として関わり続けた神田乃武は，その影響力という点で，第一に取り上げられなくてはならない。文検英語科は戦前62回，戦後2回実施されたが，神田は第2回から第37回までのうち34回（第5回は委員と思われるが資料上確認できない。第14回（1900年度）は英語教授法研究のため英独へ留学中），積極的に関わってきた。第38回（1923年）も試験委員に命じられたが，肋膜に罹り，実際の試験には関わることなく，その年の12月に没した。

神田はアマースト・カレッジ留学中に，ちょうどその頃米国で評判を取り始めた自然教授法 Natural Method と称される外国語教授法に大きな感化を受けたといわれる。[22] そして彼は帰国数か月前の日記（1879年5月30日）に，教育に興味を持ったこと，そして帰国したらそれを実地に深めたいと記しているから[23]，その'教育'のなかにおそらく自然教授法も入っていたことであろう。

ところで神田が英独へ留学したことは上述したが，それはアマーストより帰国しておよそ20年後のことで，留学の主たる目的は，'the theory and practice of the so-called natural method of teaching foreign languages' の研究であったといわれる。[24] 米国で学んだ自然教授法をわが国で実践し奨励しながら，また英語教育の実態や文検受験生の現実を観察しながら，そうしたことを踏まえて，改めて同法の理論と実践（の方法）を深めるための留学であったのであろう。なお神田はこの留学中にハウスクネヒト Emil Hausknecht や，「言語教授は改

革しなくてはならない」(1882年)と教授法改革の烽火を挙げたフィエートル Wilhelm Viëtor，また教授法学者スイート Henry Sweet などと面会して意見交換している[25]。また神田は「当時行はれた語学教授法に関する書籍は殆んど悉く購入して帰」り，その量は「前後絶えて無かつた[26]」ほどであったという。いずれも日本の英語教育改善にかける神田の意気込みの表れと受けとめられる。

彼が研究した自然教授法は，Grammar-Translation Method に反対して提唱された方法で，幼児の母語習得の過程を外国語教授に適用した方法である。名前の由来もここにあり，Conversational Method とも言われる。程度の差こそあれグアンやバーリッツの教授法も同様の原理に立っている。その原理とは，母語への翻訳作業禁止，（したがって）実物・絵・身振りを活用する（実物教授），単語や語句は日常生活から選ぶ，話し言葉 spoken language に相当習熟するまでは読書 reading は避ける，文法事項は初期においては避ける，といったことである。

神田はそうした自然教授法の特徴を理解した上で，当時文法訳読法が支配的であったわが国の英語教育界に，次のように提案した。①聞くこと・話すこと・読むこと・書くことの4者は個別に教えるのではなく，相関連して教えること，②斉読（教師のあとについて音読する），③書取，④英英辞典の使用，⑤文法は文法として教えるのではなく，習慣と模倣によって習得させること，⑥英語会話の奨励，等々[27]。つまり神田は，教師がそうしたことを理解し，かつ指導できる英語力を身につけることを望んだのであった。

いまここで神田が教師に望んだことと，文検「英語」の出題内容とを具体的に比較して論じる紙数はないが，神田の片腕でもあった東京商科大学教授長岡拡（文検第19回合格者）の次の一文を引用しておきたい。「英語界の元老として文検試験委員としてあらゆる場合に，旧式の英語教授法（文法訳読法）を排して，自然法（自然教授法）の新血液を注射することに努力せられました。かくして我国に於いて英語教育の風潮は，この時代に於て一大廻転を為した，云々[28]」（かっこ内は引用者）。また東京高師教授，東京外語教授を歴任した本田増次郎は，「彼のやうな英語教師が外に五六人でもあつて指導の地位に立つたら，半世紀の実

験苦闘の後今頃となつて Palmer 氏に敬服したり恐怖したりする事はなかつたらう。」[29]と回顧している。こうした神田に対する評価は，彼が試験委員として文検「英語」に果たした役割を，よく示している。

第3節　試験問題の分析

1）第1回～第9回の試験問題

　まず選抜方式が予備試験・本試験の2段階になる以前の第9回までの試験問題の種類等を検討したい。文検受験問題集や『文部時報』に残されている問題から判断すれば，大方，「英文和訳」と「和文英訳」の学力が問われていたような印象を受ける（第1，2回は試験問題未見）。しかし第3回試験には 'Oral Translation'（口頭解釈）として160語程度の問題が出題されており（資料編参照），また第9回試験では3日間にわたって，和訳・英訳問題のほかに，「書取」「読書」「誤文訂正」「教授法」が実施されている。問題作成者神田乃武が詳細に書き残した第9回の試験問題は資料編に入れておいたが，読書とは，英文を一定時間下読みさせておいて，一人ずつ試験室に呼び入れ，音読させ，口頭で翻訳させ，文法を問い，内容について英問英答を行うという総合的な試験科目である。また誤文訂正は受験生の間違い答案を利用して行うもので，誤りを指摘させその理由を口頭で説明させる試験である。教授法とは，一人ずつ黒板を背にしていわゆる「教壇」に立たせ，生徒の前で授業を行うつもりで問題文を，①読ませ，②訳をさせる。③またあることを説明する，詳しく話す，という実演も行わせる。④そのあと問題文の翻訳や説明をめぐってさまざまの質問が試験委員より発せられる，というものである。

　こうした口述試験に類する問題は，英語という科目の性質を考えれば，他の回の試験においても実施されていたと見るのが妥当であるが，問題が残っていないのは，口述の試験内容を文字化して再現するのが困難，あるいは煩雑であったからであろう。

そうした事情と，第1節において推察したことであるが，第8回試験もおそらく第9回と同様の試験が行われたであろうということ，また文検開始期から試験委員として外山正一や神田乃武（第2節の3）を参照）が中心人物として深く関わっていたことなどを考慮すれば，文検「英語」は第1回から筆記試験および口述試験の双方を通して，総合的な英語学力を検定していたものと推測される。

第9回までの文検英語科受験生に期待されていた学力であるが，残されている試験問題が少なく，したがって数少ない情報からではあるが，ロングマンの「第4読本」，『正則文部省英語読本』（第5巻），アップルトンの「第5読本」，ディケンズの『クリスマスキャロル』，フランクリンの「自伝」などから出題されていたこと，そして当時の中学校において同様の教材や「ナショナル読本」，「スケッチブック」が使用されていたことから，受験生に要求されたレベルは，当時としてはおおむね適切であったと判断される。中学校のレベルや文検受験生のレベル，また社会状況等に変化があるので躊躇しないわけではないが，文検「英語」の後年の問題と単純に比較すれば，この時期のものはいくぶん易しかったといえよう。

なおこの時期に限らず，第10回以降も英語試験問題にはおおむね出典が記されていたこと，また『英語青年』などが出典に言及したため，受験生には文検「英語」が要求するレベルが予想でき，彼らの受験勉強には役立ったことであろう。

2）予備試験の問題

予備試験は「英文和訳」と「和文英訳」から成り，筆記試験によって「読むこと」「書くこと」という英語の基本的学力を検定するものであった。予備試験が始まった第10回（1897年）から第50回（1929年。資料編参照）までは，上述の和訳と英訳の2本立てで，その間に見られた変化というのは，問題量が回を追って漸増したということである。一定の試験時間内で問題量が増加したことは，その分高い学力が要求されるようになったということを意味するが，試験

問題は言語活動の4領域（聞く・話す・読む・書く）のうち「読むこと」および「書くこと」の2領域に限られていたから，問われた学力の領域という点では，そこには変化はなかったのである。

英文和訳は初期のうちは短文を4問前後，第23回以降は少々分量が増え60～70語の英文が3問前後か，あるいはそれらと短文の組合せであった（第26回において例外的に，'To make both ends meet'といった慣用句10箇が出題された）。第48回あたりから短文に代わって70語程度の英文が主体となり，回を追って英文の量が漸増し，部分訳も出題されるようになる。

和文英訳は初期のうちは200字程度の和文が1問とか70字程度のものが3問前後，総体で200字程度の和文が出題されていた。そして第28回あたりから300字を越えるようになり，次第に字数が増し，第50回では500字近くになっている。

試験時間であるが，初期の数回は和訳・英訳あわせて3時間であったが，以後は4時間（ただし，第25回は3時間半。また第73～第77回では問題ごとに時間を配分）となった。和訳にしても英訳にしても回が降るにつれて語数・字数が漸増するものの，試験時間は4時間と変わらなかったから，試験としては次第に難しくなったといえよう。

予備試験の問題が大きく変化するのは第52回（1930年。資料編参照）で，それまでの和訳・英訳に加えて，成句関係10問，発音記号を中心とする組合せ問題15問が出題されたが，その理由は判然としない。次の第54回（1931年）ではいったん従前の和訳と英訳の2本立てに戻るが，その次の第56回（1932年）からは品詞，語形変化，語法等々の問題が種々の形をとりながら出題されるようになる。殊に発音記号および単語・成句問題は最終回まで出題され続ける。こうした本試験で問われるような問題が一部とはいえ，予備試験に採り入れられるようになったのは，本試験の前に従来以上に幅広く学力を試そうとしたからに他ならない。このような現象は，「英語」の基本的学力とは何かという学力観の変化とも受けとめられる。和訳，英訳以外の試験問題に対して，「謂ば明日より直ちに教壇へ立つても生徒に教へられると云ふ様な速成的代用教員を養成するが如き試験内容観がある。」，また「英語を全体として訳する力少くともその

単語の知識があれば僥倖にも勝利を得る[30]」のは如何なものかと批判する声もあった。和訳と英訳を中心にして，語句・発音記号の知識も問うという形で予備試験は実施されていくが，しかし予備試験で求められた主たる学力は何かと問われれば，やはり「読むこと」「書くこと」という英語の基本的学力であったということになろう。

予備試験の程度であるが，予備試験が易しくて，本試験が難しいというのは当たらない。前者において筆記試験で基本的英語学力を測り，後者において筆記と口述で総合的な英語力を検定するというように，試験の目的が異なるからである。ただし，両方に出題の英文和訳を比較すれば，予備試験の方が難しいというのが受験生の感想であり，文検受験参考書の指摘するところである。

文検予備試験と他の試験の比較であるが，第54回（1931年）合格者の高須豊が著した『文検英語科の徹底的研究』（1934，大同館書店）は，「英文和訳は帝国大学入学試験，乃至高等文官外交科試験のそれと大差はない。たゞ出題傾向として文検の問題が全然文学的であるに反し，帝大入試は社会科学方面，高文外交科試験は時事問題に力点が置かれてゐる。但し和文英訳は帝大，高文とは到底比較できぬ程難解である[31]。」と述べている。この見解は各入試問題を比較してのものであり，その意味で文検試験問題の程度を推し量る貴重な一資料と言えよう。

3）本試験第1回試験の問題

本試験が第1回試験と第2回試験から成っていたことはすでに触れたが，試験形式は前者が筆記と口述，後者が口述であった。以下に試験科目の概略を掲げるが，「官報」では第25回以降は第1回試験については，試験科目ではなく，「筆記」「口述」といった試験の形式を示すようになったため，試験問題を参考にしながら科目名を当てておいた。また第2回試験の第14～第24回において「口述」というのが見えない。しかしこの間における試験委員の講評や受験記などから判断して，試験内容は他の回と変わるところはなかったから，「口述」の試験は行われていたと判断される。第2回試験については後述するが，大体の

	〈第1回試験〉	〈第2回試験〉
第10～第13回	書取，訳解，文法	口述，教授法
第14～第19回	書取，読書，文法	教授法
第20～第24回	書取，読方，文法	教授法
第25～第28回	書取，作文，読方	口述，教授法
第29～第48回	書取，作文，読方解釈文法	口述，教授法
第50～第78回	書取，作文，筆答試験	口述，教授法（「読方解釈文法」が第1回試験より移る）

　内容は教授の理論や実際（実演），誤文訂正，発音，会話などであった。
　「読書」については，本節の1）において，総合的な英語力を確かめる科目であると説明したが，実は「訳解」も「読方」も用語が異なるだけであり，内容は同様であると見ていい。「読方解釈文法」もまた同様であるが，三者が一体となっている試験内容を，より明確に表現する試験科目名に改めたものと考えられる。第50回より口述試験「読方解釈文法」が第2回試験へ移り，その後に「筆答試験」が設けられるが，この試験形式を表す「試験」の内容は，実は「読方解釈文法」の筆記試験版といったもので，問われている知識は基本的には変わりはない。したがって第1回試験を構成する試験科目を整理すれば，「書取」「作文」「読方解釈文法」となる。以下において各科目を検討し第1回試験で求められた知識，技能などを明らかにしたい。
　「書取 Dictation」は，受験生の作業としては，読まれる英文を聞き取ってそれを文字化するだけのように見えるが，実は書取は正確に意味を聞き取る，音・語・意味のまとまりを識別する，文法形式を認識する，正確に語を綴る等々の訓練になるといわれている。したがって書取ができないということは，そうした能力や知識に欠けるというばかりでなく，音声面を中心とする基本的な英語力が身に付いていないということを意味する。書取が本試験において最終回まで欠かすことなく実施されたのは，試験委員がそうしたことをよく認識していたからに他ならない。
　書取の語数は150～200語前後であるが，第52回以降は300語を越えることもあった。出典は，問題に付記されているものから拾えば，雑誌，文学作品，学

術書などであり，そこに何かの傾向があるということはなかった。書取の質ということから言えば，第39回から，それまでの長文から，短文で早口の書取 Rapid Dictation になったことである。短文書取は聞き取りの困難な箇所があっても前後の文からの推測がきかないこと，また早口であるため，音の「同化」や「脱落」が生じて聞き取りが一層困難になることから，難易度は高くなると言える（第40回はその好例）。この形式は第43回まで続くが，その1回当たりの問題数は15〜20問であった。第44〜第54回は再び長文（200〜300語程度）に戻るが，第56回からは自然な速度 normal speed で読む長文と早口の短文との組合せとなる。

書取は従来神田乃武が担当であったと推測されるが[32]，第18回以降は外国人委員の担当となった。ともかく音声方面は文検独学者の弱点であり，受験記を見ると，担当が予想される外人委員の講習会に出るのがいいとか，レコードを聴くのがいいとかの忠告が多く見られる。

第60回本試験の書取の感想を求められたパーマーは，「Dictation が意外の好成績になつたのは，受験者がたとへ一日五分間でも，JOAK の放送によつて spoken English を聞く便宜を得てゐることに余程基因してゐると思ふ。」，さらに「英語教員の学力の標準を高める為の次の step は，発音及び informal spoken English の実力をもつと厳しく判定することである。」と述べた後，bald と bold，lice と rice，seas と seeds の区別がつかなかったり，試験委員が発音する英文をおうむ返しに繰り返せない程度の学力では，「己を英語に入る何よりの手引きと頼む何千の生徒の教師になるわけには行かない。いかにその "book-learning," "eye-knowledge" が勝れてゐようとも，speech skills（skills of hearing, imitating, & reproducing）の試験で相当の成績を示し得ないものは，教員となる資格は得られないであらう。」[33]と語っている。

本試験における「作文 Composition」というのは，パラフレーズとか聴取作文である。試験問題に沿って説明すれば，前者は英詩を読んで意訳するもので，「読む」「書く」の学力が要求される試験であった。後者は英語スピーチを聞いてその大意を英語で書くというもので，「聞く」「書く」の英語力を問われる

Hearing and Written Comprehension の試験であった。ときにスピーチを聞いて自分の意見もあわせて記せという作文 Hearing and Composition の出題されることもあった（第42回など）。したがって予備試験における和文英訳とは異なる「書く」試験であった。

たしかに本試験にも英訳はあったが，それは文法問題の一環をなすもので，例えば未来完了形の知識を試すために「私ハ来ル五月デ丁度十年東京ニ居リマス」（第13回）の英訳をさせるといった類である。試験の目的が異なるので比較しかねるが，こうした英訳問題を予備試験のものと比べれば易しいといえよう。本試験の作文も最初の内はこの種の英訳だけであったが，第14回に one sentence のパラフレーズが，そして第17回に英詩のパラフレーズが出題されてこれが続くようになると，いわゆる和文を英訳する問題は次第に姿を消していく。

英詩のパラフレーズを中止し，英詩を読んでその思想・思潮を英語で書く試験 Reading and Written Comprehension になるのが第27回である。中止の理由は小島憲之委員によれば，英詩に「現はれたる語句を転置して形ばかりの prose 体にする位に止まつて兎角要領を得ないのが多」くなったからであった。受験テクニックというか，小手先のテクニックに走る傾向が強まり，肝心の英語力の有無を判断する試験にならなくなった，というのであろう。

作文が質的に大きく変化したのは第29回からで，「スキフト教授は二十分間英語の将来に及ぼす戦争の結果に就て演ぶ(デカ)。受験者は之を聴き取りて其の大意を英文で書く[35]」とあるように，従来の英語を「読んで書く」から，英語を「聞いて書く」という形になった。音声重視への転換に他ならないが，この聴取力と作文力の両方を評価できる方法は，以後最終回まで続くことになる。委員がこれを試験として有効であると認めたためであろう。

「読方解釈文法 Reading, Translation and Grammar」は総合的な英語力を問う口述試験で，本節の１）でも触れたが，この試験は別室で200語前後の英文を手渡し，15分程度の下見をさせたあと，１人ずつ試験委員たちの前に呼び出して行われるもので，音読と訳をさせた後，大意や意味，文法などを詳細にし

かも立て続けに問いかける。そして学力だけではなく、教員としての人物試験も加味されていたから、受験参考書によっては「この科目が最も難関」[36]と位置づけるものもあった。

この「読方解釈文法」が第50回から第2回試験に移り、代わりに同回から、第1回試験に「筆答試験」が導入された。試験問題は部分訳、語句の訳、詩の韻やパラフレーズ、文法、アクセント、発音記号など多彩な内容となっているが、先に述べたように「読方解釈文法」の筆記試験版と言ってよい。第1回試験から口述試験が姿を消したのである。

4）本試験第2回試験の問題

第2回試験は既述のように「口述、教授法」であり、委員全員の前に受験生1人ずつが呼び出されて行われた。試験内容は「教授法」（口頭で英語全般の知識を問うもの）と、いわゆる「会話」である。前者については発音（図解も含む）、文法、誤文訂正、教授法（新教授法、グアン・メソッド、実物教授法、文法教授法、入門期の教授法）等々が問われ、答える内容はもとより、説明の仕方や板書も評価の対象となった。一例として第24回の教授法の報告を掲げておく。

教授法の試験に於ては四人の試験官の控へたる一室に一人宛呼び入れ、第一に某中学の生徒の物したる次の誤文を見せ、其の訂正文を黒板に書かしめ其の訂正の理由を問ふ。

    I did not call on you for many past weeks according that the poverty have not leisure.

［according that 以下は貧乏暇なしの意を表はさんとしたるもの］而して受験者の黒板に書きたる訂正文に就き筆蹟の巧拙を見るは勿論の事なり。此の誤文訂正終れば試験官は更に yes と no との用法を生徒に適切に飲み込ます心得如何と問ひ、又 onomatopoeia とは何か、知れる丈け其例を列挙せよと問ふ。次に Shakespeare と其家とを写せる絵葉書を示し其の観察する所を describe せしめ、誰の肖像なるかと問ふ、之れ会話の試験にして、之に

因みて Shakespeare の作を読みしかと問ひ，其作中の人物の性格，其作の筋を問ふ。之れにて教授法の試験終はる。[37)]

ところでこの報告からも判断されるが，一応「教授法」から「会話」という順序はあるものの，同じ試験委員のもとで2科目が続けて行われることから，試験が入り交じってしまうことが少なくなかったようである。

しかし第28回からは「教授法」（誤文訂正，発音・発音記号，文法他。第20回以降は誤文訂正がその中心となった）と「会話」が，委員2組2室に分かれて行われるようになり，さらに第52回から戦前最終回の第78回までは，「読方解釈文法」，「発音・読方・文法他」，「会話」が3組3室に分かれて行われるようになる。試験問題を見ていると，領域が細分化されるにつれて難易度が高くなっていくのが知られる。

「会話」について少し触れておきたい。この試験ではよく西洋の絵が用いられたが，そのことを確認できる最初は現在のところ第22回である。目的は西洋の生活・風俗・文学などを英語で説明 explanation させ，あわせて発表力 presentation や表現力 interpretation を見ようとするためであったが，質問からも察せられるように英米事情や文学の知識も要求していたことが知られる（資料編の第31回本試験問題参照）。

本試験の試験科目を概観したが，「読むこと」「書くこと」についての基本的学力を保証された予備試験合格者を対象とする本試験は，もっぱら音声面を中心に，聞き・話し・読み・書くという言語の4技能を総合的に試し，併せて文法事項等の説明や板書の仕方などをとおして，実際的・具体的な教え方等々の力を検定しようとしていたのである。

5）ネイティブ・スピーカーの「加入」による本試験への影響

英語を母語とするいわゆるネイティブ・スピーカー native speaker が，試験委員の補助員として本試験に関わるようになったのは，第18回（1905年）からである。[38)] わが国の国家試験に彼ら外国人を加えたのは，彼らが担当した「書

取」「会話」「作文」などの科目から推して，生の英語で受験生の音声面の学力を試すためであったのであろう。生の英語による試験であるため，受験対策上はネイティブ・スピーカーに直接学ぶのが得策であったが，しかしそうしたことは殊に地方在住の受験生にはなかなか困難なことであった。受験記などによれば，彼らはネイティブ・スピーカーのいる私塾や教会を苦労して探し求めたようであるが，英語学習レコード（1929年，パーマー吹込みが最初）やラジオ放送（例えばNHKのカレント・トピックス，1932年，最初の放送者はパーマー）が利用できるようになると，それらで耳や口の訓練をして本試験に備えたのである。音声の領域は独学者のもっとも苦しんだところであるが，しかし上述のようなことによって音声面に通じた教員がつくられていった。

　外国人試験委員は第18～第81回の間に計10人（パーマーが病気のため1日だけ手伝ったBlunden, E. C. は除く）が任命されているが，その中で特に触れておかなければならないのは，'日本の英語教育の改善'という明確な目的を持って来日したパーマー Palmer, Harold E. である。彼の来日は1922（大正11）年3月で，それは澤柳政太郎，松方幸次郎，木下正雄の尽力の結果で，日本の英語教育・教授法の改善を依頼されてのことであったが，彼自身もまた教授法学者として並々ならぬ決意を抱いていた。来日後ただちに文部省英語教授顧問に任ぜられ，早速その年に実施の第36回文検本試験において書取・作文・会話を担当している。作文＝聴取作文に彼の英語教育についての考え，あるいは意気込みがよく出ており，彼が出題した全11回のテーマ，あるいは内容（テーマが不明の場合，問題の内容より推し量った）を掲げておく。

○英語発音の困難点とその分析，対策，といった内容（第36回）
○発音の効用，といった内容（第37回）
○ What is the function of grammar ？（第38回）
○ Basic speech material ／ Derivative speech material （第39回）
○ Oral Method and Conversation Method （第40回）
○ Plain English （第41回）

○試験について，といった内容（第42回）

○①与えられた語句や英文を用いて，一定の条件に従って作文や書換えを行う問題（16箇程度の英文を書くことになる）。②読書の目的，といった内容（第43回）

○①The Essentials of Language and Language-Learning. ②The Comparative Value of Various Aims of Education.（第56回）

○ The Place of "Grammar" in Language Teaching（第58回）

○ Two Ways of Looking at Language Teaching（第60回）

　第42，第43回を除けば，直接英語教育・教授に関わるテーマで，しかも'オーラル・メソッド'はパーマー自身が開発した教授法である。また書取においても発音指導上重要な最小対立 Minimal Pairs，音の同化，弱形などを工夫して採り入れていることなどから，彼が文検受験生に，音声重視の新しい英語教授法を学ばせようとしていたことが知られる。他の外人委員も教職に関係はしていたが，パーマーのように英語教授法研究者でなかったからであろうが，その取り上げるテーマはパーマーの前後から拾えば，例えば Women's Work in the World War（第31回），The Weak Point of Modern Civilization（第33回），Scientific Progress and the Travel for Education（第65回）といったもので，一般的な内容が多かった。

　彼が英語教授研究所を拠点に，また東京帝国大学，東京高等師範学校などでの講演や，現職の英語教師対象の講習会活動を通して，また東京高師付属中学での実験授業，あるいは東京外国語学校・東京文理大に出講して，音声を重視するオーラル・メソッドを広めることで，日本の英語教育の改善に取り組んでいたことはよく知られている。そしてパーマーは，文検受験生に対しても音声重視の新しい英語教授法を学ぶことを求め，彼らの力も借りながら，わが国の英語教育の改善を図ろうとしていたのであった。

小　括

　文検英語科は文字通り実力のある教師を作り出した。その社会的評価は高く，制度発足十数年で，教師になるならないにかかわらず，自分の学力を立証するために受験するという者が現れはじめ，文検英語科は一種のステータス・シンボルとして見られるまでになっていた。

　近代外国語教育・教授法の発展如何のバロメーターは「音声」である。もちろんこのことは，わが国の英語教育にとっても当てはまる。文検英語科の初期の委員が英語を母語同然に使用できたこと，そしてその中に外山正一や神田乃武という訓練重視，音声重視の進歩的教授法の実践者がいたことは僥倖であった。ことに神田は文検英語科全64回のうち半分以上に中心的委員として参画し，文検「英語」の内容と形式を理想的に調えていった。その成果は，例えば1902年に「刮目すべきもの」と評された「教授要目」が定められるが，そこで示された内容は，すでに文検「英語」では受験生に対して出題されていたことなどに見ることができよう。

　その後の試験委員もわが国の英語教育界の先導者たちばかりであったことから，受験生には常に理想的な教師としての専門教養を求め続けた。彼らもまたそうしたことに応えたから，文検英語科出身の教師には実力があるとの評価が定まったのであろう。本章では取り上げなかったが，事実彼らの中には，わが国の英語教育の発展に寄与した者は少なくない。[39]

　彼ら文検英語科受験生に弱点があったとすれば，神田乃武や市河三喜などの試験委員がよく口にした，英語の知識はおおむね問題ないので，もっと一般的知識をつけるべきだ，ということであろう（「英語以外のことを知らうとする者が少ないやうである。（中略）一般の智識を得んとするcuriosityに乏しい，と思ふ。」[40]—市河三喜）。このことを独学の限界であるとは言えないが，しかし独学者の陥りがちなことではあった。

注 ────────

1) 『英語青年』94-1, 研究社, 1948年, 31頁。
2) 外山正一『教育制度論』(『ゝ山存稿』前編, 丸善, 1909年, 所収) 691〜695頁。
3) 『英語青年』8-9, 英語青年社, 1902年, 17頁。
4) 『英語青年』13-2, 英語青年社, 1905年, 37頁。
5) 桜井役『中学教育史稿』臨川書店, 1975年復刻。桜井は「寺田勇吉経歴談」より, 文検を予備試験と本試験に分けた経緯を引用している (370頁)。
6) 『官報』(明治29年3月31日) には英語科の試験日は5月8日, 15日, 20日の3日間と告知されていたが, 試験科目は掲げられていなかった。科目は『尋常師範学校尋常中学校高等女学校教員検定試験問題集』(堀内政固編・出版, 1896年, 付録9〜11頁) による。
7) 『英語青年』76-9, 英語青年社, 1937年, 308頁。
8) 『英語青年』80-8, 英語青年社, 1939年, 245頁。
9) 北川三友・若山操『中学校師範学校高等女学校教員受験撮要』修学堂書店, 1912年。
10) 『英語青年』30-6, 英語青年社, 1913年, 189頁。
11) 松村幹男『明治期英語教育研究』辞游社, 1997年, 167〜168頁。これと同様の「福島県_{福島県}_{若松}中学校規則」(『_{福島県}安積中学校五十年史』同校編・発行, 1934年, 38〜39頁) を筆者も用いたことがあるが (『旧制高等学校史研究』14, 旧制高等学校資料保存会, 1977年, 27〜28頁), 松村氏の多数の同類規則の発見により, 全国的規模で当時の中学校の英語教育の状況が把握できることになった。
12) 同上書, 170〜172頁。
13) 外山正一『英語教授法』1897年 (『ゝ山存稿』前編, 丸善, 1909年, 所収, 172〜174頁。および本章第2節の3) 神田乃武の項参照。
14) 大村・高梨・出来『英語教育史資料』1, 東京法令出版, 1980年, 75頁。
15) 高梨健吉『日本英学史稿』東京法令出版, 1996年, 563頁。
16) 同上書, 564頁。
17) 前掲『ゝ山存稿』前編に所収。
18) 前掲『日本英学史稿』563〜564頁, 前掲『明治期英語教育研究』89頁以下。
19) 『英語青年』80-9, 英語青年社, 1939年, 271頁。
20) 『英語青年』82-1, 英語青年社, 1939年, 28頁。
21) 『英語青年』82-3, 英語青年社, 1939年, 82頁。
22) 神田記念事業委員会編, *Memorials of Naibu Kanda*, 刀江書院, 1927年, 29頁。
23) 同上書, 22頁。
24) 同上書, 29頁。
25) 前掲『明治期英語教育研究』180頁。
26) 長岡拡「神田乃武先生の略歴」(『英語青年』50-11, 英語青年社, 1924年, 324頁)。
27) 岸上英幹「英学者神田乃武の教授理論と言語観」『立教大学教育学科研究年報』27,

1984年3月，3～4頁．
28) （注）26)に同じ．
29) 本田増次郎「English-speaking に名誉づけた神田男」（『英語青年』50-12, 英語青年社，1924年，357頁）．
30) 実方清『最新指導 文検標準英語の研究』大同館書店，1931年，26～27頁．
31) 高須豊『文検英語科の徹底的研究』大同館書店，1934年，4頁．
32) 前掲，*Memorials of Naibu Kanda*, 178頁．および太田益太郎「文部省英語科教員検定試験難観」（『英語青年』8-9, 英語青年社，1902年，16頁．＊文検第16回受験記）．
33) 「Harold E. Palmer 氏談」（『英語青年』71-10, 英語青年社，1934年，353頁）．
34) 「小島教授の談片」（『英語青年』30-6, 英語青年社，1913年，188～189頁）．
35) 『英語青年』34-3, 英語青年社，1915年，91頁．
36) 前掲『最新指導 文検標準英語の研究』30頁．
37) 『英語青年』24-11, 英語青年社，1911年，270頁．この試験については他に，同誌に小島の談片，次号に受験記2本が掲載されている．それらを併せ見れば教授法の試験内容が一層明らかになる．
38) 「文部省英語検定受験者心得」（『英語青年』13-2, 英語青年社，1905年，37頁．＊神田乃武の談話）．
39) 文検出身英語教師の教育業績等の研究は，一部を除いて進んでいるとは言い難いが，例えば，茂住實男「文検英語科合格者一覧（回，氏名，族籍・願書進達地方庁」（『語学研究』100, 拓殖大学言語文化研究所，2002年）のなかに，すぐれた英語教師や英語教育研究者の名前を見い出すことは容易である．
40) 「市河教授談片」（『英語青年』44-4, 英語青年社，1920年，123頁）．

表2-2　文検「英語科」略年表

「文検」実施回 年　月　日	文　検　「英　語　科」	（尋常）師範学校中学校高等女学校の英語科の学科目／その他
1875		東京師範学校内に中学師範学科を設置（中等教員養成機関のはじまり）
1884-8-13	「文検」法制化	
第1回 1885-3-16 　　～4-17	「文検」第1回実施．選抜は1段階．試験科目は不詳．試験日特定できず	
1886		東京師範学校を高等師範学校とする
1886-6-22		学科として「第一外国語」（通常英語）「第二外国語」（通常独語もしくは仏語）が設置された．第一外国語の程度は，読方，訳解，講読，書取，会話，文法，作文，翻訳．週授業時数第1学年～第5学年：6-6-7-5-5（「尋常中学校ノ学科及其程度」）

注 **67**

第3回 1887-4-25 　　〜5-24	英文和訳，和文英訳の他に，Oral Translation（口頭解釈）問題が確認される。英訳問題がローマ字で出題	
1894-3-1		第二外国語を廃止，「外国語」の週授業時数増加：6-7-7-7-7（「改正尋常中学校ノ学科及其程度」）
1895		高師に英語専修科設置（主任矢田部良吉）
第10回 予1897-4-30 本1897-6-19/22	予備試験と本試験の2段階選抜となる 予備試験科目は英文和訳，和文英訳 本試験科目は第1回試験が書取，訳解，文法，第2回試験が口述，教授法	
1899		高師に英語部開設（校長矢田部良吉）
第14回 本1901-2-4/7	本試験に Paraphrase 問題初見（文法問題の一種として出題，12語からなる1文を与え意訳させる）	
1901-3-5		「第四条　外国語ハ普通ノ英語，独語又ハ仏語ヲ了解シ且之ヲ運用スルノ能ヲ得シメ兼テ知識ノ増進ニ資スルヲ以テ要旨トス 　外国語ハ発音，綴字ヨリ始メ簡単ナル文章ノ読方，訳解，書取，作文ヲ授ケ進ミテハ普通ノ文章ニ及ホシ又文法ノ大要，会話及習字ヲ授クヘシ」。7-7-7-7-6（「中学校令施行規則」）
1902-2-6		「発音，習字，綴字，読方，訳解，会話，作文，書取，文法」の分科と，各分科の程度と内容を定める。「教授上ノ注意」も示す。6-6-7-7-7（「中学校教授要目」）
1902		広島高等師範学校設立，高等師範学校を東京高等師範学校の改称
第17回 本1904-2-12/20	本試験に英詩の Paraphrase 問題（文法問題の一種として出題。第19回からは独立した問題として毎回本試験で出題されるようになる）	
第18回 本1905-2-17/22	「書取」「会話」の担当者として初めて外国人が試験の補助員として加わる	

1909-1-20			「中等学校ニ於ケル英語教授法調査委員報告」。音声優先の方針および4技能の分類と順次性が明示された点に特徴があるといわれる。委員7名のうち神田・浅田は当時文検試験委員，岡倉は後に委員となる
第22回本1909-2-17/24	本試験の「教授法」において，絵（絵葉書）を用いて英語による説明力あるいは会話力を測る	←会話等の試験で絵を用いたことの確認できる最初	
1911-7-31			発音，綴字，読方及訳解，話方及作文，書取，習字，文法。「注意」では発音重視し，直接教授法を指示している。6-7-7-7-7（「改正中学校教授要目」）
第25回本1912-2-19/23	「パラフレーズ」を止め「作文」（作文題 On the qualifications of the Teacher of English）となる		
第27回本1913-11-24/29	第26回で1度復活した「パラフレーズ」を止め，再び「作文」となるが，その方法は英詩を読んで思うところを英語で書くもの		
第29回本1915-10-20/23	「作文」が英語スピーチを聞き，その大意を英語で書く方式となる（音声重視のあらわれか）。以後この方式が続く。また「読方解釈文法」という統合的な科目を導入		
1916			神田乃武，Kanda's Crown Readersを著し，発音記号IPAを初めて採用
第36回本1922-9-27/28〜10-2	パーマー，試験委員に加わる。オーラル・メソッドに関わる問題をしばしば出題。委員として第36〜43回，第56, 58, 60回の計11回をつとめる		
第37回本1923-2-23/24/27	発音記号問題出題		
第39回本1924-1-7/8/13	「書取」が短文で行われるようになり，より聴取力が必要となる。第43回まで続く		
第40回本1924-6-23/24/28	発音記号が大量に出題（出題は岡倉・市河）。約120語からなる英文が発音記号で出題されそれを読む		

第44回 本 1926-7- 1/2/3/9	この回あたりから試験問題が多種多様となり複雑さを増す。出題者は石川林四郎といわれる	
第52回 予1930-5-1	これまで英文和訳と和文英訳の2種類であった予備試験の問題が大きく変化（短句問題，発音記号を用いた問題等が導入）	
第54回 予1931-5-11	予備試験の英文和訳問題に部分訳が出題	第56回以降79回までは，52回と54回を合わせたような問題。第81回は斬新的である
1931-2-7		外国語ハ発音・綴字・聴方，読方及解釈，話方及作文，書取・文法・習字ヲ課シ了解・発表ノ二方面ニ互リテ互ニ聯絡シテ之ヲ授クルモノトス（「改正中学校教授要目」）。外国語の程度は従前のものと大差ないが，「注意」で，直接教授法指示が削除された
1932		従前の「英語」「仏語」「独語」という学科目が「外国語」に統合・改称。支那語も加わる（「師範学校中学校高等女学校教員検定規程」）
1943-3-2		「外国語科ハ外国語ノ理解力及発表力ヲ養ヒ外国ノ事情ニ関スル正シキ認識ヲ得シメ国民的自覚ニ資スルヲ以テ要旨トス」（「中学校規程」「高等女学校規程」）
1943-3-25		聴方及話方・読書・作文。以上の分科を示した後，「読書ニ於テハ読方・解釈・書取・諳誦ヲ課スベシ」としている。また第3学年において「文法ノ大要」を課すべしとしている。中学4-4-4-4, 高女2(3)-2(3)-2(3)-2(3)（中学校および高等女学校「教科教授及修練指導要目」）。「教授上ノ注意」では各分科の総合的授業を目指していて注目すべき
1944-1-22		予備試験に副科目が新設。外国語の副科目は「国民科国語」（「中学校高等女学校教員検定規程」）

＊「本」は本試験，「予」は予備試験を表す。

70　第2章　「英語」の試験問題とその分析

表2-3　文検「英語」

実施年	85	86	87	88	91	93	94	95	96	97	98	99	99/00/01/02	00	01	02	03/04	04	05/06	06	07/08	08	09/10	10	11/12	12	13	14	15	16	17	18	19	20
回数	1	2	3	4	5	6	7	8	9	10	11	12	13	14	15	16	17	18	19	20	21	22	23	24	25	26	27	28	29	30	31	32	33	34
外山　正一	●	●	●	●		●	●																											
矢田部良吉	◎	●	●	●				●	●	●	●	●																						
神田　乃武		●	●	●		●	●	●	●	●	●	●	●			●	●	●	●	●	●	●	●	●	●	●	●	●	●	●	◎	●	●	●
小島　憲之								●	●	●	●	●	●			●	●	●	●	●	●	●	●	●	●	●								
熊本謙二郎												●	●														●	●	●	◎				
津田　梅子														●	●	●														●	◎			
浅田　栄次																	●	●	●	●	●	●	●	●	●									
茨木清次郎																											●	●	●	●	◎			
岡田　みつ																																●	●	●
岡倉由三郎													国	国																		●	●	
市河　三喜																																●	●	
石川林四郎																																		
片山　寛																																		
上條　辰蔵																																		
沢村寅二郎																																		
斎藤　勇																																		
木村　ふみ																																		
牧　一																																		
井手　義行																																		
福原麟太郎																																		
中野　好夫																																		
森下　捨已																																		
A. Lloyd																	◎	◎	◎	◎	◎	◎												
J. T. Swift																										◎	◎	◎	◎	◎	◎		◎	◎
W. Clement																														◎				
H. E. Palmer																																		
N. H. Blanch																																		
A.del Re																																		
A.F. Thomas																																		
A.S. Hornby																																		
Clarke																																		
R. H. Blyth																																		

(注1)　文検試験委員を●，◎印で示した。
(注2)　●印は船寄俊雄氏の『官報』調査結果による。なお第18回試験以降は委員は『英語青年』にも掲げられており，参考のためにそれも使用した。双方に見える場合は●印のままとし，『英語青年』その他に見えるが，船寄氏調査に見えない場合は◎印とした。
(注3)　第18回 Lloyd について，『英語青年』(13-2) は，「本年は文部省に於ても見る所があり，帝国大学講師のLloyd 氏を此の試験の補助員として嘱託され書取会話等は同氏の担当であつた」という神田乃武の談話を載せている。

科」試験委員一覧

実施年	21	22	22/23	23/24	23	24	24	25	25	26	26	27	28	29	30	31	32	33	34	35	36	37	38	39/40	40/41	41	42/43	43	47	48/49	
回数	35	36	37	38	39	40	41	42	43	44	45	46	48	50	52	54	56	58	60	63	65	67	69	71	73	75	77	78	79	81	
外山 正一																															
矢田部良吉																															
神田 乃武	●	●	●	●																											
小島 憲之																															
熊本謙二郎																															
津田 梅子																															
浅田 栄次																															
茨木清次郎																															
岡田 みつ	●	●	●	●	●	●	●	●	●	●	●	●	●	●	●	●															
岡倉由三郎	●	●	●	●	●	●	●	●	●	●	●	●	●																		
市河 三喜	●	●	●	●	●	●	●	●	●	●	●	●	●	●	●	●	●	●	●	●											
石川林四郎					●	●	●	●	●	●	●	●	●	●	●	●	●	●	●												
片山 寛								●	●	●	●	●	●	●	●	●	●	●													
上條辰蔵												●	●	●																	
沢村寅二郎													●	●	●																
斎藤 勇															●	●	●	●	●	●											
木村 ふみ														●	●	●	●	●	●	●	●	●	●							○	○
牧 一																●	●	●	●	●	●										
井手 義行																			●	●	●	●	●	●						○	
福原麟太郎																			●	●	●	●	○								
中野 好夫																						●	●	○							
森下 捨巳																								○							
A. Lloyd																															
J. T. Swift	○								○	○																					
W. Clement																															
H. E. Palmer		○	○	○	○	○	○	○							○	○	○														
N. H. Blanch										○		○	○																		
A. del Re												○																			
A. F. Thomas																○			○	○											
A. S. Hornby																				◎	◎	◎	◎								
Clarke																											○	○			
R. H. Blyth																													○	○	

（注4）神田乃武は第35回本試験中は渡米で，また第38回本試験は病気でそれぞれ欠席。
（注5）第40回本試験第3日目，パーマーが病気のため，Blunden, E. C.（帝国大学講師）が代わりを務めた。
（注6）第50回本試験は，片山寛が病気のため，上條辰蔵が代わりを務めた。
（注7）岡倉由三郎の第11，12回の箇所に「国」としたのは，国語の試験委員であったことを示す。
（注8）本一覧は，例えば第5回，第14回などを見ても分かるようにまだ不十分なものである。

第3章 「数学」の試験問題とその分析

　「文検数学科」は，個性的な教師を生んできた。全国師範学校中学校高等女学校数学科教員協議会において教師の研究活動の連帯を訴えた樺正董（第1回合格）。東京物理学校の第1回卒業生として草創期の広島高等師範学校を支えた波木井九十郎（第2回合格）。和算の文化的特質を芸と言い当てた数学史家の三上義夫（第13回合格）。「解式暗誦万能主義の打破」を訴えて『考へ方』を発刊した藤森良蔵（第21回合格）[1]。ディオファンタス近似論で知られる森本清吾（第32回合格）。『数理哲学序説』（B.ラッセル）の翻訳者であり戦後は日本数学教育学会の副会長・会長を歴任した平野智治（第37回合格）。彼らをはじめとする1500人に及ぶ「文検数学科」合格者は，どのような受験勉強を行い，いかなる試験問題との格闘の末に，免許状を得たのだろうか。この問いを追究することを通して，戦前に培われた教師文化の一端に光を当てたい[2]。

第1節　制度的変遷

　数学科の試験問題や受験者の勉強の進め方を見ていくのに先立ち，「文検数学科」が65年間にたどった制度的変遷を確認しておきたい。先にあげた樺，藤森，平野の三者は，同じ「文検」を受けたといっても，出願した免許状の種別や試験の回数は異なっていたからである。
　他の学科目と同様，数学科においても，選抜が一段階から二段階に移行した1897年（第10回）は重要な画期をなしていた。数学科の場合，さらに，「文検」合格を通して取得できる免許状が「算術代数幾何」「三角法」「解析幾何」「微分積分」などに細分化されていた第34回までと，免許状が「数学」に一本化された第35回以降の間に断層が存在した（以下，免許状や試験科目の名称を指す場合

には「」を付し，数学における分野を指す場合には「」を付さず単に算術などと表記した）。したがって，戦前の「文検数学科」は，第9回までの第1期，第10回から第34回までの第2期，およびそれ以後の第3期の三つの時期に分けられる。さらに，戦前における予備試験の合格者のみを対象とした戦後の第81回（1949年，本試験のみ）を第4期とすれば，「文検数学科」の65年間は大きく四つの時期に区分できる。上記の樺，藤森，平野は，それぞれ第1期・第2期・第3期の受験者を代表していた。なお，本章では，試験問題が入手できた第3期までを検討対象とし，第4期を含めた「文検数学科」の全貌の解明は後日を期したい。

「文検」の発足当初，数学に類する検定学科目としては，「算術」「代数」「幾何」「三角法」「代数幾何」の五種が置かれていた（この他「測量」があったが，これは本章では扱わない）。このうち，「代数幾何」は第3回から「解析幾何」と改称され，以後第2期にわたって「解析幾何」の名称が定着する。また，少なくとも第4回以後，これら5種の学科目に「微分積分」が加わったことが確認される[3]。免許状の種別は，少なくとも最初の2回に関しては「算術」「代数」など全くの分科別に出されていたが[4]，その後は，「算術」「代数」「幾何」の合格が免許状取得の最低条件となり，それに伴って，「文検」で取得できる免許状は，「算術代数幾何」「三角法」「解析幾何」「微分積分」の四種に改められた。

第10回から「文検」に予備試験が導入されると，数学科では，予備試験として「算術」「代数」「幾何」の筆記試験が課せられることになった。これらの試験は，免許状「算術代数幾何」の志願者のみを対象としたものであり，「三角法」などそれ以外の免許状の志願者に関する検定は，従来通り一段階（本試験のみ）で行われた。また，「算術代数幾何」「三角法」「解析幾何」「微分積分」からなる免許状の種別は，第1期から変わりなかったが，根生誠も述べている通り，第2期には，この四種の免許状が段階的な関係に置かれることになった[5]。すなわち1901年の文部省令第12号は，出願の単位を「算術代数幾何」「三角法」「解析幾何」「微分積分」の4部とし，「三角法ハ算術代数幾何ニ解析幾何ハ三角法ニ微分積分ハ解析幾何ニ合格シタル上ニアラサレハ検定ヲ行ハス」[6]と規定している。結果として，数学科の免許状は，高等女学校などの教育内容を

扱う最低水準の免許状（「算術代数幾何」），中学校の教育内容全般を対象とした免許状（「三角法」），および高等師範学校の教育内容に対応した免許状（「解析幾何」「微分積分」）の4段階に区分された。この制度のもとで，藤森は，「算術代数幾何」の免許状と「三角法」の免許状を取得し，森本は，1918年に「算術代数幾何」の免許状を取得し，翌年には「三角法」の免許状，翌々年には「解析幾何」「微分積分」の免許状を取得している[7]。

「文検」の最初の2回を除いて，数学科合格の最低基準はながらく「算術代数幾何」の合格であった。これが改められたのは1920年である。このとき，「数学ハ算術，代数，幾何，三角法及高等数学初歩ニ就キ検定ス」（文部省令第9号）と定められ，それまで「算術代数幾何」から「微分積分」に至る4段階で構成されていた数学科の免許状は，「数学」一種に統合された。それにともなって，算術・代数・幾何に出題範囲が限られていた予備試験は，三角法，解析幾何，微分積分の内容を含む包括的な試験に変わった。

第2節　第1期の試験問題（1885年第1回〜1896年第9回）

「文検数学科」の試験は，数学的内容に関する筆記試験と口述試験を中心に構成されていた。筆記試験が，もっぱら数学的な概念や定理の理解や運用能力を試したのに対し，口述試験は模擬授業の考査を兼ねていた。「算術」に関しては，筆記・口述の試験に加えて，珠算の実技試験が課せられることがあった。以上の通り，「文検数学科」の試験の様式は，筆記と口述を中心とする型で安定していたが，その両者が合否の判定に占めた比重や設問の内容は，時代によって大きく変動していた。この変動が受験者の勉強の力点を左右したことは想像に難くない。そこで次に，試験問題の内容に焦点を当てることを通して，各々の時期の受験者に求められた学力とは何であったのかという問題を考察しよう。なお，樺正董，藤森良蔵，森本清吾が受験した第1回，第21回，第32回の問題，出題の様式が大きく変化した第33回の問題，および問題が入手できた最後の回である第75回の問題など主要な回の問題については，資料編に掲載した[8]。

76　第3章　「数学」の試験問題とその分析

　受験者にとって，第1回の検定試験に臨むことがどのような経験であったのかを，今日想像することは容易でない。いまだ初等教育機関から中等教育機関に接続するルートも確立されておらず，そもそも日本語で読める教科書すら整備されていない時代である。大学南校で学んでいた中條澄清や東京物理学校で教育を受けた波木井九十郎は幸運であったに違いない。樺は，中学校教諭を経験した後東京天文台に入り寺尾寿に数学を学んだとされており，初等幾何の研究で後に知られる澤山勇三郎は，独学の末，山口高等中学校教頭をしていた谷田部梅吉をたよって上京し，第4回の試験に合格したのであった[9]。

　よるべき道が限られていた彼らの取り組んだ問題とは，どのような問題であったのか。第1回を例にとろう。行論上「算術」の筆記試験の内容は後述するが，「算術」の口述試験では，「掛ケ算及ビ割リ算ノ定義」など演算の原理を問う理論的問題と「相場割（或ハ累乗同除）ニ関スル問題」など計算を中心とする問題の各1題が出題され，珠算の試験では，「四ツノ数ノ寄セ算」などの実演が求められている。「代数」では，三次式の整除性に関する問題（1番）など6題（筆記）が出題され，口述試験では一元一次方程式の解法などが問われている。「幾何」の筆記試験では，三角形の辺の長さと角の大きさの関係に関する証明（1番）など5題が出され，口述試験では，直線の定義や三角形の相似に関する定理の証明が問われた。「三角法」では，加法定理の証明（3番）などの5題と，三角形の辺や角を数値で与え残りの辺の長さを算出させる問題（「三角法応用」，1題）からなっていた。「代数幾何」では，二個の変数を含む一次方程式が直線を示すことの証明（1番）などの5題が出題されている。

　これらの中には，開平に関する問題（第1回「算術」3番）や比例や速さに関する問題（同4番，5番）など，第2期に頻出した問題も見られるが，ユークリッドの互除法の原理を問う以下の1番や小数の概念や演算の原理を問う2番（「小数トハ何ゾ」）など，この時期に特有な問題も多数を占めていた（〔　〕内引用者）。

1．或ル二ツノ整数アランニ
一，若シ最モ小サキ数ニテ最モ大ナル数ヲ除リ盡クシ得ベキ〔ト〕キハ此ノ

第2節　第1期の試験問題（1885年第1回〜1896年第9回）　77

　　二ツノ数ノ最大公約数ハ即チ此ノ最モ小サキ数ナリ
　二，若シ然ラザレバ此二ツノ数ノ最大公約数ハ最モ小サキ数ニテ最大ナル数
　　ヲ除リテ得ル所ノ剰余トノ最大公約数ニ等シ
　此二ツノ原則ヲ証明シ且ツ之ヲ適用シテ二ツノ数ノ最大公約数ヲ求ムルノ法
　　ヲ示セ

　この問題には，フランス流の数学を学んだ寺尾寿や野口保興によって1880年代後半に提唱された「理論流儀算術」の原型を見ることができる[10]。「理論流儀算術」の影響は，第7回以降薄まるとはいえ，第1期の重要な特徴をなしていた。この時期の試験委員の大半を占めたのは，寺尾をはじめとする東京大学仏語物理学科の卒業生（多くは東京物理学校の創設に当たる）である。イギリス，フランス，ドイツの教科書の移入が相次ぐ中で，彼らは，フランスの流れを汲む自らの「流儀ガ最モ今日ノ時世ニ適シテ居ツテ最モ善良ナル方法デアロウト信ジテ居」り，「其流儀ヲ世間ニ流布サセヤウト云フ精神」から，「奮ツテ試験委員ニ出タ」のであった[11]。東京物理学校卒業式でこのように語った寺尾寿校長こそ，「理論流儀算術」の代表作『中等教育算術教科書』（1888年）の著者であった。
　ところで，「小数トハ何ゾ」と直截に問うた「算術」の2番は，「理論流儀算術」の影響を受けた問題の一つであるが，この問題に見られる原理的な問いかけは「算術」に限られたわけではなかった。むしろ，公式を適用して複雑な問題を解く能力よりも，数学的な概念や公式の基本的な理解が重視された点は，「算術」以外にも広く見られる第1期の特徴であった。例えば，「代数」では $(x-a)^{10}$ の第8項を求める二項定理の問題が出され，「三角法」では加法定理や余弦定理を導く問題が出され，「代数幾何」では三円の根軸が共点であることの証明が求められている（いずれも第1回）。「幾何」では「両三角形アリ甲ノ二辺各ニ乙ノ二辺ニ等シク而シテ甲ノ此二辺ノ夾ム所ノ角ハ乙ノ此二辺ニ〔夾〕ム所ノ角ヨリ大ナリ然ルトキハ甲ノ第三辺ハ乙ノ第三辺ヨリ大ナルコトヲ論証スベシ」という問題が出されている。これらは，「代数幾何」の問題を除けば，1900年前後には中学校・師範学校の教科書に現れる問題であり，問題というよ

りは定理や公式に近い。

　これらの問題が頻出したことは，受験者の数学的教養の低さを示していた。しかし他面において，これらの出題は，問題を解く手続きの習熟に傾斜して原理の理解を疎かにする学びに対する出題者の警告ではなかったか。寺尾は，定義や証明のない問題集形式の教科書を批判して，理論を体系的に理解することの重要性を主張しており，菊池は，「理学之説」（1884年）において「証拠」がない場合には何ごとも信じてはならないと語っていた。自らの「流儀ヲ世間ニ流布サセヤウ」という先の寺尾の発言には，使命感をも帯びた啓蒙的意識が認められるが，この意識は試験委員に共有されていた。初期の「文検」は，彼らによる啓蒙的な理学普及活動の一翼を担っていたのである。

　菊池や寺尾の理学普及活動は，言語や習慣の改革など，社会の全面的な変革に広がっていた。初期に限られるとはいえ，「授業法」の筆記試験が第1期に行われたことは，彼らの活動の射程の広さと無関係ではないだろう。例えば，第1回の「算術」では，「中学校或ハ師範学校ノ生徒ニ始メテ分数ノ何物タルコトヲ説キ明カストキノ順序及方法ヲ詳記セヨ」という問いが出され，第2回の「幾何」では，平行線の定義と性質を「如何ナル順序ニ授クルヤ」が問われている。

　もっとも，「授業法」の試験は，物理学など他の学科目でも導入されており，数学科に限られるものではなかった。しかも，物理学の場合，教案作りを中心とした「授業法」の筆記試験が後年まで受け継がれたのに対し，数学科では，「授業法」の試験は数年にして消えている。後述の通り数学科の場合，「授業法」の考査は口述試験に組み込まれたと言えなくもないが，口述試験では一つの問題の解を試験委員の前で説明することが求められたに過ぎず，「分数」の導入方法など，単独の問題の解法に還元できない複数の授業にわたる教育内容の構成法が問われたわけではなかった。説明の手順という原初的な意識であれ，カリキュラムに関する思想が芽生えていた点は，第1期の特徴として挙げなければならない。

以上の通り，第1期の試験は，フランスの数学の影響が認められたこと，数学の概念や定理に関する理解が重視されたこと，および「授業法」の筆記試験が行われたことという三つの特徴を持っていた。この他に数学の用語の訳語に揺れが見られたことも，特徴の一つにあげてよい。第1期の受験者は，いまだ訳語が確定せず，ルビや追記によって原語を表示せざるをえなかった揺籃期の「文検」を経験したのであった。

 最後に，澤山の証言を元に，当時の口述試験の風景を再現しよう。彼は，第4回の様子を次のように語っている。

 口頭試問で菊池先生が"公理とは如何なるものか"と問われました。私は"実験あるいは経験によって得た真理を公理という"と答えましたら大層満足しておられたようでした。寺尾先生からは"銀行割引とはどんなものか"と問われ，私は"内外割引なら知っているが銀行割引というのは知らない"と答えました。……当時は文部省の教員免許状を有している者はまことに僅少なものでした。

 澤山が受験した第4回には，すでに「算術代数幾何」が数学科の免許状を出願する際の単位となっていた。口述試験に関しても，「算術」と「幾何」の試験がまとまって行われたことが分かる。

第3節　第2期の試験問題（1897年第10回〜1920年第34回）

 第2期に導入された予備試験では，「算術」「代数」「幾何」という三つの分科の試験にそれぞれ別の時間（2〜3時間）が割り当てられた。これに対し，本試験では，それらの分科の試験が統合されることがあった。例えば，第10回から第25回までは，算術と代数の問題が「算術代数幾何（午前之部）」という一つの試験科目に組み込まれている。第26回以後両者の試験が分離し，試験科目の編成が分科別に戻ったが，第33回になると，予備試験も含めて，算術・代数・

幾何の問題が「算術，代数，幾何」という単一の試験科目の中に組み込まれた。第2期の中でも第33回と第34回は，出題内容が第3期の内容に近くなっているため，この2回の検討は次節に回すことにしよう。第2期を便宜上，25回までの「前期」，第32回までの「中期」，それ以後の「後期」に三分すると，本節では，第2期の前期と中期の出題内容を考察することになる。

さて，第2期の出題に見られる特徴とは何であったか。約言すれば，それは，第1期に見られた三つの特徴が消失した点にあった。まず第2期には，第1期に見られた「理論流儀算術」の問題に代わって，歩合算及利息算，比及比例（速さ・混合），開平法に関する問題が頻出している。以下は，1900年第14回予備試験の問題である。

4．或人若干円ヲ以テ貨物ヲ購入シ，其ノ四分ノ三ヲ六千円ノ火災保険ニ付シ保険料トシテ百分ノ一半ヲ払ヘリ，間モナク火災ニ遇ヒテ保険ニ付シタル貨物ノ五分ノ二保険ニ付セザル貨物ノ五分ノ一ヲ失ヒ残余ヲ原価ヨリ二割高ク売払ヒテ結局百十円ノ利益ヲ得タリトイフ。全貨物ノ原価何程ナリシヤ。

寺尾の『中等教育算術教科書』だけを見ていた受験者は，この「火災保険」に関する出題に戸惑ったかもしれない。『中等教育算術教科書』には保険に関する記述がないからである。しかし大方の受験者にとって，この出題は驚くに当たらなかったのではなかろうか。というのも，「火災保険」や「保険料」などの主題は，過半の中学校・師範学校で使われていた藤沢利喜太郎の『算術教科書』（1896年）で詳しく取り上げられていたからである。[17]

「理論流儀算術」に容赦なき攻撃を加え，歩合算及利息算などの実用的な「算術」を重視した人こそ，第6回（1892年）から試験委員を務め，第15回（1901年）からは常任委員（～第35回）も務めた藤沢利喜太郎であった。彼は，『算術条目及教授法』（1895年）において，数の積の値は掛け合わせる順序によらないなどの基礎的な定理の証明は「算術」では扱うべきではないと主張している。彼が

この証明の例をあえて取り上げたのは，それの証明問題が第1回の口述試験（「算術」）に出題されていたことに対する当てつけだったのかも知れない。ともあれ，自らの「流儀」を世間に流布させようとした寺尾のもくろみは遮られ，藤沢によるイギリス流の算術が「文検」を支配することになった。

藤沢によるヘゲモニーの確立を物語る事例は，「算術」以外にも見出せる。例えば，$\frac{y}{z}+\frac{z}{y}=\frac{2a}{x}$，$\frac{z}{x}+\frac{x}{z}=\frac{2b}{y}$，$\frac{x}{y}+\frac{y}{x}=\frac{2c}{z}$という連立方程式の問題は，藤沢の『続初等代数学教科書』（1900年）に掲げられた問題だが，ここでの$2a, 2b, 2c$をそれぞれa, b, cに変えただけの問題が1912年第26回の「代数」（予備試験）に出題されている。菊池の影響と思われるが，「算術」に比べると「代数」は，「文検」の初期からイギリス流の傾向が強く，そのため出題傾向の時期的な特徴は明瞭ではない。しかし，第2期には，ここで引用した文字を係数とする連立方程式を解く問題（文字を追い出す問題を含む），数列や数学的帰納法に関する問題，数字係数の無理方程式ないし不等式あるいは分数方程式ないし不等式，二次式の極大極小，整式の整除性に関する問題などに関して典型的な問題が現れ，出題の標準化が進んでいた。第17回の予備試験1番，2番のように，かつて出された問題が再度出題されることも希ではなくなった（それぞれ第6回2番・第14回本試験2番として出題）。

したがって，「理論流儀算術」の影響の消失を第2期の第一の特徴とすれば，第二の特徴は出題傾向の定型化と言える。しかもそれは単なる定型化ではなかった。日本語で書かれた信頼できる中学校用教科書が出そろい，『続初等代数学教科書』をはじめ旧制高校初年段階の教科書も現れ始めていた[18]。中等学校の教科書に掲げられた公式や定理の証明が筆記試験で問われることは，もはやなくなった。出題の中心は，基本的な公式や定理を複雑に当てはめて解く応用問題に移行したのである。二項定理に関する問いも，かつては$(x-a)^{10}$の第8項を求めるという問題であったが，この時期には，「$a=\frac{2}{3}$，$b=\frac{1}{3}$ナルトキ$(a+b)^{300}$ノ展開式中ニ於ケル最大項ヲ求メヨ」（第12回本試験）といういわば応

用問題に変化している。

　出題の中心が，基本的な公式の導出や定理の証明から，いわゆる応用問題に移行したことは，教育機関や参考書の整備によって受験者の学力水準が向上したことを反映していた。しかし，この変化の背後に，1900年前後における「受験の世界」(天野郁夫) の到来があった点は確認しておいてよい。「文検数学科」の試験問題は，前述の『続初等代数学教科書』のように高等師範学校で使用された教科書を出典とすることが多く[19]，場合によっては，高等教育機関の入試問題と同一になることもあった。「等比級数ヲナセル n 個ノ数ノ積ヲ P，其和ヲ S，其逆数ノ和ヲ T トスレバ，$P^2 = \left(\dfrac{S}{T}\right)^n$ ナルコトヲ証明セヨ」という問題（1908年第22回予備試験）は，1925年には旧制高校の入学試験でも出題されている[20]。

　『続初等代数学教科書』や『ペテルゼン幾何学作図題解法』(三守守訳) のように「文検」の受験参考書が高等師範学校で使用された教科書と重なっていたという事実は[21]，高等師範学校が中等学校の教員資格を与えていたことからすれば，至極当然と思われるかも知れない。しかし，他の学科目の出題と比べてみると，数学科のこの時期の出題がいかにも学校という制度の枠内に限られ，教師の持つべき教養を高度な数学の問題が解ける能力に還元する性格を強めていたかが知られる[22]。例えば，「文検英語科」では，発音記号からもとの英単語を復元するという学校での英語からおよそかけ離れた出題がなされ (第3章参照)，「文検歴史科」では，最先端の研究論文に接することが受験者に求められていた (第5章参照)。

　とは言え，この時期には，中等学校の教員資格を高度な問題を解く能力の有無に直結させることに対する歯止めも残されていた。解析幾何や微分積分などの「高等数学」全般の理解をあからさまには問わない「算術代数幾何」の免許状が現存したからであり，その免許状の取得において「算術」として特設された試験が課せられていたからである。口述試験が依然重要な位置を占めていたことも忘れてはならない。数学上の概念や定理に限定された質問であれ，試験委員が即興的に行う質問に対して，臨機応変に受け答えすることが受験者に求

められていた点は[23]，この時期の試験委員が数学の問題を解く能力に還元できない数学教育的教養の次元——あえて現代的用語を用いれば，ペダゴジカル・コンテント・ナレッジの次元——を認めていた証左であった。この時期の口述試験が厳しかったことは，試験が「算術」「代数」「幾何」の分科ごとに3日間にわたって行われたことに現れている。

以下は，第12回の口述試験の模様である[24]。初日受験者全員が午前8時前に文部省前に集められると，その中の一人が「十余名ノ委員威儀儼然ト居列ビタル(ママ)晴レノ場所」なる一室に呼ばれた。「第一ニ呼ビ出サレルル人ノ運コレ拙ナケレ」とは雑誌記者の言である。その拙なき運の持ち主に対し，藤沢利喜太郎から「代数」の第1問が発せられた。問題は，$\dfrac{ax+b}{cx+d}$ の値が一定となるために必要な a, b, c, d の条件などを問うものである。これに関して，藤沢は，「問答三十分余ニ渉リ他ノ委員ニモ時々問ヲ挿ムコトアリ」という。そして2種類の酒の混合に関する第2問をめぐって問答が交わされた後，試験委員は2人ずつ五つの試験場に分かれ，午前午後にわたって残る約30名の試験が行われた[25]。最初に呼ばれた受験者は，試験場が分かれるのに先だって委員の質問項目や評価基準をすりあわせるための実験台にされたのであろう。なお，受験者の中には，第2問を免除される者もいたらしい。合格体験記の中には，口述試験での合否が筆記試験の得点と関わっているとする証言もあるから，筆記試験での出来の良い者には口述試験の一部が免除されたのかも知れない。翌日の「幾何」も同じ様式で行われた。

3日目の「算術」では，5～6分程度の珠算の実地試験（6桁の数を4桁の数で割る割り算）が一斉に行われた後，「二ツノ数ノ最大公約数ヲ求ムル方法ヲ生徒ニ教授スルコト。(78ト246トヲ例ニトル)」という課題が出された。これまでの「代数」や「幾何」の試験とは異なり，「委員ハ初メニ題意ヲ詳細ニ説明シテ以後ハ一言ヲモ発セラレズ」受験者の説明を「傾聴」するままで，受験者は自ら「終了ノ旨」を告げて退席したという。「何トナク薄気味悪ク甚ダ不安心ニ感ジタ」と，ある受験者は語っている。前日は甚だしい誤りや不完全な説明

をしたときには試験委員より注意されたため，説明を改める機会もあり，試験の良否も推測できたが，「算術」の試験ではそれができなかったからである。なお「算術」では，試験委員は原則として2人ではなく3人に分かれて試験が行われた。

　以上の記述では第12回での状況は判然としないが，ある時期からは，3日間の口述試験の各日について，合否が告げられた。第30回の場合，口述に臨んだ18人のうち，初日の「代数」で2人が，翌日の「幾何」で3人が落ち，合格は13人にとどまった[26]。第31回の場合でも，2日目まで残っていた22人のうち3人が，最終日の「算術」で振り落とされた[27]。第30回の場合，予備試験と本試験の筆記をくぐった者の3割近くが落とされた計算になる。口述試験も厳しい試験であった。

第4節　第3期の試験問題（1921年第35回〜1941・42年第75回）

　原則として分科に対応していた試験科目の編成は，第33回から大幅に変更された。この時，予備試験の試験科目の名称が「算術，代数，幾何」の「第一日の分」などに改められ，いずれの日にも，三つの分科の問題が出題されることになった。例えば第33回の予備試験の初日には，省略割り算（算術），分数関数の値の変化の考察とグラフの描図（代数），行列式の因数分解（代数），球面三角形の面積（幾何）が出題されている。さらに第35回試験では，予備試験・本試験とも試験科目の名称が「第一日の分」などに改められ，三角法から微分積分に至るすべての分科の問題が試験科目の中に混在することになった。この変化が1920年の規定改正に対応するものであったことは，第1節で述べた通りである。

　もっとも，試験科目と分科との対応関係がなくなったわけではない。予備試験では，算術から三角法までのいわゆる初等数学が最初の2日に出題され，3日目に「高等数学初歩」が出題されることが多かった。本試験でも，少なくとも第49回までは，算術・代数・幾何が初日に，三角法が2日目に，「高等数学

第4節　第3期の試験問題（1921年第35回～1941・42年第75回）　**85**

初歩」が３日目に出題された。1920年の文部省令第９号は、「算術代数幾何」など一部の分科の免許状をすでに取得していた者が、残る分科の本試験に合格した場合、免許状を「数学」に切り替えることができると定めていたから、試験日すなわち試験科目を、従来の免許状の種別（「算術代数幾何」「三角法」「解析幾何」「微分積分」）にある程度対応させる必要があったのであろう。[28]

　それでも、第33回に代数と幾何の問題が一つの試験科目に組み込まれ、第35回には数学科の合格の最低基準が「算術」「代数」「幾何」の合格から「高等数学初歩」を含む全領域の合格に広がったのは、大きな変化であった。特に後者は、「算術」「代数」「幾何」の勉強に力を注いできた受験者には「改悪」と映った。「一志願生」は、今回の規則変更は、分科別に試験が分かれている高等師範学校などの学校卒業生に比べ「文検」受験者を著しく不利にするものであると批判し、合格者の激減を予測している。[29]

　しかしこの予測は当たらなかった。規則改正に対し「受験者の中から大分不満の声を聞く」ため自宅を訪問したという記者に対し、試験委員の国枝元治（東京高等師範学校数学科主任教授）は、これまで受験者５～６百人中合格者は15～30名にとどまっていたが、今回２百人内外から三十余名が合格したと、満足げに答えている。国枝によると、規則変更の趣旨は次の通りであった。[30]すなわち、元来数学科はそれだけで一つの学科であって、算術や代数といったものはその学問の中の「小別け」に過ぎない。従来の制度は教員を「速成的」に得るためのものであり、分科別に試験をすると、「ひねくれた難問題集と言ふやうなものをのみひねくり回して、ひねくれた知識が生ずる」が、高等数学の初歩まで研究すると、考えに「奥行き」が出る。高等数学初歩にまで出題範囲を広げることにより、出題者の側も素直な問題で良くなった。このように語る国枝は、今回の改正を「長い間自分等の考へて居た事が漸く実現された」ものだとしている。実施が延期され幻に終わったとはいえ、1896年には、算術から微分積分大意までを併せて出願することを数学科出願の要件とする文部省令（第12号）が出されていた。したがって国枝が試験委員に就く1900年の前から、受験者に求める学識を高等数学初歩にまで引き上げようとする意向は委員の一部に共有

されていたと見られる。

　この意向を制度改正に結びつけたのは，林鶴一や小倉金之助による「文検」批判と国枝元治のリーダーシップであった。中学校教師を経験した林は，「文検数学科」が物理学などの「普通教育ノ智識」を問わず専門に偏した出題をしている点や，合格者に実地での訓練を施さず直ちに正教員の資格を与えている点を批判している。小倉の批判の詳細は根生誠の研究にゆずるが，「文検」が試験科目を分科別に編成し，分科を融合する教育を妨げているとする点がその主たる内容であった。[31]

　他方，国枝は，1900年以来中断を挟みながらも41年に至るまで計42回にわたって試験委員を務めた有力者として，内部から制度改革を行った。国枝は，関数とグラフを導入して代数と幾何を融合することや微積分をカリキュラムの中心に置くことを主張したJ. ペリーやF. クラインの数学教育改造運動をイギリス留学時に見聞し，帰国後，全国師範学校中学校高等女学校数学科教員協議会（1918年）を組織していた。樺正董の提案を受けて，翌年国枝を中心に日本中等教育数学会（日本数学教育学会の前身）が発足すると，教授要目改正の準備が進められた。中学校の教授要目改正は，佐藤良一郎によって原案が作成されるも横やりが入り1931年まで遅れるが，改造運動の動向は師範学校の専攻科設置の際に一部反映された。このとき，「解析幾何大意」と「微積分大意」が師範学校専攻科に導入されている。[32] 以上の通り，数学科教員協議会の開催と日本中等教育数学会の発足，中学校や師範学校の教授要目改正の動き，および「文検数学科」の改革という三者は，国枝の構想のもとで同時的に展開したといってよいだろう。

　ところで，数学教育改造運動が分科の融合だけでなくグラフの導入も主張していたことからも予想される通り，第2期から第3期への変化は，数学科の免許制度の変化だけでなく，出題数や出題内容の変化も伴っていた。

　最大の影響を被ったのは算術であった。第2期中期から第3期の初めにかけて，最低水準の免許状——第2期は「算術代数幾何」，第3期は「数学」——の志願者に課せられた問題の総数は，20〜25題で安定していた。[33] これに対し，

第4節　第3期の試験問題（1921年第35回〜1941・42年第75回）　**87**

　予備試験での算術の出題数は，「文検」1回あたり5題から平均0.4題に，本試験での出題も3題から平均0.5題に激減した。[34]「算術ははじめから捨てる気でゐました[35]」と語る合格者が現れても不思議ではなかった。
　ここで，最低水準の免許状の志願者に課せられた全問題に対し各分科の問題が占めた問題数の比率（％）を，第2期と第3期について見てみよう（表3-1）。[36] 代数や幾何は，いぜんとして重要な位置を占めていた。しかし出題比率に着目すれば，それらの重要度が低下したことは否めない。代数についてみると，第2期に頻出していた文字係数の連立方程式の問題（文字の追い出しを含む）の出題が減っていた。

表3-1　第2期から第3期における各領域の出題比率　　　　（％）

	算術	代数	幾何	三角法	解析幾何	微分積分
第2期前期	27	38	35	0	0	0
第2期中期	33	34	33	0	0	0
第2期後期	20	43	37	0	0	0
第3期	4	22	22	21	12	19

　算術・代数・幾何に代わって出題比率を増したのは，三角法・解析幾何・微分積分であった。これらの領域は，出題比率が増しただけでなく，グラフに関する問題など，数学教育改造運動で重視された知識に関わる問題が出題されるなど，出題傾向においても変化が見られた。例えば，関数 x^3-3x^2 の極値を求めて「其ノぐらふヲ書キ」，それを利用して方程式 $x^3-3x^2=a$ の実数解の個数を吟味することを求めた第36回本試験問題（8番）や $\sin^{-1}(\cos x)$ のグラフを書くことを求めた第41回本試験問題（6番）など，グラフに関する問いは，毎回最低1題は出されるようになっている。1924年度の合格者は，「グラフの問題も必ず一問は出る様だから夫れにも注意をしていた[37]」と語り，新傾向問題への対応を明らかにしている。
　試験問題に対する数学教育改造運動の影響は，グラフだけでなく確率に関する出題（代数）など，あらゆる領域に及んでいた。その影響がもっとも直接的に現れたのは，口述試験の内容である（資料編参照）。1938年第69回には，「中

等学校ノ数学教育ニ於テ函数観念ノ養成ニ留意スルトハ如何ナルコトカ」が問われ，1942年第75回には「計算尺ヲ示シ其ノ目ノ盛リ方ヲ問フ」という問題が出されている。従来には見られなかったことだが，第3期には，阿部八代太郎の『輓近高等数学講座　数学教授法』などの教育書が，口述試験の参考書として挙げられていた。

　それでは，口述試験がこの時期に重視されていたのかというと，必ずしもそうではなかった。第2期には3日間にわたって行われていた口述試験は，第3期に入るとともにほぼ1日に短縮され，口述試験で落とされる受験者もまれになった。合格者の一人は，「口述試問に真底から実力を見られます」と語って口述の軽視を戒めていたが，それでもなお「本試筆記に合格すれば口述では余程不結果でない限り省かれる心配はない」と実情を隠していない[38]。なお，この時期の口述試験では，受験者は，別室にて40分程度問題文を読んだ後，試験委員のいる部屋で問題の解を説明し質疑を受ける様式に変化している。

　以上の通り，第2期から第3期に至る変化は，免許状と出願の制度から筆記試験の出題数と出題内容，口述試験の様式と合否に占めるその重要度など，多岐にわたる変化を伴っていた。それでは，これらの変化は，受験者の学力にどのような変化をもたらしたのか。最後にこの問題を検討しよう。

　1920年の規則改正後，試験委員は共通の悩みを抱えていた。1926年に，国枝は，「高等数学の初歩まで試験することになつた為めか，数学の準備が上はゴリになつてゐるのではないか」と述べ，対数計算や省略算などの計算力の低下を指摘した[39]。同じ不満は渡辺孫一郎や杉村欣次郎によっても繰り返され，8年経た後も黒河龍三は「初等数学に対する学力」の「不足」は「どの委員も一様に感じ」ていると語っている[40]。

　初等数学に関する受験者の学力不足をもたらした要因は，いくつかあった。規則改正後，解析幾何や微分積分などの高等数学初歩の問題が一様に易化したのに加え，第一次大戦後に急増した高等教育機関の需要に応えて出版された良質な教科書が，高等数学の独学を容易にしていた[41]。これに対し，いわゆる四修制度の導入（「高等学校令」，1918年）によって中学校5年次で扱われていた空間

幾何や三角法の教育が骨抜きにされたことに加え，改造運動の影響を受けて中等学校の幾何教科書の記述が平易になったことが，中等学校で養成される学力水準と「文検」で要求される水準との格差を広げていた。

　それ以上に初等数学における受験者の学力不足を引き起こしていたのは，先の国枝の指摘にもある通り，高等数学初歩の導入によって初等数学の勉強が疎かになったことであったと思われる。高等数学の勉強に入ってから1年半初等数学の勉強をやめたので困ったという声や，「私達は，とかく智識の高尚に走りたがる傾きのあるのは，学科の性質上無理もないこと」だが，そうはいっても「高等数学のみを学びたがつたのが祟つた」という声は多数見られる。合格者の一人が「文検の性質から中等教科書の研究が最初であり且又最後である」と語らざるを得なかった背景には，中等学校の教師の教養に対する真剣な問いかけがあるとともに，高等数学の追究に専心したいという当時の受験生の心理が見え隠れする。

　受験生が，必ずしも，受験の必要に駆られて「高等数学のみを学びたがつた」わけでなかったことが，事態を複雑にしていた。農学校に進んだある著名な合格者は，農業に重い責任を感じていたにもかかわらず，「いつしか……数学の趣味に捉はれてしま」い，全く未知の中学校教頭の白井伝三郎（第10回合格）を訪ねて，受験を思い立ったと回顧している。友人に宛てた手紙を模したある合格体験記には，「僕もこうして毎日数学と暮して行ける」という言葉が見られ，小学校教員検定（英語専科）に合格して受験資格を得たものの，その後も自らの病，母親の死，幼い妹の存在に直面せざるをえなかったある合格者の記録には，「好きな数学の事を考へると到底断念など出来ない」という切実な思いが綴られていた。

　彼らの社会的地位が，高等数学への志向を昂進させていたことにも触れておかねばならない。第3期の合格者の少なからぬ層は，経済的理由などのために，中学校から先の進学の道を諦め，師範学校二部を経て教職に就いていた小学校教師であった。7歳の時父を失い中学校から師範学校二部に進んだある受験者は，その後の生活を「緊張感」の喪失，「淋しい懊悩」と語り，赴任早々「自

分が他の書物を読むと言つては〔小学校長から〕小言を頂戴した」と語っている[48]。「級友」が「高校へ高専へ」と進む中で[49]，数学に趣味を持った彼らが学問の道を志す際の指針となったのが「文検」であった。

　先の試験委員の不満からすれば意外に思われるかも知れないが，「文検」受験者のこの学問追究の志向は，教育に関する試験委員の見解にたがうものではなかった。口述試験の出来如何は「実力の問題」であって，「実力があつて工風すれば教授法も自然巧くなつて来る」という国枝の言葉がこのことを示している[50]。高度な問題を解く「実力」があれば中等学校の数学を教えることができると，試験委員は考えていたのである。

　以上の通り，第3期の「文検数学科」は，試験範囲を高等数学初歩を含む全範囲に広げ，試験全体における「算術」と口述試験の重要性を引き下げた。それによって，中等学校教師の教養が，高等教育機関で扱われる相対的に高度な学問から切り離され閉塞化する危険性は回避されたが[51]，同時に，中等学校教師の持つべき学識が高度な数学の問題を解く能力に還元される傾向は強まった。

第5節　各時期の試験委員

　次に，試験委員の在職地や経歴の視角から，「文検数学科」の特徴を考察しよう。章末にあげた試験委員の一覧表は，物理学など他の学科目の試験委員や高等学校高等科教員検定試験の委員を含んでいる可能性もあるが，この表から全体的な傾向として次の3点を指摘できる。

　第一に，試験委員はすべて東京に在住していた。日本中等教育数学会の初代会長であった東北帝国大学教授林鶴一は，「文検」参考書として広く用いられた『数学叢書』の監修者であったが，委員には名を連ねていなかった。第二に，試験委員の最終学歴の大半は，東京大学仏語物理学科（桜井房記，千本福隆，寺尾寿，谷田部梅吉，三守守ら）と東京帝国大学数学科のいずれかであった。前者で学んだ委員が，寺尾と千本を除けば，おおよそ第2期前期までに委員を辞しているのに対し，後者で学んだ委員は次第にその数を増し，第2期中期には支

配的になっていた。なお，東京高等師範学校出身の委員としては，ドイツのクラインに学び第一次大戦以前から数学教育改造運動を推進していた黒田稔や1931年の中学校教授要目改正を主導した佐藤良一郎の名が見られるが，委員就任回数はいずれも少なかった。このことの自然な帰結ではあるが，「文検」の試験委員は，中等教育の経験のない数学者に占められていた。第三に，試験委員は判明した限りにおいてすべて官学に在職していた。委員就任時の在職機関は，東京高等師範学校・東京文理科大学（10人），東京帝国大学（10人），第一高等学校（9人），東京女子高等師範学校（4人）などであった（かっこ内は，委員就任時の在職機関が判明している37名の内訳。各々の前身にあたる学校に在職していた委員の数を含む）。就任回数の延べ数で比べると，東京高等師範学校・東京文理科大学の在職者の就任回数が全体の34％を占めて最多であった。教育科の場合と比べると，私学在職者がいない点が特徴といえそうであるが，試験委員の多くは東京物理学校でも教鞭を執っていたから，「文検数学科」と私学との関係は，むしろ他の学科目よりも強かったと言える。

第6節　試験問題の分析

それでは，ほぼ数学者によって作られたといえる「文検」の試験問題は，中等学校の教育内容や高等師範学校・女子高等師範学校の教育内容，高等教育機関の入試問題と比較した場合，どのような特徴を持っていたのだろうか。

「文検」が師範学校・中学校・高等女学校などでの教員資格試験である以上，「文検」の試験問題の内容が，それらの学校の教育内容となんらかの関連を持っていたとみることは自然である。両者の関連を示す例としては，①「文検」から「理論流儀算術」の影響が消えたのに伴って，「理論流儀算術」の影響を排除した中学校教授要目（1902年）が制定されたこと，②第3期に「高等数学初歩」が「文検」の受験者全員に課せられた後，師範学校専攻科に「解析幾何大意」と「微積分大意」が導入されたこと，および③第3期に「文検」の試験問題が分科別の編成でなくなったのに続いて，中学校教授要目が改正（1931年）され，

教授要目から分科の名称が取り払われたことなどがある。

　しかし，教授要目の内容と「文検数学科」の出題内容が直接対応し，両者の変化が機械的に連動していたと捉えることにも無理がある。例えば，上記の①と③について見ると，中等学校の教育内容の変化と「文検」の変化の間には10年近いずれがあった。

　もっとも，第2期には，中等学校の教授要目の内容が「文検」の出題範囲に直接影響を与えたとみられる事例がないわけでもなかった。第15回から第26回という限られた時期ではあるが，師範学校女子部，女子師範学校，高等女学校などの「第二種学校」の教員志願者に対して，筆記試験の問題の一部が免除される措置が取られた。その際，空間幾何の問題が免除されることが多かったことは，中学校教授要目と異なり1903年の高等女学校教授要目が空間幾何を扱っていなかったことに対する措置であったと思われる[52]。しかし，あくまで問題の一部免除などの措置は「文検数学科」の中では特定の時期に限られる措置であったことから，試験委員が，試験の出題範囲を定める際に，常に中学校教授要目と高等女学校教授要目の学問的水準の差を参照したとは言いがたい。

　一般的に言えば，試験委員が出題範囲を定める際に用いた参照軸は，中等学校の教授要目ではなく，高等師範学校と女子高等師範学校の学科程度であったと考えられる。1896年の文部省令第12号にも規定されている通り，「文検」の出題範囲は，尋常中学校や尋常師範学校の教員の検定に関しては高等師範学校の学科程度に準拠し，高等女学校や尋常師範学校女子部の教員の検定に関しては女子高等師範学校の学科程度に準拠していた。

　「文検」の出題範囲と高等師範学校・女子高等師範学校の学科程度の間に，差がなかったわけではない。例えば，その両校では微分方程式が扱われていたが，「文検数学科」では微分方程式を解く問題は出題されなかった[53]。高等師範学校で数学を専修する者に課せられていた物理学（実験を含む）の知識が「文検数学科」において何ら問われなかった点は，より大きな差であった。とは言え，「文検数学科」の参考書が高等師範学校で使用された教科書と大幅に重なっていたという事実から判断すると，数学の内容に限定すれば，「文検」の出題

内容は高等師範学校・女子高等師範学校の教育内容とおおむね重なっていたとみて間違いなかろう。

次に、高等学校・高等工業学校・高等師範学校の入試問題と比較することによって、1920年代における「文検数学科」の問題（「算術」「代数」「幾何」「三角法」）の特徴を考察しよう。おおよその傾向性を示すものではあるが、これら3種の学校の入試問題は、①科学や工学などの素材に関する問題と②基本的な定理や公式の理解を問う問題という2種類の問題を含むか否かという観点によって、特徴づけられる。①②をいずれも含まなかったのは、高等学校であった。他方、高等工業学校と高等師範学校の出題傾向は、前者が①に後者が②にやや重きを置いていたという違いはあるものの、おおよそ似通っていた[55]。これに対し、「文検数学科」では、林や小倉の批判の後も科学や工学に関する出題は見られず、第2期以降、基本的な定理や公式の理解を問う問題も見られなくなっていた。つまり、「文検数学科」の出題は、これら三つの学校種の入試問題のうち、高等学校の問題に最も近接していたと言える。

「文検」の問題と高等師範学校の入試問題の違いは、両者における「算術」の重要度の違いによってさらに明らかになる。すでに見たように、「文検」の第3期には、分科別による試験科目の編成が改められ、同時に算術の問題の出題がまれになっていた。これは、30年代に入り、高等学校や高等工業学校など他の種別の学校の大半が試験科目を数学一科に統合する中で、なお入学試験を分科別で行い、「算術」の出題比率を維持していた東京高等師範学校とは対照的であった。同校の入学試験の講評の中で、国枝元治は、受験者が「純算術的ノ方法ニテ解ク」ことを苦手としているのは、「近時中等学校ニ於テ算術ヲ軽視スル傾向アルコトヲ示」す例証であると批判的に述べている[56]。「文検」における「算術」の軽視と東京高等師範学校の入学試験における「算術」の重視が、国枝の教育思想の中でどのように統合されていたのかは不明であるが、ここでは、「文検数学科」の問題が理論の普遍性や純粋性に価値を置いた高等学校の入試問題に近かったことを確認しておけばよいだろう。

小　括

　最後に,「文検数学科」に合格して中等学校の教壇に立った教師の思想を考察し, まとめに代えたい。

　『文検の研究』では,「教育科」の受験者の受験動機として, 日々の教育実践を支える理論的基礎を培うための「自己学習のきっかけ」が指摘されている[57]。他方, これまでも述べてきた通り, 数学科の受験者は, 数学という学問を追究したいとするアカデミックな動機を抱いていた。学問追究への関心は, 教育実践を支えるための自己学習の機会としての関心と相反するものではないが, 数学科の場合, 日常的な教育実践のあり方を内省する方向で受験動機が形成されていたというよりは, 数学という深遠な学問の世界を探索したいという志向が強かったと言える[58]。「適々注文の本が届いて其包を解く時の気持は何とも言へぬ嬉しいものでありました[59]」という言葉には, ひたすら数学の世界に浸りたいという受験者の心情が現れている。

　学問追究に固有の価値を置く教師文化は, 数学教師や数学者に広く見られる。検定教科書の多くを執筆した大学の数学者たちは, この系譜を代表していた。他方, 第一次大戦後には, 純粋な学問追究よりも産業市民社会における数学の有用性を重視する教師文化の系譜も形成されていた。日本中等教育数学会に参加して, 数学教育改造運動を推進した東京・広島両高等師範学校の附属中学校の教師たちは, この系譜を代表していた。これら二つの系譜において,「文検」を経た教師たちは, 前者の系譜にある数学者たちと近い意識を有していた。「文検」合格者の多くは, いわば学問追究を志向した独学者であった。

　学問を追究したいという意識が受験のさまたげになることもあった。「試験問題を解く事は第二, 第三の興味」で「問題等よりも其の論理体系」に力を注いだある受験者は, 公理の意義などの研究に打ち込んだ結果, 受験に「失敗した」と語っている[60]。また, 長い受験勉強に「身をさいなまれ」たと語るある受験者は,「問題解法のみに浮身をやつしてゐた」自分を「文検病」と評している[61]。

　しかし, さまざまな事情によって進学をあきらめざるをえなかった彼らに

とって,「文検」の受験勉強は,自分が果たせなかった高等教育機関での学習と研究の機会を代わりに提供するものであった。したがって,「文検」の合格者の手記から受験勉強を肯定的に捉える表現を数多く見出せるとしても,それは,あながち合格体験記という性格によるものとばかりはいえまい。「文検」が,数学研究者だけでなく,『考へ方』を発刊した藤森良蔵,『高等数学研究』を発刊し戦後は旺文社のラジオ講座(文化放送)で活躍した森本清吾,「文検数学会」を起こし『タゴラ』によって受験者を指導した加藤朗一ら,受験界の巨人をも生み出してきた背景には,受験勉強を学問追究と重ね合わせようとした彼ら自身の苦闘があった。[62]

「文検」は,数学を実地に教える能力や,生徒が数学を発見する環境を整える授業構成の能力,あるいは,中等学校のカリキュラムを自律的に編成する能力などを問わず,もっぱら数学的論理的に純化された問題を解く能力を試してきた。しかし,その「文検」が,同時に数学の問題を解くことを楽しむ一群の教師たちを輩出してきたことの意味は,なお考えざるをえない。[63]中学校在学時以来『考へ方』の投稿者の常連となり,後には「文検」の合格を通して中等教育に転進したある教師の記録には,数学を追究する楽しみを与えられたことを喜ぶ,かつての教え子の寄せ書きが添えられていた。[64]

そして,受験勉強を通じて学問を追究しようとした「文検」の志願者を支え,戦前の教師に指針を与えてきたのは,『新式算術講義』における高木貞治の以下の序文であった。

夫れ教師は其教ふる所の学科につき含蓄ある知識を要す。算術教師が算術の知識を求むる範囲,其教ふる児童の教科書と同一程度の者に限らゝこと極めて危殆なりと謂ふべし。確実なる知識の欠乏を補ふに教授法の経験を以てせんとするは「無き袖を振はんとする」なり。

これを引いたのは,高木とは教育思想を異にする佐藤良一郎である。佐藤は,この序文を「深く自分への教訓として受入れ……,世の数学教師に対してもこ

れを誡めとすることを勧めた」と語っている。数学教育改造運動の意義に懐疑的であったいわば古典的な教育思想の持ち主の高木に対して，佐藤がここで示した敬意には，戦前の教師文化が培った土壌の一端が隠されているように思われる。

注

1) 早川学而「藤森良蔵先生提唱『考へ方』主義の概要」『数学教育論文集』非売品，1979年，200頁。
2)「文検数学科」に関する先行研究としては，根生誠の研究がある（「[15]明治・大正期の数学科中等教員養成について」教育史学会第40回大会・学会報告資料，1996年。「戦前の臨時教員養成所数学科の変遷とその意義について」『科学史研究』38巻，1999年。「戦前の数学科中等教員養成の概観」『学芸大数学教育研究』11号，1999年）。これら一連の研究において，根生は，「文検数学科」の関連法令，中條澄清や樺正董ら著名な合格者，特定の時期に関する試験委員の一覧を明らかにするとともに，小倉金之助による「文検」批判などを紹介している。本章は，「文検」の試験問題や受験雑誌の記事を新たな資料とすることにより，「文検」を教員養成のルートの一つとして位置づける根生の研究を継承することを試みている。
　　なお，「文検」の法令に関する記述は，『『文検』の研究——文部省教員検定試験と戦前教育学——』（寺﨑昌男・「文検」研究会編，学文社，1997年）の「資料編」によっており，「文検」合格者が取得した免許状の種別に関しては，特に断らない限り，井上恵美子「明治期中等教員免許状の取得者について（1）」（愛知学泉大学・愛知学泉短期大学編『研究論集』32号，1997年）と『明治期「中学校」教員の資格と採用に関する実証的研究——女教員の排除の過程を中心に——』（平成9年度～平成12年度科学研究費補助金　基盤研究（C）（2）　課題番号09610296，研究代表者神谷（井上）恵美子，2001年）によっている。
3) 船寄俊雄「中等教員試験検定制度史研究（第2報）——試験検定の日程について——」『大阪教育大学紀要　第Ⅳ部門』38-2，1989年，112頁。
4) 徳島県の佐藤秀一は「算術」のみに合格して免許「算術」を取得している（前掲井上「明治期中等教員免許状の取得者について（1）」6頁）。
5) 前掲根生「戦前の臨時教員養成所数学科の変遷とその意義について」。
6)「解析幾何」と「微分積分」は，1900年の文部省令第10号により，数学科の出願の単位が「算術代数幾何」と「三角法」の二部と定められたことから，いったん「文検」の対象から外されたが，翌年の文部省令第12号により復活していた。
7) 森本（深沢）清吾については，森本清吾論文集刊行会編集兼発行『森本清吾論文集　付・略伝，追憶文』（非売品，1955年）を参照。

8) 数学科の試験問題は，『「文検」諸学科目の試験問題とその分析』（平成10年度科学研究費補助金　基盤研究（B）(1)　課題番号10410074,研究代表者寺崎昌男,2001年）の「数学科試験問題」において，口述試験をのぞきほぼ全体を復刻した。本章での引用もこれによっている。
9) 樺正董（政蔵）と澤山勇三郎については，「樺正董氏の逝去」（『日本中等教育数学会雑誌』第8巻，1926年），橘高重義『物理学校の伝説』（すばる書房，1982年）を参照。
10)「理論流儀算術」と寺尾寿に関しては，拙稿「『理論流儀算術』の持続とその歴史的文脈」（『日本数学教育学会誌』79-3, 1997年）を参照。
11) 寺尾寿「東京物理学校ニ於テノ演説」『東京物理学校雑誌』16号，1893年3月，81頁。
12) 菊池の理学思想と教育思想については，吉田勝彦「菊池大麓における理学と論理（2）」（『数学史研究』66号，1975年）と拙稿「菊池大麓の幾何学教育思想の形成と受容」（『科学史研究』209号，1999年）を参照。
13) 例えば，第44回の物理科では，「電磁波」という「題目」を「授クルタメノ教案ノ作製」が「教授法」の試験として求められている（『東京物理学校雑誌』418号，1926年9月，364〜365頁）。
14) たとえば，いわゆる角の一般式（general expression）は，第2回の試験では「線約式」と記され，第3回の試験では「総約式」と記されている。
15) 前掲橘高，72頁。
16)「幾何」の試験は「算術代数幾何（午後之部）」という名称で特設された。
17) 藤沢の教育思想に関しては，拙稿「藤沢利喜太郎の数学教育理論の再検討──『算術』と『代数』の関連に注目して──」（『教育学研究』62-4, 1995年）を参照。
18)「文検」は,高等教育機関や中等教育機関の教科書の素材として活用されることによって，高等教育や中等教育の整備にも役立っていた。「文検」の試験問題が，直ちに試験委員の執筆による教科書に導入された例は多く見いだすことができる。例えば，1895年第8回の「算術」3番と藤沢の『算術教科書』（1896年）の74頁の3番，1899年第13回本試験3番と藤沢の『続初等代数学教科書』（1900年）の225頁の32番はうり二つである。いずれも，「文検」の問題を教科書に掲載するにあたって，四捨五入によって数字の桁数を減らしたり，誘導問題を追加したりした配慮が見られる。
19) 藤沢の『続初等代数学教科書』は旧制高校の第二部（理・工・農学部志望）や高等師範学校の教科書として用いられた（前掲「日本の数学100年史」編集委員会編『日本の数学100年史　上』153〜157頁）。
20) 同じ例は他にも見られる。第17回本試験（1903年）での「算術，代数，幾何（午前之部）」の3番は，1927年の官立高校の入試問題に出題されている。
21)『ペテルセン幾何学作図題解法』は，佐藤良一郎が在学した頃（1912〜16年），東京高等師範学校で教科書として用いられていた（「日本の数学100年史」編集委員会編『日本の数学100年史　上』岩波書店，1983年，213頁）。この幾何学書は，1908年から36年までの「文検」合格者51人のうち29名が受験記に取り上げた最重要参考書であった。これ

に続いたのは,『デボーブ平面幾何学研究法』(吉田好九郎訳,26人),秋山武太郎『幾何学徒然草』(23人),林鶴一『数学叢書　初等幾何学軌跡問題』(21人)などであった。他方,「算術」では,金沢卯一の『近似数之計算及省略算』と寺尾寿・藤野了祐共著の『理論応用算術講義』が広い支持を集め,前者は金沢の類書も含めると「算術」に言及した「文検」合格者44人中の29人が参考書に挙げ,後者も20人が参考書にあげている。「代数」では,合格者51人中33人が参考書に挙げた渡辺孫一郎『高等代数学』が最も有力で,以下,林鶴一・国枝元治共著『数学叢書　方程式第一』(29人),藤沢『続初等代数学教科書』(27人),林鶴一・刈屋他人次郎共著『数学叢書　不等式』(23人)と続いていた。「三角法」では,金沢卯一『平面三角法』が49人中22人の支持を集め,以下掛谷宗一・蓮池良太郎『平面球面三角法』(12人),トドハンター『平面三角法』(長沢亀之介訳,11人)と続き,宮本藤吉『がうす氏五桁対数表附用法』(8人)も用いられた。三角形の辺などの数値計算を行う応用の試験では,試験中に貸与された原書の対数表を用いる必要があったため,事前に対数表の使用に慣れておく必要があった。「解析幾何」と「微分積分」は受験記そのものが第2期にはほとんどないため,次節で言及する。

22)「文検」の試験問題を付録に掲載した寺尾と藤野の『理論応用算術講義』や「数学研究及『文検』受験者等の参考用に最適」であることをうたった林鶴一監修の『数学叢書』のように,「文検」受験参考書というジャンルも存在した(「資料6-7『数学叢書』の発刊」日本科学史学会編『日本科学技術史大系　12　数理科学』第一法規出版,1969年,194頁)。しかし,それらの本の内容は,「文検」で出題される領域や水準に射程を合わせたものではあっても,問題の解法の習熟のみを勧める本ではなかった。「文検数学科」の試験問題から読みとられる戦前の数学教育は,教育と学問の分離状況というよりも,中等教育と高等教育の密着状況と呼ぶのがふさわしい。

23) 第31回の合格者の一人は,$mx^2-2x+1-m=0$ なる方程式の解を吟味せよという問題をめぐる試験委員との丁々発止のやりとりを次のように述べている(中村孫太郎「文検数学科受験記(二)」『内外教育評論』12-4,1918年4月,50～51頁)。

　　　　余は暫く時間を頂いて黒板上に,判別式二根の和,差,積並びに m の値によりて,起る根の正負の変化の総ての場合を記し,然る後板書の順序に従つて説明した。
　　　　余は判別式が恒に正なることを「x に関する二次式が虚根を有する時,此二次式の値は x の値の如何に拘らず恒に x^2 の係数と同符号を有す」という定理によって証明した。
　　「あなたは判別式が恒に正なることを定理によって証明されたが,定理を使はずに正なることを云ひ得る方法はありませんか」
　　「あります」
　　「然らばその方法によつて証明しなさい。」
　　余は判別式を $\left(m-\dfrac{1}{2}\right)^2+\dfrac{3}{4}$ なる形に変形して証明した。

　　「根の絶対値の大小を吟味しなさい。」

板書の順に従つて吟味す。
　　　「m が 0 なる場合は如何ですか。」
　　　「此場合には与へられたる方程式は一次方程式となつて其の根は決定されます。」
　　　「然し此場合にはなほ他に，何か二次方程式と関係はありませんか。」
　　　「あります即ち一根は無限大となり他の一根はその値が決定されます。」
　　　なほ二三の質問があった。この間約三十分。
24）「数学科口頭試験」『東京物理学校雑誌』91号，1899年6月8日，217～219頁。
25）試験委員の一人は，各試験場を巡視し適宜問いを発する役であった。
26）某中学教諭「文検数学科受験記」『内外教育評論』11-1，1917年1月，65～66頁。
27）前掲中村孫太郎「文検数学科受験記（二）」51～52頁。
28）「算術代数幾何」の免許所持者の一人は，翌年本試験の一日目は受験せず，二日目（三角法）と三日目（高等数学初歩）のみを受験して，数学科に合格したと語っている（仁科生「文検数学科本試問題解答」『内外教育評論』17-2，1923年2月，54頁）。
29）一志願生「文検数学科規則改悪さる」『内外教育評論』14-7，1920年7月，66頁。
30）国枝元治「規則改正後に於ける文検数学科に就て」『内外教育評論』16-2，1922年2月，56～57頁。
31）林鶴一「中学校教員ノ養成」数学教科調査委員会編『数学教科調査報告』文部省，1912年，28～29頁。小倉に関しては，前掲根生「[15]明治・大正期の数学科中等教員養成について」を参照。
32）「師範学校教授要目」(1925年文部省訓令第7号)。文部省内教育史編纂会『明治以降教育制度発達史　第七巻』龍吟社，1939年，589頁。
33）第2期から第3期にかけて，予備試験と本試験の出題総数は40題前後から20題前後に半減していた。しかし，第2期の出題総数には，「算術代数幾何」などの免許状の志願者には課せられない「三角法」などの問題も多数含まれているため，本章では，最低水準の免許の志願者に課せられた問題の数に着目している。
34）この時期には，試験科目の名称から分科の名称が消えたことから，個々の問題がどの分科に属する問題であるかを特定することは容易ではない。そこで，第2期前期における本試験「算術，代数，幾何（午前之部）」と第2期後期以後の各試験科目における分科別の出題数に関しては，分科の境界が最も明確であった第2期中期の出題範囲を基準として，佐藤が分類した。
35）K生「数学科」『文検世界』20-8，1934年8月，139頁。
36）第3期の試験問題の分類は，問題が入手できた第75回までを対象とし，予備試験の問題が参照できなかった第73回のデータは除外してある。
37）KY生「数学科受験生の為に（中）」『内外教育評論』19-3，1925年3月，70頁。
38）塚崎信一「文検数学科受験記」『文検世界』13-6，1927年6月，87～89頁。
39）国枝元治「文検数学科試験に就て」『文検世界』12-10，1926年10月，2～3頁。

40）黒河龍三「数学科試験委員講評」『文検世界』20-2，1934年2月，16頁。
41）「文検」合格者47人のうちの32人が参考書にあげた中川詮吉・竹内端三共著『新撰解析幾何学教科書』や，46人中の36人，35人が参考書にあげた竹内端三の『高等微分学』と『高等積分学』がその代表であった。なお「解析幾何」の有力な参考書としては，他に，47人中18人に用いられた菊池大麓の『平面解析幾何学』ないし *Analytical Geometry*，13人に用いられた『アルジス立体解析幾何』（長沢亀之介訳）があった。
42）塚崎信一「文検数学科受験記」『文検世界』13-6，1927年6月，88頁。
43）田口孝雄「文検数学科応試雑感」『文検世界』13-11，1927年11月，58頁。
44）早川学而「数学科合格への血涙の跡」『文検世界』16-8，1930年8月，137頁。
45）深沢（森本）清吾「文検数学科受験記」『内外教育評論』13-3，1919年3月，52頁。
46）XYZ生「数学受験の友へ」『文検世界』12-9，1926年9月，40頁。
47）松本恒一「文検数学科受験記」『文検世界』14-8，1928年8月，32頁。
48）前掲早川，136頁。
49）K生「数学科」『文検世界』20-8，1934年8月，138頁。
50）前掲国枝「規則改正後に於ける文検数学科に就て」57頁。
51）第2期に「算術代数幾何」のみの免許状を取得し，第3期に入って残る分科の検定を受けて免許状を「数学」に引き上げた桑名保吉は，「算術代数幾何の免許状を得て居る僕は教材や教授法の研究にのみ没頭して居つた」と語り，教師としての成長の契機から学問の追究を切り離してきたかつての自己に対し反省の弁を述べている（「文検数学科受験記」『文検世界』13-7，1927年7月，85頁）。
52）第二種学校の教員志願者が免除された問題としては，数列に関する問題（数学的帰納法，多項定理，順列組合わせを含む）と行列式に関する問題（以上「代数」）が多く，「幾何」では平面幾何よりも空間幾何の問題が多かった。高等女学校に関しては，拙稿「高等女学校用の数学の出現とその変化――中学校用教科書との比較検討――」（『東京大学大学院教育学研究科紀要』39巻，1999年）を参照。なお，高等女学校での数学を原則として「算術」に限る方針は変わりなかったが，1911年の高等女学校教授要目では，「幾何」の要目が「簡易ナル平面図形及立体図形」と改められた（文部省内教育史編纂会編修『明治以降教育制度発達史　第五巻』龍吟社，1939年，323頁）。
53）林鶴一「中学校教員ノ養成」数学教科調査委員会編『数学教科調査報告』文部省，1912年。森岩太郎「女子高等師範学校数学教科調査報告」前掲『数学教科調査報告』。
54）高等学校・高等工業学校・高等師範学校は，順に，純粋な学問追究に価値を置く新人文主義，産業発展への教育の貢献を重んじる産業主義，およびそれらから相対的に自律した教育の思想を代表する学校種とみなすことができる。また，比較する時期は1920年代に限定したのは，第2期から第3期における「文検」の変化の意味を探ることに重点を置いたためである。
55）入試問題の分析に当たって用いた史料は，『文部時報』と『昭和四年度高等学校専門

学校入学試験問題全集」（山海堂出版部，1929年，国立国会図書館所蔵）である．
56）国枝元治「東京高等師範学校入学試験問題並答案講評」『文部時報』325号，1929年10月11日，10～11頁．
57）菅原亮芳「第5章 『教育科』合格者の学習体験とライフコース」前掲『「文検」の研究——文部省教員検定試験と戦前教育学——』237頁．
58）事実，日常的な教育実践を行う中で受験の必要を感じたとする合格体験記は，注51）にあげたものなど若干の例外を除き見られなかった．
59）伊塚照子「数学科 合格するまで」『文検世界』18-9，1932年，77頁．
60）光陽生「文検数学科受験記」『文検世界』14-7，1928年7月，37頁．
61）藤田佐市「文検数学科受験雑筆」『文検世界』13-12，1927年12月，58頁．
62）『考へ方』の宣伝文には，「受験生活をして意義あるもの」にしたいという希望が述べられていた（早川学而「藤森先生『考へ方』主義についての補遺」『数学教育論文集』非売品，1979年，232頁）．
63）数学の問題を出し合い解き合う知的サークルが「文検」の受験者によって形成された例は，少なくなかった．たとえば，東京市の「赤池生」は，学友と3人で「折々集り問ひを出し，快談の中研究す」と語っている（「雑談二つ三つ（数学）」『文検世界』14-9，1928年9月，148頁）．藤森良蔵の土日講習会も，「文検」志望者を集めた勉強会が発展したものであった（前掲早川「藤森良蔵先生提唱『考へ方』主義の概要」）．
64）福岡高校の1年生の時早川学而先生の授業を受け，その後数学の道を歩むことになった加藤久子は，次のように述べている（「早川先生の思い出」早川学而先生傘寿記念事業発起人会編『早川学而先生傘寿記念論文集 学而有朋』九州数学出版社，1990年，63頁）．

　幾何の時間などは，先生"御手製"の美しい円，三角形，四角形が黒板に並び「はっと，気付いて」と言われながら書き込まれる1本の補助線，その補助線の問題解決への活躍ぶりを，赤や黄色のチョークを用いながらあのユニークなお声で説明があります．それは物語りでも聞くように楽しい時間となりました．

65）佐藤良一郎「『無き袖を振はんとする』なかれ」高木貞治先生生誕百年記念会編集・発行『追想 高木貞治先生』非売品，1986年，19頁．「文検」に合格して師範学校，旧制中学校，新制高校で長年にわたり教鞭を執られた早川学而先生は，ここでの高木の言葉を引いて，「まさに，数学教授の核心を衝いた名言」とされたのに続き，「しかし，この文は，数学指導法，教授法，数学指導の経験の不必要を言っているのではない」と述べておられる（「八十路に立ちて——数学教師六十余年の足跡——」前掲『早川学而先生傘寿記念論文集 学而有朋』20頁）．

表3-2　文検数学科関係年表

時期区分	年	文検数学科関連	中等教育関連
第1期 1885年第1回～1895年第9回	1881年		・中学校初等中学科の学科目は「算術」「代数」「幾何」(「中学校教則大綱」)。 ・師範学校初等師範学科・中等師範学科・高等師範学科の学科目は「算術」(「師範学校教則大綱」)
	1884年	・「文検」法制化(「中学校師範学校教員免許規程」,第1回～第2回)。数学に関する検定学科目は「算術」「代数」「幾何」「三角法」「代数幾何」「測量」等。	
	1885年	・「文検」第1回実施。選抜は一段階。「算術」のみの合格者が出る。	
	1886年	・数学に関する検定学科目は「数学」(「尋常師範学校尋常中学校及高等女学校教員免許規則」,第3回～第6回)	・尋常中学校の学科目は「算術」「代数」「幾何」「三角法」(「尋常中学校ノ学科及其程度」)。1年次に「幾何初歩」が置かれた。 ・尋常師範学校の学科目は「筆算」「珠算」「代数」「幾何」(「尋常師範学校ノ学科及程度」)
	1889年		・尋常師範学校の女生徒に対する学科目は「筆算」「珠算」「幾何ノ大意」(「尋常師範学校ノ女生徒ニ課スベキ学科及其程度」)
	1892年	・数学の範囲は算術,代数,幾何,三角法,測量,解析幾何および微分積分大意で,「算術,代数,幾何マテノ試験ニ止ムルコトヲ得」(文部省教員検定課長通牒)。	・尋常師範学校の男生徒に対する学科目は「算術」「幾何」「簿記」「代数」。女生徒に対する学科目は「算術」「幾何ノ初歩」(「尋常師範学校の学科及程度及尋常師範学校ノ女生徒ニ課スベキ学科及其程度改正」)
	1895年		・高等女学校の学科目は「数学」。主たる内容は「算術」で「幾何ノ初歩ヲ授クルコトヲ得」(「高等女学校規定」)

第2期前期 1896年 第10回 ～ 1911年 第25回	1896年	・予備試験と本試験の二段階選抜に。予備試験の科目は「算術」「代数」「幾何」，本試験の科目は「算術，代数，幾何（午前之部）」「算術，代数，幾何（午後之部）」「三角法(理論)」「三角法（応用）」「解析幾何学」「微分積分」。「算術，代数，幾何（午前之部）」は算術と代数の問題が混在。 ・1898年以降，算術から微分積分大意までを併せて出願することを出願の要件とする（文部省令第12号）。実施されず。	
	1900年	・「算術代数幾何」と「三角法」の2部に分けて出願できる。「三角法」は「算術代数幾何」の検定に合格しなければ，検定を行わない（「教員検定ニ関スル規程」）。	
	1901年	・「算術代数幾何」「三角法」「解析幾何」「微分積分」の4部に分けて出願できる。「三角法」は「算術代数幾何」に，「解析幾何」は「三角法」に，「微分積分」は「解析幾何」に合格した上でなければ検定を行わない（文部省令第12号）。	・中学校の学科目は「算術」「代数初歩」「平面幾何」（「中学校令施行規則」）。高等女学校の学科目は「算術」で「代数ノ初歩及平面幾何ノ初歩ヲ授クルコトヲ得」（「高等女学校令施行規則」）
	1902年		・中学校の学科目は「算術」「代数」「幾何」「三角法」（「中学校教授要目」）。分科の相互乗り入れを制約。
	1903年		・高等女学校の学科目は「算術」「代数ノ初歩」「平面幾何ノ初歩」（「高等女学校教授要目」）
	1907年		・師範学校本科第一部の学科目は「算術」「代数」「幾何」，同第二部の学科目は「算術」。女生徒には「代数」「幾何」を加える（「師範学校規程」）。
	1910年		・師範学校の学科目は「算術及代数」「算術，代数及幾何」など。分科の「相互ノ連絡」が重視された（「師範学校教授要目」）。
	1911年		・分科間の「相互ノ連絡ヲ図」って教授するよう注意（「中学校教授要目改正」）。

期	年	試験・科目の動き	その他の動き
第2期中期 1912年第26回 ～ 1918年第32回	1912年	・本試験の「算術，代数，幾何（午前之部）」が「算術」と「代数」に分かれる。	
	1918年		・全国師範学校中学校高等女学校数学科教員協議会開催。数学の配当時間や教授要目の改正運動が盛り上がる。準備委員長は東京高等師範学校教授国枝元治。
第2期後期 1919年第33回 ～ 1920年第34回	1919年	・予備試験・本試験ともに「算術」「代数」「幾何」の区別がなくなり，「算術，代数，幾何」に統合。「三角法（理論）」「三角法（応用）」がそれぞれ「三角法（午前之部）」「三角法（午後之部）」に名称変更。	・日本中等教育数学会発足（初代会長：林鶴一，初代副会長：三守守，国枝元治）。
	1920年	・数学は，算術，代数，幾何，三角法および高等数学初歩について検定する。「算術代数幾何」と「三角法」もしくは「解析幾何」の免許状の取得者には，それぞれ三角法と高等数学初歩，高等数学初歩の本試験を行う（文部省令第9号）。	・高等女学校の学科目は「算術」「代数」「幾何」（「高等女学校施行規則中改正」）。「代数」「幾何」が強化される。
第3期 1921年第35回 ～ 1943年第75回	1921年	・免許状が「数学」に一本化。予備試験に三角法，解析幾何，微分積分の問題が含まれ，予備試験・本試験とも，試験科目から，「算術」等の分科の名が消える。	
	1922年	・数学科の試験が半年毎，年に2回に。	
	1924年		・文部省，前年より中学校数学科教授要目の改正に着手し，成案を得るが，発表が中止される。原案作成者は佐藤良一郎東京高等師範学校附属中学校教諭。
	1927年	・数学科の試験は一回おき(年1回)に。	
	1931年		・中学校と師範学校において教授要目における分科の区別が取り払われ，グラフや関数が重視される（「中学校教授要目改正」「師範学校教授要目改正」）。改正の中心人物は佐藤良一郎東京高等師範学校教授。

注　105

	1942年		・中学校・高等女学校の学科目は「数学」（「中学校教授要目中数学及理科ノ要目改正」「高等女学校教授要目中数学及理科ノ要目改正」）。
	1943年		・中学校・高等女学校・師範学校の教科は「理数科」，科目は「数学」（「中学校規程」「高等女学校規程」「師範学校規程」）。
第4期 1949年 第81回	1949年	・戦前の予備試験合格者を対象に，本試験のみ実施。	

表3-3　数学

数学科時期区分	第1期									第2期 前期																中期		
年	85	86	87	88	91	92	93	94	95	96	97	98	99	00	01	02	03	04	05	06	07	08	09	10	11	12	13	14
実施回	1	2	3	4	5	6	7	8	9	10	11	12	13	14	15	16	17	18	19	20	21	22	23	24	25	26	27	28
桜井房記	○	○	○	○																								
山口鋭之助	○	○	○	○		○	○	○	○																			
千本福隆	○					○	○	○	○	○	○	○	○	○	○	○	○	○	○	○	○	○	○	○	○	○	○	○
寺尾寿	○	○	○	○		○						○	○	○	○	○	○	○	○	○	○	○	○	○	○	○	○	○
谷田部梅吉		○	○																									
菊池大麓		○	○	○		○	○	○	○																			
三輪桓一郎		○	○	○		○																						
野口保興				○	○	○	○																					
北条時敬					○	○																						
藤沢利喜太郎					○	○	○	○	○	○	○	○	○	○	◎	◎	◎	◎	◎	◎	◎	◎	◎	◎	◎	◎	◎	◎
飯島正之助							○	○	○	○	○	○	○	○														
三守守									○	○	○	○	○															
平山信									○	○																		
中村清二									○	○	○	○										○	○					
保田棟太											○	○	○	○	○	○												
本間義次郎											○	○	○															
坂井英太郎											○	○	○	○														
国枝元治														○	○													
中川銓吉														○	○	○	○	○	○	○								
森岩太郎																○	○	○	○									
数藤斧三郎																	○	○	○									
吉江琢児																○		○	○	○	○	○	○	○	○	○	○	○
高木貞治																		○	○	○								
熊沢鏡之助																		○	○	○	○							
渡辺孫一郎																										○	○	
黒田(伊達木)稔																												○
阿部八代太郎																												
黒河龍三																												
竹内端三																												
掛谷宗一																												
杉浦徳次郎																												
杉村欣次郎																												
辻正次																												
岩間緑郎																												
関口雷三																												
渡辺秀雄																												
野村武衛																												
黒田成勝																												
彌永昌吉																												
末綱恕一																												
黒須康之助																												
佐藤良一郎																												

〔凡例〕臨時委員＝○／常任委員＝◎／年度の表記は西暦の上二桁を省略
（注）船寄俊雄氏の『官報』調査結果と『東京物理学校雑誌』『内外教育評論』『文検世界』および「藤沢利喜太郎年譜」
（『藤沢博士遺文集　中』、藤沢博士記念会編，1935年）等を参照して作成。

関係の委員一覧

	第2期						第3期																											
	中期				後期																													
	15	16	17	18	19	20	21	22	22	23	23	24	24	25	25	26	26	27	28	29	30	31	32	33	34	35	36	37	38	39	40	41	42	43
	29	30	31	32	33	34	35	36	37	38	39	40	41	42	43	44	45	47	49	51	53	55	57	59	61	63	65	67	69	71	73	75	77	78
	○	○		○																														
	○	○		○																														
		○																																
	○	○		○																														
	◎	◎	◎	◎	◎	◎																												
	○	○			○	○	○	○																										
	○	○		○	○	○	○	○	○																									
			○	○	○	○	○	○	○	○	○	○	○	○	○	○	○			○	○	○	○	○	○	○	○	○	○	○	○			
	○	○		○	○	○	○	○				○	○	○	○	○	○																	
	○	○		○	○	○																												
	○	○		○	○	○																												
	○	○		○	○																													
	○	○																																
	○	○		○	○	○		○	○	○	○	○	○	○	○	○	○	○	○	○	○	○	○	○	○	○								
	○	○		○	○	○																												
	○	○		○	○		○		○		○		○	○	○	○	○	○	○	○	○	○	○	○	○	○	○	○	○	○	○	○	○	○
				○	○		○	○	○	○	○	○	○	○			○	○	○	○	○	○	○	○	○									
					○		○	○	○	○	○	○	○	○	○	○		○	○	○	○	○	○	○	○									
					○		○	○	○	○	○	○	○	○	○	○	○		○	○	○	○	○							○		○		
								○	○	○	○	○	○	○	○	○			○	○	○	○												
									○											○	○	○	○	○	○			○	○	○	○	○	○	○
										○										○	○	○	○											
																○	○	○	○									○	○	○	○	○	○	○
																											○	○	○	○	○	○	○
																											○	○	○	○			
																													○		○		
																													○				
																																○	○

第4章 「歴史」の試験問題とその分析

　本章では，文検「歴史」の試験問題の分析を行う。以下に述べるように，「歴史」の試験問題は，「日本史」，「東洋史」，「西洋史」という3つの分野から構成される形で確立していった。本章における試験問題の分析は，基本的にこの3分野ごとに行い，最後に3分野の内容の相違をも含めた，「歴史」の試験問題分析についてのまとめを行う。

第1節　文検「歴史」の制度的変遷

　文検「歴史」の試験問題は，初期は「日本史」―「支那史」―「万国史」という枠組みで行われ，やがて「日本史」―「東洋史」―「西洋史」という枠組みに沿って作成・出題される形で定着していった。
　ただし，受験者が検定に合格するための制度的な規定は，時期によって変化していった。
　本節では初めに，文検「歴史」の出願制度と試験科目の変遷を確認し，次いで，試験委員とその変遷について概観することとする。[1)]

1）出願制度と試験科目の変遷

　出願制度と試験科目の変遷については，表4-1の文検関係の項目にまとめた通りである。
　出願制度では，第1回（1885年）から第9回（1896年）まで，その試験内容は「日本史」と「支那史」と「万国史」という内容構成であったが，免許は「歴史」で一本化されていた。これが，第10回（1897年）から第13回（1899年）の時期になると，尋常中学校と尋常師範学校の出願者では「歴史」，尋常師範学校女子

表4-1　「歴史」関連略年表

年	中等教育	文検関係	高等教育など
1872年	下等中学教科で「史学」(万国史) 設置。		
1873年	下等中学教科、「史学」から「歴史」に名称変更。		
1877年			東京大学文学部「史学哲学及政治学科」→1879年には「史学」削除。
1881年	「中学校教則大綱」: 初等中学科で「歴史」設置。「師範学校教則大綱」: 中等師範学科・高等師範学科で「歴史」設置。		
1884年		「中学校師範学校教員免許規程」: 検定学科として「歴史」設置。	
1886年	尋常中学校、尋常師範学校の「学科及其程度」:「歴史」は「日本及外国ノ歴史」と規定。		高等中学校の「学科及其程度」:「歴史」は「希臘羅馬独仏英米ノ歴史」と規定。
1887年			帝国大学文科大学に「史学科」設置。リース着任。
1889年	尋常師範学校の「女生徒ニ課スヘキ学科程度ノ事」:「歴史」は「日本歴史及外国歴史ノ要略」と規定。		帝国大学文科大学に「国史科」新設。
1890年			学習院高等学科に「東洋諸国歴史」新設。「支那」を除く「東洋諸国」を扱うとされ、白鳥庫吉担当。

年			
1892年	尋常師範学校と尋常師範学校女生徒の「学科及其程度改正」：男生徒に課すべき「歴史」→「日本歴史」と「外国歴史」。「外国歴史」の説明で「支那歴史ノ大要」や「著名ナル諸外国ノ歴史」という内容が示された。女生徒に課すべき「歴史」→「（本邦）歴史」と「外国歴史」。	「尋常師範学校教員免許規則」：第一次検定が，甲種「認定」と乙種「試験」となり，男教員と女教員の試験科目が別々に設定された。「歴史」についての試験科目名は，男教員・女教員とも「歴史」で，その試験程度は，男教員が高等師範学校の学科目の程度，女教員が女子高等師範学校の学科目の程度に準ずと規定された。	
1893年			帝国大学で講座制採用。「史学・地理学第一講座」が坪井九馬三担当，「同第二講座」の事実上の担当がリース。
1894年	那珂通世，「東洋歴史」導入提唱。	「尋常師範学校尋常中学校高等女学校教員免許検定ニ関スル規定」：上記学校の教員免許状に等級をつけないこと，女子には尋常師範学校女子部・高等女学校の教員免許状のほかは授与しないこと，学力試験で一学科目の全部に合格しなくても，ある部分の成績優等の証明書を授与することがあること等を規定。	
1895年	「高等女学校規程」：「歴史」は「本邦歴史」と「外国歴史」。		
1896年		「尋常師範学校尋常中学校高等女学校教員免許規則」：予備試験と本試験の施行を規定。検定学科目が，尋常師範学校と尋常中学校では「歴史」，尋常師範学校女子部と高等女学校では「日本史」と「万国史」に。また，本試験に於いて一学科目の全部に合格しなくてもある部分の成績佳良の証明書（3年間有効）を授与することがあること等を規定。	

1898年	「尋常中学校教科細目調査報告」:「歴史」を「国史」－「東洋史」－「西洋史」とすることが提案された。		
1900年		「教員検定ニ関スル規定」:成績佳良の証明書が授与され得る学科目の一つとして「歴史」が明示された。	
1901年	「中学校令施行規則」:「歴史」は「日本歴史」と「外国歴史」であると規定。	「教員検定ニ関スル規程中改正」:「歴史」は「日本史東洋史」と「西洋史」の2部に分けて検定を出願することが可能に。	東京帝国大学文科大学に「国史第一」「国史第二」講座設置。
1902年	「中学校教授要目」:「歴史」は「日本歴史」－「東洋歴史」－「西洋歴史」とすることを示した。		
1903年	「高等女学校教授要目」:「歴史」は「日本歴史」－「東洋歴史」－「西洋歴史」。		
1904年			東京帝国大学文科大学,学科改正により,「国史学」,「支那史学」,「西洋史学」登場。
1907年		「教員検定ニ関スル規程中改正」:成績佳良の証明書が授与され得る学科目から「歴史」が外れることに。	京都帝国大学文科大学に「史学科」開設。「国史学」「史学地理学」「東洋史学」「考古学」の講座設置。
1910年	「師範学校教授要目」:「日本歴史」－「外国歴史 甲 支那ヲ中心トセル東方諸国」－「外国歴史 乙西諸国」－「小学校ニ於ケル日本歴史教授法」。		東京帝国大学文科大学の「支那史学」 →「東洋史学」に改称。
1910年	「師範学校教授要目中改正」:「韓国併合」による「歴史」の要目改正等。 「師範学校教授要目説明」では,「朝鮮」に関する事歴を「日本歴史」の中に移すなどの主眼が説明された。		

第1節 文検「歴史」の制度的変遷

年			
1911年	「師範学校教授要目中改正」:「日本歴史」に関して,「南北朝」に関わる文言の変更。		「高等中学校規程」:「歴史ハ日本歴史,東洋史及西洋史ヲ授クヘシ」と規定。
1911年	「中学校教授要目改正」・「高等女学校及実科高等女学校教授要目」:「日本歴史」-「外国歴史 甲 支那ヲ中心トセル東方諸国」-「外国歴史 乙 西洋諸国」。実科高等女学校では,「日本歴史」のみ。		
1914年			東京帝国大学文科大学に「朝鮮史」講座新設。
1918年			東京帝国大学文科大学に「東洋史学第一」「同第二」「西洋史学第一」「同第二」講座設置。
1919年			「高等学校規程」:「歴史ハ日本歴史,東洋歴史及西洋歴史ヲ授クヘシ」と規定。
1919年			「高等学校教員規程」:検定学科目は,「日本史及東洋史」,「西洋史」。
1921年		「教員検定ニ関スル規程中改正」:「日本史東洋史」について,成績佳良証明書が出されることに。	
1925年	「師範学校規程中改正」:「日本歴史」→「国史」,「外国歴史」→「外国史」に名称変更。「師範学校教授要目改正」:「外国歴史 甲 支那ヲ主トシタル東方諸国」-「外国歴史 乙 西洋諸国」-「国史」に。また,「朝鮮」に関する事項が「外国歴史 甲」の要目中にも再び入る。		「高等学校高等科教授要目」:「日本史」-「東洋史」-「西洋史」。

年			
1927年	「中学校令施行規則中改正」:「日本歴史」→「国史」に名称変更。		「高等学校規程中改正」:「日本歴史」→「国史」。
1931年	「中学校教授要目改正」:「歴史」の要目甲では「国史」-「外国史(東洋史)」-「外国史(西洋史)」, 要目乙では「外国史(国史ヲ背景トシタル東洋史)」-「外国史(西洋史)」-「国史」の2種類の教材配列が提示された。「師範学校教授要目改正」: 本科第一部では「外国史(東洋史)」-「外国史(西洋史)」-「国史」の配列順序に。		
1932年		「師範学校中学校高等女学校教員検定規程」: 検定学科目が「歴史」となり,「日本史東洋史」,「西洋史」に分けた出願は, 1933年度までとされた。1934年度からは,「日本史」「東洋史」「西洋史」それぞれの成績佳良証明書が出されることに(無試験検定では,「日本史東洋史」が1936年3月末日まで従前の規程で出願可能とされた)。	
1937年	中学校・師範学校「要目中修身, 公民科, 国語漢文, 歴史及地理改正」:「国史」-「外国史(東洋史)」-「外国史(西洋史)」。		「高等学校高等科修身・国語及漢文・歴史・地理・哲学概説並ニ法制及経済教授要目中改正」:「東洋史」-「西洋史」-「国史」に。
1938年		「師範学校中学校高等女学校教員検定規程中改正」:「歴史」で,「日本史東洋史」と「西洋史」の2部に分けた出願が再び可能に。また,「日本史東洋史」で, 成績佳良証明書が出されることに。	

1943年	「中学校規程」:「歴史」→「国民科歴史」に。「東亜及世界」—「皇国(維新以前)」—「皇国(維新以後)」と規定された。	「師範学校中学校高等女学校教員検定規程中改正」:「歴史」→「国民科歴史」に。従来の「歴史,歴史ノ内日本史東洋史,歴史ノ内西洋史」の免許状は「国民科歴史」の免許状と同じ効力をもつと規定。	「高等学校規程」。「高等学校高等科教授要綱」:「東洋」—「西洋」—「皇国」に。
1944年		「中学校高等女学校教員規程中改正」:「国民科歴史」で,「国史大東亜史」と「欧米史」の成績佳良証明書が出される規程が示された。	

部と高等女学校のみの出願者では「日本史」と「万国史」と免許科目名が分かれていった[2]（免許科目とその志願者数・合格者数については表4-2を参照のこと）。この後,第14回（1900年）に再び「歴史」に一本化されたが,第15回（1901年）から「日本史東洋史」と「西洋史」に分けた出願・免許取得が可能となり（「日本史東洋史」と「西洋史」の2つとも合格すれば「歴史」という免許科目名となった）,以後,第59回（1933年）まで,この出願制度は一貫して続いていった。

やがて,第61回（1934年）から第67回（1937年）の時期には,「日本史東洋史」と「西洋史」に分けた出願はできなくなり,「歴史」に一本化した出願と免許のみとなった。しかし,3分野すべてにわたる合格は,受験者にとって困難を極めた模様で[3],第69回（1938年）以降は,再び「日本史東洋史」と「西洋史」に分けた出願と免許取得が可能となった。

出願・取得免許名の変遷は以上の通りだが,「歴史」という試験科目の中の枠組みの変遷を見ると,第1回から第11回（1898年）までは,「日本史」—「支那史」—「万国史」,第12回（1899年）以降は,「日本史」—「東洋史」—「西洋史」という名称となっており,ここで科目内の枠組みが変化したことがわかる。

これは,1894年以降,中学校をはじめとする中等教育の歴史教育に関して,「日本史」と「外国史」に大別し,「外国史」を「東洋史」と「西洋史」から構成

表4-2 「歴史」志願者数・合格者数

回数	年度	試験検定				無試験検定		
		志願者	予試合格者	本試合格者	合格率	志願者	合格者	合格率
第1	1885							
第2	1886							
第3	1887							
第4	1888							
第5	1891			27				
第6	1893							
第7	1894							
第8	1895	歴m 113 歴f 1		歴m 6 歴f －	5.3	歴m 21 歴f 2	歴m 1 歴f －	4.3
第9	1896	歴m 132 歴f 2		歴m 11 歴f －	8.3	歴m 15 歴f －	歴m 3 歴f －	20
第10	1897	歴m 63 日m 21 日f 5 万m 9		歴m 5 日m 2 日f 1 万m 1 (官報は7)	9.2	歴m 33 日m 3 日f 20 万m 3 万f 21	歴m 25 日m 2 日f 20 万m 3 万f 21	88.8
第11	1898	歴m 68 日m 35 日f 2 万m 2		歴m 8 日m 4 日f － 万m 1 (官報は12)	12.1	歴m 45 日m 33 日f 25 万m 42 万f 25	歴m 38 日m 31 日f 25 万m 39 万f 25	92.9
第12	1899	歴m 79		歴m 7	10.5	歴m 81	歴m 76	94.9
第13		日m 130 日f 6 万m 60		日m 18 日f 1 万m 3		日m 83 日f 24 万m 82 万f 24	日m 77 日f 24 万m 78 万f 24	
第14	1900	歴 209	27	歴 13	6.2	歴 66 万 4	歴 27 万 2	41.4
第15	1901	歴 170 日東 162 西 40	13 27 20	歴 23 日東 11 西 19	14.2	歴 24 日東 1 西 14	歴 18 日東 1 西 13	82.1
第16	1902	歴 148 日東 223 西 55	2 37 24	歴 1 日東 14 西 14	6.8	歴 40 日東 － 西 18	歴 25 日東 － 西 30	94.8
第17	1903	歴 108 日東 243 西 102	4 44 21	歴 － 日東 12 西 8	4.4	歴 30 日東 1 西 2	歴 30 日東 － 西 2	97
第18	1904	歴 68 日東 225 西 109	6 39 29	歴 1 日東 12 西 12	6.2	歴 67 日東 2 西 3	歴 67 日東 2 西 3	100
第19	1905	歴 32 日東 217 西 120	2 31 23	歴 － 日東 16 西 11	7.3	歴 47 日東 1 西 15	歴 45 日東 － 西 12	90.5
第20	1906	歴 33 日東 215 西 155	1 26 24	歴 － 日東 14 西 10	6	歴 61 日東 1 西 8	歴 54 日東 1 西 8	90

第1節　文検「歴史」の制度的変遷　117

第21	1907	歴m 39 日東m226 日東f 8 西m 150 西f 1	1 21 26 	歴m － 日東m9 日東f － 西m 6 西m －	3.5	歴m 56 日東m2 日東f － 西m 4 西f －	歴m 43 日東m2 日東f － 西m 1 西f －	74.2
第22	1908	歴m 26 歴f 2 日東m211 日東f 5 西m 143 西f 3	1 29 31	歴m － 歴f － 日東m13 日東f － 西m 14 西f 1	7.2	歴m 68 歴f － 日東m3 日東f － 西m 3 西f －	歴m 53 歴f － 日東m3 日東f － 西m － 西f －	75.5
第23	1909	歴m 16 日東m146 日東f 8 西m 90 西f 1	1 22 24 	歴m － 日東m13 日東f － 西m 9 西f －	8.4	歴m 71 日東m－ 日東f － 西m 1 西f －	歴m 65 日東f － 日東f － 西m － 西f －	90.3
第24	1910	歴m 26 日東m139 日東f 6 西m 98 西f 2	1 22 24 	歴m 1 日東m10 日東f － 西m 11 西f －	8.1	歴m 53 日東f － 日東f － 西m 1 西f －	歴m 48 日東f － 日東f － 西m － 西f －	88.9
第25	1911	歴m 18 日東m159 日東f 8 西m 120 西f 4	－ 26 25 	歴m － 日東m20 日東f － 西m 9 西f －	9.4	歴m 48 日東m－ 日東f － 西m － 西f －	歴m 36 日東f － 日東f － 西m － 西f －	75
第26	1912	歴m 17 歴f 1 日東m142 日東f 4 西m 115 西f 2	1 15 28 	歴m － 歴f － 日東m11 日東f － 西m 6 西f －	6	歴m 54 歴f － 日東m－ 日東f － 西m － 西f －	歴m 45 歴f － 日東m－ 日東f － 西m － 西f －	83.3
第27	1913	歴m 22 歴f 2 日東m182 日東f 7 西m 137 西f 2	－ － 15 22 	歴m － 歴f － 日東m 9 日東f － 西m 7 西f －	4.5	歴m 40 歴f － 日東m－ 日東f － 西m 2 西f －	歴m 35 歴f － 日東m－ 日東f － 西m － 西f －	83.3
第28	1914	歴m 13 歴f 1 日東m168 日東f 6 西m 100 西f 3	－ 19 12 	歴m － 歴f － 日東m13 日東f － 西m 6 西f －	6.5	歴m 46 歴f － 日東f － 日東f － 西m － 西f －	歴m 35 歴f － 日東f － 日東f － 西m － 西f －	76.1
第29	1915	歴m 17 歴f 1 日東m186 日東f 5 西m 109 西f 6	－ 13 22 	歴m － 歴f － 日東m7 日東f － 西m 9 西f －	4.9	歴m 38 歴f － 日東m－ 日東f － 西m － 西f －	歴m 34 歴f － 日東m－ 日東f － 西m － 西f －	89.5

第30	1916	歴m 20 歴f － 日東m162 日東f 4 西m 119 西f 2	－ 21 17	歴m － 歴f － 日東m10 日東f － 西m 7 西f －	5.5	歴m 43 歴f － 日東m － 日東f － 西m － 西f －	歴m 36 歴f － 日東m － 日東f － 西m － 西f －	83.7
第31	1917	歴m 10 歴f － 日東m161 日東f 1 西m 108 西f 2	－ 25 24	歴m － 歴f － 日東m11 日東f － 西m 9 西f －	7.1	歴m 37 歴f － 日東m － 日東f － 西m － 西f －	歴m 35 歴f － 日東m － 日東f － 西m － 西f －	94.6
第32	1918	歴m 9 歴f － 日東m178 日東f 2 西m 91 西f 2	－ 16 14	歴m － 歴f － 日東m10 日東f － 西m 6 西f －	5.7	歴m 30 歴f － 日東m － 日東f － 西m － 西f －	歴m 27 歴f － 日東m － 日東f － 西m － 西f －	90
第33	1919	歴m － 歴f － 日東m122 日東f － 西m 77 西f －	－ 18 11	歴m － 歴f － 日東m13 日東f － 西m 8 西f －	10.6	歴m 50 歴f － 日東m － 日東f － 西m － 西f －	歴m 41 歴f － 日東m － 日東f － 西m － 西f －	82
第34	1920	歴m － 歴f － 日東m175 日東f 6 西m 85 西f －	－ 18 21	歴m － 歴f － 日東m10 日東f 1 西m 7 西f －	6.8	歴m 26 歴f － 日東m － 日東f － 西m － 西f －	歴m 25 歴f － 日東m － 日東f － 西m － 西f －	96.2
第35	1921	歴m 27 歴f － 日東m241 日東f 6 西m 138 西f －	－ 19 16	*歴m 1 歴f － *日東m10 *日東f 1 *西m 9 西f － (官報は26)	5.1	歴m 16 歴f － 日東m4 日東f － 西m － 西f －	歴m 12 歴f － 日東m2 日東f － 西m － 西f －	70
第36 第37	1922	歴m － 歴f － 日東m536 日東f 9 西m 260 西f －	－ 45 31	歴m － 歴f － 日東m24 日東f － 西m 15 西f －	4.8	歴m 66 歴f － 日東m4 日東f － 西m 1 西f －	歴m 47 歴f － 日東m3 日東f － 西m 1 西f －	71.8
第38 第39	1923	歴m － 歴f － 日東m621 日東f 3 西m 255 西f －	－ 41 29	歴m － 歴f － 日東m15 日東f － 西m 14 西f －	3.3	歴m 58 歴f － 日東m － 日東f － 西m － 西f －	歴m 39 歴f － 日東m － 日東f － 西m － 西f －	67.2

回	年							
第40 第41	1924	歴m　55 歴f　－ 日東m11 日東f11 西m　4 西f　4	－ 62 29	歴m　－ 歴f　－ 日東m18 日東f－ 西m　9 西f　－ ＃日良3 ＃東良3	31.8	歴m　－ 歴f　－ 日東m620 日東f－ 西m　257 西f　－	歴m　36 歴f　－ 日東m6 日東f－ 西m　1 西f　－	4.9
第42 第43	1925	歴m　－ 歴f　－ 日東m691 日東f17 西m　321 西f　5	－ 59 41	歴m　－ 歴f　－ 日東m18 日東f－ 西m　12 西f　－ ＃日良9 ＃東良3	2.9	歴m　40 歴f　－ 日東m7 日東f－ 西m　－ 西f　－	歴m　34 歴f　－ 日東m2 日東f－ 西m　－ 西f　－	76.6
第44 第45	1926	歴m　－ 歴f　－ 日東m878 日東f16 西m　368 西f　9	－ 73 39	歴m　－ 歴f　－ 日東m26 日東f－ 西m　26 西f　－ ＃日良11 ＃東良5	4.1	歴m　103 歴f　－ 日東m－ 日東f－ 西m　－ 西f　－	歴m　86 歴f　－ 日東m－ 日東f－ 西m　－ 西f　－	83.5
第47	1927	歴m　－ 歴f　－ 日東m521 日東f1 西m　252 西f　2	－ 53 25	歴m　－ 歴f　－ 日東m13 日東f－ 西m　14 西f　－ ＃日良6 ＃東良2	3.5	歴m　232 歴f　－ 日東m5 日東f－ 西m　5 西f　－	歴m　195 歴f　－ 日東m5 日東f－ 西m　3 西f　－	83.9
第49	1928	歴m　－ 歴f　－ 日東m612 日東f16 西m　344 西f　6	－ 45 20	歴m　－ 歴f　－ 日東m16 日東f1 西m　9 西f　－ ＃日良13 ＃東良5	2.7	歴m　263 歴f　－ 日東m12 日東f－ 西m　9 西f　－	歴m　232 歴f　－ 日東m6 日東f－ 西m　6 西f　－	85.9
第51	1929	歴m　－ 歴f　－ 日東m516 日東f15 西m　244 西f　5	－ 34 24	歴m　－ 歴f　－ 日東m15 日東f1 西m　10 西f　－ ＃日良5 ＃東良1	3.3	歴m　320 歴f　－ 日東m37 日東f－ 西m　1 西f　－	歴m　266 歴f　－ 日東m23 日東f－ 西m　1 西f　－	81

回	年						
第53	1930	歴m － 歴f － 日東m473 日東f 21 西m 253 西f －	－ 37 20	歴m － 歴f － 日東m16 日東f － 西m 6 西f － #日良1 #東良1	2.9	歴m 275 歴f － 日東m48 日東f － 西m 3 西f －	歴m 245 歴f － 日東m31 日東f － 西m 1 西f －	85
第55	1931	歴m － 歴f － 日東m454 日東f 14 西m 220 西f －	－ 40 17	歴m － 歴f － 日東m19 日東f － 西m 9 西f － #日良5 #東良3	4.1	歴m 193 歴f － 日東m152 日東f － 西m 5 西f －	歴m 181 歴f － 日東m148 日東f － 西m 3 西f －	94.8
第57	1932	歴m － 歴f － 日東m481 日東f 17 西m 176 西f 6	－ 47 20	歴m － 歴f － 日東m18 日東f － 西m 12 西f － #日良5 #東良2	4.4	歴m 489 歴f － 日東m35 日東f － 西m 1 西f －	歴m 454 歴f － 日東m32 日東f － 西m 1 西f －	92.8
第59	1933	歴m 211 歴f 10 日東m44 日東f － 西m 11 西f －	16 － －	歴m 3 歴f － 日東m11 日東f － 西m 1 西f － #日良14 #東良5	5.4	歴m 659 歴f － 日東m52 日東f － 西m 3 西f －	歴m 635 歴f － 日東m43 日東f － 西m 2 西f －	95.2
第61	1934	歴m 267 歴f 6	11	歴m 4 歴f － #日良5 #東良1 #日東良2 #日西良1	1.5	歴m 594 歴f － 日東m64	歴m 553 歴f － 日東m27	88.1
第63	1935	歴m 261 歴f 5	21	歴m 10 歴f － #日良12 #東良5	3.8	歴m 591 歴f － 日東m69	歴m 513 歴f － 日東m31	82.4
第65	1936	歴m 250 歴f 6	7?	歴m 11 歴f － #日良5 #東良7 #西良1	4.3	歴m 595 歴f －? 日東m11	歴m 579 歴f 1 日東m11	97.5
第67	1937	歴m 217 歴f 5	11	歴m 8 歴f － #日良4 #日東良2 #西良1	3.6	歴m 588 歴f 2 日東m －	歴m 555 歴f 2 日東m －	94.4

第1節 文検「歴史」の制度的変遷

回	年	試験検定志願者数	予備試験合格者数	本試験合格者数		無試験検定志願者数	無試験検定合格者数	
第69	1938	歴m 193 歴f 5 日東m － 西m －	8	歴m 6 歴f － 日東m11 西m 2 ＃日良2	9.6	歴m 546 歴f 2 日東m － 西m －	歴m 508 歴f 2 日東m － 西m －	93.1
第71	1939	歴m 44 歴f － 日東m190 日東f 4 西m 36 西f －	－ 44 11	歴m 1 歴f － 日東m26 日東f － 西m 6 西f － ＃日良5 ＃東良5	12	歴m 454 歴f － 日東m3 日東f － 西m － 西f －	歴m 415 歴f － 日東m6 日東f － 西m 3 西f －	92.8
第73	1940	歴m 39 歴f 1 日東m218 日東f 6 西m 47 西f －	－ 65 6	＊歴m 1 歴f － ＊日東m37 日東f － ＊西m 8 西f － ＃日東良1 ＃日良17 ＃東良2 （官報は47）	14.8	歴m 501 歴f － 日東m2 日東f 1 西m － 西f －	歴m 462 歴f － 日東m12 日東f 1 西m 9 西f －	96
第75	1941	歴 日東 西	－ 36 8	歴 － 日東 41 西 7 ＃日良19 ＃日東良1				
第77	1942	歴 日東 西	－ 66 13	歴 － 日東 32 西 9 ＃日良34 ＃東良3				
第78	1943	歴 日東 西	－ 47 17	歴 － 日東 70 西 6 ＃日良13 ＃東良2				

［出典］試験検定の志願者数は『文部省年報』，予備試験合格者数は『官報』，本試験合格者数は『文部省年報』と『官報』による。無試験検定の志願者数，合格者数は『文部省年報』による。
［凡例］
1．「歴史」は「歴」，「日本史」は「日」，「万国史」は「万」，「歴史（日本史東洋史）」或いは「日本史東洋史」は「日東」，「歴史（西洋史）」或いは「西洋史」は「西」と略す。また，「日本史」，「東洋史」「西洋史」の「成績佳良証明書ヲ授与スヘキ者」はそれぞれ「＃日良」，「＃東良」，「＃西良」（「日本史東洋史成績佳良証明書ヲ授与スヘキ者」は「＃日東良」）と略す。なお，第40回（1924年）から「日本史」と「東洋史」の成績佳良証明書が出されるようになった。
2．男子はm，女子はfと略記した。
［註］
3．＊は『文部省年報』と『官報』の記載が異なっている場合の，『文部省年報』の合格者数である。
　第15回（1901年）から第21回（1907年）までは，「日本史東洋史」，「西洋史」と記されている。
　『官報』の合格者では，第22回（1908年）から第28回（1914年）までは，「歴史（日本史東洋史）」，「歴史（西洋史）」とされ，第29回（1915年）以降は「日本史東洋史」，「西洋史」と記載されたが，『文部省年報』では，第29回（1915年）以降も「歴史（日本史東洋史）」，「歴史（西洋史）」である。
　なお，本試験合格者には，当該実施回以前の予備試験合格者が含まれている場合がある。

するという枠組みを導入していったことに連なる動きであったと考えられる。つまり、「支那史」は「東洋史」に、「万国史」は「西洋史」に名称を変更していくという動きが、中等教育でも文検でも見られたことになる。

　実際に、1900年代に制定されていった中等諸学校の教授要目では、「日本史」と「外国史」に大別し、その「外国史」を「東洋史」と「西洋史」によって構成するという制度的枠組みが基本となり、その後の教授要目でもこの枠組み自体は崩されないまま、長らく続いていくことになった。ところが、文検では1901年以降、「日本史東洋史」(受験参考書などではしばしば「日東史」との略称が使われることとなった)と「西洋史」という組み合わせの枠組みが導入され、以後これが基本的枠組みになっていった。即ち、中等教育と文検の「歴史」には、科目内の枠組みにおいて、基本的なずれが生じたままであったということになる。こうしたずれの存在は従来指摘されてこなかった点であるし、このずれが生じた理由は現在のところはまだ不明である。この問題は、歴史教育の展開を見ていくにあたって重要なポイントを含んでいるのではないかと思われるが[4]、その考察は、また別の機会に行っていくこととしたい。

2）試験委員について

　次に文検「歴史」の試験委員について見ていく。表4-3に挙げたのが、現在考えられ得る「歴史」の試験委員一覧である(その略歴は巻末の資料を参照のこと)。

　文検の試験委員について、任命時にその担当科目名は出ていない。特に文検の最初の頃は、その学問分野自体が確立する前後の時期にあたり、それゆえ担当委員を特定することは難しい作業となる。鈴木正弘の先行研究においても指摘されているが[5]、文検「歴史」の場合も、歴史学自体が未確立の状況の中での初期の担当委員を特定することはなかなか困難である。ただ、『教育報知』等の雑誌記事や文検の受験参考書を手がかりに探してみると、「歴史」の最初の頃の担当委員には、後に図書館学者として知られることとなる田中稲城や政治家となった棚橋一郎、つまり専門の歴史研究者にはならなかった人たちの名前

が挙がっていたことがわかる[6]。

　やがて第8回（1895年）頃になると，三上参次，那珂通世，坪井九馬三，箕作元八ら，「日本史」，「東洋史」，「西洋史」など，日本における近代の歴史学の各分野を立ち上げていく専門の歴史研究者たちが，試験委員として登場してくることとなった。

　そして，「日本史」と「東洋史」では第12回から，「西洋史」では第21回から，それぞれの分野を基本的に2名ずつの委員，それも1名は東京高等師範学校あるいは東京女子高等師範学校の教授が，もう1名は東京帝国大学の助教授・教授が1名という組み合わせ（いずれも就任時の所属でみた場合。資料編参照のこと）で受け持つ体制になっていたと考えられる。

　これら委員の最終学歴は，近代日本における「日本史」や「東洋史」研究の創始者たちと言える三宅米吉と那珂通世が慶應義塾出身であった以外は，すべて官立学校出身であった。とりわけ，現在判明分で計算すると28名中の23名（82.1％）を，（東京）帝国大学出身者が占めていたことになる。

　委員の交代は，「東洋史」と「西洋史」は，若干の例外を除いては基本的に前の委員が亡くなって交代となっているが，「日本史」の場合は異なっており，後半に渡邊世祐と下村三四吉が委員となるまでは，黒板勝美，辻善之助らが短期に委員を務めるなど，交代は比較的頻繁であった[7]。

　また，「日本史」―「東洋史」―「西洋史」それぞれの分野の高等教育・研究に，各委員が果たしていた役割については，今後さらに分析を進めていかなくてはならない点であるが，例えば，「支那史」・「東洋史」の分野では，那珂通世を別格として，白鳥庫吉，市村讚次郎，藤田豊八，桑原隲蔵，中村久四郎ら，いずれも「東洋史」学を確立した代表的な第一世代の「東洋史」研究者による試験委員担当が長らく続き（ただし，箭内亙は1.5世代にあたる），和田清や有高巌らの第二世代が1930年前後になってようやく委員として登場してきたことがわかる。

124 第4章 「歴史」の試験問題とその分析

表4-3 「歴史」

実施回	1	2	3	4	5	6	7	8	9	10	11	12	13	14	15	16	17	18	19	20	21	22	23	24	25	26	27	28
実施年(西暦)	85	86	87	88	91	93	94	95	96	97	98	99	99	00	01	02	03	04	05	06	07	08	09	10	11	12	13	14
田中稲城(?)	●	●	●	●	●																							
三上参次(日本史)					●	●	●	●	●	●	●	●	●	●														
三宅米吉(日本史)									●	●	●	●	●	●	●	●	●	●	●	●	●	●						
大森金五郎(日本史)																●	●	●	●	●	●	●	●	●	●	●	●	●
荻野由之(日本史)																									●	●	●	●
下村三四吉(日本史)																												
和田英松(日本史)																												
黒板勝美(日本史)																												
辻善之助(日本史)																												
渡邊世祐(日本史)																												
松本彦次郎(日本史)																												
那珂通世(東洋史)							●	●	●	●	●	●	●	●	●	●	●	●	●	●								
市村讃次郎(東洋史)											●	●	●	●	●						●	●	●	●				
白鳥庫吉(東洋史)																				●	●	●	●	●				
桑原隲蔵(東洋史)																												●
中村久四郎(東洋史)																												
箭内互(東洋史)																												
藤田豊八(東洋史)																												
和田清(東洋史)																												
有高巌(東洋史)																												
棚橋一郎(万国史?)			●	●																								
坪井九馬三(万国史)				●		●	●	●	●	●																		
磯田良(西洋史)						●	●				●	●	●	●		●	●	●	●	●	●	●	●	●	●	●	●	●
箕作元八(西洋史)								●	●	●	●	●		●						●	●	●	●	●				
村川堅固(西洋史)																												
斎藤清太郎(西洋史)																												
今井登志喜(西洋史)																												
中川一男(西洋史)																												

注 以上の表における，試験委員の担当回は，基本的に船寄俊雄氏の『官報』調査結果による。
　　また，その委員が「歴史」の担当であったか否かは，『教育報知』，『教育学術界』，『教育界』などの教育雑誌の記事や，国立国会図書館所蔵の文検受験参考書に記載された受持学科などから奈須が推定した。

第1節　文検「歴史」の制度的変遷

試験委員担当一覧

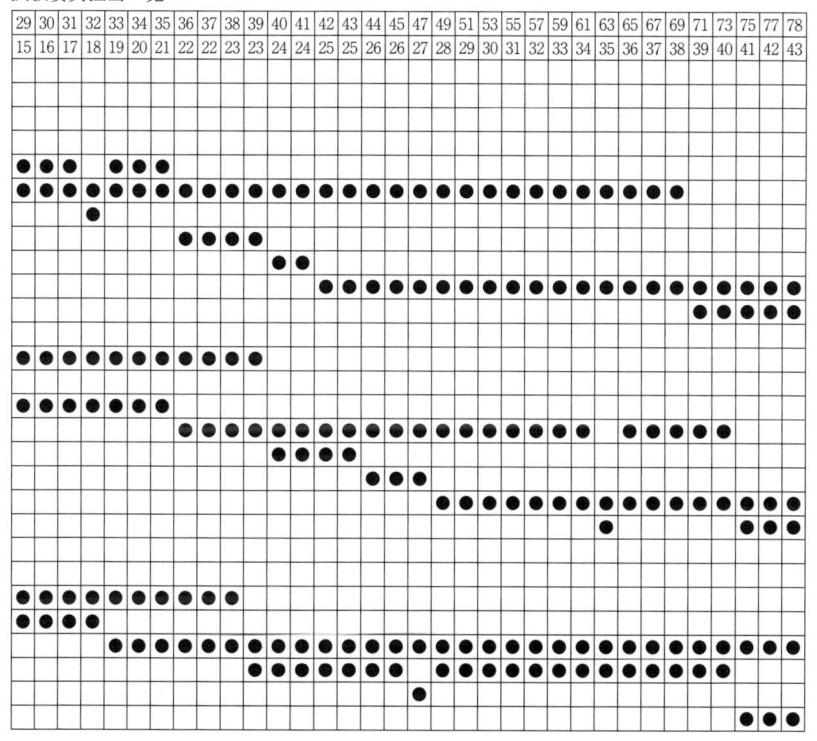

29	30	31	32	33	34	35	36	37	38	39	40	41	42	43	44	45	47	49	51	53	55	57	59	61	63	65	67	69	71	73	75	77	78
15	16	17	18	19	20	21	22	22	23	23	24	24	25	25	26	26	27	28	29	30	31	32	33	34	35	36	37	38	39	40	41	42	43
●	●	●		●	●	●																											
●	●	●	●		●	●	●	●	●	●	●	●	●	●	●	●	●	●	●	●	●	●	●	●	●								
			●																														
						●	●	●	●																								
								●	●																								
											●	●	●	●	●	●	●	●	●	●	●	●	●	●	●	●	●	●					
																										●	●	●	●	●			
●	●	●	●	●	●	●	●	●																									
●	●	●	●	●																													
									●	●	●	●	●	●	●	●	●	●	●	●	●	●		●	●	●	●						
													●	●	●	●																	
															●	●	●																
																		●	●	●	●	●	●	●	●	●	●	●			●	●	●
																							●								●	●	●
●	●	●	●	●	●	●	●	●																									
●	●	●	●																														
						●	●	●	●	●	●	●	●	●	●	●	●	●		●	●	●	●	●	●								
													●	●	●	●	●																
																					●												
																															●	●	●

第2節　試験問題の分析

　第1節においては文検「歴史」の制度上の変遷を簡単に概観したのに対して，本節では，試験問題の具体的な分析を行う。まずはじめに「歴史」の試験問題全体にわたる実施状況と時期区分を確認し，次に「日本史」―「東洋史」―「西洋史」の各分野ごとの時期区分を検討し，内容分析を行っていくこととする。

1）試験形態と全体の時期区分

　はじめに，「歴史」試験問題の全体について簡単に概観しておこう。
　「歴史」の試験は，第78回（1943年度）まで実施されたと考えられるが，現時点において筆者は，第1回（1885年）から第77回（1942～43年）までの試験問題をほぼ確認したところである[8]。
　試験の形態や問題数の変遷については，表4-4にまとめた通りである。第一に，「歴史」の試験は，筆記試験と口述試験・教授法（最初期は授業法，次に教授法，第26回から口述・教授法とされた）によって行われた。
　また，第1回から第9回は1度の試験のみによって検定が行われ，予備試験と本試験が行われるようになったのは第10回（1897年）からであった。
　この第10回以降，予備試験の合格者のみが，本試験を受験することができたが，本試験においても，筆記試験から口述試験の段階に進むところで選抜が行われ，口述試験においても選抜が行われた[9]。予備試験についていえば，ある回の予備試験に合格して本試験は不合格であった場合，次の回の予備試験は免除となり，本試験から受験することができた。また「日本史東洋史」に関しては，成績佳良証明書（「日本史」と「東洋史」）が第40回（1924年）から出され，前出の出願と免許が「歴史」に限られていた第61回から第67回には，「西洋史」についての成績佳良証明書も出された（表4-2参照のこと）。
　次に試験問題数であるが，3分野でそれぞれその変遷は異なっている。全体として，初期には小問が多く，「日本史」―「東洋史」―「西洋史」の枠組み

が確立するころからは，大問が2問から3問，小問が4問から8問という形に次第になっていった。ただし，「東洋史」と「日本史」は，ある時期から試験問題数が一定化したが，「西洋史」は，後半の時期に至るまで，試験問題数は変動し続けていった（表4-4を参照のこと）。

以上のような，出題形式や枠組み，試験問題数の変化に着目して，「歴史」という科目全体を通しての時期区分を行うならば，どのようになるだろうか。仮説的に提示するならば，以下のようになるだろう。

「歴史」全体を通しての時期区分——問題数・枠組みに注目した場合——
第1期：第1回～第9回……試験が1回のみの時期。
第2期：第10回～第14回……予備試験と本試験の実施スタート時期。
第3期：第15回～第57回……「日本史東洋史」と「西洋史」に分けた出願・免許取得が可能になった時期。そのうち第31回からは試験時間が一定化。また，第36回から第43回の間は試験実施が年2回となった時期にあたる。
第4期：第59回～第67回……「歴史」のみの出願・免許取得となった時期。従来の「日本史東洋史」と「西洋史」に分けた出願も，第59回までは制度移行の猶予期間として可能とされた。ただし，試験の実施が，形式上「歴史」として出されたのは，第59回予備試験のみであった（巻末資料参照のこと）。その他の回の出題は，実際には，「日本史」－「東洋史」－「西洋史」で，別々に出されていたと考えられる。
第5期：第69回～（第78回）：再び「日本史東洋史」と「西洋史」に分けた出願・免許取得が可能になった時期。なお，実施されなかった1944年度と1945年度の試験では「国民科歴史」という学科目名となり，その中で「国史大東亜史」と「欧米史」の成績佳良証明書が出される予定だったことから，「国史」－「大東亜史」－「欧米史」という3分野名に変化することが予定されていたことがわかる。

表4-4 「歴史」試験問題数・形態

実施回	年	予備試験			試験時間	年	本試験				試験時間
第1回	1885					1885	(日本歴史) 大4-小4	(支那歴史) 大2-小13	(万国史) 大6-小10	授業法 同上	
第2回	1886					1886	大3-小0	大3-小0	大6-小4	同上	
第3回	1887					1887	大3-小0	大3-小0	大3-小14	同上	
第4回	1888					1888	大1-小4	大0-小6	大4-小8	同上	
第5回	1891					1891	大3-小15	大3-小14	大7-小20	同上	
第6回	1893					1893	大3-小10	大1-小15	大5-小4	同上	
第7回	1894					1894	大2-小7	大2-小7	大3-小10	教授法	
第8回	1895					1895	大2-小10	大2-小10	大3-小12	同上	
第9回	1896					1896	大2-小10	大2-小10	大3-小12	同上	
第10回	1897	日本史 大2-小8	万国史支那 大2-小8	万国史万国 大2-小10	歴史科4h 日本史科 1h30m 万国史科 2h30m	1897	日本史 大2-小8	万国史支那 大2-小10	万国史万国 大2-小10	同上	歴史(日本) と日本史は2h30m 歴史(支那・万国) と万国史は4h
第11回	1898	大2-小8	大2-小6	大2-小10	同上	1898	大2-小4	大3-小10	大3-小7	同上	同上
第12回	1899	日本史 大3-小6	(万国史科) 東洋史 大3-小4	(万国史科) 西洋史 大1-小10	同上	1899	日本史 大2-小11	(万国史科) 東洋史 大1-小12	(万国史科) 西洋史 大2-小8	同上	歴史(日本) と日本史は2h30m 歴史(東洋・西洋) と万国史は4h
第13回	1899	?	?	?	同上	1900	大6-小4	大2-小8	大2-小8	同上	同上
第14回	1900	日本史 大2-小6	東洋史 大2-小4	西洋史 大1-小6	歴史4h	1901	日本史 大3-小3	東洋史 大2-小6	西洋史 大2-小6	同上	歴史(日本)2h30m 歴史(東洋・西洋)4h
第15回	1901	大2-小6	大4-小0	大2-小4	歴史4h 日本史東洋史 2h30m 西洋史 1h30m	1902	大2-小6	大2-小6	大2-小6	同上	歴史(日本史東洋史)4h 歴史(西洋史)2h
第16回	1902	大2-小6	大3-小4	大2-小5 大2-小4*	日本史東洋史 3h 西洋史 1h30m	1902	大3-小7	大3-小4	大2-小8 大2-小4*	同上	同上
第17回	1903	大2-小8	大2-小4	大2-小5	同上	1904	大2-小7	大2-小6	大3-小3	同上	同上
第18回	1904	大2-小7	大2-小4	大2-小3	同上	1905	大4-小4	大2-小6	大2-小8	同上	同上
第19回	1905	大3-小4	大3-小4	大2-小6	同上	1906	大3-小7	大2-小7	大2-小6	同上	同上
第20回	1906	大2-小7	大2-小4	大2-小6	同上	1907	大2-小7	大2-小8	大2-小6	同上	同上
第21回	1907	大3-小4	大3-小4	大2-小6	同上	1908	大3-小8	大2-小6	大2-小8	同上	同上
第22回	1908	大2-小7	大2-小4	大2-小6	同上	1909	大2-小7	大3-小4	大2-小8	同上	同上
第23回	1909	大2-小7	大3-小4	大2-小6	同上	1910	大3-小8	大3-小5	大2-小8	同上	同上

回	年				年				
第24回	1910	大3－小4	大3－小4	大2－小6	同上	1911	大4－小4	大3－小5	大2－小8	同上	同上
第25回	1911	大2－小7	大3－小5	大2－小8	同上	1912	大2－小8	大3－小5	大2－小8	同上	同上
第26回	1912	大2－小8	大3－小4	大2－小6	同上	1912	大2－小8	大3－小4	大2－小8	口述(授業法)	同上
第27回	1913	大2－小8	大3－小4	大2－小8	同上	1913	大2－小8	大3－小4	大2－小8	同上	同上
第28回	1914	大2－小7	大3－小4	大2－小8	同上	1914	大2－小8	大3－小4	大2－小8	同上	同上
第29回	1915	大2－小6	大3－小3	大2－小8	同上	1915	大2－小7	大3－小4	大2－小8	同上	同上
第30回	1916	大2－小8	大3－小4	大2－小8	同上	1916	大2－小7	大3－小4	大2－小8	同上	同上
第31回	1917	大2－小7	大3－小4	大2－小8	日本史東洋史4h 西洋史2h	1917	大3－小4	大3－小4	大2－小8	同上	同上
第32回	1918	大2－小8	大3－小4	大2－小8	同上	1918	大2－小8	大3－小4	大2－小8	同上	同上
第33回	1919	大2－小6	大2－小4	大2－小6	同上	1919	大4－小0	大2－小4	大2－小8	同上	同上
第34回	1920	大2－小6	大2－小4	大2－小8	同上	1920	大2－小6	大2－小4	大2－小8	同上	同上
第35回	1921	大2－小8	大2－小4	大2－小8	同上	1921	大2－小4	大2－小4	大2－小8	同上	同上
第36回	1922	大2－小4	大2－小4	大2－小6	同上	1922	大2－小6	大2－小4	大2－小7	同上	同上
第37回	1922	大2－小5	大2－小4	大2－小9	同上	1923	大2－小5	大2－小4	大2－小8	同上	同上
第38回	1923	大2－小5	大2－小4	大2－小8	同上	1923	大3－小4	大2－小4	大2－小8	同上	同上
第39回	1923	大2－小6	大2－小4	大2－小8	同上	1924	大2－小6	大2－小4	大2－小8	同上	同上
第40回	1924	大2－小6	大2－小4	大2－小8		1924	大2－小4	大2－小4	大2－小6	同上	
第41回	1924	大2－小4	大2－小4	大2－小6	同上	1924	大2－小4	大2－小4	大2－小6	同上	同上
第42回	1925	大2－小4	大2－小4	大3－小4	同上	1925	大2－小4	大2－小4	大3－小4	同上	同上
第43回	1925	大2－小5	大2－小4	大3－小4	同上	1925	大2－小5	大2－小4	大3－小4	同上	同上
第44回	1926	大2－小4	大2－小4	大2－小6		1926	大2－小4	大2－小4	大3－小4	同上	
第45回	1926	大2－小4	大2－小4	大3－小4		1926	大2－小4	大2－小4	大3－小4	同上	
第47回	1927	大2－小4	大2－小4	大3－小4	同上	1927	大2－小4	大2－小4	大3－小4	同上	同上
第49回	1928	大2－小4	大2－小4	大3－小4	同上	1928	大2－小4	大2－小4	大2－小6	同上	同上
第51回	1929	大2－小4	大2－小4	大2－小6		1929	大2－小4	大2－小4	大4－小0	同上	同上
第53回	1930	大2－小4	大2－小4	大3－小2		1930	大2－小4	大2－小4	大4－小0	同上	同上
第55回	1931	大2－小4	大2－小4	大4－小0	同上	1931	大2－小4	大2－小4	大4－小0	同上	同上
第57回	1932	大2－小4	大2－小4	大4－小0	同上	1932	大2－小4	大2－小4	大4－小0	同上	同上
第59回	1933	大2－小4	大2－小4	大4－小0	歴史6h	1933	大2－小4	大2－小4	大4－小0	同上	
第61回	1934	大2－小4	大2－小4	大4－小0	?	1934	大2－小4	大2－小4	大4－小0	同上	歴史(日本史東洋史)4h 歴史(西洋史)2h
第63回	1935	大2－小4	大2－小4	大4－小0	日本史東洋史4h 西洋史2h	1935	大2－小4	大2－小4	大4－小0	同上	同上

第65回	1936	大2-小4	大2-小4	大4-小0	日本史2h 東洋史2h 西洋史2h	1936	大2-小4	大2-小4	大4-小0	同上	日本史2h 東洋史2h 西洋史2h
第67回	1937	大2-小4	大2-小4	大4-小0	同上	1937	大2-小4	大2-小4	大4-小0	同上	同上
第69回	1938	大2-小4	大2-小4	大4-小0	日本史東洋史 4h 西洋史 2h	1938	大2-小4	大2-小4	大4-小0	同上	同上
第71回	1939	大2-小4	大2-小4	大4-小0		1940	大2-小4	大2-小4	大3-小4	同上	
第73回	1940	?	?	?		1941	大2-小4	大2-小4	大4-小0	同上	同上
第75回	1941	大2-小4	大2-小4	大3-小4	日本史2h 東洋史2h 西洋史2h	1941	大2-小4	大2-小4	大4-小0	同上	同上
第77回	1942	大2-小4	大2-小4	大4-小0		1943	大2-小4	大2-小4	大4-小0	同上	
第78回	1943	?	?	?		1943	?	?	?		

注記：？は調査中の回（未見）。
　少なくとも，第16回と第17回の予備・本試験，第18回の予備試験については，「師範学校，中学校，高等女学校教員志望者」と「女子師範学校，師範学校女子部，高等女学校のみの教員志願者」とで問題が別立てとなっていたが，そのうち問題数が異なっていたのは＊の第16回予備・本試験の「西洋史」のみであった。
　凡例：大問は「大」，小問は「小」で略記した。「大2-小4」は，大問2問，小問4問からなることを示している。試験時間については，2時間30分ならば「2h30m」と略記した。

　なお，試験合格ラインの設定については，受験参考書や受験記の中には，100点満点の60点を合格の目安として示しているものが散見される[10]。ただし，時期による変化も考えられるし，「西洋史」は難しいので合格ラインを下げているとの受験記が見られたように，「日本史東洋史」と「西洋史」での違いがあったことも考えられる。現時点では実際の合格ラインの点数を直接知る手がかりは不明である。

2）「日本史」試験問題の分析

(1) 時期区分

　「日本史」についての時期区分を，枠組みや問題数といった，形式面のみから見た場合には，第1回→第10回→第15回→第41回→第59回→第69回→という全部で6期に分けることができると考えられる（第41回以降は，基本的に試験問題数が大問2問－小問4問のパターンが定着した）。

一方，委員の交代（やそれに伴う内容の変化）などに着目して，時期区分を行うならば，次のようになるであろう。

「日本史」の時期区分──委員や試験問題の内容の変化に着目した場合──
第1期：第1回〜第4回
第2期：第5回〜第35回
第3期：第36回〜第41回
第4期：第42回以降

(2) 内容の特徴

上記のように委員の交代や問題内容の変化に着目した時期区分にしたがって，それぞれの時期の特徴をみていくこととしよう。

第1期（第1回〜第4回）は，「日本史」の模索期である。この時期は，田中稲城のみが出題を担当していた時期と考えられ，三上参次が参加する第5回以降と比べると，その問われている「日本史」の知識は，まだその専門性を確立したものであるとは言い難い。例えば，「足利氏ノ亡ビタル源因ト唐室ノ亡ビタル源因トヲ比較スヘシ」（第4回・1888年。以下試験問題の回と年については第4回・1888という形で略す）といった，この時期にしか見られない「日本史」と「支那史」を比較する問題や，「王朝時代ト鎌倉時代以後トニ於テ中央政府ト地方政府トノ関係ニ実際如何ナル異同アリヤ併セテ封建制度ノ由来ヲ説明スヘシ」（第2回・1886）などの，「日本史」の中での時代の比較史問題，また「仏教ノ我国ニ及シタル影響ヲ陳ヘヨ」（第3回・1887），「鎌倉以後ノ政治家，武将，漢学者及ビ和学者ノ最モ傑出シタル者各々三人ヲ挙ゲ其事業ヲ記スベシ」（第4回）など，かなり大づかみな設問が出されていたことがわかる。

また，「従来ノ日本支那歴史ノ体裁ト西洋歴史トノ優劣ヲ比較シ其劣者ヲ教授スルニ方リ能ク其欠点ヲ補ヒ得ヘキ方法（若シ之アラバ）ヲ詳論スベシ」（第3回）という授業法の問題が出されているのが注目される。ここで求められている正解は明確にはわからないが，この時期（1887年）の状況からすると，「日

本支那歴史ノ体裁」の方が「西洋歴史」に比べて「劣者」であるという見方が前提となっていると考える方が妥当であろう。そして，こうした，歴史の体裁の優劣を問うという問題がストレートに出されたのが，この時期の特徴の一つであると言えよう。

これが，第２期（第５回〜第35回）となると，「日本史」の設問の形式がほぼ定まり安定期に入っていった。

第２期の画期をなすのは，第５回の三上参次の出題への参入であった。第５回で三上が文検に関わった時はまだ嘱託としてであった（第６回には東京帝国大学文科大学助教授の肩書きとなった）が，「日本史」の設問では，第４回までの田中のみの出題時と比べて，通史の部分を取り出して比較させる趣向の大づかみな設問が減り，大問では「物部蘇我両氏ノ争ヲ諸種ノ点ヨリ観察シテ其真相ナリト思ハヽモノヲ述ブヘシ」（第５回・1891），「鎌倉幕府ノ組織ヲ述ベヨ」（第７回・1894）等，ある時代に限定した設問が定着するようになっていった。

他方，三上が委員の頃には，「平安奠都」や「関ヶ原ノ戦」などの「年代ヲ明記スベシ」（第５回）という小問や，「元亀天正ノ二十年間ニ起リタル重要ナル事件ヲ列記シ其歴史上如何ナル年代ナルカヲ論ゼヨ」（第９回・1896）との大問が出されたように，年代を暗記しているか否かのみを問う出題も見られたが，この傾向は第10回以降は，殆ど見られなくなった。

また，第２期に，出題の委員となったのは，三上（第５回〜第15回），三宅米吉（第10回〜第24回），大森金五郎（第16回〜第28回），萩野由之（第25回？〜第35回），下村三四吉（第29回〜第69回）であったが，近世史を専門とする三上，中世史が専門である大森が委員からいなくなって，古代史を専門とする萩野と考古学が専門である下村の２名が委員として組んでいた第29回から第35回の間も，大問で出題される時代は，平安時代以前までから最低１問と鎌倉時代以降から最低１題となって安定していった（表４-５を参照のこと）。この第29回から第35回の間と，次の黒板勝美が委員となった第36回から第39回までの間は，中世史以降を専門分野とする委員が不在の時期にあたるが，この時期の文検「日本史」において，出題委員の研究上の専門とする時代とは別に，中世史や近世史の設問

表4-5 「日本史」分野の試験問題分析（大問について）

	1	2	3	4	5	6	7	8	9	10予	10本	11予	11本	12予	12本	13予	13本	14予	14本	15予	15本	16予
通史	◎																					
通史一部		◎-2	◎-3	◎		◎		◎-2		◎						◎-2						
奈良時代より前		◎	◎-2			◎-2			◎							◎-2				◎		
奈良時代					◎																	◎
平安時代		◎-2	◎			◎	◎	◎		◎	◎							◎				
鎌倉時代		◎-2	◎-2	◎		◎	◎	◎	◎	◎	◎								◎			◎
南北朝時代				◎								◎	◎				◎					
室町時代	◎		◎	◎				◎	◎				◎				◎	◎		◎		
安土桃山時代		◎	◎	◎								◎			◎		◎				◎	
江戸時代	◎	◎	◎		◎				◎						◎		◎					
明治時代												◎		◎		◎-2		◎	◎		◎-2	
東アジア			◎											◎		◎-2						
東南アジア																						
ヨーロッパ世界																						
ロシア																						
アメリカ合州国																						

	16本	17予	17本	18予	18本	19予	19本	20予	20本	21予	21本	22予	22本	23予	23本	24予	24本	25予	25本	26予	26本
通史																					
通史一部		◎		◎	◎-2	◎		◎-2				◎						◎	◎	◎	◎
奈良時代より前									◎		◎		◎-2						◎		◎
奈良時代	◎		◎		◎		◎						◎								
平安時代							◎		◎				◎	◎			◎				
鎌倉時代			◎									◎		◎	◎						
南北朝時代	◎																				
室町時代		◎					◎				◎			◎			◎			◎	
安土桃山時代								◎				◎								◎	
江戸時代	◎						◎				◎	◎			◎	◎	◎	◎			
明治時代															◎	◎	◎	◎	◎		
東アジア		◎-2												◎							

第2節　試験問題の分析　133

134　第4章　「歴史」の試験問題とその分析

	27予	27本	28予	28本	29予	29本	30予	30本	31予	31本	32予	32本	33予	33本	34予	34本	35予	35本	36予	36本	37予	37本	38予	38本
東南アジア																								
ヨーロッパ世界							◎																	
ロシア				◎																	◎			
アメリカ合州国																								
通史																								
通史一部			◎																	◎				
奈良時代より前	◎					◎	◎	◎		◎	◎		◎		◎		◎				◎			
奈良時代				◎			◎								◎			◎		◎				
平安時代						◎			◎					◎		◎			◎					
鎌倉時代		◎			◎									◎							◎			
南北朝時代								◎																
室町時代	◎									◎		◎										◎		
安土桃山時代			◎														◎							
江戸時代	◎		◎		◎							◎				◎						◎		
明治時代						◎																		
東アジア										◎									◎	◎				
東南アジア											◎													
ヨーロッパ世界												◎												
ロシア																								
アメリカ合州国																						◎		

	38予	39予	39本	40予	40本	41予	41本	42予	42本	43予	43本	44予	44本	45予	45本	47予	47本	49予	49本	51予	51本	53予	53本
通史																							
通史一部		◎			◎		◎		◎				◎				◎		◎				◎
奈良時代より前	◎			◎	◎		◎		◎		◎				◎		◎		◎		◎		
奈良時代	◎		◎		◎																		
平安時代	◎		◎				◎														◎		
鎌倉時代								◎							◎							◎	
南北朝時代								◎											◎				
室町時代			◎																				

第2節　試験問題の分析　135

	55子	55本	57子	57本	59子	59本	61子	61本	63子	63本	65子	65本	67子	67本	69子	69本	71子	71本	73本	75子	75本	77子	77本
安土桃山時代							○											○					
江戸時代		○				○		○	○		○				○					○	○		
明治時代				○				○						○							○		○
東アジア					○														○				
東南アジア				○																			
ヨーロッパ世界	○										○									○			
ロシア			○																			○	
アメリカ合州国	○		○																				

通史	55子	55本	57子	57本	59子	59本	61子	61本	63子	63本	65子	65本	67子	67本	69子	69本	71子	71本	73本	75子	75本	77子	77本
通史一部			○		○				○							○					○		
奈良時代より前			○						○					○									○
奈良時代												○	○	○	○						○	○	
平安時代	○					○		○												○		○	
鎌倉時代		○								○													
南北朝時代		○					○			○						○							
室町時代					○							○						○		○			
安土桃山時代	○			○		○					○												○
江戸時代							○								○		○				○		
明治時代			○																	○	○		
東アジア							○				○												
東南アジア	○																						
ヨーロッパ世界																			○				
ロシア																							
アメリカ合州国																							

【凡例】（表4-5・表4-6・表4-7共通）
1. ○は大問1問をあらわす。横棒と問題数を印の右側に記している。例えば「○-2」は，大問2問を示している。
2. 2問以上の場合は，横棒と問題数を印の右側に記している。
3. 「通史一部」の場合は，「通史一部」にも○をつけ，その出題がふくんでいる時代それぞれに○をつけた。

（注）
1. 表4-5の「東アジア」は「日本」以外の「東アジア」を示す。

が毎回出されていったということは、注目に値するだろう。また、三宅が委員の時期には、日本の内政史だけではなく、日本と日本以外の東アジアの関係史が出されるようになった（第11回予備試験の「本邦歴史」と「粛慎　渤海　多褹」の関係についての小問、第12回予備試験の「刀伊賊ノ入寇」、第15回本試験の「天智天皇ノ御代ニ於ケル外国関係」の大問など。なお、以下予備試験については予、本試験については本と略す）。

さて、第3期をはっきりとした時期区分として設けることは、適当でないかもしれないが、あえて以下の点に着目して一つの時期として設定してみた。

それは、第一に、南北朝時代の扱いという点である。

南北朝正閏問題が、政治的問題にまで発展する大事件となったのは、1910年から1911年にかけてのことであった。その初等教育への影響が甚大であったことは、つとに知られているところであるが、中等学校の教員検定試験である文検の「日本史」への影響を見ると、必ずしも1911年より後と前に明確な断絶があったとは言えないと考えられる。北朝側に関わる人物や事柄についての設問は確かに減少しているが、それでも1912年に「建武式目」（第26回予）、1918年に「難太平記」（第32回予）、1919年に「梅松論」（第33回予）という北朝に関わる小問が出題されていた。また、次に見る第4期でも北朝に関わる問題が出されていたことがわかる[11]。

しかし、この黒板勝美（第36回〜第39回）と辻善之助（第40回〜第41回）が委員の第3期においては、北朝に関わる設問は一切出されていない。筆記試験レベルでは、南朝に関わる問題も出されていない。ただし、第38回の口述試験では、「吉野朝時代の教授上注意すべき諸点」という問題が出された[12]。口述試験問題のすべてが見つかっていない——現時点で著者は第1回から第9回までと、第34回以降が途切れ途切れに入手できている状況である——ので、確かなことは言えないが、口述試験において、南北朝問題や天皇の皇位継承をめぐる問題など、戦前日本の歴史教育上問題とされてきた事柄の「教授上注意」する点を尋ねるというパターンは、この後第4期にも引き継がれていくことになった特徴と考えられる。

第二に，現代についての大問での設問が，この第3期から明確に出てきている点である。すでに第20回予備試験と第29回予備試験で，「廃藩置県」に関する大問はあったものの，「明治時代に於ける條約改正」（第38回本・1923）や，「日露戦役に於ける我が国の国際的地位」（第39回本・1924）といった，20年以内に起きた出来事を含む設問が「日本史」で出され始めたのは，この第3期からであった。

 第3期の出題委員は，後の時期にも担当の続く下村三四吉と，この時期のみの黒板勝美，辻善之助であったが，下村は日本の考古学が専門，黒板は古代史，辻は仏教史というように，その研究の専門の時代から見るならば，第2期後半の萩野-下村の出題委員の時期に引き続き，中世史・近世史を専門とする委員は不在であった。しかし，当時における現代についての設問が出されたり，南北朝時代に関わる問題が筆記試験上では避けられていることなど，この第3期は文検「日本史」において，「日本史」の教育面を相当配慮し，意識した問題が出されるようになった時期であると言えるのではないだろうか。

 第4期（第42回以降）は，渡邊世祐が試験委員となってからの時期である。

 渡邊が委員となり，渡邊と下村の組み合わせでの出題がなされるようになって，大問のうち1問は，下村の受け持ちで平安時代以前までからの設問，もう1問は，渡邊の受け持ちで鎌倉時代以降からの設問という態勢が定着していったと考えられる。このように，第4期は，委員の専門性と文検の出題がそれ以前に比べるとよくリンクしていた時期と言えよう（ただし，下村にかわって松本彦次郎（第71回～第78回）が委員となった時期は，2人の委員とも中世史が専門となっている）[13]。

 第4期の内容的な最大の特徴をひと言で述べるならば，筆記試験における相対的な政治性の稀薄さと口述試験での濃厚な政治性，ということになるであろう。

 ここで，筆者が政治性というのは，近代天皇制を支えていく理屈付けの問題ゆえに，戦前日本の「日本史」・「国史」教育と研究が強い政治的緊張の中におかれ，かつそれを意識することなしには存在できなかったことを指している。[14]

後述の文検「東洋史」でも「西洋史」でも，その時局との関連性を意識した問題は出され続けたように，「東洋史」と「西洋史」の研究も教育も政治的であることから切り離されてあったわけでは決してない。だが，とりわけ「日本史」・「国史」の教育と研究は，1910年代以降，それ自体が政治の介入を直接受ける位置におかれていったと考えられる。そうした状況の中で，研究者や教育者が，どのような態度表明を行うにしても，それは政治的でないということはあり得なかったことになる。ただし，その態度表明の度合いには，やはり違いはあったと見るべきであろう。

たしかに，渡邊が委員になってからの設問が，全く時局性に関して稀薄なわけではない（1930年の第53回予での「江戸時代に於ける北辺の警備」，1941年第75回予での「桃山時代大陸への発展」という大問など）[15]。

ただ，この第4期から後は，それまでにはたびたび見られた記紀神話上の人物や事柄の設問が出なくなったり，1931年の「大覚寺持明院両統の御和睦と其の影響」（第55回本）という大問，1932年（第57回予）と1938年（第69回予）の「長講堂領」という小問で，北朝に関する設問が筆記試験で見られるようになった。一見すると，文検の「日本史」は，当時の「日本史」を取り巻く教育と研究の緊張関係の中では，研究の論理により近いところの方に位置づいていたかのようにも思われる。

にもかかわらず，第4期の文検の「日本史」において，当時の「日本史」の教育の論理が意識されていなかったわけでは決してない。むしろ，「日本史」の研究と教育の論理の緊張関係をストレートに問う問題が，口述試験において，頻出していたことがわかる。

例えば，「神代史の性質及びその教授上取扱に関する注意」（第43回本・1925），「天武天皇以後光仁天皇に至る皇位継承の次第とその教授上の注意とにつきて述べよ」（第47回本・1927），「履中天皇至継体天皇間ノ皇位継承及ビ執政家ノ盛衰ニ関スル注意事項ニツキテ述ベヨ」（第51回本・1929），「奈良時代ノ皇位継承並ニ事変ノ教授上注意スベキ要項ヲ説明セヨ」（第53回本・1930）などの口述試験問題が，第4期には出されていた。

こうした「日本史」の口述試験問題についての模範解答に言及した文章は，まだ残念ながらほとんど見つかっていないが，例えば，1935年の第63回本試験の口述試験について書かれた受験記には，下村三四吉が「奈良時代の事変とその教授上の注意」に関する質問をしたとある。その中で，下村の「橘奈良麿の乱を中等学生に教へることの可否に就いて言つて見なさい」との問いかけに，「教へても差支へ無いと思ひます」と受験生が答えたのに対して，下村は「出さない方が良いのだ。併し君が信念を持つて教へるとあれば其れでも良い。一寸君に尋ねて見た丈けの事で，心配する必要はない」と述べたとの記述が出てくる[16]。他方，別の受験者は，同様に下村から「奈良時代の事変について」質問を受け，「橘氏の系図や事変の原因をきかれた。原因については仏教の弊害と朝臣の権勢争とを答へたら，更に皇位の紛争がからんでゐると附け足して頂いた」と，下村側から「皇位の紛争」への言及があった旨を書き残している[17]。
　この１回の口述のやりとりのみから判断を下すことはできないが，少なくもこのときの試験委員の下村は，「皇位」に関わる問題など，「日本史」の教授上十分な注意をもって扱うべき事柄のポイントを，受験者がきちんと意識しているかどうかを確認したことがわかる。ここからは，「皇位の紛争」があったこと自体を知らなくては困る，しかしそれを扱うときには注意を払わなくてはいけないという，研究の論理と教育の論理を使い分ける意識と技能が受験者たちに求められていた様子が窺える。
　この他，渡邊が委員となった第４期には，室町時代以降の大問が出されていないのは第45回本試験の１回のみであり，安土桃山時代以降の大問が出されていないのも計６回のみとなっている。また，大問２問とも鎌倉時代以降からの設問という回もあり，平安時代以前と鎌倉時代以降から１問ずつという基本はありながらも，第３期までと比べて，中世史・近世史・近代史の比重が上がっていたことがわかる。また，第１期以来ほとんど見られなくなっていた比較史問題が出されるようになり，「建武中興と明治維新との比較」(第49回本・1928)，「鎌倉江戸両幕政の比較」(第53回本・1930)，「大化改新と明治維新との比較」(第63回本・1935)という大問が見られるようになった。

(3) 求められた知識・学習

それでは「日本史」の受験生に求められていた知識・学習とは何だったのか。

まず第一に，詳細な学習である。後出の「西洋史」のように，全体の流れを把握することを求められるというよりは，時代ごとの学習・研究を深めることが受験生に求められていたことが，試験委員の談話などからもうかがえる。

1900年前後には，三上参次の「国史眼ヲ再三再四読ムトイフコト」が必要だが，「尤モ国史眼ヲ読ム前ニハ一通リノ中等教科書及にほんれきし教科書ナドニ書イテアルコトハ十分ニ記憶セルモノトシテノ話デアル」という談話が見られ，1910年前後には，三宅米吉の「議論や批評は事実を獲得した後にすべし・記憶が第一」という発言が見られた。また，1920年代には，下村三四吉が，参考書の丸暗記はいけないが，「歴史受験は，参考書を読んで事柄を記憶することが主となる」ので基本的には一二の参考書の精読がよいであろう，とのアドバイスを示した。ただし，1930年代に入ると，「史眼」の養成ということも言われるようになっていった。

受験生たちには，通史的な概説書だけでは足らず，時代別の研究書を学習し，さらには，その時代を叙述した原典を読みこなしておくことも望まれていたことがわかる。受験記の中の口述試験の様子には，「日本史」の試験委員が，どのような歴史書を原典で読んでいるのかを質問する場面がしばしば出てくるし，読んでいない場合には，勉強不足を叱られたとも記されている（ただし，原典まで読みこなしていない受験者でも合格している）。

時代ごとの学習ということでさらに指摘できるのは，出題委員の専門とする時代に関わらず，第2期にも第3期にも中世史・近世史・現代史は出され続け，第3期，第4期と時代が下るに従って，近世史以降の比重が高くなっていったという点である。これは，文検「日本史」の受験者は，近世史以降の学習を確実にしておくことが求められていたことを意味すると考えられる（大問に限り江戸時代以降の出題割合を見ていくと，第1期は17.39％，第2期は16.36％，第3期は18.8％，第4期は28.84％であった）。

また，各時代についての，政治史，経済史，文化史，宗教史など各出題分野

をまんべんなく学習することも求められていた。中でも、文化史や宗教史からの出題は、第3期以降はほぼ確実に毎回出されていた。また、有職故実に関する知識も必要とされ、とりわけ平安時代以前については、有職故実に関する設問が相当数出された。[23]

　文検「日本史」受験にあたって精読すべき書籍としては、ある時期以降は、黒板勝美『国史之研究』、重野安繹・久米邦武・星野恒の『国史眼』、萩野由之の『日本史講話』、青木武助『日本大歴史』などが挙げられた（例えば佐藤種治『文検日本史東洋史研究者の為に』大同館、1927年など）。とりわけ、委員でもあった萩野の『日本史講話』は東京帝国大学での講義の底本とされており、多くの受験記などで有益な参考書としてあげられた。

　また受験記などでは、「日本史」の場合も後述の「東洋史」・「西洋史」分野の場合と同様に、学術雑誌の論文などに目を通しておくことも大切であると書かれている。

　ただ、「東洋史」と「西洋史」の場合とはやや異なって、文検「日本史」の受験記や試験委員の談話では、研究の最新の動向をおさえておくことの強調が相対的にやや弱くなっていたと思われる。

　第3期までは出題されていた、記紀神話上の事柄・人物についての設問が、第4期からは消えたように（それは、第3期までの受験生には記紀神話の知識が求められたということであるが、第4期ではその必要性が認められなくなったと見ることも可能であろう）、第4期に入ってからは、研究の動向をおさえておくことが、それ以前よりも受験生に必要とされるようになったと考えられる。しかし、第4期の口述試験に顕著にあらわれていたように、研究と教育の論理を峻別する「教授上」の「注意」が、受験生たちに強く求められていたことは間違いないだろう。研究と教育の論理の使い分けを意識的に行うことのできる教員を求めるあり方は、比較的政治性の薄いと見える第4期にも、しっかりと用意されていたと言えるのではないだろうか。

3）「支那史」・「東洋史」試験問題の分析

(1) 時期区分

「支那史」・「東洋史」についての時期区分を，枠組みや問題数といった，形式面から見た場合には，第1回→第10回→第15回→第33回→第59回→第69回→という全部で6期に分けることができると考えられる（第33回には，試験問題数が大問2問－小問4問で定着し，以後，ずっとこのパターンは続いた）。

他方，委員の交代などを契機として生じた内容の変化に着目して，その特徴から時期区分を行うならば，次のようになるであろう。

「支那史」・「東洋史」の時期区分
　　──試験問題の内容の変化に着目した場合──
第1期：第1回〜第7回
第2期：第8回〜第21回
第3期：第22回〜第27回
第4期：第28回以降
（この中は，さらに──第36回〜第44回〜第49回〜第75回──と分けることが可能）

(2) 内容の特徴

まずは，上記の試験問題の内容に着目した時期区分に沿って，内容の特徴の変化を確認しておこう。

第1期（第1回〜第7回）は，「支那史」の時期であり，かつ歴史の非専門家の出題時期であった。ここでの出題においては，非中国地域に及ぶ設問がごく少ないのが特徴となっている。先に「日本史」の内容分析でも指摘したように，日本と中国の歴史的事項の比較問題など，「日本史」との未分化も見られる。また，「支那開化ノ止テ進マザリシ源因如何」（第4回・1888）や「周以後支那文化ノ進歩セザリシ源因如何」（第5回・1891）などの大問も出されており，中国（当時の呼称としては「支那」）は文化が遅れてしまっているという偏見的判断

が露骨に出されていたことも看過できない。

　第2期（第8回〜第21回）は，「東洋史」の登場期にあたる。第11回までは，まだ「支那史」の名称であったが，問題の内容面からは，第8回からの那珂通世の試験委員就任が決定的な一つの画期となったと見なせるであろう。

　第8回以降の那珂の委員就任により出題範囲の地域的な広がりが見られ，中国本部地域とともに，非中国地域に及ぶ出題が明確に登場してきたことが表4－6－2からもわかる。大問における「北アジア」「東南アジア」「南アジア」，「西アジア」からの出題は第1期にはない。それが，那珂通世の登場した第2期には，「唐ノ太宗高宗ノ世及元初五代ノ間ニ征服シタル諸国ノ名ヲ挙ゲヨ」（第8回・1895），「元の西方三大藩の領地」（第18回予・1904），「中亜細亜に於ける英露の衝突」（第18回本・1905），「英人阿富汗戦争」（第19回予・1905）等が大問として出題されるようになった。また小問でも，「尼布楚盟約」［ネルチンスク条約］（第9回・1896），「ピニヨー」（第16回本・1902），「バクサール」（第17回本・1904）等が出された。[24]

　この試験問題の変化を見るならば，「支那史」の知識の内容から「東洋史」の知識内容に変化していく具体的な中味をうかがい知ることも可能である。「支那史」は，非中国地域に基本的に及ばない範囲しか扱わないが，「東洋史」はむしろ積極的に，非中国地域を扱っていくという内容の違いが存在していたということである。[25]

　他方で，この時期には単純な暗記力を問う設問も多く，「五胡十六国ノ名ヲ挙ゲヨ」（第11回予・1898）などの設問が，この時期のもう一つの特徴となっている。

　第3期（第22回〜第27回）は，白鳥庫吉が試験委員だった時期にあたる。この時期の特徴として，非中国地域からの出題がさらに拡大していったことが挙げられる。例えば，「伊犂事件」（第22回予・1908）や「大食ト支那トノ関係」（第24回予・1910），「帖木児（Timurlenk）の事蹟」（第24回本・1911），「英国ノ東印度会社」（第26回予・1912），「中央亜細亜ニ於ケル英露ノ衝突」（第27回本・1913）など，ヨーロッパ列強によるアジアの植民地化に関わる設問や，イスラム世界

144　第4章　「歴史」の試験問題とその分析

表4-6-1　「支那史」・「東洋史」分野の試験問題分析（大問について）――「東アジア」に関する出題の時代別・地域別分析（一）

	1	2	3	4	5	6	7	8	9	10予	10本	11予	11本	12予	13本	14予	14本	15予	15本	16予	16本	17予
通史	◎																					
通史一部		◎	◎		◎	◎	◎	◎	◎	◎-2		◎										
夏・夏以前																						
殷	◎																					
周		◎																				
春秋			◎																			
戦国																						
秦	◎																					
前漢	◎								◎	◎												
新													◎									
後漢	◎								◎													
三国								◎	◎			◎										
晋(西晋・東晋)								◎	◎				◎									
五胡十六国								◎	◎													
南北朝								◎	◎							◎						
北魏								◎-2	◎													
隋	◎-2							◎	◎	◎	◎											
唐	◎-2	◎	◎		◎				◎		◎	◎			◎						◎	◎
五代十国											◎											
宋(北宋・南宋)	◎	◎	◎		◎		◎			◎	◎				◎					◎	◎	
遼							◎			◎	◎		◎									
金							◎			◎	◎											
元											◎							◎	◎	◎	◎	
明									◎		◎		◎		◎				◎			
清														◎				◎				
中華民国																						
西域等の周辺域		◎							◎								◎					
西遼																◎	◎	◎				
西夏								◎														
モンゴル帝国								◎													◎	

第2節　試験問題の分析

	17本	18本	18予	19本	19予	20本	20予	21本	21予	22本	22予	23本	23予	24本	24予	25本	25予	26本	26予	27本	27予	28本	28予
渤海国																							
中国東北地方									◎											◎			
古朝鮮			◎																				
新羅														◎	◎								
百済											◎												
高句麗																◎							
高麗時代																	◎						
朝鮮時代																							
大韓帝国																				◎			
朝鮮									◎														
台湾						◎																	
日本	◎						◎																

	17本	18本	18予	19本	19予	20本	20予	21本	21予	22本	22予	23本	23予	24本	24予	25本	25予	26本	26予	27本	27予	28本	28予
通史一部				◎		◎						◎											
通史・夏以前				◎																			
夏・夏以前																◎							
殷																							
周		◎																					
春秋		◎																					
戦国							◎																
秦				◎			◎																
前漢									◎			◎											
新								◎															
後漢				◎			◎		◎			◎											
三国				◎		◎												◎	◎				
晋(西晋・東晋)				◎														◎	◎				
五胡十六国																					◎		
南北朝				◎		◎																◎	
北魏				◎										◎									
隋				◎				◎		◎		◎	◎-2	◎-2		◎				◎		◎	
唐	◎			◎		◎		◎		◎		◎		◎-2		◎						◎	

第4章 「歴史」の試験問題とその分析

	17本	18子	18本	19子	19本	20子	20本	21子	21本	22子	22本	23子	23本	24子	24本	25子	25本	26子	26本	27子	27本	28子	28本
五代十国																							
宋(北宋・南宋)																		◎					
遼				◎																			
金																							
元																							◎
明								◎															
清	◎									◎-2				◎		◎		◎		◎		◎	
中華民国																◎		◎		◎			
西域等の周辺域		◎-2									◎-2					◎		◎		◎		◎	
西遼				◎																			
西夏			◎															◎					
モンゴル帝国		◎																					
渤海国										◎													
中国東北地方												◎						◎					
古朝鮮								◎															
新羅													◎										
百済													◎	◎									
高句麗						◎							◎								◎		
高麗時代														◎		◎							
朝鮮時代					◎					◎													
大韓帝国																					◎		
朝鮮																							
台湾																							◎
日本						◎				◎													

	29子	29本	30子	30本	31子	31本	32子	32本	33子	33本	34子	34本	35子	35本	36子	36本	37子	37本	38子	38本	39子	39本	40子	40本
通史					◎		◎				◎				◎							◎		
通史一部												◎					◎							
夏・夏以前								◎								◎								
殷										◎														
周																								

	春秋	戦国	秦	前漢	新	後漢	三国	晋(西晋・東晋)	五胡十六国	南北朝	北魏	隋	唐	五代十国	宋(北宋・南宋)	遼	金	元	明	清	中華民国	西域等の周辺域	西遼	西夏	モンゴル帝国	渤海国	中国東北地方	古朝鮮	新羅	百済	高句麗	高麗時代
			◎	◎						◎			◎		◎	◎																
											◎																					
									◎				◎																			
		◎					◎						◎		◎																	
					◎	◎	◎						◎		◎																	
										◎																						
		◎		◎	◎		◎	◎	◎	◎	◎			◎																		
																◎	◎															
	◎											◎				◎	◎															
										◎			◎		◎			◎							◎							
			◎	◎		◎	◎		◎	◎	◎	◎																				
												◎																				
	◎	◎											◎																			
				◎		◎												◎	◎	◎												
				◎		◎				◎				◎			◎	◎													
				◎		◎									◎	◎																
												◎		◎			◎									◎-2						
			◎		◎													◎								◎						
								◎					◎		◎																	
			◎		◎					◎						◎																◎
									◎		◎																					

148　第4章　「歴史」の試験問題とその分析

	29子	29本	30子	30本	31子	31本	32子	32本	33子	33本	34子	34本	35子	35本	36子	36本	37子	37本	38子	38本	39子	39本	40子
朝鮮時代																							
大韓帝国																							
朝鮮																							
台湾																		○					
日本																				○	○		

	40本	41子	41本	42子	42本	43子	43本	44子	44本	45子	45本	47子	47本	49子	49本	51子	51本	53子	53本	55子	55本	57子	57本
通史	○	○								○													
通史一部		○			○													○		○		○	
夏・夏以前																							
殷					○																		
周																							
春秋																							
戦国			○																				
秦						○																	
前漢			○			○			○		○	○											
新																							
後漢						○				○													
三国									○														
晋(西晋・東晋)																							
五胡十六国				○																			
南北朝										○		○											
北魏																							
隋		○								○		○											
唐									○	○													
五代十国																							
宋(北宋・南宋)						○				○				○		○	○		○		○		
遼														○	○								
金													○	○	○	○							
元				○						○				○	○	○							
明										○						○-2		○		○		○	

第2節　試験問題の分析　149

	59子	59本	61子	61本	63子	63本	65子	65本	67子	67本	69子	69本	71子	71本	73子	73本	75子	75本	77子	77本
清					◎															
中華民国																◎	◎			
西域等の周辺域	◎						◎													
西遼															◎					
西夏																				
モンゴル帝国									◎											
渤海国											◎						◎			
中国東北地方							◎				◎						◎			
古朝鮮					◎															
新羅																				
百済											◎									
高句麗													◎							
高麗時代									◎											
朝鮮時代											◎									
大韓帝国																				
朝鮮																				
台湾																				
日本										◎										

	59子	59本	61子	61本	63子	63本	65子	65本	67子	67本	69子	69本	71子	71本	73子	73本	75子	75本	77子	77本
通史	◎					◎		◎										◎		◎
通史一部																	◎			
夏・夏以前																				
殷																				
周																				
春秋										◎										
戦国										◎										
秦																				
前漢			◎																	
新																				
後漢			◎				◎				◎			◎						
三国	◎																			

第4章 「歴史」の試験問題とその分析

	59予	59本	61予	61本	63予	63本	65予	65本	67予	67本	69予	69本	71予	71本	73本	75予	75本	77予	77本
晋(西晋・東晋)	◎																		
五胡十六国		◎																	
南北朝										◎								◎	
北魏																		◎	
隋																	◎		
唐				◎				◎					◎						
五代十国						◎													
宋(北宋・南宋)							◎								◎				
遼																			
金													◎						
元	◎			◎															
明							◎	◎	◎		◎		◎						
清					◎		◎	◎	◎	◎	◎		◎	◎-2		◎		◎	
中華民国																			
西域等の周辺域		◎				◎													
西遼																			
西夏																			
モンゴル帝国																			
渤海国											◎								
中国東北地方											◎								
古朝鮮																			
新羅																			
百済																			
高句麗													◎						
高麗時代																			
朝鮮時代																			
大韓帝国																			
朝鮮											◎								
台湾																			
日本																			

表4-6-2 「支那史」・「東洋史」分野の試験問題分析（大問について 2──出題地域についての分析──）

	1	2	3	4	5	6	7	8	9	10本	11予	12予	13予	14予	15予	16予	16本	17予
東アジア	◯-2	◯-3	◯-3		◯-3	◯	◯-2		◯-2	◯-2	◯-3	◯-3	◯-2		◯-3	◯-2	◯-2	◯-2
内陸アジア		◯	◯			◯		◯		◯-2				◯			◯-2	
北アジア								◯			◯							
東南アジア								◯							◯-3			◯
南アジア															◯			
西アジア								◯						◯			◯	◯
ヨーロッパ																		
ロシア														◯		◯		
英国																		
フランス																		
アメリカ合州国																		

	17本	18予	18本	19予	19本	20予	20本	21予	21本	22予	22本	23予	23本	24予	24本	25予	25本	26予	26本	27予	27本	28予	28本
東アジア	◯-2	◯	◯	◯-2			◯-2	◯-2		◯-2		◯-3	◯-3	◯-2		◯-3		◯-2	◯-2	◯-2	◯	◯-3	◯-3
内陸アジア	◯-2	◯	◯	◯-2		◯-2										◯			◯				
北アジア					◯					◯				◯-2									
東南アジア	◯			◯	◯						◯				◯								
南アジア			◯						◯	◯					◯						◯		
西アジア				◯		◯		◯	◯														
ヨーロッパ		◯	◯	◯																			
ロシア		◯	◯				◯				◯										◯		
英国		◯																◯					
フランス																							
アメリカ合州国									◯														

	29予	29本	30予	30本	31予	31本	32予	32本	33予	33本	34予	34本	35予	35本	36予	36本	37予	37本	38予	38本	39予	39本	40予
東アジア	◯-3	◯-2	◯-2	◯-2	◯-3	◯-2	◯-3	◯-3	◯	◯-2	◯-2	◯-2	◯-2	◯-2	◯-2	◯-2	◯-2	◯-2	◯-2	◯-2	◯-2	◯-2	◯
内陸アジア				◯-3				◯-3															◯-2
北アジア	◯								◯														
東南アジア				◯-2																			
南アジア					◯																		
西アジア		◯																					
ヨーロッパ								◯						◯							◯		

第4章 「歴史」の試験問題とその分析

	40子	41本	41子	42本	42子	43本	43子	44本	44子	45本	45子	47本	47子	49本	49子	51本	51子	53本	53子	55本	55子	57本	57子
東アジア	○	○-2	○	○-2	○	○-2	○	○-2	○	○-2	○	○-2	○	○-2	○	○-2	○	○-2	○	○-2	○	○-2	○-2
内陸アジア	○	○							○	○-2		○											○
北アジア					○-2	○		○															
東南アジア				○				○		○													
南アジア	○			○			○	○		○													
西アジア								○		○													
ヨーロッパ			○										○		○				○		○		
ロシア	○																						
英国	○					○	○													○	○		
フランス						○	○													○	○		
アメリカ合州国																							

	59子	59本	61子	61本	63子	63本	65子	65本	67子	67本	69子	69本	71子	71本	73子	73本	75子	75本	77子	77本
東アジア	○-2	○	○-2	○	○-2	○	○-2	○	○-2	○	○-2	○	○-2	○	○-2	○	○-2	○	○-2	○
内陸アジア		○									○-2									
北アジア																				
東南アジア													○							
南アジア		○																		
西アジア																				
ヨーロッパ					○				○							○				
ロシア			○							○								○		
英国			○																	
フランス																				
アメリカ合州国																	○			

(注)
1. 「内陸アジア」の範囲の定義は様々であり、広義は狭義、「東アジア」と「内陸アジア」の境界は時代によって変化するものと捉えられる。現在では、「内陸アジア」にかわり「中央ユーラシア」の呼称も広く用いられるようになっているが、ここでは、「内陸アジア」と「北アジア」とを分けるために「内陸アジア」を用いている。なお、現在の中国東北地方に関わる設問については、「東アジア」に入れ、現在のロシア連邦のシベリア地方に及ぶ設問の場合のみ「北アジア」に入れている。
2. 表4-6の「東アジア」は「日本」を含んでいる。
3. 「ヨーロッパ」は、ロシア、英国、フランス以外のヨーロッパ地域・国を示している。

に関係する設問が出された。また，小問では，「ムラビヨフ」(第22回予・1908)，「スコベレフ（Skobelev)」(第22回本・1909)，「ゴロービン（Golovin)」(第23回予・1909) などが出されており，ロシア，北アジアからの出題の拡大が目を引く。

白鳥の考えでは，「支那史」は「東洋史」の一部にしか過ぎず，むしろ，「支那史」以外の「東洋史」を問いたいという指向性をもっていたと考えられる。[26]

また，日本のアジアへの侵略・植民地支配の拡大などの動きとも連動した現代の動向を問う時事的問題（1908年第22回予備試験での「日清戦争ノ原因及ビ結果」の出題など）と，「東洋史」の研究動向に関する知識を問う問題（「支那太古ノ伝説」の1909年の出題。白鳥が中国の古伝説を批判的に検討した「支那古伝説ノ研究」を発表したのは1909年であった）等が，この白鳥の時期に出され始めたが，これは，この時期に明確に表れ，基本的にその後の「東洋史」の出題にも引き継がれていく方向性となっていった。

第4期（第28回～）は，さらにいくつかの時期区分を行うことも可能であるが，「東洋史」の安定期として一括した時期区分を設定してみた。

この時期に入ると，大問では，中国本部地域からの出題と，非中国地域に及ぶ出題が最低1問ずつは出されるという形が定着していった（ただし，市村瓚次郎－中村久四郎の組み合わせの時には，大問2問とも中国本部地域からの出題である回が見られ，他方，大問においては「東南アジア」，「南アジア」，「西アジア」からの出題はなかった）。また，前述のように，第33回からは大問2問と小問4問の出題が定着していった。

このように，出題形態や範囲に関しては，ほぼ一定していった第4期であるが，それぞれの委員による出題の傾向や特徴も認められる。

例えば桑原隲蔵が委員の時期（第28回～第35回）には，「唐ト波斯トノ関係」(第28回本・1914)，「抜都ノ東欧征伐」(第29回本・1915)，「帖木児と明朝との関係」(第34回予・1920) など，東西交通史に関わる設問が多数出され，「関係」を問う問題が頻出していた。

中村（中山）久四郎が委員となってからは（第36回～第73回），図示を求める設問がしばしば出されるようになった（「秦の長城及び隋の運河を地図によりて説

明すべし」(第38回予・1923),「元代諸汗国の盛衰を略述せよ(地図を附記すべし)」(第44回本・1925),「漢属四郡時代の朝鮮につきて記すべし但し地図を附記すること」(第55回本・1931)等)[27]。また,箭内亘の時期(第40回～第43回)には,「内陸アジア」に関する大問が多くみられ(この時期の大問のうちの21.74%),藤田豊八の時期(第44回～第47回)には,「西アジア」と「南アジア」が大問で問われ(藤田の時期には,大問における「西アジア」からの出題が17.39%となっており,その後の中村-和田の時代には0%となったのと対照的である)[28],和田清が委員になってからは(第49回～第78回),「秦の一統に関する記実及び評論」(第67回予・1937),「支那に於ける仏教初伝の諸説につきて記述批判せよ」(第71回本・1940)など,「記述批評」を求める問題が出されていったことがわかる[29]。

また,中国地域について,その出題の時代別でみると(表4-6-1を参照のこと),箭内亘の時期(第40回-第43回)には北魏が頻出となり,「南北朝時代の後魏の孝文帝時代に於ける事実に付き模擬授業をなさしめ質問して以て其学力を試験す」(第41回口述・1924),「後魏の文化及び分裂の大勢」(第43回本・1925)など,予備試験・本試験のいずれかにおいて,第40回から第43回の間は北魏に関する設問が出題され続けた。また,中村(中山)久四郎の時期には元が頻出されているといった傾向が見られる。ちなみに全体を通して,清からの出題が最頻出であった。

試験委員自身の研究上の専門とする時代と,文検における出題の時代との関連を見るならば,おそらく「東洋史」分野においては,他の「日本史」や「西洋史」に比べて関連性は相対的に弱いということが指摘できるであろう。市村讚次郎(第12回～第39回)が中国本部地域を中心とした通史(『東洋史統』)を著すことを,研究者・教育者としての大きな課題としていたように,文検の中国本部地域に関する設問では,当初,試験委員自身のオールラウンダー性がそのまま反映されていたと考える方が妥当であろう。また,箭内亘のように,モンゴル・遼・金・元史が専門である試験委員も,自らの専門とする時代はむしろ避けて,北魏を頻出するなどの傾向が見られた。

中村(中山)久四郎の出題について,その研究上の専門分野そのものよりも,

東京高等師範学校などでの講義内容が，そのままかなり文検の出題に反映されているとの指摘がなされていたように[30]，その地域や時代についての，試験委員の研究者としての関心と教育者としての関心に，一定程度のずれがあったことを，同時代の受験生たちも意識していたという証言があることは興味深い。この点は，後出の受験生に求められていた知識のところでも論じることとする。

第４期ではまた，アジアに対する欧米の植民地支配についての近現代の動向を問う問題が（第３期に引き続き）「東洋史」でも出され（第40回本での「中央亜細亜に於ける英露両国の衝突」，第42回本と第77回予での「英領印度」の建設や成立についての大問，第51回本の「仏蘭西の印度支那侵略」など），新たな研究動向についての知識を問う質問（第53回本の「殷墟」や第55回本の「Stein」等）も出された。時事的動向や研究の新たな動向を問う傾向は，筆記試験のみならず，口述試験（これは，まだ不明の回も多いが，管見の限り）においても，「成吉思汗即義経説につき批評をなさしむ」（第41回口述・1924），「韓国併合につき歴史教育上の取扱」（第63回口述・1935）などかなり出されていたと考えられる。

文検「東洋史」の口述試験については，残された受験記などから推測するならば，基本的に知識の正確さを問うことが中心であったと考えられる。例えば第71回のときには中山が「南京を首都とする国名を順に九代言へ」という質問と「今年は成吉思汗紀元何年か」という質問をし，和田が「朝鮮の歴朝を順に」あげよという質問をしたという[31]。

ただ，第63回と第75回から第78回の試験委員であった有高巌が，第63回の口述試験で「韓国併合につき歴史教育上の取扱」について，次のような教授上の注意を促していたことは注目に値する。

有高はこのときに，「君が朝鮮の学生に歴史を教へる場合，日本に併合された事の是非に就て如何なる信念を以て学生を指導するか」と質問。そして続けて「何故朝鮮が独立してゐては不幸な結果を招来するのか」と尋ねて，さまざまなやりとりのあと，有高は「其他風俗気質等の相似をも説くんだね。尚朝鮮から度々帰化して文化的にも貢献した事を忘れてはならぬ。其れから，朝鮮は三方海に囲まれて，非常に地理上不利な立場にある事が，誰にでも直ぐ判る朝

鮮自身の持つ不幸な原因だよ。此等の事に注意して指導するんだね」と言った,とある。[32]

　この質問では,「朝鮮が独立」しては「不幸な結果を招来」するという無理矢理な前提を兎にも角にも"合理的"に説明し,日本が行った侵略と植民地化を"正統化"して「朝鮮の学生に」教育する"論理"の組み立てが受験者に要請されている。逆にいえば,この時期にこうした教授上の注意点が意識的にとりあげられたということは,「朝鮮」において「独立」の声がさらに強まっている状況,日本の支配が破綻をきたしている状況を,教育の力でねじ伏せようとしていたことの一つの証左と見ることもできるであろう。

　確かに,このように明確な形で,日本のアジアに対する侵略・支配に関する問題がそのままストレートに教授上の注意点として,意識的にとりあげられたり,委員が指導したという例は他にはまだ見つかっていない。だが,以上見てきたように,文検「東洋史」の筆記試験の設問自体の中に,「東洋史」という枠組みがそもそも成立以来もってきた,アジアに対する侵略と支配を前提とした関心の持ち方というあり方が,かなり明確に反映されてきたのは確かなことであり,また第2期以降第4期の後半に至るまで,常に時事的な動向が問われ,時事的な関心をもつことが受験生に求められていたことは間違いない。[33]

(3) 求められた知識・学習

　「支那史」・「東洋史」の受験生に求められていた知識・学習について,まずは,初期の「支那史」から「東洋史」へという学問枠組みの転換とともに,大きな変化があったということは,上述の通りである。

　また,市村に代表されるような,中国本部地域の歴史を中心とする学習のあり方を基本的には求める意見が見られるとともに,先の白鳥のように,「東洋史」が取り上げるべき地域として,北アジア等の非東アジア地域も広く想定しつつも,ある程度は自ら制限して出題を考えていた委員もいた。

　このように,60年間近い,文検の実施時期ごとの特徴や,委員による特徴も看過できないが,全体的な動向として,「東洋史」の受験生に求められていた

知識・学習を，受験参考書や『歴史教育』などの雑誌記事に載った試験委員の談話などから仮説的に捉えるならば，次の4点の特徴の指摘ができるであろう。

第一に，正確かつ詳細に事項を覚えていること，その時において事実とされることを正確かつ曖昧なところなく記憶していることが求められたと考えられる。これは，後述の「西洋史」の試験では，暗記力のみならず，縦と横につないで論じる総合力がかなり求められ，細かいことをいくら覚えても，大きな流れをつかんでいなければだめであると，しばしば試験委員が強調していたことと比べると，その違いを窺い知ることができよう。ただし，とりわけ，「東洋史」でも那珂通世が委員の頃に暗記力をストレートに問う設問が出されていたが，和田清が委員となった1920年代末頃から後の「東洋史」の試験では，事実とされることの吟味，史料批評力もかなり求めてくるように変化が起こってきたのではないかと考えられる。[34]

第二に，先にも触れたが，研究上の新発見，新しい動向を把握することが求められていたということである。このために『史学雑誌』や『歴史地理』などで紹介される研究論文に目配りしておくことが重要であると，試験委員は考えていた。[35]

第三に，これも先に述べたことだが，時事的な動きに関心を持つことが求められていた。アジア，とりわけ日本が関わりを大きくもつ東アジアの動向を中心に，現代の情勢についても意識しておくことが重要視されていたことが，委員の談話や，具体的な筆記，口述の問題からわかる。例えば中村（中山）はその受験指針の中で，参考書として市村讚次郎の『東洋史要』，那珂通世の『支那通史』，高桑駒吉の『東洋歴史通覧』，桜井時太郎『東洋歴史集成』などの他に参謀本部編纂『支那政治史綱要』，東亜同文会『東亜関係特殊条約彙纂』などを挙げ，その上で「更に一言附け加へるが現代の事に於ても支那や印度其他亜細亜諸国の大事件に就ては平常新聞雑誌等に頼り其概略を諒知せらるべきことと思ふ」として，新聞や雑誌で報道されている世界各国の大事件を理解しておくことの重要性を強調していた（泉安雄『文部省検定東洋史受験準備の指導』啓文社，1929年）。

実際，試験問題に，「時局」の反映，アジアと日本との関係性の反映は一貫して見られた。たしかに初期の「支那史」の頃の露骨な，「支那」は"遅れている"，という見方の提示は，その後明確には見られなくなるが，とりわけ「朝鮮」や「満洲」を中心として，植民地支配の対象としての関心を向け続けるというあり方は，「東洋史」の試験問題にずっと見られることとなった（「朝鮮」，「満洲」，「台湾」に関する大問の出題は，出題された回数——問題数ではなく——の割合でみると，第1期が0％，第2期が40％，第3期は75％，第4期は23.88％となっている。第4期でも桑原が委員の時期は37.5％，藤田が委員の時期は33.33％となっている）。

第四に，原書を読む力である。とりわけ漢文を読める力である。漢籍による研究をしてほしいということを，中国本部の歴史の研究者である市村瓚次郎などは，かなり強調していた[36]。ただ，ヨーロッパのオリエント研究を常に意識し，日本での東洋史研究を確立することを目指していた白鳥庫吉は，東洋史研究を専門にするには，英・仏・独・露など外国語ができることは必要であり，本来は，文検の受験者にもこうした力を求めたい，でも中国以外の出題範囲をかなり自制している旨なども述べていた。白鳥に特徴的なことかもしれないが，ここからは，出題委員において，大学での「東洋史」研究者に求める力と，中等学校の教員をめざす文検「東洋史」受験者に求める力とが具体的にどのように意識されていたのかを窺い知ることができる[37]。

さて，実際の試験問題のレベルということを考えた場合，どのような知識をもってすれば合格とみなされたのであろうか。上記の4点の特徴は，試験委員の要望も交えたものであって，実際には，漢籍による研究をしていないと口述試験で答えている受験生も合格していたことがわかる[38]。

時期による違いはあるだろうが，「東洋史」の場合，1920年代半ば頃までは，受験生にとってまずは，桑原隲蔵の『中等東洋史』や那珂通世の『支那通史』という通史テキストの研究が第一の課題として考えられていた模様である。具体的な文検「東洋史」の学習のためのステップを，合格者の受験記や参考書，そして試験委員の談話などから最大公約数として仮に導き出すとすれば，那珂，桑原，市村，中村が書いた「東洋史」教科書の丹念な学習から始まり，那珂『支

那通史』、桑原『中等東洋史』、高桑駒吉『東洋歴史通覧』などの精読書の研究に進み、『十八史略』など原書にあたりつつ、学術雑誌の論文で研究の新動向を知り、新聞などから時事的知識を得るという形が、一般的（あるいは理想的）であったと考えられる。

また、先述のように、中村久四郎が委員となってからは、中村の東京高等師範学校での講義レベルというのが、「東洋史」受験者の一つの目安とされた模様である。中村の講義のノートを入手して学習した受験生は、それがかなりの程度役に立ったという受験記を書き残している。[40]

さらに、1920年代後半になると雄山閣の『東洋史講座』の刊行が始まり、中村や和田らの文検の試験委員自身の論文や他の「東洋史」研究者の論文などを読んで研究しておくことが、文検「東洋史」の受験生にとって必須の学習となっていったと考えられる。[41]

単純に言うことはできないかもしれないが、「東洋史」の場合は、中村の講義ノートの例などから考えても、実質的に高等師範学校の卒業生と同程度の知識というのが、合格のための一つの目安であったと見ることができるのではないだろうか。

4）「万国史」・「西洋史」試験問題の分析

(1) 時期区分

「万国史」・「西洋史」についての時期区分を、枠組みや問題数といった、形式面のみから見た場合には、第1回→第10回→第15回→第51回→第59回→第69回→という全部で6期に分けることができると考えられる（「日本史」や「東洋史」と異なり、「西洋史」は最後まで試験問題数が一定しなかった）。

こうした形式面の変化を加味しつつ、委員の交代（やそれに伴う内容の変化）などに着目して、時期区分を行うならば、次のようになるであろう。

「万国史」・「西洋史」の時期区分
　　　――委員や試験問題の内容の変化に着目した場合――

第1期：第1回〜第3回
第2期：第4回〜第20回
第3期：第21回〜第32回
第4期：第33回以降

(2) 内容の特徴

　第1期（第1回〜第3回）は，「西洋史」の模索期である。

　「万国史」という名称は，第1回から第11回まで用いられているが，試験問題の内容面から検討するならば，最初期の第1回から第3回までは，「希臘ノ文明ハ羅馬ニ如何ナル影響ヲ及ホシタルヤ」，「宗教改革ハ政治宗教文学技芸上ニ如何ナル影響ヲ及ボシタルヤ」（いずれも第2回・1886）といった，とりわけ大づかみな設問が特徴となっている。「第十一世紀第十二世紀ノ欧州分裂ノ形況ヲ以テ第十七世紀第十八世紀ノ統一ノ形況ニ比較シ英吉利仏蘭西日耳曼西班牙ノ事蹟ヲ挙テ其異同ヲ説明スベシ」（第3回・1887）といった漠然かつ広範な比較を求める問題も出されている。

　第1期の出題委員としては，第2回が棚橋一郎のみ，第3回は棚橋と坪井九馬三であったと推定されるが，第1回については前出の田中稲城の出題でないとすれば不明である。坪井以外は，のちの歴史の専門家がまだ登場していない時期であり，第4回以降に整ってくる「万国史」・「西洋史」の設問の体裁がまだ定まっていない時期と捉えられる。

　第2期（第4回〜第20回）は，「西洋史」の確立期である。

　第4回の出題委員は現時点では不明だが，第5回から磯田良（第5回〜第6回，第12回〜第38回）が委員として参入し，坪井九馬三（第3回，第6回〜第11回），箕作元八（第6回〜第12回，第21回〜第32回）も，出題を担当するようになっている。

　このように「西洋史」の専門家による出題は，この時期に確立したと言えるが，まだ第13回から第20回まで磯田が一人で出題を担当するなど，第21回以降の，2名の委員による出題態勢が定着する前の段階にあたる。

当初は第5回の小問のように「仏蘭西大革命」や「ポーランドノ滅亡」（ちなみにこの試験の時点ではポーランドという国家は消滅した状態であった）など10項目の「年代ヲ明記スベシ」という単純な暗記問題の出題も見られたが，第6回以降の小問では，地名・人名・出来事・概念に関する簡単な説明を求める設問方式に落ち着いていった。

　大問についても，第10回以降はほぼ毎回2問という形になる。ただし，その出題時代で見るならば，磯田が一人で出題してきた時期には，大問におけるギリシアやローマ等の古代史からの出題が3回（第17回予・第18回予・第20回本）にとどまっており，大問が近代以降からの出題に傾きがちであったことがわかる。ちなみに，第2期の大問67問中，ギリシア・ローマ時代を扱った問題は6問出題されており8.96%であるが，これは1902年の「中学校教授要目」の「西洋歴史」において，その時代を扱う要目が全65要目のうち11要目で，16.92%を占めていたのと比較すると，かなり低い割合である。

　こうした近代以降の重視は第2期の当初から見られた。19世紀以降を扱う大問が出されたのは，1888年の「北米合衆国南北戦争ノ顛末ヲ問フ」（第4回・1888）が最初であるが，このようにとりわけ19世紀以降からの出題が多数みられるというのは，文検「万国史」・「西洋史」の第2期以降の時期，全般を通しての特徴となっていった。

　例えば，第9回（1896年）の大問は3問は，「葡萄牙ノ衰ヘタル諸原因ヲ問フ」，「本世紀初ニ保守的運動欧羅巴ニ盛ナリシハ何ニ因テ然ルヤ」，「千八百七十八年ノべるりん会議ノ結果ヲ問フ」であって，2問が19世紀からの出題となっている。中でも1878年のベルリン会議の結果についての設問は，約20年前の出来事についてという，（当時としての）現代史そのものを扱ったものであった。

　第8回（1895年）の「ぶらじる国ノ始末ヲ記セヨ」という大問に至っては，ブラジルが革命によって共和国となったのが1889年，共和政新憲法を制定したのが1891年と，ごく近時の出来事をきく設問となっており，ほぼ時事的な動向をそのまま問うている点が注目される。

　このように19世紀以降からの出題が多く，時事的問題を射程にいれた現代史

も含めてとりあげるというのが，文検「西洋史」の大きな特徴となっていったと考えられる。

　他方，数としては必ずしも多くはないものの，この第2期に早くも現れた，注目すべき特徴の一つとして，「西洋史」の扱う地理的な範囲に「イスラム世界」も明確に含み込むという方向性を挙げることができるであろう。「サラセン［帝］国ノ盛衰興亡ヲ問フ」（第10回予・1897），「中世紀間欧洲ニ及ボセル『アラビヤ』文化ノ影響ノ概略」（第14回本・1901）などの大問がそれにあたる。大問ではこの後，第3期に入って「マホメット教ノヨーロッパ文明ニ与ヘタル影響」（第27回予・1913），「トルコ現憲法成立，其重要ナル條項及ビ其ノ目的」（第27回本・1913）などが出題され，第4期になるととりわけ第57回以降，「イスラム世界」に関わる問題は，大問において頻出となっていった。十字軍に関する大問が少なからず出されたことも，「イスラム世界」に関する設問数が多くなっている要因であるといえよう。しかし，大問にとどまらず，小問おいても「イスラム世界」に関する出題は第2期以降，コンスタントに見られるようになっていった。例えば，第2期の時期には，「サラヂン」（第10回予・1897と第20回本・1907）や「オーマール」（第15回予・1901）のみならず，「タリック」（第16回本・1902。ターリク。ウマイヤ朝の傭兵隊長。イベリア半島攻略に活躍し，「ジブラルタル」の名前の由来となった人物）や「エミル　アル　オムラ　Emir al Omra」（第18回本・1905）などの小問が出された。

　実際，「イスラム世界」に関わる設問が大問，小問の区別なくあった回は，現在判明分の全111回のうち，42回となっている（1回の試験のうちに1問のみの場合も複数設問がある場合も同様に数えた場合）。大問の設問のみを見た場合では，第1期が0％，第2期には14.8％，第3期では12.5％，第4期では17.5％となっている（とりわけ，村川堅固と斎藤清太郎が委員であった時期には23.07％となっている）。

　当時の中等教育の「西洋史」（「西洋歴史」という科目）の範囲自体，欧米世界に限定されていたわけではないが，文検「西洋史」では，「イスラム世界」と「ヨーロッパ世界」との影響関係などに焦点をあげつつ，非欧米世界について積極的に設問の中に盛り込んでいく傾向にあったということができるだろう。

表4-7 「万国史」・「西洋史」分野の試験問題分析（大問について）

	1	2	3	4	5	6	7	8	9	10予	10本	11予	11本	12予	12本	13本	14予	14本	15予	15本	16予	16本
通史一部	◎-4	◎-2		◎	◎-5	◎-2	◎	◎-2	◎	◎		◎	◎	◎	◎	◎-2		◎	◎	◎	◎	◎-2
先史時代		◎																				
B.C.10C以前																						
B.C.10C					◎																	
B.C.9C					◎																	
B.C.8C				◎	◎-2																	
B.C.7C				◎	◎-2																	
B.C.6C				◎	◎-2																	
B.C.5C				◎	◎-2																	
B.C.4C			◎		◎-2	◎																
B.C.3C					◎-2	◎																
B.C.2C					◎-2	◎																
B.C.1C				◎	◎-2																	
1C				◎	◎																	
2C					◎																	
3C					◎																	
4C					◎-2																	
5C	◎		◎		◎																	
6C	◎																					
7C	◎							◎														
8C	◎						◎	◎														
9C	◎						◎	◎														
10C							◎			◎												
11C	◎									◎												
12C	◎		◎		◎					◎			◎									
13C	◎		◎		◎					◎			◎									
14C	◎				◎					◎												
15C	◎				◎-2				◎	◎	◎								◎			
16C		◎			◎				◎				◎			◎						
17C	◎		◎		◎-2	◎-3		◎	◎-2			◎	◎			◎						
18C			◎													◎			◎		◎	
19C				◎												◎	◎	◎	◎	◎	◎	◎
20C																				◎		◎-2

第2節 試験問題の分析

164 第4章 「歴史」の試験問題とその分析

	1	2	3	4	5	6	7	8	9	10予	10本	11予	11本	12予	12本	13予	13本	14予	14本	15予	15本	16予	16本
ヨーロッパ全般		◎							◎						◎		◎			◎		◎-2	◎
ヨーロッパ世界					◎														◎				
イスラム世界					◎									◎									
西ヨーロッパ	◎-3	◎-2	◎-2	◎	◎-3	◎-2	◎-2	◎	◎	◎-2		◎	◎		◎			◎		◎-3		◎-2	◎
東ヨーロッパ					◎	◎-2	◎		◎			◎	◎		◎						◎		
北ヨーロッパ	◎	◎		◎-2	◎-4																		
南ヨーロッパ	◎-2	◎	◎	◎-2				◎-2		◎-2		◎											
地中海					◎-2						◎												
北アフリカ					◎-2			◎	◎		◎		◎-2										
西アジア			◎			◎-2				◎					◎								
中央アジア							◎		◎						◎								
南アジア					◎	◎			◎									◎					
東南アジア					◎				◎														
南アフリカ				◎		◎																	
北アメリカ								◎									◎		◎				
ラテン＝アメリカ												◎		◎									
オセアニア																						◎	◎
太平洋																							

	17予	17本	18予	18本	19予	19本	20予	20本	21予	21本	22予	22本	23予	23本	24予	24本	25予	25本	26予	26本	27予	27本
通史一部		◎																				◎
先史時代																					◎	
B.C.10C以前																				◎-2		
B.C.10C																		◎				
B.C.9C																◎						
B.C.8C														◎		◎						
B.C.7C													◎									
B.C.6C												◎										
B.C.5C															◎							
B.C.4C																						
B.C.3C								◎														
B.C.2C			◎																			
B.C.1C	◎																					

	1C	2C	3C	4C	5C	6C	7C	8C	9C	10C	11C	12C	13C	14C	15C	16C	17C	18C	19C	20C	ヨーロッパ全般	ヨーロッパ世界	イスラム世界	西ヨーロッパ	東ヨーロッパ	北ヨーロッパ	南ヨーロッパ	地中海	北アフリカ	西アジア	中央アジア	南アジア	東アジア	東南アジア	南アフリカ
1													◎	◎			◎							◎		◎	◎		◎		◎				
2																◎							◎	◎	◎	◎									
3	◎	◎										◎				◎											◎-2				◎		◎	◎	◎
4	◎	◎	◎	◎	◎	◎	◎	◎	◎			◎	◎														◎-2	◎-2		◎		◎			
5									◎	◎	◎																◎-2		◎						
6									◎	◎	◎																	◎		◎	◎				
7										◎	◎																◎			◎	◎				
8												◎															◎			◎	◎				
9												◎															◎			◎					
10	◎									◎	◎																◎-2								
11													◎															◎							
12													◎											◎			◎								
13										◎			◎														◎		◎						
14												◎	◎		◎	◎											◎							◎	
15	◎	◎	◎												◎												◎	◎							
16												◎			◎											◎	◎-2								
17											◎	◎			◎												◎				◎				
18											◎	◎	◎	◎												◎	◎-2	◎-2							
19								◎	◎	◎				◎													◎-2								
20																◎											◎	◎							
21											◎						◎	◎									◎-3		◎						
22																	◎	◎								◎	◎		◎						
23	◎																																		

166　第4章　「歴史」の試験問題とその分析

	17予	17本	18本	19予	19本	20予	20本	21予	21本	22本	22予	23予	23本	24本	24予	25予	25本	26予	26本	27予	27本
北アメリカ								◎		◎				◎				◎			
ラテン=アメリカ																	◎		◎		
オセアニア							◎														
太平洋																					

	28予	28本	29本	29予	30予	30本	31本	31予	32本	32予	33予	33本	34予	34本	35本	35予	36本	36予	37予	37本	38予	38本
通史一部	◎	◎	◎	◎-2	◎-2	◎	◎-2	◎	◎					◎-2	◎		◎		◎-2	◎-2	◎-2	◎
先史時代																						
B.C.10C以前			◎	◎	◎							◎		◎	◎		◎		◎			
B.C.10C					◎							◎		◎	◎		◎		◎			
B.C.9C		◎								◎		◎		◎	◎		◎		◎			
B.C.8C		◎								◎		◎		◎	◎		◎		◎			
B.C.7C										◎		◎		◎	◎		◎		◎			
B.C.6C										◎		◎		◎	◎		◎		◎			
B.C.5C		◎							◎			◎		◎	◎				◎			
B.C.4C		◎							◎			◎		◎	◎				◎			
B.C.3C									◎			◎		◎					◎			
B.C.2C												◎		◎					◎			
B.C.1C														◎								
1C														◎					◎			
2C														◎					◎			
3C														◎					◎			
4C																◎						
5C																◎						
6C																						
7C																			◎			
8C																			◎			
9C																			◎			
10C																			◎			
11C					◎	◎													◎			
12C	◎	◎			◎	◎							◎						◎			
13C	◎	◎			◎								◎							◎		
14C	◎				◎									◎-2								
15C	◎					◎								◎-2								

第2節 試験問題の分析

	39子	39本	40子	40本	41子	41本	42子	42本	43子	43本	44子	44本	45子	45本	47子	47本	49子	49本	51子	51本	53子	53本
16C							○-2	○-2							○							
17C							○	○							○							
18C	○										○-2											
19C			○	○				○			○-2											
20C				○							○											
ヨーロッパ全般						○																
ヨーロッパ世界						○																
イスラム世界			○-2	○	○	○	○-2					○					○-2					
西ヨーロッパ	○-2	○	○		○																	
東ヨーロッパ					○	○					○						○					
北ヨーロッパ			○	○	○	○	○	○			○	○					○					
南ヨーロッパ			○	○	○	○																
地中海																						
北アフリカ			○																			
西アジア										○								○				
中央アジア			○							○					○							
南アジア												○					○					
東アジア									○	○												
東南アジア									○						○	○-2						
南アフリカ																						
北アメリカ			○		○							○										
ラテン=アメリカ																						
オセアニア																						
太平洋																						

	39子	39本	40子	40本	41子	41本	42子	42本	43子	43本	44子	44本	45子	45本	47子	47本	49子	49本	51子	51本	53子	53本
通史一部	○-2	○	○	○-2	○-2	○-2	○-2	○-2	○-2	○-2		○-2	○-2	○-2	○-2	○-3	○-3		○-2	○-2	○-3	
先史時代																				○		
B.C.10C以前									○		○											
B.C.10C																	○			○		
B.C.9C																			○-2			
B.C.8C																	○		○-2	○		
B.C.7C																	○		○-2	○		
B.C.6C																			○-2			○
B.C.5C																			○-2			

	39予	39本	40予	40本	41予	41本	42予	42本	43予	43本	44予	44本	45予	45本	47予	47本	49予	49本	51予	51本	53予	53本
B.C.4C		◎		◎			◎			◎				◎					◎-2			◎
B.C.3C	◎	◎		◎			◎			◎				◎					◎-2			◎
B.C.2C	◎			◎			◎			◎									◎-2			
B.C.1C		◎				◎				◎						◎			◎			◎
1C			◎			◎				◎						◎			◎			◎
2C			◎		◎					◎						◎			◎			◎
3C			◎		◎			◎		◎						◎		◎	◎			◎
4C			◎				◎			◎									◎			
5C						◎	◎												◎		◎	
6C																					◎	
7C																	◎		◎		◎	
8C																◎	◎					
9C							◎	◎	◎							◎-2	◎			◎◎		
10C							◎								◎	◎-2	◎-2					◎-2
11C							◎	◎					◎-2		◎	◎-2	◎					◎-2
12C							◎	◎	◎				◎		◎-2	◎-2	◎				◎	◎-2
13C			◎				◎						◎		◎	◎	◎					
14C							◎						◎			◎	◎					
15C		◎							◎		◎		◎			◎						
16C	◎								◎							◎					◎	
17C	◎								◎						◎-2	◎					◎	
18C				◎											◎							
19C			◎				◎					◎		◎				◎				
20C			◎																			
ヨーロッパ全般											◎-2											
ヨーロッパ世界											◎-2					◎						
イスラム世界			◎										◎									
西ヨーロッパ	◎		◎-2	◎		◎	◎-2		◎			◎				◎-2					◎-3	
東ヨーロッパ			◎	◎			◎-2									◎-2				◎-3	◎-2	
北ヨーロッパ							◎-2		◎							◎				◎-2		
南ヨーロッパ	◎-2	◎-2					◎-2							◎-2				◎				
地中海		◎					◎-2							◎-2								◎
北アフリカ		◎					◎-2													◎		◎
西アジア		◎		◎														◎				

第2節　試験問題の分析　169

	55予	55本	57予	57本	59予	59本	61予	61本	63予	63本	65予	65本	67予	67本	69予	69本	71予	71本	73本	75予	75本	77予
中央アジア							◎															
南アジア							◎															
東南アジア												◎				◎						
南アフリカ				◎																		
北アメリカ												◎				◎						
ラテン=アメリカ					◎									◎		◎						
オセアニア																						
太平洋		◎																				
通史一部	◎-2	◎-3	◎		◎-3	◎-3	◎-2		◎-2		◎-2				◎-2	◎-2	◎-3		◎-2	◎	◎	◎-2
先史時代						◎																
B.C.10C以前				◎		◎					◎	◎	◎			◎						
B.C.10C					◎	◎					◎											
B.C.9C						◎	◎	◎										◎				
B.C.8C				◎		◎	◎	◎						◎				◎	◎			
B.C.7C		◎		◎		◎	◎	◎		◎								◎	◎			
B.C.6C		◎		◎	◎		◎			◎						◎		◎	◎			
B.C.5C		◎-2		◎		◎				◎		◎						◎	◎			
B.C.4C		◎-2		◎	◎					◎		◎							◎	◎		
B.C.3C		◎-2		◎	◎					◎									◎	◎		
B.C.2C				◎-2	◎															◎		
B.C.1C	◎		◎-2						◎		◎									◎		
1C		◎	◎-2						◎		◎									◎		◎
2C		◎	◎								◎											
3C		◎						◎	◎		◎									◎	◎	
4C								◎	◎					◎							◎	
5C						◎	◎															
6C								◎						◎	◎				◎			
7C														◎		◎			◎			◎
8C	◎			◎										◎		◎			◎			◎
9C	◎			◎																		
10C																						
11C														◎								

	55子	55本	57子	57本	59子	59本	61子	61本	63子	63本	65子	65本	67子	67本	69子	69本	71子	71本	73子	73本	75子	75本	77子
12C	○								○						○								
13C	○								○						○								
14C				○				○	○						○								
15C				○				○	○						○					○	○		○
16C						○		○	○	○-2					○		○						○
17C				○	○	○	○	○	○			○											
18C	○		○		○				○-2			○		○	○	○		○	○	○-2	○		○
19C	○		○		○-2	○-2		○	○-2	○			○-2	○		○	○		○	○-2	○	○	○-2
20C	○			○	○-2	○-2				○-2	○	○	○-2			○	○-2	○-2	○	○-2	○	○	○-2
ヨーロッパ全般										○			○	○	○					○-2		○	
ヨーロッパ世界													○			○	○			○			○
イスラム世界			○-2		○		○							○		○			○				○
西ヨーロッパ	○		○-2		○	○-2	○		○-3	○-2	○-4	○-2	○-2	○-2	○	○-2	○					○-2	○-2
東ヨーロッパ	○		○		○-2		○-2			○-2		○-2			○								
北ヨーロッパ		○-3																					
南ヨーロッパ	○		○	○-2	○	○-2		○		○	○-2	○-2		○	○-2	○	○-2	○-2	○-2	○-2	○		○-2
地中海	○		○	○-2	○	○-2	○	○	○		○-2	○-2	○		○	○	○						○-2
北アフリカ											○-3												
西アジア			○				○	○						○	○								○-2
中央アジア				○																			
南アジア																			○		○		
東アジア	○			○					○					○						○-2	○		
東南アジア	○		○							○													
南アフリカ																							
北アメリカ									○					○									
ラテン=アメリカ	○																					○	
オセアニア																							
太平洋																				○	○		

第3期（第21回〜第32回）は，磯田と箕作の2名の委員による出題の時期である。2名による出題態勢はこの時期以降続いていった。

　また，この第3期に，大問の一つが，ギリシアあるいはローマを扱う古代史から出され，後の大問は近現代史を中心に出されるというパターンがほぼ確立する。第2期のところで見たように，磯田1名の出題の時には，こうしたパターンは3回しかなかったのが，第3期になると，13回に増え，半数を上回る回で出ていたことがわかる。

　「日本史」の第2期から第3期にかけて，委員の研究上の専門の時代は古代史や考古学でも，文検の問題では近世史が毎回のように出されていったように，「西洋史」においても，古代史を専門としない磯田や箕作が，古代史を出すようになっていたということである。

　ただし，この第3期の大問には，4世紀から11世紀（おおよそ西ローマ帝国の崩壊から十字軍までの時期に該当する）に関する設問が殆ど見られない。これは他の3つの時期と比較した場合の第3期の際だった特徴となっている。

　その他の特徴として，この箕作が委員となっていた第3期においては，植民地に関する設問が増加した点をあげることができる。予備試験と本試験を通して，この第3期において，植民地に関わる出題がなかったのは，第21回と第25回のみである。第4期にも植民地に関わる出題は続いていったが，割合としては全期間の中で，この第3期が最も高率であった。

　第4期（第33回〜）は，村川堅固（第33回〜第78回）が2名の委員のうちの1名となった時期であり，「西洋史」の出題の安定期に入ったと考えられる。とりわけ，村川と斎藤清太郎（第39回〜第45回，第49回〜第73回）という，文検「西洋史」で最も長く続く委員の組み合わせがこの時期にあたっている。

　そして，第3期にすでに見られた，大問1問はギリシアあるいはローマの時代から出され，あとの大問1問は，近現代史から出されるというパターンが，この第4期には明確に定まっていった。

　ただし，第3期には，委員の専門とする時代とは相対的に独立した形で，試験問題の時代のバランスが検討されていたと考えられるが，第4期には，ギリ

シア史・ローマ史を中心とした古代史を専門とする村川と，現代ロシア史を中心として現代外交史を専門とする斎藤が，それぞれの専門の時代・地域にひきよせた設問を出す傾向が強まったことが認められる。事実，斎藤が委員となった時期には，ロシア・東ヨーロッパからの大問の設問が増加している（大問におけるロシア・東ヨーロッパからの出題のあった回数の割合は，第４期の中でも磯田の時期には33.33％だが，斎藤が委員の時期には46.34％，中川の時期には25％となっており，斎藤が委員であった時期の特徴となっている）。

また「西洋史」の第４期の後半における特徴として，大問のみ４問の出題パターンが，第51回から本試験で，第55回からは予備試験と本試験の両方で基本的に定着していったことが挙げられる（ただし第71回本試験や第75回予備試験では小問が出題されている）。これは次の「求められた知識・学習」でも言及するが，文検「西洋史」において，流れをきちんと把握する力が求められたこととも関連するであろう。他の「日本史」や「東洋史」では，大問２問・小問４問の形がある時期からずっと続いたが，「西洋史」のみは，それらと出題形態を異にしていたことになる。

その他第４期には，大問・小問を通じて，第38回以降，「西洋上古の文化と現代文化との関係」（第38回予・1923），「エジプトとバビロニヤとの政治及文化に及ぼしたる地理的影響の比較」（第51回本・1929），「イベリヤ半島とガリヤとのローマ化過程の比較」（第55回予・1931）などの比較史がしばしばみられるようになった。

また，「非ヨーロッパ地域」に関する出題は，先述のように，第２期以降「イスラム世界」などをはじめとしてコンスタントに出されていったが，第４期の後半に明確になった出題地域の特徴として以下の３点を挙げることができるだろう。

一つ目は，「イスラム世界」の比重が重くなったことである。

例えば，「クチュク・カイナルヂ平和條約及び其の史的意義」（第59回予・1933），「サラセンの東ローマ帝国領略取を容易ならしめたる各種の事情」（第65回本・1936），「サラセンのイベリヤ半島占拠の文化史的意義」（第69回本・1938），

「回教勃興による欧州内部の政治上及び社会上の変化」（第73回本・1941），「回教の勃興によりて起りしヨーロッパ情勢の変動」（第77回予・1942）など，「イスラム世界」からの出題は，1932年の第57回以降，予備試験か本試験の大問4問中の1問としてほぼ必ず出されるようになっていった。また，管見の限りでの口述試験の中でも，「トルコ盛衰の原因」（第47回・1927），「欧洲ニ於ケル少数民族問題ノ歴史ト『土耳古』国勢衰退ノ原因トニ関スル知識ヲ検ス」（第65回・1936）など，1，2題の口述試験問題の1問が，オスマン＝トルコに関する問題にあてられた回もあったことがわかる。

二つ目は，1930年代に入ってから，「日英同盟成立当時に於ける英国と列強との関係」（第57回本・1932），「日露戦役以後，欧洲の情勢が日露の関係に及ぼしたる影響」（第67回予・1937），「第一次第二次及び第三次日英同盟條約の要旨及びその異同」（第69回予・1938），「一九〇七年の日露協約」（第73回本・1941）など，「日本」に直接関係する設問も出されるようになったことである。それまで「日本」に関係する出題はほとんどがイエズス会の海外布教についてのもので間接的な出題であったといえるが，1930年代以降は，明確に「日本」に関しても「西洋史」の現代史に含まれるようになったといえるだろう。

三つ目は，1920年代後半から，大問での「米国の太平洋方面の発展史」（第44回本・1926），「米国の膨張」（第73回本・1941）や小問での「マッキンリー」（第47回予・1927と第75回予・1941）等，アメリカ合州国の「太平洋」に関わる政策を問う出題が，明確に登場したことである。

(3) 求められた知識・学習

では，「西洋史」の受験者に求められた知識・学習は何だったのだろうか。

「西洋史」の出題形態の変遷を見ると，「日本史」や「東洋史」に比べて大問重視の傾向を看取することができる。

山上徳信『文検受験用西洋史研究者の為に』（1927年，大同館書店）に掲載（転載）されている試験委員の磯田良の談話では，「従来の経験に基き受験者に対して，一般的に要望したいと思ふ事は，小なる事実の精確なる知識を修得する

と共に,大なる方面にも大いに意を払つて貰ひたい事である。勿論両者は斉しく緊要な事で其間に軽重ある訳ではないが前者に於ては比較的審重な努力の跡を見らるゝに反して後者の研究を足らなく感ずらるゝは惜むべきである」と,述べていたことがわかる。[43]

　試験委員の求めていた,中等教員として必要な「西洋史」を教える力量について,仮説的に考えるならば,この大きな筋での把握,流れにおいて歴史を掴むことの重要視が,やはり第一の大きな特徴と言えるであろう。「日本史」や「東洋史」の試験委員の発言には,より精確さの方に重きをおいた論調が見られるが,ここでの強調点はそれとは違っている。「西洋史」だけ,出題形態が1930年代以降,基本的に小問なしで大問4問というパターンになっていったのも,この大きな筋で把握しているかどうかの力量を試すという傾向と関連していると考えられる。

　ただし,このように「西洋史」の筆記試験においては,流れの把握を重視していたが,口述試験では,あるテーマに関連して,かなり具体的かつ正確な知識も問われた模様である。

　第二に,磯田は同じ談話の中で,原書で研究する力をつけるために,英・独・仏のいずれかの「外国語の素養を望む」[44]とも述べている。受験生の間でも,「口述試験にあたって語学の力を見られる」ことが伝わっていた。[45]ただし,原書の読解力という点は「日本史」や「東洋史」の場合と同様,「西洋史」でも,原書での研究を行っていなかった受験生の合格があったことが受験記からわかり,委員の要望であっても,合格者の絶対必要条件ではなかったと考えられる。[46]

　第三に,現代史,時事的動向への関心の要請である。これは,文検「西洋史」が近現代史を重視したことからも理解できる。試験委員の談話や合格者の受験記などにおいては,『外交時報』や『国際時報』(のち『国際事情』)を読むことがすすめられており,ごく最近の国際動向にも常に目を向けることが,受験生に求められていたことがわかる。[47]

　以上の3点,文検「西洋史」の受験生に求められていた知識・学習のあり方の特徴を挙げてみた。

だが，ここに疑問が残らないわけではない。それは，「西洋史」の受験者の「西洋」世界に対する価値観が，試験において全く問われなかったのかどうかという点である。

「日本史」の第4期に顕著に見られたように，戦前日本の歴史教育と歴史研究の間の緊張関係への意識（繰り返される「教授上の注意」の口述試験問題など）は，文検の試験にも反映していた。こうした反映が，文検「西洋史」にはなかったのであろうか。

上記の山上は，自身が文検「西洋史」の合格者であるが，その経験から，「実際検定委員は巧妙に受験者の学識を精査せられる。——一枚や半枚の答案と違つて，試験毎に十枚以上の答案を記述するから受験者の研究傾向や知識はスケールにかける様にわかるだらうと思ふ。百科全書的知識即ち物識(モノシリ)を要求はして居らぬらしい。西洋文化の進歩発展の由来を会得してゐるかを調べられる。地名人名の様な小問題にさへ世界史上の事件として如何なる価値あるかを尚，又其事件の為に如何なる影響を与へるかを考察する力を重要視せられる」[48]と解説している。

「西洋史」を学ぶにあたって，「西洋文化の進歩発展の由来の会得」を求められるというのは，ある意味，わかりやすい。文明の「進歩」を学ぶのが歴史を研究し学ぶ理由づけということである。

そして，これと対になる「東洋史」が，極言すれば，「進歩発展」から遅れてしまった「東洋」の「由来の会得」を，陰に陽に求めることからスタートした枠組みであったことも想起されてくる。

ただ，「西洋史」の教育者は，単に「進歩発展の由来の会得」を旨に教育をしていれば，それですむわけではなかったのではないか。例えば欧米の市民革命の歴史をどのように教えるのかという問題に，戦前の日本の学校教育では確実に直面したはずである[49]。

文検の「西洋史」には，そうした欧米の市民革命に関する設問が多数見られる。そこでは，「日本史」のように常に歴史観が注意深くチェックされ続けていたのか，それともされていなかったのか。

受験記などから，文検「西洋史」を見ると，市民革命についての記述への注意がされているというものは見あたらない。

また，限られた回しかわからないものの，「西洋史」の口述試験は，「知識ヲ検シ」，「教授上ニ就イテノ用意ヲ問フ」（例えば第57回・1932など）という形が主であったようである。まれにリシュリューについて「模擬授業を為さしむ」（第38回・1923）といった回も見られるが，残された受験記などからは，基本的にある事柄の事実関係が細かく問われるという形態が中心で，「日本史」にあったような「教授上」の「注意」がチェックされていた様子はほとんど見られない。

管見の限りでは，第71回（1940）の口述試験の，民主主義国家と君主主義国家についての質問やイタリア統一に関する政治形態についてのやりとりの際に，試験委員の斎藤から「よろし。君は事柄は知つてゐるが表現に不適切な語を使つて居る。書物を読む時，注意して読むんだね」と言われたという合格者の受験記の記述が，文検「西洋史」における数少ない「教授上」の「注意」を促していると読みとることもできる—それですら間接的であるが—試験委員の発言として残されているものである。[50]

あと，そうした動向がやや看取されるのは，1940年代の「西洋史」最後期に試験委員となった中川一男（第75回－第78回）の時の口述試験であり，ランケの歴史観批判を求められたという受験記も見られる。[51]

こうした「西洋史」の口述試験の中で「教授上」の「注意」が喚起されたり，「西洋史」を支える歴史観自体が批判・検討の対象として取り上げられたのが1940年代前後になってからの新たな動向なのか，それとも，それ以前の口述試験の中でもあったことなのかは現時点では不明である。

「西洋」の歴史を学ぶことと，「日本」の近代天皇制を支えていく仕組みとの相容れなさを，歴代の「西洋史」の試験委員たちはどのように考えていたのか。今後，さらに模範解答などからも検討することを課題としていきたい。

小 括

　以上,「日本史」-「東洋史」-「西洋史」の各分野ごとに, その試験内容の分析を行ってみた。

　試験問題の変化の時期は, それぞれの分野によって異なる。その分野で出題される時代や地域のバランスをとる態勢がほぼ確定したのは,「東洋史」で1914年ころ,「西洋史」は1919年ころ,「日本史」では1925年ころであった。また, ある時期に3分野の試験問題内容が同時に, 一斉に変化したという跡は見られない。

　試験問題への社会状況の反映 (時局性) ということで言えば,「東洋史」や「西洋史」は, ほぼ一貫して状況を反映し続けたと考えられる。また,「日本史」においては, 第4期になると, 筆記試験ではあまり時局を反映しないかわりに, 口述試験で, 終始, 歴史教育と研究の緊張的関係に関わる問題が出され続けるという動きが見られた。

　ただ, 試験問題の内容面では一斉に変化していないものの, 出願・免許制度面では, 1931年要目改訂と連動する形で, 3分野とも合格しなければ免許が出ない時期があったことは注意する必要があろう[52]。それは, この1930年前後の時期において, 中等学校の「歴史」教員に, 専門分野に特化した力量よりも包括的な力量を求める動きが強くなっていたことを意味すると考えられる。

　また, 1930年前後の時期になると, 無試験検定による「歴史」免許取得者数の増大も顕著になっていった (前出, 表4-2を参照のこと)。1900年代の初めころから, 無試験検定では「歴史」の免許取得が基本的な形であり「日本史東洋史」や「西洋史」の免許が例外的であったのに対して, 試験検定では「歴史」の免許取得は大変少なく,「日本史東洋史」や「西洋史」の免許取得が基本的であった。

　こうした状況に加え, 1927年度以降は, 無試験検定の「歴史」免許所得者が毎年3桁にのぼるようになり, 1932年度以降は毎年400名以上が無試験検定で「歴史」の免許をとるようになっていた。試験検定において免許が「歴史」へ

と完全に一本化されていた1934年度から1937年度の4年間のうち、試験検定で「歴史」の免許を取得したのは計33名、無試験検定での「歴史」免許取得者は計2,200名であった。この時期、単に試験検定自体に合格することが困難なばかりではなく、無試験検定では比較的容易に免許が取得できるという状況との対比が際立っていったのではないかということが、その数値からも推測される。

しかし、いずれにせよ試験検定が行われていた全期間を通しての、文検出身の「歴史」教員たちが、実際の中等教育界においてどれだけの割合を占めていたのか、その推移はどのようであったのかを解明することは、現時点においては容易ではない作業である。また、そうした文検出身の「歴史」教員たちが、中等教育界の中でどのように位置づけられ、また自身がどのような自己認識をもっていたのかについては、さらに明らかにすることが困難なテーマだといえよう。

ただ、文検「日本史東洋史」に合格した教員が、次のように書き記したものを見ることはできる。「歴史研究の心と文検受験の気持とが果して合致するものであらうか」という気持ちを持ち続けた自分は、「合格後も文検的な勉強でなしに、外に真の歴史の勉強のあることを意識しながら、進めることだけは何となしに愉快だと思」う。そして受験生活を振り返って「要するに大いなる学問の世界に存在する文検を目ざすことであつて、文検の中に存在する歴史なる学問を目ざすことではないと思ひます。文検合格者の世評に単なるもの知りの如く難ぜられるの多きを見るにつけまして、この事が痛感せられる」と。

ここに書かれているのは、文検に合格することをゴールとして学習していてはだめである、もっとその範囲を超え出るくらいの学習と研鑽を積まなくてはいけないとの主張であると考えられる。[53]

1940年代初めに書かれたこの主張を分析することは容易ではないが、一つ言えるのは、文検で求められている知識、文検を合格する範囲の知識は狭い、との認識を本人が持っていたであろうということである。

敢えて仮説的に述べるならば、中等学校教員たちの中にも――上記の教育と研究の緊張関係という当時の日本の状況にあって――、教育指向の教員たちと、

研究指向の教員たちとが存在したと考えることも可能であると思うが，文検「歴史」合格者の教員たちに求められていたのは，単純に教育指向になることではなかったのではないかと思われる。文検「歴史」の試験委員たちの出した問題からは，分野によって違いはあるものの，口述試験において，教授法よりも知識を問うことの方が中心となったり，研究の最新動向に常に目配りすることを要求する試験問題が出されるなど，やはり教育指向よりも研究指向の強さをより多く見て取ることができる。

　それでも，文検「歴史」合格者の教員にとっては，大学や高等師範学校出身者である「歴史」教員のあり方と自分を比較したときに，自分の研究指向の不足を何らかの形で感じてしまうことが少なからずあったのであろうか。例えば，原書を読んで研究することなどの力量の点において，何らかのハンディを負っていると感じていたのであろうか。文検に合格して中等教員になるということが最終目的となるのではなく，文検合格という一つの「知」のハードルを越えた先に，また新たな「知」のハードルを自らすすんで，或いは他者からのまなざしの中で設定する必要を感じ続ける人が少なからずいたのであろうか。

　先の「大いなる学問の世界に存在する文検を目ざすことであつて，文検の中に存在する歴史なる学問を目ざすことではないと思ひます」と書いた同じ文検合格者は，他方において，合格発表を寒い中で待つ間「私もそうではありますが，何だか惨めな受験生の姿と，諸官省の下，不安気にたゝずむ，小学校教員の，消［悄］然たる中にも何物かをあがく様な気分をふつと感じて嫌な気にな」つたと記した。[54)]

　文検にとらわれない学問追求の姿をめざしつつ，実際には「何物かをあがく様な気分」である「小学校教員」という自らの姿をもどこかで意識していることが，ここからは窺える。

　「何物かをあがく様な気分」を彼にもたらしたのは，何であったのか。どのような状況になれば，この文検受験者・合格者自身は，のびやかに，何ごとも気にすることなく学んだり，教えたりすることが可能となったのであろうか。

　この問題に即座に答えを出すことはできない。しかし，中等教育界にとって

の「文検」という存在, そして「文検」出身の「歴史」教員自身にとっての「文検」の存在ということは, その解明を目ざし続けなくてはならない問題であることは間違いないだろう。

　他方, 当時の学界にとっての「文検」とは何であったのか, という問題についても, この文検「歴史」を検討していく上では避けられない問題となるはずである。

　先に, 「歴史」の試験委員たちは研究指向の強い試験問題を出題した旨を指摘したが, 実際に文検「歴史」の試験問題を見ていくと, すでにできあがった「歴史」学の知識があって, それを文検の問題として出していくという単純な図式ではないことがわかる。

　各学問分野の確立する前の段階から, 確立していく段階への変化も, 文検の試験問題からは看取できる。そして, 各分野の枠組みが成立した後も, その中味が何を含み何を含まないのかという問題は絶えず問われていったと考えられる。[55]

　文検の試験問題作成という機会は, 受験生に問いかけるという形をとりつつも, 試験委員にとっての「日本史」観なり, 「東洋史」観なり, 「西洋史」観が問われる機会でもあったはずである。例えば, 「東洋史」の試験問題において, 白鳥庫吉は, それまでの「東洋史」の出題には含まれなかった北アジアに関わる設問を出し, 自分が研究し発表したばかりの堯舜伝説についての出題を行っていた。

　それぞれの分野の第4期になると, 高等教育・研究機関での専門分化もある程度進み, 各時代ごと, 各地域ごとの研究も進展していく時期となるが, そうした第4期も含めて (「日本史」や「東洋史」での考古学的知識の出題など), 試験委員たちは, 文検への出題問題を通して, 自身の考える「東洋史」や「西洋史」という枠組みの内実を具体化していったのであり, 生成しつつある学問枠組みとその中での自分の専門とする時代や地域の分野をより確かなものにし, 権威づけていくために, 文検への出題という機会を活用した, とも考えられる。[56] 高等教育・研究機関でできあがった知識が, 中等教育の教員養成の場に降りてく

るというよりも（実際の受験者たちにはそのように映っていたかもしれないが），むしろ中等教育の教員養成の場を通すことによって，高等教育・研究機関で知識を生成する学問枠組みが常に支えられていく関係にあった可能性を考えることもできるのではないだろうか。

　近代日本の学界における知識と，教育の場での知識の関係を，前者が上で後者が下という形でとらえるだけでは解明できない問題を，この文検「歴史」の試験の歴史は示唆しているように思われる。

注

1) 文検「歴史」に関しては，現在のところ，以下の先行研究が公刊されている。
　　文検「歴史」の制度的変遷について取り上げた論文として，鈴木正弘「『文検』歴史科について──概要と足跡──」（『比較文化史研究』創刊号，1999年6月），小田義隆・土屋基規「戦前中等教員養成制度の研究──『文検』歴史科を中心に」（『神戸大学発達科学部研究紀要』7-1，1999年9月）があり，その受験者について取り上げた論文としては，鈴木正弘「『文検』歴史科の受験者──統計資料の整理と受験記の考察・紹介──」（『総合歴史教育』36号，2000年7月），鈴木正弘「検定学徒の半生と検定観」（『比較文化史研究』3号，2001年8月）が，試験委員について紹介した論文に，鈴木正弘「『文検』歴史科の出題者・試験官──『官報』任命記事による推定と考察──」（『総合歴史教育』37号，2001年7月）がある。
　　試験問題を集めたものとしては，「日本史」について，小田義隆「『文検』歴史科試験問題集（1）」（神戸大学教育学会『研究論叢』7号，2000年11月）が，「東洋史」については，鈴木正弘「文検東洋史問題一覧」（『異文化交流』38号，2001年8月）があり，鈴木は，この中で「東洋史」問題の一覧とともに略分類も載せている。また，「歴史」の3分野全体の試験問題を集めたものとしては，「『文検』諸学科目の試験問題とその分析（中間報告）」（科学研究費補助金基盤研究（B）（1）課題番号10410074，2001年3月）の中での筆者の担当部分がある（これに加筆修正したものを，本書の資料編に収録している）。
　　具体的な試験問題の分析を,昭和前期に焦点化して行った研究としては,小田義隆「戦前日本における『文検』歴史科試験問題の分析」（『日本教師教育学会年報』9号，2000年9月）がある。
　　本論文は，これらの先行研究が明らかにしてきた知見に基づきつつ，60年近くにわたって行われた文検「歴史」の試験問題について，その全体を通しての像を明らかにし，試験内容の特質から，中等教育界にとっての文検「歴史」と当時の学界にとっての文検「歴史」などの問題も検討していくことをすることを課題としている。
2) 表4-2「『歴史』志願者・合格者数」からは，試験検定の実際の志願者や合格者が「歴

史」と「日本史」・「万国史」の形で分かれていたのは，第10回から第13回までとわかる。こうした受験する検定試験の種類の別が学科目名にも反映されていたのは，文検「歴史」についてはこの時期に限られていたが，その後も，『官報』掲載の「師範学校中学校高等女学校教員試験検定出願者注意」では，「師範学校中学校高等女学校教員試験検定」と「高等女学校女子師範学校師範学校女子部教員試験検定」の２種に区別（少なくとも1901年と1902年の『官報』ではこの記載），そして「師範学校，中学校教員志願者」の「第一種」と「師範学校女子部，女子師範学校，高等女学校教員志願者」の「第二種」の２種に区別（1903年から1908年までの『官報』ではこの記載）して試験検定を行うと規定されていた（「出願者注意」において「元第二種学校」の文言が出てくるのは1913年である）。ただし，実際に受験参考書に残された「歴史」の試験問題を見る限り，第16回（1902年）と第17回（1903年）の予備試験・本試験，第18回（1904年）の予備試験については，「師範学校，中学校，高等女学校教員志望者」と「女子師範学校，師範学校女子部，高等女学校のみの教員志願者」の問題が別立ての記載となっていることが確認できるが，他の回については管見の限り別立ての記載は見つかっていない。前者と後者を比較して，後者では語句説明に出てくる人名に一部女性が取り上げられるなどしているが，試験時間は同一であり，第16回の予備・本試験の「西洋史」で後者の試験問題数が小問で１問少なくなっている以外は，試験問題数も同一であった。

　なお，1892年７月11日「尋常師範学校教員免許規則」〔文部省令第13号〕での試験科目における「男教員」と「女教員」の区別についてが，どのように試験問題に反映していたかはほとんど不明であるが，実際に第７回（1894年）の試験問題について「男子ノ分」と「女子ノ分」の別があったことを記している参考書（堀内政固編『尋常師範学校尋常中学校高等女学校教員検定試験問題集第六―第九回試験』1896年等）が存在し，試験問題内容も異なっていたことがわかる。

3）表４-２の「『歴史』志願者数・合格者数」を参照のこと。免許が「歴史」に一本化される直前の第59回（1933年）の合格者は，「歴史」が３名，「日本史東洋史」が11名，「西洋史」が１名の計15名であったが，「歴史」に一本化された時期の第61回（1934年）の合格者は４名，第63回（1935年）は10名，第65回（1936年）は11名，第67回（1937年）は８名となっている。

　そもそも「日本史東洋史」や「西洋史」も文検の中でも最も難関で合格率が低いとの記述が参考書や受験記には散見されるが，試験検定で「歴史」に免許が一本化されたのと同じ時期の無試験検定の合格者が，毎年500名以上であったことと比べるならば，試験検定合格の困難さがより一層浮き彫りになってくる。

4）「東洋史」が，「日本史」と「西洋史」のどちらと組み合わせになるのか，という問題は，中等学校における「東洋史」教育の揺れと密接に結びついていたと考えられる。「東洋史」教育は，1900年代に制度的に確立したが，それ以後長く，「西洋史」中心の「世界史」への解消，あるいは「日本史」への解消の論議が続いていった（その過程については，

拙稿「中等教育における『東洋史』概念の展開」『教育学研究』59-4, 1992年,「1931年『中学校教授要目』に関する『東洋史』教育の論議」『立教大学教育学科研究年報』43, 2000年参照のこと)。

5) 鈴木前掲「『文検』歴史科の出題者・試験官――『官報』任命記事による推定と考察――」。

6) 第2回の試験委員については『教育報知』23号, 1886年4月5日の記事参照。

7) 黒板勝美や辻善之助は後に高等学校教員検定試験の試験委員となった。高等学校教員検定試験では,「日本史」では黒板, 辻, 平泉澄らが,「東洋史」では市村讃次郎, 藤田豊八, 矢野仁一らが,「西洋史」では大類伸, 村川堅固, 斎藤清太郎らが委員となったことが『官報』などから推定される。

8) 現時点において, 第13回予備試験, 第73回予備試験, 第78回予備試験と本試験の試験問題については, 筆者は未見である。

9) 受験記を参照のこと。例えば1910年代前半のある受験記では,(本試験の筆記試験には合格しても)口頭試験において「毎年1, 2名ずつの落第がある」とあり(内外教育評論社編『文部教員検定試験受験指針』1912年・掲載の吉田点滴の受験記), 第29回(1915)の「日東史」では,「口述受験者十一名中僅かに七名」が最終的な合格者であったとある(早坂義雄「文検日東史受験のしをり」『内外教育評論』1916年1月)。

10) 小林博『文検歴史科受験法と問題の要解』大同館, 1928年や泉安雄『文部省検定東洋史受験準備の指導』啓文社, 1929年など参照のこと。泉は, 予備試験では50点を目安とすればよい旨も記している。

11) 第30回(1916)の口述試験の中では, 下村が「『南北朝合一後嘉吉の乱に至る間の重要なる乱は』。『それ等の乱の相互の関係は』。『嘉吉の乱の影響は』。『嘉吉の乱の紀年, 南北朝合一の紀年。其の間』」と, 筆記試験での「嘉吉ノ乱ノ顛末」と関わった質問をしたとの受験記の記述が出てくる。1916年時点で「南北朝合一」という言葉が, 試験委員の口からおそらく批判的文脈ではない形で出てきていたことがわかる(一合格者「文検日東史受験記(二)」『内外教育評論』1917年1月)。

12) 例えば, 受験記を見ると, 萩野と下村が委員であった第29回(1915)の口述試験では, 萩野が1) 答案は完全に出来たか, 2)「改元難陳」とは(これは筆記で答えられなかった問題についての質問), 3) 如何なる本で研究したか, 4) 古い本は読んだか, 5)『大日本史』の内容を尋ね, 下村が1) 国学とは如何なるものか, 2) 国学研究の手段として当時の学者は如何なるものを研究したか。3) 平田篤胤が神道を研究したのは如何なる理由によるか, を質問したとある(早坂義雄「文検日東史受験のしをり」『内外教育評論』1916年1月)。ここでは, 教授法の注意に関する具体的なやりとりは見られない。

しかし下村と黒板が委員であった第36回(1922)の口述では, 黒板が1) 日本史教授の目的は何か, 2) 国体の尊厳を知らしむる具体的方法如何, 3) 源頼朝を教授するとして其の態度如何, 4)(本を提示されて)この本は何か。5) 明治維新の取扱方法如何, 6)

国史における版籍奉還の類例如何,という試問をして,下村が1)鎖国令を布くに至れる階段について述べよ,2)鎖国令の結果につきて述べよ,と尋ねたとある(山崎生「日東史科」『内外教育評論』1923年6月)。このときには,中等学校の「日本史教授」をそのものについての明確な意識,教授上の注意をおさえていることを受験者に求めた口述試験内容となっていたことがわかる。

13) ちなみに『歴史教育』などに見られる受験記では,1920年代後半から1930年代終わり頃にかけての「日本史」の口述試験では,渡邊が主として江戸時代などからの質問,下村,のちに松本彦次郎が奈良時代や平安時代からの質問をするなど,それぞれ質問する時代の分担をしていた模様が窺える(例えば橘田次郎「文検歴史科口述を語る」『歴史教育』11-1,1936年4月や片庭壬子夫「文検日東史合格記(二)」『歴史教育』15-8,1940年11月など)。

14) 師範学校では1925年,中学校では1927年に,「日本歴史」から「国史」へと名称が変更されていたのに対し,文検では,試験が実施された1943年度まで「日本史」の名称のままであった。

15)「日露間に於ける樺太問題の沿革」(第44回本・1926),「江戸時代に於ける北辺の警備」(第53回予・1930)等のロシアと日本の関係についての問題など参照のこと。

　小田前掲「戦前日本における『文検』歴史科試験問題の分析」では,昭和前期の「日本史」の出題委員である,渡邊と下村の出題傾向の相違という重要な指摘がなされている。ただ,小田が述べるように,「渡辺の出題したと思われる時代からは,時局に関する出題はほとんど見あたら」ず,「国民精神と皇室との関係に留意した出題」が「下村の出題傾向」である,と明確に分けることができるのかどうかは,筆記試験ばかりでなく,口述試験でのやりとりやそこで求められている解答なども見ていかないと,分からないのではないかと筆者は考える。また,小田は,昭和前期の文検「歴史」では,「東洋史」・「西洋史」でも,「時局」と関連する問題の出題が多くなることを指摘しているが,「歴史」の3分野の問題とも,時局との関連性(相対的な度合いの違いはあれ)は,試験が始まった当初から一貫してもっていたのであり,1930年代に入ってからの「時局」との関連性が,それまでの時期の関連性とどのように違っていたのか,違っていなかったのかどうかを検討する作業が今後さらに必要になるであろう。

16) 橘田次郎「文検歴史科口述を語る」『歴史教育』11-1,1936年4月。

17) T・H生「文検日本史合格記」『歴史教育』11-6,1936年9月。

18) 国民教育会編『中学校師範学校高等女学校教員受験者必携』1901年,国民教育会,131～132頁。

19) 三宅米吉「歴史科(日本史,西洋史),東洋史」の「受験心得」内外教育評論社編『文部教員検定試験受験指針』1912年。

20) 曽根松太郎『文検受験者のために』明治教育社,1921年,下村三四吉「国史の文検受験につきて」『歴史教育』1-1,1926年10月。

21）下村の談話と古川貞美「文検本試験突破の回顧」『歴史教育』6-10，1932年1月。
22）第23回「日東史」合格者の吉田点滴の受験記における1909年2月の口頭試験では，日本史委員からの質問として，参考書を尋ねられ，「時代史を皆見ましたか」とのやりとりが続き，基本的に万遍なく各時代を学習することを求められていた様子が窺える（内外教育評論社編『文部教員検定試験受験指針』1912年）。しかし，同じ受験記の中では，「外に本になる書は読まないか」との委員の質問に対して，「或る事項について見た丈です」と答えて合格していることがわかる。
23）1930年代後半の文検「日本史」において，文化史では，渡邊世祐による中等学校上級用の教科書（『新制国史上級用』）の学習が役に立つとの受験記（『歴史教育』15-2，1940年5月）が見られる。
24）国民教育会編『中学校師範学校高等女学校教員受験者必携』（国民教育会，1901年）の那珂通世の談話では，「支那歴史」を調べるためにはまずは『資治通鑑』と『続資治通鑑』であるが，「大部デアルカラモット簡略ノモノヲトイフナラバ通鑑要覧，東国通鑑，（朝鮮）安南ノ歴史ニハ大越史紀，印度ノ歴史ヲシラブルニハ英書ニヨルヨリ外ハナイ，イルヒンストンノ印度史，ハンターノ印度帝国史以上ヲ十分ニ熟読セバ先ツ東洋歴史ハ沢山ナリ」（129～130頁）とある。那珂が「東洋歴史」の範囲においては，東南アジアからインドに及ぶ非中国地域を含めて捉えており，その学習も受験者に求めていたことがわかる。またこの後の白鳥が非中国地域についての研究・学習をさらに求めていたことは，本文の通りである。
25）拙稿「一八九〇年代後半の『東洋史』教育」『東洋大学井上円了センター年報』9号，2000年参照のこと。
26）白鳥は文検についての談話の中で，「検定試験では東洋史としても主として支那の問題が多いといふが，若し支那以外のことを出したとしても，受験者は書けないだらう，即ち支那以外の西印度，南印度或は西比利亜などの問題を出すのは徒に受験者を苦しめる許りである，受験者に落第をさせる為めと云ふでもないから其方から制限して居る」との意見を述べている（内外教育評論社編『文部教員検定試験受験指針』内外教育評論社，1912年，193頁）。

制限しつつも，白鳥の時期に北アジアの設問が増加するなどの傾向が見えるのは明らかである。
27）中村や箭内は，試験委員の受験指針の中でも，「地理」的な知識の必要を述べていた（泉安雄『文部省検定東洋史受験準備の指導』啓文社，1929年）。
28）同上書。藤田の受験指針では，「支那の南の方に就いて地名を出したら之を知つてゐる受験者は幾らもありませんでした。（中略）原書を読まれた人だと直ぐ分るのです。今迄は東洋史は北の方からばかり研究して南の方を等閑にしてゐた嫌があるので，其弊風を矯める一法として南の方から出題して見たものです」（216頁）など，受験生に原書を読む学習を促すべく，従来の教科書や参考書では取り上げられてこなかった事項の設

問を意識的に出題していた旨が述べられていた。
29) 受験記の中には「史論を大いに重んじられる和田先生」との記述が見られる（片庭壬子夫「文検日東史合格記」（二）『歴史教育』15-8，1940年11月）。
30) 合格者の受験記には，自分の師範学校時代の恩師から，東京高等師範学校での中村の講義ノートを借りて勉強して役に立った話も出ている（『歴史教育』1-5，1927年3月の山本義夫「文検研究東洋史の擬答と参考書」では，「中村久四郎先生高等師範に於ける講義」を精読することが一番有益であるとされ，「受験者諸君が母校の歴史科教師と相談してそれを借りるのがよい。（その教師が－奈須注）東京高師出身ならすぐに其の簿記帳を借り得られやう」とのアドバイスを載せている）。

また，雄山閣の『東洋史講座』の中村久四郎担当の巻はかなり講義録に近いものがあった模様で，これが出版されてからは，必読参考書として挙げられるようになっていった。山本義夫「文検研究東洋史予備（昭和四年度）」『歴史教育』4-11，1930年2月やT・F生「文検日東史参考書の選択は問題の線に添ふて」『歴史教育』6-12，1932年3月などを参照。ところで，小林博は「龍門」という小問について，「中村先生（中村委員）が特に研究されてゐて，自分が嘗てN大学に在学の頃，此の説明のみに全時間を注がれたことを記憶するので，後にあって先生の出題されたことは，明瞭だと思うた。近頃は此の問題を遡り，更に健駄羅芸術のことが出題されてゐるが，これも藤田委員ではなくて，どうやら中村先生のやうに思はれた」と述べており，中村の講義の内容が注目されていたことがわかる（小林博『文検歴史科受験法と問題の要解』大同館書店，1928年，35頁）。

31) 中島生「文検日東史突破記（二）」『歴史教育』15-2，1940年5月。
32) 橋田次郎「文検歴史科口述を語る」『歴史教育』11-1，1936年4月。
33) 第71回の合格者の手記には，受験勉強中に「東洋史」の勉強が進まない中で，「『皇軍は北京地方の居庸関を占領しました』というニュースを聞いて，瞬間，『東洋史の研究と支那事変』さうだ，これは私の勉強に拍車をかける天恵である』と思ったという一節が出てくる（群馨生「文検生活随想（一）」『歴史教育』15-3，1940年6月）。日本が東アジアへの支配（侵略）を拡大しているという状況を知ることで，「東洋史」についての学習意欲を高める動機付けとなった様子が明確に表現された一文であるといえよう。
34) 前掲注29)参照のこと。
35) 中村の受験指針では，『史学雑誌』，『歴史と地理』，『中央史壇』のいずれか一部くらいは平常これをみておくように指摘しており，歴史に関する雑誌や新刊書を利用する必要が述べられていた（泉安雄『文部省検定東洋史受験準備の指導』啓文社，1929年）。多くの受験参考書，受験記でも『史学雑誌』，『歴史地理』，『歴史と地理』，『中央史壇』などで研究上の新動向をおさえておく必要が書かれていた（例えば小林博『文検歴史科受験法と問題の要解』大同館書店，1928年など参照のこと）。
36) 曽根松太郎『文検受験者のために』（明治教育社，1921年，43頁），内外教育評論社編

輯部編『文部教員検定試験受験指針』(内外教育評論社, 1922年, 166頁), 泉安雄『文部省検定東洋史受験準備の指導』(啓文社, 1929年) などの参考書に掲載された, 市村の談話では原書を読む力, 漢文の素養が第一に挙げられていた。

また, 佐藤種治『文検日本史東洋史研究者の為に』(大同館書店, 1927年) では, 1920年秋の本試験の口述試験において, 桑原と市村が受験者に十八史略を読ませて試問した例を挙げ,「漢文の知識の必要」,「平素より漢史を読破するの実力を養成せざる可からず」(6頁) と注意を促している。

37) また, 中村の受験指針においては,「東洋史では何に分, 支那の史籍が非常に多く又印度其他亜細亜諸国の史料は斯道の専門家以外には楽ではないかも知れないが, 是等の一端なりとも是非覗いて貰ひたい。(中略) やむを得ず邦文の参考書だけなりと善いものを十分に精読されたいものである」(泉安雄『文部省検定東洋史受験準備の指導』啓文社, 1929年, 210頁) と述べており,「やむを得ず」ではあるが文検の受験生に対して原書を読む力については一定の譲歩を見せていることが注目される。

38) 前掲註22) の第23回「日東史」合格者の吉田点滴は, 1909年2月の口頭試験において, 東洋史委員から「東洋史は何書で調べましたか」と聞かれて「支那通史, 中等東洋史, 東洋通史…」と答え,「外に漢文の本は」と質問されたのに対して,「読みません」と答えて合格している (内外教育評論社編『文部教員検定試験受験指針』1912年)。

39) 1920年代終わりに出された泉安雄の参考書では, 数年前までは, 桑原『中等東洋史』と那珂の『那珂東洋小史』を熟読することで文検を通過できたと聞くとの記述もある。また『中等東洋史』は東京高等師範学校の教科書,『那珂東洋小史』は第一高等学校の教科書として使われていたとも書かれている (泉安雄『文部省検定東洋史受験準備の指導』啓文社, 1929年)。

40) 前掲注30) 参照のこと。

41) 小林博『文検歴史科受験法と問題の要解』大同館書店, 1928年や, 泉安雄『文部省検定東洋史受験準備の指導』啓文社, 1929年を参照のこと。「東洋史合格の鍵はこの講座の活用如何にあるとも考へられる」との受験記も見られる (上田夏三「日東史科合格の記」『歴史教育』8-2, 1933年5月)。

42) 確かに1902年の「中学校教授要目」の「西洋歴史」において,「イスラム世界」に関係する要目を探すと,「中古」のうちの,「さらせん」,「十字軍と東方諸国」,「東欧ノ国情, 蒙古ノ侵入」,「おつとまんとるこノ侵入」という4つの要目, また「近世」の「東方問題」,「ろしあとばるかん半島, 埃及問題」という2要目があったことがわかる。だが, この「中学校教授要目」の「西洋歴史」は, 全体では65要目あるので, そのうちの6項目として単純計算するならば9.23％となる。

また, この1902年の「中学校教授要目」に基本的には則った形で書かれた, 磯田良『西洋史教科書』(金港堂, 1903年) では,「サラセン人の侵略」,「十字軍」,「東ヨーロッパの形勢及び蒙古人の侵寇」,「オスマン, トルコ人の侵略　ロシアの独立」,「アメリカ諸

殖民及びギリシアの独立」，「東方問題」，「ロシア，トルコ戦争」の章に，「イスラム世界」に関わる内容の記述が見られるが，これは本文259頁のうち24頁分にあたり，全体の9.26％となっている。

43) 山上徳信『文検受験用西洋史研究者の為に』大同館書店，1927年，52頁。

箕作の談話にも同様の指摘があり，記憶だけではいけないことを強調し，答案において中心点をとらえぬものが多いことの不満を述べている。そして，明晰な観察，事柄の意味，他の事柄との連絡，成り立ちなどについてはっきりとした考えが必要であるとしている。また，磯田は他の談話の中で，①検定試験では教科書に書いてあることが十分に教えられるかどうかということが分ればよい。重要なこととそうでないことの見分けが必要。②こまかいこととともに，大体の糸筋をつかむこと。大小軽重がはっきり分かっていないといけない。③政治歴史ばかりでなく，いろいろ制度，経済的方面のこと，学芸などの方面もみること，をポイントとして挙げていた（曽根松太郎編『文検受験者のために』明治教育社，1921年）。同様の磯田の談話は，三橋直喜『文部省検定西洋史受験準備の指導』啓文社，1928年にも掲載されている。

なお，文検「西洋史」の学習のための参考書としては，箕作『西洋史講話』が長らく基本的な文献として挙がっており，のちに村川堅固『西洋上古史』なども必須の書籍として挙がるようになった。

44) 山上同上書，53頁。

45) 酒井三郎「西洋史の受験と参考書」『歴史教育』2-2，1927年5月。

46) 小林博は，口述試験でもかつては，東洋史で十八史略を読ませるなどして漢文を試みたり，西洋史では語学を試みたこともあったようであるが，「最近はそんなことはないらしい。併し西洋史では語学の素養如何を，必ず質問するのが例である。東洋史の教科書には，漢文が出て来るし，西洋史の教科書には英文が出て来るので，少なくとも中学四五年生の実力は，持たねばならぬ。漢文は偶には解釈せねばならぬし，英綴は常に板書しなければならぬからである。」（小林博『文検歴史科受験法と問題の要解』大同館書店，1928年，63頁）と説明しており，「西洋史」では，語学の素養が問われることを述べている。ただし，『歴史教育』（1-3，1927年2月）の「応問」欄「文検西洋史受験英語は中等学校卒業程度にて差支えなきや」という読者からの質問に，「語学の力は必須条件」であり，「中学の五年程度のものを辞書も持たず寝ころんでもよめる位ならば差支ないだらうと思ひます」として「文検の西洋史を受けるのは是非これ位の語学力は必要でせうが，しかし世の中はすべて理想通りのものでもありません。」との編集部からの解答が書かれたように，理想と現実のギャップが存在することが意識されていたこともまた事実であった。

実際に試験委員の村川は，「西洋史」の受験者の「外国語の知識に乏しい事」を嘆き，「最近の或雑誌に於て西洋史合格者の受験準備の経験談を観ても皆な邦文の参考書を観て受験した様に見える」し，「余等は数年の経験から，邦文に全然書いてない問を出せば，

合格者は殆んどないことを恐れてゐるから、右の合格者のように邦文の参考書のみを読んだ者でも、合格の出来ない訳はない。併しながら余等の理想とは大変に違つてゐる」。本来ならば「外国の新著又は新聞雑誌等を余り骨を折らず読破し得る程度の外国語の力の持主で」あるべき、との談話をのこしている（三橋直喜『文部省検定西洋史受験準備の指導』1928年、啓文社）。

47）曽根松太郎『文検受験者のために』（明治教育社、1921年）掲載の箕作元八の談話では、近代のことを知らないのは困るということ、知るためには、新聞の外国電報をみることとし、外交のことは外交時報、国際法学会誌、外交史などを見ていればわかるとしている。

48）山上前掲書、12～13頁。

49）1931年の「中学校教授要目」の「歴史」の要目改定にあたって、文部省は当時東京府立第一中学校で歴史を担当していた東恩納寛惇の意見を相当程度参考にしたというが（『資料文政審議会』第五集412～413頁。この点については拙稿「1931年『中学校教授要目』に関する『東洋史』教育の論議」『立教大学教育学科年報』第43号、2002年を参照のこと）、その東恩納が1926年に発表した文章「国史教育の実際」においては、「中学程度の生徒に、国史、東洋史、西洋史の中、何れが最も興味深きかと訊いたら、言下に西洋史と答へるであらう。東洋史はと云へば、ムツカシイと云ふ。国史はと問ふと、あまり面白くないと答ふ。」とし、かつては「無条件に受入れられた忠孝の念が今日批判的になって来たのは争ふべからざる事実である。而してその批判の材料となって来るものは常に西洋伝来の思想であり、その批判を誤らしめるものは、生活の圧迫である。青年子弟が西洋史に興味を多く有つと云ふ点に、恐るべき暗示があると共に、西洋史教育の任に当るものも亦その取扱上に多大の注意を払ふべきであらうと思ふ」（『歴史地理』48-4、1926年10月）という見解を述べていた。

そして、そうした西洋史の教員について、中山久四郎は、「ある中等学校の西洋歴史の」「フランス大革命の章の授業」を視察した際に、教諭が熱心に講義をしていたのはよいが「熱心力説の余り、断じて我が国体には合はない革命思想や共和主義に共鳴謳歌して居るかの如き講義振りなきにしもあらず、特に大革命に関係せる当時の人々を賛美するかの様な口吻もなきにしもあらず、受業の生徒＝無感感受性感動性の強烈なる青年少年である＝に如何なる印象を与へるであらうかと、聊か杞憂の念を抱かしむるものがあつた」として、「国体風習を異にせる我国には適合しないことを賛同称揚し過ぎる様になつては、歴史教育上甚だ面白くないこと、思ふ。常に我国体に注意して外国史を教授すべきであらうと思ふ」（中山久四郎「外国史の教授と楠公孔明優劣論」『歴史教育』7-11、1933年1月）と注意を促し、中川一男もマルクス主義対策などの上からも「西洋史教育の日本化」が重要であることを主張している（『歴史教育』8-5、1933年8月）。

50）福井良行「西洋史受験之記」『歴史教育』15-6、1940年9月。

51）『歴史』1943年6月号。

52) 当時出された「文検規定の改正に就て」という記事（『歴史教育』7-7，1932年10月）では，「新教授要目では中等程度の学科を成るべく学問的な細かい分類によらず，相互に連絡あらしめ統合せしめて人としての教育の完成を図らうといふ所に大きな眼目がある。この精神を徹底せしむる為に，先づ教員其の者が余りに一部分のみの学力しか有さぬといふことなきを期し，歴史の如き重大なる学科に於て率先之を実行したのである」と説明が見られる。
53) 群擣生「文検生活随想（一）」『歴史教育』15-3，1940年6月。

この「群擣生」は第71回の合格者。受験記には，師範学校の時の先生が「いつも私達に『文検の勉強ばかりしたら歴史は駄目になる，そんなに早く固つては学問が進まぬ』と言はれ」ていた，その影響を強く受けた旨が記されている。

また，この受験記には，「一面識もない京都の多那瀬顕良先生」に手紙をして，東洋史と西洋史の研究法を教えてもらい，以来ノートや必読書を送付してもらうなど指導を受けた話が出てくる。この多那瀬は第63回の文検「歴史」の合格者であるが（『歴史教育』11-4，1936年7月に多那瀬自身の「文検歴史科合格記」が掲載されている），第65回の文検「歴史」の合格者である服部良一の受験記にも，同じ京都で文検受験をめざす「同志多那瀬顕良君を得」て，大いに励みになったエピソードが出てくる。

文検「歴史」の受験者の合格記をみると，例えば中山久四郎の「東洋史」講義のノートを師範学校の恩師に借りるなど師範学校の恩師や，上述のように文検合格者の先輩に個人的に指導を受けるという学習パターンが散見される。

基本的には，自学自習の学習スタイルであり，場合により個人的な指導を受け，また例えば『歴史教育』などにおける文検「歴史」の模擬試験を利用していたのではないかと思われる。

ただ，服部良一の受験記には，服部が京都師範学校時代に，「特別試験といふ変つた勉強奨励法があつて，在学中に文検準備の基礎素養を与へて呉れる仕組になつて」いたことが記されており，少なくとも服部が京都師範学校に入学した1926年時点でそうした取り組みがなされていたことは確かなことのようであり，興味深い。この京都師範学校での文検受験対策がいつ頃から始まったのかは不明であるし，他の師範学校でも同様のことを行っていたところがあったという記述は，現在のところ見つかっていないが，今後調べていく一つのポイントになると考えられる。
54) 群擣生「文検生活随想（二）」『歴史教育』15-4，1940年7月。
55) 例えば「東洋史」での枠組みについての論議の動向については，前掲注25）の拙稿を参照のこと。
56) 小林博は，「検定委員の著書は，出来得るだけ読むことに務める。委員は好んで自分の著書から出すことはないが，史に対する見解や研究が，著書によつて受験者に，伝はることは明かである。著書でなくて委員が，史学に関する雑誌等に発表したことは，自分の経験や調査では，まづ大体でてゐると云ふて誤がない。大に注意して警戒すべきで

ある。天下に発表する試験問題を，委員としても露骨なことは出来ない。委員の著にあることは，一般史のどれにでも殆どあるが，其の細部に於て，見解が多少違ふ所があるのは免かれない。其の見解の相違などが，大に役立つ所に，其の著を読まねばならぬと云ふことが起るのである」（小林博『文検歴史科受験法と問題の要解』大同館書店，1928年，44～45頁）と指摘している。

第5章 「家事及裁縫」の試験問題とその分析

第1節 文検における女子用学科目

　文検において,高等女学校あるいは師範学校女子部(女子師範学校)にのみ存在した女子用学科目は,家政系の「裁縫」「家事」「手芸」だけであった。
　「手芸」は,中学校や師範学校には存在せず,高等女学校のみに設けられた学科目である。高等女学校の学科目がはじめて定められた1895(明治28)年1月の文部省令第1号「高等女学校規程」によって随意科目とされ,その後一度も必修科目になったことはない。他方「家事」「裁縫」は,師範学校女子部では1886(明治19)年5月の文部省令第9号「尋常師範学校ノ学科及其程度」(表5-1中の②,以下同様)以降,高等女学校では上記「高等女学校規程」(⑫)以降,一貫して必修科目であった。
　文検受験者の動向を見ても,「家事」「裁縫」と「手芸」の違いは歴然としている。
　表5-2によると,まず文検受験者(出願者)に占める女性の割合は徐々に増え,1918(大正7)年には17%を占めるに至る。しかしそれ以後は,1928(昭和3)年まで女性出願者の実数は増加するものの,比率は減少傾向にある。合格者に占める女性の割合はそれよりも大きく,最高は1915(大正4)年の28.9%である。1929~33・36・37年以外は一貫して男性よりも女性の合格率の高い点が特徴であり,41.3%(1896年)や20%代(1895・97~99・1909・22年)の年もある。
　そして,1927(昭和2)年までの多くの年で,女性出願者の過半数を「裁縫」が占めており,1899(明治32)年は65.2%,1920(大正9)年は64.5%,1921(大

194　第5章　「家事及裁縫」の試験問題とその分析

表5-1　「家事及裁縫」略年表

年　　月	文検「家事及裁縫」		中等諸学校の「家事」「裁縫」
1881年8月			「裁縫」「家事経済」は師範学校女子の加設学科目①
1886年5月			師範学校の女子に「家事」必修となる（裁縫を含む）②
1887年2月	試験検定の学科目リストにはじめて「家事」登場③		
1891年9月14日		5回	試験委員に後閑菊野任命④
9月25日			「家事」試験「受験者」1名あり⑤
12月			高等女学校が尋常中学校の一種となる⑥
1892年7月	文検に関する法令にはじめて「家事」登場⑦		
1893年1月	6回	「家事」試験「出願者」1名あり⑧	
1894年3月22日		7回	『官報』検定試験予告記事にはじめて「家事」登場⑨（「裁縫」なし）
3月26日			試験委員に福田米任命⑩
4月			「裁縫」試験開始⑪
1895年1月			高等女学校の「家事」「裁縫」が必修となる⑫
4月5日	8回	『官報』検定試験予告記事にはじめて「裁縫」登場⑬	
1896年12月	文検に関する法令にはじめて「裁縫」登場⑭		
1901年5月	15回	試験学科目「家事及裁縫」となる⑮	
1903年3月			高等女学校教授要目[1]⑯
1907年4月	23回	試験学科目「家事」「裁縫」となる⑱	師範学校の「裁縫」が独立した必修科目となる⑰
1910年5月			師範学校教授要目[2]⑲
1911年7月			高等女学校及実科高等女学校教授要目[3]⑳
1925年4月			師範学校教授要目[4]㉑
1931年3月			師範学校教授要目[5]㉒
1943年3月	試験学科目「家政科家政」「家政科育児」「家政科保健」「家政科被服」となる（1943年度の試験は従前のまま）㉔		高等女学校教科教授及修練指導要目[6]㉓
12月	78回	「家事」「裁縫」の結果的に最後の検定試験㉕	
1944年1月	試験学科目リストに「家政科」あり㉖		

1）1903年3月文部省訓令第2号。　2）1910年5月文部省訓令第13号。　3）1911年7月文部省訓令第12号。
4）1925年4月文部省訓令第7号。　5）1931年3月文部省訓令第7号。　6）1943年3月文部省訓令第3号。
※表中の番号は，本文中での説明のために便宜上つけたものである。

正10）年は64.4％にまで至っている。「家事」出願者は「裁縫」ほど多くないとはいえ，女性出願者に占める割合は，最も多いのは1897（明治30）年の54.8％であり，次が1926（大正15・昭和元）年の30.1％である。合格率の最も高いのは，「裁縫」では1909（明治42）年の25.9％，「家事」では1899年の28.6％である。

これらと比較して，1908（明治41）年の第22回文検から実施された「手芸」は，例えば1928（昭和3）年の「刺繍」「編物」「造花」の出願者がそれぞれ13，7，4名，合格者が3，3，1名しかおらず，格段に人数が少ない。

文検受験者の10余％を占める女性のうちの多くが，女子用学科目である「裁縫」または「家事」を受験していたことがわかる[1]。

ところで表5-1にあるように，文検における「家事」「裁縫」は，「家事及裁縫」として一つの学科目にまとめられていた時期（1901～1907年），「家事」と「裁縫」がそれぞれ独立した学科目となっていた時期，また「家政科」に統合された時期（1943年～）があった。以下ではこの「家事及裁縫」（「家事」「裁縫」）を取り上げ[2]，分析する。

第2節　中等諸学校の「家事」・「裁縫」と文検

1）文検「家事」・「裁縫」の始期

文検「家事」「裁縫」の試験は，第1回から実施されたわけではない。

文検に関する最初の法令である1884（明治17）年8月の文部省達第8号「中学校師範学校教員免許規程」には，検定する学科目が記載されているものの，そこには女子用学科目が含まれていなかった。次に発せられた1886（明治19）年12月の文部省令第21号「尋常師範学校尋常中学校及高等女学校教員免許規則」には，検定学科目は記載されていなかった。1892（明治25）年7月の省令第13号「尋常師範学校教員免許規則」に検定学科目が再度記載され，「家事」が含まれる（⑦）ものの，この1884～92年の間に文検「家事」の始まったことが，その始期の確定を困難にしている一因となっている。

196　第5章　「家事及裁縫」の試験問題とその分析

　始期確定の困難のもう一つの原因は，文検に関する公的文書と実際の試験検定の実施が一致していないことにある。

(1)　家　　事

　『文部省年報』に1887（明治20）年2月7日付で，「尋常師範学校，尋常中学校及ヒ高等女学校教員免許規則ニヨリ学力ヲ試験スヘキ各学校学科ノ区分等ハ…家事…ニシテ女子ニシテ尋常師範学校女子部及ヒ高等女学校ノ教員ヲ志願スルモノハ高等師範学校女子部ノ程度ニ拠ルヘキヲ以テ便宜検定出願人ニモ示スヘキ旨ヲ学務局長ヨリ北海道庁府県ニ通知セシム」と記載されている[3]（③）[4]。これが，文検に関する公的文書に「家事」の名称が登場した嚆矢である。この通知に基づいて，例えば愛知県では同年2月22日に「…検定ヲ受ケントスルモノハ各学校学科ノ区分ナドヲ…問合スコト」との告示を発している。

　師範学校の学科課程では，1881（明治14）年8月の文部省達第29号「師範学校教則大綱」に「女子ノ為ニハ…裁縫，家事経済等ヲ加フルヲ得」と定められており，家政系学科目は加設科目であった（①）。しかし，1886（明治19）年の「尋常師範学校ノ学科及其程度」によって，「家事ハ女生徒ニ課ス」と「家事」が必修になった（②）。師範学校で「家事」が必修になった翌年に文検の上記試験学科目リストに「家事」が登場した（③）ことがわかる。

　しかし，実際に「家事」の試験が開始されるのは，その4年後である。1891（明治24）年の第5回文検実施にあたって，「家事」担当であると推測される後閑菊野が試験委員に任命される[5]（④）。そして『教育報知』には，文検試験科目に「家事」があり，受験者が1名あると報告されている[6]（⑤）。これが文検「家事」試験の初回であると思われる。ただし，この回の試験問題は管見の限りでは未だ発見できず，試験実施の確証はない。次の第6回文検（1893年）については，『愛知教育会雑誌』に「家事」出願者1名[7]，『教育報知』に「家事経済」の出願者1名，合格者0名と記され[8]（⑧），また試験問題も確認できたため，文検「家事」が実施されたことに間違いはないと判断できる。なお，『官報』の検定試験予告記事に「家事」が登場するのは，第7回（1894年）が最初であ

第2節 中等諸学校の「家事」・「裁縫」と文検　197

表5-2　文検における女性・裁縫・家事の出願者・合格者

年	回	出願者				合格者				
		全体A	女性B (B/A%)	裁縫	家事	全体C	女性D (D/C%)	女性合格率 (D/B%)	裁縫	家事
1891	5	543			1〈 〉	169				0〈0〉
1893	6	737	20(2.7)		1〈 〉	156				0〈0〉
1894	7	699				148			0〈0〉	1〈0〉
1895	8	811	18(2.2)	8〈0〉	7〈0〉	165	4(2.4)	22.2	2〈0〉	1〈0〉
1896	9	934	46(4.9)	16〈0〉	15〈0〉	163	19(11.7)	41.3	4〈0〉	4〈0〉
1897	10	1,082	31(2.9)	38〈 〉	17〈0〉	207	9(4.3)	29.0	6〈0〉	4〈0〉
1898	11	1,453	79(5.4)	50〈0〉	22〈0〉	289	16(5.5)	20.3	9〈0〉	4〈0〉
1899	12	2,101	138(6.6)	91〈1〉	35〈0〉	359	29(8.1)	21.0	12〈0〉	10〈0〉
	13								26〈 〉	12〈 〉
1900	14	2,920		179〈 〉	50〈 〉	375			41〈 〉	10〈 〉
1901	15	3,964		283〈 〉	71〈 〉	465			36〈 〉	11〈 〉
1902	16	4,331		328〈 〉	113〈 〉	468			29〈 〉	18〈 〉
1903	17	4,323		376〈 〉	117〈 〉	416	63(15.1)		34〈 〉	17〈 〉
1904	18	4,053		84〈 〉	123〈 〉	403	62(15.4)		31〈 〉	15〈 〉
1905	19	4,067		291〈 〉	135〈 〉	410	52(12.7)		13〈 〉	20〈 〉
1906	20	3,982		250〈 〉	101〈 〉	378	45(11.9)		16〈 〉	16〈 〉
1907	21	4,720	611(12.9)	376〈0〉	115〈3〉	414	60(14.5)	9.8	21〈0〉	25〈2〉
1908	22	4,969	842(16.9)	435〈0〉	157〈1〉	594	118(19.9)	14.0	38〈0〉	38〈1〉
1909	23	3,160	327(10.3)	108〈0〉	94〈0〉	394	68(17.3)	20.8	28〈0〉	20〈0〉
1910	24	3,377	387(11.5)	136〈0〉	110〈3〉	427	76(17.8)	19.6	29〈0〉	16〈1〉
1911	25	3,668	464(12.6)	189〈0〉	139〈3〉	417	86(20.6)	18.5	32〈0〉	26〈0〉
1912	26	3,392	530(15.6)	289〈0〉	148〈3〉	373	105(28.2)	19.8	52〈0〉	29〈1〉
1913	27	4,021	612(15.2)	353〈0〉	157〈5〉	358	73(20.4)	11.9	37〈0〉	22〈1〉
1914	28	3,854	637(16.5)	352〈1〉	164〈4〉	368	83(22.6)	13.0	44〈0〉	23〈0〉
1915	29	4,243	688(16.2)	391〈1〉	184〈8〉	415	120(28.9)	17.4	49〈0〉	46〈0〉
1916	30	4,044	678(16.8)	378〈2〉	204〈4〉	344	71(20.6)	10.5	42〈0〉	15〈1〉
1917	31	4,175	688(16.5)	400〈1〉	206〈2〉	342	87(25.4)	12.6	37〈0〉	37〈1〉
1918	32	3,932	669(17.0)	394〈0〉	179〈7〉	308	72(23.4)	10.8	39〈0〉	25〈0〉
1919	33	3,698	625(16.9)	392〈1〉	163〈1〉	460	84(18.3)	13.4	39〈0〉	29〈0〉
1920	34	4,154	670(16.1)	432〈0〉	158〈3〉	565	104(18.4)	15.5	62〈0〉	24〈1〉
1921	35	6,315	657(10.4)	423〈0〉	144〈3〉	661	97(14.7)	14.8	58〈0〉	26〈1〉
1922	36・37	9,055	882(9.7)	493〈0〉	209〈0〉	978	179(18.3)	20.3	120〈0〉	46〈0〉
1923	38	9,118	840(9.2)	474〈0〉	181〈0〉	785	80(10.2)	9.5	50〈0〉	17〈0〉
1924	41	8,909	872(9.8)	465〈1〉	182〈9〉	790	113(14.3)	13.0	59〈0〉	25〈2〉
1925	43	9,829	1,152(11.7)	596〈1〉	196〈7〉	771	114(14.8)	9.9	62〈0〉	20〈0〉
1926	45	11,613	1,423(12.3)	647〈0〉	431〈3〉	809	120(14.8)	8.4	67〈0〉	26〈1〉
1927	47	8,891	1,084(12.2)	642〈0〉	326〈4〉	787	119(15.1)	11.0	58〈0〉	27〈0〉
1928	49	12,366	1,747(14.1)	666〈0〉	551〈6〉	704	102(14.5)	5.8	53〈0〉	15〈0〉
1929	51	8,693	1,177(13.5)	452〈0〉	304〈9〉	682	78(11.4)	6.6	34〈0〉	12〈0〉

1930	53	8,537	1,082(12.7)	433⟨0⟩	281⟨0⟩	669	54(8.1)	5.0	31⟨0⟩	11⟨0⟩
1931	55	7,877	987(12.5)	383⟨0⟩	253⟨0⟩	603	69(11.4)	7.0	24⟨0⟩	10⟨0⟩
1932	57	7,237	804(11.1)	389⟨0⟩	185⟨0⟩	574	47(8.2)	5.8	19⟨0⟩	9⟨0⟩
1933	59	6,484	736(11.4)	258⟨0⟩	176⟨1⟩	560	56(10.0)	7.6	15⟨0⟩	14⟨0⟩
1934	61	6,654	486(7.3)	192⟨0⟩	137⟨1⟩	546	42(7.7)	8.6	13⟨0⟩	15⟨0⟩
1935	63	6,520	534(8.2)	193⟨0⟩	94⟨0⟩	620	53(8.5)	9.9	18⟨0⟩	14⟨0⟩
1936	65	6,374	491(7.7)	152⟨0⟩	120⟨1⟩	573	44(7.7)	9.0	14⟨0⟩	15⟨0⟩
1937	67	5,908	444(7.5)	163⟨0⟩	87⟨1⟩	584	42(7.2)	9.5	12⟨0⟩	12⟨0⟩
1938	69	5,600	364(6.5)	128⟨0⟩	70⟨2⟩	586	39(6.7)	10.7	11⟨0⟩	15⟨1⟩
1939	71	5,234	418(8.0)	154⟨0⟩	88⟨1⟩	623	49(7.9)	11.7	12⟨0⟩	13⟨0⟩
1940	73	6,370	467(7.3)	136⟨0⟩	78⟨1⟩	701	57(8.1)	12.2	9⟨0⟩	22⟨0⟩

※毎年の『文部省年報』を基に『官報』『教育報知』『愛知教育会雑誌』などのデータを加えて作成した。
※空欄は不明の意。
※％以外の単位はすべて人。⟨ ⟩内は男性の内数。
※「全体」「女性」の欄は実人員数であり，延べ人数ではない。
※1899～1900年に実施された第13回文検「裁縫」「家事」のデータは『文部省年報』に加算されていない。そのため，『官報』より合格者数を確認して提示した。

る (⑨)[9]。

　師範学校の「家事」が必修となった翌年に文検「家事」がリスト上に登場したと前述した。その点では，文検が師範学校の学科課程の動向に対応しているように見える。しかし，文検「家事」実施までに5年を要した理由は不明である。第5回文検のあった1891（明治24）年の12月には，高等女学校という名称がはじめて法令に登場し，尋常中学校の一種と定められる[10] (⑥)。高等女学校が制度的に位置づけられる時期に，文検「家事」が開始されたと解することも可能である。とにかく，この間師範学校「家事」の有資格教員を文検によって輩出する意図が文部省に存在しなかったことだけは明確である。

　なお，文検「家事」の合格者は，第7回（1894年）の1名が最初であり（表5-2参照），高等女学校に有効な免許状であった[11]。未だ高等女学校の学科課程が確定していない段階でのこの合格は興味深い。師範学校女子部の「家事」合格者は，第9回（1896年）が最初である[12]。

(2) 裁　縫

　1895（明治28）年の「高等女学校規程」によって，高等女学校の学科目として「家事」「裁縫」が必修に定められる (⑫)。その前年に，文検「裁縫」の試

験がはじめて実施される（⑪）。第7回文検の試験委員に福田米が任命され（⑩）[13]，この回の「裁縫」試験問題も確認できており，この回からの実施はほぼ確実である。文検「裁縫」の合格者の最初は第8回（1895年）であり（表5-2参照），高等女学校に有効な免許状である[14]。

なお，『官報』の検定試験予告記事にはじめて「裁縫」が登場するのは第8回（1895年）であり[15]（⑬），また文検に関する法令に試験学科目としてはじめて「裁縫」が登場するのは1896（明治29）年12月の文部省令第12号「尋常師範学校尋常中学校高等女学校教員免許規則」である（⑭）。公的文書への登場よりも試験の実施の方が早い点は，「家事」と同様である。

ところで，師範学校の「裁縫」は1886（明治19）年以来「家事」に含まれていた（②）。1886年の「尋常師範学校ノ学科及其程度」では「衣食住金銭ノ出納等ニ係ル事項及裁縫具ノ用法各種衣服裁縫等ノ実業」，1889（明治22）年10月の文部省令第8号「尋常師範学校女生徒ニ課スヘキ学科程度ノ事」では「衣食住作法育児等ニ関スル事項　簿記　裁縫」と，「家事」の内容が定められていた。前述したように師範学校女子部の「家事」合格者は第9回（1896年）から存在し続けるとはいえ，文検「家事」試験問題の内容に「裁縫」の要素は含まれていない。他方第10回（1897年）から師範学校女子部の「裁縫」合格者が輩出され始めるものの，この時期師範学校に「裁縫」という学科目は存在しない[16]。師範学校における「裁縫」が独立した必修科目となったのは，10年後の1907（明治40）年4月の文部省令第12号「師範学校規程」による（⑰）。

裁縫的内容を含む師範学校における「家事」を文検「家事」合格教員は如何に教えたか，また学科目「裁縫」の存在しない師範学校で文検「裁縫」合格教員はいかにその免許状を活用できたか不明である。

(1)(2)より，「家事」「裁縫」は師範学校と高等女学校に存在した学科目であったにもかかわらず，文検においては女子教育の要の役割を果たしたといえる高等女学校の動向に，より密接に連動していた傾向のあることがわかる。

2)「家事及裁縫」

　高等女学校では「家事」「裁縫」が独立した学科目であり，一方師範学校では「裁縫」が「家事」に含まれている，すなわち両学校での「家事」「裁縫」の扱いが異なっていた時期である1901（明治34）年5月に，文部省令第12号「教員検定ニ関スル規程中改正」によって，文検では「家事」と「裁縫」が一つの学科目「家事及裁縫」に変更される（⑮）。その理由について文部省は，「従来の規程は学校科程と一致せしめたれども，学校によりて其科程の内容を異にするものあり，…裁縫科は師範学校にては家事科の内に包含せられあるに，高等女学校にては独立科となり居るの類なり，斯く複雑しあれば，従て検定試験にも手数を要するを以て，今回は学校の科程と検定科とは，何等関係なきことゝしたり[17]」と説明している。

　しかし，この「家事及裁縫」時代においても，文検の「家事」と「裁縫」は，別々に試験が実施され，『官報』の文検合格者氏名も「高等女学校」「師範学校女子部」「家事」「裁縫」の区分によって掲載されていることを見ても，実際には何ら変更がなかったといえる。

　とはいえ，1907（明治40）年に師範学校で「裁縫」が独立した必修科目になる（⑰）のとほぼ同時に，すなわち高等女学校と師範学校の学科目が「家事」「裁縫」で一致するようになった段階で，文検「家事及裁縫」は「家事」「裁縫」という独立した試験学科目に戻った[18]（⑱）。

　この文検「家事及裁縫」は，次に述べる「家事」と「裁縫」を統一した「家政科」とは異なるものであった。

3）文検「家事」・「裁縫」の終期

　1943（昭和18）年3月の「高等女学校教科教授及修練指導要目」（㉓）を受け，同月の文部省令第35号「中学校高等女学校教員検定規程」によって，文検「家事」「裁縫」は「家政科」に統一される（㉔）。ただし，同省令の付則によって，1943年度実施の第78回文検は従前のままとされた。

第2節　中等諸学校の「家事」・「裁縫」と文検　201

　その後，1944（昭和19）年1月の文部省令第3号「中学校高等女学校教員検定規程中改正」によって副科目が定められ，同月の文部省告示第26号「試験検定要目」によって検定要目が定められるものの（㉔），1944年4月文部省令第20号と1945（昭和20）年3月文部省令第2号によって，1944・45年の文検は中止される。

　第二次世界大戦後も，受験者側は「家政科」の文検が実施されると受け止めていた。1927（昭和2）年4月の創刊以来一貫して「家事」「裁縫」の文検受験情報を提供し続けた雑誌『家事及裁縫』は，読者に「家政科」の試験検定がいつ実施されてもいいようにと受験準備を奨励し続けている[19]。1947（昭和22）〜1948（昭和23）年に実施された第79・80回の文検では「家政科」の試験は行われず，ようやく第81回において「家政科」の試験が実施されることになった。1948年5月26日の文部省告示第46号によって，「家政科家政」と「家政科被服」は前回（すなわち第78回）の予備試験に合格した者及び当該学科目の成績佳良証明書を有する者のみに本試験を実施する「乙類」に含まれることが明示され，1949（昭和24）年3月7日付『官報』に本試験の日程が発表された（「家政科家政」は3月28・29日，「家政科被服」は3月31日〜4月2日）。しかし，この本試験の合格者氏名は『官報』には掲載されていない。この時期の『家庭科教育』を通読する限りでは試験が実施されなかったと推測される。そして，この第81回を最後に文検の制度自体が消滅する[20]。

　結果的に，「家政科」としての文検は実現せず，第78回の文検が「家事」「裁縫」の最後の試験となったわけである（㉕）。

　ところで，1935（昭和10）年に新設された青年学校の家政系学科目名は「家事及裁縫」であった。「家事」「裁縫」を統一させて単一の学科目にした嚆矢である。これが1939（昭和14）年には「家庭科」に改称される。一方，高等女学校の「家事」「裁縫」も1943（昭和18）年の中等教育改革の中で「家政科」に再編される（㉓）。家政系学科目の目的と内容編成についての，新学制下の「家庭科」につながる模索が始まったといえる[21]。

　この流れの中に，文検「家政科」もあった。その試験問題の内容から当時の

第5章 「家事及裁縫」の試験問題とその分析

表5-3 「家

年	91	93	94	95	96	97	98	99	99/00	00/01/02	02	03	04	05	06	07	08	09	10	11	12	13	14	15	16	17
回数	5	6	7	8	9	10	11	12	13	14	15	16	17	18	19	20	21	22	23	24	25	26	27	28	29	30	31
後閑 菊野	●	●	●	●	●	●	●	●	●	●	●	●	●	●	●	●	●	●	●	●	●	●	●	●	●	●	●
野口 保興						●			●																		
佐方 鎭												●	●	●	●	●	●	●	●	●	●	●					
宮川 壽美																							●	●		●	●
近藤 耕蔵																						●		●		●	●
甫守 ふみ																							●	●	●	●	
喜多見さき																											
井上 秀																											
湯原 元一																											
中村 栄代																											
由井 テイ																											
竹島 茂郎																											
西野みよし																											

●=臨時委員　◎=常任委員
* 他にも家事科を担当した検定委員のいた可能性がある
* 第10・13回については，受験参考書に野口・後閑・福田の名が「家事裁縫科」として挙げられている

表5-4 「裁

年	94	95	96	97	98	99	99/00	00/01/02	02	03	04	05	06	07	08	09	10	11	12	13	14	15	16	17	18
回数	7	8	9	10	11	12	13	14	15	16	17	18	19	20	21	22	23	24	25	26	27	28	29	30	31	32
福田 米子	●	●	●	●	●	●	●																		
谷田部じゅん								●	●	●	●	●	●	●	●	●	●	●	●	●	●				
神田 順									●	●	●	●	●	●	●	●	●	●	●	●	●	●	●	●	●
竹内 豊											●	●	●	●											
成田 順																									
茂木 ヒイ																									
高橋 イネ																									
市橋 なみ																									
寺尾 きく																									
石田 はる																									
中村 ヨシ																									
越智 延																									

●=臨時委員　△=補助
* 他にも裁縫科を担当した検定委員のいた可能性がある

第2節　中等諸学校の「家事」・「裁縫」と文検

「家事」試験委員一覧

18	19	20	21	22	22/23	23	24	25	26	27	28	29	30	31	32	33	34	35	36	37	38	39/40	40/41	41	42/43	43	年
32	33	34	35	36	37	38	41	43	45	47	49	51	53	55	57	59	61	63	65	67	69	71	73	75	77	78	回数
																											後閑　菊野
																											野口　保興
																											佐方　鎮
●							●																				宮川　壽美
●	●	●	●	●	●	●			●	●	●	●	●	●	●	●	●	●	●	●	●	●	●	●	●	●	近藤　耕蔵
●																											甫守　ふみ
		●	●	●	●	●																					喜多見さき
		●	●	●	●		●	●	●	●	●	●	●	●	●	●	●	●	●	●	●	●	●	●	●	●	井上　秀
			◎																								湯原　元一
				●																							中村　栄代
								●																			由井　テイ
									●	●																	竹島　茂郎
										●	●	●	●	●	●	●	●	●	●	●	●	●	●	●	●	●	西野みよし

「裁縫」試験委員一覧

19	20	21	22	22/23	23	24	25	26	27	28	29	30	31	32	33	34	35	36	37	38	39/40	40/41	41	42/43	43	年
33	34	35	36	37	38	41	43	45	47	49	51	53	55	57	59	61	63	65	67	69	71	73	75	77	78	回数
																										福田　米子
																										谷田部じゅん
●	●	●	●	●	●	●	●	●	●																	神田　順
																										竹内　豊
●	●	●	●	●	●	●				●	●	●	●	●	●	●	●	●	●	●	●	●	●	●	●	成田　順
	●	●																								茂木　ヒイ
		△	●	●	●	●																				高橋　イネ
		△	●	●	●	●	●																			市橋　なみ
		△	●	●	●	●	●	●	●		●	●														寺尾　きく
								●	●	●	●	●	●	●	●	●	●	●	●	●	●	●	●	●	●	石田　はる
								●	●	●	●	●	●	●	●	●	●	●	●	●	●	●	●	●	●	中村　ヨシ
										●	●	●	●	●	●	●	●	●	●	●	●	●	●	●	●	越智　延

「家政科」の到達点も明らかにできるはずであった。文検「家政科」が一度も実施されなかったのは，この点から大いに残念なことである。

第3節　文検「家事及裁縫」試験委員の変遷

1)「家事」試験委員

表5-3に示すように，第25回（1911年）までは1～2名，それ以降はほぼ3～4名で毎回の試験問題を作成している。

試験委員を務めた回数の多いのは，近藤耕蔵（計29回）・後閑菊野（27回）・井上秀（26回）・西野みよし（18回）である。それに佐方鎭（11回）・宮川壽美（8回）・甫守ふみ（6回）・喜多見さき（6回）が順次かかわり，さらに1～2回だけの委員が加わっている。平均すると一人当たり10.6回担当している。

第25回（1911年）までの20年間は，後閑を中心とし，途中から佐方が加わって担当している。第26～45回（1926年）は，試験委員が大きく入れ替わるいわば移行期であるといえる。第47～78回（1943年）は，近藤・井上・西野の3人体制で変更はない。

2)「裁縫」試験委員

表5-4によると，第35回（1921年）までは1～3名，それ以降は4～5名で毎回の試験委員を担当している。「家事」よりも毎回の担当試験委員の人数が若干多い。担当回数の多いのは，神田順（計28回）・成田順（24回）・石田はる（18回）・中村ヨシ（18回）・谷田部じゅん（15回）である。平均すると一人当たり12.8回試験委員を務めており，「家事」よりも約2回分多い。

第14回（1901年）までは福田米子がほぼ一人で担当し，その後は神田が中心となり，さらに8年間の神田と成田が重なる時期を経て，最後の16年間（第49回1928年～）は成田に石田・中村・越智延を加えた4人体制がほぼ継続した。

なお，「家事」試験委員には見られない制度として，試験委員「補助」とい

う役割があった。ただし，その役割りを担った人名は2年分しか判明していないため，この年が例外だったのか，毎年存在したのかは定かではない。高橋イネ・市橋なみ・寺尾きくは，1921（大正10）年に試験委員補助を務め，その翌年から試験委員になっている。一方，試験委員補助を同じ年に務めた須磨サダと1918（大正7）年に務めた山本キクは，その後試験委員にはなっていない。

3）試験委員の略歴

　家政系の課程が大学レベルに存在しない旧学制下においては，女子高等師範学校が最高学府であった。文検の他の学科目のように，大学教員と高等師範学校教員の両者によって検定委員が構成される状況は，「家事」「裁縫」の場合にはなかった。

　「資料編　試験委員略歴」の②の欄によると，「家事」「裁縫」の試験委員計25人の内，「家事」の井上秀と中村栄代（どちらも日本女子大学校）以外の全員が東京女子高等師範学校（同校内に設置されていた第六臨時教員養成所を含む）の教員によって構成されている。文検「家事」「裁縫」における東京女子高等師範学校関係者の影響力が圧倒的に強かったこと，奈良女子高等師範学校教員が一人も存在しないこと，大学教員もいないことが大きな特徴である。

　表5-3・表5-4と「資料編　試験委員略歴」の③の欄を付き合わせると，次のことがわかる。

　東京女子高等師範学校教員に赴任した年に試験委員になった人（由井テイ・西野みよし），また赴任した翌年または2年後に試験委員（補助）になった人（高橋イネ・寺尾きく）がいる。また東京女子高等師範学校を退職するのとほぼ同時期に試験委員を辞めた人が多い（後閑菊野・宮川壽美・福田米子・谷田部じゅん・茂木ヒイ・高橋）。この内，宮川は同校を退職し東京家政学院を設立した年から，後閑も退職して宮内庁御用掛となった年から，試験委員を務めていない。寺尾は退職後，同校の講師となったその段階で試験委員を辞めている。例外的に，近藤耕蔵と市橋なみは東京女子高等師範学校退職後も，同校講師の肩書で試験委員を継続している。

このように，ほとんどが東京女子高等師範学校現職教員によって占められている中で，日本女子大学校教員が存在するのは注目に値する。日本女子大学校が家政学部を中核とした女子大学構想実現に努力し続けたそのレベルの高さもあると推測されるとはいえ，井上秀の家政学上の力量に負うところが大であったと考えられる。

「資料編　試験委員略歴」の①の欄によると，「家事」「裁縫」の試験委員の総計（25人）の60.0％，そのうち女性試験委員（21名）の71.4％にあたる15人が東京女子高等師範学校出身者である。とはいえ，世代によって次のような変化がある。

未だ東京女子師範学校時代には小学師範学科しかなく，その卒業生（後閑・佐方・喜多見・谷田部）はいわば中等諸学校レベルの卒業である。喜多見は女子高等師範学校に赴任する以前に文検によって中等教員免許状を取得し，卒業後直ちに同校に採用された後閑と佐方はその後無試験検定によって中等教員免許状を得ている。

次の世代は，女子高等師範学校の本科卒業を最終学歴とする人たちである（宮川・甫守・西野・成田・茂木）。この内，宮川と成田は海外留学をし，日本の「家事」「裁縫」の確立に努めた。

次の世代は，女子高等師範学校の研究科を修了した人たちが多数を占める（高橋・寺尾・石田・越智）。

これ以外に，女子高等師範学校の専修科修了者も1名いる（由井）。

東京女子高等師範学校出身者ではない試験委員の最終学歴は次の通りである。

男性は，外国の学校（野口），東京帝国大学（湯原元一），東京高等師範学校（近藤・竹島）の卒業者である。

最高齢と思われる「裁縫」試験委員の最初期を担った福田米子は，近代学校の教育を受けていない。彼女は，官立東京女学校を経由して東京女子師範学校教員となり，東京女子高等師範学校教員時代に無試験検定によって中等教員免許状を得ている。市橋なみは，福井県高等女学校卒業が最終学歴であり，文検によって「裁縫」「家事」「手芸」の中等教員免許状を取得している。神田順は

共立女子職業学校卒業である。井上は日本女子大学校卒業である。

　近代学校の教育を受けていなかったり，最終学歴が中等諸学校レベル卒業で，中等教員免許状を取得することによってそれを補うような試験委員は，「歴史」や「公民」などの文検学科目には見られない特徴である。

　女性の多さも，文検「家事」「裁縫」試験委員の特徴である。

　約60年間にわたる総計700余名の文検試験委員のほとんどが男性であったものの，女性もいないわけではない。手芸の上村百代・金子志ゑ・日下テツ・豊原繁尾・神田つね，体操の井口あくり・二階堂トクヨ・三浦ヒロ・戸倉ハル，英語の津田梅子・木村ふみ・岡田みつ，音楽の幸田延などの氏名が散見される。このような状況の中で，「家事」「裁縫」試験委員に占める女性の割合は非常に高い。「家事」は13名中9名（69.2％），「裁縫」は実に12名全員（100％）が女性である。

第4節　「家事」試験問題とその検討

　紙幅の関係もあり，ここでは「家事」試験問題に限定して分析する。

1）試験の実際

　表5-5に示した通り，当初試験は本試験の「筆記」のみであった。第10回（1897年）から予備試験が始まると同時に，本試験が「筆記（設問）」「口述（口頭）」に分かれ，その後第27回（1913年）から「実地」が加わる。

　予備試験は一貫して筆記問題のみである。1回に3〜6問，第32回（1918年）以降は常に6問である。

　本試験の「筆記」は1回に3〜9問あり，第16回（1902年）からは3問が主流であったものの，第45回（1926年）からは6問となっている。

　『官報』などに掲載されている各回の「師範学校中学校高等女学校教員検定本試験日時割」によると，第22回（1908年）から「教授法」が始まり，「教授法」と「口述」は同時に実施されることになっている。しかし表5-6によると，

208　第5章　「家事及裁縫」の試験問題とその分析

表5-5　「家事」試験問題数・形態

年	回数	予備試験	本試験 筆記	本試験 口述	本試験 実地
1893	6		9		
1894	7		6		
1895	8		7		
1896	9		7		
1897	10	5	4	1	
1898	11	5	4	1	
1899	12	5	3		
99〜1900	13	6	4		
1900〜01	14	4	5		
1901〜02	15	4	4		
1902	16	4	3	1	
1903	17	4	3	1	
1904	18	4	3	1	
1905	19	4	3	1	
1906	20	3	3		
1907	21	3	3	1	
1908	22	4	3	1	
1909	23	4	3	1	
1910	24	4	3	1	
1911	25	4	3		
1912	26	4	4	1	
1913	27	4	3	1	2
1914	28	5	3	2	1
1915	29	4	3	1	2
1916	30	5	3	1	1
1917	31	4	5	1	1
1918	32	6	3	2	1
1919	33	6	3	3	1
1920	34	6	3	3	3
1921	35	6	3	2	1
1922	36	6	3	4	1
1922〜23	37	6	6	3	1
1923	38	6	3	3	1
1924	41	6	6	3	1
1925	43	6	5	3	1
1926	45	6	6	3	1
1927	47	6	6	3	1
1928	49	6	6	3	2
1929	51	6	6	3	2
1930	53	6	6	3	2
1931	55	6	6	3	2
1932	57	6	6	3	2
1933	59	6	6	3	2
1934	61	6	6	3	2
1935	63	6	6	3	2
1936	65	6	6	3	2
1937	67	6	6	3	2
1938	69	6	6	3	2
1939〜40	71	6	6	3	2
1940〜41	73	6	6	3	2
1941	75	6	6	3	2
1942〜43	77	6	6	2	2
1943	78	6	6	2	1

＊空欄部分は不明の意

表5-6　「家事」試験問題の領域分布

年	回	衣	食	住	衛生	保育	家庭管理 家事経済	家庭管理 家庭管理	理科的	教授法
1893	6	1	1	1		2	2	2		
1894	7	1	1			2	1			
1895	8	1	1	1		2	2			
1896	9	1	1	1		2	2			
1897	10	1	2			2	2			1
1898	11	1	3	1	1	2	2			
1899	12	1	1	2	1	2	1(1)			
99〜1900	13	2(1)	1	1	2	2	1			1
1900〜01	14		1	3	2	2				
1901〜02	15	1	2	1	2	1				
1902	16	1	2	1(1)	1	1	1			
1903	17	1		1	2	1	2			1
1904	18		1	1	2	2	2(1)			
1905	19	1	1	1	2	1				
1906	20			1	1(1)	1	2			
1907	21	1		1	1	1	1			1
1908	22	1		1	3(1)	1	1			
1909	23		2(1)	1	1	1	1			
1910	24	1	1	1	1	2(1)				
1911	25		2(1)	2	2(1)	1				
1912	26	1	1	3(1)	1		1	2		
1913	27		2	2	1	1	1(1)	1		1
1914	28	3			1	1	2(1)	1		
1915	29	2(1)	2		2	1	1			
1916	30	1	3		1	2(1)	1	2		
1917	31	2	2(1)		1	2		2		1
1918	32	2		1	2	3	2	1		
1919	33	3(1)	2		2	1	1	1	2	1
1920	34	3(1)	4		2	2	1		1	2
1921	35	3(1)	3		2	1	2	1		
1922	36		5	2	2	2	1			
1922〜23	37	3	5(1)	1	2	1	1	2		
1923	38	2(1)	3	2	1	1	2			
1924	41	2	4(2)	2	2	1	2	2		
1925	43	2	4	3(1)	4	1	1			
1926	45	2	4	1	5	1		1(1)		
1927	47	4(1)	4	3	1	2	1			
1928	49	4(1)	7		1	2	1	1	1	
1929	51	4	6	1	3		2	2		
1930	53	2	4	3(1)		3	2			1
1931	55	3	5	2		2	1		2	2
1932	57	5	5	3(1)	2(1)	2	2		1	
1933	59	3	5	4	1	2		1	1	
1934	61	2	6		3		1	2(1)	3	
1935	63	4	4	1	5(1)	2		1	2	
1936	65	2	5	5	1	1	1(1)		1	
1937	67	4		1	1	2	1	2		
1938	69	3	4(1)	1	3(2)	2	1	1	1	
1939〜40	71	2	6	3	1	3				
1940〜41	73	2	7(1)	3		2	1		1	1
1941	75	1	4	2	5	1	2	1	1	
1942〜43	77	1	5	2		3	1(1)	2	2	
1943	78		2	2		1	1	1		
計		93(8)	154(8)	84(4)	72(8)	76(1)	69(4)	45(5)	26	26

＊口述・実地の試験問題もカウントしている
＊多領域にまたがる問題は其々の領域でカウントしているので合計は表5-5と一致しない
＊カッコ内はその領域での教授法を問うた問題の内数

第10回（1897年）には教授法に関する問題がすでに出題されている。「筆記」においても教授法に関する問題が出題される一方，「口述」の試験問題に教授法にかかわる問題がよく出されていたとはいえ毎回必ずというわけではない。また「家事」の「口述」は，一室約6～8分でしかなく，他の学科目によっては見られた教授の様子を実演する内容の試験ではなかった。

「口述」が1問であった時期には，試験委員全員が一室の中に並んで実施された[22]。その後「口述」が2～4問となった時期には，試験委員が1名ずつ別々の部屋におり，受験生が各部屋をまわる方式になった[23]。「口述」試験について，佐方鎮の「主に人物を見まするが，答へる様子も無論試めします[24]。」など，人物評価に最も重きを置いていたとの試験委員の証言もある。

「実地」試験が1913（大正2）年から実施されるようになった経緯について，文部省普通学務局の仁尾愷太郎が「…家事科の実習を試験することになつた。是れは元来当然すべき筈であつたが，其の設備がなかつた為に…出来なかつたが，昨年に至つて東京女子高等師範学校に其の設備が出来たから，此処で料理法，洗濯法等の試験をする事になつた」と説明している[25]。後述するように，「家事」教育における「実習」が1911（明治44）年の「高等女学校及実科高等女学校教授要目」を契機に飛躍的に重視されるようになったことに規定されているとはいえ，「実地」試験開始の直接的契機が東京女子高等師範学校の家事実習施設にあったというのは興味深い[26]。

「実地」試験は，当初割烹を中心とする1問の場合が多かった。第49回（1928年）以降は2問となり，西野みよし，時には井上秀も含めて担当した割烹の1問，そして近藤耕蔵が担当する洗濯・染み抜き・実験・割烹の内から出題する1問から構成されていた。受験体験記によると，調理や実験の「実地」試験を困難に思っている受験生が多い。

第28回（1914年）の受験体験記[27]によると，「口述」試験は「筆記」試験の最中にイロハ順[28]に別室に呼ばれて実施され[29]，「実地」試験は別の日程で行われた。その後，「筆記」「口述」「実地」は別々に実施されるようになる。合否発表[30]はその3種類の試験が終了してからであった。ところが少なくとも1926年（大正

15・昭和元)には,本試験の「筆記」のみでまず合否が発表され,別日程で「口述」「実地」が実施されるようになった。例えば,谷忠一の文献には,第45回(1926年)の本試験受験者65名の内,筆記による合格者は43名,その後の口述・実地の合格者は26名であったとするデータも公表されている[32]。また受験当事者であった岩武旦は,本試験の筆記まで合格し,その後の口述・実地で不合格になったと記している[33]。

2)試験問題の出題傾向

第6回(1893年)～第78回(1943年)の全試験問題を,出題傾向の変化を指標として[34][35],仮説的に4期に時期区分して分析する(資料編試験問題参照)。試験問題を検討する際には,この試験委員の構成とともに,教授要目(表5-1参照),教科書を比較材料とする。

(1) 第1期(第6回1893年～第25回1911年)

第1期の最初期はいわば模索の時期であり,第6回試験問題(1893年)が第7～9回に同一の問題として出題されるなどしている。問9「小児に与ふる玩具は如何なる心得を以て択ぶ可きや又之をもて教育上裨益あらしむ方法如何例をあげて明記すべし」は第7回(1894年)問6と,問1「居住すべき土地の撰択につき注意すべき点を列記すべし」は第8回(1895年)問3と,問4「家計簿記の効用をあぐべし」は第9回(1896年)問4と全く同文である。また問8「断乳期前後に於て小児の取扱ひ方を問ふ」は第7回問5「断乳期前後の手当方を問ふ」と,問5「記入法につきて特別に注意すべき事項を問ふ」は第7回問4「一家の金銭の出入を記載するに用いる帳簿の種類を挙げて其記入の方法を示すべし」とほぼ同じ内容である。

ようやく,第10回(1897年)からそのようなことがなくなり,また育児と簿記を除いて漠然とした問題が多かったのが,この第10回以降は特定の状況設定の下での問題へと変化する。

第1期の試験委員の中心的存在であった後閑菊野は,1884(明治17)年2月

に東京女子師範学校を卒業する。当時の同校は、1880（明治13）年に「家政学」、1881（明治14）年には「家事経済」、さらに1883（明治16）年になると「家政」と、学科目名さえめまぐるしく変化する家事教育の創設期であった。後閑は卒業と同時に同校教員となり、自身が「明治期家政教育の先覚」として、「未開の家事科・家政科の分野に開拓の鍬をおろし、実地授業に教科書著作に家事科・家政科の理論づけに先鞭をつけた」。

　第1期の試験問題は、この後閑と第16回（1902年）から試験委員になる佐方鎮との共著である高等女学校用『家事教科書』の内容と共通点の多いことが指摘できる。例えば「家計簿記の効用」（第6回1893年、第9回1896年）・「衣服の保存」（第8回1895年、第16回）・「衣服の調製」「畳及建具」（第10回1897年）・「衛生と経済との関係」（第11回1898年）のように、同書の節のタイトルと同一の試験問題や、「居住すべき土地の選択」（第6回、第8回）・「小児に与ふる玩具」（第6回、第7回1894年）・「食物調理の目的」（第8回）・「小児に聴かしむべき説話」（第10回、第15回1901〜02年）・「滋養物偏用」（第11回）・「歯牙の発生」（第12回1899年）・「繃帯用法」（第13回1899〜1900年）など、同書で詳しく論じられている事項について問うた試験問題が目につく。また第12回の「家庭に於ける児童の訓練」は、同書の「育児法」の第5章「家庭の訓練」にほぼ一致している。

　この『家事教科書』は、育児の部分を除いて、家事遂行における心構えについての叙述が中心であり、何らかの数値や情報を提示して教授する内容にはなっていない。例えば、前述の第6回（1893年）試験問題のような設問は、同書のレベルを表しているといえる。

　第6回の試験問題は、1889（明治22）年の「尋常師範学校女生徒ニ課スヘキ学科程度ノ事」に示された「家事」の区分にまさに対応している。その区分とは、「裁縫」を除くと、「衣」が第6回試験問題の問2、「食」が問3、「住」が問1、「作法」が問6と7、「育児」が問8と9、「簿記」が問4と5である。

　その後の試験問題も、師範学校や高等女学校の「学科及其程度」や「教授要目」とほぼ連動して変化している。例えば、1895（明治28）年の「高等女学校規程」によって「家事」に「家事衛生」が加わると、その3年後の第11回（1898

年）から文検「家事」に衛生に関する問題が出題され始める。また1903（明治36）年の高等女学校の「家事」の「教授要目」に「経済」が登場する前年の第15回（1901〜02年）には、「経済」の問題が出題される。

一方「作法」は、前述した通り1889（明治22）年の「尋常師範学校女生徒ニ課スヘキ学科程度ノ事」の「家事」に登場した。しかし、1892（明治25）年7月文部省令第8号「尋常師範学校ノ学科及其程度改正」によって「修身」が導入されるに際して、女子の「修身」に「作法」が移行したため、その後の師範学校・高等女学校の「学科及其程度」や「教授要目」の「家事」には「作法」は登場しない。ところが文検「家事」では、第6回（1893年）にとどまらず、とりわけ佐方鎮が試験委員となった第16回（1902年）以降、祝宴開催のための事前準備から当日になすべき事柄や心得、また使用人の取扱い方などについてのさまざまな問題が出題され続ける。第16回予備試験では「歳首、賀寿、遠忌／右三種の場合に於ける国風の室内装飾即ち掛物生花置物及棚飾に就きて各自の考案を述ぶべし」と「夏期の饗饌に用ゐるべき吸物及口取（三種）の献立を選定し其調理法を詳記すべし」の4問中2問、第17回（1903年）本試験でも4問中2問を占め、第18回（1904年）本試験では「親戚知人を招き観菊を兼ねて祝捷の宴を催さんとす左の事項に就きて記載すべし／1. 招待状 文章 用紙 封筒、2. 迎接の注意、3. 賓客の接待に要する諸室の装飾、4. 余興、5. 食事の献立、6. 送客の注意」、第19回（1905年）予備試験では「朋友の婚儀を祝するため物品を贈らんとす、其品種を選定し装飾の方法を説明し且つ之に添ふべき書簡の文言様式を詳記すべし」、第20回（1906年）予備試験ではなんと3問中2問（問1・2）を占めるほど、一時期この領域が重視されている。

これを後閑は「交際法」と表現し[39]、後閑と佐方の共著である『女子作法書』[40]に「僕婢」も含めて詳述されている。「作法」は「修身」に含まれる領域であるにもかかわらず、大江スミ（宮川壽美）の記した教科書においても[41]「交際」の章をたてて論じられている。表5-6では、これらの問題を「家庭管理」の項目に含めた。家庭をマネージメントしていく上での総合的な問題と判断したからであるものの、観菊の宴（第18回）や園遊会（第21回1907年）を催したり、

別荘所有の可能な（第20回1906年予備試験問1）上流の家庭を想定した問題の多い点が，この時期の特徴である。

(2) 第2期（第26回1912年～第32回1918年）

　第26回を最後に佐方鎭が検定委員から退き，代わってこの回から近藤耕蔵・大江スミ，そして第27回（1913年）から甫守ふみが検定委員に加わる。

　第2期の大きな特徴は，自然科学的傾向の出題が重視されるようになる点である。第1期にも，1909年の文検「家事」受験者への助言の中で後閑菊野が「理化学を十分調べる」ことを挙げているものの[42]，第9回（1896年）の試験問題に栄養素についての問題が出題されただけで，他には自然科学的な内容は見られない。それが，この第26回予備試験に食物の栄養素に関する問題が出題されて以降，「2％のホウ酸水の作り方」（第28回口述試験，1914年）や熱量に関する問題など，自然科学的な問題が継続的に出題されるようになる。その出題に果たした近藤の役割は大きい。

　第26回の栄養素の問題に挙げられている数値は，遅くとも1917（大正6）年の後閑等，1918（大正7）年の大江，1921（大正10）年の甫守の教科書に「普通食品分析表」として掲載されている[43]。しかし，後閑等の1908（明治41）年の教科書[44]，甫守の1918年の教科書[45]にはこの表は存在していない。この中では，文検「家事」に自然科学的な内容が盛り込まれる時期は早いと指摘できる。

　ただし，自然科学的な問題を近藤だけが出題していたわけではない。上記ホウ酸水の問題は，後閑が口述試験で問うたものである[46]。

　第28回（1914年）の本試験に出題された「近火の際に於ける処置」に関する問題は，甫守や大江の教科書に記載されている内容である[47]。後閑や佐方の家庭管理能力を問う問題の延長にあるといえる。しかし，第1期のような1000坪の敷地の住居の設計図を作成したり（第20回1906年本試験問2），夫と客の「遊猟の獲物を主饌として饗応せんとす其の献立及び調理の方法」を問う（第25回1911年本試験）ような，上流の階層が想定されることはもうない。これが第2期の2つ目の特徴である。表5-7の通り，第27回（1913年）にはじめて農家を

題材に使い，第31回（1917年）には年収・職業の異なる事例を複数挙げて答えさせる仕方がはじめて登場する。また「下婢」「下女」「女中」と称された使用人についても，第28回（1914年）を最後に試験問題に登場しなくなる。

第３の特徴は，家事実習に関する問題が出題されるようになった点である。大江スミは，試験委員になる２年前の1910（明治43）年に，裁縫・調理以外の実習教授に見るべきものがないとして，『家事実習教科書』を刊行した。この教科書に記されているような洗濯・染み抜き・掃除・家庭内の器具の管理などの実習的な問題は，第１期には第21回（1907年）の染み抜きの問題だけである。大江が試験委員になった最初の試験である第26回（1912年）予備試験４問は，大江の出題であると思われる。1895（明治28）年の「高等女学校規程」では「成ルヘク実習セシメ…」と漠然と実習が奨励されていたのが，1903（明治36）年の「高等女学校教授要目」によって「割烹」を実習するようにと具体化され，さらに1911（明治34）年の「高等女学校及実科高等女学校教授要目」によって「洗濯，張物，シミヌキ，掃除，磨キ物，飲食物ノ調理」「応急手当」と大幅に拡大された。まさにこの教授要目の変化に対応したものであるといえる。これ以降，このような問題が継続的に出題される。そして，大江のこの教科書は受験参考書として広く使用され続ける。ただし，実習教授のあり方についての出題は，第３期を待たなければならない。

この他にも，次のような点が指摘できる。

「養老」は，1903（明治36）年以降の高等女学校・師範学校の「家事」教授要目に存在し続けたにもかかわらず，文検「家事」ではほとんど扱われていない。その数少ない養老に関する問題の最初は，第30回（1916年）本試験の「左の題目により高等女学校生徒に授くべき材料を選定し，其最初の一時間に於ける教案を作製すべし／老者の保養」である。これは，後閑の教科書では比重が低いものの，甫守や大江の教科書では「老人の奉養」という独立した章が設けられて重視されているものである。

一方，第１期から繰り返し出題されてきた一家の出費を「日記帳」「計算表」に記入させる問題（例えば第10回予備試験問５）は，後閑の著書に記された記帳

の形式及び費目のわけ方に従って受験生たちは解答している[52]。しかし，後閑がまだ試験委員を務めているにもかかわらず，第28回（1914年）を最後に出題されなくなる。

(3) 第3期（第33回1919年～第65回1936年）

大江スミ・甫守ふみ等は第32回（1918年）で検定委員を終え，残った近藤耕蔵に加えて，第33回から井上秀・喜多見さき等が検定委員となる。

この期の第1の特徴は，「国家の単位としての家庭」の視点からの問題が登場するようになる点である。それまで一貫して視野が家庭内に限定されていたものが，第31回の「家庭に於ける子女の教育上特に国家的概念の養成に努べき所以を説き，其方法に就きて二三の実例を挙ぐべし」（1917年本試験）を皮切りに，第33回（1919年口述試験）に「生活改善に関し衣食住の何れを問はず思ふ所を述べよ」が出題され，それ以降「消費者としての婦人と一国の製造工業界の傾向との関係を述べ，消費に対する心得を記せ」（第41回1924年予備試験）など継続して出題される。「…国家的問題を背景として家事を処理すべきことを教科書に導入したのは井上先生の功績である[53]」と文検問題の解説に記されているように，この国家的視点の導入に果たした井上の役割は大きい。それは，国家観念を直接問うというよりも，国家や社会の動き（例えば物価変動など）と連動させて主婦の家事に関する工夫の仕方などを問うものである。換言すれば，国家・社会的観点を組み込んだ「家事」試験問題がこの時期に成立したといえる。「井上先生は，先生の御著書にもまだ発表されて居ない活きた時事問題をよく出される。書物上の知識のみでなく活眼を開いて国家社会の情勢を洞察し，之に善処する識見を有することに留意して居ないと先生の問題に対しては手も足も出ない。」と文検受験の指導者大元茂一郎は指摘している[54]。

家庭において諸行事・宴を主催する際の段取りと心得，また招客時を想定した調理に関する問題が第33回（1919年）以降出題されなくなり，日常の料理が主体となる点が，第2の特徴である。受験経験者からの助言としても，「日常家庭の惣菜料理」[55]，「普通家庭で用ひられる平易なもの」[56]を日頃から練習してお

216　第5章　「家事及裁縫」の試験問題とその分析

表5-7　「家事」試験

年	回数	問題の領域	地域	夫の職業	収入・新築の家の広さ
1897	10	住			建坪35坪以内
1899	12	住			建坪30坪
99～1900	13	家事経済			俸給月100円・貸家料月20円
1900～01	14	住			建坪35坪
		家事経済			俸給月100円
1901～02	15	住			建坪35坪
1902	16	住		官吏	建坪50坪
		家事経済			俸給月150円
1903	17	家事経済			月100円
1904	18	家事経済	東京	教師	年1000円,借家
1905	19	住			上等の家庭
1906	20	家事経済			中等の家庭
		住		農学士	土地1000坪
1908	22	家事経済	県庁所在地	医師	月85円
		住	郊外		建坪30坪内外の隠居所
1909	23	家事経済			俸給60円
		住	東京市		土地300坪
		家庭管理			中等の家庭
1910	24	衣			中等の家庭
1911	25	家庭管理		豪農	
		住			建坪25坪
1912	26	食		中等労働者	
1913	27	家事経済		農家	
1914	28	家事経済			夫より月70円
1917	31	家事経済		農家	年収300円
				医者	月250円
				教員	月20円
1919	33	家事経済			月70円
					月300円
1922	36	家事経済		教員	月150円,借家
		住			
1925	43	家事経済			年3000円
					年1200円
1926	45	衣			月300円内外
1927	47	家事経済	地域随意	俸給生活者	
1931	55	教授法	家事科教授の地方化		
1933	59	住	地域任意		
1937	67	家事経済		俸給生活者	月120円
1939～40	71	住			
1940～41	73	家事経済	地域随意	職業随意	
1943	78	食		中等労働者	

問題に見られる家庭の状況

家族構成
老母，夫婦，2歳児
老父母，夫婦，幼児2人，書生1人，伝婢1人・炊婢1人
老母，夫婦，子3人，書生1人，下婢2人
親1人，夫婦，子2人，書生1人，下婢1人
夫婦，弟1人・妹1人，子2人（12・9歳），下婢1人
老父，夫婦，子3人（17・14・10歳），書生1人，下女2人，園丁1人
老母，夫婦，子2人（8・5歳），下女1人，代診1人，薬局生1人
老夫婦，下女1人
（親は外国在住）教育の為，子3人（15・12・10歳），下男1人・下女1人，家庭教師1人
邸内に長子と新婦の為の居を（食事と入浴は母屋），専用下婢1人
家族7人
家族9人
家族3人
老母，夫婦，子3人
老母，夫婦，子3人
夫婦，子3人
夫婦，子3人
夫婦，子3人（10・7・3歳）
夫婦，子3人（10・7・3歳）
老母，夫婦，子2人（10・7歳）
夫婦，子3人
夫婦，子3人（15・10・8歳）
大人3人，子12歳以下3人
老母，夫婦，子2人

く必要が述べられている。

　第3の特徴は、第33回（1919年口述試験）「家事実習教授の際に特に生徒に注意せしむべき事項如何」以降実習教授のあり方に関する問題が登場するようになる点である。

　第4の特徴は、第36回（1922年）以降出題される問題に登場する家族構成が、三世代同居から両親と子どものみで構成される家族に変化する点である（表5－7参照）。「井上先生の問題はいつも家族は夫婦と子供三人で、子供は十歳以下でその三人を大人二人と見做すやうになつてゐるから解答に便利である。[57]」と指摘される家事経済の問題ばかりでなく、住居の問題においても三世代同居はほとんど登場しない。

　第5は、地域性の問題である。

　文検「家事」では都会生活が大前提になってきた。試験委員当時の佐方鎮が「地方の方でありますが、都会に於ける家事の風を知らない人が多う御座いますが、これは一つの欠点かと存じます。[58]」と述べている通り、東京中心であることを是正しようとする問題意識はない。受験経験者も「交際中の贈答物品の種類分量形式等は東京の習慣を知り置く事が非常の参考になります[59]」と、東京の習慣についての知識の獲得を後に続く受験生に助言している。

　しかし単に都会・東京の習慣の問題ではなく、都会と田舎におけるライフラインの相違の問題が横たわっていた。例えば、ガスの普及の問題がある。1930（昭和5）年段階での「今日では、田舎町まで燃料瓦斯が普及したが、以前の受験者中にはよく瓦斯七輪の使ひ方にまごついたものです。一度も使つたことのない人は必ず何処かで点火の仕方と火加減の調節を試みておかねばならぬ。[60]」という受験者への助言や、1942（昭和17）年でさえ「ガスの使用も自信がない私…[61]」と述べる受験生がいた。

　受験生たちは、試験の合間を見つけて、「東京第一の洗濯屋五十嵐様の洗濯工場」「川崎の照明学校」「栄養研究所、赤羽の被服廠（しょう）、芝赤十字参考館」「其の頃の季節物につき、東京の公設市場[62]」などの最先端の家事の動向に触れることができる場所を見学している。

この東京中心の問題が，1920年代後半から変化する。表5-7に示すように，第47回（1927年本試験）の「左の条件に於て，合理的生活を営むに要する最少限度の生活費を見積り詳細に其の見積の根拠を説明すべし／（1）俸給生活者，（2）家族：夫婦子供三人何れも十歳以下，（3）場所：随意　但し地名を附記すべし」以降，地域を受験生に選ばせる方式に変化する。この点が第5の特徴である。これは，第55回（1931年）予備試験問6にあるように，「家事科教授を実際化，地方化」させる方向での家事科の動向に連動している。[63]

（4）　第4期（第67回1937年〜第78回1943年）

第47回（1927年）以降は，近藤・井上・西野の3人で試験委員を務めていた。福島四郎は1911（明治44）年に『婦女新聞』において，文検「家事」の試験問題は受験者のより「根本的知識」を問うべきであり，「部分々々の応用的問題の外，常に一家経営の大方針，若しくは妻母たる根本知識に関する試験問題を併せ課せん事を…切望」している。[64] 大元茂一郎も，「国家の政策社会の状態を背景として科学の基礎の上に立たねばならぬ。／然し，又従来の実際的技術方面も忘れては家事の車はまはらない。」[65]と述べる。その上で，大元は「井上先生は食物，育児，家庭管理方面の学理と実際に亘る問題を多く出され，近藤先生は衣食住に関する物理化学的学理的問題を多く出され，西野先生は，衣食住看護に関して実際的常識的問題を多くだされるやうである。…検定委員として其の配合のよく出来て居ることは，蓋し何人も認めて居る所であらう」[66]「私は今の三委員の調和は理想的であると常に敬意を払ってゐます。」と評価している。[67]

他方で，この3者による試験問題に繰返しが多いことなどについての指摘が，例えば「（第51回1929年の西野）委員の問題は，予備本試を通じて四題のうち三題まで衣服の洗濯繊維に関する問題であるといふやうな，甚だしい偏向さを示してゐる。」「殆ど同じ問題が繰返されること，これで三回目である。近藤委員に限らず，井上委員の問題に於ても『被服経済の要項』は昭和二年と同三年と二ヶ年続けて出されてあり，西野委員の問題でも昭和二年度に『人絹の鑑別洗

濯法』同三年度に『白木綿と色木綿の洗濯液』同四年度に『白地の絹毛の洗濯法』の如く類似のものが反覆されてある。此点から見て家事科の受験者は既出問題を基礎として研究することが非常に有利な訳である。[68]」「総じて今度の問題は時代的に生きた問題が少ないやうであります。而して文検の問題といふものが固形化した冬籠りの状態にあることを遺憾に存じます。[69]」（カッコ内は引用者）など，散見される。

　良くも悪くも文検「家事」の出題傾向はほぼ安定していたといえる。それが，第4期，すなわち第67回（1937年）から大きく変化する。

　時局下での合理的な家庭予算の編成，代用食，統制物資に伴う工夫などに関する問題の比重が大きくなる。

　常見育男の「言ふ迄もなく，家事科の教科としての性質は，家庭経営者としての責務を体認せしめ，これが経営上の技倆を実践的に訓練するにある。而かも家庭生活の営為は現実の社会と密接に関連し，世相の変転と常に表裏一体の関係にある。家事科が他の諸教科と其趣を異にする所以は此点にある。家庭事項及家庭経営に関する自然科学上の基礎的問題のみを以て，文検問題の全部とすることは批評の余地がある。…兎に角現実の世相と表裏一体の関係にある家庭それ自身を経営することを以て教授内容とする家事科の文検問題としては，戦時体制下の色彩を帯びさせることが肝要である。而かもかくすることに依つて家事科問題も生きて来るのではあるまいか。[70]」との表明に代表されるように，文検「家事」が時局的色彩を帯びることが，出題問題の生活化・実際化の観点から評価されている。

小　括

　受験参考書などは，試験委員の教科書を熟読し，その上で井上秀の『最新家事提要』（1925年）などの試験委員の著書，そして各領域の専門書で深く学習しておくことを助言している。また「第一に暗記にのみ走らず，理解するまで考へよ[71]」との助言も多い。基本的には，高等女学校等の「家事」教科書を深く理

解し，実習でき，教授指導できる力量が文検「家事」で問われた。

その試験問題の出題傾向の変化を規定した要因として，次の3点を挙げることができる。

まず，家政学の発展である。例えば1910（明治43）年にビタミンB_1が発見されるなど，文検実施期間に家政学にかかわる科学の急速な前進がある。家事科教育はその最新の家政学の動向に常に敏感であらねばならなかった。家政学を試行錯誤の中でスタートさせた後閑菊野，海外留学を経て家政学の体系化に務めた大江スミや井上秀，家事を科学的に理論化しようとした近藤耕蔵など，家政学の科学化・体系化を目指す最先端の担い手は，同時に女子高等師範学校教員であり，家事科教育の発展にも責任を持つ人物であった。家政学と家事科教育を同時に前進させるメンバーが試験委員に加わることで，文検「家事」も刷新されていったといえる。[72] 文検受験参考書では，各種講習会での試験委員たちの講演や彼（女）達の雑誌論文が示すような，[73] 単行本には書かれていない最先端の知見や関心に基づく問題が文検試験に出題されることがあると指摘しているのは，この点に関わるものである。

第2に生活の変化を指摘できる。戦後に続く家庭機器・家電製品の開発，そして家事の社会化，また例えば母乳に代わる人工栄養としての牛乳の入手問題などの商品の流通システムの変化が，[74] 試験問題を変化させている。実際生活との結びつきの強い家事科の特性がここに表れているといえる。

第3は，家事科に対する社会からの要請である。家事科は実際生活と強く結びつくべきであるとされたことが，例えば戦時体制下での生活の激変を媒介にして，戦時色の強い試験問題への容易な変化を可能にしたといえる。

ところで，第3期に国家的観点が加わったと前述した。しかし，それはあくまでも家庭内役割を通しての国家への貢献という視点だけであった。女性が直接国家・社会に貢献するという意味での社会的活動への参加についての設問は，戦時下の第77回（1942～43年口述試験）に出題された「隣保協助の実を挙ぐる方法」が唯一であった。すなわち，文検「家事」は，家庭内での能力発揮の域を出なかったことが指摘できる。50年間の出題問題を通覧すると，乳児の哺乳上

の注意,幼児に対する説話の選び方,火傷の手当ての仕方,家計簿の記載の仕方,採光や衛生を考慮した家の間取り図の作成,調理における栄養への考慮など,家庭内の多方面の詳細な知識が要求されている。それらの知識を駆使して家庭をマネージメントする能力が求められていた。

換言すれば,生活の激変,科学の豊富な成果を根拠とした科学性・合理性の名の下に各家庭での流儀・伝統を否定し,新たな「家庭作り」に必要な知識を女子に与える役割,そして女子にとっての学校教育の集大成,すなわちあらゆる学科目で学習した事項を総合し,実生活に応用できる「良妻賢母」を養成する役割が「家事」という学科目にあり,それを教授する能力が文検「家事」において問われたといえる。

大元茂一郎は,「育児の問題は本試か予試か何れかに一問出るやうである。而して問題は哺育問題殊に人工哺育に集注せられて居る観がある。小児の訓育とか運動遊戯に関するものは教育学の領域に属し,分娩や婦人衛生のことは試験問題が産婆の問題の如くなる所から出題の範囲が勢ひ狭くなるのであらう。[75]」と述べている。しかし,師範学校よりも高等女学校の「教育科[76]」でとりわけ重視された「家庭教育」や「育児」に関する問題が,文検「教育科」において出題されることはなかった。[77]また同様に,修身において女子にのみ課されていた作法に関する問題は,管見の限りでは文検「修身」で出題されなかった。これらの家庭教育や育児,作法に関する問題は文検「家事」でのみ出題された。すなわち,文検では,これらの女子向け内容の部分に関する教科専門知識は女子用学科目である「家事」で問われ,他の学科目では男女共通の教育内容に限定した教科専門知識のみが問われたことになる。とすると高等女学校「教育科」や「修身」を実際に担当した教員は女子向け内容をいかに教えたかが問題となる。この問題に関する詳細な検討は今後の課題としたい。

注
1)『婦女新聞』第1057号,1920年8月22日の「内外雑報」の欄に,「中等教員試験に女子増加」との見出しで,文検における女性受験者の増加について指摘し,「殊に家事裁縫の二科に於て最も著しく…」と述べている記事がある。

2) 中等諸学校における選択科目の文検での扱われ方を検討するという側面からも，文検「手芸」を取り上げる価値があると思われる。しかし，文検「手芸」の試験委員には，岡山秀吉や阿部七五三吉などの文検「手工」と重複したメンバーが重要な役割を果たしており，文検「手工」を視野に入れながらの分析が必要であると推察される。改めて検討したい。
3) この文書からは，文検「家事」を受験できるのは女性のみであるかのように読み取れる。また1892年の「尋常師範学校教員免許規則」においても，「家事」は「女教員」の試験科目にしか提示されておらず，「男教員」のそれにはない。しかし表5-2に示す通り，「家事」「裁縫」ともに男性も受験している。この点に関する事情については，今後明らかにしたい。
4) 『文部省第十五年報』1887年，11～12頁。
5) 『官報』1891年9月14日付。
6) 『教育報知』第282号，1891年9月26日，14頁。
7) 『愛知教育会雑誌』第70号，1893年2月28日。
8) 『教育報知』第360号，1893年3月11日，22頁。
9) 『官報』1894年3月22日付。
10) 1891年12月勅令第243号「中学校令中改正」。
11) 『官報』1894年7月19日付。
12) 『官報』1896年6月12日付。
13) 『官報』1894年3月26日付。
14) 『官報』1895年7月11日付。
15) 『官報』1895年4月5日付。
16) 『官報』1897年7月9日付。
17) 『教育時論』第580号，1901年5月，34頁。
18) 1907年4月文部省令第13号「教員検定ニ関スル規程中改正」。
19) 1941年11月から『家事裁縫』，1945年1月から『家政教育』，さらに1948年2月から『家庭科教育』に改称される。
20) 文検の制度的な変遷については，寺﨑昌男・「文検」研究会編『「文検」の研究―文部省教員検定試験と戦前教育学』学文社，1997年，第1章「『文検』の制度と歴史」を参照のこと。
21) 「家事」「裁縫」の再編過程についての詳細は，佐々木享他「解説　家庭科教育の現代史と雑誌『家庭科教育』」『雑誌「家庭科教育」解説・総目次・索引』大空社，1994年1月，93～112頁を参照のこと。
22) 内田雅子「文検家事科受験記（一）」『内外教育評論』第9巻第8号，1915年8月，65～67頁。
23) 例えば，谷忠一『文部省検定家事科受験準備の指導』1929年4月，195頁。

24) 佐方鎮（談）「学力が不足」『内外教育評論』第3巻第2号，1909年2月，36頁。
25) 仁尾愷太郎「文検試験の現状」『国民教育』第5巻第2号，1914年2月，25頁。
26) 家事実習施設についての歴史的研究としては，野田満智子「わが国における家事実習施設の系譜（第1報）―源流としての伝統的家事実習施設」『日本家庭科教育学会誌』第30巻第3号，1987年12月，622～626頁，「同（第2報）―欧米留学者達による近代的家事実習施設導入への模索」第34巻第3号，1991年7月，425～429頁，「同（第3報）―近代的家事実習施設の普及」同第3号，12月，507～512頁がある。この論文には，宮川壽美の家事実習施設観に関する留学からの影響についても指摘されていて興味深い。
27) 前掲，内田「文検家事科受験記（一）」。〔ママ〕
28) 緒方はな「文検家事科受験記」『内外教育評論』第10巻第2号，1916年2月，142～143頁では，イロハ順ではなく，筆記試験開始前に抽選で順番が決められている。
29) 『内外教育評論』第9巻第12号，1915年12月，84頁に掲載されている文検「家事」の試験問題には，「筆記試験中に口述試問を受けたる者は三十分時間を延長す」と但書がある。
30) 一受験者「文検家事科受験記」『内外教育評論』第12巻第2号，1918年2月，59～61頁。
31) 田宮千代子「文検家事科受験記」『文検世界』第13巻第9号，1927年，52～56頁，石川すみ「家事科受験その日その日」『家事及裁縫』第2巻第2号，1928年2月を参照のこと。
32) 谷忠一「文検家事科受験記」『文検世界』第13巻第5号，1927年，70～72頁。
33) 岩武旦「農村に於ける家事科の使命」『家事及裁縫』第3巻第5号，1929年5月，69～72頁。
34) 文検「家事」の全試験問題は，寺﨑昌男他『「文検」諸学科目の試験問題とその分析―数学・英語・家事・公民・国民道徳要領・歴史―』（科学研究費補助金研究中間報告書）2001年3月，139～162頁に掲載した。
35) 井上えり子「中等学校家事科教員検定試験研究（第3報）―『文検家事』試験内容の分析（1）―」『鳥取大学教育地域科学部紀要（教育・人文科学）』第3巻第1号，2001年7月，65～92頁では，試験委員の交代を指標として時期区分している。
36) 野田満智子「那珂通世による家事教育創設の取り組み」『日本家庭科教育学会誌』第40巻第3号，1997年12月，9～15頁。
37) 常見育男「明治期家政教育の先覚　後閑菊野の人と業績と生涯」『家庭科学』第79集，1979年12月，48～61頁。
38) 後閑菊野・佐方鎮『家事教科書　上巻』1898年3月初版，同年10月第4版，『家事教科書　下巻』1898年8月初版，同年11月再版，どちらも1899年9月27日検定済にて確認。
39) 後閑菊野「家事学研究の順序」『内外教育評論』第3巻第5号，1909年5月，19～20頁。
40) 佐方鎮・後閑菊野『女子作法書』「心得之部」1898年9月初版，1903年1月11版，「実習之部」1898年初版，1902年7版，どちらも1899年10月9日検定済，「儀式之部」1906

年7月初版，1908年5月再版にて確認。
41）大江スミ『応用家事教科書　改訂版　下巻』1917年11月初版，1920年9月訂正4版，1918年1月30日検定済にて確認。
42）前掲，後閑「家事学研究の順序」。他には，①一般の家政学を一通り学び，その後各分科の研究へ，②理論を学んだら必ず実地を，③さまざまな場合での実地を，④生理学の知識を挙げている。
43）佐方鎮・後閑菊野『高等女学校用家事教科書　上巻』1911年12月初版，1917年1月訂正4版，1917年1月31日検定済。大江スミ『応用家事教科書　上巻』1917年11月初版，1918年1月訂正再版，1918年1月30日検定済。甫守ふみ『新定家事教科書　上の巻』1918年10月初版，1921年5月訂正12版，1919年1月17日検定済。
44）佐方鎮・後閑菊野『修訂三版　家事教科書　上巻』1898年3月初版，1908年2月修訂21版，1908年3月20日検定済。
45）甫守ふみ『新編家事教科書　上の巻』1911年12月初版，1918年1月訂正24版，1912年3月7日検定済。
46）前掲，内田「文検家事科受験記（一）」『内外教育評論』第9巻第8号，1915年8月，66頁。
47）前掲，大江『応用家事教科書　上巻』，甫守『新定家事教科書　上の巻』。
48）大江スミ『家事実習教科書』1910年7月初版，1915年1月訂正15版，1911年2月6日検定済にて確認。
49）師範学校の場合は，1910年の「師範学校教授要目」においても「家事」の実習としては「飲食物調理　救急法ノ演習」しか挙げられていない。
50）甫守ふみ『新編家事教科書　下の巻』1911年12月初版，1912年3月訂正3版，1912年3月7日検定済。甫守ふみ『新定家事教科書　下の巻』1918年10月初版，1923年5月訂正16版，1919年1月17日検定済。大江スミ『応用家事教科書　下巻』1917年11月初版，1920年9月訂正4版，1920年10月21日検定済。
51）『家計簿記法』1899年などであると推測される。
52）内田雅子「文検家事科受験記」『内外教育評論』第9巻第7号，1915年7月，51〜53頁。
53）翠光「文検家事科問題解答」『家事及裁縫』第2巻第7号，1928年7月，115〜118頁。
54）大元茂一郎「文検家事科本試験問題所感」『家事及裁縫』第4巻第1号，1930年1月，154〜156頁。なお，大元の経歴と文検受験指導の実際については，井上えり子「大元茂一郎研究―『文検家事』受験指導者の業績―」『鳥取大学教育地域科学部紀要（教育・人文科学）』第1巻第2号，1990年2月，57〜74頁に詳しい。
55）「割烹に致しましても…，立派な料理を数少くするよりも日常家庭の惣菜料理を成可く色々の種類に互つて課した方が宜しいのです。／高等女学校の教材がこの様であるとすれば，文検志願者の学ぶべき標準もこの観念を基礎とすればよろしい事になります。実際文検の実習の試験問題を見ましても，非常に特殊の名で呼ばれる専門的のものより

も，私共が平生見聞する材料が多い様であります。」大橋ふた葉「家事実習に就ての考察」『文検世界』第16巻第4号，1930年，47～49頁。
56）「（実地の）料理は私の感想では難しい料理よりも普通家庭で用ひられる平易なものを熟練しておくことが必要だらうと思ひます。」道喜美代「家事科・受験の準備及実験記」『文検世界』第19巻第11号，1933年，86頁。
57）谷忠一「文検家事科（最近五ヶ年間）試験問題の研究（11）」『文検世界』第16巻第8号，1930年，149～152頁。
58）前掲，佐方「学力が不足」。
59）高橋蝸牛女史「文検家事科受験記」『内外教育評論』第8巻第9号，1914年9月，58～60頁。
60）谷忠一「文検家事科（最近五ヶ年間）試験問題の研究（8）」『文検世界』第16巻第5号，1930年，179～180頁。
61）菊地スヱ「文検家事本試受験感想記」『家事裁縫』第16巻第4号，1942年4月，120～122頁。
62）馬瀬てい「文検家事　私の本試受験の回顧」『家事及裁縫』第7巻第12号，1933年，172～173頁。
63）ちなみに，近藤耕蔵は「家事科の地方化に就て」『家事及裁縫』1933年4月，6～10頁において，「近頃各教科の地方化と云う声が高くなつたにつけ，家事科は殊更に力強く其の地方化の必要が叫ばれて居るやうである」と指摘している。
64）福島四郎「文検家事科の問題」『婦女新聞』1911年12月1日付社説。『婦人界三十五年』1935年5月，266～267頁に採録，1984年2月に不二出版より復刻。
65）大元茂一郎「家事科予備試験問題即感」『家事及裁縫』第3巻第11号，1929年11月，96～100頁。
66）大元茂一郎「最近五ヶ年家事科問題の傾向に顧みて（上）―受験者の参考に供す」『家事及裁縫』第6巻第8号，1932年8月，178～184頁。
67）天岳生「文検家事科予試問題の感」『家事及裁縫』第4巻第12号，1930年11月，113～117頁。
68）谷忠一「文検家事科（最近五ヶ年間）試験問題の研究（12）」『文検世界』第16巻第11号，1930年，149～152頁。
69）千曲まさご「家事科の問題をみて」『家事及裁縫』第7巻第11号，1933年，174～175頁。
70）常見育男「文検家事科予試問題感想」『家事裁縫』第15巻第11号，1941年11月，110頁。
71）金田公平「試験検定受験者指導の体験を語る」『家事裁縫』第16巻第7号，1942年7月，124～125頁。
72）常見育男は『家政学成立史』光生館，1971年9月，1頁において，日本の家政学が「本格的な意味で誕生したのは，昭和20年以降である」こと，しかし「それ以前の，ながい期間にわたる発達の歴史的事実が存在すること」，そして「昭和20年までは，『学問とし

ての家政学』と『教育としての家政科』との区別の意味規定が厳格でなかった」ことに言及している。
73) 前掲, 緒方「文検家事科受験記」には,「夏季講習等に出席して大家の御説を伺ふが受験者には肝要の事と聞いて…」数年間通った体験を記している。
74) 家事教科書におけるこの点の変化については, 島村理美子他「家事教科書からみた人口栄養法の史料分析」(1)(2)『日本家庭科教育学会誌』第38巻第2号, 1995年8月, 71～85頁を参照のこと。
75) 大元茂一郎「最近五ヶ年家事科問題の傾向に顧みて (下)—受験者の参考に供す」『家事及裁縫』第6巻第9号, 1932年9月, 157～163頁。
76) 高等女学校の学科目「教育」に関しては, 伊藤めぐみ「賢母教育の一斑—高等女学校学科目教育科の歴史に関する一考察」佐々木享編『技術教育・職業教育の諸層』大空社, 1996年3月, 339～365頁を参照のこと。
77) 前掲『「文検」の研究』309～330頁収録の「教育科」試験問題 (1885～1941年) を参照のこと。

第6章 「公民」の試験問題とその分析

　1931（昭和6）年以降，中等諸学校に新設された公民科には，従来の法制及経済とは違った性格づけがなされていた。そのことはまず何よりも学科目の序列に現れ，それまで法制及経済は自然科学と技芸科との間に位置づけられていたが，公民科は修身に次ぐ第二番目の科目となったのである（中学校では修身と国語漢文との間，師範学校では修身と教育との間，高等女学校では修身と国語の間）。

第1節　学科目公民科と文検公民科

　学科目公民科は徳育的色彩を濃厚にして発足した。このことは中学校令施行規則改正の趣旨を説明する文部省訓令（1931年1月20日）に明白である。同訓令は，従来の法制及経済が概して専門的知識の教授に傾き実際生活に適切でなかったのでこれを廃止したと述べたあと，公民科では法制・経済・社会上の事項に関してその事実的説明をし「以テ道義ニ帰結セシムルヲ旨トス」と，道義に帰結させることこそが中心目的であることを明示している。さらにまた修身，国語，歴史，地理，実業等と連絡して教授の効果を高めるだけではなく「訓練ト相待チテ公民的徳操ノ涵養ニ力ムベキナリ」と，その徳育上の意義を強調するのである。この訓令はさらに，修身と公民科には「極メテ密接ナル関係」があるとし，修身担当の教員が公民科を担当することが望ましいと勧めていた。
　このように修身化された公民科であるので，その教授要目の注意事項（条件）は，①「理論ニ偏セズシテ実際ヲ主トシ」②「且道徳的情操ノ陶冶ニ力メ」とりわけ「修身トノ聯絡」に留意し，③高等女学校ではさらに「女子ノ母タリ妻タルノ地位，家庭ニ於ケル任務等」に留意することを求めた。したがって公民科の教師には，単に公民科的知識を教授できる能力が求められたのではなかっ

た。

ところで公民科の文検が実施されたのは，1933年度（文検第58回）から1943年度（第78回）までの11回である。1939年度の予備試験が6問だった唯一の例外を除き，予備・本試験とも問題数は各5問（4時間）で一貫し，その各5問の内容についても第1問が公民教育，第2問が公民倫理，第3問が公法，第4問が私法，第5問が経済学というように固定されていた（39年度予試のみ公法2問）。したがって第3問〜第5問は法制及経済と連続していた。

公民科出題委員は5名であったが，うち2名は法制及経済からの継続であったので（野村と気賀），委員の面でも法制及経済との連続性が見られた。5名の

表6-1　公民科関連略年表

年	文検公民科	学科目公民科
1924（大正13）		「実業補習学校公民科教授要綱」
1930（昭和5）		実業補習学校で公民科，必修となる。
1931（昭和6）		「師範学校規程」法制及経済廃止，公民科新設。男女とも本科第1部第4・5学年，第2部第1学年，ともに週2時間必修。公民科「教授要目」「中学校令施行規則」法制及経済廃止，公民科新設。第4・5学年週2時間必修。公民科「教授要目」
1932（昭和7）	「師範学校中学校高等女学校教員検定規程」法制及経済廃止，公民科新設	「高等女学校令」法制及経済廃止，公民科新設。第4・5学年週1時間必修。公民科「教授要目」
1933（昭和8）	第58回から公民科実施	
1935（昭和10）		「青年学校令」公布，修身及公民科新設
1937（昭和12）		師範学校・中学校・高等女学校の公民科など「教授要目」改訂。青年学校「修身及公民科教授要目」（二科にあらずして渾然たる一科なり）
1943（昭和18）	「中学校高等女学校教員検定規程」公民科廃止	「中学校規程」「高等女学校規程」から公民科消える。「師範学校規程」の公民科は国民科の「修身公民」となる。

うち1名が現職の政党（立憲政友会）代議士であり，2名が慶応と早稲田の私学教授（この点は教育科も同じ）であり続けた。このことは，他の文検科目では官立学校の教授がほとんどであったことと比べて異色であった（法制及経済の委員5名のうち2名もやはり慶応と早稲田の教授）。

問題数や出題形式にはほとんど変化はなかったので，この面からの時期区分はできない。しかし1937年に「教授要目」の大改訂があり，しかもそれと前後して3名の委員の交替があるので（表6-2），そのことで時期区分が自然に可能となる（表6-2参照）。

表6-2 公民科の出題委員

時期区分	第1期				第2期						
実施回	58	60	62	64	66	68	70	72	74	76	78
実施年（西暦）	33	34	35	36	37	38	39	40	41	42	43
木村正義（公民教育）政友会代議士	○	○	○	○	○	○	○	○	○	○	○
深作安文（公民倫理）東京帝大教授	○	○	○	○	○	○	○	○	○	○	○
野村淳治（公法）東京帝大教授	○△☆	○△☆	○△☆	○△☆	○☆	△☆	△☆			△	△
遊佐慶夫（私法）早大教授	○△	○△	○△	○△	○△	△	△	△	△		
気賀勘重(経済学)慶大教授	○△	○△	○△	○△							
高橋誠一郎（経済学）慶大教授					○	○△	○△	○△	○△	○	○
中野登美雄(公法)早大教授						○	○	○	○	○△☆	○△☆
我妻栄（私法）東京帝大教授				☆	☆	○☆	☆	☆	☆	☆	☆
穂積重遠（私法）東京帝大教授	△	△	△	△	△	△	○△	○△	○△	○△	○△

（注）△は高等試験行政科臨時委員 ☆は高等試験司法科臨時委員

第2節　第1期(1933年度～1937年度)──変わらぬ知識重視の実態

1) 公民科文検の重点

　既述の理由により公民科の文検は，単に受験者の公民科関連知識の有無のみではなく，①日常生活の中に教材を求め，実践上の問題に関係づける能力を有するか，②公民科各要目について常に修身や地理・歴史などとの関係を意識し，最後には道義に帰結させて道徳的情操の教育ができる能力を有しているか検定することを期待されていた。

　しかしこのような意識や能力を予備試験・本試験における筆記試験によって検定することは，もともと極めて困難なことであった。筆記試験でできることと言えば，せいぜい①に関係して日常生活に関係した事項について出題し，生徒が理解しやすい現実に即した解答を求めることである。この点に関しては各年度とも，日常生活に関連する設問があったと言えなくもないが，5問ともがそれで一貫していたわけではない。

　筆記試験で教授能力を試す一つの方法として，教案の作成が考えられた。実際，修身の試験では1885年度の初回からほぼ毎回，教案作成（ときに教授法）が出されているし，物理や化学でも頻繁に出題されていた。しかし公民科では，2期を通じてただの一度も教案作成の出題はなかった。教授法に関する出題と言えそうなものに,「公民科教授上の留意点」(34年度本試)「公民科の教材」(35年度本試)，第2期の「公民科教授の重点」(43年度本試)があったが，教授能力の検定が可能な設問とは思えない。

　つまり公民科文検になっても，その中心は知識に関する出題であった。受験生の感想でも，公民科の法律経済系の準備には文官高等試験並の知識が必要であると考えられていた。実際，公民科委員には高等試験委員との重なりがあり(表6-2)，公民科の問題で高文類似問題も多かった[2]。だからこそ公民科に合格したなら「高等試験への一試金石を通過」したのであるから「勉強の仕甲斐が

ある」と試験委員（遊佐慶夫）が言い[3]，公民科から高文へは順序であり難事ではないと，高等小学校教員の高文合格者が言えたのである[4]。それは法制及経済においても同じであった。ある私大専門部法科3年生（勤め人）は，高等試験司法科の「小手調べ」として法制及経済を受験し合格した。彼によれば，法制及経済での「就職は殆ど不可能」であった[5]。

しかし受験生の教授能力などについては，そもそも筆記試験で試すこと自体が困難なので，教授法についての試験を兼ねていた口述試験に委ねられていたのではないか。

受験生の口述体験記によると，試験委員によっては口述の材料が日常生活に求められそれなりの工夫が凝らされていた。とくに民法はその性質からして自然でもあり，例えば時計修理にまつわるトラブルとか，机の引出しのみ，一軒の家の一室のみ，牝牛の胎内の子牛のみの売却などに関する試問がなされている。

けれども教授能力そのものが検定されたとはおよそ言えないのが現実であった。英語科では，板書，英語での説明，聞き取りなど実技的能力が重視され，物理，化学でも試験委員を前にした模擬授業が行われていた。それならば，道義への帰結を高調して発足し，あれほど教授能力について細かな条件がつけられていた公民科の口述試問は，模擬授業など教授技術を試す試験で一貫していたかと言えば，全くそうではなかった。修身やその他学科目と関係づけたり，公民科の教材を道義に帰結させる口頭試問などは，ほとんどなされていない。ときに「生徒に話すように分かりやすく説明せよ」といった注文があったとしても，その口述試問に一貫しての注文でも，ましてや委員全員に共通した注文でもなかった。

もっとも第2問担当の深作委員は修身の出題委員でもあり，彼が公民科の国民道徳的側面をチェックする任務を背負っていた。したがって彼の口述では修身や国体に関連した質問がなされている。しかしそれもあくまで知識についての質問であり，受験生は期待される見解を回答すればそれでよかった。

問―正義を教授する場合の注意点は？
答―個人的に物事を考えず，共存共栄の立場から相互連帯観念を基調とすべき様，力説します。
問―そうかね，よろしい。[6)]

　公民科口頭試問で専ら細かく追求されたことは，やはり専門知識のことである。口述はずいぶんと「微細」にわたった。[7)]「それは占有権回収の訴えか，それとも占有権保全の訴えか，それとも何だね」と急いで問いつめる遊佐委員の態度は，「公民的」ではなくむしろ「法律的」であったという感想もあった。[8)]
　野村淳治委員から選挙区と投票区の相違，貧困者の「救助」と「扶助」の違いなどについて詳細な質問を受けた受験生は，その水準は公民科の程度以上であり，「行政法や民法等は条文を示さないだけ却て高等試験よりも苦しくはないか」経済原論も同様であると印象を記している。[9)]

2）出題問題と教授要目との関係

　公民科は強く修身色を帯びて発足しているので，その教授要目でも，天皇制家族国家的な，また八紘一宇の大精神へと導く対外進出的な色彩が濃厚となっているはずである。その視点から見ると，やはり神社・敬神崇祖，愛郷愛国，国体と政体，皇室と臣民，詔勅，国防と国民，拓殖と移住，海外発展，我が国の使命といった項目が新設されている。しかし他方では，社会改善（社会問題，社会政策，社会事業）という「項」や陪審という「目」（1923年陪審法により刑事裁判に陪審制導入）も新設され，時宜にかなった改訂もなされていた。
　けれども文検公民科についてみると，第1期全5回予備・本試験各5問，計50問の出題問題自体には，法制及経済時代と比べてそう大きな変動は認められない。公民科教授要目の範囲外と判断される，従来の法制及経済的な出題も相変わらず多かった（全問題については資料編を参照）。
　したがってある合格者の筆記試験感想が言うように，従来の法制及経済とほとんど同様で，とりわけ法律・経済は「寸分違はぬ形」で出題され，よほど「修

身科の匂ひ」が濃いかと思われたがそうではなかったのである[10]。文検修身で出題されたのと類似した問題も公民科には多かったのであるが，その場合「修身的」でないもののほうが多かった[11]。

けれども法制及経済との相違点もいくつか見られる。「国家と宗教,神社」(34年度本試),「神道」(36年度本試),「日本精神」(37年度本試)の3問は，法制及経済ではありえなかった公民科ならではのものであり，それらは神道を国家の基本方針の一つとして採用していた戦前日本において重要な出題であった。しかし数は少ない。

広い意味では神社は宗教であったが，1900年4月，内務省の社寺局が神社局と宗教局とに分割され，国家行政のうえでは神社は宗教から区別されることとなった。さらに1913年6月，宗教局のみ文部省に移管され，両者の分離はいっそう徹底された。こうして国家神道の採用と，政治と宗教，教育と宗教の分離原則との間の整合性を保とうとしたのである。そして神社崇拝とは，祖先崇拝という道徳的習俗であり，その精神は祖先の恩恵に対する感謝の念（報本反始）であり，宗教的行為ではないとされた。したがって模範解答も，「帝国憲法上の信教の自由を楯に神社の参拝や祭祀の執行を拒否する事は絶対に出来ない」となっている[12]。

法制及経済との第2の相違点は，公民科になってから「法律行為」について直接問う設問がなくなったことである。意思表示をその不可欠の要素として法律上の権利義務の変動の根拠となる法律行為という概念は，一人の公民となるために極めて重要な知識となるはずであった。教授要目には特に「法律行為」はなかったけれども，文検・法制及経済ではしばしば出題されていた[13]。

公民科になって姿を消した設問がまだある。それは社会問題に関連するものである。法制及経済の場合，1925年度以降からは予備・本試験とも5問となったが，増えた1問には，社会問題・社会政策・時事問題的な内容のものが多かったのである[14]。

ところが公民科文検では,この種の出題がなくなった。公民科教授要目は「法制上経済上」の事項と「社会上ノ事項」とに大別されている。言うまでもなく,

この「社会上ノ事項」が加わった点が，法制及経済との違いであった。そして「社会改善」(社会問題，社会政策，社会事業) はこの「社会上の事項」に含まれていた。けれどもこの事項こそが「共産主義を宣伝する好個の題目であり左傾思想に利用される余地がある」(傍点原文) との批判が早くからあった。ある商業学校教諭も，公民科「社会問題」は独立の項目にするのではなく他の項目中に「分散」して指導すべきであると主張していた。

3) 教授要目とのアンバランス

さらに新設公民科の文検の特徴としてあげることができるのは，法制及経済では決して見られなかった，また他の学科目の文検でもあまり見られない種類の設問，つまり当該学科目の存在意義に直結する設問が毎回の予備・本試験で出題され続けたことである。公民科の目的 (33年度予試)，公民教育の必要 (34年度予試)，公民科訓練 (36年度予試)，公民教育の沿革 (37年度予試)，公民精神とは (37年度本試) などである。

独立した学科目としての公民科には最初から疑義もあっただけに，公民科の存在意義をことさらに強調する必要があったからであろう。公民科最初の本試験第1問が「公民科ト修身科トノ関係ヲ問フ」であるのは象徴的である。

公民科 (ないし公民) のアイデンティティに関する設問が多かったのは，出題委員とも大いに関係がある。毎回の予・本試験の第1問で公民科関連の出題をしていたのは，公民科の生みの親と言われた木村正義である。彼の出題領域は限定されており，したがってそうした出題しかできなかったのである。ある受験生は，公民教育関係の問題は次第に「出題する材料がつきてくる所ではないか」と疑問を呈していた。

受験準備には一般に，公民科教授要目と中等学校教科書中心に行うことが勧められていた。しかし実際には，毎回各5問の出題領域が固定されていたので，教授要目との間で大きな不均衡が生じていたのである。公民科教授要目の計30項 (第4・5学年，各15項) を，文検の5問題の領域に当てはめると表6-3のようになる。

表6-3 文検公民科出題領域と公民科教授要目

	1931年度　中学校公民科教授要目の「項」
公民教育	
公民倫理	人ト社会，職業，神社，（国家），（国法），世界ト日本
公法	教育，宗教，公安，地方自治，市町村，府県，農村ト都市，（国家），皇室ト臣民，立憲政治，帝国議会，国務大臣・枢密顧問，行政官庁，（国法），裁判所，国防，国交，人口ト国土，（社会改善）
私法	我ガ家，（産業）
経済学	一家ノ生計，（産業），貨幣及金融，交通，財政，我ガ国ノ産業，（社会改善）

（注）（　）は，2領域に関係する「項」

　第1問の公民教育は，公民科教員の資格検定試験内容としては妥当であるが，教授要目との関連でいえば該当する項がまったくなかった。また第4問(私法)に関係する教授要目の項も少なく，実際の出題では商法はなく民法に限られていたので，その関係では1項目（我ガ家）しかなかった。にもかかわらず，第1問と第4問はそれぞれ平等に5分の1の重みをもっていたことになるのである。とりわけ民法の範囲は広く，それゆえ教授要目以外からの出題も多くならざるをえなかったので，受験生からは公民科の「鬼門」は私法であり，少なくとも民法総則から物権債権親族相続まで1146条を3回は読んでおかないと受験すらできないと怖れられることとなった。

　逆に第3問の公法の守備範囲は非常に広かったけれども5分の1の重みしかなく，したがって教授要目に存在しても出題されない事項が多くなっても無理はなかった。修身化された公民科という意味では，第2問の公民倫理が重要な意義を担っていた。けれども同様に5分の1の重みしかもちえなかった。

　教授要目に存在しても出題されなかった「項」には，一家ノ生計，公安，地方自治，府県，農村ト都市，産業，交通，立憲政治，行政官庁，裁判所，国防，財政，人口ト国土，社会改善がある。我ガ家からは「相続」のみ，教育からは「新聞」のみしか出題されなかったので，この2項を含めると，30項中の16項となる。修身に接近した公民科という性格からすれば，「教育」「皇室ト臣民」「国防」「人口ト国土」からの出題がないのは不思議でもあるが，それも出題委

員の専門・関心と関係があると思われる。なお出題問題数と教授要目とのアンバランスについては，文検修身においても指摘できた。[20]

4）委員の学説と設問

受験準備に必要な参考書としてはやはり，木村『公民教育』，深作『公民倫理概論』，遊佐『民法大要』など，試験委員の著作が推奨され，「文検には委員以外の人の著書は却って邪魔になる」とまで断言する受験者もいた。[21]このことは第2期の合格者アンケートにおいても同じであり，使用参考書の「圧倒的」多数は委員の著書であった。[22]

ところで有力な参考書や出題委員の学説が国家によって否定されれば，受験生はどう対応すればいいのか。彼らを大いに悩ました大事件が，1935年1月から表面化した天皇機関説問題である。機関説論者と目されていた野村淳治は，出題委員の一人であった。国体と相容れないこのような説は公民科から「排斥」すべきであるとの学者の主張を雑誌で読めば，[23]受験生が困惑したのももっともなことであった。

ある受験指導者は「何は兎もあれ天皇主体説を中心としたものを撰択することが絶対条件」であるとして，これまでの美濃部憲法書ではなく，清水澄や佐藤丑次郎の書を推薦し始め，[24]合格者も，憲法は難解な法理を詳しく解説している美濃部の著書が最も良いが「公民科の性質上（学説としては兎も角）上杉博士の所論をとるべきではなかろうか」（カッコ内は原文）とアドヴァイスした。[25]別の合格者も，佐藤と清水の著書も読んで「美濃部博士の学説の〔公民教育上〕不穏な箇所を訂正する事に務めた」という。[26]

しかし別の指導者によれば，「委員は自己の説に迎合するか否かを見るのではなく，其の問題を通じて受験者の頭の働きを見ようとするのである」から，自己の知識体系に矛盾を来さない限りいずれの説を採用しても差し支えなかった。[27]そして事件後も，美濃部や野村の著書を参考書にあげる受験生は何人もいた。

現実の試験はどうだったのだろうか。天皇機関説に関する筆記試験の出題は

予備・本試験を通じて一度もなかった。天皇や皇族、皇室典範に直接関係する事柄も、教授要目に含まれているにもかかわらず、試験問題にはなっていない。けれども口述試験で天皇機関説に関する質問をした委員がいる。ただしそれは野村淳治ではなく、公民倫理の深作安文であった。深作の試問はいつも穏やか丁寧、かつ親切で受験生から好評であった。

問─天皇機関説とはどんな学説ですか？ もちろん教場で教える必要はありませんが、質問された時は答えなければなりませんから。
問─どうしてそんな学説が生じたのでしょうかね。こんなにハッキリしているのに。
答─（天皇機関説の要点をのべ始めると）
問─国家法人説からですね（と教えられた[28])。
問─国家法人説はよいか悪いかどちらでしょう？
答─法律上よりこれをみれば別に悪いと思いませんが。
問─それでは天皇は国家か機関かどちらでしょう？
答─（委員の要求点が判明したので）国家学上法人説を唱へるときは天皇を機関だと説明することになり、我国体の説明には具合が悪い、と答える。
問─具合が悪い。そうだね。──満足さうに[29]──

これらの問答から、受験者自身がほんとうに公民科授業を道義に帰結させる能力を有するかどうかの判定は可能だったであろうか。委員の期待する解答を準備することは当然の受験技術であり、ケルシェンシュタイナーについて質問した深作に関してもある受験生は、「国家意識への教育を強調すれば御満足の様子」と記していた[30]。

1937年度予試第3問は「貴族院の構成及権限を論ず」であった。出題者は野村淳治と考えられるが、これもまた極めて微妙な設問であった。と言うのは野村は、公侯爵の世襲制改廃、伯子男爵議員互選法の改革と停年制実施、多額納税議員の廃止、職能代表公選議員制の新設、貴族院の議決なしに貴族院改革が

できない貴族院令第13条の改訂などを含む，過激な「貴族院改造問題－華族議員及勅選議員の激減と公選議員の設置」を発表していたからである（『法学協会五十周年記念論文集』1933年，所収）。したがって現行制度のみを説明し，改革問題に何ら触れない答案指導もあったが[31]，別の評者は，設問に「論ず」とある以上は決まり切った解答ではだめで，この問題に触れなければ「仏作って魂入れず」になる憂いが多分にあると論じている[32]。

野村委員は口述では特に貴族院改革問題には触れなかったようだ。閣令事項の内容，補弼事項以外の閣議審議事項，行政処分と訓令・指示との差異などを訊かれた受験生は何も「解答し得なかった[33]」。しかし結果的には合格であった。

公民科には他にも解答しにくい出題が多く，「公民と政治道徳との関係」（35年度予試）などもその一つである。ある模範解答は，勝たんがための不当・不道徳な選挙が毎回行われ，さらに「真に全国民の輿望」を担って善政を実行した「立憲的内閣も比較的僅少」であると述べている[34]。第1期においてはまだこのような模範が許容されていた。

以上，公民科設置趣旨からすれば，文検ではもっと「道義」に関係した出題がなされ，口述試験でも徳育能力の検定がなされねばならなかったにもかかわらず現実にはそうはなっておらず，法制及経済時代と同様，文部省の期待に反して専門知識に重点が置かれた試験となっていたことがわかる。

第3節　第2期（1938年度〜1943年度）──「聖戦」の根拠づけ

1）学科目公民科の変容

第2期は既述のように，1937年3月における公民科教授要目の改訂から始まる。それは，天皇機関説問題を契機として国家的に展開された国体明徴運動・政策の一環としてであり，このとき同時に，修身，国語漢文，歴史，地理の教授要目も改訂された。

事例を日常生活に求め，しかも「道義ニ帰結セシムル」ことが求められて新

設された公民科であったはずであるが，この頃になるとそれでもなお自由主義的で個人主義的傾向が強いとか，法制及経済に対すると同様の批判にさらされるようになった。

新「教授要目」の公民科前書きでは，それまでの「立憲自治ノ国民トシテ必要ナル教養」を与えるという公民科の目的（1931年1月20日訓令「中学校令施行規則改正の趣旨」）が，「日本臣民タルノ信念ト憲政治下ノ国民タルノ資質トヲ養成スル」ことに改められた。うち「自治」という言葉を消した理由は，「西洋流の市民教育に陥る危険を避けた」ためであるという。日本の立憲政治は決して「自治」ではなく天皇統治に基づく政治の近代的形式であり，我等にとっては「大政翼賛」であるからであった。

文部省の教授要目解説（1937年5月。同月『国体の本義』刊行）によれば，今回の要目は「国体明徴の指導精神に従ひ，只管聖訓に基いて国民道徳の陶冶を与へることに努めた」のであり，その理由は，公民科教育の「実情」が「我が国体の本義に基くべきものなることの認識が十分ではなかつた」との反省によるものであった。

そして，それまで「立憲政治」（項）に含まれていた「臣民ノ権利義務」（目）は，「立憲政治」が「国憲ト国法」（項）の「目」に落とされるに伴って，「我ガ国体」（項）の「臣民ノ本分」（目）となり，「臣民ノ権利」は意識的に削除されてしまった。またそれまで「地方自治」（項）の中に含まれていた「我が郷土」（目）が，新要目では「項」に格上げされてその中に「地方自治」（目）が包含されるように地位の逆転が生まれ，「社会改善」（項）も「国民生活」という新設「項」の一つの「目」に格下げされた。

教授要目改訂の背後には，既述のように天皇機関説問題があった。改訂作業当事者の樋田豊太郎（文部省図書監修官）は，公民科教科書からの「極悪の思想」である機関説の「残滓」の徹底的「掃除」を叫んでいる。旧教授要目下においても山崎犀二（文部省普通学務局庶務課長）が文部省検定済みの公民科教科書についての詳細な批判，つまり〈身内批判〉を展開していたが，そこで批判されているのは主として事実関係であり，国体という視点からの批判はそれほど多

くなかった。[39]

なお公民科には以前と同様に細かな注意事項がつけられ、その実践をいっそう困難なものとした。「事例ヲ成ルベク日常生活」に求めることはともかく、「単ニ知識ノ伝達ニ止マラズ常ニ之ヲ道義ニ帰結セシメ以テ公民的徳操ノ陶冶」に努め、教室内での授業のみではなく学校生活全般にわたって適切な「公民的訓練」を施さなければならなかった。[40]

その上さらに公民科は修身・国語漢文・歴史・地理・実業等との連絡を密にしなければならない。これほど細かく他の学科目との連絡を強調された学科目は他にはない。[41] それは実際問題としてはほとんど実現不可能な注文であり、公民科は法令に忠実であろうとすればするほど身動きがとれなくなった。

２）設問の時局化

公民科文検第２期最初の予備試験（1938年度）は、法制及経済時代からの頻出問題である第４問「家督相続」を除いて非常時局を反映していると、かなり強い衝撃を公民科受験界に与え、1940年には「近年問題が実際的道義的になり更に新思想の研究が必要」になったとの感想が抱かれるようになった。[42]

野村委員に代わって（高文試験委員は継続）、[43] 天皇主権説の中野登美雄委員が登場したのが第２期である。この交替は、今後ますます公民科検定が「教学刷新の一翼」を担って走ることを約束するものだと判断された。[44] 当然、中野委員の学説について、ハンス・ケルゼン派で、国家形態の理想は君主政体であるので「注意」が必要であるとか、[45]「（帝国憲法の特質は）君主が憲法上単独に為し能はざる法律上の行為を最小限度に止めんとするものである」（『法律綱要（公法編）』）というほどはっきりした君主主義であり、美濃部博士とは対蹠的な立場であるとか、[46] その研究の必要性が説かれた。

1938年度から43年度までの予・本試験問題６回分は全55問となる（43年度は、中等学校での公民科廃止決定により本試験のみ実施）。それらについてまず明確に言えることは、国体明徴につながる「天皇制」「国民道徳」「国家神道」関係の時局的設問が以下のように多数なされていることである（全55問中15問）。[47]

国民精神総動員（38年度予試），時勢の進運と国民道徳（38年度本試），非常大権（38年度本試験），支那事変（39年度予試），皇道精神（39年度本試），支那事変（40年度予試），外来文化と家族制度（40年度本試），祭祀の国民道徳上の意義（41年度予試），日本民族の独創性（41年度本試），大東亜建設（42年度予試），国民道徳の普遍性（42年度予試），戦時と公民教育（42年度本試），神道の倫理（42年度本試），日本精神（43年度本試），統帥大権（43年度本試）

　この15問中9問は各回予・本試験の第2問であり，修身的公民科のお目付役・深作委員の出題と推測される。「祭祀の国民道徳上の意義」は，神祇に関する独立中央官庁・神祇院の設置（1940年）にまつわる時事問題でもあった。皇道精神など，「一体誰が学問的に唱へ出した述語」なのかと受験生の頭を悩ませたが，しかし要は「解答者の信念と見解の問題」であり，いろいろ論ずるよりも「簡明な本質的定義を下すだけで充分」と居直ることができた[48]。けれども「国民道徳の普遍性」などになると，もともと矛盾した設問なので極めて解答しにくく，受験指導者たちも悩まざるをえなかった。

　　平良―国際道徳と国民道徳を対立させる考え方は少し古い。区別の必要がない。
　　受験生―私は，忠孝は人道でもあるとして「特殊即普遍」で立証につとめた。
　　島―具体的道徳が世界的道徳になることを論証するのは難しいことだ。
　　平良―こんな問題は分析的にではなく，八紘一宇の大義からはじめたほうがいい[49]。

　それでも白を黒と言いくるめることは難しく，模範答案でも論理的矛盾をなくすことはできなかった。ある答案は，普遍性については「人類共通の事実」と解説しながら，その直後に，国民道徳は国民共通の道であるので「我が国民道徳は普遍性を持っている」などと書いている[50]。因果関係を逆転させて牽強付会する解答例もある。教育勅語の「之ヲ古今ニ通シテ謬ラス之ヲ中外ニ施シテ悖ラス」という言葉こそ「国民道徳の普遍性を論断して余地なき御昭示」であ

り，その例証は，「大東亜」戦下占領地域や他邦にまで皇祖・天神などをまつる神社が続々と建設され，他民族の崇敬の中心となりつつある「事実」であると[51]。そして「支那事変」は，東亜民族解放のための「聖戦」であり，「神武天皇の八紘一宇の大精神の顕現」であった[52]。

こうして第2期において公民科は，「聖戦」の根拠づけを行う重要な科目となっていき，公民科の時局的修身化もいっそう進んだ（表6-4参照）。

表6-4 第2期公民科と修身の類似問題例

公民科	修身
38年度本試「時勢の進運と国民道徳との関係」	40年度本試「国民精神と国民道徳との関連」
39年度本試「皇道精神」	40年度本試「皇道」 41年度予試「皇国の道」
41年度予試「祭祀の国民道徳上の意義」	41年度本試「祭祀の国民道徳上の意義」
42年度予試「大東亜建設と公民教育との関係」	42年度予試「東亜新秩序の指導者としての皇国民の錬成」
42年度予試「国民道徳の普遍性」	43年度予試「戦争と国民道徳との関係」
42年度予試「領土権，領土」	41年度本試「国土についての教案」
42年度本試「戦時に於て留意すべき公民教育の重点」	43年度予試「戦争と国民道徳との関係」
42年度本試「神道の倫理」	34年度予試「神道と国民道徳の関係」

3）木村委員の不機嫌

第2期には，立憲自治ということを強調した公民科発足時の「公民」の意味内容は，大きな変質をとげざるをえなくなっていた。

木村委員が1919年5月に文部省入りしたとき，大臣・次官・局長とも何の憚りもなく話ができて「デモクラチックな空気」が省内に満ち満ち，内務省とは全く違っていたという[53]。そういう雰囲気の中で彼は，婦人参政権も認められ国民の政治参与に差などがない「純然たる普通選挙に依る真の国民全体の政治」が実現されることを切望し，また人民が「被治者たると同時に治者としての地位を獲得した」[54]ことに対応して必要になった公民教育という立場から，公民科[55]

の旧教授要目を作成した中心的功労者であった。

　だからこそ第１期での口述試問「公民教育上最も大切なことは何か」という問いに対し,ある受験生が「国体観念を明確にし堅実なる思想を涵養すること」と答えたとき,木村は「そんなことは修身科でもよい。それは判断力の養成だ」と怒ったのである[56]。それだけに,公民科をめぐる状況の変化は木村の心中を不穏にしたはずである。

　教授要目が改訂された1937年の口述試験の直前,受験者たちは,旧要目の生みの親が旧要目を出題するのも非常識であるし,新要目について批判的に質問するのもおかしいので質問はないであろうと予想をたてていた。予想は的中した。その代わり「公民教育をして,どうすると云ふのか」などと質問され,願書を無言で目の前につきつけられた。「からかっているのか,それとも自然なのか[57]」。

　おまけに木村は１時間に30人ほどを片づけ[58],地方官会議があるとかで帰ってしまったのである。各受験生は２分間ほどで退場を命じられ「皆青くなって」いた[59]。

　ある公民科受験生の嘆き。「肉を削り血をすゝるやうな受験生活」の中で,口述において大先生に接することが「独学文検学徒の最大唯一の慰安」であるのに,「それが,にがい苦しい思出の一つにならうとは[60]」。

　翌1938年度の木村の口述試問は,どの受験者に対しても「女子の公民教育」に関する１問のみであり,そしてやはり不機嫌であった[61]。

問―女子に特に公民教育が必要な理由は？
答―児童に家庭教育を施すから。
問―その他には？
答―今まで等閑に付されてきたから。
問―そんなことは理由じゃないよ。その他に？
答―（全く窮す）
問―よし……。もうよし。[62]

巨漢の木村が矢継ぎ早に質問すると誰にも一種の威圧感を与えた。しかしそれも好意的に解釈すると、「自分の創設した公民科を……十分にやり通せるかを追求される親心」からであった。[63]

第2期の設問にも「立憲主義」(39年度予試)「公共団体」(同本試)「議会の権限」(同本試)「自治行政」(41年度本試)などが出題されている。教授要目の「目」としては「郷土ト地方自治」「地方自治ノ精神」とか「立憲政治」が残されていたから当然のことではあった。「自治」に関連する設問は法制及経済時代から多かったが[64]、しかし第2期においては「自治」自体が時局化し、もはや自治的公民とか国民の政治参加などを強調して解答することは許されなくなっていた。

例えば「自治行政の観念」(41年度本試)についてある文検指導者は、天皇統治が原則であるが「愛民の大御心」によって地方自治が認められたとした。[65]しかし受験生たちのほうは、結論を「臣民翼賛体制である」とした「皇道至上主義」で論じたとか、中野委員ということを考えて「大政翼賛型」で書いたというように、出題意図を忖度しより巧妙に解答している。[66]公民教育推進者の一人である長倉矯介(広島高師教授)が、私の公民教育論とは「天皇を知ること」であり、一貫して語られるのは「翼賛」の語であるなどとするのであるから[67]、それは仕方のないことであった。

「一体聖戦とは何ですか？」という木村の口述試問には[68]、自分でも正解の分からない質問をしてイライラしている様子がうかがわれ、太平洋戦争突入後には、さらに諦めの境地に入る。

問—大東亜戦争で滅私奉公の精神が現れていることは？
答—最近では加藤建夫部隊長[69]、さかのぼっては肉弾三勇士。

肉弾三勇士の話は上海事変(1932年)の際のもので、質問に対応するものではなかった。しかし木村は採点表に「よろし」と書いていたそうで、受験生は「実に簡単なもの」と感想を記している。[70]

木村のそういった試問態度に違和感を抱いた受験生は，公民教育関係の設問では「試験委員の説と新要目の精神の間に何か喰違があるやうな気がしてどうも書きにくくて困ります」との感想を洩らした。それに対し島為男は「以前からその感はしたが，公民科が廃止と決定……されるとなると，いよいよその感が深い」と応えている。[71]

　実は木村の不機嫌さの裏には，もう一つ別の理由があった。それは，自分自身が所属している政友会の内紛のことである。[72] 木村は革新派のリーダーの一人であった。

　そもそも現職の政党代議士が国家試験の出題委員になるなどということは現在ではおよそ考えられず，文検においてもまったく異例のことであった。しかも1939年度本試第1問は「公民教育と政党の改革」だったのである。それで，革新派の闘将としての木村委員のことを考えると「一寸気持の悪い問題」であるとか，[73]「一寸難かしい」とか思われた。[74] そして口述試問では多くの受験生が「政友会の分裂問題は時局より見てどうか。総親和との関係は？」などとこの問題をもろに突きつけられ，革新派に不利な主張をしたものは「相当ドナラレた」という。[75]

　ある受験生の場合，「政友会の内紛を生徒にどう教えるか」の一問のみであった。[76] それは教授法に関する質問といえば確かにそうであるが，これほど答えにくい質問もない。「総親和総努力」とは，平沼騏一郎新首相が挙国一致を呼びかけ「国民に贈りたい」としたスローガンである。[77] 木村は受験生たちに，「分裂している場合ではない」と一方の当事者を前に政友会批判をさせようとしたのだろうか。次の記録を見てみると，実は「分裂することが正しく総親和などできないことだ」と平沼批判をさせたかったようである。

　問―総親和ということは一体出来るか。
　答―非常時日本においてしなければならぬと思います。
　問―いや，する，しないを訊いているのではない。出来るか出来ないかを訊くのだ。

答――出来ます。
問――そんなら〔理論的実際的に相当の根拠がある意見が両立し〕しかも意見不一致のとき、総親和になるか。
答――両立するのでは総親和にはなりません。
問――そんなら君のは総親和「出来ます」ではないじゃないか。[78]

たしかに政党人としては総親和などに賛成すべきではなかった。しかし政友会自身が、天皇機関説を排撃し、日中戦争を積極支持し、そして国家総動員法にも賛成して議会政党としての自殺的行為を繰り返していたのである。木村のいらだちのとばっちりを受けざるをえなかった受験生たちこそ、いい迷惑であった。

4）時事問題としての「法経」

しかし第2期になって文検出題問題のすべてが時局化（国体明徴化・聖戦化）されたかと言えば決してそうではない。出題領域が決まっていたので第3問から第5問については法制及経済時代の既出問題類似の設問が多く、ある合格者が、受験者は旧法制及経済の問題を「全部手にかけて処理して置くことが如何に大切であるか明瞭」であるとアドヴァイスできたゆえんであった。[79]

ただ事例を日常生活に求めるという公民科の性質上、時事問題（時局問題と明確に区別することは困難であるが）が絡む問題が多く、場合によっては、問題自体は直接時事的でなくても時事的立場で解答を考える必要があった。例えば「公民教育と政党の改革」（39年度本試）は既述のように政友会の内紛と関係していた。「契約自由の原則」（38年度本試）「自由競争の利害」（39年度本試）は戦時下における統制経済の強化と、「統帥権の独立と軍人の政治関与禁止」（39年度予試）は、二・二六事件や、軍部が議会制度改革案を作成し議会で問題となった件（ともに1936年）と関連していたと考えられる。

さらに「無任所大臣」（39年度予試）は、平沼内閣が軍部の要求で枢密院議長の近衛前首相を無任所大臣に据えた問題（39年1月）の直後であり、「労働の移

動性」(42年度本試) も，労働力を職種や地域の垣根を超越して有効利用する戦時労働政策という点から，まさしく時事問題と言えた。

5) 国民道徳的情操の教育能力

公民科教員に必要とされる能力，つまり教材を実際生活に結びつけ，かつ道義化する能力の検定という点で，第2期になれば文検は有効に機能しただろうか。

第1期同様，予・本試（筆記）を通じて教案作成は一度も出題されず，教授法に関する出題もなかった。口述試験では，委員によっては教え方に関連する質問がなされた。

> 深作―（自由とは何か）ここに生徒がいるとして，その生徒に説明する積もりで砕いて説明して下さい。[80]

生徒に理解しやすいように説明することは重要な教授能力である。けれども，この要求にしてもすべての公民科委員によってなされたわけではなく，試問中ずっと一貫したわけでもなかった。

深作安文は教え方にこだわった委員の一人であり，「中等学校の生徒にわかるやうに云ひなさい」と2度も注意された受験生もいる。[81] 彼は第2期になっても「温厚な君子型」で，口述も「親切丁寧」試験されているという気がしないと好評判に変わりはなかった。[82] しかしその彼の発問自体が曖昧で，教授法のモデルとならない場合もあった。

> 問―神器と神道の関係は？
> 答―神器は神道の象徴です。
> 問―もっと中学生にも判るやうに。教授法とも関係がありますが。
> 答―御鏡は君徳の表徴，御剣は国体擁護の力，とか当てずっぽうに答えかけると，

問――一寸的を外れていますね。神器は神として祭られていると言へばよろしい。[83]

　日常生活と関連づけた口述試問に比較的努力したのは、第1期と同じく、それがしやすかった民法の委員であった。わずか1年限りに終わった我妻委員は、改正親族法案との関係で内縁の妻の地位・不利な点などについて「座談的に」指導した。[84] ただ現実問題であったかも知れないが、中等学校生たちには教えにくい内容であった。しかも改訂教授要目の「我ガ家」の項からは「親族・婚姻」の目は削除されていた。
　穂積委員もまた、貸した時計が売却された場合と盗まれた時計が売却された場合の違いとか、[85] 軍艦が商船に衝突して沈没させた場合と鉄道が人を轢殺した場合の違いなど、[86] 生徒の興味を引きそうな試問をしている。
　公法関係でも立憲政治、議員の選挙、刑事訴訟などからの実際的試問はいくらでも可能であったはずである。しかし「大臣の事務管理」「事務管理と代理の違い」「帷幄上奏」「上奏事項の違い」といった中野委員（公法）の質問は、中等学校生たちの日常生活と結びつけることに無理があった。
　そして公法、私法、経済学の委員たちが、その口述試問事項をわざわざ道義に関係づけさせるようなことも、第1期と同じく、まったくなかった。口述試験で主として試されたのは、やはり、たとえ教授要目の範囲を超えてでも、どれだけ詳細に専門事項を理解しているかであった。家督相続における限定承認と単純承認など、[87] 中等学校生に不可欠な知識や道徳とは言い難く、統帥権の問題なども、公民科の問題として、ましてや予備試験問題として程度が高すぎ、普通の憲法書で詳しく論じられていない事項であった。
　以上を要するに公民科文検は、公民科設置趣旨に沿って公民科を道義化しうる教授能力を検定するための資格試験という点では、第2期においても期待通りの機能は果たしていなかったと言える。

小 括

　第2期に入って公民科の国体明徴化が強調されればされるほど,公民科の存在意義は薄れていかざるをえなかった。公民科の前身である法制及経済は,一人前の公民として必要とされる法律・経済の「知識」を与えることを任務として新設された。しかしそれが,全国中学校長会議や高等教育会議の新設反対の意向を無視してかなり強引であったために,反対論を抑える目的で修身その他の学科目との連携など余計な条件がつけられ,法令通りに実践することが困難な学科目となってしまった。

　公民科は法制及経済の実態を批判し,自らの道義化・修身化を宣言することによって再出発したのであるが,そのために当初から,修身と公民科の統合問題がくすぶり続けてきた。雑誌『理想』の主幹は詰問する。合科教育の主張が一方でありながら旧態依然を墨守するのは修身と公民科で,すでに双方とも「大いに全体主義の色調が加味」されたにもかかわらず「双頭の怪蛇」として「教育過程(ママ)」のなかを「徘徊」している。両者を統一しなかったものが公民教育を歪曲することになった。それは誰か！と。それは,独立した公民科の新設に尽力し文検公民科委員であり続けた木村正義のことだったのだろうか。

　公民科は,道義的立場から諸科目を統合する首位的学科目となった。しかしそのためにその性格・任務は曖昧になり,しかも種々の足枷がはめられた結果,法令通りの実践が極めてしにくい学科目となってしまった。ということは,そういう性格の学科目を担当できる能力の検定ということも,日ごろ中等教育とは縁遠い学者や政治家の委員にとっても困難であったということになる。

　教材を道義化させる能力の有無の検定をしようとすれば,自分自身にもその能力が必要となる。公民科を修身や国語漢文,地理・歴史と関連づけさせる能力を調べるためには,委員の一人一人が中等学校の教授要目に通じていなければならない。また時局的設問は,国体明徴の立場からという出題意図を推測して,期待される答案を偽善的に書きあげることが可能であった。こういう理由からであろう,現役の公民科委員自身,数学などは試験である程度実力が分か

るが「大事ナ科目デ試験デ分カラナイノハ公民科，修身デアラウ」と思っていたのである。[89]

　公民科に残された道は，地位は下がっても本来の法制及経済に戻り，自然科学と並んで社会科学を知識として教え合理的判断力の養成を目的とするか，首位的地位を守るために修身と統合するかであった。統合の場合にも修身を公民科に統合するか，公民科を修身に統合するか議論が分かれていたが，結局は最後の道が選ばれた。

　1943年1月21日公布「中等学校令」下の「中学校規程」「高等女学校規程」（3月2日）によって，公民科はついにその姿を消すこととなった。師範学校においてのみ「国民科」の「修身公民」としてかろうじてその痕跡を留めたけれども（1943年3月8日「師範学校規程」第4条），師範学校の専門学校昇格に伴い文検の対象から師範学校教員が削除されたため（1943年3月31日「中学校高等女学校教員検定規程」），文検公民科は完全に消滅してしまったのであった。

注
1) 1931年2月7日文部省訓令第5号「中学校教授要目」および3月11日訓令第7号「師範学校教授要目」32年2月19日訓令第3号「高等女学校及実科高等女学校教授要目」。なお公民科教科書では女子用のものが編集されたが，教授要目にはほとんど差がなく，文検においても特別の配慮はなかった。
2) 例えば公民科33年度本試「利潤と物価との関係」と高等試験34年度行政科「利子及利潤の増減と物価との関係」公民科34年度本試「独占業者が自由に価格を左右し得る限界」と33年度行政科「独占業者は其の生産物の価格を随意決定するを得るや」公民科34年度本試「社会連帯の意義」と30年度外交科「社会連帯の倫理的趣旨」など（巌松堂書店編輯部『高等試験問題集』増訂20版，1939年，参照）。
3) 坂本六合魁『文検中等教員公民科独学受験法』大明堂，1934年，258頁から。
4) 小沼次男「文検公民科より高文へ」『公民教育』4-5，1934年5月。
5) YI生「文検法経科受験記」『教育学術界』14-3，1928年3月。
　なお「文検受験者　法制経済に殺到　但し需要は最も少い」との報道もあった（『教育週報』109号，1927年6月18日）。
6) 渡辺昌雪「文検公民科講述受験記」『公民教育』4-1，1934年1月。
7) 渡辺徳治「文検公民科の準備法」『公民教育』3-12，1933年12月。
8) 吉田喜市郎「文検公民科口述試験案内」『公民教育』5-6，1935年6月。
9) 大河内清栄「文検公民科口述の印象」『公民教育』6-1，1936年1月。

10) 前掲，吉田喜市郎「文検公民科口述試験案内」
11) 例えば公民科34年度予試「与論と社会の制裁」と修身20年度本試「与論の制裁」教案作成，公民科35年度本試「選挙の倫理的意義」と修身32年度本試「選挙権行使」教案，修身35年度予試「選挙の倫理学的意義」公民科37年度予試「職業の社会的意義」と修身36年度本試「労働の意義と価値」教案など。
12) 藤谷保「公民科本試験問題の解答」『公民教育』4-8，1934年8月。
13) 例えば，05年度予試「法律行為とは何ぞや」21年度予試「意思表示と法律行為との関係」26年度予試「未成年者が為せる法律行為の効果」など。
14) 例えば，24年度本試「労働者の団結と賃金決定」26年度本試「失業原因・救済法」27年度予試「機械と労働者の生活」31年度本試「社会政策」など。
15) 野田義夫『修身及公民教育原理』教育研究会，1932年，569〜570頁。
16) 仙波直心「公民科に於ける社会問題取扱上の危険とその対策」『公民教育』4-3，1934年3月。
17) 佐藤久治「昭和十二年度本試問題とその感想」『公民教育』8-3，1938年3月。
18) 「市町村」の項に「公民」という目があったが，これは3年以上居住の25歳以上男子という市町村公民のことで，公民科の公民の意味ではない。
19) 公民学人「公民科予試問題の重点に関する私見」『公民教育』7-6，1937年6月。
20) 第7章第3節「国民道徳要領」 注81) 参照。
21) 田村豊次「十年度文検公民科を受験して」『公民教育』5-11，1935年11月。
22) 「公民科本年度合格者20氏の参考書」『教育修身研究』118号，1940年10月。
23) 池岡直孝明大教授「国体明徴と公民科」『公民教育』5-11，1935年11月。
24) 丘埜尚志「文検公民科受験講座4」『教育修身研究』58号，1936年1月。
25) 荒波忠夫「文検公民科の内容と参考書の吟味」『公民教育』4-12，1934年12月。
26) 鈴木元平「文検公民科出題傾向と参考書の選択に就いて」『公民教育』5-12，1935年12月。
27) 小野（安達）久『文検公民科受験指針』啓文社，1936年，72頁。
28) 宇津木正二三「本年度口述の一問一答」『公民教育』6-9，1936年9月，から再現。
29) 川原孝治「千六百時間文検公民科準備（上）」同上6-11，1936年11月。
30) 小野慶太郎「文検公民科受験の要諦」『公民教育』6-7，1936年7月。
31) 藤谷保「文検公民科予備試験問題の解説」『公民教育』7-6，1937年6月。
32) 公民学人「公民科予試問題の重点に関する私見」同上同号。
33) 佐藤久治「昭和十二年度本試問題とその感想」『公民教育』8-3，1938年3月。
34) 藤谷保「公民科予備試験問題解答」『公民教育』5-6，1935年6月。
35) 飯野稲城「改正公民科教授要目に就いて」『公民教育』7-4，1937年4月。
36) 改訂前後の事情については，斎藤利彦「公民科の変質」『学習院大学文学部研究年報』34号，1987年，に詳しい。

37) 作田荘一「改正公民科教授要目の指導精神」『公民教育』7-5，1937年5月．
38) 「機関説の掃蕩・一」『公民教育』8-4，1938年4月．
39) 「公民科教科書批判」『公民教育』4-9，1934年9月〜同上5-2，1935年2月。山崎（文部書記官）は公民科旧教授要目批判もしているが，そこでも主張されているのは主として他の学科目との調整ということである（『公民教育』6-8，1936年8月）．
40) 旧要目にこの訓練との連携がなかったことが「失敗した所以」であると論じる者もあったが（飯野稲城「改正公民科教授要目に就いて」『公民教育』7-4，1937年4月），実際には文部省訓令で「訓練」との連携のことは述べられていた（既述）．
41) 1931年中学校教授要目では，注意事項として他の学科目との連絡をあげられた学科目は公民科以外なかった。1937年改訂でも，修身が「他の学科目」との，国史が修身・公民科等との連絡を求められているにすぎない．なお，法制及経済も修身・歴史地理等との連絡を要求されていた（1902年中学校教授要目）．
42) 「本年度合格者の反省，感想，批判」『教育修身研究』119号，1940年11月．
43) 天皇機関説論者である野村淳治（行政科）は1935年5月に，渡辺宗太郎（司法科），宮沢俊義（司法科），美濃部達吉（外交科）とともに文官高等試験の委員から排除されたと記述する書物が多いが，表6-2に示すように間違いである．誤認された原因については竹中「文検『公民科』の筆記問題と口述試問」桃山学院大学『人間科学』20号，2000年12月，参照。なお野村については「学説を多数挙げてその中庸を行く最も穏健なるもの」との評価もあった（筑麓山人「野村淳治論」『教育修身研究』68号，1936年11月）．
44) 馬場孫一朗「公民科受験準備指導」『教育修身研究』1939年2月増刊号．
45) 「中野登美雄委員の思想内容打診」『教育修身研究』85号，1938年5月．
46) 倉橋清重「公民科参考書とその取扱」『教育修身研究』90号，1938年10月．
47) 口述試験においても，中野委員が皇室典範，皇室会議，皇室令など，第1期には見られなかった事項についての質問をしている（「来年度予試への準備」『教育修身研究』120号，1940年12月）．
48) 馬場孫一朗「第70回公民科本試問題への感想」『教育修身研究』104号，1939年9月．
49) 第76回公民科予試問題座談会『教育修身公民研究』139号，1942年6月．
50) 藤谷保「第76回公民科予備試験問題解答」『公民教育』12-7，1942年7月．
51) 「第76回公民科予試問題解答」『教育修身公民研究』148号，1943年2月．
52) 「第73回予備試験問題解答」『教育修身研究』120号，1940年12月．
53) 木村正義「文部省時代の思ひ出」『教育』3-2，岩波書店，1935年2月．
54) 木村正義『公民教育』冨山房，1928年第5版，5頁．
55) 木村正義「公民教育総論」文部省実業学務局編『公民教育講演集』1924年，2頁．
56) 川原孝治「千六百時間文検公民科準備（上）」『公民教育』6-11，1936年11月．
57) 佐藤久治「本年度公民科口述の実際」『教育修身研究』77号，1937年9月．
58) 1937年度の本試験受験者は36名であったが，それ以外に前年度本試験不合格者が23名

あり，合計59名が口述を受けた。
59) 福島利雄「公民科（本年度）受験記」『教育修身研究』79号，1937年11月。
60) 前掲，佐藤久治「本年度公民科口述の実際」に記載。
61) 澤田良一「本年度公民科受験概記」『公民教育』8-9，1938年9月。上田忠雄「公民科口述試験の印象」同上，8-11，1938年11月。一記者「公民科口述試問に於ける委員発問」『教育修身研究』94号，1939年1月。
62) 倉橋清重「公民科口述受験の実際」『教育修身研究』101号，1939年7月。
63) 川原孝治「文検公民科研究講座（5）」『公民教育』9-1，1939年1月。
64) 03年度予試「自治制の大要」08年度予試「自治制の精神」14年度予試「地方自治の観念」18年度予試「市町村自治制度」22年度本試「自治体の行政組織」27年度予試「市町村の自治制度」
65) 「第74回本試験問題解答」『教育修身公民研究』135号，1942年2月。
66) 「公民科本試験座談会」『教育修身研究』130号，1941年9月。
67) 「公民教育乃至公民科と新体制」『公民教育』11-8，1941年8月。
68) 三島新吉「公民科口述試験の実際」『公民教育』10-12，1940年12月。
69) ビルマ方面で戦死した加藤隼戦闘機隊長の陸軍中佐。その軍功により1942年5月22日付で少将に2階級特進。
70) 田中峯太「公民科本試験の体験」『教育修身公民研究』149号，1943年3月。
71) 公民科本試験座談会『教育修身公民研究』160号，1944年2・3月。
72) 鈴木喜三郎総裁の後任をめぐる正統派と革新派の対立。中島知久平を擁立した革新派に対抗して，鈴木は久原房之助を総裁に指名し，1939年に分裂。
73) 吉田悦郎「本年度公民教育概論の問題を通して」『公民教育』9-10，1939年10月。
74) 「公民科本試験座談会」『教育修身研究』102号，1939年8月。
75) 「木村公民科委員口述遺聞」『教育修身研究』102号，1939年8月。
76) 『教育修身研究』108号，1940年1月。
77) 『大阪朝日新聞』1939年1月6日。
78) 杉山兼吉「本年度口述の一問一答」『公民教育』9-9，1939年9月。
79) 馬場孫一郎「第70回公民科本試問題への感想」『教育修身研究』104号，1939年9月。
80) 三島新吉「公民科口述試験の実際」『公民教育』10-12，1940年12月。
81) 中塚守「公民科受験雑想」『教育修身研究』107号，1939年12月。
82) 川原孝治「文検公民科研究講座（5）」『公民教育』9-1，1939年1月。
83) 倉橋清重「公民科口述受験の実際」『教育修身研究』101号，1939年7月。
84) 上田忠雄「公民科口述試験の印象」『公民教育』8-11，1938年11月。
85) 清原左一「公民科受験の栞」『公民教育』11-10，1941年10月。
86) 田中峯太「公民科本試験の体験」『教育修身公民研究』149号，1943年3月。
87) 出水清治「民法，予試・本試・口述」『公民教育』11-4，1941年4月。

88) 植田清次「誰が公民教育を歪曲するか」『公民教育』9-4, 1939年4月。
89) 1940年5月15日, 教育審議会での穂積重遠の発言。『教育審議会諮問第1号特別委員会整理委員会会議録』第13輯, 413頁（宣文堂書店復刻版, 第11巻, 1974年）。

第7章 教職教養の試験問題とその分析

　文検が開始されたのは1885（明治18）年からであるが，当初は，免許を取得しようとする科目の受験だけをすればよかった。しかしその後，学科目に関する知識や技能以外に，教師としての一般的常識とでも言うべきものを有しているかどうかも試されることになる。教職志願者に求められたこうした常識のことを，文検の時代にそういう用語が存在したわけではないけれども，本書では便宜的に「教職教養」と呼ぶことにする。

第1節　導入の経緯

　1907（明治40）年4月25日の「教員検定ニ関スル規程」改訂によって，初めて全受験生に対し「教育ノ大意」の受験が義務付けられることとなった。ただし翌1908年11月26日の「教員検定ニ関スル規程」全面改定で免除規定が生まれ，教育科出願者，教員免許令により授与された教員免許状（つまり中等学校教員免許状）ないし小学校本科正教員免許状を有する者は，「教育ノ大意」を受験する必要がなくなった。

表7-1　付帯科目（教育大意・国民道徳要領）関係略年表

年	文検	関連事項
1896 （明治29）	「尋常師範学校尋常中学校高等女学校教員免許規則」改訂，試験検定に「教授法」導入	
1897 （明治30）	第10回から本試験は「筆記」および「口頭」「教授法」となる。	
1906 （明治39）		第10回高等教育会議諮問第5「師範学校中学校高等女学校ノ教員検定ニ関スル事項」に，試験検定での「修身及教育ノ大意」必修化含まれる。「教育ノ大意」のみ決議

1907 (明治40)	「教員検定ニ関スル規程」改訂,「教育ノ大意」新設	
1909	第23回から「教育ノ大意」実施	
1916 (大正5)	「教員検定ニ関スル規程」改訂,試験検定に「国民道徳要領」新設。「教育ノ大意」は「教育大意」と改称。第30回から「国民道徳要領」実施	
1918 (大正7)		「高等学校令」第1条「国民道徳ノ充実」
1919 (大正8)		「中学校令」第1条「国民道徳ノ養成」
1920 (大正9)		「高等女学校令」第1条「国民道徳ノ養成」
1933 (昭和8)	「師範学校中学校高等女学校教員検定規程」改訂,「成績佳良証明書」制度できる。	
1944 (昭和19)	「中学校高等女学校教員検定規程」改訂,「国民道徳要領」は「国民道徳ノ大要」に,「教育大意」は「教育ノ大要」に改称。実施には至らず。	

1) 予備試験か本試験か？

「教育ノ大意」は1909(明治42)年度から実施され,規程には特に明示はなかったが予備試験の際に行われた。1907年4月の文部省普通学務局通牒でも「予備試験ニ於テ」試験するとあり,受験参考書のなかには,予備試験問題の中に「教育ノ大意」を含めているものもあった。これまで「教育ノ大意」は予備試験の一部であったと考えられてきたのも無理はない。

しかし予備試験というのは,同一学科目の本試験を受験する学力を試すための試験であるが,「教育ノ大意」に本試験があったわけではない。では,「教員検定ニ関スル規程」(1900年6月1日)第7条但書き「学科目ノ種類ニ依リ予備試験ヲ行ハサルコトアルヘシ」による予備試験のない本試験だったのだろうか。文部省も第64回文検予備試験の出題注意から(官報,1936年2月13日),「国民道

徳要領，教育大意ノ試験ハ本試験ノ一部ナルモ予備試験ノ際便宜之ヲ行フモノトス」と注記し始めている。

けれども本試験とは中等学校の学科目（ないしはその一部）について行われるものであり，「教育ノ大意」という学科目があったわけではない。もし本試験そのものであるとするなら受験料が必要になるが，そのことはどこにも規定されていなかった。

けっきょくのところ「教育ノ大意」は，予備試験でも，もちろん本試験そのものでもなく，あくまで「本試験ノ一部」であり，受験界ではこれを附加試験とか付帯科目とか呼んでいた。予備試験の際に実施される必要があったのは，本試験の時には口述試験もあって日程的に無理があったからであろう。この付帯科目の成績が悪いときには，学科目の成績はたとえ良くても本試験は不合格になっていた。しかし付帯科目だけの合格発表は特になかったので，受験生は学科目で不合格になったのか付帯科目で不合格になったのか推測するしかなかった。そこで1933（昭和8）年10月14日「師範学校中学校高等女学校教員検定規程」の改訂によって，付帯科目の成績は悪くても学科目では合格点に達していた場合，「成績佳良証明書」を授与するという制度ができた（第12条の2追加）。これによって受験生はどちらの成績が悪かったのか分かるようになり，この証明書を授与された場合，次回以降は付帯科目の受験のみでよくなった。

2）文検における教育学・教授法

文部当局が「教育ノ大意」新設にかけた期待の大きさは，普通学務局通牒の内容から窺われる。つまり同局は1907（明治40）年4月25日「教員検定ニ関スル規程」改訂と同日付で各地方庁に対し通牒を発し，すでに免許状を有する現職の中等諸学校教員であっても，従来教育学を学修したことのない場合は，「自修」その他適当な方法で教育学に関する知識を習得するよう注意を促すこと，また今回，文検に受験資格が設定されたが，現に在職中の中等諸学校教員に対しては同令附則によって3年間に限り例外が設けられたので，できる限り再度受験して，つまり「教育ノ大意」をも受験して免許状を取得するよう教員に「勧

誘」すること，さらに当該教員の職名氏名等を様式に従い5月末日までに報告することを求めているのである。そのうえ5月17日には，規程改訂の際に在職中であれば，その後退職しても受験資格はあることを，ご丁寧に再通牒している[1]。

4月25日付通牒は「教育ノ大意」の新設理由について，「教員ハ当該学科ニ精通スルノ外少クトモ教育学ノ大要ニ通スルヲ必要ト認メタルニ因ル」と説明している。もっともな説明ではある。「教育ノ大意」初回（1909年）の際の文検臨時委員であり「教育ノ大意」も担当したと考えられる吉田熊次は，「学校全体の徳育を計る為めには各教師は極めて教授を教育的ならしむる事が大切である」が，これが「教育ノ大意」が加わった「趣意」であると，ヘルバルトの教育的教授論的な説明をしている[2]。

実は，中等学校教員志願者の全員に対して教育学・教授法の試験を課したいというのが，中学校教員養成制度の大改革を試みたE.ハウスクネヒトの悲願であった。彼が江木千之（中等学校教員検定委員）とともに書き残した「中学校教員学術上及実務上資格試験勅令案」（1888年）は，中学校教員を大学卒業者に限定するというハウスクネヒト本来の理想からは大きく現実妥協したものであったが[3]，それでもそこにおいては，予備学として全志願者に教育学・教授学を課すことになっていた。これは，「学校ハ啻ニ人ヲ教授スルノミナラス其教授ニ由テ人ヲ訓育シ陶冶スヘキモノタリ」（山口高等学校教則説明）という，ヘルバルト主義者としての彼の信念に基づくものであった。

勅令案自体はけっきょく採用されることはなかったが，結果的にはそれに盛られた内容の多くは，その後の文検制度改革において徐々に実現されていくこととなった。

そのうち教授学については，1896（明治29）年12月の「尋常師範学校尋常中学校高等女学校教員免許規則」が，すべての学科目の検定において「教授法」を導入し，翌年の第10回文検から本試験は「筆記」と「口頭」「教授法」で実施されるようになった。

さらに第2回高等教育会議（1898年）では，無試験検定においても「教授法」

を課そうとする建議案提出の動きがあった。発議者井上哲次郎，賛成者12名による「教員検定ニ教授法ヲ課スルノ件」がそれである。その内容は，官立学校卒業者などに対する無試験検定においても，過去に教育学を学ばなかった者については「教授法」の試験を実施するというものであった。この建議案には強い反対意見があり決議にまで至らなかったが，その草稿が沢柳政太郎私家文書に残されている(成城学園教育研究所所蔵，研12－16)。当時，第一高等学校長であった沢柳も，賛成議員のうちの一人であった。[4]

3）「教育ノ大意」の新設

1906（明治39）年12月17日から22日にかけて開催された第10回高等教育会議で，諮問第5「師範学校，中学校，高等女学校ノ教員検定ニ関スル事項」が審議された。実はこの諮問内容もまた，ハウスクネヒトの中学校教員養成論の中核部分に合致していた。このときの文部次官は沢柳政太郎である。彼の文検に対する一貫した基本的態度は，「教育尊重と文検廃止論[5]」に端的に現れている。それは，ただ1回の試験によって初等中等教員資格を与える現行検定制度は「一日も速に之を廃止」すべきであり，「師範学校を卒業しやうが高等師範或は師範大学を卒業しやうがこれらに対して検定の制度を設ける時期の速に来らんことを」望むという趣旨である。それは，中等学校教員の資格認定は大学卒業生に対して国家試験を課して行うべきだとのハウスクネヒト本来の主張と，軌を一にするものであった。

また沢柳がドイツの制度を理想としていたことを推測させる資料も，沢柳政太郎私家文書に残されている。そこには，彼自身の執筆によるとは断定できないが，中等教員養成関係のものがいくつか含まれていて，そのうちの文部省用箋36頁に及ぶ「師範学校及教員検定試験」（追加Ⅱ－148）は，ドイツの制度について詳細に調べたものである。「中等学校ノ教員」（追加Ⅱ－86）と題するペン書きメモ（文部省用箋全16頁。1904年ころの文書と推定される）では，ドイツはじめ欧米各国の傾向として，大学教育を受けた上に師範教育を受けることが指摘され，「中等学校教員ノ理想的資格」とは，①自ら完全なる中等教育を受け

たること，②大学の教育を受けたること，③完全なる師範教育を受けたること，の3条件をすべて満たすことだとされ，したがって日本の場合，理想的な教員は一人もいないことになった。なぜなら大学卒業者も③の資格は持たず，高等師範卒業者は②の資格で欠け，その他の者の多くはたとえ①の資格は有しても，②および③の資格を持たないからである。そして検定はすでに十分の「素養アル者ノ学力」を検定するに止め「之ニ依リテ教員ヲ得ルノ道トナスヘキニアラス」と論じられ，文科理科大学の増設を図るとともに，中等学校教員の「待遇」改善を行うことが提案されている。

　けれども当時の中等教員不足という無視できない現実があったために，この「中等学校ノ理想的資格」に一歩接近させようとした沢柳文部次官の意図が，第10回高等教育会議への諮問第5となったと考えられる。

　諮問第5の第一の核心は，それまで無試験検定受験資格が「文部大臣ノ指定シタル学校ノ卒業者及選科修了者」などであったのを，①学位を有する者，②文部大臣が認めた方法により6カ月以上「教育学教授法」を履修した帝国大学卒業者などに限定することであった。これは官立学校卒業者等に対して教授法の試験を課そうとした第2回高等教育会議での建議案と，その思想において同質のものであった。

　高等教育会議第2日目（12月18日），この問題については「議論非常に沸騰して容易に決せず」，けっきょく議長指名の13名の特別委員会（委員長・山川健次郎）に付託されることとなった。12月20日の特別委員会では，無試験検定の新受験資格案は私学特権剥奪案でもあるため反対論が多かったが，採決の結果は原案に決定した。けれども22日の本会議では，無試験検定受験資格から「学位ヲ有スル者」を削除することを決定し，さらに江原素六（私立麻布中学校長），鳩山和夫（早稲田大学校長），鎌田栄吉（慶應義塾塾長），横井時雄（衆議院議員），および各直轄学校長らは，文部省がいったん与えた保証をみだりに取り消すことはすべきでなく，また原案では従来のような自由な試験法で広く「野の良才」を挙げることができなくなると反対，けっきょく第一の核心についての高等教育会議の決議は，「重要ノ問題ナルヲ以テ十分講究ノ必要アリ因テ他日ヲ竢テ更

ニ諮問アランコトヲ望ム[10]」となったのである。

こうして帝大を含む官公立学校26校，私学6校（国学院，青山学院高等科，早稲田高等師範部，日本大学高等師範部，慶応義塾文学科，日本体操学校）の無試験特権が従来のまま守られることになり，無試験検定受験資格の厳格化案は流れてしまった。

沢柳が無試験検定を大学卒業者に限定しようとした背景には，中等学校の有資格教員の増加という傾向があった。1900（明治33）年の文部省令第15号は，中学校・高等女学校の無資格教員数を有資格教員数の2倍まで認めていたが，1905年（明治38）年1月20日には両者同数までしか認めないように改訂した（省令第1号）。すでに1905年度の有資格教員割合は，師範学校83.1％，公私立中学校63.5％，公私立高等女学校59.4％と半数を超えるようになっていたので（1905年度『第33回文部省年報』），その現実に合わせたのである。

そして有資格教員の増加には，たしかに帝大卒業者が貢献していた。1907年度，師範学校，高等女学校にこそ，それぞれわずか12名および23名しかいなかったが，公私立中学校には404名を数えるまでになっていたのである（1907年度『第35回文部省年報』）。しかし1907年度には，帝大や高等師範学校卒業生以外の無試験検定合格教員が1008名もいたのであり，無試験検定を帝大卒だけに限定することはまだまだ非現実的だったのである。

高等教育会議諮問第5の第二の核心は，それまではなかった試験検定受験資格を新たに設け，中学校や高等女学校卒業者，専門学校入学者検定合格者などに限定することであった。これは受験生の普通学の素養を担保することを意味し，ハウスクネヒト勅令案でも規定されていたことであった。この件については賛成論が多く[11]，特別委員会で原案以外に資格がいくつか追加修正されたのち，本会議で決議された。

さて諮問第5の第三の核心が，試験検定への「修身及教育ノ大意」の導入だったのである。無試験検定受験資格の「教育学教授法」と対になる提案であったが，これについては賛否両論があった。賛成の立場では，従来の検定合格者の中には「学問技能」は堪能であっても「教育思想」「修身倫理」に欠ける者が

多く，それでは「生徒訓育」の成果があがらないのは当然であり，「学問技芸職人」は専門学校ではよくても「教育学校」には断じて不可，全受験生に「教育学と修身倫理」を必須とすべきだということになる[12]。

反面，すでに教授法が課されているので，試験問題に多少教育学の「臭味を添加」するくらいで十分であり，「倫理学者必しも品行方正」ではないので倫理学の必要はないという意見があり[13]，高等教育会議議員の江原素六（麻布中学校長）も，「人格の高卑如何」は試験では分からないので「教育学教授法の試験をしても，実地の成績は又別物である」と否定的であった[14]。

これらは教育や倫理（修身）という実践直結の技能をペーパー試験で試すことの効果を疑問視するものであるが，他方，高等教育会議での議論の中には，諮問案自体の矛盾を突く意見もあった。つまり教員というものには倫理学や教育学・教授法の素養が不可欠だというのなら，なぜ無試験検定の博士号所持者や外国人（外国語担当）にはそれらを要求しないのか，また試験検定ではすべて倫理と教育を課そうとしながら，なぜ帝大卒業者（無試験検定）には「倫理学」を求めなかったのかというのである。これを紹介する記者の結論は，教員志願者に教育学教授法の大意を要求することはよいが「倫理学をも必須科目とするは無用」ということであった[15]。

かくて高等教育会議決議では「修身及」を削除し，「教育ノ大意」のみ試験検定に導入することとなったのである。高等教育会議終了後に教員検定規程改正案について報じる記事を見ると，「試験検定の予備試験中に修身及教育の大意を併せ課すること」が含まれており（無試験検定受験資格のことはもちろん触れられていない），文部省は最後まで「修身」にこだわっていたことが推察される[16]。「教育ノ大意」は受験資格の件とともに，1907（明治40）年4月25日，「教員検定ニ関スル規程」改訂で制度化された。

というわけで試験検定への「教育ノ大意」導入とは，それと対になるはずであった，無試験検定受験資格を教育学教授法履修済みの帝大卒業者などに限定しようとした文検制度大改革の試みが挫折したあとの，残りの結果だったのである。

4）新設の時代背景

　教育学や倫理学を試験検定・無試験検定に導入しようとしたことが，ハウスクネヒトの勅令案に端を発するものであったとの確証は未だないが，それにしてもなぜ1906（明治39）年のこの時期になって改めて，中等学校教員に教育学や修身の素養が「必要ト認メ」（1907年4月文部省通牒）られることになったのだろうか。その理由としては，当時頻発するようになった学校騒動との関係が考えられる。

　学校騒動自体はそれ以前から存在し，文部省もしばしば取締り訓令を発していたが，「爆発的」に急増するのは1905（明治38）年，つまり日露戦争終結の年からであることが明らかにされている。1905年から1912（明治45）年までに『教育時論』で報道された学校騒動の総数は203件，うち中学校が116件であった。[17] 同誌には1905年2月25日号から学校騒動専用の彙報欄が設けられたのであるが，以後1年分36冊に掲載された学校騒動は，両帝大から小学校まで70余件となり，うち60件は中等学校，とりわけ中学校であった。[18]

　文部省は1902（明治35）年7月9日に，学校の「紛擾」を憂い，生徒を「煽動」する教員への措置と「同盟休校」する生徒への「厳重処分」を命じる訓令第5号を出していたけれども，再度，学生生徒の風紀振粛と社会主義防止について訓令第1号（1906年6月9日）を出さざるをえなかった。

　学校騒動の頻発に連動して，教員の資質が問題とならざるをえなくなった。まずは教え方の拙さであり，沢柳自身が『教師論』（1905年）において，中等学校以上の教師が教育学・教授法に通じることを求めている。[19] 山口中学校教諭・近藤光治は，これまで中等学校教員の教授法が軽視されてきたが，今後は教員相互の授業参観・批評をすべきだと主張している。[20] 京都帝国大学に文科大学が増設されたとき，哲学科に異例の「教育学教授法講座」が設けられ，その担当教授にハウスクネヒトの特約生教育学科修了生であった谷本富が就任したのも，1906年6月のことであった。[21]

　すでに文部省普通学務局も，1904（明治37）年11月2日，各地方庁に対し「教

授ノ巧拙ハ教育ノ効果ニ直接ノ関係ヲ有スル」ので，師範学校中学校高等女学校において「教授法研究」の方法を定めるよう，またすでに実施の場合は参考となるべきものを報告するよう通牒していた[22]。

　生徒訓育法についても疑問視された。ある論者は教員の授業法よりもむしろ人格面を問題にし，無試験検定の合格者も「専門学者」ではあっても，学問を「自己人格の完成」として学んだのではないので，「生徒が真正の教師を求めて已まざる，これ学校騒動の真因」だと論じ[23]，同誌社説も「学生生徒を従順ならしむる方を解せず……徒らに鞭を挙げて之に望む。是に於いてか学校騒動なるもの起こる」と，学校での「教導方法改良」が急務であると主張した[24]。

　というわけで，文検への「(修身及)教育ノ大意」の導入には，それなりの世論の支持があったのである。したがって文検規程改訂後にも，中等教育の効果が挙がらないのは校長教員の「教育的才幹」の欠如によるので，文部省による検定規則の改定という今回の措置は「既に遅し」であり，資格の有無に関係なく，教育的教養のない教員に対し学科の教授法はもちろん，倫理教育心理の一般的知識を与える講習会を開くべきだという意見があった[25]。さらには，普通教育の教員になるのに「専門学識」だけで十分であるとする現制度は不完全であり，今後さらに教員すべてが「教育の原理と教授法の大体とに通じ」るよう制度改革すべきであり，無試験検定は廃止して大学内に師範科的補習科もしくは研究科を設置せよとの議論を支持する主張もあったのである[26]。

　かくて牧野文部大臣は1907（明治40）年7月の中学校長会議において，「教授法の改良精神道徳の教育が一層真面目に行はれんとは，当代一般の要求にして，国論として見るべき目下の現象なり」と演説したのであり[27]，同年の文部省年報も中等教育について，生徒の風紀を振粛し，体育の奨励と品性の陶冶とを図り，また「多年ノ経験ニ鑑ミテ其ノ教授ヲ一層実際的ナラシメ以テ時勢緊切ノ要求ニ応センコトヲ期シタリ」と記録したのである[28]。こうして文検政策の次の予定表に，必修科目「修身」の復活が書き込まれることとなった。

第2節 「教育ノ大意」の試験問題の分析

　「教育ノ大意」の試験問題については，寺﨑昌男他編『文検の研究——文部省教員検定試験と戦前教育学』（1997年）においてすでに取り上げられている。
　先行研究では「教育科」との比較という視点から，「教育ノ大意」の試験問題を整理している。例えば，「教育ノ大意」での設問形式は「教育科」で多くみられる「論述せよ」といった問い方ではなく，「説明せよ・知れるところを記せ」「述べよ・略述せよ」といった問い方が多く，出題のスタンダードは「心理学」「教授学」「論理学」であったと出題傾向を整理し，「教育ノ大意」で問われた教職教養の内容を検討している[29]。
　改めて言うまでもなく，「教育ノ大意」の試験は免除規定を設けていたものの，「教育科」以外の全受験生を対象としていた。導入された1909年当時，全文検受験生約4400名から4500名に対して，その約3分の1の受験生が「教育ノ大意」を実際に受験したという[30]。1930年の第53回の予備試験では，4393名中1914名と，4割以上が受験している[31]。
　本節では1909年第23回予備試験から文検の試験に導入された「教育ノ大意」が中等教員の資格試験においてのみ存在した固有な「教育学」であったことに着目して，試験問題の分析を試みる。第一に，試験委員はどのような教職教養観にたって，どのような問題を作成していったのであろうか。第二に，受験参考書の著者たちが参考書を通じて受験生たちに提供した教職教養は，どのような体系と内容であったのか。第三に，模範解答例に表れた教職教養の水準と内容を考察し，戦前中等教員の教職教養を明らかにしたい。

1）試験委員の教職教養観と出題傾向

　「教育ノ大意」（1916年には「教育大意」へと，1944年には「教育ノ大要」へと名称を変更しているが，本節では「教育ノ大意」との名称を一貫して用いる）がどのような歴史的な経緯で導入されたのかについては，前節で詳細に述べた。加えて，「教

育ノ大意」が導入された背景には当時の学校紛擾多発などの問題があり，中等教員は専門の学識だけでなく，教育学的教養が必要であるという認識で導入されたということも，先行研究においても，前節でも触れられている。

　もっとも，当時，教育学的教養によらず，学問全体を理解する教養，すなわち哲学的教養を教員が身につけることによって，教育的に生徒を指導できるという考えもあった。

　文検の委員を務めたこともある心理学者元良勇次郎は「中等教育の教育家に望む」という一文の中で，中等教育家諸君は「専門の学を研究すると同時に，如何に之を学生の心に理解せしむるか，又学生を如何に教育すべきかも，大なる目的になることと思ふ。即ち専門学の研究と同時に，教育するという事が主眼になるのでそれには単に一個の専門学を研究するのみにては少しく物足らぬと思ふ」。そのためには学問上の常識をもつことが必要であるとし，学問の基礎となる哲学研究を奨めている。[32]

　一方，当時試験委員であった吉田熊次は「教育ノ大意」が導入された理由を説明する中で，「自分の受け持つ学科を教育的に授け其学科の全きを期す」と同時に，「学校全体の徳育を計るためには各教員は極めて教授を教育的ならしむる事が大切である」と述べている。[33]

　この二つの相異なった主張の背景には，教師の教育的指導力を教師という職業的教養に求めるのか，専門的学科目の学問的教養を重視するのかの違いがあるのではないだろうか。

　「教育ノ大意」が文検に導入されたことは，教育学が中等教員の教師教育にとって必須な教養であると認められたことを意味している。初等教員の検定試験において，すでに教育学的知識が問われていたが，それまでの師範学校の教師教育においても，大学の教育学教育においても，「教育ノ大意」という科目は存在していない。

　『内外教育評論』の主筆木山熊次郎は「今日中等教育学とか中等教授法の研究は悉無ともいふべき有様なり。従って中等教育学の試験といふ事は如何にも困難となるべし。又無試験検定の人にしても，如何程中等教育に対する研究を

遂げ居るかといへば，今日の処，研究なく無主義，無方針といはざるを得ず，然るに，独り此文検受験者に対して中等教育に関する知識を検定すべしといふは，如何にも無理なるべし」と，「教育ノ大意」の導入に対して懸念を表明している。[34]にもかかわらず，中等教員資格試験の受験生のみに限定された独自な教育学が，出題問題を通じて出現していったのである。

試験委員たちはどのような教職教養観にたち，どのような教育学の知識が中等教員教育に有効な知識と捉え，文検「教育ノ大意」の問題を作成していったのであろうか。

ところで，だれが問題を作成していたのかは，学科目の場合と同様特定することはできない。ただし雑誌記事の試験委員一覧や「教育ノ大意」についての講評などを雑誌に寄稿している人物は，「教育科」を担当していたと目される委員たちと重なる。すなわち，問題作成者は文検「教育科」に関わっていた教育学者や心理学者であったと推測できる。しかし，「教育科」を担当した全委員が「教育ノ大意」の試験問題を作成していたのか，委員の一部がその任に当たっていたのかは明らかでない。雑誌記事で「教育ノ大意」の試験委員として挙げられていた人物や試験講評を雑誌に掲載している人物は，少なくとも問題作成に関与したと想像される。雑誌などで挙げられている人物を列挙してみると，大瀬甚太郎（1865-1944，東京高等師範学校教授），篠田利英（1857-不詳，東京高等師範学校教授），波多野貞之助（1864-1823，東京高等師範学校教授），下田次郎（1872-1938，東京女子高等師範学校教授），吉田熊次（1874-1964，東京帝国大学教授），乙竹岩造（1875-1953，東京高等師範学校教授），森岡常蔵（1871-1945，東京高等師範学校教授）などである。以上から分かるように，委員構成は「教育科」と同様に高等師範学校の教授が多数を占めていた。

第1回の試験が実施される以前，『内外教育評論』の記者が試験委員たちを訪問し，試験の範囲とその程度について質問している。記者の質問に答えて，吉田熊次は「本邦にて教育学というのは教育学の一般と心理，論理の極大体とを含めていうのであります。つまり，教育学に関する一般の知識をみるのであります」と，説明している。大瀬甚太郎に記者が「教育ノ大意」の検定程度は

師範学校での学修程度ときくが，そうすると教育，心理，論理を勉強しなければならず，受験者には大変ではないかという質問に答え，大瀬は「中等教員たらんとするくらいの人ならば，一応簡単なる教育書をみるべからんか。しかし，試験等は余り難しい問題を出す必要なく，教育家たるだけの常識あれば出来る程度にすれば，可なるべし」と，教育家としての常識を問う試験だと説明している。また，記者の「試験の性質上実際的の知識が甚だ必要だと思うが」という質問に対して，篠田利英は「今度一般に試験する教育学は教育の大意というのですから，学理だけを問うということではないでしょう。要するに中等教員になろうという人が，専門の学科が出来ても，一冊の教育書も読んだことがないというようでは教員としては適当でないと思う。教員となるには，教育の大意位は弁えていなくてはなかろうかと思うのである」と，述べている。乙竹岩造は「尋常師範学校の課程であれば沢山だと思ふ。即ち簡単なる教育学の一般（心理，論理……も含む）を知っておれば宜しい」と，述べている。[35]

以上の意見から，委員たちが想定していた「教育ノ大意」の試験の目的と内容は次のように要約できるであろう。

第一に，試験の目的は教員としての教育学の常識を問い，教師の教育思想，教育者の精神を形成することにある。第二に，試験の範囲は，心理，論理を含んだ教育学の一般で，学理的より実際的な傾向である。第三に，試験の内容と程度は教育科より低く，師範学校の教科書程度である。

このような委員たちの「教育ノ大意」に関する考えは，実際の試験問題にどう具現化されていたのであろうか。

1909年第23回予備試験で施行された第1回の試験問題は以下の通りである。
「1，普通教育の意義及価値を述べよ。
　2，直観，観念，概念の意義を説明せよ。
　3，教授と訓練との意義を明らかにし，中等学校における両者の関係を述べよ。」

下田次郎は第1回の試験問題について，「今度1回目の試験で，次回やる人の標準になるものだから，よほど考えをつくしたのであります。又，受験者は

だいぶの教育書を読まなくともいいが、しかし教育に趣味のある人でなければ駄目である、そういう人でない者はいけないのである、ということにしました」と、雑誌記者に語っている[36]。

　第1回と同様の範囲に属する問題のみが毎回出題されたわけではないが、その後の出題傾向からみても、かなり標準的な設問であったことが分かる[37]。ある受験参考書の著者は、試験問題の傾向を「教育学の原論」「教授論」「訓練論」「心理学」から大部分出題されていると分析している[38]。ここでは、第1回の試験問題を手がかりに出題の傾向を整理してみる。

　第1問の出題に見られるような教育の意義や目標を問う教育の原理に属する設問はかなり多く、先行研究によれば出題された全問題中10％以上を占めている。例えば、「教育の目的」「師範学校、中学校、高等女学校の本旨」「教育の意義」「教育の概念」「我が国中等教育の要旨」「高等普通教育とはなんぞや」といった問題が出題された。どのような教育の目標に向かって、日々の教育実践がなされているかの自覚が重要であるとの委員たちの認識が現れている問題群と言えるであろう。

　第2問のような心理学に関する設問は、もっとも出題の頻度が高い領域であった。全設問の約3分の1を占めている。受験参考書『教育大意受験法』の著者は、心理学的方面から必ず一問題ずつ出る、心理学がよほど重視されているようであるので、受験参考書の他に、なるべく新しい師範学校用の心理学の教科書を薦めている[39]。

　心理学が戦前の師範教育に制度的に導入されたのは、1892年「尋常師範学校ノ学科及ヒ其程度改正」による。「教育ノ原理」の一部として、「心理ノ大要ヲ授ク」と定められたことに始まる。その後、すなわち1910年「師範学校教授要目」が制定されるに至り、「教育」科の中に「心理」（第2学年）が置かれ、しかも、「教授要目」の「注意」には「心理ヲ授クルハ務メテ教育上ノ実際ニ応用シテ之ヲ説明スヘシ」とある。心理学が教育学の補助学として位置付けられたのである。大泉博はこの時期を明治教学としての心理学の一つである「教育的心理学」の成立としている[40]。

その後,「教授要目」は1924年, 1931年, 1937年, 1942年, 1947年と変遷し,「心理」の教授項目に「社会心理」(24年),「心身ノ発達」,「心性考査法大要」(31年),「環境ノ心理」,「学級ノ心理」(37年)などが時々に加えられ, 変化している。

「教授要目」の変化に出題が対応していると見られる。例えば,「心身の発達」に関する設問は,「教授要目」改正4年後の1935年が初発である。35年には「心身発達の主要なる段階について其の特徴を挙げ且之に対する教育上の注意を述べよ」, 36年には「心身発達の段階と訓練との関係」,「心身の関係を論じ教育上の注意」, 37年には「心身の相関」と,「心身の発達」に関する設問が出題されている。

他方, 心理に関する設問の多くは「感覚」「知覚」「直観」「衝動」「本能」「観念」「観念連合」「思考」「興味」「概念」といった語彙の説明を求める出題が中心であったことも事実である。

第3問のような教授学に関する設問は, 心理学に続いて出題が多かった。やはり3分の1近く出題された。教授学のなかでは,「教授」に関する設問が27問,「訓練」に関する設問は15問,「養護」が7問と, 教授に関する設問が断然多い。[41] 教授学の問題は, 心理学上の用語の概念説明の問題と同様, 時代を越えて繰り返して出題されている。

数名の試験委員が昭和期に入ってからの雑誌での講評において,「教育ノ大意」の成績が上昇したと評価している。問題が定型化し, それだけ受験生が山をかけやすくなった結果という一面もあったのではなかろうか。

以上のような定番ともいえる「心理学」や「教授学」に関する問題が多く出題されていたが, それらの問題の多くは師範学校の「心理学」の教科書や「教育学」の教科書の「教授学」の範囲内の知識である。試験委員たちは初等教員と同様の「心理学」や「教授学」の知識が, 中等教員の教職教養としても極めて重要な領域と捉えていたのである。

しかしながら, 中等教員の教職教養の固有性を意識した問題もかなり出題されていた。ほぼ, 3回か4回に1度くらいの頻度で出題されている。中等教育

第2節 「教育ノ大意」の試験問題の分析　273

に関わっている問題を整理してみる。

　教育の目標に関する設問には、「師範学校, 中学校, 高等女学校の本旨」(1912年),「高等普通教育の本義」(1931年),「本邦に於ける高等普通教育の発達」(1933年),「中等教育の任務」(1938年),「高等普通教育とは何か」(1939年),「我が国中等教育の要旨と発達の概略」(1941年),「中学校, 高等女学校の要旨」(1942年)等で, 高等普通教育の設問が多い。

　教授学に関しては,「教授, 訓練と中等学校における関係」(1909年),「中等学校生徒に試験を課する利害」(1916年),「青年期の特質を挙げて訓練上の注意」(1917年),「中学校に於ける自治的訓練」(1921年),「中等教育に於て自学の必要なる所以」(1922年),「青年心理の特徴を挙げて訓練上の注意」(1928年), 中学校に於ける学習指導上の注意」(1931年),「青年期の心理を述べて教授上の注意」(1938年)が出題されており, 発達段階を意識した中等教育固有の生徒指導上の問題が出題されている。

　吉田熊次は, 中等教育の使命は難しい学術の理論を授けたり, 画の多い文字を暗記させることのみで足れりとするものでなく, 人を陶冶し, 人格の完成を期するところにある[42]、それゆえ,「教育ノ大意」は中等教員の「教育精神を培養する」のが目的であると, 語っている[43]。委員たちが考えていた教育精神とは, 中等教育の目標や青年期における学習指導の技術に関する教育学の知識をも指していたのである。

　しかしながら, 教育を担う教師に関しての出題は,「中学校教員の心得」(1915年),「中等学校教員の使命」(1937年)と案外少なかった。

　以上のような問題に加え, 教育学の新動向に関する「二部授業」,「メンタルテスト」,「職業指導」,「成人教育」,「郷土教育」といった問題が出題されている。

　大瀬甚太郎は, 教育学の新傾向や基本的事項の概念を説明できることが中等教員の常識と捉えていたようで, 全く常識がないとしかいえない受験者もあると, 批判している。例えば「成人教育とは何です」と聞いたところ,「成人教育とは立派な人を教育することです」と答えるが如きである、また,「普通教育」

の何であるかさえ弁えていない者があると述べ，もっと，教育学上の常識を持つことが必要と，記している[44]。

時代の教育学の新しい動向への関心と知識をもつことが，中等教育者としての教養の一つとされていたのである。雑誌記者が，誌面を通じて受験者たちに時代の趨勢や教育学の新しい動向に注意するよう促しているのも，こうした出題傾向を分析してのことであったと推測される[45]。

2）受験参考書の構成とその内容

受験生たちは試験に向けて，どのような参考書を使用していたのだろうか。

第1回の試験を受験した受験生は師範学校の教科書で学んだと語っている。ある受験生は吉田熊次の『系統的教育学』を使用したと述べている。使用された参考書は決まっていたわけではないが，受験記などから想像してみると，比較的多くの受験生に使用された参考書は，師範学校の教育科の教科書と専門の受験参考書であった。

これまで見てきたように，試験問題の多くは師範学校の教育科の教科書に含まれていた心理学や教授学の領域であった。試験は師範学校の教科書程度という前述した委員たちの考えからするならば，教科書は受験参考書としてかなり有効であったと推測される。しかし，「教育科」の教科書で学ぶ場合は，「教育学」の他「心理学」や「論理学」の教科書も併せて読む必要があった。出題が多かった心理学，教育の目的，教授，訓練などの問題は，師範学校の教科書の内容でほぼ十分であったと思われるが，中等学校生徒に関する事項や高等普通教育の目的等を問われた場合，師範学校の教科書では受験生に有効な知識を与えることはできなかったであろう。初等教員養成のために編纂された師範学校の教科書には，限界があった。

受験生によっては，教育雑誌に掲載されていた模範解答などからも学習していた。しかし，あちこち参照して学ぶよりも，やはり専門の参考書を使用することのほうが，受験生にとって学びやすかったと推測される。

専門の受験参考書が，「教育ノ大意」の試験開始直後あたりから出版されて

表7-2 「教育ノ大意」関係受験参考書刊行状況

	書名	編（著）者	発行所	発行年
1	教育大意 全	河野清丸	目黒書店	1911年
2	文検参考教育大意	内外教育評論社編輯部編	内外教育評論社	1917年
3	教育大意要義	吉田熊次	目黒書店	1920年
4	文検教育大意国民道徳要領問題解答	教育学術界編	大同館書店	1920年
5	文検受験用教育大意	明治教育社編輯部編 代表曽根松太郎	明治教育社	1921年・5版（初版・1917年）
6	文検教育大意国民道徳要領問題解答	教育学術界編	大同館書店	1923年・5版
7	文検受験用教育大意	明治教育社編集部編 代表曽根松太郎	明治教育社	1924年・13版
8	同上	同上	同上	1927年
9	文検参考教育大意	国府慎一郎	文教書院	1927年
10	同上	同上	同上	1928年・5版
11	平易に解説したる文検教育大意	岡田怡三雄（怡川）	文書堂	1938年
12	文検受験用教育大意	明治教育社編集部編 代表曽根松太郎	明治教育社	1938年・19版
13	教育大意講義付教育史大意	三浦藤作	大同館書店	1928年・再版（初版・1925年）
14	最近十二ヶ年文部省検定教育大意国民道徳要領問題解説及要覧	岡田怡三雄（怡川）	日比書院	1929年
15	総合的新教育大意	土屋清一	渡辺女学校	1929年（初版・1926年）
16	最新教育大意	伊藤千真三	大明堂書店	1929年・4版（初版・1928年）
17	文検受験用教育大意	明治教育社編輯部編 代表曽根松太郎	明治教育社	1930年・21版
18	文検教育大意国民道徳要領解義	岩部儻	啓文社	1930年
19	文検受験用教育大意	明治教育社編輯部編 代表曽根松太郎	明治教育社	1932年・23版
20	教育大意講義附教育史大意	三浦藤作	大同館書店	1932年・3版
21	系統的問題対照国民道徳教育大意要義	大日本学術協会編著	モナス	1932年
22	文検参考問題中心教育大意精義	三友社編輯部編	三友社	1934年
23	簡明教育大意	大元茂一郎	目黒書店	1936年
24	最新教育大意	伊藤千真三	大明堂	1938年増補再版（1936年修訂改版）

いるが，参考書の著者たちは「教育ノ大意」の試験問題をどのように整理し，参考書を編纂していったのであろうか。

　管見に入った参考書を一覧化してみると，かなり多種の参考書があったことが分かる。もっとも初期の参考書は河野清丸著『教育大意　全』であった。河野自身「序」で記しているように，同書が刊行された頃はまだ試験が始まったばかりで，試験問題の傾向から参考書を編むということはできなかった。そのためか編集は当時の一般の教育学書に習っている面が強く，心理学に関する部分が欠落しているなど，その後に刊行された参考書に比較してみると，やや趣を異にしている。

　参考書の一覧中には，吉田熊次の『教育大意要義』のように，必ずしも受験参考書を意図して編集されていないが，実際に受験者たちに用いられた書も含まれている。また，中等教員の「教育ノ大意」の試験のみを対象としないで，初等教員検定をも考慮した教育大意一般として編まれた参考書や教科書としての使用をも考えて編集している書などもあり，編集の方針は師範学校の教科書のように必ずしも定型化していない。編集，構成において個別の違いはあるが，それぞれ「教育ノ大意」とはどのような領域の教育学であるかを積極的に検討，意識して編集していると思われる。後述するが，河野以外の多くの参考書は心理学の領域を含んだ目次構成をとるなど，教科書とも，当時の教育学書とも異なった独自の体系がそこには示されている。

　参考書の執筆陣を見てみると，河野清丸は「修身科」，三浦藤作は「修身科」「教育科」の文検合格者であった。明治教育社『文検受験用　教育大意』の筆者も「修身科」「教育科」「法制及経済」の3科目に合格した経験をもつ人物であった。[46]また，明治教育社編の『文検受験用　教育大意』の事実上の編集責任者は，『教育界』主筆曾根松太郎であった。三浦は『帝国教育』の編集主任や『国史教育』の主筆を務めていた。岡田も教育学術協会主幹として広く知られた人物であった。一方，教授経歴を持つ執筆者には伊藤千真三や大伴元一郎，河野清丸などがいた。伊藤は日本女子大学や日本大学で教鞭をとっていた。大伴は師範の教諭であり，河野は日本女子大学附属豊明小学校主事として「自動教育

論」を唱えた人物として知られていた。なお，岡田，三浦，伊藤らは，「国民道徳要領」の参考書も著していた。著者たちの多くは，文検体験者や教育ジャーナリストで，彼ら自身の体験と受験情報に基づき，参考書を編纂していたと推測される。

参考書の著者たちは，「教育ノ大意」をどのように認識していたのであろうか。

明治教育社の著者は，教育学は科学であるが，「教育大意」は実用から来ていると，その違いを説明している[47]。三浦藤作はさらに具体的に「教育ノ大意」は「教育学，教授法，心理学，論理学，その他の学科を別々に列挙せず，一系統の知識として述べなければならない」ものとし，「教育大意は必要に応じてすべてを論ぜなければならない」と述べている[48]。「教育ノ大意」は，試験問題への対応という点で実用的であり，その必要に応じた領域をすべて網羅していなければならなかったと捉えていたのであろう。こうした考え方が反映しているのか，著者たちは，「教育ノ大意」を学問的な体系とは異なった系統的な知識体系として捉えて，参考書の編纂を試みているのである。

ところで，前記一覧中の参考書の中で，最も積極的な編集を試みているのは，明治教育社編『文検受験用 教育大意』であろうと思われる。初版から7年後の1924年には13版を数えていることから，かなり多くの受験生たちに使用された参考書でもあったと推測できる。ある受験参考書の中で，同書を精読すれば八分までは合格率に達すると，薦められている[49]。もし，受験生から一冊をと問われるならば，今日の読者である筆者も同書を推薦するであろう。

同書の目次を以下に掲げるが，その目次構成は出題傾向の分析に基づいた合理的な構成を試みていると，推測できる。また，それぞれの項目の説明後，その項目に関連する学説の一部を紹介するなど，受験生がさらなる細部な知識を得ることができるよう工夫している点，巻末に事項索引を掲げている点，中等教育を意識した叙述内容がみられる点など，同書は他の参考書に見られないような特色を備えている。以下，同書を中心にして参考書における「教育ノ大意」の体系と内容を検討してみる。

明治教育社編『文検受験用　教育大意』(1917年, 明治教育社／大同館書店)の目次構成　(節までを掲げ, 項の部分は略した。旧字体を新字体に, 数字は算用数字に改めた。)

第1章　緒論／第1節　教育大意の範囲／第2節　教育大意と教育学との関係／第3節　教育の理論と実際／第4節　教育の意義／第5節　教育の必要及び可能／第6節　教育の効果及び限界

第2章　目的論／第1節　教育の目的概説／第2節　個人, 社会, 国家／第3節　現在及び未来／第4節　意力主義／第5節　教育の特殊目的

第3章　主体論／第1節　教育者の力／第2節　教育者の人格／第3節　教育者の修養／第4節　尊敬すべき過去の教育者

第4章　客体論（生徒論）／第1節　教育時期の区分／第2節　客体の理解と心理学／第3節　心と脳／第4節　意識注意及び興味／第5節　感覚／第6節　知覚及び観念／第7節　記憶／第8節　想像及び連想／第9節　思考／第10節　感情／第11節　意志及び習慣／第12節　自我及び個性

第5章　教授論／第1節　教授の意義及び目的／第2節　普通教育に於ける教科課程案／第3節　普通教育の教科及び其の職能／第4節　教材の排列及び統合／第5節　教授の段階／第6節　教授の様式／第7節　教授上の実際問題

第6章　訓練論／第1節　訓練の意義及び目的／第2節　習慣と自治／第3節　訓練の主義／第4節　訓練の手段／第5節　訓練の場所／第6節　訓練の機会／第7節　操作査定／第8節　身体的訓練（養護）

第7章　学校論／第1節　学校の意義／第2節　学校の種類

附録

　同書の目次構成を師範学校の教科書と比較してみると, そこには異った体系が認められる。

　同書の目次構成で注目したいのは, 心理学の位置づけである。師範学校の教科書では, 教育科の一領域として位置づけ, 教育とは別に心理の教科書を編んでいる。それに対して, 同書は教育学の一部として心理学を位置づけている。心理の諸概念を「第4章　客体論（生徒論）」に取り込んでいるのである。同書「客体の理会と心理学」の中で,「教育方法の補助を与えるものは心理学なり。すでに定まれる教育目的に対して, 被教育者の心を如何に導き, 如何にその心

力を連合せしめ，如何に生徒に行為せしむるかは，実に心理学の定まれる法則なり」と，客体と心理学の関係を説明している。生徒の行動心理の諸概念を生徒理解の一助と見ているのである。生徒理解の一分野としての心理の諸概念を位置づけるという見方は，伊藤千真三の『最新教育大意』や三浦の『教育大意講義』にもみられるが，吉田熊次の『教育大意要義』や岩部暁の著書のように，「教育学」と「心理学」とを分けて2部で構成している書もある。

また，師範学校の教育学の教科書では「養護」「教授」「訓練」と配列の順序がほぼ定まっているのに対して，同書では「第5章 教授論」「第6章 訓練論」の順となっており，「養護」を独立した章として立てていない。「養護」が「訓練」の中に組み込まれている。すなわち，「身体的訓練」（養護）を「訓練論」の一節としている。師範学校の教科書の順序を踏襲して編制している参考書が比較的多い中で，かなり大胆な構成である。すでに試験問題の出題傾向を述べた中で指摘したが，「養護」の出題が「教授」，「訓練」に比較して極端に少ない。実際の出題傾向の分析から，同書は目次編制を編みだしているのであろう。

ところで，同書の叙述の内容を具体的にみてみると，全体として師範学校の教科書程度という印象が強い。言いかえれば，同書の叙述のある部分は師範学校の教科書の叙述内容と重複している。

一例を示せば，同書の「第2章目的論 第1節教育の目的概説」において，「教育とは比較的に成熟せるものが，未成熟者をして完全なる人間たらしむる働なることは既に述べたり。並びに完全なる人たらしむるといふは，身体並びに精神（知，情，意）の調和的発達を指す。然らば教育の目的とするところは被教育者の心身をして調和的に発達せしむることと明らかなり」と説明している。

佐藤熊次郎，小川正行，篠原助市著の寶文館の教科書『教育学』（1910年）の「教育の目的 教育の目的に関する概説」を見てみると，「教育は未成熟者に対して自己の完成を企画し得べき基礎を与へんとするものなることを述べたり。蓋し教育は一定の理想を予想する事業にして，斯かる理想は，之を形式的にいへば，未成熟者の完成以外に思考し能はざればなり。教育の対象たる未成熟者は，身体と精神との二方面を有し，精神は更に知・情・意の三方面を有するを

以って」と説明している。

　同書においても他の参考書においても，師範学校の教科書のどこかにあったのではないかと思われる記述にしばしば遭遇する。すなわち，師範学校の教科書と重複している領域に関しての叙述内容は，基本的に教科書を超えていないのである。叙述の内容の面から見るなら，参考書と教科書とは大差ないということになり，受験生が参考書を使用して学んでも，教科書を使用して学んでも，結果的にはさほどの違いはないということになる。

　しかし，すでに見てきたように，試験問題は中等教育に関する事項を含んでいた。参考書は，どのような中等教育に関する知識を受験生たちに提供していたのであろうか。

　参考書によっては，中等教育を意識して叙述していないのではないかと思われる書もある。管見に入った参考書の中で，比較的よく中等教育を意識して編集しているのは，やはり明治教育社の『文検受験用　教育大意』である。しかしながら，同書においても，あらゆる事項において中等教育を前提とした編集をしているわけではない。中等教育における教授学という形での叙述はしていない。叙述内容の一部に中等教育を意識した記述が含まれているといったほうが，正鵠を得ているであろう。

　同書の例をとりながら，参考書における中等教育に関する叙述内容を見てみたい。

　同書の中で，中等教育に関する叙述の最も好例は，「普通教育」の項目についての説明であろう。同書では，普通教育の目的を人の人たる所以を完備することであり，普通教育は初等普通教育と高等普通教育に分けられるとして，初等普通教育について説明した後，高等普通教育の説明として，「高等普通教育とは，小学校の教育を拡張し且深ならしむるものをいふ。而してこれは中等階級の国民たるに必要なる教育にして，夫れ自身完成せる教育なり。されども高等普通教育は他の高等なる学科に対する準備たるものなり。中学校及び女学校は之に属す」と述べ，続いて中学校令第1条，高等女学校令第1条が紹介されている。なお同書では，普通教育の他実業教育など専門教育についても叙述が

加えられている。[50]

　一方，吉田熊次の『教育大意要義』中にも，「高等普通教育の目的」の項目が取り上げられている。そこでは，中学校及高等女学校は高等普通教育をなすことを目的としているが，普通教育の本義は小学校令第1条に明示されているので，まず第1条の本文を挙げて，その後，「児童身体の発達」「道徳教育及国民教育」「生活に必須なる普通の知識・技能」を説明している。次に，小学校は一般普通の国民の修養を目的としているが，中等教育は高等なる普通教育を施し，中等以上の一般国民に共通なる修養が目的であると説明している。[51]

　吉田が初等教育を軸に普通教育を説明した次に，中等教育の目的を述べているのに対して，同書は高等普通教育を定義し，該当する学校の種類とその教育目的を紹介し，加えて専門教育を含んだ中等教育全体にわたり述べている。吉田の説明と比較してみて，同書の高等普通教育に関する説明は遜色がないと思われる。同書での叙述は，「高等普通教育」や「普通教育」の設問に答えられる内容を備えていたと推測できる。

　次に，同書における中等教師の記述内容を見てみよう。同書の教師に関する叙述の多部分は教科書によく記載されているような一般的な教師論にとどまっており，特に中等教員について項目を設けて説明されているわけではない。しかし，「学者的教育者」の説明の中で，「教育の目的をも顧慮する所なく，部分的専門的知識の注入にのみ流るるは其の弊とやいはん。現在の中等教諭にも，梢々此の弊に陥れるものあるは悲しむべし」と述べている。また，「官吏的教育者」の説明中では，「被教育者の将来を顧慮すといはんよりは寧ろ自己の経営の才を誇らんとする傾向を生じ，その弊の赴く所甚だ寒心すべきものあり。この弊，時に中等学校の首脳者に認めらるることあり」と，中等教師論に言及している。

　ちなみに，三浦の書でも掲載されているのだが，同書に参考資料として，「小学校教員心得」が収められている。中等教員もまた，「多識」よりも「善良」という教員像に依拠していたのであろうか。

　同書はこの他にも，「訓練の場所　学校生活」の中で，「学校騒動につきて」

と，他書にはない中等教育特有の問題を取り上げている。しかし，説明の内容をみてみると，学校騒動とは生徒が校長または教師に反抗して騒動を起こすのであり，不平を持つ生徒が多いと起こる，「これ実に学校に於ける訓練の破綻なり」，「生徒に心服せらるる校長教師たる場合，安んぞ学校騒動なるもの起こり得ん」と述べられ，結論は生徒に範を垂れる教師像の薦めに落ち着いているのである[52]。

中等教育に関する叙述において，管見した参考書中最も積極的な編集をしていると見られる同書においても，中等教育に関する知識は全体として断片的な内容しか扱われておらず，しかも試験委員に受け入れられるであろうことを想定しての叙述内容に留まっている。試験問題に十分対応できる参考書がかならずしも整っていない状況であったのである。

にもかかわらず，吉田熊次は，「教育大意の試験は中等教員としての一般的修養に関するものであって，師範学校に於ける教育学の如く，小学校の教育を直接の目的として居るものではないといふ点である。然し今日にあっては右のような区別を明瞭に意識して書かれて居る教育学書といふものが少ないので，受験者に取っては不便であると思ふが，教育大意の試験の目的から云へば，是非此の区別を判然と理解してほしいものである[53]」と，述べている。さらに，吉田は，「教育大意は主に中等教育に従事しうる人としての根本観念を養ふにあろうと思ふ。其の趣旨から行けばもう少し中等教育本意に考えを練ってほしい」と，受験生に中等教育の試験であることを十分考慮して解答するよう注文をつけている[54]。

3）模範解答にみられる教職教養の水準と内容

試験委員は評議して採点していたようであるが，模範解答は公開されていなかったので，正解を知ることはできない。試験で求められた水準や程度は受験談や模範解答によって推測せざるをえないが，第1回目の試験で合格した受験生は，答案を次のように書いたと語っている（要旨）。

第1問の教育の目的については13行罫紙1枚に書いた。これは普通教育学に

書いてあるから余り思案するほどでない。教育学要義及教育学教科書の中にある教育の意義または教育の目的なる綱目など読んでいれば分かる。第2問の心理学の問題は「直観」は何々と2行くらい書いて，合計9行位で面倒な解釈は加えなかった。次の第3問は，これも教育学の中にある教授または訓練の部より参考にして書いた。中学校における両者の関係は別段前書中にはないが，教育雑誌などを購読していれば常識の範囲で書ける。自分は新聞雑誌などの先輩教育者の述べたことを取捨選択しておよそ半紙1枚半程度に書いた。[55]

採点基準について，試験委員の乙竹岩造は，次のように語っている。「教育大意の試験は教育科とは違って，教育科を受け持つことが出来るという為ではないのであるから，その程度は梢々低いものであることは謂うまでもないことである。教育大意は読んで字の如く，全般に亘って大体の事が理解されれば宜しいのである。[56]」

上記の受験談，乙竹の見解，前述した参考書の叙述を総合してみると，「教育ノ大意」で求められたある部分の知識の範囲と水準は師範学校の教科書の程度内であり，言葉の概念を要領よく確実に説明できる能力を問われたと集約できるであろう。

しかし，中等教育に関するような教科書で扱われていた範囲を超えた設問には，どのような解答がなされたのであろうか。中等教員に関する設問を例にとって検討し，設問の模範解答から，問われた教職教養の内容を考察してみたい。すでに指摘したことだが，中等教員についての設問は1915年と1937年に出題されているので，その2問を取りあげてみる。

「教師の任務を説き，特に中等教員たるものの心得を述べよ」（1915年，29回）の模範解答例を，1917年と37年という異った時代に刊行された参考書に表われた解答例を比較してみる。

1917年刊行の参考書中の解答例では，「教師の任務」と「中等教員の心得」を次のように説明している。「教師は教育の主体であり，被教育者である児童生徒の心身を完全円満に発達せしめ，十分に国民的生活を営むことを得る所の人物を造るを以って其の任務となす」。「中等教育にありて最も大切なるは被教

育者の人格を陶冶して,国家の中堅たるべき中流社会の人物を養成することにあり。故に中学校・高等女学校の如き普通教育を行ふ学校は勿論,師範学校・実業学校の如き特殊の目的を有する学校にても,常に教育者が其の素行を慎みて善良なる示範をなさざるべからず。今日の中等教育の多く分科担任なり。教師は各々専門の学科目を教授す。分科教授の弊害は偏知的教育に流れ,ただ自己の担任する知識技能を伝達すれば,其の任務終れりとなし,被教育者の人格陶冶の如きは著しく軽視せらる。中には専門の知識技能さへあれば,十分に中等教員あるの資格ありと誤認するものも無きにあらず。かくの如くは中等教育の本旨より見て甚だ慨嘆に堪えざることなり。今後の中等教員は国家の中堅たるべき健全なる人物に養成することを主眼とし,専門の知識技能を練磨すると共に,自己の人格を修養して,被教育者を感化誘掖することを忘るべからず」[57]。

解答内容を要約すれば,1,教育者の任務は生徒を発達させることにある,2,中等教育の目標は中等臣民の形成にある,3,中等教育は人格の陶冶にあるので,教師は,教科の専門にのみ関心をもってはならないと,いうことになるであろう。

次に,1937年刊行の参考書中の同問題に対する模範解答を見てみよう。教師の任務は「被教育者の人格の形式及び内容を調和的に発達せしむるを主眼」とし,「中等教員たるものの任務は,他日国家の中堅たらん人間を陶冶するを本旨とするものであれば,深く此の点を心に銘し,其の知に於ても,技能に於ても,徳に於ても,それに十分なる教養を施し,方法等は此の点及び生徒の心身的状態に応じて,決定するやう心掛くべきである。彼の徒らに学者的態度を気取り,専門的知識の授與にのみ没頭する如きは,其の任務をわすれたるものと言はねばならぬ。……以上の外,総じて今日の教員たる者は,単に私事として教育に従事するでなく,一国文政の一部的担当者たる,準官吏として教育に與る者であれば,よく国家の命ずる所に対しては,忠実に服従する義務がある」[58]と,述べている。

前者と後者の模範解答例は,20年の開きがある。にもかかわらず,上記の3点が骨子となっている点ではほぼ同質の解答例である。その点に限定すれば20

年もの間，同一の中等教育観，教師観が存在し続けていたということになろう。

しかし，後者の解答例では，教師の国家への服従の義務という点が加わっている。時代に即応した教師像が描かれているのである。委員が時代の変化に応じた解答を求めていたためと思われる。例えば，吉田は1939年当時次のように述べている。「昨年秋の検定試験の時教育大意の方の試験問題であるが，教育ト学問トノ関係トノ関係ヲ論ゼヨ。いふのが出ているが，近年学問と教育との関係が従来のやうな抽象的なものであってはならぬといふ論が行はれて居つたのである。さうような具体的な，生きた問題と連関して考へる人が，極めて少い。斯くの如きは，教育は国家の施設であり，教育の方針が一種の国是に基づくものであるといふ考が受験者に徹底して居らない証拠であると思ふ。」[59]

「中等教員」に関するもう1問の設問を見てみよう。1937年春に出題された「中等学校教員の使命を明にせよ」という設問である。

解答中，「中等学校は高等普通教育を以って本質とし，その重大なる任務の一はレヴェルを挙げて行くことにある。勿論，小学校も国民一般の教養を主とするのであるが中等教育は国民の中堅層，中産階級の教養を掌握する。而して国民をリードするものは常にこの中堅層にあることを知るならば中等教育はゆるがせに出来ぬことが理解されよう。健全なる常識と健全なる社会観人生観を与へてやることが，現代中等教育に要望される第一の問題である」。

「青年心理を解して，これを巧に誘導し，その動揺し易く情熱的なる性向を引きしめてそれに方向と安定とを与へることが大切である。これが中等教師の教育的責任の重且大なる所以である。次に中等教師は教授上に於ては特に注意すべき諸点である。それは一般中等教育が動もすれば専門教育に流れ易いことである。この弊を矯めて総合的見地に立ち，全体的見渡しを得させることが今日の中等教育の欠点を補ふ所以である」[60]。

この解答は，ある受験生が実際に解答した例に基づいている。解答内容の要点を解説するまでもなく，上記の解答と共通した教師論が展開されている。

以上三つの解答例を概観した範囲内ではあるが，極めて固定的な中等教育観や中等教師観が面々と時代を超えて，文検「教育ノ大意」の試験の世界におい

て，「常識」として通っていたことが分かる。加えて，委員たちが時代の変化の中でどのような教育観を持ち，どのような解答を望んでいたかを受験生たちは心得ていたのである。

　受験生たちは，委員の講評，受験参考書，模範解答集などを手がかりに，その時代のあるべき中等教師像を学び，答案を書いていたと推測できる。すなわち，文検「教育ノ大意」の試験は，試験委員たちが期待する教職教養観を受験生たちが志向していく機能を果たしていたのである。

　これまで述べてきた「教育ノ大意」をまとめると，次のように要約できる。

　「教育ノ大意」は，中等教育が専門の学識の教授に偏らず，教育的教授として行う必要があるという議論から導入された。

　試験委員たちは，自ら考える中等教員教職教養観にたって問題を作成した。出題は教授法，心理学といった師範学校の初等教員養成の教育学知識が中心であった。それと同時に，中等教育に関する設問も出題されていた。設問傾向に特別な思想的片寄りはみうけられない。

　受験参考書の著者の中には出題傾向を分析し，師範の教科書とは異なった参考書の目次を構成し，「教育ノ大意」の独自な体系化を試みた。しかし，目次構成に独創性がみられる割には，参考書の叙述の内容は師範の教科書と大差なかった。また，中等教育に関する叙述も，かならずしも解答を書くのに十分な内容を備えていたとはいい難かった。

　初等教員養成と重複する教育学の範囲内の設問に関しての答案の内容と水準は，師範の教科書程度の知識で正解となったと推測される。

　一方，中等教師論に関する模範解答をみてみると，中等教育の目標は中堅層の臣民（中等臣民）の育成であり，教員は学科の専門を教授するのみならず，中等教育の目標を十分心得た教授が必要であると強調されている。

　試験委員たちは中等教育を教育的教授となすために「教育ノ大意」が必要とし，委員たちの考えによる教育的教授を受験生たちに試した。受験生たちは委員たちが求めていると想定した正解に向かって解答を書いた。

「教育ノ大意」の試験は，試験委員たちの問題作成，参考書の著者たちによる知識の媒介，解答の作成といった循環によって，受験生たちに定型化した教職教養観を定着化させる装置であった。すなわち，「教育ノ大意」の試験は，教育学が知の権力化していくひとつの過程であったのである。

第3節 「国民道徳要領」

第1節で既述のように，1906（明治39）年の高等教育会議で削除された「修身」は，10年後の1916（大正5）年3月29日，「国民道徳要領」という名称で復活した。つまり試験検定では「国民道徳要領，教育大意及教授法ヲ併セテ」行うこととなったのである（「教員検定ニ関スル規程」第9条改訂。この時から「教育ノ大意」は「教育大意」と改称された）。その経緯を示す直接的資料は，発見できなかった。高等教育会議の後を継いだ教育調査会で審議決議されたわけでもなく，したがって「教育ノ大意」のときのように，審議過程を紹介する教育雑誌記事も残されていない。

1）国民道徳要領の新設

文部省参事官・武部欽一は，国民道徳要領が導入された理由について次のように述べている。学校教育において国民道徳が肝要であることは言うまでもない。そしてその教育はひとり修身担任の教員のみに委ねるべきものでなく，「如何なる学科目を担任するに拘らず，苟も教員たるものは等しく思を茲に致して，国民道徳の徹底を図り，生徒徳性の涵養に務めざるべからず。是れ試験検定に際し，之が試験を課し，以て教員たるべきものゝ国民道徳に関する素養を検するは頗る必要のことたるがためなり」。

それならなぜ無試験検定においても課さないのかという疑問が湧くが，1922（大正11）年1月24日になって初めて制定された「実業学校教員検定ニ関スル規程」にも付帯科目はなく，けっきょく教育大意・国民道徳要領という付帯科目は，師範学校中学校高等女学校教員の試験検定においてのみ課されたのである

（女子の高等教員検定とも言える師範学校専攻科並高等女学校高等科及専攻科教員試験検定では課された）。

　ところで国民道徳要領および教育大意は，以下のものについては受験免除された（第9条但書き）。

　　国民道徳要領：　教員免許令による教員免許状所有者，修身科出願者
　　教育大意：　　　教員免許令による教員免許状所有者，小学校本科正教員免許状所有者，尋常小学校本科正教員免許状所有者，教育科出願者

これから判断すると，国民道徳要領のほうが重視されていたといえる。しかし1921（大正10）年3月4日の規程改訂で，両者の免除規定は以下のように同等となった。

　　国民道徳要領：　教員免許令による教員免許状所有者，小学校本科正教員免許状所有者，修身科出願者
　　教育大意：　　　教員免許令による教員免許状所有者，小学校本科正教員免許状所有者，教育科出願者

　ただ毎回の試験問題数・試験時間を見ると，両方とも国民道徳要領のほうが多かったので，当局はやはり，国民道徳要領の方をより重要視していたと言える。すなわち教育大意は初回の第23回（1909年）から第55回（1931年第2回）までは3問（うち計4回は4問），第56回（1932年第1回）からは4問となり，試験時間は2時間ないし2時間半であったのに対し，国民道徳要領のほうは初回の第30回（1916年）から第57回（1932年第2回）まで4問（第45回のみ3問），第58回（1933年第1回）から第71回（1939年第2回）まで5問となり，第72回（1940年第1回）以降第78回（1943年第1回）まで，再び4問に戻った（総設問数209問）。試験時間は一貫して3時間であった（なお文検が年2回実施になったのは，1922年度からである）。

2）新設の時代背景

「教育ノ大意」新設の経緯からして，「修身」的試験の追加はすでに政策プログラムに組み込まれていたし，またすでに1912（明治45）年1月の段階で，今後の中等教育において「国民道徳の精華を発揮せんと努力すべきこと」は言うまでもないとの田所美治普通学務局長の談話も報じられていた。[63] しかしなぜ1916年実施となったのか。新設に関する直接的資料がないので，それを導いた時代状況から推測せざるをえない。

1914（大正3）年8月，日本は第1次世界大戦に参戦し，文部省は教育関係者に対し戦時下の教育および心得について訓令を発した。1915年5月には中国に対する21カ条の要求について調印，6月には2個師団増設・軍艦建造などの追加予算案が可決された。そして11月には大正天皇の即位式が挙行され，日本中が軍国主義の高まりと天皇奉祝ムードとに沸き返った。

そういう熱気の中の1915（大正4）年12月1日，全国中学校長会議（312名参加）が開始された。そこでの諮問事項の第一は，「現下ノ時局ニ鑑ミ今後中学校教育上特ニ留意スヘキ点如何」であり，それに対し会議は「国体の尊厳を自覚せしめ協同規律の習慣を養ひ国家的精神を旺盛ならしむること」と答申したのである。それに対しある論者は，答申文中の「協同規律の習慣を養ひ」は緊張感を殺ぎ不調和を生むので不必要であったと論じている。[64] つまり「国体の尊厳」と「国家的精神」の強調だけで十分であるということであった。

12月10日には天皇は文部大臣を宮中に呼び，いわゆる「教育振興の御沙汰書」を示し，「今ヤ人文日進ノ時ニ方リ教育ノ任ニ在ル者克ク朕カ意ヲ体シ以テ皇考ノ彝訓ヲ対揚セシムコトヲ期セヨ」と命じた。[65]「感激」した高田早苗文部大臣はさっそく翌日にはこれに関する訓令を発し，同時にまた，教育関係者がこれを機に「愈々奉公の誠を尽して，教育学術の発展，国民道徳の振興に尽瘁」することを願ったのである。[66]

文検試験検定への国民道徳要領の導入（1916年3月）は，この「御沙汰書」の3カ月半後のことであった。かつて無試験検定の受験資格を「教育学教授法」

を修めた帝国大学卒業者に限定することには大いに反対した高田早苗も,「国民道徳」には抵抗のすべがなかった。

その後, 1918 (大正7) 年「高等学校令」第1条「国民道徳ノ充実」, 1919 (大正8) 年「中学校令」第1条「国民道徳ノ養成」, 1920年 (大正9) 年「高等女学校令」第1条「国民道徳ノ養成」というように, 国民道徳は主として中等教育法令上のキーワードとなっていった。

3）国民道徳とは何か？

「国民道徳」という用語が公式場面に現れた初期の事例としては, 1909 (明治42) 年7月の全国中学校長会議, 1910年5月「師範学校教授要目」, 同年12月の文部省主催師範学校修身科教員講習会などが挙げられている[67]。一方, 文検修身においても, 1909年の本試験で「国民道徳と倫理学説との関係如何」「我国民道徳に於ける忠孝一致の理を説明し之が教案を作れ」が出題されて以降, ほぼ毎回, 国民道徳に関する出題がなされていった。

けれども当初, 国民道徳とは何なのか, その意味は必ずしも明確ではなかった。前記「師範学校教授要目」(1910年) では, 修身の第4学年で「我カ国民道徳ノ特質」が現れる。初めての法令用語であるにもかかわらず, それがどういうものであるのか説明は何もない。ただ教育勅語の趣旨に基づき「既授」の知識を総合活用して「以テ我カ国民道徳ノ特質ヲ悟了セシムヘシ」と命じるのみで, 同年11月18日の「師範学校教授要目説明」においても,「修身ノ教授ヲナスニハ特ニ我国民道徳ニ就キテ懇切ニ教授」すべきだと求めるだけである。つまり教育勅語が「国民道徳ノ神髄」であるとされていたので(前記教授要目説明),国民道徳とは何となく分かり切ったことと考えられていたのである。

では文検の付帯科目として1916年に追加された国民道徳要領の内容はどうなるのか。受験生は教育勅語の研究さえしておけばいいのか。国民道徳要領の初回から最終回まですべての回に関与した唯一の試験委員・亘理章三郎（東京高師教授）はその頃に, なるべく国民道徳を広義に解釈して, 中等教育の修身科の各徳目はすべて国民道徳に属すると思うが, 文部省として「確定しているわ

けではない」と述べていた。[68]

　内容が不確定のまま受験準備をせざるを得ない受験生の不安は推測するに余りあるが，回を重ねるごとにその姿は明確になっていった。それは極めて類型化されているが，しかしかなり幅広い内容を有するものであった（後述）。

　国民道徳の権威と言えば，もちろん東京帝大の井上哲次郎であった。しかしここで重要なのは，大学人としての井上にとっては，中等学校の教員・生徒を対象とした国民道徳とは，もともと国民道徳「論」として，国民道徳について考察を行なう「研究的性格」を持っていたことである。[69]

　大島正徳（東京帝大助教授）が主筆を務めた『内外教育評論』では，国民道徳をめぐるかなり自由な，したがってきわどい議論が展開された。例えばある小学校教員は，国民道徳の鼓吹者は「旧習墨守」ではなく，その「改善」のための「積極的具体策」を提出すべきであり，「犠牲的精神」の賛美がいかに数々の悲劇を生んでいるかに着眼すべきであると主張した。[70] 国民道徳要領の中核的試験委員・亘理章三郎の講演についても，教授は我が国民道徳は決して「頑迷固陋」ではないと声明したが，どのように聞いても「其の排外的保守的自惚的なる感を禁ずる能はず」と批判する論があり，それに関しては別の読者が反論[71]し，[72] さらに再反論も掲載された。[73]

　民本主義という用語に「付け込み所」を見つけて，「開闢以来歴朝の政治が，民を本とし民の為を図らざるは一つもない」ので「日本は建国の始めより民本即ちデモクラシーである」と主張する「勇敢なる国民道徳学者」を批判する論は，直接には武家政治700年を除外する国民道徳学者の「非常識」を批判するものであるが，しかし「（民の為だけではなく）民に依らなければデモクラシーとは言へない」と続く論調は，国体論的にはかなり危険な論であった。[74]

　その他，国際道徳科の提唱とか，[75]「立憲自治の生活や市町村自治団体の一員としての生活」などが含まれていない，徳川時代のような国民道徳を批判する論などがあった。[76]

　このように大正時代においては国民道徳をめぐるかなり自由な「研究的性格」の議論が許容されていたのであった。けれども1926（大正15）年9月，あの井

上哲次郎の『我が国体と国民道徳』(1925年)が不敬であるとの攻撃にさらされるようになった。井上は検事取調においても「三種の神器」に関する記述は「自由討究」のためであると、その「研究的性格」の主張を貫き、事件後も「国民道徳論の言説と研究的性格」を「基本的に保持」したのであった[77]。

しかし文検という国家試験においては、受験生独自の研究結果を自由に記述するわけにはいかない。模範解答は井上自身や出題委員たちの見解に従ったものとならざるをえなかった。長期にわたって利用され続けた参考書『文検受験用国民道徳要領』も、なるべく井上、吉田(熊次)、深作、亘理等の著書、なかでも井上博士の説によるところが最も多かった[78]。また修身の国民道徳関連問題についての解説においても、「これは井上博士東亜協会の講演と吉田静致学士の丁酉倫理の講演による」とか、「多くは井上博士の意見によりて答ふ。畢竟検定試験委員のオーソリチーであるから」と注記された[79]。

したがって文検は自然と、国民道徳の固定化・国定化、つまり忠孝一致の家族国家論を定着させていくという点で、大きな役割を果たしたのである。

「忠孝一致ノ理ヲ説明セヨ」(第60回第3問)という国民道徳に関する典型的設問の模範解答例では、「忠孝の大道は我が国民道徳の大本」であり、忠は孝にして孝は忠、両者同一なることが「我が国民道徳の特色」であると説明された。しかし忠と孝とが往々にして両立しがたいことがあり、そのためにこそ考案されたのが家族国家論である。その矛盾を解消させるための次の説明はあまり説得的ではないが、こうした理屈によって、一旦緩急あれば義勇公に奉じ、親元を去り天皇に生命を捧げることが求められた。

「我が国は君臣同祖、君民一体の歴史を有する国家であるから、皇室と臣民とは宗家と分家の関係をなす」「此大宗家の家長たる天皇陛下に忠義を尽すは、即ち本に報ゆる所以で、孝の大なるものである。夫れ故に、忠孝は全然一致して矛盾する所がない」[80]。

4）文検・国民道徳要領の出題内容

　1916（大正5）年度第30回から1943（昭和18）年度第78回まで，全49回にわたって実施された国民道徳要領の設問は，それこそが教育大意と並んで，戦前の中等学校教員に求められた教職教養の内容を示すものであった。ここではそのすべてを紹介することはできないので国民道徳要領の第1回目の試験問題のみを示すが，実は毎回の内容はほぼ定式化されていたので，一部から全体を把握することが十分に可能である（全問題については資料編を参照）。

第40回（1924年度第1回）
1．教育ニ関スル勅語中ノ「国体ノ精華」ノ意義ヲ説明セヨ。
2．国民精神作興ニ関スル詔書中ノ「浮華放縦ノ習漸ク萌シ軽佻詭激ノ風モ亦生ス」ノ意義ヲ説明シ且此ノ時弊ヲ矯正スル方法ヲ述ベヨ。
3．報恩ノ重ンズベキ理由ヲ述ベヨ。
4．自治的精神ノ意義ヲ説明シ且其ノ養成ノ道ヲ記セ。

　全49回，設問総数209問の内容は，5つの分野から構成されていた。各回における分野ごとの設問数および全209問に対する比率を示すと，表7-3のようになる。
　一瞥して意外なのは，文検・修身と同じように，国民道徳要領という特殊日[81]

表7-3 国民道徳要領　全209問の内容（1916年度～1943年度）

分　野	設問数	比率
①教育勅語関連	50	24.0%
②国民精神作興詔書・戊申詔書等関連	41	19.6%
③一般的公民科的	29	13.9%
④一般道徳的	28	13.4%
⑤国民道徳関連	61	29.2%

本的な試験において，③の「国籍」には関係しない公民科的設問および④の普遍道徳的な設問も多かったことである。全209問中57問となり，国民道徳関連の61問とほぼ同数であった。例えば「法律と道徳との関係」「博愛の重んずべき理由」「責任観念養成の道」「輿論の意義とこれに対する心得」「職業の道徳的意義」「国民の公務」「自治的精神の意義とその養成の道」などである。

　もちろんそのような設問に対しても国民道徳の見地から解答することが期待されていたと考えられる。けれども受験参考書・受験雑誌における模範答案を検討した限りでは，ほとんどどれもそれぞれの設問限りでの解答であり，ことさらに国民道徳的観点から解答されているとは言えない。もっとも，「益々国交を修め友義を淳し」（戊申詔書）の意義や，「寛容の重んずべき理由」を一般的に問う設問などに解答するためには，それが第2次世界大戦突入後におけるものであるだけに（ともに1942年第1回），かなりの偽善的ないし二重人格的態度が必要であった。

　国民道徳要領の主要設問内容は，言うまでもなく，相互に連関する①②⑤であり，全209問中，合計で152問，72.7％となっている。

　教育勅語に関する設問は，さすがに毎回あった。うち勅語と国民道徳との関係を問う設問は（1919年），表7-3では勅語関連の①に，一般的に「公益を広め世務を開くの道」を問う設問は③に分類した。あと教育勅語の下賜そのものについての設問もあったが（1930年第2回），残りはすべて教育勅語の中の一部語句の説明を求める設問である。取り上げられた回数の多かった語句には，「斯の道」「天壌無窮の皇運」（各5回），「国体の精華」「徳樹」「公益・世務」（各4回）があった。

　教育勅語に関連する設問とは言っても，「爾祖先の遺風」や「斯の道」は何を指しているかとか，「教育の淵源」「国体の精華」とは何のことかと問う設問などは，勅語に対する意識というより，むしろ日本語の語彙力・読解力を試す問題であった。文検の末期には教育勅語全文の謹書が連続して求められたが（74回～78回），これは文字通りの暗記力テストである。

　教育勅語に対する意識を検定しようとした設問として重要なのは，教育勅語

中の例えば「国体の精華」の意義を説明し「且之に就きて感ずる所を述べよ」(1916年)といった設問である。受験生たちが感じたことをそのまま書けたかどうかは別として,教育勅語に関係する設問50問中の27問にはそのような工夫が凝らされていた。

分野②の詔書等からの設問は,第40回 (1924年度第1回) から設定された。その内訳は,国民精神作興に関する詔書 (18問),戊申詔書 (18問),国民道徳振興に関する勅語 (1問),青少年学徒に賜はりたる勅語 (4問),国際連盟離脱に関する詔書 (1問) の計42問である。ほとんどが語句説明であり,日本語能力の設問に近かったことは分野①以上であった。

分野⑤の国民道徳に関連する設問は毎回出題というわけではなかったが,一度に2～3問出題される回もあって,出題数は一番多くなる。それには,国民道徳を直接扱った設問 (3問),国民道徳と何かとの関係を問う設問 (6問。勅語との関係を含めると7問),「国民道徳の見地より」ある事柄を批判・論評させる設問 (25問),「孝道」「家の観念」「忠君愛国」「忠孝一致」についてなど,国民道徳関連の設問 (27問) があり,計61問となる。

以上のような設問はいずれも,単なる日本語能力検査ではなく,受験者の答案上の思想検査としてそれなりに有効であった。しかし思想検査であるということを割り切ってしまえば,正解はすでに決まっているので,解答自体はむしろ書きやすくなる。第64回 (1936年度第2回) の国民道徳要領問題について,「揃ひも揃って常識問題ですね。これだったら全く問題にならないではないですか」(岡野)「高等小学校の修身書程度のものですね」(島) などと文検受験指導者たちが述べているのは,そのためである。事実,宇野哲人委員は,受験準備には高等小学校修身教科書を「十分研究すればよい」と述べていたし,また亘理委員は中等学校とくに師範学校の修身教科書を「熟読玩味」することを勧めていた。

というわけで,例えば「我が国に於ける臣民の意義如何」(第65回) に対し「要求」されたことも,およそ以下のような内容だと推測できた。「我が国に於ける君臣関係が君先民後であり,情に於ては父子の情を兼ねて居り,本家と分家

との関係であり，一君万民であり，随って我国に於ける臣民は天皇の大御宝であり，民草である」。[85]

なお付帯科目の各回の出題委員を特定することは，非常に難しい。修身や教育科の委員がほとんど兼ねていたからであり，また口述試験がないので，受験記から委員を推定することもできないからでもある。ただ亘理章三郎だけは他の科目の委員を兼ねておらず，すべての国民道徳要領に関係したことは間違いない。多くの回で委員となったと判断できるのは宇野哲人（東京帝大教授。修身委員），森岡常蔵（東京高師教授。教育科委員）であり，他には吉田熊次（東京帝大教授。教育科委員），紀平正美（国民精神文化研究所）などがいた。井上哲次郎が一時期修身に関係していたことは確認できるが，国民道徳要領の出題をした形跡は認められない。

5）「国体」教育に利用された教職教養

E. ハウスクネヒトは「中学校教員資格勅令案」（1888年）において，[86] すべての志願者に対する予備学，つまり教育学・教授法を規定していたが，彼が教職教養に必要なものと考えていたのは実はそれだけではなかった。彼はヘルバルト主義者として，「学校」とは「啻ニ人ヲ教授スルノミナラス其教授ニ由テ人ヲ訓育シ陶冶スヘキ」「教育場」であり，この点で「教授場」である「大学」や「高等ノ専門学校」とは違うという基本的認識をもっていた。[87] したがって教員たるもの「受持学科ノ一班」に通ずるだけでは未だ「充分ノ教員」とは言えず，教員には「能ク諸多ノ学科ヲ訓育的ニ応用スルノ技倆」がなくてはならないのである。[88]

しかもそのうえ1887（明治20）年1月に来日したハウスクネヒトの目には，維新以後「日本旧来ノ美風良俗」は「抛棄」され，「少年輩ヲシテ我儘勝手ノ精神ヲ増長セシメ終ニ長者ノ威権を蔑如シ従順ヲ欠キ，礼節ヲ軽ンスルカ如キ弊風」が「醸生」され，学校の「師弟間ノ礼節大ニ頽敗」していると映じていたのである。そこで学校に「真正ノ訓育」を施し，「生徒ヲシテ威権ノ何タルヲ知ラシメ服従ノ何タルヲ弁セシメ」るためには，「教員ノ養成法ヲ改良シ其

ノ資格ヲ完全ナラシメ」ることが緊急の課題とならざるをえなかった[89]。

ハウスクネヒトが江木千之とともに作成した「中学校教員資格勅令案」においては, 全志願者に対する必須科目として「倫理学」が設定されることはなかった[90]が, それは各種の現実妥協をしたからであった。しかし彼の理想を提言した「高等学校教官養成之議」(1888年) では, 第2次国家試験における口述・筆記試験科目の一つとして「倫理学」を求めていた[91]。

ところでハウスクネヒトは, どのような内容の倫理学を教員に求めていたのだろうか。彼がその要点として示したことは, ①「宗教ノ臭味」を帯びてはいけないこと, ②「旧来ノ習慣」に基くこと, ③「泰西ノ倫理的, 法律的ノ宇宙観察」を「配合」すること, ④統一的系統を備えること, ⑤「哲学上教育学上ノ理法」に基づくことの5点であり, さらに強調されたことは, 「倫理ノ教授」もその方法が重要であるということであった[92]。

ここで重要なことは, 「旧来ノ慣習」に基づきながらもヨーロッパの倫理的法律的世界観を採用することであり, 彼が求めていたのは宗教的色彩のものではない学問的倫理学であったことである。生徒に「威権」と「服従」の意味を教えるということも, 哲学的教育学的な意味合いにおいてでなければならない。

そもそもヘルバルトの教育学・倫理学において求められた「強固な道徳的品性」とは, 自己の洞察 (Einsicht) と意志 (Wille) とが一致した「内的自由」な状態であり, それは「道徳的人間は自分自身に対して命令する」(教育の主要任務としての世界の美的表現) と言われたように, 自ら下した善悪の自律的判断に対する服従を意味していた。彼が効果的な教授方法を重視したのは, その自律的判断が下せる洞察力を得させるためであり, 彼が人間の自然的成長を重視する庭師的教育論 (胚珠説) を拒否したのも, そういう人間を意図的計画的に形成することによって国家の改造をしようとしたからであった[93]。

ハウスクネヒトはヘルバルトの内的自由論に言及して, 「教育ノ目的」は「明智ト意思」とが「調和」した「徳」であるとし, さらに詳しく徳の二つの「元素」について次のように正しく日本人学生たちに伝えている[94]。

一，善悪是非ヲ識別シテ，其性質ヲ知ル所ノ明知力，即チ道念ニ由テ定メラレタル明知力
二，此明知力ニ適合スル所ノ意思，即チ執意是ナリ

　ハウスクネヒトは純粋に教育学的必要性から教員資格試験への倫理学の導入を論じていたのであるが，やがてその主張は道徳を「国体」教育に利用しようとする思惑に取って代わられることとなった。ハウスクネヒトが熱烈な愛国主義者であったことは事実である。けれども，現人神といった概念に基づく宗教的かつ他律的固定的な「国民道徳」は，彼が中等学校教員に求めた倫理学とはおよそかけ離れた性質のものであった。

　同様の思惑は，教職教養として教育学・教授法が文検に導入されようとした当初にも，一部には存在していた。第2回高等教育会議（1898年10月）において，一定の条件を満たす公私立学校卒業生にも中等学校教員の無試験検定資格を与えようとする第4号文部省諮問案の審議がなされた（注4参照）。そのとき大窪実（北海道師範学校長）が，「本案の規定と共に教育学，教授法の検定を厳にすべし」と述べ，中沢岩太（京都理工科大学長）も同趣旨の修正案を提出したさいに，私学派と目される鎌田栄吉（慶応義塾長），島田三郎（衆議院議員，毎日新聞社長），長谷川泰（済生学舎々主，内務省衛生局長），江原素六（私立麻布尋常中学校長）が「必死となりて」修正案に反対した。中学校・師範学校・高等女学校の教員になる者は「必ず教育学教授法の大要」を学習しておかねばならないとの主張がなされたとき，「忽然身を挺して」反対した鎌田の理由とは，教育学は未だ「幼稚」であるということであった。その「冗長なる説明」はあたかも「教育学，心理学の講義を聞かしむるの感」があり，傍聴の谷本富（東京高師教授）を「苦笑」させた[95]。

　それに対し「修正派の遊撃隊長」外山正一（元帝大総長，前文相）が「例の破鐘的大声」で憤然と反撃したが，そのときに彼が振り回したのは，実は「国体説」であった。つまり外山が主張したのは，「我国体も知らず，我国語も知らず，我歴史も知らざる者が如何に数学に長じ，其他の学科に秀でたりとも，焉ぞ適

当なる教師ならんや」ということであり, 修正派が教育学・教授法の試験内容として求めていたのは, 本当は「国体」であったということになる。雄弁家で鳴らした島田三郎は外山に大反論を加え, 議場は「色めき」傍聴席は「ドヨメキ」騒然となった。採決の結果, 修正案（教育学教授法の追加）が認められることはなかった。

このことがあって, 無試験検定において「教授法」を課そうとする「教員検定ニ教授法ヲ課スルノ件」(建議案) 提出の動きとなったと推測される (既述)。しかしその賛成議員に大窪実が入っているのは当然として, 反対派であった江原素六が入っているのは不思議であるが, 純粋な教授法ならその必要性を認めていたということであったのだろうか。沢柳政太郎（第一高等学校長）をはじめ, 湯本武比古（『教育時論』主幹）, 伊沢修二（衆議院議員）, 三宅米吉（高師附属尋常中学校主事）, 高嶺秀夫（女高師校長）といった教育家も賛成議員であった。しかしその発議者は, 国民道徳論の大御所・井上哲次郎（文科大学長）だったのである。

小 括

以上のように文検への教育学教授法や倫理学（修身）の導入には, ハウスクネヒトが求めていたような純粋に教育的な必要性と, それらを「国体」教育に利用しようとする思惑とが混在していた。そして結果的には, 倫理学のほうは「国民道徳要領」というまさしく国体教育のための教職教養科目として,「教育大意」のほうは「国民道徳要領」ほど明確ではなかったにしても, やはり中等臣民の育成に資するための教職教養科目として実現していった。

けれどもそうした教職教養を, 暗記に基づくたった一度のペーパー試験のみによって検定することには自ずから限界があった。そのうえ付帯科目には, わずか十数分という極めて短い時間ではあったが学科目の試験にはあった口述試験さえもなかった。そういう視点からすれば, 文検における教職教養の試験は, あまり好ましくない緊急避難的な方策でしかなかった。そこで, 条件整備がよ

くなされた正規の教育機関での長期にわたる教員養成に期待がかけられることとなった。教学刷新評議会が1936（昭和11）年10月29日の答申の中で，教員養成学校においては「特ニ国体ニ関スル教養・体認」に重点をおいて刷新することを求めるとともに，「教員検定制度ノ如キモ根本的ニコレヲ改善スルノ必要アリ」と断じた所以であった。[97]

注
1) 以上『文部省例規類纂③』大空社復刻，1987年，605頁。
2) 「教育大意の加はつた訳」『内外教育評論』4-7，1910年7月。
3) 詳しくは竹中暉雄「ハウスクネヒトが残した中学校教員資格勅令案」『教育学研究』67-3，2000年9月，参照。
4) 賛成者は湯本武比古，隈本有尚，勝浦鞆雄，田中敬一，伊澤修二，沢柳政太郎，矢田部良吉，江原素六，大窪実，篠田利英，三宅米吉，高嶺秀夫。『自第一回至第五回　高等教育会議決議録　完』（北海道大学所蔵）には採録されていないが，『教育時論』（488号，1898年11月5日）には「議員提出の建議案」の1件として掲載されている。なお1899（明治32）年4月には，第2回高等教育会議の修正決議を経て，公私立学校卒業者についても無試験検定の途が開かれた（公立私立学校外国大学校卒業生ノ教員免許ニ関スル規定）。しかし教授法はその後も，無試験検定で採用されることはなかった。
5) 『内外教育評論』17-5，1923年5月。『沢柳政太郎全集⑥』国土社，1977，所収。それに対する反論に，愛岩木「文試廃止の前に」同誌，17-7，1923年7月，がある。
6) なお『文部省第32年報』（1904年度）によれば，1903（明治36）年度の公私立中学校教員総数は4770人，うち有資格者2765人，無資格者2005人。
7) 他に，③外国の大学等を卒業した外国人（但し外国語の検定に限定），④1899年省令25号に関して許可を受けた公立私立学校在学者（但し1911年12月31日までに限定）。
8) 『教育時論』781号，1906年12月25日。
9) 「高等教育会議（下）」『教育時論』782号，1907年1月5日。
10) 『自第八回至第十一回　高等教育会議決議録　完』九州大学所蔵。
11) 龍東「教員検定試験の改正を望む」『教育時論』764号，1906年7月5日，時事寓感「中等教員検定試験に就て」『教育時論』771号，同年9月15日など。
12) 「中等教員検定試験に就て」『教育時論』771号，1906年9月15日。
13) 「中等教員検定試験受験資格」『教育学術界』14-2，1906年11月。
14) 「江原翁の同上会議談」『教育時論』782号，1907年1月5日。
15) 「再論教員検定規則」『教育学術界』14-4，1907年1月。
16) 『教育公報』316号，1907年2月。
17) 寺崎昌男「明治学校史の一断面――いわゆる『学校紛擾』をめぐって」『日本の教育

史学』第14集,1971年。
18) 堀尾石峯「学校騒動論(上)」『教育時論』754号,1906年3月25日。
19) 沢柳の中等教員論については,船寄俊雄『近代日本中等教員養成論争史論』学文社,1998年,92〜95頁参照。
20) 「中等学校に於ける教授法研究(上・下)」『教育時論』753号,754号,1906年3月15日,3月25日。
21) 谷本富は文科大学創設委員の1人であり,この講座名は「教授が理論と実施とを併せ重んじた方針の現はれである」という。他の諸講座の学会が主として大学関係者・卒業生の学会であったのに対し,谷本は学外からも会員を募って「教育研究会」を組織した(『京都帝国大学史』1943年,649頁)。ただし1936年の卒業生ともなれば,「教授法についての講義など殆んどなかった」「また,教授法なんてと軽視したことも事実である」と回想している(池田進「谷本富論」池田進・本山幸彦編『大正の教育』第一法規,1978年,584頁)。
22) 『文部省例規類纂③』大空社復刻,1987年,461-462頁。
23) 堀尾石峯「学校騒動論(下)」『教育時論』758号,789号,1906年5月5日,5月15日。
24) 「学校騒動に就て」『教育時論』780号,1906年12月15日。
25) 社説「中等教育論」『教育時論』801号,1907年7月15日。
26) 「無試験特典廃止案」『教育学術界』16-2,1907年11月。
27) 『教育学術界』15-5,1907年8月。
28) 『文部省第35年報』1907年度,総説,3頁。
29) 寺﨑昌男他編『「文検」の研究——文部省教員検定試験と戦前教育学——』(学文社,1997年)84〜96頁に「第2節 教職教養としての『教育ノ大意』」が所収されている。なお,同論文では,「概念」の設問を「論理学」の問題とみている。論理学上の用語としてみることも可能であるが,当時としては「心理学」の用語としてみるほうが一般的である。したがって,出題のスタンダードは「心理学」,「教授学」,「論理学」との整理にはやや疑問が残る。
30) 「文部検定『教育の大意』の範囲及程度如何」『内外教育評論』3-8,1909年8月。
31) 前出『「文検」の研究——文部省教員検定試験と戦前教育学——』85頁による。
32) 元良勇次郎「中等教育家に望む」『内外教育評論』4-1,1910年1月。
33) 『内外教育評論』4-7,1910年7月。
34) 木山熊次郎,「教育大意の検定法」『内外教育評論』3-8,1909年8月。
35) 前出『内外教育評論』3-8,1909年8月。
36) 同上。
37) 「教育ノ大意」試験問題の分類

①教育の原理・目的	27 (10.1)	⑪教授・訓練・養護論	8	(3.0)
②教育史	5 (1.9)	⑫試験と評価	5	(1.9)
③心理学	58 (21.6)	⑬教育内容論	8	(3.0)
④心理と教育	16 (6.0)	⑭教科論	6	(2.2)
⑤発達と教育	1 (0.4)	⑮道徳教育論	2	(0.7)
⑥論理学	27 (10.1)	⑯勤労と教育	6	(2.2)
⑦教授論	41 (15.3)	⑰学校論	16	(6.0)
⑧学習論	1 (0.4)	⑱教師論	3	(1.1)
⑨訓練論	22 (8.2)	⑲社会と学校	2	(0.7)
⑩養護論	4 (1.5)	⑳時事的問題	10	(3.7)
		合計	268問	(100.0)

38) 前掲『文検教育大意国民道徳要領問題解答』「附録」1～2頁。
39) 同上,「附録」2頁。
40) 心理学研究会歴史研究部会編『日本心理学史の研究』法政出版, 1998年, 25頁。
41) 「教授」,「訓練」,「養護」に関する設問(「教授と訓練との関係……」といった設問はそれぞれにおいてカウントした。

「教授」

実施年	回数	設問
1909	1	教授と訓練との意義を明らかにし, 中等学校に於ける両者の関係を述べよ
1916	8	左の意義を説明せよ　　本能, 演繹, 教授段階
1918	10	教授の目的を論じて教材選択の標準を述べよ
1919	11	教式(教授の様式)の主なる種類を挙げて其運用上の注意を述べよ
1921	13	形式的陶治の可否を論じ教授上の注意に及べ
1922	14	左の意義を説明せよ　　直観, 類似連合, 教授の様式
1922	14	教授と訓練との関係を述べよ
1923	17	教授の意義を説明せよ
1926	23	教授上生徒の研究的態度を育成する方法を述べよ
1927	25	養護と教授との関係を述べよ
1928	26	教授上問答法の価値を論ぜよ
1928	27	教授に於ける興味の価値を論ぜよ
1928	27	左の意義を説明せよ　　概念, 個性, 教授の様式
1929	29	左の意義を説明せよ　　概念, 個性, 教授の様式
1930	30	左につきて知れるところを記せ　　イ, 視野, ロ, 教授の段階
1930	31	教授に於ける自学自習の価値を述べて其の方法に及べ
1932	34	左について知れる所を記せ　　衝動, 教授案, 公民教育
1933	37	教授上興味と努力との関係を論ぜよ
1934	38	教授と訓練との関係を述べよ
1934	39	教授の段階とは何ぞや
1938	46	教授の実際に於ける問答法の長短を挙げてこれが運用上の注意に及べ
1938	47	青年期の心理を述べて教授上の注意に及べ

| 1939 | 48 | 左について知れる所を記せ　　観察と実験，品性，教授の段階 |
| 1942 | 54 | 教授の様式の主なるものを挙げて，これを説明せよ |

「訓練」

実施年	回数	設問
1909	1	教授と訓練との意義を明らかにし，中等学校に於ける両者の関係を述べよ
1914	6	訓練上の模範の価値を論じて教師の心得に及べ
1917	9	養護と訓練との関係を述べよ
1917	9	青年期の特質を挙げて訓練上の注意に及べ
1918	10	訓練上訓育の効果を論ぜよ
1922	14	教授と訓練との関係を述べよ
1922	15	訓練上権威と自由との関係を論ぜよ
1926	22	模倣の心理を説明して訓練上の注意に及べ
1927	24	養護と訓練との関係を述べよ
1928	27	教育心理の特徴を挙げて訓練上注意すべき点を述べよ
1933	36	訓練上賞罰の価値を論じ，其方法の注意に及べ
1933	37	訓練上権威と自由との関係を述べよ
1934	38	教授と訓練との関係を述べよ
1935	40	養護と訓練との関係を述べよ
1936	42	心身発達の段階と訓練との関係を述べよ

「養護」

実施年	回数	設問
1917	9	養護と訓練との関係を述べよ
1919	11	養護と教育との関係を述べよ
1926	23	左の意義を明かにせよ　　抽象，気質，養護
1927	24	養護と訓練との関係を述べよ
1927	25	養護と教授との関係を述べよ
1931	33	左の意義を明かにせよ　　推論式，開発教授，養護
1935	40	養護と訓練との関係を述べよ

42) 吉田熊次「文検教育大意に就て」『文検世界』
43) 吉田熊次「文検教育大意科の春季試験成績に就いて」『文検受験生』7-8，1935年10月。
44) 大瀬甚太郎「教育大意の受験について」『文検世界』20-1，1934年1月。
45) 「参考書の研究　国民道徳要領　教育大意」『文検世界』1940年。
46) 「教育大意　国民道徳要領　受験者の為めに」曽根松太郎編『文検教授指針』明治教育社，1921年。
47) 明治教育社編『文検受験用　教育大意』大同館書店，1917年，13頁。
48) 三浦藤作『教育大意講義　附教育史大意』大同館書店，1932年，1～2頁。
49) 前掲『文検教育大意国民道徳要領問題解答』「附録」3頁。

50) 前掲『文検受験用　教育大意』71～72頁。『最新教育大意』においても，高等普通教育に関してほぼ同様の叙述内容が見られる。
51) 吉田熊次『教育大意要義』目黒書店，1920年，26～28頁。
52) 前掲『文検受験用　教育大意』378頁。
53) 吉田熊次「文検教育大意試験成績からみた準備態度」『文検受験生』8-9，1936年9月。
54) 吉田熊次「教育大意及び国民道徳要領」曽根松太郎編『文検教授指針』5，明治教育社，1921年。
55) 田代黒龍「文検教育大意の受験談」『内外教育評論』4-7，1910年7月。
56) 乙竹岩造「教育大意の試験について」『文検世界』15-7，1929年7月。
57) 内外教育評論社編集部編『文検参考　教育大意』内外教育評論社，1917年，407～409頁。
58) 前掲『文検教育大意国民道徳要領問題解答』85～86頁。
59) 吉田熊次「中等教員教育科及故意大意準備注意」『文検受験生』11-4，1939年4月。
60) 伊藤千真三『最新教育大意』「附録」大明堂書店，1938年，41頁。
61) 教育調査会『教育調査会経過概要』1917年，文部省教育調査部『学制に関する諸調査会の審議経過』1937年（ともに東京大学教育学部図書室所蔵）。
62) 「中学校令施行規則並に教員検定に関する規程中改正の趣旨」『帝国教育』406，1916年5月。
63) 「中等教員大改造」『教育時論』964号，1912年1月25日。
64) 川本宇之介「公民教育より見たる中学校長会議」『教育学術界』32-5，1916年2月。
65) 文部省『第43年報』1915年度，2頁。
66) 高田早苗「教育振興の御沙汰書を拝し奉りて」『帝国教育』1916年1月。
67) 高橋陽一「井上哲次郎不敬事件再考」寺﨑昌男・編集委員会共編『近代日本における知の配分と国民統合』第一法規出版，1993年，353頁。
68) 記者「国民道徳要領受験者に告ぐ」『内外教育評論』11-6，1917年6月。
69) 前掲，高橋論文，前掲書，356頁。
70) 中野佐荘「国民道徳鼓吹者に告ぐ」『内外教育評論』12-2，1918年2月。
71) 慕辺美庵「国民道徳疑義」同上誌，12-11，1918年11月。
72) 夕空生「国民道徳の疑義を読みて」同上誌，13-1，1919年1月。
73) 慕辺美庵「国民道徳疑義補足」同上誌，13-2，1919年2月。
74) 山中増雄「国民道徳学者の苦哀」同上誌，14-1，1920年1月。
75) 江部敦夫「国際道徳科の提唱」同上誌，16-2，1922年2月。
76) 「公民教育に就て」同上誌，19-4，1925年4月。
77) 前掲，高橋論文，前掲書，358頁。井上哲次郎『我が国体と国民道徳』(1925年)にまつわる不敬事件については，佐藤秀夫編『続・日本現代史資料8（教育Ⅰ）』みすず書房，

1994年，参照。また明治時代における井上の不敬事件については，小股憲明「明治期における不敬事件の研究Ⅱ」『平成7・8年度科学研究費補助金研究成果報告書』1998年，参照。

なお井上哲次郎不敬事件以後においても『内外教育評論』でのような議論が展開可能であったかどうか。残念ながら同誌は，主筆・大島の東京市学務局長就任により，1925年7月で廃刊となってしまった。

78) 明治教育社編纂『文検受験用国民道徳要領』大同館書店，1916年初版，1926年改訂第33版，凡例。

79) 修身科における国民道徳関係問題への解説。前掲，高橋論文，前掲書，354～355頁から。

80) 伊藤千真三『修訂改版最新国民道徳要領』大明堂書店，改修第6版，1943年，414頁。初版は1927年。

81) 学科目修身の「帰趨」は教育勅語，戊申詔書，国民精神作興に関する詔書に求められ，とりわけ国体の尊厳なる理由を会得せしめ忠君愛国の大義を明らかにし，国民道徳に対する信念を鞏固にすることが主要な目的とされていた（1931年「中学校教授要目」による）。したがって教授要目の内容は，ほとんど天皇制国民道徳に関係するものばかりであった。ところが文検修身の場合，その内容はほぼ毎回，①倫理学概論，②西洋倫理学史，③日本倫理学史，④国民道徳，⑤東洋倫理学史，⑥教案作成その他で構成されていた。全設問の少なくとも半数は天皇制国民道徳とは関係なく，より幅広い学識が要求された。そうなった理由は公民科の場合と同じく，毎回の設問領域が固定されていたことによる。詳しくは，竹中「文検『公民科』の筆記問題と口述試問」桃山学院大学『人間科学』20号，2000年12月参照。

82) 伊藤千真三，前掲書，浦木金太郎『文検参考問題中心国民道徳要領』（三友社，1928年）付録の模範解答，『家事研究』『家事及裁縫』に連載された試験問題解答を参照。

「現代に於ける諸種の思想に対して執るべき態度」（1927年第2回）という設問に対する模範解答では，現代思想の根本は「人々の自由と平等とを力説」し「束縛より解放して自由を与へ，特権階級を打破して平等の権利を賦与することを主張」するデモクラシーであるとし，そのデモクラシーから「派出」した思想問題である，社会主義，共産主義，労働問題，小作問題，婦人問題について略説したのち，執るべき態度としては，真意の理解（喰わず嫌いの戒め），厳正な批判，取捨選択の「雅量と襟度」を求めている。結論として「結局は我が国体国性の発展」「即ち国家の興隆に資益することを主眼とすべき」であると述べながら，「殊に教育者は活眼を開いて達観する所なければならない」と締めくくっているのは意味深長である（某師範学校教諭・青木八重子「国民道徳要領問題解義」『家事及裁縫』1-3，1927年6月）。

83) 1．教育ニ関スル勅語中ノ「天壌無窮ノ皇運ヲ扶翼スベシ」ノ意義ヲ説明シ且此ノ聖旨ヲ奉体スルニ就キテノ態度ヲ述ベヨ。

2．国民精神作興ニ関スル詔書中ノ「綱紀ヲ粛正シ」ノ意義ヲ説明シ且コレニツキテ感ズル所ヲ述ベヨ。
　　3．我カ国ニ於ケル国ト家トノ関係ヲ論ゼヨ。
　　4．和ノ徳ヲ重ンズベキ理由ヲ明カニセヨ。
　　5．大義名分トハ何ゾヤ。
84）「問題検討座談会」『教育修身研究』64号，1936年7月。
85）「文検問題の検討」『教育修身研究』69号，1936年12月。
86）竹中暉雄「ハウスクネヒトが残した中学校教員資格勅令案」『教育学研究』67-3，2000年9月，参照。
87）寺﨑昌男・竹中暉雄・樽松かほる『御雇教師ハウスクネヒトの研究』東京大学出版会，1991年，所収資料「山口高等学校教則説明書」246頁。
88）同上書所収「山口高等学校教則説明書付録」259頁。
89）同上，263頁，258頁，259頁。
90）2等学術資格の予備学の一部として，「少クトモ一部ノ重要ナル哲学書ノ熟読了解シタルコトナカルヘカラス」，1等学術資格の予備学の一部として「哲学史上ノ重要ナル事実ニ通スルヲ要ス」と規定されているにすぎない。
91）前掲『御雇教師ハウスクネヒトの研究』所収，197頁。
92）前掲書所収「山口高等学校教則説明書付録」259頁。
93）竹中暉雄『ヘルバルト主義教育学』勁草書房，1987年，第1章，参照。
94）前掲『御雇教師ハウスクネヒトの研究』所収「教育学汎論」207頁。
95）以上「高等教育会議傍聴傍観録（其一）」「高等教育会議開会せらる（其一）」『教育時論』486号，1898年10月15日。
96）「高等教育会議開会せらる（其一）」『教育時論』486号，1898年10月15日。
97）文部省教育調査部『学制に関する諸調査会の審議経過』1937年，181頁。

第8章　受験記にあらわれた文検受験者・合格者

第1節　問題の所在と本章の限定

　本節では，これまでの分析視点を転換し，文検を受けた側，すなわち文検受験者・合格者の側から文検の実態とそれが彼らの人生に与えた影響について検討する。

　ところで，従来，文検合格者の歴史的研究は，佐藤由子氏[1]，菅原亮芳[2]によって行われてきた。佐藤は，大正末年以降の文検地理の受験者・合格者34名を対象に聞き取り調査を行い，その一方で『地理学』や『地理教育』などの雑誌メディアに所載された受験記を部分的に利用しつつ，受験者の側から文検地理の実態を検証すると同時に，地理の学習サークル，「同舟会[3]」の存在をも明らかにした。しかし，彼女は，「文検合格者にとっての文検とは何であったのか」という問いに明確な結論を導き出すことはなかった。他方，菅原は，「教育科」に研究対象を限定しながら，1908年から43年までの35年間に『教育学術界』『内外教育評論』『文検世界』そして第一次文検研究会が発掘した「永福同学の会」の機関誌『教育修身研究』などのマス・メディアに所載された177名の受験記を整理，分析しつつ，併せて，共同研究として永福同学の会のメンバー50名に対しアンケート調査を行い，文検教育の受験者たちの実態と機能を検討した。このような作業を通して，菅原は，「『教育の実際』に理論づけを行い常に『実際の教育技術』を根拠あるものにしたいという願いを持ち受験した人々，換言すれば，教育学的教養を身につけたい，教員として確かな基礎と理論を求めて，そのための『自己修養』・自己教育のきっかけとして受験を決意する人々が多かった」と指摘した[4]。ここには菅原の「制度化された学問史の中にも受験生の

主体性があったのではないか」という大きな仮説が証明される結果となった。だが、いまだ多くの課題が残された。第一には、ここで導き出した仮説的結論は、はたして教育科以外の受験生たちにも共通に見られる特徴であったのか、それとも教育科の特殊性であったのか。第二には、文検合格者の需給関係の問題である。すなわち文検合格者のなかでもどのような学科目に合格した者が就職口がみつかりやすかったかの検討が不十分であった。

そこで、ここでは、戦前に刊行された雑誌メディア、なかでも『内外教育評論』『国民教育』『文検世界』そして『文検受験生』の4誌に所載された受験記を素材として体験者の目に映った文検の実態について検証した。受験記のなかでも受験時のキャリア、受験動機、合格後のキャリアが比較的具体的に判明したものを選び出し収集整理した。現段階で収集できた受験記は教育科を除く699名分である。

このように、現時点までに能う限り収集し得た史料に基づき、後述するように、1921年に文検受験資格が拡大される以前と以後（ここを二期に分け、全部で三期とする）に時期を大きく区分し、第一には、上記4誌の教育・受験雑誌に所載された受験記を素材に、受験生の修学歴、合格時の職業、受験の動機について整理し、教育、地理2科と比較検討する。第二には、文検合格者の動向を、師範学校・中学校・高等女学校教員中の試験検定合格者の割合とどのような学科を担当していたのかを整理し、戦前日本の師範学校・中学校・高等女学校教員資格構成のなかでの文検合格者の特徴を概観した。第三には、合格後のキャリアの検討である。しかし、合格後のキャリアは、受験記にごく少数しか記されていない。そこで、ここでは、学科目では、国語科と英語科に限定し、合格者のなかでも著名な人物を33名と群馬県出身者の合格者14名、そして現在の高知県に1928年に創始された文検勉強会、土佐梁山泊同人25名をピックアップして合格前後のキャリアを検討することにした。

このような基礎作業の上に文検の機能様式を歴史的に実証的に検討し、「文検受験生にとっての文検とは何であったか」という問いに一つの試論を加えたい。

第2節 時期区分

　船寄俊雄は文検史を次のように時期区分した。すなわち第一期導入・模索期(1885年～99年)、第二期整備期(1900年～08年)、第三期拡充期(1909年～32年)、第四期安定期(1933年～43年)、そして第五期終末期(1947年～48年)である[5]。

　しかし、本章では、資料的制約もあり、第二～四期に限定し検討するが、ここでは船寄研究に学びながら、かつ試験検定受験資格の規定に着目し、以下のように大きく三つの時期に区分して検討する。すなわち、第一期は1908年～20年まで。この時期を整備期と位置づける。文部省は、1907年11月文部省令第三十二号「教員検定ニ関スル規程」を改正し、その「第五条」で中学校卒業者、高等女学校卒業者、「専検」合格者、「専検指定」学校卒業者、「明治四十二年二月以前ニ於テ教員免許令ニ依リ授与セラレタル教員免許状ヲ有スル者」に「小学校本科正教員又ハ尋常小学校本科正教員免許状所有者」を追加した[6]。さらに同省は、1916年3月文部省令第8号により試験検定受験資格規定に「高等女学校実科若ハ実科高等女学校卒業者」をも追加し明記した[7]。第二期は拡大期、すなわち1921年～32年までである。1921年3月文部省令第14号により上記の法令に加え「小学校専科正教員若ハ小学校准教員」の教員免許状所有者、「外国ニ於テ師範学校、中学校、高等女学校ニ準スヘキ学校ヲ卒業シタル者」「文部大臣ニ於テ某科目ニ関シ適当ト認定シタル学校ヲ卒業シタル者」が追加された。この時期は、受験者数が21年には一気に約2200人増加、6500人台となり、また多くの先行研究が指摘しているように、「小専正」・「小准」各教員等に試験検定受験資格が拡大した、1921年から32年までである。この結果、受験資格は大幅に拡大されたのである[8]。第三期は、安定期である。船寄も指摘しておられるように、15年戦争と重なるが、32年には「公民科」と「作業科」の受験者が登場する時期である。

第3節 マス・メディアと受験記

1）マス・メディアの限定と受験記

　受験記が多数所載されたマス・メディアは,『内外教育評論』(内外教育評論社, 1908年創刊~25年廃刊),『国民教育』(大日本国民中会, 1911年以降国民教育会, 1910年創刊~14年),『文検世界』(国民教育会, 1915~41年),『文検受験生』(大明堂, 1935年~41年) である。[9]

　文検受験者の受験専門雑誌メディアすなわち『文検世界』は,

「月刊雑誌『国民教育』が廃刊となり, 夫に変わつて文検受験者の灯明台となり, 独学者の羅針盤であり, 且つ受験者の好伴侶及び指導者たることをモットーとする『文検世界』」第一巻第一号が創刊されるに到つたのは, 即ち過去十五年前, 落花の雪に踏み迷ふ大正四年春四月であつた[10]」

と1929年7月の同雑誌「主張」欄に明記した。

　受験記が多数所載された教育総合雑誌は, 上記のメディアのほかに『教育界』, 受験専門雑誌としては『受験界』『受験と学生』がある。また各学科専門雑誌, 例えば『英語青年』『家事及裁縫』などや各種受験参考書などにも受験記が所載されているが, ここでは受験記の重複を可能な限り回避するために上記の4誌に限定した。だが, とりわけ『文検世界』『文検受験生』に関しては欠号や未調査のものも多いという限界があるが, ここでは可能な限り収集し得た受験記を素材とした。

2）リアルタイムに語られた受験記

　ここでは, 上記の4誌に所載された受験記のなかでも受験前の修学歴, 受験の動機, そして合格後のキャリア, いずれかが明記されているもの699名分（第一期は129名, 第二期405名, 第三期165名）をピックアップした。ただし, 文検教

第3節　マス・メディアと受験記

育科は除外した（寺崎『文検の研究』を参照されたい）。各雑誌に所載された受験記のなかで上記の条件に適合した受験記の数は，以下の通りである。なお，学科名は受験記に明記された学科名を記した。また括弧内の数字は，各学科の合格者の内，他の学科に合格した学科名と人数を記したものである。

第一期

『内外教育評論』 96名 （第11号（1908年9月～第15巻第10号（1921年12月））

　　　　修身8（内修身・法制経済1，教育2），国漢12（内西洋史1，日東史1，修身2，教育1），日東史9（内地理1，国漢1），日本史1，西洋史2（内日東史1），数学7，解析幾何1（算数代数幾何，三角法，微分に合格），三角法1，算術代数幾何1，英語3，地理7（内日東史1），理科8（内植物・動物生理1），動物生理4（内植物1），植物3，物理1，化学2（内物理1），鉱物2，法制経済3（内修身1），家事2，裁縫1，体操4，剣道2，習字3，手工5，不明4（内法制経済・修身1，修身・地理・歴史1・法制経済1）名

『国民教育』 33名　第Ⅰ期に属す。（第1号（1910年1月）～第5巻第10号（1914年12月））

　　　　修身4，国漢4，日東史3，数学2（内数学・化学・物理1），地理2，博物1，動物生理1，鉱物1，植物2，法制経済4，裁縫2，家事2，習字1，図画3，体操1名

第二期

『内外教育評論』 43名 （第16巻第2号（1922年2月）～第19巻7号（1925年7月廃刊））

　　　　修身3（内西洋史1），国漢2，国語4（内修身・教育1），漢文1（内国語1），日東史4，西洋史1

（内教育1），数学2，地理3，理科3，動物2，植物1（内鉱物1），生理衛生3，家事1，裁縫1，手工2，習字1，英語2，不明7名（内動物生理1，修身・国漢1，修身・教育・法制経済1，修身2，法制経済・修身1）

『文検世界』 362名 （第12巻第9号（1926年9月）〜第19巻第12号（1933年12月）まで）。

修身25（教育2），国漢2（内漢文8，教育・修身1，修身1），国語52，漢文14，日東史11（西洋史1，習字1），西洋史12（教育・修身1），歴史2，数学14，地理23，理科7，動物11，植物8，鉱物1，生理衛生10，物理4，化学3，法制経済19（国語1，実検1，高文1），家事4，裁縫12，手芸2，西洋画8，図画5，用器画1，音楽3，手工14，習字23，体操15，剣道7，撃剣1，英語30，教練1，不明18名

第三期

『文検受験生』 165名 （第7巻第1号（1935年1月）〜第16巻第8号（1941年8月）まで）。

修身9（漢文1），公民7（教育1），国語10，漢文6（修身2，国語2，習字1），歴史2（地理1），日東史6（地理1），日本史1，西洋史3（日本史1），地理8，英語9，仏語1，数学9，動物5，鉱物2（植物1，動物1，生衛1），生衛6，植物4（理科1，動物1），物理5，化学3（物理1），家事2，裁縫7，図画3（仏語1），日本画3，西洋画5，手工8，習字6，音楽5，作業9（手工1），体操10，剣道2，教練6（習字1），柔道3名

受験記が上記雑誌のなかでも，教育総合雑誌に最も早く登場するのは『内外教育評論』1908年9月に所載されたものであるが，それよりも6年前の1902年11月の『英語青年』(1898年創刊)には「文部省英語科教員検定試験難観」と題して合格者の大田益太郎が受験記を投稿している。[11]

第4節　受験者のキャリアと受験動機

1) 受験者のキャリア

受験者・合格者たちはどのようなキャリアの持ち主であったのだろうか。受験前の修学歴が判明した632名分を整理したものが表8-1である。

ところで，菅原は教育科合格者のキャリアを整理し「受験者・合格者の修学歴は，実に多様であった。しかし，大きく分類すると，第一には，師範学校の1部卒業者，第二には，旧制中等学校卒業者，第三には，小学校卒業者である。合格者はそれらの学校で学んだのち小学校教員免許を取ったのである」と指摘した。[12]

では，教育科を除く他の学科ではどのような変遷と特徴を見せるのだろうか。受験前の修学歴が判明した632名分を整理したものが表8-1である。ここには文検受験時の学歴（受験記に記述されている最終学歴）を記した。ただし，中等学校を卒業あるいは中途退学し，何がしかの形で小学校教員検定に合格した者に限っては，例えば「中学校＋小検」と明記した。

表8-1によれば，文検教育科同様受験者・合格者の修学歴は多様であった。合格者を大きく分類すると，第一には，師範学校本科第一部卒業者，第二には，旧制中等学校卒業者，そして第三には，小学校卒業者である。これらの学校に学んだ後小学校教員免許を取得したのである。さらに師範学校一部，二部，そして専攻科卒業者あるいは中退者は全体の5割を超えている。教育科は約7割であったがそれと比較すると割合は低い。しかし受験記に中学校卒とのみ記され，どのようにして小学校教員免許を取得したかは記述されていない。師範二

表8-1 文検受験以前の修学歴一覧

		第一期	第二期	第三期
師範学校本科一部・二部卒並びに中退者	師範	47	157	43
	師範二部	1	45	20
	師範専攻科	0	7	15
	師範研究科	0	1	0
	その他	5	5	5
	小計	53	215	83
中学校卒並びに中退者	中学校	8	17	12
	中学校+小検	1(中退者)	9	0
	その他	3	21	0
	小計	12	47	12
高女卒並びに女子の各種学校	高女	3	4	5
	高女+各種学校	2	5	0
	高女・各種+小検	0	3	0
	その他	0	1	1
	小計	5	13	6
実業学校卒	工業学校	0	8	4
	商業学校	0	2	1
	実業学校+小検	0	5	1
	その他	0	4	6
	小計	0	19	12
検定試験	小検	26	51	19
	専検	0	5	2
	小計	26	56	21
私立大学専門学校各種学校等卒並びに中退	私立大学	1	9	5
	専門学校	1	6	6
	各種学校	3	10	5
	その他	0	1	5
	小計	5	26	21
記載アリ		101	376	155
記載ナシ		28	29	10
合計		129	405	165

部を卒業したという記述はないので即断はできかねるが，中学校卒業者のほとんどの者が師範二部を卒業していたとしたならばこの割合はもう少し高くなる。ところで，教育科との差異は，専門学校・私立大学出身者が教育科合格者と比して多く存在することである。このような傾向は教育科には見られない特徴であった。

しかしいずれにせよ，全体的には教育科同様約5割以上が師範一部，二部，専攻科の卒業者に集中していたことを指摘することはできる。

では，次に，合格時，合格者はどのような職業についていたのだろうか，表8-2は特段に合格時の職業を明記した519名分を一覧化したものである。

表8-2によれば「その他」には営林署職員・札幌鉄道局・主婦・無職など実に多様ではある。第一期は約85％，第三期でも約80％台であった。この結果は教育科・地理科の場合と符合する。

表8-2 合格時の職業

	第一期	%	第二期	%	第三期	%
小学校教員・小学校長	84	84.8	203	70.5	105	79.5
国民学校教員	0	0	0	0	1	0.8
中学校教員	3	3	10	3.5	2	1.5
高等女学校教員	1	1	6	2.1	6	4.5
師範学校教員	0	0	3	1	0	0
青年学校教員	0	0	0	0	5	3.8
その他の学校教員	4	4.0	19	6.6	1	0.8
学校助手	1	1.0	9	3.1	1	0.8
学校副手	0	0	1	0.3	0	0
会社員	0	0	7	2.4	3	2.3
無職	0	0	8	2.8	1	0.8
その他	6	6.2	22	7.7	7	5.2
記載アリ	99	100	288	100	132	100
記載なし	30		117		33	
合計	129	100	405	100	165	

2）受験動機

(1) 先行研究の紹介と検討

次に，受験動機について検討する。地理科の受験者を分析した佐藤由子は「志望動機は職場などに文検出身の優秀な教員がいて刺激を受けたとする者，師範在学中より文検を目指した者もかなりいた，大正末頃からは文検に関する情報が師範学校在学生の中にも広がっていたことがうかがわれる[13]」と指摘した。佐藤は文検出身の同僚，先輩教師の影響や文検という存在が師範学校在学生に広く知れわたったことを主な動機としている。確かにこの指摘は傾聴に値するが，しかし，そのような理由によってのみで血のにじむような試験勉強に絶えられるものだろうか。第一次の研究会では中等教育教職希望者の内なる理由が存在していたのではないか，という予想のもとに教育科の受験動機を分析した。その結果を踏まえて，本研究会・研究代表者，寺﨑昌男は『「文検」の研究』の結章で教育科の受験動機について次のように結んだ。

「受験動機が決して status‐seeking なものではなかったこと，教育科の試験勉強は受験生たちの『教職に関する自己学習』の機会として意識されていた[14]」

さらに寺﨑は「上記の傾向は『教育科』に当てはまることであって，国語漢文，地理，歴史，英語その他の教科の場合は，やはり中等学校教職希望者が多かったろう」[15]とより慎重に指摘した。

では，教育科以外の学科に合格した者の動機とはいかなるものであったのだろうか。

(2) 全体的概観

表8-3は，受験記に受験動機が明記されているもの388名をピックアップし，整理した一覧である。

表8-3の結果，第一期，第二期では資格取得・中等教育教職希望者が教育科の分析の際に抽出した自己修養・自己研鑽を大きく凌いだ。第一期では自己修養・自己研鑽が約32.6％であったのに対し，資格取得等は約47％，第二期では21.6％に対し約44％であった。ここでは明らかにstatus–seekingに関する自己学習の機会として文検は意識されていたものと考えられる。

以下，記述された受験理由の実際の声を掲げる。例えば，国語に合格したMは，「修身など受けて見た所が中等学校の修身は大抵上席の教諭が受持つているから急に奉職の口を見出すことが困難だ今のところ発展の方面から見ても有望なり奉職の口も多いのはマア国漢か数学だからどちらに極めてもしつかり勉強し給へ」というアドバイスを受けて国漢受験に取り組んでいる（『国民教育』1914年9月）。この記述からも中等学校教員になるために有利な，就職口の多い学科をねらって受験していたことがわかる。また，「国漢」合格者Tは「私は小学校教員の収入にて生活する事が出来なかつた。…生活の不安が私をして文検に進ましめた原因であった」（『内外教育評論』1918年10月）とか，日東史のKは「余は教育科の免許状を持っている併し中等学校に出るには他の学科かの免許状を持たねば幅がきかぬ修身科ならば早く合格されやうと思ふが修身科より他の学科の方が売口が宜しかろうそれならば」と歴史科にむかい，7回目で合格した，と明確に言い切る（『内外教育評論』1919年1月）。

他方で，経済的理由により文検を受験した合格者もいる。

例えば，動物生理に合格したYは「既に妻子ある身分此侭にては朽果て間敷

表8-3 文検受験の動機（複数回答）

	項目	第一期		%	第二期		%	第三期		%
自己修養 自己研鑽	自己修養・研鑽	25			36			34		
	実力を試す	3	31	32.6	1	43	21.6	3	59	44.7
	研究心	2			3			17		
	中等教育の改善と貢献	1			0			2		
	校長の経験から	0			1			0		
	一科目に秀でたい	0			2			1		
	思想的確信	0			0			2		
資格取得 現状からの 脱却	資格取得	12			30			19		
	就職に有利な学科	4			1			1		
	待遇等現状への不満	17	45	47.4	27	89	44.7	8	39	29.5
	婦人としての独立	3			0			0		
	中等教員希望	4			0			3		
	高等師範学校進学断念	5			4			1		
	上級学校進学断念	0			13			5		
	上級学校進学希望	0			1			0		
	権威付け	0			1			0		
	立身出世	0			5			1		
	高文合格準備として	0			3			0		
	高等教員検定受験資格	0			1			0		
	女は上級学校へ行かなくてもよいという親に反抗心	0			1			0		
	受験資格が出来たので	0			2			0		
	専攻科出身者が多くなるので	0			0			1		
恩師・友人 等の影響	恩師の勧め・影響	7			8			13		
	同僚の勧め・影響	3			9			2		
	友人の勧め・影響	4	19	20	25	64	32.2	7	33	25
	兄弟の影響	1			5			0		
	知人の勧め・影響	3			1			2		
恩師・友人 等の影響	受験記に触発されて	1			2			4		
	校長の勧め・影響	0			5			1		
	先輩の勧め・影響	0			6			3		
	父母の勧め	0			2			0		
	教え子の勧め	0			1			0		
	赴任学校文検熱旺盛	0			0			1		
その他	兄姉に報恩	0			1			0		
	妻への贈り物	0	0	0	1	3	1.5	0	1	0.78
	漠然と	0			1			1		
	合計	95		100	199		100	132		100
	動機の記載あり	90			175			123		

と大に興奮し……文検を思ひ立ちたり」（『内外教育評論』1920年3月）とか、「国漢」合格者のYは「当時本県では師範学校を卒業したホヤホヤで、十六円支給してあつた。私は其の時准訓導で十二円、年功加俸が一円……小学校本科正教員といふと、師範出身者と同一だ。それで居て准訓導時代の如く拾弐円の俸給……検定派をそんな冷遇する当局の心が知れなかつた」（『内外教育評論』1920年11月）と思ったという。O生は「単に中等教員として、何学科を選ぶべきかと問はれたら、何の躊躇もなく、英語か国漢か、数学をおやりなさいと答へる。……校長や教頭にも体操や図画や音楽や、手工裁縫習字などの所謂実技を主とするものから抜きさるることは皆無ではないが殆ど暁天の星の如しである。之につづいて第二流どころの下の部が博物、上の部が物理化学、地理歴史などの順序である。……博物は中学校では四年以下に毎週二時間宛女学校では一、二年時間宛しかない。中学五年には博物の教員は用がないから、差当り博物教員たるものは、五年の学校主任たるの資格もない訳であり女学校の三四年におけるまた然りである。……国語でも地理でも修身でも一年から五年までの教員であることは勿論である」（『文検世界』1927年10月）。

さらに、資格取得を明確に語るものもいる。例えば、習字に合格したKは「実は私は尋常科正教員の資格しかありませんので将来は非共中等学校の教員資格を得たいと常々思つて居りました」（『文検世界』1927年8月）とか、裁縫合格者Mは「『貴女は専科の試験を御受けになつては如何云々』と申されました。……こうした動機から自分はどうしても勉強して中等教員の資格を得ようと決心致しました」と語る（『文検世界』1928年9月）。国語のKは「高等小学校を卒業したきりの私は、小学校で今五年目勤めて居りますが、その間五年生以上を受け持つた事はありません。何時も尋常四年以下を持たされて、下級は教材が簡単で楽だから事務の方をやつて呉れとは言はれて、教育の本質とは縁の遠い書記代わりの仕事ばかりやらされて居ました。……この不遇に感憤し爾来寝食を忘れて勉強せりと言ふ程ではありませんが、要するに之が理由で小本正受験に投出したのです。兎に角私の様な経歴の者は小学校では不遇です。……早く免許状を得て中等学校に奉職し、老父母を喜ばせ度い」（『文検世界』1927年9月）。

Oは語る。「資格形式なんかどうでもよい，実力さへあればといふ人があつたら，それは最近の中等学校の内情を知らぬ人である。一般経済界の不況と専門学校の濫設に資格の濫発のため，中等教員はむしろ過剰だ。免許状のないものなんか，てんで，誰も相手にしないのみならず，資格はあつても，優秀のものか何か特長がなければ，容易には就職し得ない時勢である。また，実際実力があり，教師としての手腕があるならば，資格もとれるわけであるからだ」（『文検世界』1927年10月）。西洋史に合格したTは「『教育其のものに趣味をもつた』とか『人生観を倫理的に深めたい』とかいつた勿体ぶつた理由はどこを叩いても出て来ないし，迂遠な哲学に解決を仰がなければならぬ程の煩悶も不幸にして出て来なかった。ただ目前の貧乏を救はなければならなかつた。相当な地位を得たい。師範卒業を鼻にかけてややもすれば他の畑に育つたものを白眼視する連中を一つ見返してやりたい。かうした平凡なそして惨めな片意地な欲念が恐らくは私の文検受験の根拠に蟠つていた動機でなくしてなんであつたらう」（『文検世界』1929年4月）。西洋画用器画合格者Yは「私は工業学校卒業で大正13年から代用教員として小学校に奉職していたのであります。私の常に不足に思つていたのは資格を持たないことでした。それと学校で図画部研究を命ぜられましたので黙つている訳にもいきません。この二つが原因となつて実力をつけること，資格を得ることが文検定への動機であります」（『文検世界』1929年11月）。

国語のFは「動機の一としては由来小学校教員は如何に努力しても，又惰けても相当年限を経ると同様に増給し抜擢などといふ事は殆どない。……第二は附属閥である。何等かの長所もあらうが何かの関係で附属小学校の訓導に抜擢されると一年乃至二三年位で直ぐに郡部に帰つて同志よりも三級も上位で大校長となり，此の閥の者が県下の教育を牛耳る事になる。……第三は小学校長のうるさい事である」と述べている（『文検世界』1932年8月）。

1930年代に入ると文検合格科目一科のみでは就職できないことを語りだす。例えば，Kは「度々試験許り受けていると試験マニアなどと云はれる。……昔は文検も一時に二科目本試パスしたの，三四科目もつている者などは殆どなかつたが，近頃は就職するには二科目以上位はもつていねばならぬ様になつてき

た。不景気は就職者の資格の多角的なるを要求しているから近頃は一科目位もついていたのでは、ヨホド就職運動うまくせねば永久にダメである」と言い切るのである（『文検世界』1933年6月）。

さらに時代がさがっても経済的理由、資格取得そして立身出世を夢み受験をしている。

例えば、県立中学校教諭のKは「中等教員として立たんとするには一科目にては心寂しく又肩身狭きことにして、少くとも二科目以上を所持して地位の安固を得らるべし、余はどうせ終生教員生活を営まんとする者なれば、上記の如く文検にて獲得せん」（『文検世界』1934年9月）。Mは「もともと私が受験を志した第一の動機は一足飛に百円の夢であつた」（『文検世界』1935年4月）、国語に合格したOは「青年に共通の功名心といつてしまへばそれ迄ですが」（『文検世界』1935年6月）、図画Kは「大正十年に師範を卒業して私が初めて教鞭をとつたのは……山間の学校でした。……其の学校の一ケ年が私に与へてくれたものは、小学校教員のあまりにも研究心のない、無意味なものであつて、何にも生々とした精神、空気のない教員生活の有様でした。……一寸とした事が私の心を刺戟して、どうしても少しえらい者になつてやらうと思ひました。そして裏切られた人を下に見てやらうと決心しました」と記している（『文検世界』1934年12月）。また、歴史合格者Kは「中等学校に職を奉ずる以上、是非資格を獲得せねばならぬ」（『文検世界』1935年1月）。1934年、音楽に合格した福井生は「私は現在県立一中と私立高女に奉職して居るが就職する時は勿論、非常な競争をした上に何かに付けて無資格の悲哀を受け何時も身に泌々と感じて居たので、何うしても資格を取らなければと思つたのが私の受験の動機である」と語っている（『文検受験生』1935年11月）。1940年日東史に合格した好史学人は「卒業後、四五年と経つにつれ、何の学科も一通りの見識を持つ外に、少くとも一学科に於ては断然群を抜く実力の必要を感じた。殊に専攻科出が逐次多くなるのを見ては、自分のみに下積になる気がしてたまらなかつた。茲に専攻科入学を決意し、更に文検突破の動機になつた」と記している（『文検受験生』1941年8月）。

このように師範学校専攻科出身者が小学校教員に多くなり，その対抗として文検を受験するものも出てくる。

ところが，表8-3から明らかなように，第三期になると自己修養・自己研鑽が資格取得・現状への不満を凌ぐようになる。資格取得等が約29.5％なのに対し自己修養・自己研鑽は約44％となった。

この変移をどのように考えたらよいのであろうか。

文検国語に合格者したAは「大体文検を受けられる人には左の目的意識が働いている人が多いのぢゃないかと思ふ。A．小学校教員の待遇地位等に甘んじない人。之は必ずしも精神的に小学校教育を侮辱してには非ずとするも物質的に恵まれなかつたり，在職期間の問題等のために地位の安定がなかつたりする人が幾分の（之は失礼な言分かも知れぬ）向学心のために受験するもの。B．中等学校程度卒業者若しくは独学者が学資其の他の関係で上級学校に進み得ず，而かも相当向学的であり且つ世上の地位に対しても野心のある人たちが文検に志を馳せるもの。C．自己の勉強は少くとも或る系統のもとに継続され進捗しつつあるけれ共何等かの刺激と勉学進度の目標を求めることが効果的であるために之を文検に求めようとするもの，位に別ち得ると思ふ」（『文検世界』1931年1月）と指摘する。また，文部省普通学務局の仁尾愷太郎は「文検試験の現状」という一文のなかで「中等教育に従事して居る者が多数受験するといふことは，無資格の者が資格を得て，其の地位を安全にしようとするのと，或科の免許状を有し居ても，只一科位では，未だ不十分で，売口が多くないからとの理由の下に受験するにあるらしい，尤も中等教員の免許状を持つて居て，市内の小学校に奉職する者其外一般に東京等の市内の小学校に奉職する者で，単に一種の権威を増さんが為に受験する者もあるさうである」と述べている（『国民教育』1914年2月）。

この記述を見る限り，第一には，この時期は無試験検定に合格したものが中等学校というジョブマーケットを占めており，試験検定合格者の入り込む余地がなくなってきたこと，第二には，そのため，仁尾が指摘するように小学校に奉職し「一種の権威を増さんが為」受験するものが多くなったことなどが理由

として挙げられると考える。

　では，以下に自己修養・自己研鑽を目的として受験した合格者たちの具体的な声を時系列に整理しておく。彼らの実際の声に耳を傾けてみる。

　例えば，動物生理合格者Yは，「小学校教員は予の終生の事業で且つ目的である。文検は自己修養根気鍛練の一方法である。」（『国民教育』1914年7月）とか，図画のMは「自分の学校では図画は鉛筆画を採用した……其当時一般の状況が，臨画に傾く弊があつた。何とかしてこの弊を，打破しやうと努力した積りであつたが，割合に功が少なかった。……やがてどうしても研究を廃することが出来ぬやうになつた。こんなことから遂に文検試験を心に期して進んだのである。固より中等教員たるべき必要に迫られたのでなく，寧ろ止めることが出来なかった自然の結果である」（『国民教育』1914年7月）と記している。

　また，数学合格者は「将来教員として立つには何事かを深く研究して自己の信念を造る必要がある」（『内外教育評論』1918年12月），習字K氏は，「私はパスそのものを目的としたのではなく文検を以て私の研究を体系づけやうと自己の実力を試す方便として文検を試みやうとしたのであります」（『文検世界』1927年7月），国語に合格したIは「……幸に母校所在市に配当された私は兵役の関係がなかつたので直にT校に赴任し，国語教授に精進しようといふ猛然たる意気込を以て愉快に教壇に立つた。所が一月たち二月たちする中に学力の貧弱がつくづく悲しくなつた。国語教授に身を入れようならば，国文学の教養修練でしつかりした背景を作らなければ，大成できないであらうと考へついた。それで三四年の間計画的に一通りの研究をしようともくろむに至った」とそれぞれ述べている（『文検世界』1929年11月）。また，修身のTは，「浮世を外に教育に当つた意気とあつて面白かつた。然し年月の流れるにつけ淋しさを覚へ始めた幾分自分に目覚めた。教壇に立つ自己の浅薄さを恥しくなると同時に人生人間の妙味を感じるようになつた。何とかして根強き教師。真の人間になりたいものと一心に思ひ続けた。……遂に真の教師こそ真の人間でなければならぬ真人間即真教師の信念を固うしその本質に触れたる文検修身科へと突き込んだ」（『文検世界』1930年5月），体操合格者Tは，「大正十二年某高等女学校体操

科教師として勤めて居た時でした。其頃の父兄の中に修身国語数学等の生績（ママ）不良の場合には強く心配もし且つ奮闘も促したものですが，体操に於て成績不良の場合『体操だから』といつた調子で子供にも安心を与へ且つ生徒自らも心配せぬと言ふ事を耳にしたのであります。……そこで先づ指導の位置にある私が卒先研究以て不知不識の中に体育を自覚せしめ，将来親となつた時代にかかる無理解の事のない様にと思ひ，それ以後東京高師の学会主催の体育講習に出席したのが動機でした」（『文検世界』1931年10月），「私の修身科受験の動機は……一つは私自身現在の小学校教師なるが為，教育者として辱かしからぬ思想見識を養ふ為の客観的標式の獲得であり一つは人生問題に対する，正しき見解を構成する為の哲学的研究の為である」（『文検世界』1932年8月）。

「受験の動機として編物刺繍は受持学科……また手芸時間に於ける生徒の真面目さをみるにつけ，語ることの出来ない一種のすまなさ悲しさを感じるので御座います。それは教師自体の力が解らなくて生徒に教授したところでどうして其の教授に権威がありませうか。文検こそ自分の実力を測る唯一の尺度ではないでせうか。文検合格によつて立派な中等教員になるといふのではなくて，幾分なりとも自信を持つて生徒に接し度いといふ一念からでございます」（『文検世界』1933昭和8年5月），習字に合格したYは，「どうかして小学校の生徒に丈けでもいい教授する丈の腕を作りたい」（『文検世界』1933年6月），手工のIの，「師範時代の余は手工科に対して，平凡な生活をした。……それが卒業後数年にして附属に転ずるや，思ひもよらざる手工科主任の命が下つたので頗る面食らつた。……丁度当時は高等小学校に手工科が必修科目となり，実業科目中に工業が設置されたので，文部省では夏期に手工講習を開催した。……岡山，阿部，伊藤の三教授の人格に敬服した事で，余は当時まで手工科教師と言へば，打算的なそして浅学の者と考へて居つたが今三教授の偉大な人格に触れ得て始めて，迷盲が打破され本科教育に対する正しい認識と関心が強やうされたのである。のみならず，思ひがけなくも其力量が認められ，あまつさへ『今少しの努力で受験する資格がある』等と身に余る御言葉を頂いたので……余は立派な手工科教師になり切つて，一歩一歩力強く本科に努力精進しやうと決心した」（『文検

世界』1933年6月）と各々述べている。また，裁縫合格者Fは，「昭和七年三月私が文検受験を決心したのは，丁度一昨年の春岡山高女の研究科を卒業する前でした。……愈々学校生活を終るといふときになつて急にもつと勉強して見たい，何か自分にも力をつけてをき度いといふ気持で一杯になつて決心してしまいました」（『文検世界』1934年9月），1934年歴史科に合格した松本鹿蔵は「受験の動機」と題し「よりよき教育者たらんには，更に常識を養ひ人格を完成する必要を認め，狭く深く研究するに先立つて，基礎を広くして然る後に奥行を深くするの上策なるを悟り」文検歴史を志したという（『文検受験生』1935年4月）。

しかし，動機にも戦争の香りが漂いはじめるだけでなく，小学校教員としてとどまり，そこでの自己学習の機会として文検を受験したと記述するものが現れるのは1939年頃からである。例えば，1937年手工科に，38年作業科に合格したKは「謹み畏みて大御心を奉戴し，精研練磨，児童生徒等と共に進展し，以て教育報国の誠をさゝげたい一念から文検を志し」たと声高に述べている（『文検受験生』1939年3月）。1939年地理科に合格した北海道人は「昭和五年現在校へ赴任して『君は地歴専攻だから』と地理主任を命ぜられ，それでは地理を研究して見ようと思ひ立つた。其の中にどうせ研究するなら目標を決めて，みつちり実力をつけよう。それには文検がよい。文検合格の力があれば此の未開拓のまゝの郷土地理研究も完成し得るものとこゝに準備にとりかゝつたのである」（『文検受験生』1940年5月）と語る。

また，1939年，国語科に合格したTは次のように記している。

「小学校に奉職してからの四年間は専心教育に盲目突進，脳裏唯児童あるのみだったが，漸く自己の無力を痛感，一方学校内の微温的な経営方針に一種の憤懣を覚えたが，現在の己では何等為すことの出来ないのを嘆息して文検受験を思い立つた。将来は何等かの指導的な地位に立ちたいといふ野心であつた。中等教育界に進出したいといふ希望は全然なかつた」（『文検受験生』1940年8月）。

この時期は力試しとか茫漠とした目的ではなく自己の教員としての力量・技術と教職教養を高め勤務している小学校経営には不満をもちながらも，その場に止まり，やがて「指導的な地位」に立ちたいということを言い出すのである。

このことは文検に合格しても中等教員への道が狭く，より一層閉塞化したことを意味しているのではないかと推察される。そのことは「恩師・友人等の影響」のなかで，例えば，1934年，裁縫に合格した大谷女子専門学校学生「さち子」は「新しく設立されました学校故資格等は勿論ある筈もございません。……無資格な学校でも実力に於いては別に何等異なる所は無いと思ひますれど社会はそれでは通す事は出来ません……ある日先生より，後の人のために，是非その草分けの初めを私達に，学校の無試験検定をと，どんなにかこの機会を望んでいた事でせう」(『文検受験生』1935年7月)と述べていることからも無試験検定者の中等学校教員に占める割の多さが小学校に文検合格者をとどめたのではないか考えられるのである。

(3) 小 括

以上のような分析から，教育科において分析した受験理由とは異なり，status–seekingなものを求めていたことは明確である。つまり，教育科のように確かな基礎理論・実際の教育技術を根拠あるものを求めて自己学習のきっかけとして文検に応じているとは言いにくく，また文検受験動機を自己修養・研鑽に還元することはできないということである。具体例のなかにも見られたように，例えば，「小学校教員の収入にて生活することは出来なかった」「生活の不安が私をして文検に進ました原因」「最も奉職上便宜にして有力なる学科」即ち国漢に合格とか，「中等教員として立たんとするには一科目にては心寂しく又肩身狭きことにして，少くとも二科目以上を所持して地位の安固を得らるべし」とか，「高等小学校を卒業したきりの私は，小学校で今五年目勤めて居りますが，その間五年生以上を受け持つた事はありません。何時も尋常四年以下を持たされて，下級は教材が簡単で楽だから事務の方をやつて呉れとは言はれて，兎に角私の様な経歴の者は小学校では不遇です。早く免許状を得て中等学校に奉職し，老父母を喜ばせ度い」。「功名心」と明確に言い切り「一足飛びに百円の夢」と記しているのである。

受験動機は上昇志向にウエイトがかけられ，地位の安定・経済的理由・立身

出世の諸要素が大きいといわざるをえない。

確かに，第三期には自己修養・自己研鑽が資格取得等を上回ったが，しかしそれは，繰り返しになるが，無試験検定合格者の増加に伴い中等教員への道が狭められていく過程で，「指導的な地位」を小学校教育界において立身出世を求めていくことに変化しているといわざるをえない。具体的な例のなかに「中等教育界に進出したいといふ希望は全然なかった」という記述があるが，そういわなければならないほどに文検合格者の中等教育界進出の機会は狭められていたことを物語っているといえないだろうか。

しかし，未だ多くの課題が残された。今回の受験動機の検討は，マクロな，すなわち全体的な特徴を示したものにすぎず，各学科レベルまで降りて分析する必要がある。そのためには各学科毎の専門雑誌に所載されている受験記を分析していく必要がある。なぜなら，今回，ここで取り上げた教育総合雑誌や受験雑誌が所載した受験記では各学科毎にしかも統計数値を利用しての分析となると有効な数値が収集できないという限界があるからである。

第5節　中学校・師範学校・高等女学校の教員組織に占める試験検定の割合と担当科目—いくつかの学校を事例として—

1）中等学校有資格教員のなかでの無試験検定合格者と試験検定合格者の占める割合

前節で筆者は，受験動機を分析し，動機変移の理由を無試験検定合格者の中等教員が試験検定合格者を凌いだためではないかと指摘した。『日本近代教育百年史』第5巻の中等学校有資格者の資格取得理由別比較表によれば師範学校において試験検定合格者の占める割合が10％台になるのは1927年でありその後下降傾向にあり，1935年には13.2％になっている。公私立中学校の場合は師範より遅れて1932年以降，公私立高等女学校の場合は1929年以降，それぞれ下降傾向である。師範，高女に比して中学校の下降傾向は緩やかだが，中学校も

第5節 中学校・師範学校・高等女学校の教員組織に占める試験検定の割合と担当科目　327

1935年の段階で15.6％と試験検定者の中等学校有資格教員の占める割合は極端に狭められているのである。[16]

2）中学校・師範学校・高等女学校の教員組織に占める試験検定合格者の割合と担当科目

　中学校・師範学校・高等女学校の教員組織に占める試験検定合格者の割合と担当科目にはどのような特徴を見ることができるのであろうか。これらの研究はこれまで未開拓の分野であった。しかし，本稿においても，多くの限界を抱えている。第一にはネーションワイドな形で中等学校教員資格構成を把握していないこと，第二には，地域的特質を抽出していないこと，第三には公立私立の中等学校教員資格構成の差異を明確にしていないこと，第四には，時期を問うていないことと研究対象とする学校数が十分でないことなどである。

(1)　中学校の場合

　中学校に運良く職場を移すことのできた文検合格者は，どのような科目を担当していたのだろうか。表8-4は，大阪に所在した岸和田中学校をはじめ7中学校をアトランダムに抽出し，一覧化したものである。[17]

　この表8-4の結果から，第一には，国漢をはじめ16科目，いずれかの学校で文検合格者が担当していたこと，第二には，習字・地誌のように複数科目を担当して者がいることがわかる。複数科目担当者の文検合格科目は現在のところ不明であるが，文検一科目合格者でも学校の事情によって無資格で合格科目以外の科目を担当していたものと推察される。第三には，なかでも，就職するのに有利だと考えられる学科目は，今回の調査からは，数学の13名，英語の9名そして体操の8名ということは指摘できる。

　では，ここで取り上げた中学校の教員組織のなかでの試験検定合格者の占める割合はどのような特徴を示しているのだろうか。例えば，【第一のケース】は，岸和田中学校（大阪）である。教員281名の内，高等師範学校卒業者（東京師範学校中学師範科卒業2名を含む）は51名（18.1％），臨時教員養成所卒業者は10名

表8-4 担当科目一覧 中学校の場合

	岸和田中	伊那中	新潟中	室蘭中	麻布中	北海中	桃山中	合 計
国漢	0	2	1	1	2	0	0	6
国語	5	0	0	0	0	0	0	5
漢文	3	0	0	0	0	0	1	4
数学	3	1	3	1	4	0	1	13
地理	5	1	0	0	1	0	0	7
歴史	1	0	0	0	0	1	0	2
習字	1	0	0	1	0	0	0	2
体操	8	0	0	0	0	0	0	8
博物	1	0	0	0	0	0	0	1
植物	1	0	0	0	0	0	0	1
倫理	1	0	0	0	0	0	0	1
図画	1	0	0	1	0	0	0	2
公民	1	0	0	0	0	0	0	1
教育	0	0	1	0	0	0	0	1
修身	0	0	0	1	0	1	0	2
英語	5	0	0	0	1	1	2	9
習字・地誌	1	0	0	0	0	0	0	1
歴史・地理	1	0	0	0	0	0	0	1
国語・習字	1	0	0	0	0	0	0	1
動物・植物	3	0	0	0	0	0	0	3
国・漢・音	0	0	1	0	0	0	0	1
博物・作業	0	0	0	0	0	0	0	1
博物・作業・理科・図画	0	0	1	0	0	0	0	1
図画工作	0	0	0	1	0	0	0	1
音楽・理科	0	0	0	0	0	1	0	1

(3.6%)，無試験検定合格者は87名（31.0%），試験検定合格者42名（14.9%），免許記述なしは78名（27.8%），不明が5名（1.8%）となっている。また試験検定合格者の担当学科目は，倫理1名，動植物3名，博物，植物それぞれ1名，漢文と数学それぞれ3名，国語5名，習字・国語1名，習字1名，体操8名，地理4名，地歴2名，英語5名，習字・地誌と図画と公民それぞれ各学科1名である。体操科が最も多く，続いて地理，歴史，国語各学科と続く結果となっている（『岸和田高等学校所蔵教員履歴書』）。【第二のケース】は，1901年3月段階による羽曳野高等学校の前身，大阪府第八中学校の場合である。『職員名簿』のなかの教員70名の内，試験検定合格者が11名で15.7%，無試験検定合格者35

名で50％，不明24名で34.3％である。試験検定合格者の担当科目は数学4名，国語2名，国語・漢文1名，習字，地理・地文，日東史，英語，体操それぞれ1名である。(『明治三十四年三月　職員名簿　大阪府第八中学校』)。【第三のケース】は，1926年11月段階における長野県伊那中学校の場合である。教員63名の内，試験検定合格者は僅かに4名で6.3％である。担当学科は国漢が2名，数学，地理，それぞれ1名である（『長野県伊那中学校長野県伊那北高等学校七十年史』1990年）。【第四のケース】は，1934年6月段階の新潟県立新潟中学校の場合である。教員37名の内，帝大出身者が13名で35.1％，高等師範学校1名で2.7％，臨時教員養成所3名で8.1％，私立大学等高等師範部・高等師範科6名で16.2％，無試験検定合格者5名で全体の13.5％，試験検定合格者9名で24.3％である。試験検定合格者の受け持ち学科は数学3名，国漢と国漢音で2名，博物作業と博・作業・理科・図で2名，地歴1名，不明が1名である。不明者1名は教育科合格者である（『新潟県立新潟中学校一覧表』)。【第五のケース】は，北海道庁立室蘭中学校の1937年4月と42年6月段階の教員組織である。1937年度は，高等師範学校・文理科大学7名，帝国大学3名，臨時教員養成所2名，私立大学等高等師範部5名，無試験検定合格者8名，試験検定合格者2名。担当学科は修身・公民と数学・図画それぞれ1名ずつである。1942年度は試験検定合格者5名に増加され，担当学科は国漢，図画工作，修身，数学，習字・図画それぞれ1名ずつであった。この試験検定合格者の就職年月は1940年が1人で，外4名は1941年に就職している(『北海道庁立室蘭中学校一覧』各年度)。【第六のケース】は，私立麻布中学校の場合である。1940，41年度は43名の教員の内，「文部省検定」合格者は6名で全体の13.9％，1942年度は43名中8名で18.6％である。担当教科1940，41年度では数学4名，国漢1名，地理1名，1942年度では数学4名，「国漢」2名，地理1名，英語1名となっている（『麻布中学校規則』より）。【第七のケース】は，私立北海中学校の場合である。1936年度，38名教員中試験検定合格者は4名で全体の10.5％である。担当教科は英語，歴史，理科，音・理それぞれ1名ずつである（『昭和十一年度学校一覧表』)。【第八のケース】は，桃山中学校の1934年以降の教員資格組織である。全教職員37名中，免許状所有

者24名(内嘱託5名)。試験検定合格者の担当科目は,英語2名,漢文,数学それぞれ1名である(『桃山中学校規則』より)。

このように,試験検定合格者が教員全体に占める割合は10%前後,多いところでも20%前後ということが指摘できよう[18]。

(2) 高等女学校の場合

次に高等女学校の場合である。ここで検討する高等女学校は8校である。表8-5は担当科目を整理した一覧である。

表8-5 高等女学校 試験検定合格者担当科目

	東京府立第一高女	プール高女	小樽市立高女	広島市高女	宮城県桶谷高女	駒沢高女	聖保禄高女	山形県谷地高女	合計
体操	1	0	1	0	1	0	0	0	3
裁縫	3	0	0	2	0	0	0	0	5
英語	0	1	0	1	0	0	0	0	2
理科	0	0	1	0	1	0	0	0	1
国語	0	0	0	0	0	0	0	1	2
音楽	0	0	0	1	0	0	0	0	1
家事	0	0	0	1	0	0	0	0	1
博物	0	0	0	2	0	0	1	0	3
動物	0	0	0	1	0	0	0	0	1
習字	0	0	0	0	0	1	0	0	1
教育	0	0	0	0	0	0	1	1	2
生保	0	0	0	0	0	0	0	1	1
数学	0	0	0	0	1	0	0	1	2
図画	0	0	0	0	1	0	0	0	1
歴史	0	0	0	0	1	0	0	0	1
地理	0	0	0	0	1	0	0	0	1
修身	0	0	0	0	0	0	0	1	1
作法	0	0	0	0	0	0	0	1	1
書道	0	0	0	0	0	0	0	1	1

表8-5が示しているように,第一には,19の学科目に文検合格者が,いずれかの学校に奉職していること,第二には,中学校のように複数の科目を担当する合格者はいないことである。そして第三には,裁縫の5名で,博物,体操それぞれ3名という結果から,高等女学校の場合は裁縫が文検合格者にとって

第5節　中学校・師範学校・高等女学校の教員組織に占める試験検定の割合と担当科目

奉職機会が大きかったということが見て取れる。

　では，教員全体に占めるパーセンテージはどうであったのだろうか。例えば，【第一のケース】は，東京府立第一高等女学校の場合である。1914年9月現在，全教員数は，31名（内嘱託5名）である。教員資格構成のなかでも無試験検定合格者は4名，試験検定合格者は同じく4名（12.9％）である。試験検定合格者の担当科目は一人が体操科，3名が裁縫科の合格者である。因みに，この学校の教員の約50％は高等師範学校・女子高等師範学校卒業者で占められていた（『東京府立第一高等女学校一覧』1915年）。【第二のケース】は，プール高等女学校の場合である。1932年度における教員組織は21名で免許状所有者は18名（内嘱託2名）であるが，試験検定合格者は英語科の1名（4.7％）のみであった（国立公文書館所蔵資料より）。【第三のケース】は，小樽市高等女学校の場合である。1934年，1936，1937年各5月段階の調査であるが，いずれも理科，体操それぞれ1名（1934年度は4.1％）ずつ試験検定合格者であった。1934年5月段階の全教員数は24名（内嘱託4名），1937年5月では23名であった。【第四のケース】広島市高等女学校の場合である。1938年2月現在の教員資格構成であるが，全教員36名中7名（19.4％）が試験検定合格者である（『広島県高等女学校教則規則』より）。【第五のケース】宮城県涌谷高等女学校である。1938年1月段階の全教員数16名であるが，試験検定合格者は3名（18.8％）である。このなかには宮城師範を卒業後，文検動物科に合格したが，担当科目は数学，理科，図画を担当していた（『宮城県高等女学校教則規則』より）。【第六のケース】駒沢高等女学校の場合である。1941年3月段階における全教員は24名そのなかでの試験検定合格者は1名（4.1％）で，習字を担当していた（『東京府高等女学校規則』より）。【第七のケース】聖保禄高等女学校の場合である。1942年1月現在の全教員数は無資格2名を含んで16名であるが，試験検定合格者は2名（12.5％）であった。ただし，教育科担当者の身分は「嘱託」となっていた（『北海道高等女学校規則』より）。【第八のケース】山形県谷地高等女学校の場合である。1946年1月現在における全教員数は20名であり，その内試験検定合格者は4名（20％）であった（『山形県高等女学校教則規則』より）。

このように，学校によってバランスは異なるが，ほぼ中学校の場合と比較して採用率は高いということができる。

(3) 師範学校の場合

最後に師範学校の場合を検討しておく。しかし，残念ながら国立公文書館には師範学校の設置・廃止に関する文書は移管されておらず，アトランダムに学校を抽出する作業すらできなかった。そこで筆者が可能な限り見つけ出した3校の事例を掲載しておきたい。それが表8-6である。

表8-6 担当科目一覧 師範学校の場合

	高知師範	札幌師範	石川師範	合計
国漢	0	0	0	0
国語	0	0	0	0
漢文	0	0	0	0
数学	0	0	0	0
地理	1	1	1	3
歴史	1	0	0	1
習字	0	1	1	2
体操	0	1	0	1
博物	1	1	0	2
図画	0	1	0	1
公民	0	0	0	0
教育	1	0	0	1
修身	0	0	0	0
理科	0	0	0	0
英語	0	0	0	0
手工	1	1	0	2
裁縫	1	0	0	1
教練	0	1	0	1
柔道	0	1	0	1
工作	0	0	1	1
歴史・地理	1	0	0	1
修身・教育	1	0	0	1

この表から何事かを指摘するのはつらい作業となるが，あえて指摘するとすれば，地理，歴史はともかくとしてもアカデミック教科以外の学科を担当しているものが多いということだけは指摘できる。例えば，【第一のケース】は，高知県師範学校の場合である。1925年10月1日現在の教員組織は35名の内，教諭21名中試験検定合格者は4名で，担当学科は博物，修身・教育，手工，歴史地理それぞれ1名である。教諭のほかに教諭訓導に文検教育科1名と教授嘱託に2名，地歴，裁縫がそれぞれ1名である（『高知県師範学校創立五十年史』1925年）。【第二のケース】は，北海道札幌師範学校の場合である。教員組織は学校長，教諭，教諭心得で28名である。この内，試験検定合格者は8名で全体の28.6％である。高等師範が10名，臨教が1名，帝大3名，無試験

検定合格者6名である。試験検定者の担当学科は地理，博物，図画，体操，教練，柔道，習字，手工にそれぞれ1名である（『北海道札幌師範学校一覧昭和9年度』）。
【第三のケース】は，石川師範学校（男子部）の1943年度の場合である。教員組織は学校長，教授，助教授，教諭，教諭兼訓導を合計して30名である。内，試験検定者は5名で，16.7％である。高等師範・文理大が9名，帝国大学7名，臨教2名，無試験検定7名である。またこの内「応召」のものが3名含まれている。試験検定合格者の担当学科は工作2名と地理，書道，農業それぞれ1名である。農業は実業教員検定合格者である（『石川師範学校要覧（男子部）昭和18年度』）。

(4) 小 括

　事例の少なさという大きな限界を考慮に入れながら，以上のように通観し，かつ本論文の課題に徴して，とりあえずのまとめをするとすれば，少なくとも文検合格者が中学校，高等女学校に採用されるパーセンテージは各学校の事情により異なることだけは指摘できる。
　ところで，文部省普通学務局の仁尾は1913年度（第27回）の文検の結果をもとに，同年度の出願者数は4052名，その内2科受験者241名，実人員3811名で前年度より460名増，予備試験受験者3228名，不要者64名で，欠席者760名，合格者645名，本試験受験者805名，合格者368名である，と語った。また，合格者の内，中等学校奉職者は96名で全体の26.1％，その他が272名で全体の73.9％である，と記し「この中には無資格ながら中等教員たるもの多い」と述べている。仁尾は，出願者の職業別資格は不明としながらも，合格者のなかで中等教員として奉職している無資格教員は9名，有資格教員は28名で，学科別に見ると動物生理が有資格21名，三角法10名，解析幾何4名，微積3名，無資格は動物生理9名であると記した。仁尾は「動物及生理の方の現象は中等学校以外では此等学科の研究困難なるを示し，三角法外二科の方は数学の教員が如何に売口よきか，ドンドン中等教員に採用され」ている，と言うのである（『国民教育』1914年2月）。

表8-7 教員需給 文部省調査

科目	供給申込	需要申込	採用
地理歴史	65	101	45
法制経済	119	6	1
国語漢文	195	194	104
英語	375	282	155
数学	104	116	80
物理	141	90	49
博物	85	47	29
図画	26	26	15
体操	42	49	18

(注) 『文検世界』1927年・6月 55頁より

この点に関して中学校に限ってみれば文検合格者の中でも数学に合格したものの採用が多かったことと符合している。

表8-7は，教育科に続き，1926年に地理科に合格した小野寺太郎が「文検地理受験漫談」という一文を『文検世界』に寄せ，文部省の調査として教員の需給状況を示したものである。この表で見る限りは，需要と供給のバランスが取れているのが国語漢文と数学である。また体操と地歴と数学は供給より需要のほうが僅かではあるが高くなっている。しかし採用の割合となると，数学が最も高く，地歴，図画，国漢と続くが，最も低いのは「法制及経済」であることがわかる。[19]

第6節 文検国語(英語等も)合格者のキャリアと合格後の動向

1) 受験記にあらわれた合格後の動向

表8-8は，上記の各雑誌に所載された受験記に記述された合格後の動向を整理したものである。この表からも明らかなように各期とも合格後のキャリアに関する記述は極めて少ないことが特徴である。このような限界を考慮に入れながらとりあえずの結果を指摘したい。この結果から指摘できることは，第一には，全体的に見た場合，文検合格者のほとんどが校種別の学校数を斟酌しても中学校教員として奉職するものが多かったということ，第二には，各期ごとにその傾向に変移はないということである。つまり，高等女学校，実業学校の教員として奉職するというよりも中学校に職を求めた文検合格者が多く，上昇移動の場になっていたというだけは指摘できよう。しかし，この結果から文検合格者のキャリアを一般化して述べることは危険である。そこで，次節以降は

国語科，英語科の合格者，また角度を変えて群馬県出身者等の合格者，さらに学習サークル「土佐梁山泊」学友の合格後のキャリアを検討してみることにした。

表8-8 受験記にあらわれた合格後の動向

	第Ⅰ期	第Ⅱ期	第Ⅲ期
師範学校教員	1	6	0
師範学校教諭心得	0	1	0
中学校教員	10	19	3
高等女学校教員	3	9	0
実業学校教員	3	6	2
農林学校→中学校	0	1	0
中学校→高等女学校	0	1	1
師範→中学校	0	1	0
実科高女教員	0	1	0
中等学校	0	1	0
記載なし	112	359	159
合計	129	405	165

2）合格者のなかの著名人たち

（1） 国語科合格者のキャリア

　表8-9は儀同　保『独学者列伝』（日本評論社，1992年）を素材として，文検国語科に合格した者のなかで，経歴が比較的詳細に辿れる12名を対象として彼等の合格前後のキャリアを一覧化したものである。

　表8-9から明らかなことは，第一には，最終学歴は師範卒というよりむしろ中学校卒あるいは独学し，小学校教員検定にパスした人が多いこと，第二には，合格時の職業は小学校教員が多いこと，第三には合格後のキャリアであるが，この点に関しては中等学校に全員，職を得，さらには高検に合格し，旧制高校の教員，後には大学教員になった者が多くいることを指摘することができる。

　例えば，連歌研究の第一人者として著名な福井久蔵は，1867年但馬，現在の兵庫県に生を受ける。師範を卒業後，神戸市の小学校教員となるも1893年退職し，上京する。国語学者上田萬年の指導をうけ，1895年国語科に合格した。後，山口中学校教諭として赴任するも，まもなく上京し，府立一中の教諭。1904年

学習院教授となった。1951年84歳で死去した(「福井久蔵博士の人と学問」『駒沢国文第二十二号』1985年)。また,「受験英語」の神様として著名な南日恒太郎は,1881年富山県に生まれた。富山中学に入学したが,4年生の時に目を患い,中途退学している。後,銀行に勤務するも眼病が悪化し退職した。しかし,独学をつづけ,1892年国語科に合格した。同時に母校富山中学教諭として採用されたが,2年で退職し,上京した。国民英学会などで学び,1896年英語科にパスした。正則中学校教諭,学習院教授を経て,富山高校の創立に尽力したが,そ

表8-9 国語科合格者の合格前後のキャリア

氏名	生年	合格前の最終学歴	職歴	合格年	科目	合格後のキャリア	他の合格科目
福井久蔵	1867	師範卒	小学校教員	1895	国語	中学校教員→大学教授	
南日恒太郎	1881	中学中退→独学		1892	国語	中学校教員→旧制高校々長	英語
山田孝雄	1873	小学校教員検定	小学校教員	1895	国語	中学校教員→大学教授→貴族院勅撰議員	日本史・倫理・修身
高野辰之	1876	師範卒	小学校教員	1898	国語	文部省属官→東京音楽学校教授	
新町徳之	1876	哲学館卒	高等女学校教諭	1920	国語	高等女学校教員	法制及経済
野村八良	1881	中学校卒		1905	国語	高等女学校教員→旧制高校教授→大学教授	高検
奥里将建	1888	小学校教員検定	小学校教員	1924	国語	中学校教員	高検
三浦圭三	1885	小学校教員検定	小学校教員	1907	国語	高等女学校教員→旧制高校教授	教育・高検
荒木良雄	1890	中学校卒→小学校教員検定	中学校助教員	1915	国語	中学校教員→旧制高校々長→大学教授	修身・高検
石田吉貞	1890	小学校教員検定	小学校教員→商業学校教員	1919	国語	高等女学校教員→私立中学校教員→大学教授	修身・教育・高検
峯岸義秋	1907	師範卒	小学校教員	1927	国語	高等女学校教員→旧制高校教授→大学教授	高検
田中重太郎	1917	商業学校卒	新聞社勤務	1937	国語	中学校教員→大学教授	漢文・高検

の途中に死去した。享年58歳であった（田部隆次『南日恒太郎遺稿と追憶』1934年）。
山田孝雄（やまだよしお）は，1873年富山県に生まれる。富山中学を一年で退学した後，私塾で国学を学び，1991年小学校授業生の免許書が下付され，小学校教員となる。1892年准教員の資格を得，のちに尋常小学校正教員の免許状を得た。1895年文検国語科に合格した。翌年私立中学「鳳鳴塾」の嘱託になった。1898年日本史科，1900年倫理科，修身科に合格し，三つの免許状を手にした。後，高知県立第一中学校教諭となった。1927年には日本文法論の研究が認められ東北帝国大学教授となった。退職後，1935年には教学刷新評議会委員などをつとめ1940年には神宮皇学館々長となったが，1944年貴族院勅撰議員となる。1858年83歳で死去した。

高野辰之は長野の出身で，1876年生まれ。1891年師範を卒業後，小学校教員となる。1898年国語科に合格。「小学校教員として生涯をすごす気はなかった」，上京したが，服務義務規定により義務年限途中に付き，長野に帰り，1900年長野師範附属小学校の教員となる。1902年再度上京，文部省の属官になった。やがて1910年東京音楽学校教授となった。1947年71歳で死去した。新町徳之は，1876年山口県に生まれる。中学を卒業後，哲学館に入学し，1897年卒業。教育科に合格後宮崎師範教諭，1905年には京都府立第一高等女学校教諭を歴任した。1920年には国語科，1921年に法制及経済にも合格した。野村八良は，1881年鳥取県に生まれた。愛媛県の中学校を卒業した。1905年国語科に合格し商業学校教諭となり，以後東京府立第二高等女学校教諭などを歴任した。1919年高検国漢に合格，1922年東京高等学校教授となった。のち駒澤大学などの教授を歴任したが，1966年85歳で死去した。

さらに，奥里将建は，1888年沖縄県に生まれた。1908年准教員養成所で学び，小学校の教員をつとめながら尋常科正教員，本科正教員の検定にパスし，1924年国語科に合格した。那覇市の県立第二中学校教諭となるも，1928年京都帝大選科生となり，1929年高検国語科に合格した。その後中学校教諭として永年つとめた。1963年76歳で逝去した。三浦圭三は，1885年兵庫県に生まれた。三浦は代用教員になり，1901年小学校尋常科教員，翌年尋常科教員，1903年本科正

教員それぞれの検定試験に合格した。小学校教員として勤務する傍ら，1906年には教育科，次いで国語科にも合格した。1908年大阪府の高等女学校教諭となった。1920年高検国語科に合格，1922年弘前高等学校教授に就任した。荒木良雄は，1890年京都府生まれ。1910年京都府立第三中学卒業後，小学校代用教員となった。同年本科正教員に合格し府立第三中の助教諭となった。1915年国語科に合格し，教諭となった。1919年には修身科にも合格している。1925年高検国語科に合格。姫路高等学校教授に就任し，1949年に神戸大学教授とともに最後の姫路高等学校の校長にもなった。1969年80歳で死去した。

　藤原定家研究の第一人者として著名な石田吉貞は，1890年長野県に生まれた。独学人，石田は高等小学校のみという学歴の持ち主。小学校教員検定（准教・尋正）にパスし，小学校教員を，校長代理までつとめた。1914年「小本正」に合格，1916年修身科・教育科に合格，1918年国語科予備合格，口述試験に落第，1919年新潟商業学校につとめながら国語科に合格した。1923年には柏崎高等女学校，1925年浅野学園総合学園につとめ，1927年高検に合格。1929『若き検定学徒の手記』を出版。戦後は中等学校につとめながら1955年文学博士となり，翌年大正大学教授となる。群馬師範講習科卒，峯岸義秋は1907年群馬県に生まれる。小学校の教員をつとめながらも，1927年国語科に合格。後，鹿児島県立高山高等女学校の教諭，1929年高検合格，1935年東京市立第二中学に転じ，1938年第二高等学校教授，1952年には東北大学教授となった。

　田中重太郎は，1917年京都府生まれ。1935年商業学校卒業後，大阪の朝日新聞社営業部会計係として勤務する傍ら国文学を研究し，1937年国語科に合格した。翌年立命館中学教諭に転職し，漢文科にも合格した。さらに1939年高検国語科に合格，22歳の若さであった。44歳で文学博士。戦後は短大の教授を歴任したが，1986年68歳で逝去した。

(2) 英語科合格者のキャリア

　大村喜吉，高梨健吉，出来成則編『英語教育史資料第五巻』（東京法令出版，1980年）と前掲の『独学者列伝』を素材として，英語科に合格した21名のキャ

第6節　文検国語合格者のキャリアと合格後の動向　339

表8-10　英語科合格者の合格前後のキャリア

氏　名	生年	合格前の最終学歴	職　歴	合格年	科目	合格後のキャリア	他の合格科目
安藤貫一	1878	国民英学会卒	教員	1901	英語	中学校教員→高等商業学校教授	
今井信之	1884	国民英学会卒		1906	英語	中学校教員→英語通信教授の通信教育を始める	
岡本　昌	1874	独学		1906	英語	商業学校教員	
佐藤保胤	1881	旧制高校中退		1907	英語	中学校教員	
田中菊雄	1893	高等小学校卒		1922	英語	中学校教員→旧制高校教授→留学→大学教授	高検
田中睦夫	1911	青山学院在学		1933	英語	中学校教員→新制高校教員→大学教授	
南日恒太郎	1881	中学中退→独学	中学校教員	1896	英語	中学校教員→旧制高校々長	国語
深沢由次郎	1872	東京専門学校中退	中学校教員	1900	英語	中学校教員→大学教員	
吹田佳三	1885	各種学校		1908	英語	中学校教員	
松田福松	1896	早稲田大学中退		1918	英語	各種学校教員→新制高校教員→大学教授	
山崎　貞	1883	早稲田大学卒		1910	英語	早稲田高等学院教授	高等学校卒業検定
杉森此馬	1858	明治学院卒	明治学院助教授	1894	英語	旧制高校教員→広島高等師範教員	
竹原常太	1879	米国で学ぶ		1908	英語	高等商業学校教授	
手塚　雄	1879	正則英語学校卒	正則英語学校教員	1902	英語	専門学校教員	
永野武一郎	1869	旧制高校中退		1899	英語	留学→広島高等師範教授	
西村　稠	1886	東京外国語学校英語専修科卒		1907	英語	中学校教員→大学教授	高検
南石福二郎	1883	国民英学会卒		1908	英語	中学校教員→大学教員	
渡辺善次郎	1876	中学校卒→国民英学会で学ぶ		1900	英語	早稲田大学卒→留学→大学教授	
早川武夫	1914	商業学校卒		1938	英語	旧制高校卒→大学教授	実検商業英語・高検
柴田徹士	1910	商業学校卒		1930	英語	中学校教員→旧制高校教員	
河村重次郎	1888	中学校中退→小専合格		1908	英語	中学校教員→高等商業学校教授	高検

リアを整理したものが表8-10である。

表8-10からわかることは、第一には、最終学歴が極めて多様であることである。独学者から早稲田大学卒業まで幅が広い。そのなかでも国民英学会、正則英語学校で学んだものが多いのが特徴である。第二には、合格時の職歴であるが、国語科と比較すると不明なものが多く、小学校教員というものは皆無である。第三には、合格後のキャリアであるが、国語科同様全員が中等学校以上の上級学校の教員になっていることがわかる。

例えば、安藤貫一は、1878年東京深川で生まれた。欧文正鵠学館、国民英学会で英語を学んだ。1896年国民英学会卒業後、水戸、青森などで英語を教え、1901年文検英語に合格し、教諭として長野県立上田中学校、鹿児島第一中学校、京城中学校で教鞭をとり、1917年には大阪高等商業学校教授となった。「英語の会話がきわめて上手で、英文にもすぐれていた」という。1925年、在外研究で英国出張中になくなっている。今井信之は、1884年東京本所で生まれた。1904年国民英学会卒業後、1906年に文検英語に合格、翌年新発田中学校教諭となるも、1908年萬朝報に入社し、英文欄を担当した。1909年英語通信社を創設し、英語通信教授という通信教育をはじめた。1954年に70歳で亡くなっている。岡本昌は、1874年島根県に生まれる。独学で1906年文検合格、合格後は京華商業学校教員として1937年に没するまで在職した。

また、佐藤保胤は、1881年生まれ。東京高等師範学校附属中学校を卒業し、第三高等学校に入学するも、中途退学し、1907年文検英語に合格した。千葉県の北条中学校で教鞭をとっていたが、岡倉良由三郎の引きで東京高等師範学校附属中学校の英語科主任として活躍、一躍有名になった。

田中菊雄は、1893年北海道小樽に生まれる。高等小学校のみの学歴。独学で1922年には文検英語に、25年には高検英語に合格。呉、長岡中学校教諭を経て、富山、山形高等学校教授、戦後は山形大学教授となる。75年病没。田中睦夫は、1911年鹿児島に生まれる。1933年、青山学院在学中に文検英語に合格、卒業後、鹿児島県の中学で教鞭をとるも、再び上京し東京府立七中、戦後は現在の都立両国高校教諭となる。1951年米国ノースウェスト大学留学、帰国後、和洋女子

大学教授となる。深沢由次郎は，1872年山梨県鰍沢町に生まれる。東京府立英語伝習所，東京英語学校，東京英学院で学び，1895年東京専門学校に入るも中途退学し，1898年畝傍中学に赴任，1900年文検英語に合格，姫路中学に転じ，後，五高の教員となる。1920年早稲田大学に移り，1943年に定年退職した。吹田佳三は，1885年大阪に生まれた。大阪基督教青年会英語夜学校に学び，1908年文検英語に合格，直ちに京都府立第三中学校教諭となるも，35歳で死去した。松田福松は，1896年東京生まれ。開成中学校卒業，早稲田大学に入学するも中途退学し，1918年文検英語に合格，21年から正則英語学校講師，34年から電機学校職員。戦後は1953年麻布高校で英語を教え，後に城西大学教授となった。

「山貞」と受験生に慕われた，山崎貞は，長野県の出身。1901年長野中学校を卒業後，上京して，早稲田大学を卒業し，正則英語学校で学んだ。1910年英語科に合格，東京帝大の選科生となるも，高等学校卒業検定試験を受け本科生となった。1919年卒業。1920年早稲田高等学院教授に就任した。杉森此馬は，1858年福岡県生まれ。1876年明治学院に入学，卒業とともに幹事となり，1885年助教授となる。1894年英語に合格，後，山口高等学校，第四高等学校，広島高等師範学校などで教鞭をとった。竹原常太は，1879年生まれ。米国で学び，Ph.Dの学位を得て帰国。正則中学校で教鞭をとった。1908年英語科に合格，後，神戸高等商業学校教授として赴任した。手塚雄は，1879年生まれ。正則英語学校で学び，卒業後，同校で教鞭をとる。1902年英語科に合格。のち，満州に渡り，南満州工業専門学校教授となった。

さらに，永野武一郎は，1869年島根県に生まれる。松江中学二年で退学，札幌農学校に入学するも中途退学し，私立成立学舎に入り，1888年第一高等中学に入るも中途退学，1899年英語科に合格。後，英国留学。帰国後，1906年広島高等師範学校教授となった。西村桐は，1886年島根県に生まれる。1906年東京外国語学校英語専修科を卒業，1907年英語科に合格した。各地方の中学校に奉職した。1920年高検英語科に合格。1950年には青山学院大学教授に就任した。南石福二郎は，1883年生まれ。1903年国民英学会専修所を卒業，1908年英語科合格，滋賀県立膳所中学校で教鞭をとり，さらに同志社大学で教えた。渡辺善

次郎は，1876年愛媛県に生まれた。1897年松山中学卒業後上京し，国民英学会で学び，1900年英語科合格。後松山中学教諭となるも，上京し早稲田大学英語政治学科を卒業し，1905年アメリカエール大学に入学，帰国後1909年拓殖大学教授となった。

商業学校卒という学歴のみで弁護士として活躍している早川武夫は岐阜の人。小学校卒業後市立名古屋商業学校に入学し，卒業した。苦学の末，1936年実検商業英語に合格した。1938年英語科に合格した。後高検英語に合格した。第八高等学校入学，1948年には神戸大学の教授に就任した。柴田徹士は，小学校卒業後，家業の豆腐屋の仕事を手伝う一方で，1928年関西大学附属第二商業学校（夜間）を卒業，大阪青年会英語学校に学んだ。1930年英語科合格。豆腐屋を続けながら1933年高検英語に合格した。後大阪府立高津中学校教諭，府立浪速高等学校教授となった。

『ニュー・クラウン英和』の編集者の一人として著名な河村重次郎は，1888年に秋田県に生まれる。秋田中学を中途退学し，1907年小学校英語専科教員検定試験に合格。1908年に英語科合格。1912年県立福井中学教諭，1919年には高検英語に合格した。1938年横浜高等商業学校教授となった。

(3) 群馬県出身等の文検合格者のキャリア

次に視点をかえて，県人名辞典のなかでも，文検合格者の情報が比較的多く掲載されている，『群馬県人名大事典』（上毛新聞社，1982年）と『高崎市教育史人物編』（高崎市教育委員会，1989年）を素材として群馬県出身者あるいは縁のある人で文検に合格した人々，ここでは教育科合格者も含めて彼らのキャリアを検討することにする。表8-11は上記の資料からピックアップした14名分のキャリアを整理した一覧である。

この表は多様な学科に合格したものを取り上げているが，第一には，最終学歴が師範卒，第二には，合格時の職業は小学校教員である。第三には，教育科以外の合格者を除いてほとんどのものが中等学校に奉職したのに比べ，わずか2名であるが教育科合格者は小学校にとどまっているという結果を見て取るこ

第6節　文検国語合格者のキャリアと合格後の動向　**343**

とができる。

　例えば，県下の理科教育の振興に功績の大きかった新井　彰は1894年生まれ。1913年群馬師範二部を卒業後，小学校教員。1917年県立高崎中学校助教諭，1919年文検動物・生理に合格，1920年高崎中学校教諭となった。岡田与市は，1877年生まれ。1899年師範本科を卒業し，小学校教員となる。1901年東京高等師範学校に入学するも病気のため中途退学した。回復後，群馬県内の小学校教員，小学校長を歴任，1915年文検教育科合格，1922年には群馬県女子師範学校教諭・附属小学校主事となった。1924年には高崎実践女学校の校長に任命された。

　また，佐藤タネは，1875年生まれ。1900年渡辺裁縫女学校速成科に入学，

表8-11　群馬出身者等の合格前後のキャリア

氏　名	生年	合格前の最終学歴	職　歴	合格年	科　目	合格後のキャリア	他の合格科目
新井　彰	1894	師範卒	小学校教員→中学校助教員	1919	動物・生理	中学校教員	
岡田与市	1877	師範卒	小学校教員	1915	教育	小学校教員→女学校校長	
佐藤タネ	1875	裁縫女学校速成科卒		1901	裁縫	高等女学校教員→裁縫女学校設立	
田中鹿之助	1908	准教員養成所卒	小学校教員	1946	体操	高等女学校教員	
山口吾八	1900	実業補習学校卒	代用教員	1930	法制及経済	工業学校教員	小本正
石原得重	1900	師範卒	小学校教員		柔道	中学校教員	
板垣源次郎	1866	師範卒	小学校教員		歴史・倫理・国語・漢文	中学校教員→小学校長	
宇津木与平	1904	師範卒		1926	法制及経済	中学校長→教育長	
北村友圭	1876	師範卒	小学校教員		数学	中学校教員→高等工業教員	
斉藤始雄	1892	師範卒	小学校教員	1919	日本史・西洋画	師範学校教員	
佐藤春重	1917	師範卒	小学校教員	1942	生理	工業学校教員	
柴崎寅松	1914	師範卒	小学校教員	1940	教育	小学校教員→新制中学校長	
富田俊一	1893	師範卒	小学校教員	1919	体操	女子師範教員	
中沢宗弥	1886	師範卒	小学校教員		教育	小学校長→市教育長	

1901年卒業。同年文検裁縫科に合格。1902年静岡県磐田郡立三島高等女学校に奉職するも、裁縫女学校設置のため高崎に帰る。現在の高崎商科大学の創始者である（小野里良治『良妻賢母の母　佐藤夕子の生涯』1991年）。

　田中鹿之助は1908年生まれ。1923年准教員養成講習を修了し、小学校の教員となる。その後の経緯は不明であるが、1946年文検体操科に合格。翌年高崎市立高等女学校教諭となった。山口吾八は1900年生まれ。1914年実業補習学校を卒業し代用教員となるが、1929年「小本正」検定試験に合格、1930年には文検法制・経済に合格。1942年には県立高等工業学校教諭となった。石原得重は、1900年の生まれ。師範卒業後、文検柔道に合格。桐生中学校教諭となる。板垣源次郎は1866年生まれ。1885年師範卒業後小学校教員になった。文検歴史・倫理・国語・漢文に合格。中学校教諭となるが、1921年群馬県伊勢崎町の懇請により小学校長に迎えられた。宇津木与平は1904年生まれ。1923年師範を卒業する。1926年文検法制・経済に合格。1936年藤岡中学校長となる。1953年藤岡町教育長となった。北村友圭は、1876年石川県に生まれる。師範卒業後小学校教員。文検数学合格後、徳山中学などを歴任し、1921年桐生高等工業学校教授となった。斉藤始雄は1892年生まれ。1913年師範を卒業後小学校教員になる。1919年文検日本西洋画に合格。翌年師範学校教諭となった。佐藤春重は1917年生まれ。1938年師範を卒業後、小学校教員。1942年文検生理に合格。1943年高崎工業学校教諭となった。富田俊一は、1893年生まれ師範卒業後小学校教員、1919年文検体操科合格。1920年三重県女子師範教諭となった。

　さらに、柴崎寅松は1914年生まれ。師範卒。1940年文検教育に合格。小学校教員をつとめ戦後は中学校校長となった。中沢宗弥は1886年生まれ。1907年師範を卒業後、小学校教員。文検教育合格後も小学校教員、小学校長となる。1952年には高崎市教育長に就任した。

（4）　土佐梁山泊と文検合格者たち

　土佐梁山泊とは、1928年、土佐（現高知市）に創始された「文検」勉強会である。主唱者は小学校訓導で「文検」国語科合格者、中村伝喜である。

中村伝喜（なかむら　でんよし）を浜田清次は「苦学力行の大達人－草莽の情熱学人[20]」と称した。中村は1920年准教員養成所卒業後，小学校教員になった。その一方で1923年には『極南』を刊行し，24年には小砂丘忠義，上田庄三郎らとともに雑誌『地軸』を創刊し「画一的詰め込み教育を批判」した[21]。1935年には「土佐綴方人の会」を結成した。

「土佐梁山泊」の結成について，中村は，随想集『春旅秋旅』のなかで，この会は「昭和三年の五月頃だったか，野市の校庭」で「本を読んでいたら，青年団長の杉村　正が傍へ寄ってきて，のぞき込んだので，ふっと誘うてみる気になり，いっしょに勉強してみませんかと言ったら，やって見ましょう。そんなら先生の試験を受けてみますか。受けましょうと言う話になった[22]」ことに始まっていると記している。そして彼は「昭和三年の初夏のころ，私たちは土佐梁山泊という独学者の寄り添う団体をはじめました。はじめ四五人で出発しましたが，新しく入門する者，或は応援指導して下さる方などで終には八〇名近い人数となりました[23]」と述べている。

浜田清次によれば「土佐梁山泊」の指導理念は，鹿持雅澄の精神である「吾墾道（あがはりみち）」の教育を目指せというものであった[24]。機関誌を出しているわけでもなく，文検学習指導グループを結成していたわけでもない。この土佐梁山泊は，あくまで文検国語の受験者を対象とし，学友の誰かの指導を受けて合格した人が，次に文検国語の試験を受けたいという人に合宿を行い指導するという方式をとっている。浜田は「その時々に文検を受験する人のことを指導する人がいて，そこでそこに受かったならば，その受かった人が次の後輩に指導したり……そういう流れできて，昭和23年に文検がなくなったときに何か自然と消滅していった」（インタビューの記録より）と述べている。高知新聞社客員の山田一郎は「合宿は旅館を借りていたのか，民家だったのか，ふすまを取り払った二階の二部屋に裁縫台のような長い机を二列に並べ，十人ばかりの泊員が正座していた[25]」。ここでは先輩達は随分厳しく指導し，そして「模擬試験」までも行っていたというのである。徹底した文検国語科合格準備合宿をしていたと思われる。したがって岩村東陽によれば「合格できそうな小学校教員に白

表8-12 「土佐梁山泊」の学友の合格前後のキャリア

氏名	生年	合格前の最終学歴	職歴	合格年	科目	合格後のキャリア	他の合格科目
岩村東陽	1911	1931年師範卒→34年専攻科	小学校教員	1936年	国語	小学校教員→農会及農協組合長	
清岡清	1916	1936年師範二部卒→40年専攻科	小学校教員	1944年	国語	小学校教員→新制中学校長	漢文
近藤光亀	1915	1936年師範卒	小学校教員	1940年	国語	高等女学校教員→新制高校教員	
佐藤いづみ	1916	1933年高等女学校卒	高女教員	1944年	国語	新制高校教員→指導主事	
杉村正	1907	商業学校中退→28年小准・尋正合格	小学校教員	1930年	国語	中学校教員→新制農業高校教員	漢文・高検国語
杉村早雄	1910	1931年師範卒→34年専攻科	小学校教員	1933年	国語	在満教務部視学→新制高校教員	
田村牧夫	1908	1929年師範二部卒→38年専攻科	小学校教員	1939年	国語	高等女学校教員→新制高校教員	漢文
高橋武行	1906	1927年中学校卒	不明	1930年	国語	中学校教員→新制高校長→県教育長	高検
高鴨金広	1905	1927年専検合格	不明	1933年	国語	警察署長→証券会社社長	漢文
筒井美次	1907	1929年師範卒→35年専攻科	小学校教員	1937年	国語	中学校教員→新制高校教員	
中村伝喜	1903	1920年准教員養成所	小学校教員	1930年	国語	中学校教員→新制高校教員	
鍋島牧忠	1910	1929年師範卒→32年専攻科	小学校教員	1936年	国語	商業学校教員→新制中学校長	
西内薫	1903	准教員養成所	中学校教員	1943年	国語	中学校教員→県教組副委員長	英語・仏語
西本貞	1913	1933年師範卒	小学校教員	1938年	国語	新制高校教員	漢文
浜田政次	1916	1936年中学校卒	代用教員	1939年	国語	師範学校教員→大学教授	高検
浜田数義	1910	1929年師範二部卒	小学校教員	1940年	国語	高等女学校教員→新制高校教員	漢文
浜中清貞	1911	1931年師範二部卒	小学校教員	1941年	国語	中学校教員→新制高校教員	
細木歳男	1912	1931年師範二部卒	小学校教員	1938年	国語	中学校教員→中央大学卒→高文→朝鮮総督府司法官補→地方裁判所判事	

第6節　文検国語合格者のキャリアと合格後の動向　347

村山龍夫	1909	1929年師範二部卒	小学校教員	1937年	国語	中学校教員→県視学→新制高校教員	
吉野　忠	1912	1932年尋正合格	小学校教員	1930年	国語	師範学校教員→大学教授	高検
吉本貞利	1908	中学校卒	不明	1937年	国語	高等女学校教員→新制高校学校長	
杉村督郎	1911	1929年師範二部卒→30年専攻科	小学校教員	1933年	国語	中学校教員→新制高校教員	漢文
野中　武	1933	1933年師範卒	小学校教員	1938年	漢文	東京高等師範学校研究科入学→1956年死去	
前田実則	1910	農業教員養成所卒	不明	1938年	国語	中学校教員→新制高校教員	
間城美智	1916	1934年高女卒		1939年	国語	高等女学校教員→新制高校教員	

(注)『昭和三十六年孟春　梁山泊恩師学友名簿　編集大塚三綱　杉村正　中村伝喜』1961年刊と『梁山泊恩師学友年表　梁山合宿者編集』1966年刊により作成

羽の矢を向け一本釣り」（インタビュー調査より）をして厳しく指導したのである。したがって組織的には緩やかな統合であるが，精神的には強固に結びついた集団ということができる。先輩が後輩を指導し，さらにその伝統が続くなかで学友が80名に達したのである。

　中村伝喜は1965年11月，82年の生涯を閉じたが，「土佐梁山泊の碑」が1986年に学友の手により，発祥の地，野市町立野市小学校に建てられた。その碑には「研学への情熱と友情　梁山のいのちは永遠なり」という言葉が刻まれていた。[26]

　ところで，土佐梁山泊の学友は文検合格後どのようなキャリアを辿ったのだろうか。学友25名をピックアップしてそのキャリアを整理したものが表8-12である。

　この表からわかることは，第一には，「専検」合格などの人もいるが，ほとんどのものが師範卒であること，第二には，合格時の職業は，ほとんどのものが小学校教員であること，第三にはほとんどのものが国語科に合格していること，第四には合格後のキャリアであるが，なかには教職の道を歩まず，警察署長にまで上り詰めた人もいるが，ほとんどのものは中等学校の教員になったこ

とは指摘できる。

中村伝喜『土佐梁山泊』(1978年) によれば，例えば岩村東陽は，1911年現在の高知市に生まれ，高知師範，専攻科を卒業後，小学校教員になった。杉村督郎のすすめで土佐梁山泊に入泊し，勉強後国語科に合格した。のち天津中学校に勤めるが，敗戦後帰国，土佐の農協組合長などを歴任している (11頁)。

また，浜田清次は1916年高知市に生まれた。1936年海南中学校卒業後，代用教員を行い，1939年国語科に合格した。入泊したのは1937年のことである。さらに41年には高検国語に合格している。その後中等学校に奉職し，高専教授を勤める一方で日本文学研究会を主宰した。そして大学教授となった (「履歴書」文検国語「教育免許状」高検国語「教員免許状」より)。

(5) 小　括

これら著名人のキャリアについて気づかされることは，第一には，文検受験時の最終学歴と合格時の職業が英語科と国語科との間に大きな差異があることである。受験記をマクロに分析すると文検受験時の最終学歴は師範卒が圧倒的であったが，少なくとも英語科に関してはそのように結論することはできない。むしろ，英語科に関して言えば，師範卒を最終学歴とするものはほとんどいないということが指摘できる。即ち同じく著名人といっても英語合格者のリクルート基盤はかなり特殊的なものであった。第二には，以上のような分析から教育科の場合と共通して指摘できることは小学校以上を「独学」に近い形で送り，検定によって小学校教員資格を取得したうえに，文検を受験していることである。第三には，教育科との違いは，多くのものは中等教育界に，なかには高検にパスし旧制高校の教員の道をすすんでおり，教育現場を離れるということはなかった。教育科の場合とは異なり，ほとんどのものは，中等教員，あるものは大学教員と転身した。この転身が彼らを「著名人」たらしめたのである。しかし，彼らは「文検」合格者の全体を代表する集団ではない。キャリアアップにおけるサクセスの一ステップとして「文検」合格があったということが指摘できよう。

第7節 「文検」合格者にとって「文検」とは何であったか

　最後に結びとして，合格者の「文検」の意味づけについて検討を加えておきたい。
　「文検」合格者にとって「文検」とは何であったのか。
　Hは「文検のあと」という一文で「愈々受験してみると，これは又別な方面での苦しみに悩んだ。その大きなものは外でもない。受験それ自身の為めの勉強の機械的なこと。其の為めに，すくすく伸びやうとしている若い『心』の芽をチョキンと切られる思の切なさは堪え切れない。次第々々に興味を失ひ遂には嫌悪を感じるからである。受験者の注意すべき最大条件はこれであらう」（『文検世界』1928年9月）と記した。ここには文検の勉強は既成学問の素直な受容という学習の質であって，学識の育成と主体的な学問的考察という学習の質でなかったことを指摘している。
　また，「漢文科本試受験記」は「『合格はしたれど悲し』……理想的には更に高次の目標を見上げた時，現実的には供給過多な就職問題等に直面して，深刻なる人生を体験する時，一種の哀傷感を味はずんばあらずです」（『文検世界』1929年8月）とか，「国語科受験に就て」では「文検受験は学問的興味養成の一手段と考へたいのであります」（『文検世界』1929年10月）とか，岐阜師範教諭K氏は「所謂『文検者』への忠告」において「『文検合格者』の行方は如何にも華々しく見える。……文検二つ位取つて実科女学校の教諭様になつたことはよいが，高師出に圧迫され，継子扱ひされ憂鬱さらに白髪まじりの口髭を毎日なぜているという情けなさ。……『文検者』よ，文検に頼りすぎるは悲惨である。文検は手段であり断じて目的にあらず」（『文検世界』1934年12月）と述べている。
　ここからは，たとえ中等学校に就職できたとしても中等教育界では肩身の狭い思いをしていたことを見て取ることができる。
　文検合格者に対する世評と教育界における位置について，当事者の証言とし

て文検合格者は，例えば，御影師範のIは，「私は今から一昔前，大正五年に理科，八年に化学科にパスした者です。……化学科に合格してから三ヶ月後福井師範に奉職して化学科の全部と物理科の一部を受持ちました。……今当校で，一週二十時間の化学を受持つています」「文検合格者に対する世評としては，一般に知識の確実にして充実している事と，大多数は小学校教育に経験のある人たちですから『講義がよく解る』即ち教へ方がうまいのと，独力で学習して来た習慣がついて居るのでどんな難問題にぶつかつても独力で必ず解決が出来るといふ自信の下に絶えず読書に親んで居る事です。欠点としては比較的語学の力が薄弱であるのと，自分の教科のみが教育の総てであるかの如く考へてあまり一方に偏する傾があるのではないかと思はれる事です（勿論此弊は文検合格者特有の欠点ではなく中等教員全般に爾蔓する弊害ですが）」「それから文検合格者の教育界に於ける位置ですが，実力よりも看板を重視する官僚学閥の我国では今の所あきたらない点は少くありませんが，社会は漸次実力本位に目覚めつつあり，殊に教師の優劣を鑑別する明かな鏡は教育の対象である生徒ですから彼等の至公至平な批評と結論は何処に結ばれるかを考察した時吾等は意を強うするに足るものあることを断言いたします」（『文検世界』第1927年1月）と記している。豊橋一中Hは「文検出身としての自覚と告白」（『文検世界』1927年1月）において，「私は大正六年に洋画用器画科，大正十年に日本画並に手工の諸科目に合格した一介の文検出身であります。……果して社会は吾人をどれだけ信頼視していることでありませう。学校の待遇や地位から見ても，吾人は優遇されていると決して思ひません。吾人は常に他の教員のための跳越台を以て甘んじなくてはならないし，若しそれ文検出身にして奏任待遇となり，特に校長の椅子を占め得るものに至つては，実に暁の星にもたとへなければならないさびしさであります。……私自身についても私は今まで自分が文検出身であることのために，どれだけ多い迫害と屈辱とに堪へなければならなかつたか。そして又文検出身であるために，どんな肩身のせまい思をしたものか。

　……一体何が故に，吾人は世の冷遇をうけなければならないのか。何が故に吾人は，他の職員の跳越台を以て甘んじなくてはならないのか。何が故に校長

になっては悪いのか。……その第一に，私は吾人の唯我独尊主義を挙げたく思ふのであります。そして保守的で偏狭的であることがどんなに吾人の不利であることか。……第二には，文検出身者の楽天的傾向であります。文検に合格したことを以て，鬼の首でもとつたやうに考へ，後生大事と，事なかれ主義をつづけて，……意見一つ吐くではない……俺等はどうせ校長になれるぢやなし，おとなしくしていりや一生干乾になる心配もあるまいと，相場をきめているといふやうな具合に達観し切った先生たちも多いのであります。……全国中等教員のうち，その三分の一は恐らく我が文検出身者であるとしても過言ではあるまいと存じます。……教育と研究と，吾人の地位擁護とのための一大母体……私は常に文検連盟の出現を望んでいます」(『文検世界』1927年1月)と記している。

「文検」受験者にとって「文検」とは何であったのか。これまでの分析から指摘できることは，第一には受験動機の分析からもわかるように，教育科合格者の分析で見たような教職に関する自己学習という自覚した意識が前面に出ているとはいい難く，むしろ社会的効用，すなわち status‒seeking なものとして文検制度が機能していたことである。この点は合格後の転出状況の調査からも指摘することができる。第二には，中等教育の世界に奉職し，経済的安定を保たれたといえども待遇や世評は芳しいものではなく，そこから脱却するためには高検などに合格しさらなる上昇移動の道をすすんでいくしかなかったのである。

しかし，教育科の合格者のように自己形成のチャンスに出会わなかったか，と問えばそうではあるまい。確かに受験記には前面にそのような記述は見当たらない，しかし，同時にかれらは独学という学習を通して専門的知識の獲得をしていったことは事実であろう。文検のための勉強を通して自己を形成する機会を得ていたことは事実であり，意識するしないにかかわらず文検が専門的知識を積み重ねる機会として機能していたのである。それは，パンをもとめ，知識を求めつつ，独学を通して「正規」の教育を受けていない人が「正規」の教育にあずかった人々の世界から自己の解放を意識した「精神的メリット」としての自己学習の機会として機能していたのではないかと考えるのである。

注

1) 佐藤由子『戦前の地理教師―文検地理を探る』古今書院，1988年刊
2) 菅原亮芳「『教育科』合格者の学習体験とライフコース」寺﨑昌男・「文検」研究会編『「文検」の研究―文部省教員検定試験と戦前教育学』学文社，1997年刊
3) 同舟会については，寺﨑他編前掲書を参照。
4) 寺﨑他編前掲書，237頁
5) 船寄俊雄「『文検』の制度と歴史」寺﨑他編前掲書，19頁
6) 『明治以降教育制度発達史第六巻』304頁
7) 『明治以降教育制度発達史第六巻』315頁
8) 『明治以降教育制度発達史第六巻』3頁，4頁
9) 上記三誌の書誌的解題については，教育ジャーナリズム史研究会編『『教育関係雑誌目次集成』全Ⅳ期収録雑誌解題』1994年を参照されたい。『内外教育評論』の受験記収集に関しては三上敦史氏（日本学術振興会特別研究員）にご協力を賜り，『文検世界』に関しては船寄研究室（神戸大学）所蔵のものを利用させていただいた。『文検受験生』に関しては寺﨑昌男氏と小熊伸一氏（岐阜県看護大学）のご協力を賜った。ここに感謝する。
10) 「主張『本誌の将来（一）』」『文検世界』）1929年7月，1頁
11) 茂住實男「〈資料〉文検「英語科」試験問題等掲載『英語青年』巻号数・発行年月日一覧（1)」（『拓殖大学言語文化研究所語学研究第97号』2000年より
12) 寺﨑他編前掲書，201頁
13) 寺﨑他編前掲書，93頁
14) 寺﨑他編前掲書，257頁
15) 寺﨑他編前掲書，258頁
16) 『日本近代教育百年史　第5巻』，742〜44頁
17) ここでは担当科目のみに限定して一覧化したが，ここにはさらなる研究課題が残されている。それは，合格科目と担当科目の共通性と差異性の問題である。合格科目イコール担当科目となっていない場合があるだけでなく，合格科目以外の科目を担当している場合もある。この点に関しては今回は充分に検討することはできなかったが，正田祥人「東京美術学校図画師範科による手工科担当師範学校教員の供給に関する量的分析」（『日本教師教育学会年報第11号』2002年）を参照されたい。また国立公文書館には全国の中学校，高等女学校設置・廃止に関する文書が残っておりそれらの悉皆調査が，上記の課題を実証するための貴重な資料群となる。
18) 北海道札幌南高等学校『百年史』(1997年)「第3部座談会1山田校長時代の一中を想う」には，次のような述懐があり興味深い。

「野町：広島高等師範の卒業生が出てきた。それまでは東京高等師範出が押さえていた。その抗争の一番激しかった頃，山田さんは校長になった。……その争いがおきらいで，

そのきらいなひとが校長の教員の採用に全部出て来ている。……結局高等師範出をあまり入れない、どっちも入れないということで、実力のある検定合格者だけを揃えていた。それだから先生方は私たちに教える力があった。」

　どのような経緯で文検合格者は中学校に職を得たのかというリクルートは今回の調査では明確にできなかったが、このような事例はこうしてでなくとも検定合格者で中学校教育を賄うことができたという指摘と、「教える力があった」という回想は学校出の中等教員よりも検定出の教員の力が優れていたことを物語っている。

19) 学校所蔵文書、学校一覧に関しては共同研究者の一人竹中暉雄氏と三上敦史に貴重な資料のご提供を賜った。ここに記し謝意を申し上げたい。
20) 「ああ中村伝喜」『高知新聞』1985年11月19日
21) 浜田清次「読書人列伝 (40) 中村伝喜」『とさみずき第41号』1987年6月より
22) 中村伝喜『春旅秋旅』高知新聞社、1965年、178～179頁
23) 同上、165頁
24) 前掲『とさみずき』より
25) 「南風帳」『高知新聞』1981年6月
26) 本研究会のメンバーのなかで寺﨑、樽松、菅原は、中内敏夫『生活綴方成立史研究』(明治図書、1970年)、太田堯・中内敏夫他編『民間教育史研究事典』(評論社、1976年)に学びながら、また高知県私立中学高等学校連合会事務局長、上田良子氏のご協力のもとに土佐梁山泊の情報収集につとめた。上田氏のはからいにより土佐梁山泊の同人、大塚三綱の娘さんや橋詰みどり氏から中村伝喜『春旅秋旅』や大塚弘『椿のある庭』を賜った。また土佐梁山泊の学友の中でもご存命の人々を捜し当ててくださった。研究会では何人かの方々に連絡をとった。このようななかで学友、浜田清次氏とめぐり合いインタビューの快諾を得た。浜田先生のお力添えにより岩村東陽氏ともお会いするお約束ができた。寺﨑、樽松、菅原は1998年11月14～15日にかけて高知に入り、聞き取り調査を行った。聞き取り調査は長時間にわたり、昼食をはさんで約5時間以上に及んだ。浜田氏は教員免許状、梁山泊年表、梁山泊関係者のお写真などを貸与してくださった。

結　章

　本書の課題はまず，前著において受けた主として次の３点の指摘に応えることであった。①教育科というのは十数個ある学科目のうちの一つでしかなく，その分析だけで「文検の研究」と言えるのか。②受験の主要動機が中等教員になることよりもむしろ「力量形成」とか「学問的教養」にあったという分析結果も，たとえ合格できたとしても，もともと就職に有利な科目ではなかった教育科から生まれてきた結果であって，その他の試験科目には当てはまらないのではないか。教育科という学科目は中学校にはなく，師範学校にはあっても校数自体が少なく，また高等女学校では時間数が少なかったからである。③戦前の中等学校教員全体の中で文検出身者が実際にどのくらい存在したのか，そしてまた彼らはどのような評価を学校内外から受けたのかといった，文検の社会的位置づけの考察が必要なのではないか。

　本書ではさらに，④文検と教授要目との関係，⑤出題内容と出題委員との関係，言いかえれば文検と学界との関係，⑥教職教養科目の導入経緯と内容分析，⑦文検各科目間の異同，そして⑧文検をめぐる議論と制度の廃止経緯についても意識的に考察を進めてきた。

　以上の課題のうち①についてであるが，文検には1932年段階で18科目あり，科目によっては２～６部に分かれて出願することができたので，実際には39種類に細分されていた。本書ではそのすべてについて取り上げることは困難だったので，五つの学科目に限定せざるをえなかった。戦前の中等学校での筆頭学科目であった修身が漏れたのは残念であったが，メンバーの一人による別の研究があり[1]，また公民科に関連して少し触れることができた。地理については，本書に重要な刺激を与えた文検研究の先駆け，佐藤由子の研究がある。

　本書が取り上げた学科目のうち，公民を除く英語，数学，歴史，家事及裁縫

では，前著で教育科および教育大意の問題分析をしたときにはおよそ想像できなかった大きな困難にぶつかってしまった。それは筆記試験問題の長大さである。また科目によっては数式や図式も含んでいるので，採録し分析するのに多大の時間を費やすこととなった。以下②～⑧の課題について，②と③は入り交じることになるが，順次その要点を振り返ることにする。

第1節　受験動機の問題

受験動機について教育科以外の受験記の分析にも努めた結果，やはり教育科においてほど自己修養に力点がおかれていたとは言えないことが分かった。しかしそれでも，「中等教員になるため」と明記するケースは極めて少数で，自己修養以外では，恩師や友人の勧めとか資格取得というのが大半を占めていた。けれども，それらが実際に中等教員になるための文検受験の勧めであったのか，資格取得を目的とする勧めであったのかまでは，受験記から判断することはできない。もちろん本音に偽装を凝らした受験記もあったであろう。そこで受験動機については，別の側面からのアプローチを試みてみることにする。

資料編の資料4から一目瞭然であるように，同じ文部省検定といっても無試験のそれが90％前後の高合格率であったのに対し，試験検定の場合は科目によって，また年度によってかなりの違いがあったけれども，数学や英語，歴史の場合ほぼ10％以下，公民科でだいたい10％，家事でほぼ10％代という極めて低い合格率であった。

その難しい文検に合格した受験生のうち，実際にどのくらいが中等学校教員になったのだろうか。教育科の場合は，最初から就職先が限定されていることが分かっていたので，自己修養のための文検受験生が多かったと推測できた。また土佐・梁山泊のような特定の受験サークルに限定すれば，合格者のほとんどが中等教員になっていた。しかし合格者一人一人の追跡調査をすることは困難であるので，文部省年報によって全体的傾向を推定してみることにする。[2)]

師範学校・公私立中学校・公私立高等女学校の教員のうちで文検出身の教員

数などが分かるのは1904（明治37）年度からであるが、その年度の文検合格者数は412名であった。ところが1904年度から05年度にかけて増加した文検出身の教員数は133名でしかなかった。同様に大正時代で特に合格者が多かった1922年（大正11）度の合格者数は995名、23年度にかけての文検出身教員の増加数は334名、昭和時代で合格者が比較的多かった1935（昭和10）年度の場合は、合格者は622名、36年度にかけての文検出身教員数は、実に85名減少していた。

　年度末での入れ替わり（退職・就任）、地域差、学科目間の差などがあるので単純な断定はできないが、その年度以前の合格者も多数いたことを考慮すれば、文検合格者の多くは中等学校に就職していないと言わざるをえない。

　では彼らには、就職したくても就職先が無くなっていたのだろうか。しかしこれらの年度には、まだ多数の無資格教員が存在していた（下表参照。なお文部省年報で文検出身教員数が分かる最後、1939年度の数字をつけ加えておく）。

文検出身中等教員と無資格教員の割合

	文検出身教員（%）	無資格教員（%）	教員数総計
1905年度	2,206　(28.6%)	2,667　(34.6%)	7,718
1923年度	4,503　(20.7%)	6,415　(29.5%)	21,778
1936年度	4,082　(12.5%)	3,221　(9.8%)	32,760
1939年度	4,189　(11.9%)	3,044　(8.6%)	35,347

　ここから分かることは、中等教員全体に占める文検出身教員の割合は、無資格教員の割合とともに徐々に小さくなってきたこと、つまりそれだけ高等師範学校卒業者や無試験検定出身者が増えてきたことである。けれども同時に疑問に思えることは、文検出身の有資格教員が毎年相当数誕生していきながら、なぜ無資格教員が存続し続けたのかということである。教育行政サイドが建前では無資格教員を無くすことを唱えながら、実際には財政上の理由、ないしは情実や縁故といった理由により無資格教員を任用し続けたか、あるいは文検合格者はそもそも初めから中等教員への転職をそれほど望んではいなかったかのどちらかである。そのどちらであったのか判別することは難しいが、はっきりしていることは、以上のような状況にありながら、毎年、4〜9千人、年によっては1万人を超える人々が文検を受験し続けたという事実である。文検受験を

することは，中等教員に「ならなかった」人々にとってはもちろんのこと，「なれなかった」人々にとっても，結果的には貴重な自己修養になったのである。

ところで，ある学科目の受験生はどの程度の準備をすれば安心できたのだろうか。まず中等学校の教科書と受験参考書のマスター，そして試験委員の著書の読破をしなければならない。別の視点から言えば，中等学校教員の正統の養成機関である高等師範学校において，当該学科目の免許を獲得するために必要とされる4年間の学修内容を習得しておく必要があった。

例えば東京高等師範学校文科第一部においては，4年間で，修身・教育科・公民科・歴史の4学科目の免許が取得できた。そのうち例えば公民科関係科目の総学習時間から計算すると，1年に8～9百時間となり，1日に2時間～2時間半，高等師範学校の関連教科書を研究すればよいことになる。文検の試験時間は4時間ほどであり，一問題の答案作成にかけられる時間にも限りがあったので，その制限時間内で書ける程度の答案しか求められていなかったと言える。

しかし勉学に専念できる高等師範学校の学生とは違って，文検受験生の多くは職業をもち，その多くは小学校教員であった。彼らは受験勉強の時間を，通勤時間の利用や睡眠時間の削減によって捻出していた。ある受験指導者が回想するように，「朝まだきに起き出でて火の無い机の辺に坐しての勉強は，習慣付く迄余程困難であった。只私をして刺戟あらしめたのは，製糸工場へ通ふ女工連であった。四時前氷を破って朝の用意をし，所定の時間に霜を踏んで毎日出勤する彼女達を思ふ時，安らけく眠に就いている大の男の不甲斐なさを思った」のである[3]。

彼らはまた，受験のための勉強を小学校内で行うことは極力避けた。しかも予断による批判を受けないように，学校内においては人一倍よく生徒の面倒を見，そして仕事をした。その涙ぐましい努力の跡は，前著『文検の研究』，本書第8章，そして永福同学の会編『膚に刻んだ教育五十年史』（蒼丘書林，1984年）が示す通りである。

文検受験生が高等師範学校や無試験検定認可学校の学生より不利な点は他に

もあった。学校では数年間にわたって配分された学科目ごとに試験を受けていくことができたが、文検ではすべての領域を一度に試験された。ということは、準備のほうも広範囲に同時並行的に行う必要があったし、またそれだけ設問数も少なくなって「当たり外れ」の危険性も高くなったということである。しかも予備試験と本試験に合格しなければならない。一問にかける時間に制限があるのでそう詳しい答案を書く必要がないということは、逆に言えば、どのような出題であっても要領よくまとめ上げなければならないというプレッシャーになる。そして何よりも、日ごろ慣れ親しんだ学校内で日常の延長として受ける試験と、県庁（予備試験）や、文部省・東京高等師範学校など（本試験）で受験する非日常的試験との間には、心理上の隔絶した差異が存在していた。北海道や沖縄から、樺太や大連・旅順から、朝鮮や台湾から、時間をかけて上京し、学的権威から直接受ける口述試問は、受験生にとって計り知れぬ脅威となった。

第2節　受験を支えたルサンチマン

　中等教員に転職できる可能性は低く、そしてまた中等教員になる意志のない受験生もかなり存在していたと想像されるにもかかわらず、文検合格という願望が抱かれ続けたのはどうしてなのだろうか。戦前は一般に向学心が強かったということもあるが、この疑問にはやはり小学校教員の社会的地位の低さが関係していた。「低さ」といっても、進学率が現在のように高くなかった戦前における小学校教員は中間知識人であり、特に師範学校卒業の教員は非卒業の教員から「師範出」として敬遠され、地域住民からもそれなりの敬意を集めていた。

　戦前の小学校教員は一般に、法令上は「判任官」として遇せられる「待遇官吏」であり、市町村立小学校の教員であっても例外的に任命権者は国の機関である府知事となっていた。その点では公立中等学校教員と変わりはない。違いがあったのは学歴と、そして給与負担者である。中等学校教員の給与負担者は道府県であるのに対して、小学校の場合は市町村であった。市町村は教育費に

よって財政が大きく圧迫されていたために，給与額は低くならざるをえなかった。そして経済的待遇の違いは，社会的評価に反映された。

そこから，中等教員になるつもりはなかったとしても，文検に合格することによって中等教員の資格を獲得し，その威信によって小学校教員としての自信と自負心を獲得し，さらに力量を高めたいという受験意欲が生まれた。師範学校を卒業していない小学校教員の場合なら，なおさらであった。「師範卒業を鼻にかけてややもすれば他の畑に育ったものを白眼視する連中」を，中等教員の資格を得ることで見返してやりたいというルサンチマンが，文検受験の重要な動機となりえたのである。

では好運にも中等学校に職が見つかった場合はどうであったか。高等師範学校など学校卒業の中等教員と比べた場合の文検出身教員に対する社会的評価を，断定的に下すことは極めて難しい。文検出身者は一般に，社交性に乏しく偏屈であり，一つのことに詳しいかも知れないが幅広い教養をもたないという批評が見られたが，これは文検受験準備の厳しさが生み出した想像の偏見である可能性もある。学校出は実力の点では文検出に適わなかったという評価もあり，新採用に当たってまず文検出身者を探すと公言する札幌の中学校長さえいた。

けれども受験者・合格者の手記には文検出身中等教員の不遇を嘆く文章が数多く見られ，彼ら自身がそのような自己認識をしていたことも確かである。また高等師範学校卒業者の場合は一人で複数の免許を所持していることが多かったので，そのことに対する引け目も存在したであろう。中等学校教員になったとしても文検出身教員は，さらに文検で多くの学科目に合格して自信とプライドを維持していく必要が生まれた。

なお女性の場合，仕事をめぐる環境はより厳しかったと思われる。しかしその受験者は徐々に増加していき，1926年には1423名となってピークを迎えた。全受験者における女性の比率では18年の17.0％，また合格者における比率では15年の28.9％が最高となった。

第3節　教授要目からズレた出題内容

　文検は，出願学科目を教授するに足るべき程度を標準として実施されたのであるから，出題内容（受験生に期待される学識）は各学科目の教授要目と密接に連関しているはずであった。ところが本書が取り上げた学科目について明らかになったことは，両者は必ずしも一致しておらず，いろいろな意味でかなりズレていたということである。

　例えば数学の教授要目において，数学教育改造運動が目指した改革，すなわち①算術における利息・歩合といった実用的計算の縮小，②代数・幾何への現実的問題解法の導入，③分科主義から融合主義への大転換，が行われたのは1931年のことであった。しかし文検においてはすでに1919年（第33回）から，①と③の側面が先取りされていたのである。言い換えれば，1919年から31年まで10年以上にわたって，文検数学と教授要目とは基本的な考え方において大きくズレていた，むしろ反目しあっていたのである。一方，改造運動の②の側面については，文検はその展開を抑制し続けた。つまり1931年以降を含め，文検数学のどの時期においても，科学や工学を素材とした出題はなされなかったのである。それは，文検数学が純粋にアカデミズムを志向していたことと関係していた。

　中等学校英語教育において，画期的な教授要目が制定されたのは1902年であった。それまでは英文の理解・分析に重点が置かれていたが，発音や分野総合教授そして習熟ということを重視するようになったのである。ところが英語科文検においては，当初から30分間の書取（ヒアリングによるディクテーション）など，教授要目の先取りをする検定が行われていた。そもそもこの教授要目作成の基礎的調査を行った委員4名のうち3名までが，文検の英語委員であった。そしてこの教授要目以降の文検では，新しい試み，つまりパラフレーズ（言いかえ）や口頭での誤文訂正，会話での絵の利用，板書，ヒアリングに基づく作文，外国人補助委員の任用などが，次々と実施されていった。したがって英語の受

験生は，教科書や受験参考書の研究だけでは準備にならず，英語のレコードやラジオ放送まで利用せざるをえなかったのである。無試験検定合格者よりも文検合格者のほうが実力があるという評価が生まれ，そのために無試験検定出身教員が実力証明のためにあえて文検を受験する事例まで生まれたことは，文検が高等教育機関での英語教員養成の現実をはるかに超えていたことを示していた。

また歴史では，文検で確立された「日本史東洋史」「西洋史」という基本的枠組みと，教授要目における「日本史」「外国史」（東洋史・西洋史）という基本的枠組み自体がズレていた。公民科においても出題内容と教授要目との間には大きなズレがあったが，この場合のズレは，毎回固定されていた五つの出題分野と教授要目の各項目との間に量的な乖離があったために生じたものであった。

第4節　試験委員と出題内容との関係

試験委員には圧倒的に官立大学・高等師範学校の教授，とりわけ，東京帝国大学，東京高等師範学校教授が多く任命された。家事の場合はほとんどが，裁縫の場合は全員が東京女高師の教授であった。私立大学の教授は，彼らの委員任命を求める建議案が第30回議会（1913年）で可決されて以降に出始めた。しかし慶応，早稲田，日本女子大，国学院など，極めて限定されていた。

委員には各専門分野における著名人が選任されたが，特異なのは明治時代の英語委員には，英語英文学を専攻とするものが誰もいなかったことである。

委員は東京中心の人選であった。これは，当時の交通・通信事情のことを考慮すればやむをえなかったとも理解できる。また女性の委員は極めて少なく，英語での3名を除けば，あとは家事裁縫の委員であった。

受験参考書や受験者感想の多くは，出題内容はあくまで中等学校教員として実際に授業を担当できる学力を試すものであるので，試験委員の学説や日ごろの主張に迎合する必要はなく，試験委員はそのように度量の狭い人間ではない

と述べていた。しかしそれらのほとんどは同時に，試験委員の学説をよく研究しておくことが合格には極めて有利であることも強調していた。なかには，試験委員の学説以外の準備研究は合格の邪魔以外の何物でもないとの極論さえあった。実際にはどうだったのか。受験記や口述試験記録を丹念に検討してみると，試験委員の学説の通りに回答できなかったからといって，必ずしも不合格になるとは言えなかった。

けれども既述のように，出題内容は教授要目の範囲内とは限らず，むしろそれより進んでいる側面があったので，受験生たちは中等学校教科書の研究をするだけでは不充分で，絶えず試験委員の学説や学界の動向に目を光らせておく必要があった。したがって受験雑誌もそれらに関連する欄を設け，毎号のように関連記事を掲載していた。

しかし南北朝正閏問題・天皇機関説問題といった一大政治問題が文検日本史や公民科に大きな影響を与えたかと言えば，決してそうは言えなかった。試験委員は「政治的中立」を守ろうとしたと言える。けれども口述試験では，教授上の注意が喚起されていった。

試験委員の交替が出題内容に何らかの影響を与えたかという視点から委員と内容の関係を眺めてみると，歴史ではそれぞれの委員に特有の内容，出題形式の傾向や特徴が見られたし，数学，英語，家事，公民科でも委員交替による影響がはっきりと認められた。

しかし国語の場合は，東京帝大出身の委員によってほぼ独占され，出題内容もだいたい一貫していた。

序章で既述のように，文検出題問題の変遷と各学問史との関係を見極めたいという意図は，学問史自体が未成熟ないし不在に近い状況であり，うまく達成できたとは言えない。けれども文検にアカデミーの動向がかなりダイレクトに反映している側面がいろいろ存在することは確認できた。それは，臨時委員つまり出題委員に関連学界の有数の学者が任命されていたのであるから，極めて自然なことであった。

例えば英語では最先端の試験方法が採用され，歴史では遺跡の発見など学問

上の最先端の知識や新たな研究動向が問われた。国語においては東京帝国大学国文科系の委員によって，古典テキストの文献学的・実証的な確定が行われていった。

数学の試験内容は，高等工業や高等師範よりも高等学校の入試問題に一番近かった。高等学校入試問題の中には文検数学と同一のものもあり，文検数学は実際的な設問を拒否して絶えずアカデミズム（純粋数学）の影響下にあった。

学界の動向は，それぞれの年度の文検には反映されやすい。ところが教授要目というものは，一度制定されるとそう簡単には変えられない。文検出題問題のほうが中等学校での教育内容をリードしていく側面が存在したのも，ある意味では当然であった。

第5節　教職教養科目の内容

付帯科目，つまり文検受験生に求められた教職教養科目が途中から導入されていった経緯については，ある程度まで明らかにすることができた。教員資格国家試験に教職教養を導入することは，1888（明治21）年に中等教員養成方法の大改革を目指したE. ハウスクネヒトの意向でもあった。しかし実際の導入過程においては，文検出身者も学校教員になる以上は教職教養が必要であるという正論とともに，それを「国体」に結びつけようとする思惑とが混在していたのである。

けれども現実の「教育大意」では，ヘルバルト派に基づく「養護」「教授」「訓練」についての基本的な教育学知識と，「教育的教授」のために必要な「個性調査」「個別教授」など生徒指導に関する最新の知識が中心となっており，「国体」的な色彩はそれほど強くはなかった。けれども「教育的教授」の意味内容はヘルバルトの概念とは全く異質なものとなっていたので，「教育大意」は総じて，中等臣民の育成を目指す試験であったと言える。また「養護」関連の設問が少ないなど，小学校教員養成を目的とした師範学校教育科教科書とは，やはりかなり異なった内容となっていた。

「国民道徳要領」は文字通り，受験生の国民道徳に関する知識，つまり戦前の「国体教育」に直結する教職教養を問う試験であった。しかしそれに直結しない設問も予想外に多かった。

第6節　各試験科目間における異同

　文検の実施方法はほぼ統一されていたが，実際には科目によってかなりの差異があり，一般化することなどとても無理であった。例えば歴史や数学では，試験科目の枠組み（免許状の種類）自体がいろいろ変化した。また英語では，本試験が2段階選抜になっており，書取・訳解・文法の第1回試験の合格者のみが，口述（朗読や英問英答など）と教授法の第2回試験を受けるという，独自の方法がとられていた（1934年まで）。同様のことは家事や歴史でもあった。口述試験にも大きな違いがあり，3日間にわたって実施された数学のような例もあれば（第2期），委員の都合でわずか2分間で打ち切られた公民科のような例もあった。

　また高等女学校だけを対象とした英語教員文検が存在し，その場合，予備試験の設問数が通常の英語文検より少なかった（1912年まで）。数学においても高等女学校・女子師範学校・師範学校女子部の志願者には免除された問題と，逆に彼（女）らにのみ課された問題が存在した（1920年まで）。実技科目である家事裁縫では，本試験において「実地」が課され，裁縫では3日間をかけて一つの課題作品を仕上げることもあった。

　予備試験と本試験の違いについても一概には言えない。英語の予試の主眼は「読む」「書く」の能力に置かれ，本試はそれらに「聞く」「話す」の検定を加え実際的教え方をも検定するというように，両者の間に目的の違いが存在したが，予試のほうがやさしいとは必ずしも言えなかった。他方では公民科のように，両者の間に本質的な差異が認められない科目もあった。

　筆記試験における指導案の作成は，アカデミズムに徹した数学では皆無であり，実技や教授法を重視した英語，道義に導く教授ということで細かな注文が

つけられた公民科，また国語や家事科においても出題されなかった。ところが修身や物理では頻繁であった。

　時事的な出題が多かったのは，その性質上，公民科である。その他，東洋史では日本のアジア侵略などに関する設問もかなり存在し，西洋史は近現代史を重視していたので最近の国際情勢も見逃すことができなかった。国語では作文が時事的課題を背負わされ，裁縫における時局的出題には「防空用の被りもの」の制作などがあった。ところが文検数学においては教授要目や教科書ほど時局の直接的影響は認められず，純粋に学問志向の検定試験が実施されていった。

　受験者の居住地域とか階層が文検受験に影響を与えるということは，本来あってはならないことである。しかし家事科においては途中までそういう側面が存在した。家事科の問題は当初，都会の上流家庭を想定して出題されていたので，そうでない受験者は明白な不利益を被ることになった。園遊会とか都市ガスに関する設問などがその事例である。そこで1927年以降は，地域を受験生に選ばせる方式に変わっていった。

　試験検定全体を通じての統一的な合格基準はもともと設定が無理であったとしても，科目ごとの基準が予め定められたり，また各科目間の調整などは存在したのだろうか。文部書記官（牧正一）の話では，出題委員が決めた通りに合否決定されていったということなので，そうした標準や調整は何もなかった，つまり一般的には委員ごとの絶対評価で判定されていったことになる。けれども公民科試験委員の穂積重遠が「厳格ニヤッタナラバ全部通セナイ」と述べていたように（1940年），合否決定に際し試験委員が一定の拘束を受けていた側面があったことも推測される。

　以上のように，文検の実施形態・合格難易度などには科目によってかなりの違いがあった。歴史という同一科目における設問においてさえ，日本史・東洋史と西洋史とでは力点の置き方が違った。文検は，一口に「文検」と一般化することはできない。このことが確認できたことは，本書の大きな成果の一つである。

第7節　文検制度の廃止

　帝国大学の卒業生に2度の国家試験をして中等教員の資格を認定すべきであると考えていたハウスクネヒトや，しかるべき学校卒業者に対してのみ検定試験は行われるべきだと主張していた沢柳政太郎にとっては，文検とは日本の中等教育発展のためにできるだけ早く消えて無くなるべき制度であった。臨時教育会議や教育審議会における議論においても，試験検定はもちろんのこと，無試験検定の評判さえも悪かった。それでも廃止することができなかったのは，高等師範学校卒業者だけでは全国の中等学校教員の養成をまかなうことができなかったからである。さらには高等教育機関に進学することができない大量の独学者の存在を無視することができなかったという理由もあった。第二次世界大戦後の教育改革過程においてさえ，試験検定・無試験検定の制度はともにすぐには消滅しなかった。ようやくその姿を消すに至ったのは，「教育職員免許法」(1949年) においてであった。

　文検は，しかるべき学歴をもたない志願者たちにとっては，国家によって公的資格が認められ，たとえ中等教員にならなかったとしても，学校出と肩を並べることができるようになる数少ない登竜門であった。その故に彼らに夢と希望を与え続けた。田山花袋が描いた「田舎教師」は，日露戦争中に肺結核に斃れていった「落魄の」中学校卒業小学校準教員であったが，彼もまた仲間たちの高等師範学校受験を横目に，いつかは文検で音楽の中等教員になることを夢見ていたのであった。

　文検の研究が進むにつれて，第2次世界大戦後の教員養成の「開放」制の意味についてしばしばされてきた説明，例えば「戦前の師範学校による閉鎖的教員養成に対する批判として主張された[4]」とか，「官公私立いずれの大学においても養成される方式[5]」といった説明があまり適切ではないことが明らかになってきた。なぜなら戦前の教員養成の方が，文検が存在した分，現在以上に「開放」的だったからである。それでも戦前教員養成が「閉鎖」的であったとすれ

ば，それは例えば「生徒ヲシテ平素忠孝ノ大義ヲ明ニシ国民タルノ志操を振起セシメンコトヲ要ス」(1907年「師範学校規程」第1条第1項) といった閉じられた教員像が求められていたからである。

　文検は，日陰の教員養成システムとして隠れた独自のカリキュラムを有し，そのことによって文検出身中等教員の専門教養および教職教養を確実に支配していた。教授要目からズレた，あるいはそれより先行した教養は，英語におけるように中等教育の現場全体に対しても影響を与え続けたのである。また受験のための学習を通して，文検には合格しながらも実際には中等教員にならなかった小学校教員たち，および文検にはついに合格できなかった受験生たちの教養をも規定していった。

　けっきょく「学校卒」のみによっては，中等教員養成はできなかったのである。しかし高等教育機関への進学率が比較にならないほど高まった今日，私たちのインタビューに答えていただいた，かつての文検受験生たちのほとばしる熱情にある種の羨望を覚えながらも，それでもやはり国家機関が実施主体となった文検制度には「惜別の辞」を送らざるをえない。

　とは言っても，今後ますます複雑化・情報化・国際化する社会においては，教員養成ということも，ある学校を卒業するだけで完結するとは考えられない。採用後の現職教育や自己修養，あるいは大学院修学休業制度がさらに重要度を増していくであろう。社会人としての経歴を重視する代わりに免許状を必要としない非常勤講師の制度（教育職員免許法第3条の2）とか，免許状によらない校長任用制度（学校教育法施行規則第9条の2）の評価については，今後の課題である。

　いずれにしても再び「閉鎖」的な養成に逆行していかないためには，知識と技術と感性とにおいて多様な教員が育成され，教員本人の自主性を尊重した研修内容と研修機関とが保障されていくことが必要であろう。

注

1) 船寄俊雄「『文検修身科』と近代日本人の倫理観」財団法人上廣倫理財団，研究助成報告論文集第11集，2000年。

2) 鈴木正弘「検定学徒の半生と検定観」(国士舘大学文学部磯部研究室『比較文化史研究』第3号,2001年8月)は,大月静夫『若き検定学徒の手記』(大同館書店,1929年)の著者が実は石田吉貞であったことを官報の合格者名簿などから突き止め,その後の経歴を追跡しており,この点で極めて貴重な研究である。
3) 松田友吉『小学教師の立志と上京と文検』厚生閣,1928年,397頁。
4) 小林哲也編『教員養成を考える』勁草書房,1982年,19頁。
5) 細谷俊夫・奥田真丈・河野重男編『教育学大事典②』第一法規出版,1978年,278頁。

資 料 編

1　試験問題例
2　試験委員略歴
3　文検受験用参考書一覧
4　文検出願者・合格者数・合格率

1. 試験問題例

凡　例
 (1) 旧字は原則として当用漢字に改める。
 (2) 仮名遣いは，そのままとする。
 (3) 誤植と思われる個所は，他の史料で確認できる場合に限って校訂した。
 (4) 判読できない文字は，■で示す。
 (5) 校訂者による注ないし補足は〔　〕内に記す。
 (6) 試験時間はわかる範囲で（　）内に記す。

英 語

1887年 第3回

TRANSLATION

ENGLISH INTO JAPANESE.

1. John Bull, to all appearance, is a plain, downright matter-of-fact fellow, will much less of poetry about him than rich prose.
2. He is a boon-companion, if you allow to have his own way, and to talk about himself, and he will stand by a friend in a quarrel, with life and purse, however soundly he may be cudgelled.
3. To tell the truth, he cannot hear of a quarrel between the most distant of his neighbors, but he begins incontinently to fumble with the head of his cudgel, and consider whether his interest or honor does not require that he should meddle in the broil.
4. He is given to indulge his veneration for family usages, and family incumbrances, to a whimsical extent. His manor is infested by gangs of gypsies; yet he will not suffer them to be driven off, because they have infested the place time out of mind, and been regular poachers upon every generation of the family.

JAPANESE INTO ENGLISH.

Joshi Shokugyō Gakkō. – Konogoro Hattori Ichizō shi ga kōchō to narite Kanda, Nishiki chō 2 chōme ni hyōdai no gotoki gakkō wo okosaretari. Chikagoro sejin ga joshi no koto ni ōi ni kokoro wo mochiihajime, kore made sude ni aru mono ni mo kairyō wo kuwaetaru mo ari, mata arata ni mōken to suru mo aru yoshi nari. Koko ni kakaretaru gakkō wa joshi ni shokugyō wo oshie, hito no tsuma to narite wa kaji wo seiri suru ni sashitsukae naku, mata ippondachi nite kuraseba mizukara seikei wo itonamu ni tarashimuru wo motte mokuteki to suru ga gotoshi. Makoto ni kekkōnaru gakkō nari. Nyūgaku suru joshi wa sadamete jūbun naru kekka wo uru naran.

ORAL. TRANSLATION.

"A merry christmas, uncle! God save you!" cried cheerful voice. "Bah!" said scrooge, "humbug," "Christmas a humbug uncle! you don't mean that, I am sure" "I do. Out upon merry Christmas! What's Christmas time to you but a time for paying fils without money, a time for finding yourself a year older, and not an hour richer; a time for balancing your books and having every item in'em through a round dozen of months presented dead against you? If I had my vill, every idiot who goes about with merry christmas' on his hops should be boiled loith his own hudding, and burild with a stake of holly through his heart. He should!" "Uncle!"

"Nephew, kick christmas in your own wag, and let me keep it in mine," "keep it! But you don't keep it." "Set me leave it alone, then. Much good may it do you you! Much good it has ever done you!"

1896年 第9回〔神田乃武 "Examination for Teacher's License (1896)" を通して再現〕

5月8日

書取（30分）

Japanese Female Education of To-day.

— The happy mean seems at last to have been reached in the education of Japanese females. Scarcely more than a decade ago, remarks the Waseda Literary Magazine, female education in Japan wore a lively aspect, being distinguished by features alien to the country and repellent to parents and middle-aged people. Everything savoring of foreign origin was assiduously encouraged, the coiffures of girls and young ladies were done up after the European fashion, their short, slender bodies were draped in costumes fashioned after Western garments, and from their mouths proceeded a jargon resembling half-assimilated English. — *The Japan Mail*（1896年5月2日付）

英文和訳（次の「和文英訳」と合わせて時間は8時30分〜12時の3時間半）

1. There are many things from which I might have derived good, by which I have not profited, I dare say, Christmas among the rest. — *Dickens' Christmas Carol*.
2. This good fortune, when I reflect on it (which is frequently the case), has induced me sometimes to say, that if it were left to my choice, I should have no objection to go over the same life from its beginning to the end; requesting only the advantage authors have of correcting in a second edition the faults of the first. — *Franklin's Autobiography*.
3. Indeed, I never heard or saw the introductory words, "Without vanity I may say," etc., but some vain thing immediately follows. — *ibid*.
4. The modern Prussians, like the ancient Greeks, understand the value of military drill, and make every man serve his time in the army; but we rush prematurely into the shop, and our citizenship and our manhood suffer accordingly. — *Blackie's Self-Culture*.
5. But speaking generally, the two great parties are now as wide as the poles apart, and however strong may be Marquis Ito's propensity to compromise, he cannot have deliberately conceived the hopeless project of bringing the two into the same camp. — *The Japan Mail*.

和文英訳

一　世の未だ開けざる時に当りてや技芸家なる者一般に社会の軽蔑を受けぬ、彼等が社会の為に愛せらるゝは今も昔も変化無しと雖も、往時は彼等愛玩せらるゝに止まりて毫も尊敬せらるゝこと無かりき。

二　能く真を知るものに非ざれば偽を別つこと能はず、自然に親きものにして初めて人生を会得するを得べし。

三　三田の福沢翁前年屢は人に語りて云ふ、もし吾が台所を能く管理する人あらば、政府にすゝめて二百五十円の官員となさんと、これ実に智者の言なり、一家の経済を能く料理する人あらば、亦一国の経済をも能く整ふべし。

四　是時迄余は未だ曽て眼を開かざりき。余は吾が身の既に縛を解かれて仰ふけに臥さしめられをるを知りたり。

五　足らぬほどの生活にせよ、家内に病人無くて、主人は主人だけに働き、女房は女房だけに身を持ちて行く世帯ならば、福はまづそれにて沢山。

〔神田乃武 "Examination for Teacher's License（1896）" は英文エッセーのため和文英訳の問題は英訳、つまり解答に当たる方が紹介されている。そのため、この部分に限り

堀内政固編『尋常師範学校尋常中学校高等女学校教員検定試験問題集』（1896年12月）に拠った。

5月15日
読書〔20分の下読み時間が与えられる。ウェブスター辞書使用可〕

1. The flight of our human hours, not really more rapid at any one moment than another, yet oftentimes to our feelings seems more rapid; and the flight startles us, like guilty things, with a more affecting sense of rapidity, when a distant church-clock strikes in the night time; or when, upon some solemn summer evening, the sun's disk, after settling for a minute with farewell horizontal rays, suddenly drops out of sight.
2. The record of our loss, in such a case, seems to us the first intimation of its possibility; as if we could not be made sensible that the hours were perishable, until it is announced to us that already they have perished. We feel a perplexity of distress, when that which seems to us the cruelest of injuries — a robbery committed upon our dearest possession by the conspiracy of the world outside — seems also as in part a robbery sanctioned by our own collusion.
3. The world, and the customs of the world, never cease to levy taxes upon our time. That is true, and so far the blame is not ours, but the particular degree in which we suffer by this robbery depends much upon the weakness with which we ourselves became partis to the wrong, or the energy with which we resist it. Resisting or not, however, we are doomed to suffer a bitter pang as often as the irrevocable flight of our time is brought home with keenness to our hearts. —いずれも *Appleton's V Reader*

〔下読みの時間が終わると，受験生を1人ずつ部屋に呼び入れて試験委員の前で，①先ず問題文全文を朗読させ，②次いで翻訳（逐語訳ではない）をさせ，③また文法的な質問に答えさせた。④さらに会話力というより話す力 speaking ability を調べるためにいろいろと英問英答を行った〕

誤文訂正
1. Unless he who knows the truth well, can not distinguish the fault from it.
2. Except those who know the Truth well, can not judge the faulse.
3. Until this time I have not opened my eyes.
4. The artists were not generally regarded upon in the society, when it was yet in its backward states.
5. Mr. Fukuzawa is used often to speak somebody in such way.
〔いずれも先の「和文英訳」の間違い答案を利用〕

5月20日
教授法
　(1) The appearance of Rip, with his long, grizzled beard, his rusty fowling piece, his uncouth dress, and an army of women and children at his heels, soon attracted the attention of the tavern politicians. They crowded round him, eying him from head to foot with great curiosity. The orator bustled up to him, and, drawing him partly aside, inquired "on which side he

voted." Rip stared in vacant stupidity. (2) Another short but busy little fellow pulled him by the arm, and, rising on tiptoe, inquired in his ear, "whether he was Federal or Democrat." Rip was equally at a loss to comprehend the question; when a knowing, self-important old gentleman, in a sharp cocked hat, made his way through the crowd, putting them to the right and left with his elbows as he passed, and planting himself before Van Winkle, with one arm akimbo, the other resting on his cane, his keen eyes and sharp hat penetrating, as it were, into his very soul, demanded, in an austere tone, "what brought him to the election with a gun on his shoulder, and a mob at his heels; and whether he meant to breed a riot in the village." "Alas! gentlemen," cried Rip, somewhat dismayed, "I am a poor, quiet man, a native of the place, and a loyal subject of the King ─ God bless him!"

─ *Appleton's V Reader*

〔各受験者は1人ずつ部屋に呼び入れられる。試験委員はいわゆる生徒側の席に座っていて、受験者は黒板を背にして教壇の教師の席に座らされる。受験者には生徒の前で授業を行うつもりで問題文を、①読ませ、②訳をさせる。③またあることを説明する、詳しく話すという実演もさせる。④そのあと問題文の翻訳や説明をめぐって様々の質問を行った。(『神田乃武先生　追憶と遺稿』(神田記念事業委員会編、1927年、刀江書院)〕

1917年　第31回　本試験
11月10日
DICTATION (クレメントによる朗読)

The war news tells us of unprecedented development of machine guns in both numbers and efficiency, of the vastness that trench warfare is assuming, of the machinery for digging trenches, of the speed and thoroughness of the work. Then we read of the hitherto unheard-of apparatus and methods for destroying life by means of liquid fire, by means of asphyxiating gas, by means of novel hand grenades and bombs. Then we note that submarines are accomplishing results with an apparent certainty of operation which bears out all that the most enthusiastic advocates have ever claimed. We hear, too, of the long, swift, and sure flights of aeroplanes, and the precision with which they drop their bombs, of automobile tanks, or land battleships that cruise over and about the trenches of the enemy, showing that land fighting is continuously learning how to employ mechanism which can hold enormous units of offensive power concentrated and controllable in small spaces.

作文

クレメント教授は Women's Work in the World War といふ題で大戦の為めに婦人の仕事の増加した事婦人活動の有様や戦後其の仕事はどうなるかといふことを廿分許り話した。受験者は其の話を聴取り之を自分の英文で書くのである。それが即ち作文の試験である。

読方解釈文法
READING, TRANSLATION AND GRAMMAR

An acre in Middlesex is better than a

principality in Utopia. The smallest actual good is better than the most magnificent promises of impossibilities. The wise man of the Stoics would, no doubt, be a grander object than a steam-engine. But there are steam-engines. And the wise man of the Stoics is yet to be born. A philosophy which should enable a man to feel perfectly happy while in agonies of pain would be better than a philosophy which assuages pain. But we know that there are remedies which will assuage pain; and we know that the ancient sages liked the toothache just as little as their neighbours. A philosophy which should extinguish cupidity would be better than a philosophy which would devise laws for the security of property. But it is possible to make laws which shall, to a very great extent, secure property. And we do not understand how any motives which the ancient philosophy furnished could extinguish cupidity.

15分の下読み時間が与えられた後、読まされて大体の意味を尋ねられ二三文法上の説明を尋ねられる。

11月13日

此試験は二つに分かれる。第一は熊本茨木両委員の控えて居る室で誤文訂正の試験がある。第二に神田津田クレメント三委員は別室で会話の試験をする。

誤文訂正問題

Ginger is greatly produced in Formosa, but we regret to note that a little attention was given on this. After several years of study, we have at last successed to make a sweet meat from this product. This candied article is keeping its natural fragrant, and will never suffered any staleness or rotteness from many years storing. Taking the article as a tea cake you will find its delicacy. We are, therefore, place this candied ginger on you, and beg your trial.

誤文訂正にも十五分間の準備時間を与へられる。誤まつた場所を訂正すると其の理由を尋ねる。此の文は実際台湾の商店にあるビラの文であるさうだ。

会話

Literary Digest 10月13日号にある2個の絵画（次ページ）を示めし之に就て次の様なことを尋ねられた。

1. What do you think the left-hand picture represents?
2. What do you think the right-hand picture represents?
3. What connection, if any, is there between the pictures?
4. What view does the man get from his window?
5. Name some of the things which you see on the man's desk.
6. What is the woman doing?
7. Describe the room, she is in.
8. Describe the next room.
9. Name some of the things that you see in the kitchen.
10. Name some of the things that are on the table in the dining room.
11. What relation is there between the two persons?
12. Whose work is the harder?
13. How does he communicate with the

outer world?

14. What is the man doing? What has he in his left band? in his right hand? what is the man called who does things with his left hand?

1929年　第50回　予備試験（4時間）
英文和訳

1. My reading has been lamentably desultory and immethodical. Odd, out of the way, old English plays, and treatises, have supplied me with most of my notions, and ways of feeling. In everything that relates to *science*, I am a whole Encyclopædia behind the rest of the world. I should have scarcely cut a figure among the franklins, or country gentlemen, in King John's days.

2. The literary architecture, if it is to be rich and expressive, involves not only foresight of the end in the beginning, but also development or growth of design, in the process of execution, with many irregularities, surprises, and afterthoughts; the contingent as well as the necessary being subsumed under the unity of the whole.

3. Peter Alard, the heir, had been demobilized a month after the armistice and was now expected home to take on himself the work of the estate. The Alards employed an agent, and there were also bailiffs on one or two of the farms, but the heir's presence was badly needed in these difficult days. Sir John held the authority, and the keenness of his interest was in no wise diminished by his age; but he was an old man, nearly seventy-five, and honourably afflicted with gout.

4. That is the bitterest of all — to wear the yoke of our own wrong-doing. But if you submitted to that, as men submit to maiming or a lifelong incurable disease? — and made the unalterable wrong a reason for more effort towards a good that may do something to counterbalance the evil? One who has committed irremediable errors may be scourged by that consciousness into a higher course than is common.

和文英訳

(一) よしや根が御伽文学であり，教訓文学であつて，美文学としては論ずるに足りないと云つても，兎に角此書は西洋文学翻訳の鼻祖として我国の文学史や国語史の上に忘れてはならぬのみならず，此軽妙素朴な訳文を読んで桃山の時代を憶ふと，興味津々として尽きないのである。

(二) われは微恙の枕上，最も読書に可なるを覚ゆ。書巻を把握する手先の夜深に及びても更に冷やかなるを覚えず，枕に近く燈火を引寄せ置くも，残る蚊の声を聞くことなき暮秋，初冬の長き夜は，年の中にて最も病床読書に適したる時節なるべし。

(三) 毎年秋風がたち初める頃母は慈しみ深く，新しい着物を送つてくれる。「これは十月に着るのです」などと一枚毎に紙片がはさみ込んであるのを見ると，熟々すまないと思ふのである。会へば何時でも愚痴つぽいが，やつはり母は有難い。

(四) 紳士の定義は，己の便宜を犠牲として，他人の便宜を支持するものといふが，それ程迄に踏み込まざるも，己の便宜と同時に他人の便宜をも考慮すべきが紳士若しくは淑女といふべきものの本分であらう。否社会人としては，誰しもかくあるべきものであらう。

1930年　第52回　予備試験（4時間）
英文解釈

(1) Intellectual advance occurs in two ways. At times increase of knowledge is organized about old conceptions, while these are expanded, elaborated and refined, but not seriously revised, much less abandoned. At other times, the increase of knowledge demands qualitative rather than quantitative change; alteration, not addition. Men's minds grow cold to their former intellectual concerns; ideas that were burning fade; interests that were urgent seem remote. Men face in another direction; their older perplexities are unreal; considerations passed over as negligible loom up. Former problems may not have been solved, but they no longer press for solution.

(2) a) We cannot answer for ourselves before we have been tried.
b) Dangers are not portentous on a distant sight.
c) That is not lost which is not regretted.
d) There should be nothing so much a man's business as his amusements.
e) Compliment is a woman's small change, and goes into the waistcoat pocket naturally like a porter's tip. One might as well call a threepenny bit thus administered, bribery, as the pretty speeches of a hostess, flattery. They just serve to lubricate the wheels and keep society going.

和文英訳

(3) とうに電灯のついた客車の中には珍らしく私の外に一人も乗客が居なかつた。外を覗くとうす暗いプラットフォオムにも今日は珍らしく見送りの人の影へ跡を絶つて，唯檻に入れられた小犬が一匹時々悲しさうに吠え立ててゐた。これらはその時の私の心持と不思議なくらゐ似つかはしい景色だつた。

(4) 本能や衝動は人間本来の所有物であるから，之に従つて生活するのは，自然に叶つた生活である。欺かざる生活である，と弁護する者もある。なるほど，本能生活は自然生活である。それは勿論，人間本来のものであるに相違ない。併し本能を制御せ

ず，唯その奔逸するがままに生活する人を以て，吾人は文明人とは謂はないのである。
(5) a) 次に掲げたる短句の意味を考へ，それと同義の語句として示されたるものが当れりと思はば，その意味を日本語にて（ ）内に記入し，当らずと思はば，正しと思ふ同義の語句を英語にて（ ）内に記入すべし。

[例] cry wolf ＝ <u>raise a false alarm</u>
　　　（虚報で騒がす）
　　　talk at length ＝ <u>make the last speech</u>
　　　（give a long talk）
1．by and by ＝ <u>step by step</u>（　　）
2．off and on ＝ <u>intermittently</u>（　　）
3．get the better of ＝ <u>avail oneself of</u>
　　　　　　　　　　　　　　　　（　　）
4．give one the slip ＝ <u>give one a tip</u>（　　）
5．go a long way ＝ <u>be greatly effective</u>
　　　　　　　　　　　　　　　　（　　）

b) 次に掲げたる文章の二様に示したる部分に就き，其正しき方を択び，其意味を（　）内に日本語にて記入すべし。

[例]
The successful ｛cut a caper（小躍りした）｝
candidite　　 ｛cut a figure（　　　　　）｝
　　　　　　　　　　　　　　　　for joy.

1．It was ｛a pity（　　）｝
　　　　　｛a mercy（　　）｝
　　that the baby was not burnt.
2．Make the most（　）｝
　　Make the best（　）｝
　　　　　　of your calamities.
3．The patient ｛put up with（　　）｝
　　servant　 ｛set at naught（　　）｝
　　　　　　all the insults.
4．The building is
　　　　｛on a large scale（　　）．
　　　　｛in a great measure（　　）．

5．She deliberately ｛out of spite（　）．
　　plucked the bouquet ｛in spite of
　　　　　　　　　　　　herself（　）．

c) 発音記号にて示せる単語を普通文字にて点線の上に記し，普通文字に示せる単語のうち大体同義と見做すべきもののみを存し，然らざる者は＝の上に×を書く可べし。

[例] nɑːiːv　*naïve*　＝ artless, ×= juvenile
　　 'riðmikəl　*rhythmical*　×= rational, ×= rhetorical

1．ouˈpeik　………　＝ oblique, ＝ transparent
2．ˈkʌbəd　………　＝ cupola, ＝ buffet
3．ˈdefərəns　………　＝ respect, ＝ obeisance
4．piˈkjuːnjəri　………　＝ quaint, ＝ monetary
5．ˈθʌrəbred　………　＝ hybrid, ＝ sweetbread

d) 発音記号に示せる単語の品詞を（　　）内に，その意味（一つだけ）を点線の上に記入すべし。

[例] ˈɔbsoliːt（*adjective*）廃れたる

1．ˈʌvn（　　　　　）………
2．ˈædikwit（　　　　　）………
3．ˈpɑːsn（　　　　　）………
4．ˈstjuːdiou（　　　　　）………
5．ˈspiːʃi（　　　　　）………
6．ˈdʒenisis（　　　　　）………
7．igˈzɑːspəreit（　　　　　）………
8．ˈhæŋkətʃif（　　　　　）………
9．ˈvɛərid（　　　　　）………
10．ˈmoutəˈbaisikl（　　　　　）………

1930年　第52回　本試験
1．DICTATION
A

In the study of literature few things are more interesting than to consider the periodical change of outlook which sway the human mind and spirit; to observe those recurrent fluctuations of values which cause the truths and certainties of one generation to appear as superstitions and empty conventions in the eyes of generations following. Young men and women during the first quarter of the twentieth century looked back upon the Victorian Age with a sceptical lifting of the eyebrows and an ironical grin. They regarded that Age as dully hypocritical and "stuffy." They mocked at Tennyson, yawned over George Eliot, swept through Dickens by leaps a hundred pages long. They said (and said perhaps too loudly) that Victorian ideas were mean, superficial and stupid.

B

This insurgent mood was partly the cause and partly the consequence of changes, effected or impending, in the literature of the first quarter of the twentieth century. The old certainties were certainties no longer. Everything was held to be open to question: Everything — from the nature of the Deity to the construction of verse-froms. While H. G. Wells was revising God, Rupert Brooke was inverting the sonnet and representing Helen of Troy as a withered crone. Standard of artistic craftsmanship and of aesthetic appreciation also changed fundamentally. What the Victorians had considered beautiful the children and grandchildren considered execrable, and the dustbins of the new generation were filled with the treasured bric-a-brac of Victorian mantelshelves and whatnots.

2．COMPOSITION（1時間30分）
　英作文は先づ始めに Blanch 委員が"On the Knowledge of Character"といふ題のもとに約三十分程語り，後受験者をして各自の英語を以つてその大要を綴らせるもの，執筆時間は一時間。

3．筆答試験（1時間）
　筆答試験問題は三部よりなり，三問の全部を通じて一時間である。
（其の一）
(a) 次の詩の第一節の大意を日常の英語に paraphrase せよ
(b) 次の詩の第二節の趣旨を日本語（一行以内）にて記せ

I.

There was a time when meadow, grove, and stream,
The earth, and every common sight,
To me did seem
Apparelled in celestial light,
The glory and the freshness of a dream.
It is now as it hath been of yore; —
Turn wheresoe'er I may,
By night or day,
The things which I have seen I now can see no more.

II.

The Rainbow comes and goes,
And lovely is the Rose,
The Moon doth with delight
Look round her when the heavens are bare.
Waters on a starry night
Are beautiful and fair;
The sunshine is a glorious birth;
But yet I know, where'er I go.
That there hath passed away a glory

from the earth.

（其の二）

Fill in the spaces in the following: —

I was wakened this morning ……… a loud noise in the street, and looking out saw a man ……… a hunched back beating a dog ……… a large stick. I was filled ……… anger ……… the sight, and ……… by my life that I would punish such cruelty ……… severity. Many people were passing ……… the house at the time, and soon a ……… collected by the door, but by the ……… I got downstairs the man the dog had ……… away. However by the help of the police ……… was ……… to find him ……… long, and by ten o'clock I had reported the matter to the Society ……… the Prevention of ……… to Animals.

（其の三）

下ニ示ス書取模擬答案ヲ下記ノ規定ニ従ヒテ精査シ各行ノ音節（syllable）ノ数及ビ誤謬ノ数ヲ指定欄内ニ記入スベシ

　［一］誤記，脱落トモ音節ノ数ヲ基準トシテ数フルコト

　［二］Capital initial ヲ用フベキ場合ニ之ヲ略シタルモノ或ハソノ書方ノ不可ナルモノ，句点ノ誤脱及ビ行ノ配置ノ正シカラザルモノハ各之ヲ一失トシテ数フルコト

　［三］書取ノ本文ハ問題其ノ一ノ第二節トシテ一切ノ様式ヲ之ニ倣ハシムルコトトス

　［四］記入様式ハ次ノ実例ニヨルコト

音節	誤
10	2
6	2
4	2
12	3
4	9

It is not now as it had been of yore;—
Turn wheresoe'er I may
By night or day,
The things which I have seen I can see no more.

Dictation

Thursday, July 3ch　K. Hattori.

The Rainbow comes and goes,
And lovely is the rose.
The moon doth with the light tear
Look round her when the heaven are bass,
Waters on a starry night,
are beautiful and fare;
The sunshine is a glorious bath;
But yet I know, where're I go,
That there hath past a glory from the earth.

音節	誤
4	11

口述試験

口述試験ハ三室ニ分レテ行ハレ，第一室ハ市河片山両委員ノ担当デ文法発音，第二室ハ岡田，Blanch 両委員ノ会話，第三室ハ石川上條両委員ノ読方，解釈及ビ教法。問題ハ両日トモ格別。

1．発音

先ヅ次ノ各題ヲ読マセテ問答シ，i ハ各語ノ spelling ヲナス letter ヲモ読マシムルモノ。

（七日受験者ノ分）

　　　　　　　i．

R-I-C-H-A-R-D Richard　F-U-R-N-I-S-H furnish
G-L-O-V-E　 glove　 W-O-R-T-H-Y worthy

　　　　　　　ii．

exercise　luxurious　 precedent precedence
energy　 energetic　 celebrity catastrophe
interpret mountaineer　oven　 exasperate
singer　 finger

　　　　　　　iii．

What are the derivatives of the verb "represent"?

They are "representative," "representation," &c.

Is "unable" an adjective?

Yes. So is "usable."

(八日受験者の分)
  i.
C-H-A-R-L-E-S Charles S-M-I-T-H Smith
F-L-U-I-D fluid V-O-Y-A-G-E voyage
  ii.
maniac   maniacal   admire   admirable
arithmetic mathematics publicity occurrence
interview intoxicate   specie   deference
anger   hanger
  iii.
From what words are the substantives "anxiety" and "exhibition" derived?
They are derived from "anxious," and "exhibit" respectively.
Is "enable" an adjective?
No. But "tenable" is.

2．文法
文中の誤りを訂正し，生徒に教ふる時の如くその理由を説明せしむるもの。
(七日受験者の分)
  1．My brother has come back yesterday, but I do not see him yet.
  2．You would miss your train unless you will set out immediately.
  3．Going to the station, the train had left a minute ago.
  4．Next train will start at half past nine o'clock.
(八日受験者の分)
  1．I have travelled over three thousands of miles. I hope I will arrive at Kobe next week.
  2．My sisters will be much glad to see me and I will speak them many stories.
  3．This boy, whose name is John, could help his father in many ways, if he had wanted to.
  4．You have done a great mistake; your must not do it the second time.

3．会話
会話は主として絵を指しての問答で，その外「人を訪問する時は先づ何といふか」とかいふやうな日常の会話，各人十分間づゝであつた。

4．読方解釈及び教授法
別室で各自十五分間位次の問題を下読みしてから，試験官の前に出るもの。
(七日受験者の分)
Not many things are certain in our haphazard world, but there is at least one thing about which there is little doubt, that is that those who seek happiness miss it, and those who discuss it, lack it. Therefore, I am always inclined to be suspicious of the ways of pleasure-seekers and happiness-mongers. Not that I would have people other than happy — if that is their desire. My suspicion is born of the conviction that both pleasure, seeking and happiness-mongering are futile attempts to discover and supply the undiscoverable. Happiness, like art, happens; it has neither formulæ, nor rules, nor systems; it droppeth as the gentle rain from Heaven upon just and unjust alike, and no man can say he has it because of his virtues, for verily, he may be flouted to his face by the sinner over the way who is happier than he.
(八日受験者の分)
The success of a holiday is perhaps, largely a matter of temperament. Some people can be happy anywhere, others no-

where. And after you have philosophised to your heart's content, and read all the advertisements for the guidance of the holiday-maker, you feel that your work is in vain. There is really no sound pocket wisdom for the art of holiday, for every would-be holiday-maker is a separate problem, and in the final resort he must be his own guide, philosopher, and friend.

One might suggest, as I have done, that for holiday he should do what he wants to do, but even that is only a piece of half wisdom, for which of us knows precisely what he wants to do! Most of us have devoted so much of our time to doing what others expect us to do that we have lost the faculty of pleasing ourselves.

数　学

1885年　第1回　第1期
算術科〔前半の5題と後半5題の関係は不明〕
1. 或ル二ツノ整数アランニ
   一．若シ最モ小サキ数ニテ最モ大ナル数ヲ除リ盡クシ得ベキ〔ト〕キハ此ノ二ツノ数ノ最大公約数ハ即チ此ノ最モ小サキ数ナリ
   二．若シ然ラザレバ此ノ二ツノ数ノ最大公約数ハ最モ小サキ数ニテ最大ナル数ヲ除リテ得ル所ノ剰余トノ最大公約数ニ等シ
   此二ツノ原則ヲ證明シ且ツ之ヲ適用シテ二ツノ数ノ最大公約数ヲ求ムルノ法ヲ示セ
2. 小数トハ何ゾ又小数ヲ書クニ整数ヲ書クト類似ノ方法ヲ用フルコトヲ得ルハ何ノ理ニヨルヲ
3. 四千六百三萬六千二千二十五ノ平方根ヲ求メヨ　但シ答紙ニハ唯答ノミナラズ答ヲ得為メニ行ヒタル演算ヲモ書キ載スルコトヲ要ス
4. 二ツノ■甲乙ニテ或ル水桶ヘ水ヲ送ルニ甲ト乙トヲ併セ用フルトキハ六時間ニテ水桶ヲ充タシ得ベク唯甲ノミヲ用フレバ十時間ヲ要ストイフ唯乙ノミヲ用ヒバ幾時間ヲ要スベキ乎又甲乙二ツノ桶ノ同一時間ニ送リ来ル所ノ水ノ分量ノ比ハ如何
   但シ此問題及ビ第五ノ問題ニ於テハ答紙ニ唯答ノミナラズ詳ニ其解義ヲ書キ載スルコトヲ要ス
5. 或ル商人一升ニ付価三十四銭ノ上酒ト一升ニ付二十三銭ノ下酒トヲ混合シテ一升ニ付価二十八銭ニ売ルニ各種ノ酒ヲ別ニ売ルヨリハ更ニ一升ニ付一銭七分ノ二ダケ余計ノ利潤ヲ得トイフ混合物三斗五升ノ中ニ上酒下酒各々幾何アリヤ

1. 二ツノ最小公倍数ハ此二ツノ数ノ積ニテ最大公約数ニ除シタルモノニ等シキコトヲ證明セヨ
2. 二ツノ量ノ比（マグニチュー■レシオ）トハ何ゾ又比例式トハ何ゾ
3. 略法ヲ用ヒテ左ノ二ツノ数ノ積（プロポ■■ン）ヲ小数点下第五位マデ計算セヨ
   82.3079658　　　71.5687039
   但シ答紙ニハ唯答ノミナラズ答ヲ得ル為メニ行ヒタ■演算ヲモ書キ載スルコトヲ要ス
4. 或ル省ノ奏任官吏ト判任官吏ト聚リテ宴会ヲ開クニ出席ノ奏任官ノ数ハ判任官ノ数ノ五分ノ二ニ等シイトイフ又会費ヲ払フトキ若シ奏任判任ノ別ナク一人ニ付一円七拾銭ツヽ出セバ貳円余リ若シ奏任官ハ一人ニ付二円ツヽ出セバ過不足ナシトイフ奏任官並ニ判任官ノ出席人員及会費ノ総高各々幾何ゾ
   但シ答紙ニハ唯答ノミナラズ詳ニ其解義ヲ書キ載スルコトヲ要ス且ツ解義中ニ代数術ノ方程式ヲ用フルコトヲ許サズ
5. 或人年一割五分ノ利子ニテ金五百円ヲ借リ入レ第一年ノ終及第二年ノ終ニ於テ各々貳百円ノ金ヲ債主ニ払ヒタリトイフ第三年ノ終ニ於テ猶幾何ノ金ヲ払ヒ込マバ皆済トナルベキ乎
   但シ答紙ニハ詳ニ解義ヲ書キ載スルコトヲ要ス

算術科・口答課　算術ノ口答試験ハ各人ニ問題二ツヽ出シテ即座ニ之ニ答ヘシム此二ツノ問題ノ中一ツハ理論ニ関シタルモノニシテ即チ次ニ所謂第一種ノモノ一ツハ応用スルモノニシテ即チ次ニ所謂第二種ノモノナリ　今回ノ試験ニ用ヒシ問題ハ左ノ如シ
第一種ノモノ　掛ケ算及ビ割リ算ノ定義　因数ノ順序ヲ転挽シテモ積ノ価格変セサルコトノ證明　自乗数（或ハ冪）ノ相乗相除ノ定則　分数ノ性質ニ関スル諸定則　二ツノ

数ノ和ノ平方ノ組立及開平方分ノ法則ノ証明
比ノ定義及比例式ノ定義
第二種ノモノ　相場割（或ハ累乗同除）ニ関スル問題　潤益金配当ノ問題　父子ノ年齢ノ比ニ関スル問題　雉十兎トノ頭数及足数ノ総数ヲ知リテ各動物ノ数ヲ問フコト　盈■ノ問題

算術科・珠算
1．四ツノ数ノ寄セ算
2．二ツノ数ノ引キ算
3．見一ノ四ノ段ノ■リ算ヲ実地ニ行ハシメテ算盤ノ用法ヲ知レリヤ否ヤ検ス

算術科・授業法　中学校或ハ師範学校ノ生徒ニ始メテ分数ノ何物タルコトヲ説キ明カストキノ順序及方法ヲ詳記セヨ

代数科
1．$a+b+c$ヲ以テ左ノ式ヲ除シ盡サントス式中mハ如何ナル値ニ換フベキヤ
　　$a^3+b^3+c^3+mabc$
2．独乙，仏蘭西，英吉利ノ三ヶ国ヲ旅行セル者アリ其旅費ヲ問フニ答テ曰ク独乙ニテハ一千五百二十「ターレル」（独乙ノ貨幣）ヲ費シ仏国ニテハ七千五百四十「フランク」（仏国ノ貨幣）ヲ費シ其合計八千三百二十五「ターレル」ナリト又曰ク一百八「フランク」ニ三「ターレル」ヲ加フレバ正ニ五「ポンド」ニ相当スト然ルトキハ「フランク」及ビ「ポンド」ハ幾何「ターレル」ニ当ルヤ
3．左ノ方程式ヲ解キ次ニ如何ナル場合ニ両未知ヶ値共ニ実数ニシテ且正数ナルヤヲ指定スベシ　$x-y=a$　$x^3-y^3=b$　但シ〔a, b〕ハ共ニ正数ナリトス
4．無窮ニ連続セル遁■等比級数ノ総和其首項ヨリ第n項ニ至ル各項ノ和ノ二倍ニ等シ

キトキハ其公比ハ■ニ等シト云フ其証如何
5．2ノ対数ハ0,30103ナリ16^{20}ノ対数ハ如何
6．$(x-a)^{10}$ノ詳式ノ第八項ハ如何

1．$(x+y)^3+z^3$ナル式ハ$x+y+z$ニテ除シ盡シ得ベキヤ且其商如何
2．或ル人貯金ヲ甲乙ノ二部ニ分チ甲ノ金額ヲ銀行ニ預ケ乙ノ金額ヲ以テ或ル事業ノ株券ヲ■フ但已ハ甲ヨリ一萬七千五百円多ク且其年利モ百円ニ付貳円多シ而シテ甲乙ヨリ一ヵ年ニ収入スル所ノ利益ヲ比較スルニ乙ノ利ハ甲ノ利ヨリ一千七百貳拾五円超過スト云フ然ルニ今若シ乙ノ金額ヲ七千五百円増加シ其年利ヲ百円ニ付三円増加スルトキハ乙一ヵ年ノ利甲一ヵ年ノ利ヨリ三千七百五十円超過スベキヲ知ル依テ甲及乙ノ金額並ニ甲百円ノ年利ヲ問フ
3．左ノ方程式ノ四根数ヲシテ共ニ実数ナラシムル為ニハ如何ナル値ヲ〔m〕ニ与フベキヤ　$x^4-x^2-m=0$.
4．凡ソ無窮ニ連続セル遁減等比級数ニ於テ或ル一項ト此項ニ次グ総テノ項ノ和トハ常ニ常数ナル比ヲナスト云フ其証ヲ求ム　併テ問フ若シ或ル一項ヲシテ常ニ其項ニ次グ総テノ項ノ和ノ五倍ニ等シカラシメントセバ級数ノ公比ハ如何ナル数ヲ用フベキヤ
5．左ノ方程式アリx及yノ値ヲ問フ
　　$\log x + \log y = \dfrac{5}{2}$　$\log x - \log y = \dfrac{1}{2}$
　　但$\log$ハ通常対数ノ符号ナリ

代数科・口答　此試験ハ左ノ科目中ニ就キ例題ヲ設ケ各人二題ツヽヲ試ミタリ
・一元一次方程式解法及答解ノ説明（負数ノ場合，不定ノ場合不能ノ場合等）
・多元一次方程式解法
・二次方程式解法及答解ノ説明（設問ニ応ゼザル他ノ答解ヲ得タル場合等）

・二次ノ三項式ノ一次ノ因数ニ分解スル法

代数科・授業法　$ax=b$ナル方程式中a空数ナルトキハ其答解ハ$x=\dfrac{b}{0}$ナル記号ヲ以テ表スベク又a及b共ニ空数ナルトキハ$x=\dfrac{0}{0}$ヲ以テ表スベシ　以上両記号ノ意義ヲ定メ且ツ適例ヲ設ケテ其意義ヲ会得セシムルノ方法ヲ示スベシ

幾何科・筆答
1. 両三角形アリ甲ノ二辺各ニ乙ノ二辺ニ等シク而シテ甲ノ此二辺ノ夾ム所ノ角ハ乙ノ此二辺ニ〔夾〕ム所ノ角ヨリ大ナリ然ルトキハ甲ノ第三辺ハ乙ノ第三辺ヨリ大ナルコトヲ論証スベシ
2. 已定ノ一直線ヲ弦トナシ已定ノ角ヲ納ル、ヘキ弓形ヲ作ル法ヲ詳記シ且其理ヲ解クベシ
3. 一遊園内ニ四所ニ休息場アリ（其三場ノ直線上ニアラズ）今此四所ヨリ等シキ距離ニアルベキ■形ノ路ラントス■ヲ以テ其法ヲ示シ且其解ヲ詳記スベシ
4. 三角錐体ノ立積ハ之ト等底等高ノ三角柱ノ立積ノ三分〔ノ〕一ニ等シキコトヲ証スベシ
5. 已定ノ方向ニ平行シテ放物線ニ切線ヲ設クル法ヲ記シ且其解ヲ与フベシ

幾何科・口答　左ノ諸問題ノ内難易ヲ斟量シテ三問乃至五問ヲ与ヘタリ
・直線ノ定義ヲ問フ
・平面ノ定義ヲ問フ
・三角形ノ定義ヲ問フ
・円及ビ円周ノ定義ヲ問フ
・相似形ノ定義ヲ問フ
・両三角形相等シキニ辺ヲ有シ而シテ其夾角相等シキトキハ此両三角形相等シ其証如何
・直角三角形ノ直角ノ角点ヨリ斜辺ニ垂線ヲ引クトキハ直角ノ一辺ハ斜辺及ビ斜辺上此辺ノ投影トノ比例中量ナリ其証ヲ要ム
・両三角形相等シキニ角ヲ有シ而シテ其夾辺相等シキコトヲ証セヨ
・円外ノ一点ヨリ円ニ切線ト割線トヲ引クトキハ切線ハ割線ノ全部及ヒ円外ノ部分トノ比例中量ナリ之ヲ証セヨ
・相等シキ三角ヲ有スル両三角形ハ相似形ナルコトヲ証セヨ
・梯形ノ面積ハ両底ノ和ノ半ト高トノ乗積ヲ以テ表スルコトヲ証セヨ
・両三角形アリ其一角等シクシテ此等角ヲ含ム所ノ辺互ニ比例ヲナストキハ此両三角形ハ相似ナリ其証ヲ要ム
・平行四辺形ノ面積ハ其底ト高トヲ乗積ヲ以テ表スベシ其証ヲ挙ゲヨ

幾何科・授業法　体■，面，線点ニ各々種々ノ定義アレトモ皆同一義ニ帰スルコトヲ論ジ且之ヲ授ケテ充分ノ観念ヲ得セシムルノ方法及ビ順序ヲ詳記スベシ

三角法
1. 四五十度，三十度，六十度，ノ角ノ八線ノ値ヲ求ム
2. 正切ノ或ル値ニ相当スル諸角ノ■約式ヲ求ム
3. ABノ和直角ヨリ小ナルトキ甲四式ノ中任意ノ二式ヲ証シ次ニ甲四式ヨリ乙四式ヲ求メヨ

甲 $\begin{cases} \sin(A+B) = \sin A \cos B + \cos A \sin B \\ \sin(A-B) = \sin A \cos B - \cos A \sin B \\ \cos(A+B) = \cos A \cos B - \sin A \sin B \\ \cos(A-B) = \cos A \cos B + \sin A \sin B \end{cases}$

乙 $\begin{cases} \sin C + \sin D = 2\sin\dfrac{C+D}{2}\cos\dfrac{C-D}{2} \\ \sin C - \sin D = 2\cos\dfrac{C+D}{2}\sin\dfrac{C-D}{2} \\ \cos C + \cos D = 2\cos\dfrac{C+D}{2}\cos\dfrac{C-D}{2} \\ \cos C - \cos D = 2\sin\dfrac{C+D}{2}\sin\dfrac{C-D}{2} \end{cases}$

4．三角形ノ三辺ヲ知リテ諸角ノ余弦ヲ検出スル公式ヲ求メヨ

5．a　B〔ママ〕rノ和四直解ニ等シキトキ左ノ式ヲ証セヨ

$\sin B(1 + 2\cos r) + \sin r(1 + 2\cos a)$
$+ \sin a(1 + 2\cos B)$
$= H\sin\dfrac{r-B}{2}\sin\dfrac{a-r}{2}\sin\dfrac{B-a}{2}$

〔Hは原文のまま．実際には$H=4$〕

三角法応用

蒸汽船アリ南ヨリ北ニヒ向〔ママ〕一時間ニ二十五「キロメトル」ノ速度ニテ行航或ルトキニ個ノ小島ヲ発見シ其位置ヲ測リシニ甲ハ北ヨリ東ノ方四十六度三十分ニ乙ハ北ヨリ東ノ方二十七度十七分五十秒ニ当レリ更ニ一時半航行ノ後又之ヲ測リシニ甲ハ南ヨリ東ノ分四十三度三十分乙ハ南ヨリ東ノ方七十九度四十二分ニ当レリト云フ始メコノ小島ヲ発見シタルトキノ船ノ位置ヨリ甲乙二島迄ノ距離及ヒ二島間ノ距離ヲ問フ　但答ハ「メートル」ノ位マデ算出スベシ

代数幾何科

1．両軸ノ正斜ニ拘ラス線約一次方程式ニ二個ノ変数アルモノハ直線ヲ表ストイフ其証如何又二直線$2x + 3y - 4 = 0$
$3y - 2x + a = 0$〔ノ〕交点ヲ通過シ軸ト三十度ノ角ヲナス直線ノ式ヲ求ム

2．三円形ニ関スル三個ノ根軸ハ一点ニ於テ相会スト云フ其証如何　又左ノ二円形ノ直

角ニ相交ル場合ヲ問フ　$x^2 + y^2 + 2gx + 2fy + c = 0$　$x^2 + y^2 + 2gx + 2fy + c = 0$

〔第2式の係数はg', f', c'の誤りと思われる〕

3．曲線$ax^2 + 2hxy + by^2 + 2gx + 2fy + c = 0$ノ切線ノ方程〔式〕ヲ求メ且此曲線ニ関スル$(x', y')$点ノ方程式ヲ求ム　又$A$点ガ$B$点ノ極線中ニ在ルトキ$B$点ハ$A$点ノ曲線中ニ在リト云フ其証如何〔最初の式では$p^2$と記されていたのを改めた．後の「曲線」は「極線」の誤りと思われる．〕

4．焦点ノ極点トシテ楕円双曲線放物線ノ極式ヲ求ム　又焦点ノ通過スル弦線両部焦点ニ分チタルノ協和中数ハ常数ニシテ通性ノ半ニ等シト云フ其証如何

5．同一ノ焦点ヲ有スル諸円ニ其長軸上ノ一定点ヨリ引キタル切線ノ切触点ノ踪跡ヲ求ム

1891年　第5回　第1期
解析幾何学

1．$y^2 = (x-1)(x-3)^2$ノ表ハス曲線ヲ書ケ

2．$x^2 - 5xy + 4y^2 + x + 2y - 2 = 0$ナル方程式ハ二ツノ直線ヲ表ハスコトヲ証明シ併セテ其二直線ノ交角ヲ求メヨ．

3．楕円上ニ二ツノ点ノ外心角（Eccentric Angle）ノ差カ一直角ニ等シキトキハ其点ハ如何ナル関係ヲ有スルヤ．

4．点ノ二次曲線ニ付テノ対極線（Polar of a point with respect to a conic）ノ定義ヲ与ヘヨ．Aナル一点ヨリ引キタル直線ガ二次曲線ヲB, Dナル二点ニ切リ又此曲線ニ付テノA点ノ対極線ヲCナル点ニ切ルトキハA, B, C, Dハ調和列点（Harmonic Points）ナルコトヲ証明セヨ．

解析幾何学口頭試験問題

1．解析幾何学ニテハ曲線ヲ表ハスニ如何ナルモノヲ以テスルカ

2．方程式ノ軌跡トハ何ソ
3．軌跡ノ方程式トハ何ソ
4．三直線カ一点ニ会スル為メ〔ノ〕要件
5．二次曲線ヲ定ムルニ幾何ノ要件ヲ要スルカ又中心ナリ，一ノ切線ナリ，一ノ切線ト其切点ナリ，焦点ナリヲ与ヘラレタル場合ハ如何

1894年　第7回　第1期
算術（3時間）
1．甲乙二人アリ，丙家ヨリ同時ニ出発シ同時ニ丁家ニ到着セシニ甲ハ徒歩ニテ毎分五十間ヲ行キ乙ハ騎馬ニテ毎分九十間ヲ行キタリ，然レドモ乙ハ乗馬下馬ニ各五分時間ヲ費セルノミナラズ十分時間ノ進行ヲナシタル後必ズ五分時間ノ休息ヲナシタリト云フ，丙丁両家ノ距離幾何ナリシカ
2．二ツノ数ノ比ガ $\frac{105}{168}$ ニシテ其最大公約数ガ21ナリ，此二数ヲ問フ
3．3671.4284ニテ88.927581ヲ割リタル結果ヲ小数点下五桁ダケ正確ニ得ントスルニハ除数及被除数ニ於テ幾桁目以下ヲ切リ捨テ，差支ナキカ
4．下ノ数ノ値ヲ小数点下四桁ダケ正シク計算セヨ
$\frac{1}{1\cdot 7} + \frac{1}{2\cdot 7^2} + \frac{1}{3\cdot 7^3} + \frac{1}{4\cdot 7^4} + \frac{1}{5\cdot 7^5} + \frac{1}{6\cdot 7^6}$
但不必要ノ手数ヲ省キ且ツ演算式ヲ挙グルコトヲ要ス
5．甲乙二個ノ手形アリ甲ハ額面金高三百拾八圓五十銭ニシテ期日ハ某年四月四日ナリ，乙ハ額面金高三百二十三圓七十銭ナリ，此年三月十日内割引キノ法ニ依リ日歩金百円ニ付キ一銭六厘ノ歩合ニテ割引ヲ行ヒタルニ二個ノ手形ヨリ得ル所ノ金高相等シカリ

シト云フ乙手形ノ期日ヲ問フ

代数（3時間）
1．x ハ正整数ナリトスルトキハ x^5-x ハ5ニテ割切レルコトヲ証明セヨ
2．$\frac{1}{x-a} + \frac{1}{x-b} + \frac{1}{x-c} = 0$ ナル方程式ハ a, b, c ガ実量ナルトキハ其値ノ如何ニ係ハラズ恒ニ実量ノ根ヲ有スルコトヲ証明セヨ
3．若干年継続スベキ年金ノ現価ハ其一年分ノ p 倍ニ当リ年数二倍ナルトキハ q 倍ニ当ル，利率如何
4．与ヘラレタル三角形ABCノ各辺上ニ一頂点ヲ有スル三角形DEFアリ，直線DEハ直線ABニ平行ナリトス，三角形DEFノ面積ノ極大ヲ索ム
5．n個ノ物ヲp個ヅツ取リタル組合（combination）ハn個ノ物ヲq個ヅツ取リタル組合ニ等シト云フコトヨリシテ，p, q ノ関係ヲ論定スベシ

幾何（3時間）
1．三角形ABCノ外接円周上任意ノ一点Pヨリ三ツノ辺ニ引ケル垂線ノ足L, M, Nハ一直線上ニアルコトヲ証明セヨ
2．A, Bハ一円外ノ二点ナリ，A, Bヨリ円周上ノ一点Pヘ引ケル直線ガ最大角ヲ夾ム様ナルP点ノ位置ヲ求ム
3．四辺形$ABCD$ノ外接円周上任意ノ一点Pヨリ各辺へ垂線ヲ引クトキハ相対スル辺ヘ引ケル垂線ノ包ム矩形ハ相等シキコトヲ証明セヨ
4．四辺形$ABCD$ノ角Aハ直角ナリ，二辺AB, ADハ各長サ一尺ニシテ二辺BC, CDハ対角線BDニ等シ，此四辺形ガABヲ軸トシテ回転スルトキ生ズル所ノ立体ノ体積ヲ求ム

5．任意ノ截線ガ三角形ABCノ辺ヲ夫々X, Y, Zニ於テ截ルトキハ，$\dfrac{BX}{CX}, \dfrac{CY}{AY}, \dfrac{AZ}{BZ}$ノ積ハ1ニ等シキコトヲ証明セヨ

三角法

1．一ノ三角形ノ三角ヲA, B, Cトシ，其対辺ヲソレソレニa, b, cトスル■ハ，次ノ関係ガψノ値ニ拘ハラズ恒ニ成リ立ツコトヲ証明セヨ
$$a\cos(\psi - B) + b\cos(\psi + A) = c\cos\psi$$

2．$\sin^2 a + \sin^2 2a + \cdots + \sin^2 na$ ノ和ヲ索メヨ

3．$\sin A$ガ与ヘラレタルトキ $\sin\dfrac{A}{2}$ ニ四ツノ値アル所以ヲ説明セヨ

4．次ノ二ツノ方程式ヲ満足スルx, yノスヘテノ値ヲ索メヨ $x - y = \dfrac{2\pi}{3}$,
$$\dfrac{\sin x}{\sin y} = 2 + \sqrt{3}$$

5．$\dfrac{\cos\theta + 2\sin 3\theta - \cos 3\theta}{-\sin\theta + 2\cos 2\theta + \sin 3\theta}$ ノ絶対値ハθノ値0ヨリ$\dfrac{\pi}{4}$ニ増ス間ハ増シ又θノ値$\dfrac{\pi}{4}$ヨリ$\dfrac{\pi}{2}$ニ増ス間ハ減スルコトヲ証明セヨ

解析幾何学

1．$y^2 = (x-a)(x-b)(x-c)$ 此方程式ノ表ハス線ヲ書ヶ。但a, b, cノ大小ノ関係ニ依リ種種ノ場合ヲ詳ニスベシ。

2．三ツノ円ノ三ツノ根軸ハ同一ノ点ヲ過ルコトヲ証明セヨ。

3．一般ニ二次方程式(x, y)ヲ以テ表ハス線ノ漸近線ノ方程式ヲ求ム。

4．二ツノ同焦点二次線ガ交ルトキハ其交角ハ直角ナルコトヲ証明セヨ。

5．二次線ノ焦点ヲ過ル弦ノ極ハ焦点ニ結ビ付クル直線ハ其弦ニ垂線ナルコトヲ証明セヨ。

微分積分学

1．xノ微小ナルトキ次ノ式ヲ証明セヨ，
$$(1+x)^{\frac{1}{x}} = e\left(1 - \dfrac{1}{2}x + \dfrac{11}{24}x^2 - \cdots\right)$$

2．円ニ内接スル四辺形ノ面積ガ極大ナル為ニハ等辺ナラザルベカラズ之ヲ微分ニテ証セヨ。

3．積分ノ成リ立ヲ説明シ定積分ト不定積分トノ関係ヲ述ベヨ。

4．$\displaystyle\int_0^\infty e^{-x^2} dx$ ノ値ヲ求メヨ。

5．$x = au + bv, y = bu + av, a > b$ ヲ与ヘテ $\displaystyle\int_0^c \int_0^x dxdy$ ヲ変形セヨ。

1897年　第10回　第2期前期
予備試験
算術（2時間）

1．為替相場我銀貨一円ニ付英貨二志二片二分ノ一ナルトキハ英貨四百九十三萬五千一百四十七磅一志一片四分ノ三ハ我銀貨幾何ニ相当スルヤ

2．甲乙丙三種ノ書籍甲ハ一千五百四十部乙ハ七百部丙ハ一千四百部アリ，今各種ノ書籍ヲ或ル人数ノ各人ニ同ジ部数ヅツ配分シテ■余ナカラシメ〔ン〕トス人数如何　但総テノ場合ヲ挙ゲヨ

3．或ル日ノ正午ニ合ハセ置キタル時計ガ翌日ノ正午ニ十一時五十四分ヲ示セリトイフ，此時計ガ翌々日ノ午前六時ヲ示ストキノ正シキ時刻如何

4．三ヶ年間満一年毎ニ一定ノ金高ヲ払フテ満三年後ニ払フベキ金三千円ノ負債ヲ消却セントス，一定ノ金高幾何ナリヤ，但利息ノ歩合ヲ年六分トシ満一年毎ニ利子ヲ元金

ニ繰込ム複利ノ計算ニヨリテ計算セヨ

5．長サ$63\frac{3}{4}$呎ノ調革ノ掛リタル二個ノ滑車アリ其周囲ハソレゾレニ$16\frac{5}{8}$呎及ビ$2\frac{23}{48}$呎ナリトス，今滑ベルコトナシニ回転スルモノトスルトキハ或ル瞬間ニ於ケル両滑車及調革ノ諸点ガ再ビ同位置ニ復ルマデニハ両滑車各幾回転スルカ

代数（3時間）

1．円柱形ノ桶ノ中ノ水ガ其底ノ小孔ヨリ流レ出デ盡クル時間ハ始メノ水ノ深サノ平方根ニ比例ス，今底ニ二個ノ相等シキ小孔ヲ有スル円柱形ノ桶ノ中ノ水ガ其一小孔ヨリ五斗ダケ流レ出デタルトキ第二ノ小孔ヲモ開キタルニ残余ノ水ハ前ノ五斗ノ水ト等シキ時間ニテ全ク流レ出デタリト云フ初メ桶ノ中ニアリシ水ハ幾何ナリシカ

2．金一円ニ付キ米若干ノ割ニテ米五石ヲ買ヒ之ヲ一円ニ付キ一升五合ヅツ高ク売リテ金十円ノ利ヲ得タリト云フ，始メノ米ノ価幾何ゾ，若シ負ノ答アラバ之ヲ解釈セヨ

3．下ノ不等式中ニ於テhハ与ヘラレタル数ナルトキxノ値ハ如何ニ拘ハラズ本式ガ成リ立ツタメニハkニ如何ナル値ヲ与ヘ得ベキヤ $\frac{(h+1)x^2+hx+h}{x^2+x+1}>k$

4．二項法ヲ応用シテ$\sqrt[5]{3^5-2}$ヲ小数五位マデ計算セヨ

5．次ノ「デテルミナン」ノ値ヲ計算セヨ

$\begin{vmatrix} 7 & 2 & -1 & 1 \\ 8 & -1 & 0 & 5 \\ 2 & 8 & -2 & 7 \\ 4 & 8 & -7 & 9 \end{vmatrix}$

幾何（3時間）

1．三角形ABCノ辺AB及ACノ中点P及Qヨリ夫々其辺ニ垂線PD及QEヲ（三角形ノ外方ヘ）引キPD及QEヲ夫々辺AB及ACノ半分ニ等シクスルトキハD及Eヲ辺BCノ中点Rト結ビ付クル二直線ハ互ニ直角ヲナス

2．矩形ノ一頂点ハ定点ナリ，之ニ隣レル二頂点ハ与ヘラレタル同一円周上ヲ動ク．第四項点ノ軌跡ヲ求ム

3．一平面上ニ長サ位置共ニ与ヘラレタル三直線アリ，此三直線ノ各ヲ底辺トシ同一ノ点ヲ頂点トシタル等シキ面積ノ三角形ヲ作ルコトヲ求ム

4．正四面体ノ相対スル二稜ノ間ノ最短距離ハ稜ノ上ノ正方形ノ対角線ノ半分ニ等シ

5．相交ハラザル二円ト直角ニ交ハル円ハ皆二円ノ中心ヲ結ビ付クル直線上ニ在ル二定点ヲ過ギル

本試験

算術及代数（3時間）

1．省略算ヲ用キズニ38927ト67198トノ積ヲ74213ト4738トノ積デ割リテ商ヲ小数第四位マデ索メヨ

2．$\frac{4}{1}-\frac{4}{3}+\frac{4}{5}-\frac{4}{7}+\frac{4}{9}-\frac{4}{11}+\frac{4}{13}-\frac{4}{15}+\frac{4}{17}-\frac{4}{19}+\frac{4}{21}$ ノ各項ヲ小数第四位マデ算出シ以下切リ捨テ而シテ全体ノ値ヲ見出セ

3．次ノ方程式ヲ満足スルx, yノ値ヲ見出セ $x-y=3$, $x^5-y^5=3093$.

4．$1^2+2^2+3^2+\cdots\cdots+n^2$ ナル和ヲ索メヨ

幾何（2時間）

1．二ツノ与ヘラレタル点ヨリ，距離ガ与ヘラレタル比ヲ有スル点ノ軌跡ヲ求ム

2．一ツノ平面ト四ツノ与ヘラレタル平面ト

ノ交リノ直線ガ平行四辺形ヲ為スタメニハ最初ノ平面ヲ如何ニ引ク可キヤ，且此問題ヲ充分ニ吟味セヨ

解析幾何学

1. 二ツノ三角形ノ相対応スル辺ノ交点一直線上ニ在ルトキハ相対応スル頂点ヲ結ビ付クル直線ハ一点ヲ過ルコトヲ証明セヨ．
2. 任意ノ数ノ与ヘラレタル点ヨリ一直線ヘ引ケル垂線ノ長サニ夫々或ル常数ヲ掛ケタル積ノ和ガ常数ナルトキハ其直線ハ一定円ニ切スルコトヲ証明セヨ．積ノ和ガ零ナルトキハ如何．
3. 円錐曲線ノ焦点ヲ過ル弦ノ二分ノ一積ハ弦ノ長サニ比例スルコトヲ証明セヨ．
4. 漸近線ヲ軸トシテ双曲線ノ式ヲ作レ，且之ヲ用キテ双曲線ノ一切線ト漸近線トノ交点ヲ夫々二定点ノ一ツニ結ビ付クル直線ノ交点ノ軌跡ヲ求ム．

微分積分学

1. $\varphi(x)$ ガ x ト共ニ無限ニ増大シ $\varphi(x+1) - \varphi(x)$ ガ一定ノ極限ニ収斂スルナラバ x ガ無限大トナルトキハ
$$\text{Lim.} \frac{\varphi(x)}{x} = \text{Lim.} \{\varphi(x+1) - \varphi(x)\}$$
ナルコトヲ証明シ，之ニヨッテ x ガ無限大トナルトキノ
$$\text{Lim.} \left\{ (a + bc^x)^{\frac{1}{x}} \right\}$$
ヲ求メヨ．
2. $\dfrac{d^2V}{dx^2} + \dfrac{d^2V}{dy^2} + \dfrac{d^2V}{dz^2}$ ヲ r, θ 及ビ φ ノ函数ニ変形セヨ．爰ニ $x = r\cos\theta$, $y = r\sin\theta\sin\varphi$, $z = r\sin\theta\cos\varphi$ ナリトス．
3. $x^3 - 3axy + y^3 = 0$ ナル方程式ニヨリテ与ヘラレタル曲線ヲ書キ，且其自閉線ノ面積ヲ求メヨ．

4. $\displaystyle\int \dfrac{x^2 dx}{x^4 + 1}$ ヲ求ム．

5. $\varphi_1(x, y, u, v) = 0$, $\varphi_2(x, y, u, v) = 0$ ナル関係ニヨリ $\displaystyle\iint \varphi(x, y) dx dy$ ヲ u, v ノ積分変数トスル重積分ニ変形セヨ．

1901年　第15回　第2期前期
予備試験
算術（3時間）

1. 甲乙二箇ノ水槽アリ，現今甲ノ中ニハ水九石六斗，乙ノ中ニハ水九斗アリ，甲ヨリ乙ニ毎一時間ニ六斗ヅツノ水ガ流レ込ムモノトスレバ，今ヨリ幾時間ノ後ニ乙ノ中ノ水ガ甲ノ中ノ水ノ三倍トナルベキカ．
2. 或県ニテ県債額面二十三萬円ヲ募集セントス，利子ノ割合ハ額面ニ対シ年七分，利子ハ一年毎ニ仕払ヒ，一ケ年据置二ケ年後ニ十萬円三ケ年後ニ残額ヲ悉皆償還スルモノトス．今或銀行ガ総額ヲ一手ニ引受ケントスルニ，利子ノ割合ガ年一割トシ複利法ニヨリテ計算スルトキハ額面百円ニ付幾何ノ割ニテ応募スベキカ．
3. 或人貨物ヲ買ヒ，其ノ三分ノ一ヲ二割高ニ五分ノ一ヲ一割損シ売リテ現金ヲ請取リ，残リヲ三割高ニ売リ其代価トシテ小切手ヲ受取リ釣銭トシテ六十円ヲ返セシニ宛名ノ銀行ガ破産シタルガ為メニ小切手面ノ金額全部ヲ損セリト云フ．全貨物ノ原価幾許ナルカ．
4. $\dfrac{12}{11}$ ノ平方根ヲ小数第五位マデ算出セヨ．
5. 高サ28「センチメートル」直径8「センチメートル」ノ円柱ノ容積ヲ計算スルニ円周率ヲ $\dfrac{355}{113}$ ト採ルト3.14159265ト採ルトヨリ生ズル差幾何ナルカ．

代数（3時間）
1. $(2\lambda+1)x^2+(5\lambda+1)x+3\lambda+1=0$ ナル方程式ノ二ツノ根ノ比ガ $\frac{3}{2}$ ナル様ニ λ ヲ定メヨ．
2. 甲乙二人ニテ a 時間ニ仕上グル仕事ヲ甲一人ニテスレバ，之ヲ乙一人ニテ仕上グル時間ノ三倍ヨリ b 時間ダケ少ナキ時間ニテ仕上グベシト云フ，甲乙各一人ニテハ幾時間ヲ要スルカ．
3. 次ノ連立方程式ニ適スル $x,\ y$ ノ値ヲ求メヨ．
$$x+y=\sqrt{2-x^2}+\sqrt{2-y^2}=\sqrt{3}\quad 但シ$$
$\sqrt{\ }$ ハ正ナル根ヲ表ハスモノトス．
4. 或人手元ニ銅貨ハ皆無ニテ五銭白銅貨ガ手元ニアル最小貨幣ナリシトキニ，若干口ノ支払ヲシテツリ銭ヲ取ラザリシガ為ニ二十七銭ヲ損セリ．一口ノ支払高ハ各十五円以上ニシテ合計ハ百三十円未満，且口数ハ奇数ナリトイフ，支払ノ口数ヲ問フ．
5*. 第一項ハ4ニシテ第 $m+1$ 項ヨリ第 m 項ヲ引キタル残リハ常ニ $2m+3$ ナル級数ノ第 m 項ヲ求ム．
*高等女学校，女子師範学校，師範学校女子部ノミノ教員志願者ハ第五問ニ答フルコトヲ要セズ．

幾何（3時間）
1. 与ヘラレタル円ノ一定ノ直径 AB ノ一端 A ニ於テ切線 AT ヲ作リ次ニ他ノ一点 B ヲ過リテ任意ノ直線 BQ ヲ引キ此直線上ノ一点 P ヨリ切線 AT ノ上ニ下シタル垂線 PM ヲ同ジ点ヨリ直線 BQ ノ円周ト交ハル点 Q ニ至ル距離 PQ ニ等シカラシム P ノ軌跡如何．
2. 四面体ノ各頂点ヨリ其対辺ノ重心ニ結ビ付クル直線ハ悉ク同一ノ点ニ会シ且其ノ端ニ於テ3ト1トノ比ニ分割セラルルコトヲ証明セヨ．
3. 一ツノ円ノ一ツノ弦 AB ノ中点ヲ過リテ他ニ任意ノ弦 PCQ ヲ引キ弦 AB ヲ延長シテ弦 PCQ ノ各端 $P,\ Q$ ニ於ケル切線 $PS,\ QT$ ト $X,\ Y$ ニ於テ交ハラシムルトキハ AX ハ BY ニ等シキコトヲ証明セヨ．
4. 空間ニ於テ任意ニ与ヘラレタ二ツノ直線ト与ヘラレタル平面ニ平行ナル任意ノ平面トノ交点ヲ結ビ付クル直線ノ軌跡ヲ求ム．
5*. 与ヘラレタル三角形ノ外ニ在ル与ヘラレタル点ヲ過リテ其ノ三角形ノ面積ヲ二等分スルヤウニ直線ヲ引ケ．
*高等女学校，女子師範学校，師範学校女子部ノミノ教員志願者ハ第五問ニ答フルコトヲ要セズ．

本試験
算術，代数，幾何（午前之部）（3時間）
1. 酒五升ノ中ヨリ一升ヲ出シテ水一升ヲ入レ此ノ如クスルコト五回ノ後更ニ一升ヲ出シテ酒一升ヲ入ルルコト五回ナラバ最後ニ酒ト水トノ比幾何ナルカ．
2. AB ヲ直径トスル半円内ニ弦 CD ヲ引キ四辺形 $ABCD$ ガ AB ヲ軸トシテ回転スルトキニ生ズル立体ノ体積ヲシテ AB ヲ直径トスル球ノ体積ノ半分ニ等シカラシメントス．仍テ CD ノ長サヲ索ム．
3. a ト b トノ値ノ如何ニ拘ラズ $\frac{x^2}{x^2-a^2}+\frac{x^2}{x^2-b^2}=4$ ナル方程式ノ四ツノ根ハ常ニ実数ナルコトヲ示セ．
4. $x+y+z=\frac{1}{x}+\frac{1}{y}+\frac{1}{z}=1$ ナルトキ，$x,\ y,\ z$ ノ中ノ何レカ一ツハ必ズヤ1ニ等シカラザルベカラザルコトヲ証明セヨ．
5. 0.001 ヲ底トセル 0.0001 ノ対数ヲ索ム．

算術，代数，幾何（午後之部）（2時間）

1. 与ヘラレタル円周上ノ任意ノ点Pヨリ此円周上ニ中心ヲ有スル他ノ与ヘラレタル円ニ二ツノ切線PQ，PQ'ヲ引キR，R'ヲPQ，PQ'ガ夫々原トノ円周ト交ハル点トスレバ直線RR'ハ一定ノ方向ヲ有スルコトヲ証明セヨ．
2. 与ヘラレタル円周上ノ任意ノ点Pヨリ二ツノ与ヘラレタル直線ニ平行ナル弦PA，PBヲ引キ三角形PABニ内接スル円ノ中心ノ軌跡ヲ求ム．
3. 与ヘラレタル三角形ヲ其ノ一辺ニ平行ナル二直線ヲ以テ三分シ，各部分ノ面積ガ与ヘラレタル三ツノ長サl，m，nニ比例スルヤウニセヨ．

三角法（理論）（3時間）

1. $\sqrt{a^2\cos^2\varphi + b^2\sin^2\varphi} + \sqrt{a^2\sin^2\varphi + b^2\cos^2\varphi}$

   ノ最大値ト其最小値トヲ求メヨ．但シa，bハ与ヘラレタル正数ナリ．
2. 次ノ二方程式ヨリφヲ逐出セ．
   $x\cos(\varphi+a) + y\sin(\varphi+a) = a\sin 2\varphi$,
   $y\cos(\varphi+a) - x\sin(\varphi+a) = 2a\cos 2\varphi$.
3. 方程式 $\cos x + \sin x = a$ ヲ解キ且之ヲ吟味セヨ．
4. A，B，Cハ一ツノ三角形ノ角ニシテ $\sin C - \cos A = \cos B$ ナルトキハ此三角形ハ直角三角形ナルコトヲ証明セヨ．
5. 一ツノ三角形ノ二辺b，cノ和ト第三辺aトb，cノ対角ノ差トヲ知リテ此三角形ヲ解ケ．此ノ問題ガ出来得ル為メノ要件ヲ求メヨ．

三角法（応用）（2時間）

一ツノ三角形ニ於テ，$b = 785.07$「メートル」，$C = 699.15$「メートル」，$A = 68°33'54''$ナリ．B，C及aヲ計算セヨ．

解析幾何（3時間）

1. 楕円ニ外接スル平行四辺形ノ対角線上ニアル楕円ノ二ツノ径ハ互ニ共軛ナルコトヲ証明セヨ．
2. 二次曲線ノ一点ニ於ケル切線及法線夫々ニxノ軸及yノ軸トセル此二次曲線ノ方程式ノ形如何．
3. 放物線ノ三ツノ切線ニテ作ラレタル三角形ノ面積ト此等ノ切線ノ切点ヲ頂点トセル三角形ノ面積トノ比ヲ索メヨ．
4. 三角形ABCアリ，頂点A，Bハ夫々定マレル直線OM，ON上ニアリ，辺BC，CA，ABハ夫々ニ一直線上ノ点P，Q，Rヲ過ルトキハ頂点Cノ軌跡ハ点Oヲ過ギルーツノ直線ナルコトヲ証明セヨ．
5. 三角形ABCノ面積ヲ其頂点A，B，Cノ座標ニテ表ハシ斯クシテ得ベキ代数式ガA，B，Cノ順序ヲ換フルトキハ，其ノ符号ヲ変ズルコトニツイテ解析幾何学ニテ如何ナル規約ヲ設ケザルベカラザルカ．

微分積分（3時間）

1. xガ正ナルトキハ $(x-1)e^{2x} + x + 3$ ハ恒ニ正ナルコトヲ示セ．
2. $x^3 - 6x^2 + 12x + 48$ ナル函数ハ極大ヲモ極小ヲモ有セザルコトヲ証明セヨ．
3. $x = f(z, u)$，$y = \phi(z, u)$ 愛ニfトϕトハ与ヘラレタル函数ニシテuハ径数（Parameter）ヲ表ハスモノトス．仍テxトyトヲ独立変数トシ，zノxトyトニツイテノ第二次部分微係数ヲ索メヨ．
4. 球ト直円柱トアリ，球ノ半径ト直円柱ノ底面ノ直径トハ相等シク直円錐ノ軸ハ球ノ一ツノ半径ヲ二等分セル点ヲ過リ且此半径ト直角ヲナスト云フ．仍テ球ト直円柱トニ

共通ナル容積ヲ索ム．
5. fハ代数的有理函数 $R(x) = ax^2 + 2bx + c$ ナリトシ
$$\int f\left(x, \sqrt{R(x)}\right) dx \text{ヲ索ムル方法ヲ示セ．}$$

口頭教授法
・内割引，外割引トハ如何
・本年四月十六日仕払額面金高2500円ノ約束手形アリ．割引歩合ヲ日歩参銭トシテ本日（一月廿七日ヲ指ス）之ヲ受取ラントスルニ内割引法ニヨルト外割引法ニヨルト其差幾何ナルカ
・方程式 $\sqrt{2x-1} - \sqrt{3x+1} = 1$ ヲ解ケ，又若シ此方程式ニ根ナキトキハ其理由ヲ述ベヨ
・xニツキテノ有理整式トハ如何．又xニツキテノ有理整式ヲ $(x-a)$ ニテ除シテルトキノ剰余ヲ用ヰズシテ割算チ求ムル方法及ビ其理由
・二ツヅツ同一平面上ニアル三ツノ直線ハ一点ニ於テ相会スルカ或ハ互ニ平行ナルコトヲ証明セヨ
・与ヘラレタル一ツノ点ヲ過リ，同一平面上ニアラザル与ヘラレタル二直線ニ交ハルベキ直線ヲ引ケ

1906年　第20回　第2期前期
口頭試験及教授法
代数　二ツノ二次方程式 $x^2+px+q=0$, $x^2+p'x+q'=0$ ガ一ツノ根ヲ共有スルタメニ必要ニシテ且十分ナル要件ヲ求ム．
幾何　相交ハル三ツノ直線ヨリ等距離ニアル空間ノ点ノ軌跡．
算術　下ノ問題ヲ中等学校生徒ニ教授スル心得ニテ説明セヨ．
　　時計ノ長針ト短針トガ一時後ニ於テ始メテ互ニ百二十度ノ角ヲナス時刻ヲ求ム．

1907年　第21回　第2期前期
予備試験
算術（3時間）
1. 一気圧ハ高サ760粍ノ水銀柱ノ圧ナリ，今水銀ノ比重ヲ13〔.〕5トスレバ一気圧ハ一平方寸ニツキ幾許斤ナルカ，但シ比重ハ小数第二位ニ於テ四捨五入シタルモノトシテ結果ヲ相当ノ桁マデ算出スベシ．
2. 1836間ヲ隔ツル両所ヨリ二人相向ヒテ同時ニ出発シ18分ノ後途中ニ於テ相会セリ，然ルニ二人毎分ノ速サヲ二間ヅツ増シタランニハ前ニ出会ヒタル所ヨリ九間離レタル所ニ於テ出会フベシト云フ，二人毎分ノ速サ幾許間ナルカ．
3. 10ト互ニ素ナル与ヘラレタル整数ニ適当ナル整数ヲ乗ズルコトニヨリテ積ノ一ノ位ノ数字ヲ任意ノ数字トナシ得ルコトヲ成ルベク簡単ニ説明セヨ．
4. 某鉄道会社ノ五拾円払込済ノ株式92株ト三拾五円払込済ノ株式66株トヲ所有セシ人，該鉄道政府ニ買収セラレ二ケ月分ノ利子トシテ金137.43円ヲ政府ヨリ領収セリト云フ．両種株式ノ買収価格壹株ニ付各幾許ナルカ．但シ政府支払利率ハ年五分ナリトス．
5. $\sqrt{1695} : \sqrt{5325}$ ノ値ヲ小数第五位マデ正シク計算セヨ．

代数（3時間）
1. 二個ノ x ニ於ケル有理整式ノ和ト其ノ最小公倍数トガ与ヘラレタルトキ，コノ二式ヲ求ムル方法ヲ説明セヨ．
2. $ax^2 + 2bxy + cy^2 - \lambda(x^2 + y^2)$ ガ有理式ノ平方ニ等シキ為ニハ λ ハ如何ナル値ヲ有スベキカ．
3. $\dfrac{x}{y} + \dfrac{y}{z} + \dfrac{z}{x} = \alpha$, $\dfrac{x}{z} + \dfrac{y}{x} + \dfrac{z}{y} = \beta$,

$$\left(\frac{x}{y}+\frac{y}{z}\right)\left(\frac{y}{z}+\frac{z}{x}\right)\left(\frac{z}{x}+\frac{x}{y}\right)=\gamma$$

ヨリ x, y, z ヲ逐出セ．

4．不等式 $\dfrac{a(x-1)}{x-2}>1$ ヲ解ケ．

5*．$\begin{vmatrix} x & y & z & u \\ y & x & u & z \\ z & u & x & y \\ u & z & y & x \end{vmatrix}$ ヲ因数ニ分解セヨ．

＊高等女学校，女子師範学校，師範学校女子部ノミノ教員志願者ハ第五問ニ答フルコトヲ要セズ．

幾何（3時間）

1．直角三角形ノ直角ノ頂点 P ガ一定ノ位置ニアリ他ノニツノ頂点 Q 及ビ R ガ夫々直角ニ交ハルニツノ与ヘラレタル直線ノ上ニ動クトキ，P ヨリ斜辺 QR ヘ下セル垂線ノ足 M ノ軌跡ヲ求ム．

2．与ヘラレタル四辺形ニ外接スル正方形ヲ書ケ．

3．三角形 ABC ニ於テ AM ヲ中線トシ，角 A ノニ等分線ガ辺 BC ト交ハル点ヲ N トシ頂点 B ヨリコノニ等分線 AN ヘ下セル垂線ガ AM ト交ハル点ヲ P トスレバ直線 NP ハ AB ニ平行ナルコトヲ証明セヨ．

4*．直角ニ交ハルニツノ直線トコレ等ニ交ハラザル一ツノ円トガ与ヘラレタルトキ，コノ円周上ニ於テコノニ直線マデノ距離ノ和ガ極小又ハ極大ナル点ヲ求ム．

5．一ツノ与ヘラレタル点ヲ過ギリテニツノ与ヘラレタル球面ニ切スル平面ヲ作レ．

＊高等女学校，女子師範学校，師範学校女子部ノミノ教員志願者ハ第四問ニ答フルコトヲ要セズ．

本試験
算術，代数，幾何（午前ノ部）（3時間）

1．a, b, c, p, q, r ガ何レモ実数ニシテ且 a, b, c ガ正ノ数ナルトキ $(a+b+c)(ap^2+bq^2+cr^2)=(ap+bq+cr)^2$ ナレバ $p=q=r$ ナルコトヲ証明セヨ．

2．a, b, c ガ何レモ実数ニシテ $a<b<c$ ナルトキハ方程式
$$\frac{1}{x-a}+\frac{1}{x-b}+\frac{1}{x-c}=0$$
ノ根ハ a ト b トノ間及 b ト c トノ間ニ挟マレタル実数ナルコトヲ証明セヨ．

3．次ノ一組ノ方程式ト不等式トヲ解ケ．$x^2+4y^2=\blacksquare$, $x^2+y^2<2y$

4．矩形ヲ底トセル与ヘラレタル直錐ノ底面ニ平行ナル截面ヲ一ツノ底トシ直錐ノ底面上ニ今一ツノ底ヲ有スル最大体積ノ直六面体ノ高サヲ計算セヨ．

5．10 ヲ底トセル2ノ対数ハ 0.3010300 ナルコトヲ知リテ5ヲ底トセル2ノ対数ヲ計算セヨ．

算術，代数，幾何（午後ノ部）（2時間）

1．三角形ノ外接円ノ任意ノ直径ノ両端ニ関スルしむそん線ハ直角ニ相交ハルコトヲ証明セヨ．

2．一ツノ円ノ直径ヲ AB トシ，此ノ直径ノ一方ニアル半円周ノ中点ヲ C トシ他ノ半円周上ノ任意ノ一点ヲ E トスルトキハ弦 CE ノ上ノ正方形ハ四辺形 $ACBE$ ノ二倍ニ等シキコトヲ証明セヨ．

3．同一平面上ニアラザル与ヘラレタル二直線ヲ AB, CD トシ AB 上ノ一点 P ヨリ CD ヘ下ス垂線ノ長サガ与ヘラレタル長サニ等シカラシメントス，P 点ノ位置ヲ求ム．

三角法（理論）（3時間）

1．$\dfrac{2\pi}{15}+\cos\dfrac{4\pi}{15}+\cos\dfrac{8\pi}{15}+\cos\dfrac{14\pi}{15}=\dfrac{1}{2}$

ナルコトヲ証明セヨ．
2．次ノ一組ノ方程式ヲ解ケ．tg $2x$ = cot y,
tg x = cot $2y$
3．与ヘラレタル円内ノ一定点Aヲ通ジテ任意ノ弦PQヲ作リ円ノ中心ヲOトスレバ
tg $\frac{\angle AOP}{2}$ = tg $\frac{\angle AOQ}{2}$ ハ常数ナルコトヲ証明セヨ．
4．三角形ノ内接円ノ半径ヲr，外接円ノ半径ヲR，其ノ面積ヲSトスレバ，内接円ノ切点ヲ頂点トセル三角形ノ面積ハ $\frac{rS}{4R}$ ナルコトヲ証明セヨ．
5．三角形ノ底辺a，高サh及頂角Aヲ知リテ此ノ三角形ヲ解ケ．

三角法（応用）（2時間）
三角形ノ三辺ガa = 675.43米，b = 608.79米，c = 585.55米ナルコトヲ知リテ其ノ三ツノ角及其ノ面積ヲ計算セヨ．

解析幾何（3時間）
1．x，yヲ直角座標トシ，円 $x^2 + y^2 - 2x - 4y - 4 = 0$ ト双曲線 $xy + 1 = 0$ トノ四ツノ交点ト円ノ中心トヲ過ギル二次曲線ノ方程式ヲ索メ，之ヲ標準ノ形ニ化セ．
2．一ツノ点ヨリ与ヘラレタル三角形ノ三辺ニ下セル垂線ノ足ガ一直線上ニ在リトシ其ノ点ノ軌跡ヲ表ス方程式ヲ求メ，且此ノ軌跡ハ円ナルコトヲ証明セヨ．
3．等辺双曲線上ニ三ツノ角点ヲ有スル直角三角形ノ直角点ニ於ケル此双曲線ノ切線ハ此三角形ノ斜辺ニ垂直ナルコトヲ証明セヨ．
4．与ヘラレタル楕円ノ焦点ヲ過ギリ二ツノ共軛径ニ平行ニ引ケル二ツノ弦ノ和ハ不変ナルコトヲ証明セヨ．
5．二ツノ座標軸ト直線 $lx + my - p = 0$ トヨリ成ル三角形ヲ自共軛三角形ニ有スル二次曲線ノ方程式ヲ索メヨ．

微分積分（3時間）
1．与ヘラレタル円ニ外切スル三角形ノ面積ノ極大極小ヲ求ム．
2．$f(x+h) = f(x) + hf'(x + \theta h)$ ニシテ θ ハ h ノ昇冪級数ニ展開スルコトヲ得ルモノトシテ，其展開ノ最初ノ二項ヲ索メヨ．
3．ϕ ハ x, y, z ノ函数，n ハ常数
$x\dfrac{d\phi}{dx} + y\dfrac{d\phi}{dy} + z\dfrac{d\phi}{dz} = n\phi$ ナルトキハ
$\phi(tx, ty, tz) = t^n \phi(x, y, z)$ ナルコトヲ証明セヨ．
4．$f(x)$ ハ連続函数ニシテ，x ガ負ナルトキハ $\dfrac{df}{dx}$ ハ $e^x - x$ ニ等シク，x ガ正ナルトキハ $\dfrac{df}{dx}$ ハ $e^x + x$ ニ等シク且 $\int_{-1}^{1} f(x) dx$ ナルコトヲ知リテ $f(x)$ ヲ索メヨ．
5．x, y ヲ直角座標トシ，方程式 $x^3 = y^2(2a - x)$ ニテ表ハサレタル曲線ガ其漸近線ヲ軸トシテ一周スルコトニヨリテ生ズル回転体ノ体積ヲ索メヨ．

1910年　第24回　第2期前期
予備試験
算術（3時間）
1．1ヨリモ大ナル三ツノ相異ナル整数ノ逆数ノ和ガ
1ヨリモ大ナル総テノ場合ヲ挙ゲヨ．
2．或商人ノ三年間ノ利益ヲ計算シタルニ，第一年ト第二年トノ平均ハ第三年ノヨリモ其ノ $\dfrac{1}{24}$ ダケ多ク第二年ト第三年トノ平均ハ第一年ノヨリモ其ノ $\dfrac{2}{11}$ ダケ多ク，且各年ノ利益ノ最大額及ビ最小額ノ差ハ714円ナリシト云フ，各年ノ利益幾許ナルカ．

3．或ル戦争ニ於テ，士官ヲ十四人兵卒ヲ一割失ヘリ，而シテ生存セル士官ノ数ト兵卒ノ数トノ比ハ此ノ戦争ノ初メニ於ケル比ノ五分ノ四ナリト云フ．戦争ノ初ニ於ケル士官ノ数ヲ求ム．

4．或人若干ノ金高ヲ銀行ニ預ケ，二ケ年ノ後其ノ $\frac{1}{4}$ ヲ引出シタルニ其後尚二ケ年ノ後ニ於ケル預金元利合計金2305.16円トナリタリ，但シ利子ハ初ノ二ケ年ハ年五分，後ノ二ケ年ハ年四分ニシテ，利息ハ一年毎ニ元金ニ繰入レタリト云フ．初メ預ケ入レタル金高幾許ナルカ．

5．一平方尺ノ面積ヲ有スル円ノ半径ヲ省略算ニヨリ厘ノ位マデ見出セ．但シ $\pi = 3.141592653589\cdots$ トス．

代数（3時間）

1．x ニ就テノ有理整式ヲ $x-a$ ニテ割リタルトキノ剰余ヲ A トシ，$x-b$ ニテ割リタルトキノ剰余ヲ B トス．$(x-a)(x-b)$ ニテ割リタルトキノ剰余ヲ求ム．

2．方程式 $2x + 2 = \sqrt{1+x^2} = \dfrac{5}{\sqrt{1+x^2}}$
ヲ解ケ．
但シ $\sqrt{\ }$ ハ正ノ根ヲアラハスモノトス．

3．$x+y+z = -a$, $x^2+y^2-z^2 = 0$, $xy+yz+zx = b$,
$xyz = -c$ ヨリ x, y, z ヲ逐出セ．

4．与ヘラレタル円ニ外接スル二等辺梯形ノ中ニテ面積ノ最小ナルモノヲ求ム．

5*．$(a+bx+cx^2)^m$ ノ展開式ニ於ケル x^n ノ係数ヲ求ムル方法ヲ述ベヨ．但シ m ハ整数ナリ．

＊第二種学校教員志願者ハ第五問ニ答フルコトヲ要セズ．

幾何（3時間）

1．平行四辺形 $ABCD$ ノ辺 AB ノ長サ及ビ位置ト辺 AD ノ長サトヲ与フルトキ角 C 及角 D ノ二等分線ノ交点ノ軌跡ヲ求ム．

2．与ヘラレタル矩形ニ相似ニシテ一辺ガ与ヘラレタル円ノ弦トナリ，之ニ対スル辺ガ同ジ平面ニ与ヘラレタル直線ノ上ニアル矩形ヲ作レ．

3．相交ハラザル二ツノ与ヘラレタル円ト直角ニ交ハル総テノ円ハ二ツノ定点ヲ通ズルコトヲ証明セヨ．

4．正四面体ノ一ツノ頂点ヨリ之ニ対スル面ヘ下セル垂線ノ中点ト他ノ頂点ニ結ビ付クル三ツノ直線ハ二ツ宛互ニ直角ヲナスコトヲ証明セヨ．

5*．四ツノ頂点ガ同ジ平面上ニ在ラザル与ヘラレタル四辺形ノ各辺ノ上ニ一ツ宛頂点ヲ有スル菱形ヲ作レ．

＊第二種学校志願者ハ第五問ニ答フルコトヲ要セズ．

本試験

算術，代数，幾何（午前ノ部）（3時間）

1．次ノ式ノ値ヲ小数第五位マデ求メヨ．
$$\frac{4+2\sqrt{5}}{1+\sqrt{2}+\sqrt{5}}$$

2．$a^2+b^2=1$, $a'^2+b'^2=1$, $aa'+bb'=0$ ナルトキハ
$a^2+a'^2=1$, $b^2+b'^2=1$, $ab+a'b'=0$ ナルコトヲ証明セヨ．

3．次ノ連立方程式ヲ解キ且之ヲ吟味セヨ．
$ax+by+cz=1$, $bx+cy+az=1$, $cx+ay+bz=1$.
a, b, c ハ実数ナリトヌ．〔ママ〕

4*．次ノ方程式ノ一ツノ根ガ他ノ二ツノ根ノ和ニ等シクナル様ニ m ヲ定メ且此方程式ヲ解ケ．
$225x^3 - 90x^2 - x + m = 0$.

5. 相交ルニツノ直線OX, OYアリ, OX上ノ一点A_1ヨリOYニ垂線A_1A_2ヲ下シ其足A_2ヨリOXニ垂線A_2A_3ヲ下シ, 更ニA_3ヨリOYニ垂線A_3A_4ヲ下シ, 順次ニ之ト同様ノ手続ヲ限リナク行フモノトス. $OA_1 = a$, $OA_2 = b$トシテ此等ノ垂線ノ和 $A_1A_2 + A_2A_3 + A_3A_4 + \cdots + A_nA_n+1 + \cdots$ ヲ求メヨ.

＊第二種学校教員志願者ハ第四問ニ答フルヲ要セズ.

算術, 代数, 幾何（午後ノ部）（2時間）

1. 一ツノ角ト面積トガ与ヘラレタル梯形ヲ与ヘラレタル円ニ内接セシメヨ.
2. 与ヘラレタルーツノ直線上ニ中心ヲ有シ且一ツノ定円ニ直角ニ交ハル円トコノ定円トノ交点ヲ結ビ付クル直線ハーツノ定点ヲ過ギルコトヲ証明セヨ.
3. 三角形ABCノ一辺BCノ延長線上ニー点Dヲトリ, 直線ADヲ軸トシテ此三角形ヲ回転スルトキ生ズルトコロノ体ノ体積ニ三角形ノ面積ト其重心ノ書ク円ノ周長サトノ積ニ等シ. 之ヲ証明セヨ.

三角法（理論）（3時間）

1. $\operatorname{tg}^2 A = 1 + 2\operatorname{tg}^2 B$ナルトキハ$\cos 2B = 1 + 2\cos 2A$ナルコトヲ証明セヨ.
2. β, γガπヨリモ小ナル相異ナル正ノ角ニシテ方程式 $\dfrac{\cos\alpha \cos x}{a} + \dfrac{\sin\alpha \sin x}{b} = \dfrac{1}{c}$ ニ適合スルトキハ $(b^2 + c^2 - a^2)\cos\beta \cos\gamma + (c^2 + a^2 - b^2)\sin\beta \sin\gamma = a^2 + b^2 - c^2$ ナルコトヲ証明セヨ.
3. 方程式 $\cos x = m \operatorname{tg} x$ ヲ解キ且之ヲ吟味セヨ.
4. 三角形ノ内接円ノ半径ヲr, 此円ノ中心ヨリ各頂点ニ至ル距離ヲα, β, γ, 三角形ノ辺ヲa, b, c, 其周囲ノ半ヲpトスレバ $\dfrac{\alpha\beta\gamma}{r} = \dfrac{abc}{p}$ ナルコトヲ証明セヨ.
5. 中心O半径Rナル与ヘラレタル円ニ内接スル梯形$ABCD$ノ大ナル底ABト之ニ隣レル辺ADトノナス角α及梯形ノ周囲$2p$ヲ与ヘテ角AODヲ求ム.

三角法（応用）（2時間）

三角形ノ三辺ガソレゾレニ$a = 870.59$尺, $b = 793.25$尺, $c = 546.77$尺ナルコトヲ知リテ其三ツノ角及ビ面積ヲ計算セヨ.

解析幾何（3時間）

1. 直角座標ニテ表ハセルニツノ直線ノ方程式ハ次ノ如シ. $mx + ny + a = 0$, $nx - my + b = 0$ 今此ノニツノ直線ヲ座標軸ニトリ元ノ座標軸ノ方程式ヲ索メヨ.
2. 有心二次曲線ノ任意ノ径ノ両端ニニツノ焦点トヲ過ギル等辺双曲線ノ漸近線ハ此径ノ一端ニ於ケル原二次曲線ノ切線及法線ニ平行ナルコトヲ証明セヨ.
3. 放物線上ノ任意ノ点ヨリ頂点ニ於ケル切線ニ下セル垂線ノ足ヲ通リ其点ト頂点トヲ結ビ付ケタル弦ニ垂直ナル直線ハ一定点ヲ過ギルコトヲ証明セヨ.
4. 同焦点有心二次曲線ノ切線ニシテ一定ノ方向ヲ有スルモノノ切点ノ軌跡ヲ求メヨ.
5. 一直線上ニアラザル三ツノ定点ヲ過グル総テノ二次曲線ニツイテ共軛ナルニツノ点ノ軌跡如何.

微分積分（4時間）

1. 独立変数ヲtトシ, yトzトハ次ノニツノ方程式 $x = \phi(y, z)$, $y = f(x, z)$ ニヨリテ与ヘラレタルxノ函数ナリトス. $\dfrac{dy}{dx}$, $\dfrac{dz}{dx}$ トヲ索メヨ.

2. 円形ノ幾片ヨリ扇形ヲ切リ取リ，残リヲ直円錐形ニ作リテ其容積ヲ最大ナラシメントス．切リ取ルベキ扇形ノ弧ヲ度数ニテ表ハセ．

3. 平面曲線ノ一点ニ於ケル切線ヲ x ノ軸，法線ヲ y ノ軸，原点ヨリ x, y ナル点ニ至ル弧ノ長サヲ s トスレバ $x = s + as^3 + \cdots$, $y = \dfrac{s^2}{2r} + bs^3 + \cdots$ ナルコトヲ示セ．爰ニ r ハ原点ニ於ケル曲率半径，a ト b トハ常数ヲ表ハスモノトス．

4. 次ノ式ヲ証明セヨ．
$$\int_0^{2\pi} f(a\cos x + b\sin x)dx = \int_{-\frac{\pi}{2}}^{\frac{\pi}{2}} f(\sqrt{a^2+b^2}\sin x)dx$$
〔右辺の f の脱落を補った〕

5. 次ノ方程式 $\dfrac{x^2}{a^2} + \dfrac{y^2}{b^2} + \dfrac{z^2}{c^2} = 1$, $\dfrac{y^2}{b^2} + \dfrac{z^2}{c^2} = \dfrac{x}{a}$ ニヨリテ表ハサレタル二ツノ曲面ニヨリテ囲マレタ立体ノ体積ヲ索メヨ．

6. $0 \leq x \leq 1$ ナル範囲ニ於テ $f(x) > 0$ ナレバ
$$\int_0^1 f(x)dx \int_0^1 \dfrac{1}{f(x)}dx \geq 1$$
ナルコトヲ証明セヨ．

口頭試験

算術　二ツノ動点甲乙アリ，甲ハ $365\dfrac{1}{4}$ 日ニテ円周ヲ一周ス，今甲乙ガ円周上ノ同ジ点ヨリ同時ニ同方向ニ出発スルトキハ，二ツノ点ガ出発後始メテ相会スルマデニ $29\dfrac{1}{2}$ 日カヽルト云フ．由テ乙ガ円周ヲ一周スルニ何日カヽルカヲ求ム．

代数　$x^2 + px + q$ ハ $(x - \alpha)(x - \beta)$ ナル形ニ化スルコトヲ得，而シテ其結果ハ唯一ツニ限ルコトヲ証明セヨ．

幾何　三ツノ与ヘラレタル点ヨリ等距離ナル点ノ距離ヲ求ム．

1918年　第32回　第2期中期
予備試験
算術

1. 或ル銃手ガ四百米ヲ距リタル標的ニ向ツテ銃丸ヲ発射シタルトキ，銃手ト標的ヲ連絡スル直線上ニテ銃手ノ後方二百四十米ニアリシ観測者ハ発砲ノ音ヲ聞キテヨリ三秒七分ノ六ヲ経テ銃丸ノ命中シタル音ヲ聞キ，銃手ヨリ二百四十米，標的ヨリ四百六十四米ニアリシ観測者ハ発砲ノ音ヲ聞キテヨリ三秒三分ノ一ヲ経テ銃丸的中ノ音ヲ聞キタリト云フ．音響及ビ銃丸ノ速サ各幾何ナルカ．

2. 或会社ニ於テ賞与金ヲ甲乙丙三種ノ使用人ニ分配スルニ甲種一人ノ所得ハ乙種五人ノ所得ニ等シク，乙種二人ノ所得ハ丙種七人ノ所得ニ等シクスル規定ナルニ，特ニ甲種ニ於テハ毎人七百円ヲ，乙種ニ於テハ其ノ所得ノ三割ヲ，丙種ニ於テハ其ノ所得ノ五割ヲ増シタルヲ以テ賞与金総額二十三萬六千七百円ヲ要シタリ，此会社ノ使用人甲種七人，乙種三十人，丙種六百人ナルトキ各種ノ使用人一人ノ所得金幾何ナルカ．

3. 某市ノ人口ハ或期間ニ四分ノ一増加シ，男子千人ニ対シテノ女子ノ数ハ其期間ノ始メニハ千二十人ニシテ終リニハ千百三十人ナリシト云フ．女子ハ其幾ぱーせんと ヲ増シタルカ（小数点以下切捨）．

4. 或商店開業後半箇年ノ決算ニ於テ総売上高ノ三分ノ二ハ卸売，其ノ余ハ小売ニシテ，卸売ハ平均五分，小売ハ平均二割ノ利益ニ当レドモ売残品ヲ仕入値段ノ半価ニ見積リ

タルガ為メ差引利益ハ仕入値段ノ四分八厘
ニ当レリト云フ．売残品ハ仕入高ノ幾割ナ
ルカ．

5. $\dfrac{1}{8}\sqrt{30+6\sqrt{5}}$ ヲ小数第三位迄計算セヨ．

代数（3時間）

1. $(x^m-1)(x^{m+1}-1)(x^{m+2}-1)$ ハ $(x-1)(x^2-1)(x^3-1)$ ニテ整除セラルルコトヲ証明セヨ．但シ m ハ正ノ整数トス．

2. 次ノ不等式ヲ解ケ．但シ m ハ常数トス．
$x^2-(2m+1)x+2(3m-1)<0$

3. a, b, c ガ一ツノ三角形ノ辺ノ長サヲ表ハストキハ連立方程式 $y+z=a, z^2+x^2+zx=b^2, x^2+y^2-xy-c^2$ ノ根ハ何レモ実数ナルコトヲ証明セヨ．〔第3式は $x^2+y^2-xy=c^2$ の誤りと思われる〕

4. s ハ n 個ノ正数 $a, b, \cdots\cdots, l$ ノ和ナルトキ次式ノ成立スルコトヲ証明セヨ．
$\dfrac{s}{s-a}+\dfrac{s}{s-b}+\dfrac{s}{s-c}+\cdots+\dfrac{s}{s-l}\geq\dfrac{n}{n-1}$

5. 直六面体ノ一稜ノ長サ a 及其ノ体積 v ガ与ヘラレ且其ノ全表面積ハ $6a^2$ ナルコトヲ知リテ他ノ二稜ノ長サヲ求メヨ．又如何ナル場合ニ此等ノ二稜ハ相等シクナルカ．

幾何（3時間）

1. 直角三角形 ABC ノ鋭角 B ノ二等分線ガ対辺 AC ト交ハル点ヲ D トシ，直角ノ頂点 A ヨリ斜辺ニ下セル垂線ト交ハル点ヲ E トシ，E ヨリ BC ニ平行ニ引ケル直線ガ AC ト交ハル点ヲ F トスレバ AD ハ CF ニ等シキコトヲ証明セヨ．

2. 二ツノ頂点ヨリ中線ト残リノ頂点ヨリノ垂線トガ与ヘラレタルトキ三角形ヲ作レ．

3. 正六角形 $ABCDEF$ ノ中心ヲ過ル任意ノ直線ト二ツノ対角線 AC, AE トノ交点ヲ夫々 P, Q トスルトキ直線 BP, FQ ノ交点

ノ軌跡ヲ索メヨ．

4. 正方形 $ABCD$ ノ辺 DC ノ中点ヲ E トシ，AE ノ垂直二等分線ガ直線 AB ト交ハル点ヲ F トスレバ EF ハ BC ヲ $1:2$ ノ比ニ分ツコトヲ証明セヨ．

5. 四面体 $ABCD$ ノ二面 ABC, DBC ノスナ角ヲ二等分スル平面ガ稜 AD ト交ハル点ハ AD ヲ三角形 ABC, DBC ノ面積ノ比ニ分ツコトヲ証明セヨ．

本試験

算術（2時間）

1. 分数アリ，分子及分母共ニ一位ノ数ニシテ且其ノ値ハ $\dfrac{1}{\sqrt{5.1}}$ ト $\dfrac{1}{\sqrt{6}}$ トノ間ニアリト云フ．此ノ分数ヲ求ム．

2. 或寄宿舎ニ備ヘ付ケタル図書ハ合計111部ニシテ其ノ中国語ニ関スルモノハ舎生10人ニツキ一部ヅツトスルニハ二部不足シ，理科ニ関スルモノハ舎生14人ニツキ一部ヅツトスルニハ五部余リ，其他ニ関スルモノハ更ニ其ノ四分ノ一ヲ買ヒ入レバ舎生28人ニツキ三部ヅツノ割合トナルト云フ，舎生ノ総数幾何ナルカ．

3. 円周率ヲ3.1416トシテ表面積1平方尺ナル球ノ体積ヲ適当ナル位マデ計算セヨ．

代数（2時間）

1. $x^3+y^3+px+qxy+ry^2$ ガ x, y ニ関シテ一次ト二次トノ因数ニ分解シ得ルタメニハ p, q, r ハ如何ナル条件ヲ満足スベキカ，但 p, q, r ハ実数ニシテ二ツノ因数ノ係数ハ実数若クハ虚数ナリトス．

2. 線分 AB ヲ直径トスル半円アリ，此ノ半円周上ニ一点 P ヲ求メ P ヨリ AB ニ垂直ナル半径ニ至ル距離ト弦 PA トノ比ヲシテ与ヘラレタル数 k ニ等シカラシメヨ．

3. 等差級数ノ最初ノ n 項ノ和ト之ニ続ケル

n項ノ和トノ比ガnニ関係ナキモノハ存在シ得ルカ，若シ存在スレバ如何ナル級数ナルカ．

幾何（2時間）

1. 一定直線上ノ与ヘラレタル点ニ於テコノ直線ニ切シ且定円ト定角ヲナス円ヲ作レ．
2. 円上ノ一点ヨリコノ円ニ内接セル四辺形ノ一組ノ対辺ニ下セル垂線ノ包ム矩形ハ他ノ一組ノ対辺ニ下セル垂線ノ包ム矩形ニ等シク又両対角線ニ下セル垂線ノ包ム矩形ニ等シキコトヲ証明セヨ．
3. 一ツノ平面ト空間四辺形$ABCD$ノ辺AB, BC, CD, DAトノ交点ヲ夫々P, Q, R, Sトセバ
$$\frac{AP}{BP} \cdot \frac{BQ}{CQ} \cdot \frac{CR}{DR} \cdot \frac{DS}{AS} = 1$$
ナルコトヲ証明セヨ．

三角法（理論）（3時間）

1. $(1+a\cos\theta)(1-a\cos)=1-a^2$ ナル関係アルトキハ次ノ関係式アルコトヲ証明セヨ．
$$\frac{\tan^2\frac{1}{2}\theta}{\tan^2\frac{1}{2}\varphi} = \frac{1+a}{1-a}$$
但シ$a \neq 0$且$a \neq 1$トス．

2. $\dfrac{\sin(\theta-\alpha)}{\sin(\theta-\beta)} = \dfrac{m}{n}$, $\dfrac{\cos(\theta-\alpha)}{\cos(\theta-\beta)} = \dfrac{m'}{n'}$
ナルトキハ$\cos(\alpha-\beta) = \dfrac{mm'+nn'}{mn'+m'n}$ナルコトヲ証明セヨ．
但シ$mn' \neq -m'n$トス．

3. 次ノ方程式ヲ解ケ．$\sin x + \cos x + \sin 2x = m$.

4. $\pi > a > 0$ナルトキ次ノ連立方程式ヲ満足セシムルx及yノ値ガ存在スルタメノ条件ヲ求ム．
$x+y=a$, $\tan x + \tan y = b$.

5. 鋭角三角形ABCノ外接円ノ半径ヲRトスレバ其ノ垂足三角形ノ内接円ノ半径ハ$2R\cos A \cos B \cos C$ ニ等シキコトヲ証明セヨ．

三角法（応用）（3時間）

三角形ABCニ於テ $\log b = 2.65708$, $\log c = 2.60993$, $A = 71°53'28''$ ナルコトヲ知リテ，B, C, a及面積ヲ求メヨ．

解析幾何学（3時間）

1. 与ヘラレタル三角形ニ外接スル正三角形ノ中心ノ軌跡ヲ求メヨ．

2. 放物線上ノ二点P, Qト頂点トヲ通ル円ガ曲線ノ軸ト交ハル点ヲAトシ，直線PQガ軸ト交ハル点ヲBトス，PQノ垂直二等分線ハABノ中点ヲ通ルコトヲ証明セヨ．

3. 直交軸ニ関シテ与ヘラレタル六点 $(a,0)$, $(0,a)$, $(b,0)$, $(0,b)$, (a,b), (b,a) ハ一ツノ楕円上ニアルコトヲ証明シ，コノ楕円ノ両軸ノ方程式及ビソノ長サヲ求メヨ．

4. 双曲線ノ両枝線ニ切スル任意ノ円ヲ焦点ヨリ見込ム角ハ一定ナルコトヲ証明セヨ．

5. 斜交軸ニ関シテ二ツノ同焦点二次曲線ノ方程式ガ
$$x^2+y^2 = \frac{a^2+b^2}{2}, \quad xy = \frac{a^2+b^2}{4}$$
ナルトキ，ソノ焦点ノ座標ヲ求メヨ．

微分積分（4時間）

1. $dx^2+dy^2+dz^2=ds^2$ ナルトキ，次ノ式ノ成立スルヲ証明セヨ．
$$\left(\frac{d^2x}{ds^2}\right)^2 + \left(\frac{d^2y}{ds^2}\right)^2 + \left(\frac{d^2z}{ds^2}\right)^2 =$$
$$\frac{1}{ds^4}\left\{(d^2x)^2+(d^2y)^2+(d^2z)^2-(d^2s)^2\right\}$$

2. $a>b>c$ナルトキ次ノ連立方程式ヲ満足

スル x, y, z ノ値ヲ索メヨ．
$$\frac{x^2}{a^2}+\frac{y^2}{b^2}+\frac{z^2}{c^2}=1,$$

$$\frac{\dfrac{\partial^2 z}{\partial x^2}}{1+\left(\dfrac{\partial z}{\partial x}\right)^2}=\frac{\dfrac{\partial^2 z}{\partial x \partial y}}{\dfrac{\partial z}{\partial x}\dfrac{\partial z}{\partial y}}=\frac{\dfrac{\partial^2 z}{\partial y^2}}{1+\left(\dfrac{\partial z}{\partial y}\right)^2}$$

3．方程式 $y^2=2ax+bx^2$ ニテ表ハサレタル曲線ノ曲率半径ノ極大極小ヲ索メヨ．

4．次ノ式ヲ証明セヨ．
$$\int_0^x dx \int_0^x dx \int_0^x f(x)dx = \frac{1}{2}\int_0^x f(y)(x-y)^2 dy$$

5．方程式 $\left(\dfrac{x}{a}\right)^{\frac{2}{3}}+\left(\dfrac{y}{b}\right)^{\frac{2}{3}}=1$ ニテ表ハサレタル曲線ガ x 軸ヲ軸トシテ一周スルコトニヨリテ生ズル曲面ノ全表面積ヲ索メヨ．爰ニ $a>b$ ナリトス．

1919年　第33回　第2期後期
予備試験
算術，代数，幾何（第一日ノ分）（3時間）
1．$\sqrt{2}$, $\sqrt{3}$ ノ小数第四位未満ヲ四捨五入シタル値ガソレゾレ1.4142，1.7321ナルコトヲ知リテ $\dfrac{2-\sqrt{3}}{1+\sqrt{2}}$ ヲ適当ナル位マデ計算セヨ．

2．x ガ $-\infty$ ヨリ $+\infty$ マデ変化スルトキ $\dfrac{2x-5}{3x+4}$ ノ変化ヲ攻究シ且其ノ変化ヲ表ハス曲線ヲ書ケ．

3．次ノ式ヲ因数ニ分解セヨ．$\begin{vmatrix} 1 & 1 & 1 \\ x & y & z \\ x^3 & y^3 & z^3 \end{vmatrix}$

4．球面三角形ノ面積ハ球面過剰ニ比例スルコトヲ証明セヨ．

算術，代数，幾何（第二日ノ分）（3時間）
5．或ル整数ノ平方ハ五位ノ数ニシテ萬ノ位ノ数字ハ5，一ノ位ノ数ハ1ナリトイフ，其ノ整数ヲ索メヨ．

6．a ヲ実数トシテ　方程式　$x = a + \sqrt{x^2+2(a+1)x+4a}$ ガ根ヲ有スル場合ニ於ケル a ノ値ノ範囲ヲ定メヨ．但シ $\sqrt{\ }$ ハ正ノ平方根ヲ表ハスモノトス．

7．OX，OY ハ点 O ニ於テ直交スル直線ナリトス，此ノ二直線トソレゾレ A，B ニ於テ交ハル直線上ノ一点 P ヨリ此ノ直線ニ垂線ヲ引キ，之ガ OX，OY ト交ハル点ヲソレゾレ A'，B' トシ，此ノ二点ヨリ直線 OP ニ下セル垂線ガ直線 AB ニ交ハル点ヲソレゾレ A''，B'' トスレバ，$A''B''=AB$ ナルコトヲ証明セヨ．

算術，代数，幾何（第三日ノ分）（3時間）
8．n ガ1ヨリ大ナル整数ナルトキ
$2^n > 1+n\sqrt{2^{n-1}}$ ナルコトヲ証明セヨ．

9．二ツノ円 O，O' 交点ノ一ツヲ A トシ，A ヲ過ギル割線ニテ円 O，O' ヲ更ニソレゾレ P，Q ニテ截リ $AQ-AP$ ヲ定長ナラシメヨ．

10．与ヘラレタル球ヲ一ツノ平面ニテ截リ，其ノ截リ口ヲ底トシ，截リ口ノ周ニ於テ球ニ切スル直円錐ノ側面積ト其ノ外側ニ在ル球ノ部分ノ面積トノ和ヲシテ一定ノ面積ニ等シカラシメントス．平面ノ位置ヲ索メヨ．

本試験
算術，代数，幾何（第一日ノ分）（3時間）
1．算術　資本金百六十万円三萬二千株（内一萬七千株ハ旧株ニテ全額払込済一萬五千株ハ新株ニテ一株三十七円五十銭払込）決算期五月及十一月ノ或株式会社ノ或後半期ノ決算ニ於テ五萬一千五百円ヲ配当シタリ，

年幾分ノ配当ナルカ,但シ新株ハ其ノ後半期中ノ九月末日ニ新ニ額面ノ四分ノ一ヲ払込ミタルモノトス

2．代数 a, b, A, B, n ハ何レモ正ノ整数ニシテ
$Ab - Ba$ ガ 1 ニ等シキトキハ
$\dfrac{a}{b}, \dfrac{A}{B}, \dfrac{a+nA}{b+nB}$ ハ何レモ既約分数ナルコトヲ証明セヨ

3．幾何 相等シキ二円 O, O' アリ,円 O 上ニ一点 P ヲ取リ P ヨリ図 O' ニ切線 PA, PB ヲ引キ其ノ切点ヲ A, B トシ PA, PB ガ円 O ト交ハル点ヲ C, D トシ,弦 AB ト弦 CD トヲシテ相等シカラシメヨ

4．幾何 一ツノ定点ヲ通過シ一ツノ定円ニ直交スル総テノ円ハ他ノ一ツノ定点ヲ通過スルコトヲ証明セヨ

算術,代数,幾何(第二日ノ分)(3時間)

5．算術 甲乙二舟アリ 其ノ静水ニ於ケル速サノ比ハ $5:4$ ニシテ甲ハ午前六時ニ河上ノ A 地ヨリ,乙ハ之ト同時ニ A 地ヲ距ルコト二里二十四町ナル河下ノ B 地ヨリ相向ヒテ出発シタルニ両舟ハ午前七時二十分ニ相会シ,乙ハ夫ヨリ二時四十分間ヲ経テ A 地ニ到着シテ直チニ帰航シ,甲モ B 地ニ到着後直チニ帰航セリトイフ,両舟ガ再ビ相会スル時刻及場所ヲ索メヨ

6．代数 $\dfrac{ax^2 + bx + c}{x+1}$ ガ 0 ニ等シキ極大値ヲ有スル為メニハ a, b, c ノ間ニ如何ナル関係アルヲ要スルカ

7．幾何 三角形ノ頂角及ビ面積ガ与ヘラレタルトキ底辺ニ引ケル中線ノ上ノ正方形ト底辺ノ半ノ上ノ正方形トノ差ハ一定ナルコトヲ証明セヨ

算術,代数,幾何(第三日ノ分)(3時間)

8．代数 二ツノ正数 a, A ヨリ順次
$a_1 = \dfrac{1}{2}\left(a + \dfrac{A}{a}\right), a_2 = \dfrac{1}{2}\left(a_1 + \dfrac{A}{a_1}\right),$
$\cdots, a_n = \dfrac{1}{2}\left(a_{n-1} + \dfrac{A}{a_{n-1}}\right)$
等ノ正数 $a_1, a_2, \cdots a_n$ ヲ作ルトキハ
$\dfrac{a_n - \sqrt{A}}{a_n + \sqrt{A}} = \left(\dfrac{a - \sqrt{A}}{a + \sqrt{A}}\right)^{2^n}$ ナルコトヲ証明セヨ

9．代数 直角三角形ヲ作リ其ノ斜辺ノ長サヲ a, 他ノ二辺ト直角ノ頂点ヨリ斜辺ニ下セル垂線ノ長サトノ和ヲ 1 ナラシメントス,其ノ二辺ノ長サヲ索メヨ

10．幾何 三ツノ与ヘラレタル点ヲ通過シ一ツノ与ヘラレタル平面ニ切スル球ヲ作レ

三角法(午前之分)(3時間)

1．$\tan\theta\tan\varphi = \sqrt{\dfrac{a-b}{a+b}}$ ナルトキハ $(a - b\cos 2\theta)(a - b\cos 2\varphi)$ ノ値ハ θ, φ ニ無関係ナルコトヲ証明セヨ

2．不等式 $\dfrac{\cos 2x + \cos x - 1}{\cos 2x} > 2, 2\pi > x > 0$ ヲ満足スル x ノ値ノ範囲ヲ求ム

3．$\dfrac{x}{a}\cos\varphi + \dfrac{y}{b}\sin\varphi = 1,$

$\dfrac{ax}{\cos\varphi} - \dfrac{by}{\sin\varphi} = a^2 - b^2$

ヨリ φ ヲ消去セヨ

4．$\sin^{-1}u$ ハ正弦ガ u ニ等シキ角ノ中 $-\dfrac{\pi}{2}$ ト $\dfrac{\pi}{2}$ トノ間ニアルモノヲ表ハストシテ

$\dfrac{\pi}{4} + \sin^{-1}x = \sin^{-1}\left\{\dfrac{1}{\sqrt{2}}\left(x + \sqrt{1-x^2}\right)\right\}$

ヲ満足スル x ノ値ノ範囲ヲ求ム 但シ $\sqrt{\ }$ ハ正ノ平方根ヲ表ハスモノトス

5．底辺，高サ及ニ二ツノ底角ノ差ヲ知リテ三角形ヲ解ケ

三角法（午後之分）（2時間）
三角形ABCニ於テ，$b=65.305$米，$c=51.154$米，$A=67°28'32''$ナルコトヲ知リテ，B, C, a 及面積ヲ求メヨ

解析幾何（3時間）
1．直交軸ニ関シテ方程式 $16x^2-24xy+9y^2-44x-42y+49=0$ ニテ表ハサレタル放物線ノ軸ノ方程式，頂点ニ於ケル切線ノ方程式及ビ焦点ノ座標ヲ求メヨ
2．等辺双曲線上ノ任意ノ一点及ビ二ツノ焦点ヨリ夫夫二ツノ漸近線ニ平行ニ引キタル四ツノ直線ガ作ル矩形ノ一ツノ対角線ハ一定ノ円ニ切ルスルコトヲ証明セヨ
3．一点Pヨリ与ヘラレタル三角形ノ三辺ニ夫夫下セル垂線ノ足ヲ頂点トスル三角形ノ面積ガ一定ノ値ヲ有スルトキPノ軌跡如何
4．x, yハ直交軸ニ関スル座標ナルトキ方程式 $\sqrt{2y-2x}=\sqrt{x+y}+\sqrt{2-x}$ ハ如何ナル二次曲線ヲ表ハスカ．又 $\sqrt{}$ ノ正ノ平方根ヲ表ハスモノトスルトキハ之ニ該当スル曲線ノ部分如何
5．楕円上ノ四点ニ於ケル法線ガ楕円ノ軸ノ何レノ上ニモアラザル同一ノ点ヲ通ルトキハ此等四点中ニハ楕円ノ軸ガ作ル同一象限ニアリテ他ノ二ツハ之ニ隣レル各象限ニ夫夫一ツヅツアルベキコトヲ証明セヨ

微分積分（4時間）
1．次ノ式ヲ証明セヨ
$$\frac{d^n}{dx^n}(x^{n-1}e^{\frac{1}{x}}) = (-1)^n \frac{e^{\frac{1}{x}}}{x^{n+1}}$$

2．aハ常数ニシテ $0<a<\frac{\pi}{2}$ ナリトシ，x ガ 0 ト $\frac{\pi}{2}$ トノ間ニ変ズルトキ $\left|\dfrac{a\sin x - x\sin a}{a\cos a - \sin a}\right|$ ノ極大極小ヲ索メヨ

3．方程式 $y=\dfrac{a(1-t^2)}{1+t^2}$, $\dfrac{dy}{dx}=\dfrac{2at}{b(1-t^2)}$ ニテ定メラルル曲線上ノ一点 (x,y) ニ於ケル $\dfrac{d^2y}{dx^2}$ ヲ x ニテ表ハセ

4．$a\leq x\leq b$, $\alpha\leq y\leq\beta$ ナル範囲ニ於テ $f(x,y)$ ハ連続函数ニシテ $\dfrac{\partial^2 F}{\partial x\partial y}=f(x,y)$ ナルトキ
$$\int_a^b dx\int_\alpha^\beta f(x,y)dy = F(b,\beta)-F(b,\alpha)-F(a,\beta)+F(a,\alpha)$$
ナルコトヲ証明セヨ

5．方程式 $4x^2+3y^2+z^2=2z$, $x^2+y^2+z^2=z$ ニテ表ハサルル二ツノ曲面アリ，第一ノ曲面ノ内ニ在ル第二ノ曲面ノ部分ノ面積ヲ索メヨ

算術，代数，幾何　口述試問及教授法問題
第一日ノ分
方程式 $x^2+px+q=0$, $x^2+p'x+q'=0$ ガ少クトモ一ツノ根ヲ共有スル為ニ必要ニシテ且十分ナル条件ヲ求ム
第二日ノ分
相交ル二直線ヨリ相等シキ距離ニアル点ノ軌跡ヲ求（平面幾何）
（以上二日トモ先ヅ問題ヲ出シテ三十分間準備ノ時間ヲ与ヘ三十分間ニテ説明セシム）

1920年　第34回　第2期後期
算術代数幾何口述教授法
（第一日ノ分）a, p, q ガ実数ニシテ $a^2+pa+q<0$ ナルトキハ $ax^2+px+q=0$ ノ二根ノ間ニアルコトヲ証明セヨ．

（第二日ノ分）同一直線上ニアラザル三ツノ定点ヨリ相等シキ距離ニアル点ノ軌跡ヲ求ム

1921年　第35回　第3期
予備試験
（第一日ノ分）（3時間）
1. 方程式 $0.001x^2 - 2x + 1 = 0$ ニ於テ其ノ小ナル根ヲ小数第四位マデ索メヨ
2. 1, 2, 3…, n ノ中ヨリ二ツヅツ取リテ作レル総テノ積ノ和ヲ索メヨ
3. 次ノ関係ヲ満足スル三角形ノ三辺 x, y, z ヲ索メヨ．
$x^2 + y^2 + z^2 = p^2 \quad 4xy = z^2 \quad x + y = mz$
4. 二定円ニ切スル任意ノ一ツノ円ノ切点ヲ結ビ付クル直線ハ其ノ二定円ノ相似ノ中心ヲ過ルコトヲ証明セヨ

（第二日ノ分）（3時間）
5. 正数 A ノ正ノ平方根ノ不足ナル近似数中誤差ノ δ ヨリ小ナルモノヲ a トスレバ
$$a + \frac{A - a^2}{2a + \delta} < \sqrt{A} \leq a + \frac{A - a^2}{2a + \delta} + \frac{\delta^2}{4} \cdot \frac{1}{2a + \delta}$$
ナルコトヲ証明セヨ．
6. 一定点ヲ過ル直線ヲ書キテ二定円ヲ截リ其各円内ニアル部分ヲ相等シカラシメヨ．
7. A, B, C ガ三角形ノ三ツノ角ナルトキ
$$\begin{vmatrix} \cos 2A & \cot A & 1 \\ \cos 2B & \cot B & 1 \\ \cos 2C & \cot C & 1 \end{vmatrix} = 0 \quad ナルコトヲ証明セヨ．$$

（第三日ノ分）（3時間）
8. 空間四辺形 $ABCD$ ニ於テ対辺 AB, CD ノ上ニソレゾレ点 M, N ヲ取リ $\dfrac{AM}{MB} = \dfrac{DN}{NC} = \dfrac{AD}{BC}$ ナラシムルトキハ直線 MN ハ辺 AD, BC ト相等シキ角ヲナスコトヲ証明セヨ．
9. 半径 r ナル球ヲ一ツノ平面ニテ截リ，其ノ截面ヲ底トシ球ノ中心ヲ頂点トスル直円錐ノ体積ト其ノ截面ノ他ノ側ニアル球缺ノ体積トヲシテ相等シカラシメントス中心ヨリ平面ニ至ル距離ヲ索メヨ．
10. 直交軸ニ関シテ与ヘラレタル方程式 $ax + by + c = 0 \quad a'x + b'y + c' = 0$ ガ表ハス二ツノ直線ガ互ニ直角ニ交ハル為ノ条件ヲ索メヨ

本試験
（第一日ノ分）（3時間）
1. x ノ総テノ正ノ値ニ対シテ $(5-p)x^2 - 6x + p + 5$ ノ値ガ常ニ正ナルタメニハ，p ハ如何ナル数ナルコトヲ要スルカ
2. $(1 + x + x^2 + x^3 + x^4)^4$ ノ展開式ニ於ケル x^7 ノ係数ヲ索メヨ
3. 中心 C ナル円ノ直径 AB ノ一端 A ヨリ任意ノ弦 AD ヲ引キ，AD ノ延長上ニ AD ニ等シク DE ヲ取ルトキ，BD, CE ノ交点ノ軌跡ヲ求ム
4. 半径 R ナル球内ノ定点 G ヲ重心トシ，此ノ球ニ内接スル任意ノ三角形ヲ ABC トスレバ $AB^2 + BC^2 + CA^2$ ハ一定ナルコトヲ証明セヨ

（第二日ノ分）（3時間）
5. 次ノ等式ヲ証明セヨ　$\cos^2(A-B) + \cos^2(B-C) + \cos^2(C-A) = 2\cos(A-B)\cos(B-C)\cos(C-A) + 1$
6. 方程式　$3\sin 3A + 13 = 21\sin A + 11\cos 2A$ ヲ満足スル正ノ鋭角 A ノ値ヲ秒ノ位マデ索メヨ
7. 三角形ノ三辺ノ長サガ公差1種ナル等差級数ヲナシ，且其ノ最大ナル角ガ最小ナル

角ノ二倍ナルトキ，此ノ三角形ノ各要素ヲ計算セヨ

8．三角形ABCノ外接円ノ半径ヲR，内接円ノ半径ヲrトスレバ $r = 4R\sin\frac{A}{2}\sin\frac{B}{2}\sin\frac{C}{2}$ ナルコトヲ証明セヨ　又$R = 2$ 尺，$A = 50°$，$B = 61°23'15''$ナルトキrの値ハ如何

（第三日ノ分）（3時間）

9．三点$(0, 0)$，$(0, a)$，(b, c)ヲ頂点トスル三角形ノ三ツノ中線ノ方程式ヲ作リ且此ノ三線ハ一点ニ於テ会スルコトヲ証明セヨ

10．直線 $\frac{x-a}{l} = \frac{y-b}{m} = \frac{z-c}{n}$ ガ平面$Ax + By + Cz + D = 0$ニ平行ナル条件ヲ索メヨ

11．$1 + \frac{1}{2} + \frac{1}{3} + \cdots + \frac{1}{n}$ ハnガ限リナク増大スルトキ，限リナク増大スルコトヲ証明セヨ

12．$b^2 - ac < 0$ナルトキ方程式$ax^2 + 2bxy + cy^2 = 1$ニテ与ヘラレタル函数yノ極大極小ヲ索メ且此ノ方程式ガ表ス曲線ニテ囲マレタル面積ヲ索メヨ

1922年　第36回　第3期
予備試験

（第一日ノ分）（3時間）

1．二点P，Qニ於テ相交ル二円ノ交点Qヲ通ル任意ノ直線ガ此等ノ円ト更ニ交ハル点ヲ夫々A，Bトスルトキ△PABノ内心ノ軌跡ヲ索メヨ

2．球面三角形ノ三ツノ角ノ和ハ二直角ヨリ大ナルコトヲ証明セヨ

3．α，mガ常数ニシテθガ任意ノ角ナルトキ $[\cos(\alpha + \theta) + m\cos\theta]^2 \leq 1 + 2m\cos\alpha + m^2$ ナルコトヲ証明セヨ

4．三角形ABCニ於テ次ノ等式ヲ証明セヨ
$b^2\cos 2C + 2bc\cos(B - C) + c^2\cos 2B = a^2$

（第二日ノ分）（3時間）

5．ε ガ0.0009以下ノ正数ナルトキ，$\sqrt[3]{1 + \varepsilon}$ ト $1 + \frac{\varepsilon}{3}$ トノ差ハ $\frac{1}{10^7}$ ヨリモ小ナルコトヲ証明セヨ

6．与ヘラレタル実数a，bニ対シテ$x + y + z = a$　$x^2 + y^2 + z^2 = b$ヲ満足スル実数x，y，zガ存在スル為ニ必要ニシテ且十分ナル条件ハ$3b - a^2 \geq 0$ナルコトヲ証明セヨ

7．$y = \frac{x^3 - 4x}{x^2 - 1}$ ノぐらふヲ書クコトニヨリ，方程式 $x^3 - 4x - m(x^2 - 1) = 0$　ハmガ如何ナル実数ナルモ恒ニ三ツノ実根ヲ有スルコトヲ証明セヨ

8．方程式$y = f(x)$，$y = cf(x)$ ニテ表ハサレタルニツノ曲線アリ．爰ニcハ常数トス．此ノ二ツノ曲線上ノ同一ノ横座標ヲ有スル点ニ於ケル切線ハ横軸上ノ同一ノ点ヲ通過スルコトヲ証明セヨ

本試験

（第一日ノ分）（3時間）

1．毎日曜日ニ発行スル週間新聞アリ．大正十一年一月一日（日曜日）ニ第一号ヲ発行シタリトセバ，第壹萬号ヲ発行スルハ何年後ノ何月何日ナルカ

2．$\frac{x-b}{x+a} - \frac{x-a}{x+b} > \frac{x+a}{x-b} - \frac{x+b}{x-a}$ ヲ解ケ．

3．三角形ノ高サ，頂点ヨリ底辺ニ引ケル中線及ビ他ノ二辺ノ包ム矩形ヲ知リテ此ノ三角形ヲ作レ

4　直六面体ノ三稜ノ測度ヲa，b，cトスルトキ其ノ一ツノ対角線トコレニ交ラザル稜ト

ノ距離ヲ求ム

(第二日ノ分)（3時間）

5. $\cot\alpha$, $\cot\beta$, $\cot\gamma$ ガ等差級数ヲナストキハ $\cot(\beta-\alpha)$, $\cot\beta$, $\cot(\beta-\gamma)$ モ亦等差級数ヲナスコトヲ証明セヨ

6. 次ノ方程式ヲ解キ且之ヲ吟味セヨ
   $\cos 2x = 2a\cos x$

7. 三角形 ABC ノ二辺 b, c 及ビ夾角 A ヲ知リテ其ノ角ノ二等分線ノ長サヲ見出ス公式ヲ作リ $b = 321$ 糎, $c = 222$ 糎, $A = 55°13'$ トシテ此ノ二等分線ノ長サヲ糎ノ百分ノ一ノ位マデ計算セヨ

8. 三角形 ABC ニ於テ $a = 850.25$ 米, $b = 629.84$ 米, $c = 288.67$ 米ナルコトヲ知リテ其ノ三ツノ角ヲ計算セヨ

(第三日ノ分)（3時間）

9. 直交軸ニ関シ定点 (a,b) ヨリ定直線 $x\cos\alpha + y\sin\alpha = p$ ニ至ル垂線ノ長サヲ索メヨ

10. 二ツノ直線 $\dfrac{x-a}{1} = \dfrac{y-b}{m} = \dfrac{z-c}{n}$, $\dfrac{x-a'}{l'} = \dfrac{y-b'}{m'} = \dfrac{z-c'}{n'}$ ガ同一ノ平面上ニアル為メニハ a, b, c, a', b', c', l, m, n, l', m', n' ノ間ニ如何ナル関係アルコトヲ要スルカ

11. $|x(1-x)|$ ノ極大極小ヲ索メ 且方程式 $y = |x(1-x)|$ ニテ表ハサレタル曲線ヲ書ケ

12. $\dfrac{ax^2+2bx+c}{(x-p)^2(x-q)^2}$ ヲ部分分数ニ分解シ其ノ積分ガ有理函数ナル為メノ条件ヲ索メヨ

1922年 第37回 第3期
口頭試験及教授法問題
二次方程式 $ax^2+bx+c=0$ ニ於テ a, b, c ガ実数ナルトキ，二根ガ異符号ノ実数ナルガタメニ必要ニシテ且十分ナル条件ハ a, c ノ符号相異ルコトナリ．コレヲ証明セヨ．

1923年 第39回 第3期
口頭及教授法試験問題

1. 円周上ノ与ヘラレタル点ヨリ引ケル任意ノ弦ヲ与ヘラレタル比ニ内分スル点ノ軌跡ヲ求ム

2. $1+2+\cdots+n = \dfrac{n(n+1)}{2}$ ヲ数学的帰納法ニヨリテ証明セヨ

1924年 第40回 第3期
口述試験問題
不等式 $x^2+2px+q>0$ ヲ解キ，然ル後其ノ結果ヲぐらふヲ用ヒテ説明セヨ．

1924年 第41回 第3期
口述及教授法試験問題
・与ヘラレタル凸四角形 $ABCD$ ニ於テ頂点 A ヲ通過スル直線ヲ引キ其ノ面積ヲ三等分セヨ．
・有理数トハ何ゾヤ，無理数トハ何ゾヤ，連立方程式ノ根トハ何ゾヤ．

1925年 第42回 第3期
口述試験問題
・二ツノ方程式 $x^2+px+q=0$, $x^2+qx+p=0$ ガ唯一ツノ共通根ヲ有スルガタメニ必要ニシテ且十分ナル条件ヲ求ム
・空間ニ於ケル二直線間ノ距離ノ意義
・空間ニ於ケル二直線ノナス角ノ意義

1925年 第43回 第3期
口述試験問題
二次方程式 $x^2-2(k+1)x+5k-1=0$ ノ二根ガ共ニ正ナルガタメニ k ノ取ルベキ値ノ範囲ヲ

索メヨ.

1926年　第44回　第3期
口述試験
1. 二定点 A, B ヲ通ル直線上ニ点 P ヲトリ $AP^2 - BP^2 = k^2$ ナラシメヨ. 但 k ハ与ヘラレタル線分トス.

2. 同ジ直角軸ニ関シ $-\dfrac{\pi}{2} < x < \dfrac{\pi}{2}$ ナル範囲ニ於テ $y = \sin x$ 及 $y = \tan x$ ノぐらふヲ書ケ.

1926年　第45回　第3期
口述試験問題
1. $x^2 + x - a = 0$ ノ二根ガ共ニ -1 ト $+1$ トノ間ニアルタメノ条件ヲ求ム

2. $\lim\limits_{x \to \infty} a_n = L$ ノ意義ヲ説明セヨ

3. $a > 0$ ナルトキ a^x ノぐらふヲ書ケ

1927年　第47回　第3期
予備試験
(第一日ノ分)（3時間）
1. 二等辺三角形 ABC ノ底辺 BC 上ニ中心ヲ有シ二辺 AB, AC ニ切スル円ヲ書キ此ノ円ノ任意ノ切線ガ AB, AC ト交ハル点ヲ夫々 X, Y トスレバ $BX \cdot CY$ ハ一定ナルコトヲ証明セヨ.

2. 二定点 A, B ヲ通リ一定円 O ノ周ヲ二等分スル円ヲ書ケ.

3. 定点 P ヲ通ル直線ヲ引キ他ノ二定点 A, B ヨリ之ニ下セル垂線ノ積ノ最シテ与ヘラレタル大サニ等シカラシメヨ.

4. 四面体ノ三組ノ相対スル稜ガ夫々互ニ垂直ナルトキハ六ツノ稜ノ中点ハ同一ノ球面上ニアルコトヲ証明セヨ.

(第二日ノ分)（3時間）

5. 4粁ヲ隔ツル A, B 両地点ニ甲乙ノ二物体アリ. 甲ハ毎分120米ノ速サヲ以テ進行シ3分間進行シテハ5秒間ヅツ停止シ乙ハ毎分96米ノ速サヲ以テ停止スルコトナク進行ス. 甲ガ B ニ向ヒ A ヲ出発シテヨリ15分ノ後乙ハ A ニ向ツテ B ヲ出発スルトキ両物体ハ何レノ地点ニテ出合フカ. 又此ノ時マデニ乙ノ要セシ時間何程ナルカ.

6. $0 < a < 1$ ニシテ $\sqrt{1-a} < b < \sqrt{1-a^2}$ ナルトキ $\dfrac{a^2}{2} < 1 - b < a$ ナルコトヲ証明セヨ.

7. 10個ノ物アリ, 其ノ中 a ガ3個 b ガ2個 c ガ2個 d, e, f ガ各1個ヅツアルトキ此等ノ物ヨリ4個ヅツ取リタル組合セ及ビ順列ノ数各如何.

8. 方程式 $x^3 + px + q = 0$ ガ次ノ形ニ変形セラルルタメニ必要ニシテ十分ナル条件ヲ求ム.
$(x^2 + mx + n)^2 = x^4$

(第三日ノ分)（3時間）
9. $\cos x \cos 3x = m$ ヲ解キ且ツ之ヲ吟味セヨ.

10. 三角形ノ三辺ガ等差級数ヲナストキ其ノ最大辺ヲ a 最小辺ヲ c トシ又其ノ三角形ノ外接円及ビ内接円ノ半径ヲ夫々 R 及ビ r トスルトキハ $ac = 6Rr$ ナルコトヲ証明セヨ.

11. 円ニ外接スル正多角形ノ一辺ヲ第一位ノ無限小トスルトキ其ノ多角形ノ周ト円ノ周トノ差ハ第何位ノ無限小トナルカ.

12. 直交軸ニ関シ曲線 $x^{\frac{2}{3}} + y^{\frac{2}{3}} = 1$ ヲ書キ且ツ其ノ周ノ長サヲ計算セヨ.

本試験
(第一日ノ分)（3時間）
1. $x^4 + 5x^3 - 10x + 5$ ハ整数ヲ係数トスル因数ニ分解シ得ザルコトヲ証明セヨ.

2. $x(x-1)(x-2) \cdots (x-r+1)$ ヲ x_r ニ

テ表ハセバ
$$(x+y)_n = x_n + \frac{n}{1!}x_{n-1}y_1 + \frac{n(n-1)}{2!}x_{n-2}y_2 + \cdots + \frac{n(n-1)\cdots(n-r+1)}{r!}x_{n-r}y_r + \cdots + y_n$$
ナルコトヲ証明セヨ．

3. 円ニ内接スル四辺形$ABCD$ノ対角線ACヲ引キ，三角形ABC及ACDノ垂心ヲ夫々U，Vトスレバ線分UVハBDニ平行ニシテ且ツ之ニ等シキコトヲ証明セヨ．

4. 空間ニ於テ二ツノ線分AB，CDガ与ヘラレタルトキAB上ノ任意ノ一点PトCD上ノ任意ノ一点Qトヲ結ブ線分PQノ中点ノ軌跡ヲ索メヨ．

（第二日ノ分）（3時間）

5. a，b，cハ正数ニシテA，B，Cハ$180°$ヨリ小ナル正角ナルトキ$a\sin B = b\sin A$　$c = a\cos B + b\cos A$　$c^2 = a^2 + b^2 - 2ab\cos C$ナラバ$A + B + C = 180°$及ビ$b\sin C = c\sin B$ナルコトヲ証明セヨ．

6. 三角形ノ三辺ガ等差級数ヲナストキハ其ノ公差ハ$\sqrt{2r(R-2r)}$ニ等シキコトヲ証明セヨ．但シR及rハ夫々其ノ三角形ノ外接円及内接円ノ半径ヲ表ハスモノトス．

7. 与ヘラレタル直角三角形ABCノ斜辺BCヲn等分スル点ヲM_1，M_2，……M_{n-1}トシ$\sum_{i=1}^{i=n-1}\overline{AM_i}^2$ヲ$S$ト置クトキ$\lim_{n\to\infty}\dfrac{S}{n-1}$ヲ求ム．

8. 三角形ABCニ於テ$a = 1715.8$米，$b = 1264.3$米，$c = 963.7$米　ナルトキ，角A，B，Cヲ計算セヨ．

（第三日ノ分）（3時間）

9. 放物線ノ頂点ヨリ引ケル互ニ直交スル二直線ガ曲線ト交ル点ヲ夫々P及Qトスレバ弦PQハ軸上ノ一定点ヲ通ルコトヲ証明セヨ．

10. 函数$x(x-a)(x-b)$ガ区間$0 \leq x \leq 1$ニ於テ取ル最大値及ビ最小値ヲ索メヨ．但シ$0 < a < 1 < b$ナリトス．

11. 中心，軸ノ方向及面積ガ一定ナル楕円ノ包絡線ヲ求ム．

12. 直交軸ニ関シ$y^2 = \dfrac{x^2(x^2-a^2)}{x^2-4a^2}$ノ表ハス曲線ガ$x$軸ヲ軸トシテ回転スルトキ生ズル曲面ノ中，有限ナル方ヲ包ム立体ノ体積ヲ求ム．

口述試験問題

1. 一点Pヨリ相交ル二定直線XOX'，YOY'ニ平行ニ引ケル二直線ガYY'，XX'ニ交ル点ヲ夫々B，Aトス．$PA + PB$ガ一定ナルトキ点Pノ軌跡ヲ求ム．

2. aヲ実数トスルトキaノ立方根ハ幾ツアルカ，之ヲ示セ．又$\sqrt[3]{a}$ノ意義如何．但シ$a \neq 0$トス．

3. 初等幾何学ニ於テ任意ノ角ヲ三等分スルコトハ不能ナリトハ如何ナル意味ナルカ．

1928年　第49回　第3期
口述試験問題

1. 方程式　$\lambda x^2 + (2\lambda + 4)x + \lambda - 1 = 0$ノ根ノ符号ヲ判定セヨ．

2. $\cot 62°46'20''$ ノ対数ヲ求ム．（但シガうす五桁ノ対数表ヲ貸与ス）

3. 作図題解法ニ於ケル解析ノ意義ヲ説明セヨ．

1929年　第51回　第3期
口述試験問題

1. 1ナル長サノ線分ヲ与ヘテ$x^2 - 6x + 3 = 0$ノ二根ヲ長サトスル線分ヲ作図セヨ．

2. $y = f(x)$ガ或曲線ヲ表ハストイフコトノ

意義如何．
3．常用対数ノ底数ハ10ナリ．10ヲ底数トスルコトノ便利ナル理由如何．

1930年　第53回　第3期
予備試験
（第一日ノ分）（3時間）
1．或日柱時計ガ正午ヲ示ストキ懐中時計ハ0時1分2秒ヲ示シ其ノ翌日柱時計ガ正午ヲ示ストキ懐中時計ハ11時59分14秒ヲ示セリトイフ．柱時計ハ一日ニ1分ヅツ進ムモノトスレバ懐中時計ハ一日ニ何程遅ルルカ．但秒未満ヲ四捨五入セヨ．
2．三角形ABCノ辺AB上ニ定点Pアリ．他ノ二辺BC及CA上ニ夫々点Q及Rヲ取リ三角形PQRノ面積ヲ最大ナラシメヨ．
3．一直線及其ノ直線ノ同側ニ二点A, Bアリ．此ノ直線上ニ二点P, Qヲ索メ角PAQ及角PBQヲ共ニ与ヘラレタル同一ノ角ニ等シカラシメヨ．
4．定点ヲ通リ且定長ノ半径ヲ有スル球ヘ定平面ニ平行ナル切平面ヲ作ルトキ其ノ切点ノ軌跡如何．

（第二日ノ分）（3時間）
5．xニ関スル有理整式ヲx^2+px+q及$x-a$ニテ割リテ得ル剰余ヲ夫々$Px+Q$及Aトストキ此ノ式ヲ$(x^2+px+q)(x-a)$ニテ割リテ得ル剰余ヲ索メヨ．但シ$a^2+pa+q\neq 0$ナリトス．
6．二次方程式$x^2+(a+bi)x+(c+di)=0$ガ少クトモ一ツノ実根ヲ有スルタメノ必要且十分ナル条件如何．但a, b, c, dハ実数ニシテiハ$\sqrt{-1}$ヲ表ハス．
7．1, 2, 3, 4, 5, 6ナル六ツノ目ヲ有スル骰子ヲ十回投ゲ1ノ目ガ一回，2ノ目ガ二回，3ノ目ガ三回，4ノ目ガ四回出ヅル確率ヲ求ム．

8．次ノ方程式ヲ解ケ．$(m+1)\cos^2 x+4\sin x-(3m+1)=0$　但mハ実数トス．

（第三日ノ分）（3時間）
9．互ニ垂直ナル二直線ヲ主軸トスル二ツノ楕円アリ．一ツノ楕円ノ切線ガ他ノ楕円ト二点P, Qニ於テ交ハルトキP及Qニ於ケル切線ノ交点ノ軌跡ヲ求ム．
10．$\varphi(x)$ハ実変数xノ函数ニシテxノ総テノ値ニ対シテ$\varphi'(x)<k<1$ナル一正数kガ存在スルトキ方程式$x-\varphi(x)=0$ハ唯一ツノ実根ヲ有スルコトヲ証明セヨ．
11．直交軸ニ関シテ曲面$xyz=a^3$ノ切平面ト座標面トニヨリテ作ラルル四面体ノ体積ハ一定ナルコトヲ証明セヨ．
12．$\int_0^a dx \int_0^x \frac{f'(y)}{\sqrt{(a-x)(x-y)}}dy = \pi\{f(a)-f(0)\}$

ナルコトヲ証明セヨ．但$a>0$ナリトス．

本試験
（第一日ノ分）（3時間）
1．与ヘラレタル弓形ノ弧ABノ上ニ一点Pヲ取リ$PA+2PB$ヲ与ヘラレタル長サニ等シカラシメヨ．
2．三角形DEFハ三角形ABCノ内ニアリ且辺DE, EF, FDガ夫々AB, BC, CAニ同ジ向キニ平行ナルトキDEFニ外接シABCニ内接スル三角形ノ面積ハDEF, ABCノ面積ノ比例中項ナルコトヲ証明セヨ．
3．互ニ直交スル三ツノ線分アリ各線分ノ両端ヲ通ル三双ノ平行平面ニヨリテ囲マルル直六面体ノ中体積ノ最大ナルモノヲ求ム．
4．一辺ノ長サガ8糎ナル正三角形ノ内接円ノ周ノ長サヲ糎ノ小数第三位迄正シク計算セヨ．

但$\pi = 3.141592653589793\cdots\cdots$トス．

(第二日ノ分)(3時間)

5. $x_1, x_2, x_3, \ldots, x_n$ ガ何レモ正ナルトキ
$$\frac{x_1+x_2+x_3+\cdots+x_n}{n} \geq \sqrt[n]{x_1 x_2 x_3 \cdots x_n}$$
ナルコトヲ証明シ且両辺ノ相等シキハ $x_1 = x_2 = x_3 = \cdots = x_n$ ナル場合ニ限ルコトヲ証明セヨ.

6. 三角形ノ三辺ガ等差級数ヲナシ且最大角ガ最小角ヨリモ $90°$ ダケ大ナルトキ各辺ノ長サノ比ヲ求ム.

7. $S_n = \sin x + \sin 2x + \sin 3x + \cdots + \sin nx$ ナルトキ $S_1 + S_2 + S_3 + \cdots + S_n$ ヲ索メヨ.

8. 三角形 ABC ニ於テ $b = 1058.3$ 米, $c = 863.7$ 米, $A = 37°37'28''$ ナルコトヲ知リテ此ノ三角形ヲ解ケ.

(第三日ノ分)(3時間)

9. 直交軸ニ関シ点 (h, k) ヲ一ツノ焦点トシ直線 $Ax + By + C = 0$ ヲコレニ対応スル準線トシ且離心率 e ナル楕円ノ長軸及短軸ノ長サ求ム.

10. 直交軸ニ関シ二次曲面 $Ax^2 + By^2 + Cz^2 = 1$ ノ平行ナル弦ノ中点ノ軌跡ヲ求ム.

11. $f(x) = \dfrac{Lx+M}{x^2-2Bx+C}$ ナルトキ

$$\frac{x^2-2Bx+C}{(n+1)(n+2)} f^{(n+2)}(x) + \frac{2(x-B)}{n+1} f^{(n+1)}(x) + f^{(n)}(x) = 0$$ ナルコトヲ証明セヨ.

12. $\int_0^\infty \left\{\sqrt{x^2+1} - x\right\}^2 dx$ ヲ求ム

口述問題

1. 次ノ連立方程式ヲ解キ且之ヲ吟味セヨ.
$\lambda x + y = \lambda \quad 4x + \lambda y = 2\lambda$

2. 無限等比級数ノ和ノ意義如何.

3. 二面角ノ大サノ定義ヲ問フ.

1931年 第55回 第3期
口述問題

1. 鋭角 XOY 及ビ其ノ内部ノ一点 A ガ与ヘラレタルトキ辺 OX, OY 上ニ夫夫点 P, Q ヲトリ三角形 APQ ノ周ヲ最小ナラシメヨ.

2. 中等学校数学科ニ於ケルぐらふ教授ノ目的如何.

1932年 第57回 第3期
口述試験問題

1. 相交ハル二ツノ平面ヨリ等距離ニアル点ノ軌跡ヲ求ム.

2. 数学的帰納法ノ意義ヲ証明セヨ.

3. 中等学校ニ於ケル幾何ノ中幾何入門或ハ幾何的図形ト称スル部分ハ理論的幾何ノ部分ニ対シ如何ナル差異ヲ有スルカ.

1933年 第59回 第3期
口述問題

1. 不等式 $\sqrt{2x+a} > x$ ヲ解ケ. 但 $a > 0$ トス.

2. 次ノ言葉ノ意義ヲ説明セヨ. 公理, 無限大

3. 中等学校ニ於テ算術的教材ヲ課スル目的如何.

1934年 第61回 第3期
口述試験問題

1. 二等辺三角形 ABC ノ頂点 A ヲ通ル直線ヲ引キ底辺 BC ノ両端ヨリ之ニ下セル垂線ノ和ヲ最大ナラシメヨ.

2. 函数 $y = f(x)$ ノぐらふノ意義如何. 又之ヲ中等学校ニ於テ教授スル目的如何.

1935年 第63回 第3期
口述試験問題

1. 二次方程式 $ax^2 + bx + c = 0$ ニ於テ b, c ガ 0 ナラザル常数ニシテ a ガ限リナク 0 ニ近

ヅクトキ二根ノ極限ヲ求ム．
2．円周ノ長サノ意義ヲ説明セヨ．
3．中学校第一学年ノ幾何図形ニ於テ「三角形ノ内角ノ和ガ二直角ニ等シ」トイフコトヲ教フル場合ニハ如何ニ之ヲ取扱フカ．

1936年　第65回　第3期
口述試験問題
・一ツノ平面外ノ一点Pヨリ此ノ平面ニ下セル垂線ノ足ヲMトシ，Mヨリ此ノ平面上ノ一ツノ直線ABニ下セル垂線ノ足ヲCトスルトキ，直線PCハABニ垂直ナルコトヲ証明セヨ．
・此ノ定理ノ逆ハ如何．又此ノ定理ニ関スル実地教授上ノ注意事項如何．
・函数 $f(x)$ ガ連続ナリトイフコトノ意義ヲ説明セヨ．

1937年　第67回　第3期
予備試験
（第一日ノ分）（3時間）
1．任意ノ正整数ハ数列 $1, 3, 3^2, \cdots, 3^n,$ …ノ若干個ノ項ニ正又ハ負ノ符号ヲ付シタルモノノ和トシテ表ハシ得ルコトヲ証明セヨ．
2．定角XOYノ内部ニ定点Pアリ．辺OX，OY上ニ夫々点A，BヲトリOA＝OBナラシメ且∠APBヲ与ヘラレタル角ニ等シカラシメヨ．
3．A, B, C, Dヲ一直線上ノ四点トシOヲ此ノ直線外ノ任意ノ点トスルトキ
$\dfrac{\sin \angle AOC}{\sin \angle BOC} : \dfrac{\sin \angle AOD}{\sin \angle BOD}$ ナル比ノ値ハ一定ナルコトヲ証明セヨ．
4．四面体ニ於テ三組ノ対稜ノ和ガ相等シキトキハスベテノ稜ニ切スル球面ヲ作リ得ルコトヲ証明セヨ．

（第二日ノ分）（3時間）
5．$1! + 2 \cdot 2! + 3 \cdot 3! + \cdots + n \cdot n! = (n+1)! - 1$ ナルコトヲ証明シ且次ノ和ヲ索メヨ．$(1^2+1) \cdot 1! + (2^2+1) \cdot 2! + (3^2+1) \cdot 3! + \cdots + (n^2+1) \cdot n!$
6．三箇ノ骰子ヲ同時ニ投ゲルコトヲ四回繰返ストキ毎回其ノ目ノ和ガ6ヲ超エザル確率ヲ小数第六位マデ索メヨ．
7．長サ $2a$ ナル線分ABヲ直径トスル半円ニ於テABニ平行ニシテ且同方向ニ引ケル弦ヲDEトシ $\overline{AD}^2 + \overline{DE}^2 = k^2$ ナラシムルトキ弦DEノ長サヲ索メヨ但 k ハ与ヘラレタル長サヲ表ハスモノトス．
8．三角形ABCニ於テ外接円ノ直径ト内接円ノ直径トノ和ハ $a \cot A + b \cot B + c \cot C$ ニ等シキコトヲ証明セヨ．

（第三日ノ分）（3時間）
9．直交軸ニ関シ放物線 $y^2 = 4px$ 上ノ二定点ヲ $P(x_1, y_1)$, $Q(x_2, y_2)$ トス．点Rヲ弧PQ上ニ取リ三角形PQRノ面積ガ最大ナルトキノRノ位置ヲ決定シ且此ノ最大ノ面積ヲ索メヨ．
10．直交軸ニ関シ二直線
$\dfrac{x-a}{1} = \dfrac{y-b}{m} = \dfrac{z-c}{n}$, $\dfrac{x-a'}{1} = \dfrac{y-b'}{m} = \dfrac{z-c'}{n}$ ノ距離ト此ノ二直線ノ決定スル平面ノ方程式トヲ索メヨ．
11．$y = \left| \dfrac{3x^2 - 4}{(x-2)^2(x+1)} \right|$ ノ極大極小ヲ索メ且其ノぐらふヲ書ケ．
12．等質ナル半球体ノ重心ノ位置ヲ索メヨ．

本試験
（第一日ノ分）（3時間）

1. 5ニテ割レバ3残リ6ニテ割レバ5残リ7ニテ割レバ6残ル整数ヲ210ニテ割リタルトキノ残リ如何.

2. 二定点A, Bヲ通ル任意ノ円周上ニA, Bヨリノ距離ノ比ガ一定ナル点Pヲ取ルトキ, Pニ於ケル此ノ円ノ切線ハ一定点ヲ通ルコトヲ証明セヨ.

3. 線分ABヲ直径トスル円ノ此ノ直径ニテ分タルルーツノ半円周上ニ二点C, Dアリ. 他ノ半円周上ニー点Pヲ求メCP, DPトABトノ交点ヲ夫々M, Nトスルトキ$AM = BN$ナラシメヨ.

4. 立方体ヲ一ツノ平面ニテ截リ其ノ截口ヲ正六角形ナラシメヨ.

(第二日ノ分)（3時間）

5. 次ノ不等式ヲ解ケ.
$$\sqrt{x^2 - ax + 1} > 2x - \frac{a}{2} \quad \text{但 } a > 0 \text{トス.}$$

6. 係数ガ実数ナル代数方程式ガ一ツノ複素数ヲ根トスルトキハ, 其ノ共軛複素数モ亦此ノ方程式ノ根ナルコトヲ証明セヨ.

7. $x^2 \cos \beta \cos \gamma + x(\sin \beta + \sin \gamma) + 1 = 0$ $x^2 \cos \gamma \cos \alpha + x(\sin \gamma + \sin \alpha) + 1 = 0$ナルトキハ$x^2 \cos \alpha \cos \beta + x(\sin \alpha + \sin \beta) + 1 = 0$ナルコトヲ証明セヨ. 但シ$\cos \alpha \neq \cos \beta$トス.

8. 三角形ABCニテ $b = 528.46$米, $c = 742.83$米, $A = 102°17'26''$ ナルコトヲ知リテ此ノ三角形ヲ解ケ.

(第三日ノ分)（3時間）

9. 直交軸ニ関シ$ax^2 + 2hxy + by^2 + 2gx + 2fy + c = 0$ $Ax^2 + 2Hxy + By^2 + 2Gx + 2Fy + C = 0$ ガ共ニ双曲線ヲ表ハストキ, 此等ノ曲線ガ二ツノ漸近線ヲ共有スルタメノ条件ヲ求ム.

10. 函数$f(x)$ガ$x = a$ニ於テ連続ナル第二次導関数ヲ有スルトキ $f(a+h) = f(a) + hf'(a + h\theta)$トスレバ$\lim\limits_{h \to 0} \theta = \frac{1}{2}$ナルコトヲ証明セヨ. 但$f''(a) \neq 0$トス.

11. 次ノ分数式ヲxノ冪級数ニ展開シ且其ノ収斂範囲ヲ決定セヨ. $\dfrac{1}{2x^2 - 7x + 3}$

12. $\int_0^\pi xf(\sin x)dx = \dfrac{\pi}{2}\int_0^\pi f(\sin x)dx$ナルコトヲ証明シ且之ヲ用ヒテ次ノ積分ノ値ヲ計算セヨ.
$$\int_0^\pi \frac{x}{1 + \cos^2 x} dx$$

口述試験問題

1. 次ノ連立方程式ヲ解ケ.　$ax + by = 1$, $a^2x + b^2y = 1$

2. 254.80ト254.8トノ意義ノ差異ヲ説明セヨ.

3. 中等学校ニ於ケル数学教授ニ於テ, 相似ノ概念ヲ与ヘル方法如何.

1938年　第69回　第3期
予備試験
(第一日ノ分)（3時間）

1. 5円, 10円, 20円ノ紙幣合セテ50枚アリテ其ノ全額705円ナリ. 各紙幣ノ枚数ヲ求ム.

2. 三角形ABCノ外心ヲOトシA, Bヲ通リ辺ACニ接スル円トA, Cヲ通リ辺ABニ接スル円トガ直線AOト再ビ交ハル点ヲ夫々P, Qトスレバ点Oハ線分PQノ中点ナルコトヲ証明セヨ.

3. 二定円ノ各周上ニ一ツヅツノ定点アリ. 此等ヲ通リテ平行ナル弦ヲ引キ其ノ包ム矩形ヲ最大ナラシメヨ.

4. 一ツノ球面ノ直径ヲABトシBニ於ケル此ノ球面ノ切平面ヲPトスルトキ, AヨリP上ノ円ヲ此ノ球面上ニ射影スレバ亦円トナルコトヲ証明セヨ.

（第二日ノ分）（3時間）

5．12人ノ端艇選手アリ．左舷ノミヲ漕ギ得ルモノ5人右舷ノミヲ漕ギ得ルモノ4人ニシテ其ノ他ハ左右何レノ舷ヲモ漕ギ得ルト云フ．此等ノ選手ヨリ左舷手4人右舷手4人ノ乗組ヲ選ブ仕方ハ幾通リアルカ．

6．二ツノ方程式 $x^2+px+q=0$, $x^2+p'x+q'=0$ ガ少クトモ一ツノ根ヲ共有スルタメニ必要ニシテ且十分ナル条件ハ

$$\begin{vmatrix} 1 & p & q & 0 \\ 0 & 1 & p & q \\ 1 & p' & q' & 0 \\ 0 & 1 & p' & q' \end{vmatrix}=0$$

ナルコトヲ証明セヨ．

7．次ノ不等式ヲ解ケ．$\cos\theta+\cos 3\theta>\dfrac{1}{2}$

8．三角形 ABC ノ重心ヲ G トシ外接円ノ半径ヲ R トスルトキ

$$\overline{AG}^2+\overline{BG}^2+\overline{CG}^2=\dfrac{8}{3}R^2(1+\cos A\cos B\cos C)$$

ナルコトヲ証明セヨ．

（第三日ノ分）（3時間）

9．直交軸ニ関シ四ツノ直線 $ax+by+c=0$, $ax+by+c'=0$, $\alpha x+\beta y+\gamma=0$, $\alpha x+\beta y+\gamma'=0$ ニテ作ラルル平行四辺形ノ面積ヲ求ム．

10．平面曲線ノ曲率ノ定義ヲ述ベ直交軸ニ関シ曲線 $y=f(x)$ ノ上ノ一点ニ於ケル曲率ヲ表ハス公式ヲ索メヨ．

11．方程式 $x=\log_a x$ ガ実根ヲ有スルタメノ常数 a ノ範囲ヲ定メヨ．

12．$\displaystyle\int_0^{2\pi}|\sin x-\lambda\cos x|dx$ ヲ求ム．但 λ ハ常数ナリトス．

本試験

（第一日ノ分）（3時間）

1．平行座標ニ関シ二点 $(113,-97)$, $(-295,743)$ ヲ結ビ付ケル線分ノ上ニ両座標ガ共ニ整数ナル点ハ幾ツアルカ．

2．三角形 ABC ノ垂心ヲ H トシ直線 HA, HB, HC 上ニ夫々点 A', B', C' ヲ取リテ $HA\cdot HA'=HB\cdot HB'=HC\cdot HC'$ ナラシムルトキ H ハ三角形 $A'B'C'$ ノ内心又ハ傍心ナルコトヲ証明セヨ．

3．定点ヲ通リテ与ヘラレタル角ヲナス二ツノ半直線ヲ引キ定円ヨリ与ヘラレタル長サノ弧ヲ切リ取レ．

4．空間ニ於テ定点 O ト二定線分 AB, CD トガアル．P, Q ヲ夫々 AB, CD 上ノ任意ノ点トスルトキ OP, OQ ヲ二辺トスル平行四辺形ノ第四ノ頂点 R ハ如何ナル範囲ニアルカ．

（第二日ノ分）（3時間）

5．x ノ実数値ニ対シテ既約分数式 $\dfrac{ax^2+bx+c}{x-p}$ ガ取リ得ル値ノ範囲ヲ索メヨ．但シ a, b, c, p ハ実数ニシテ $a\neq 0$ トス．

6．複素数平面上ニ於テ方程式 $x^3+px+q=0$ ノ三ツノ根ヲ表ハス点ガ正三角形ノ頂点ナルタメノ必要ニシテ且十分ナル条件ヲ索メヨ．

7．次ノ方程式ヲ解ケ $\sin x+\cos x+\tan x=\cot x$

8．三角形 ABC ニ於テ $a=3105.3$ 米，$b=5637.9$ 米，$c=4281.6$ 米ナルトキ角 A, B, C ヲ計算セヨ．

（第三日ノ分）（3時間）

9．定平面上ノ定点ニ於テ之ニ切スル任意ノ球面ト他ノ定球面トノ交リヲ含ム平面ハ一定直線ヲ共有スルコトヲ証明セヨ．

10．直交スル二定直線上ニ主軸ヲ有シ且長径ト短径トノ長サノ和ガ一定ナル楕円ノ包絡

線ヲ索メ且其ノ概形ヲ書ケ.

11. $\lim_{n\to\infty} a_n = \alpha$, $\lim_{n\to\infty} b_n = \beta$ ナルトキ

$\lim_{n\to\infty} \dfrac{a_1 b_n + a_2 b_{n-1} + \cdots + a_n b_1}{n} = \alpha\beta$ ナルコトヲ証明セヨ.

12. $\displaystyle\int_0^a \dfrac{x dx}{x + \sqrt{a^2 - x^2}}$ ヲ計算セヨ. 但シ$a > 0$トスル.

口述試験問題
1. 与ヘラレタル円O外ノ定点Pヲ通リ, コノ円ノ割線PABヲ引キ, ソノ二ツノ分PA, PBノ和ヲ与ヘラレタル線分lニ等シカラシメヨ.
2. 極大ト最大トノ意義ノ差異ヲ説明セヨ.
3. 中等学校ノ数学教育ニ於テ函数観念ノ養成ニ留意スルトハ如何ナルコトカ.

1940〜41年　第73回　第3期
口頭試問
1. 次ノ函数ノグラフヲ書ケ.
$y = |ax^2 + bx + c|$
但シa, b, cハ実数トス.
2. 曲線上ノ一点ニ於ケル曲率ノ意義ヲ説明セヨ.
3. 空間ニ関スル直観力養成ノタメ幾何教授上注意スベキ点如何.

1941年　第75回　第3期
予備試験
(第一日ノ分)(3時間)
1. yハxニ関スル三次式ニシテ$x = 10$, 12, 14, 16ナルトキyノ値ハ夫々0.35, 2.67, -0.07, -8.38ナリト云フ. $x = 13$ナルトキノyノ値ヲ求メヨ.
2. 与ヘラレタル点ヲ通リテ円ヲ書キ与ヘラ

レタル他ノ点ト直線トガ此ノ円ニ関スル極ト極線トニナルヤウニセヨ.

3. n次ノ行列式,

$\begin{vmatrix} \cos\theta & 1 & 0 & 0 & \cdots & 0 & 0 & 0 \\ 1 & 2\cos\theta & 1 & 0 & \cdots & 0 & 0 & 0 \\ 0 & 1 & 2\cos\theta & 1 & \cdots & 0 & 0 & 0 \\ \cdots \\ 0 & 0 & 0 & 0 & \cdots & 1 & 2\cos\theta & 1 \\ 0 & 0 & 0 & 0 & \cdots & 0 & 1 & 2\cos\theta \end{vmatrix}$

ハ$\cos n\theta$ニ等シキコトヲ証明セヨ.

4. $f(x)$, $f'(x)$, $f''(x)$ハ連続ニシテ且$f''(x) > 0$ナルトキハ $\dfrac{f(x_1) + f(x_2)}{2} > f\left(\dfrac{x_1 + x_2}{2}\right)$ ナル関係アルコトヲ証明セヨ. 但$x_1 \neq x_2$トス.

(第二日ノ分)(3時間)
5. 分数ガ純循環小数ニ等シキタメノ必要ニシテ且充分ナル条件ヲ求メヨ.
6. 三角形ABCノ三ツノ角ノ二等分線ガ対辺ト交ハル点ヲD, E, Fトスレバ三角形DEFノ面積ハ三角形ABCノ面積ノ四分ノ一ヨリ大ナラザルコトヲ証明セヨ.
7. λノ値ガ$-\infty$ヨリ$+\infty$マデ変ルトキxニ関スル函数, $(1+\lambda)x^2 + (-3+2\lambda)x + (2-3\lambda)$ ノぐらふハ如何ニ変化スルカ.
8. 一ツノ直線ガ立方体ノ四ツノ対角線トナス角ヲα, β, γ, δトスレバ$\cos 2\alpha + \cos 2\beta + \cos 2\gamma + \cos 2\delta = \dfrac{4}{3}$ ナルコトヲ証明セヨ.

(第三日ノ分)(3時間)
9. 三角形ニ於テ$60°$ヨリ大ナル角ニ対スル辺ハ他ノ二辺ノ等差中項トナルコトナシ. 之ヲ証明セヨ.
10. 楕円ノ互ニ垂直ナル切線ノ切点ヲ結ブ直線ハ此ノ楕円ト焦点ヲ共有スル一定ノ楕円ニ切スルコトヲ証明セヨ.

11. 次ノ定積分ヲ計算セヨ．
$$\int_0^{\frac{\pi}{2}} \cos^n x \cos nx\, dx$$
但 n ハ正ノ整数トス．

12. 平面上ニ二ツノ等長ナル線分ガ平行ナラザルトキハ一点ヲ中心トスル回転ニヨリ一方ヲ他方ニ重ナラシムルコトヲ得．又球面上ニ二ツノ等長ナル大円ノ弧ハ一ツノ直径ヲ軸トスル回転ニヨリ一方ヲ他方ニ重ナラシムルコトヲ得．之ヲ証明セヨ．

本試験
(第一日ノ分)（3時間）
1. 同一平面上ニ二円アリ．定方向ノ直線ヲ引キ此ノ二円ニヨリ截リ取ラルル弦ノ長サノ和ヲ定長ナラシメヨ．

2. 円卓ニ着席セル n 人中ヨリ任意ニ3人ヲ選ブトキ，其ノ何レノ2人モ相隣ラザル確率ヲ求メヨ．

3. 点 P ハ与ヘラレタル放物線上ヲ運動シ其ノ速サハ焦点ヨリ点 P ニ於ケル切線ニ下シタル垂線ノ長サニ比例スルモノトス．コノトキ P ト主軸トノ距離ガ時間ニ対シテ変ル割合ハ一定ナルコトヲ証明セヨ．

4. 或二数 a, b ノ小数第二位未満ヲ四捨五入シタル近似値ハ夫々 3.14, 1.41 ナリトイフ．此ノ近似値ヲ用ヒテ商 $\dfrac{a}{b}$ ヲ計算スルトキニ冒ス誤差ノ限界ヲ求メヨ．

(第二日ノ分)（3時間）
5. 二ツノ整式 $x^m + x^{m-1} + \cdots + x + 1$, $x^n + x^{n-1} + \cdots + x + 1$ ガ公約数ヲ有スルトキハ二数 $m+1$, $n+1$ モ亦公約数ヲ有スルコトヲ証明セヨ．

6. 与ヘラレタル球面外ノ与ヘラレタル点ヲ通リ平面ヲ作リ此ノ球面トノ交ハリナル円ノ面積ヲ一定ナラシムルトキ，此ノ円ノ中心ノ軌跡ヲ求メヨ．

7. 三角形 ABC ニ於テ $a = 437.15$ 米 $b = 508.63$ 米 $c = 691.24$ 米 ナルトキ角 A, B, C 及ビ此ノ三角形ノ面積ヲ計算セヨ．

8. 三角形 ABC ガ定円ニ内接シツツ微小ナル変化ヲナストキ等式
$$\frac{da}{\cos A} + \frac{db}{\cos B} + \frac{dc}{\cos C} = 0$$
ノ成立スルコトヲ証明セヨ．

(第三日ノ分)（3時間）
9. $\sin x + \sin y = 1$, $\cos x \cos y = \dfrac{3}{4}$ ナルトキ $\sin \dfrac{x+y}{2}$ ノ値ヲ求メ且此ノ連立方程式ヲ解ケ．

10. 同一平面上ニアル二ツノ三角形 ABC, $A'B'C'$ ノ対応スル頂点ヲ結ビ付クル三直線 AA', BB', CC' ガ一点ニ会スルトキハ，三組ノ対応辺ノ交点ハ同一直線上ニアルコトヲ証明セヨ．

11. 数列 $a_1, a_2, \ldots, a_n, \ldots$ ガ l ニ収斂スルトキ $b_n = \dfrac{a_1 + a_2 + \cdots + a_n}{n}$ $(n = 1, 2, 3, \ldots)$ ト置ケバ数列 $b_1, b_2, \ldots, b_n, \ldots$ モ亦 l ニ収斂スルコトヲ証明セヨ．

12. 極座標ニ関シ曲線 $r = k\theta$（但 $k > 0$, $\theta > 0$）ガ極 O ヲ通リ原線ト角 α ヲナス半直線ト初メテ交ハル点ヲ A, 次ニ交ハル点ヲ B トス．O ヲ中心トシ A ヲ通ル円ト B ヲ通ル円トノ間ノ部分ガ此ノ曲線ト線分 AB トニヨッテ分タルル二ツノ部分ノ面積ノ比ヲ求メヨ．

口述試験問題
1. 二次方程式 $x^2 - ax - bc = 0$ ノ根ヲ幾何学的ニ作図セヨ．但シ a, b, c ハ三ツノ与ヘラレタル線分ノ長サヲ表ハスモノトス．

2．計算尺ヲ示シ其ノ目ノ盛リ方ヲ問フ．
3．中等学校ノ数学教授ニ於テ負数ヲ導入スル方案如何．

歴 史

【出典一覧】
a．島村東洋編『文部省教員検定試験問題集』1906年（明治39）・修学堂書店
b．北川三友・若山操編『中学校師範学校高等女学校教員受験撮要』
　　1909年（明治42）・修学堂書店
c．国民教育会編『自一回至最近文検問題集全集』1921年（大正10）・国民教育会
d．日下部三之助『尋常師範学校尋常中学校高等女学校教員学力試験問題』
　　1888年（明治21）初版・1892年（明治25）増訂4版・八尾書店
e．小沢寛編『師範学校中学校高等女学校教員検定試験問題答解』1901年（明治34）
f．吉留丑之助『最近九年間文部省教員検定官立諸学校入学試験歴史科問題集』
　　1909年（明治42）・宝文館
g．内外教育評論社編纂『最近八箇年全学科目文検問題集』1917年（大正6）・信友堂
h．宮内彌助『文検歴史科受験法』1933年（昭和8）・大同館書店
i．国民教育会編輯部編纂『自大正元年至最近文検中等教員各科問題集』1926年（大正15）・
　　国民教育会
j．小林博『文検歴史科受験法と問題要解』1928年（昭和3）・大同館書店
k．山川徳信『文検西洋史研究者の為に』1927年（昭和元）・大同館書店
l．『文部時報』（文部省）
m．『歴史教育』（歴史教育研究会編・四海書房）→1941年4月から『歴史』と改題

【引用の詳細】
a．：第1回→第19回予備試験
b．：第1回→第9回
c．：第1回→第19回予備試験，第20回予備試験，第21回予備試験→第27回本試験
d．：第3回→第5回
e．：第12回本試験
f．：第14回予備試験→第22回予備試験
g．：第24回本試験
h．：第26回予備試験→第57回本試験
i．：第28回予備試験→第43回本試験
j．：第40回予備試験→第45回本試験
k．：（いずれの回も「万国史」，「西洋史」に該当する問題のみ記載）
　　第1回→第45回本試験（第12回本試験，第13回予備試験，第19回本試験，第21回予備試験，
　　第24回本試験については欠）
l．：第42回予備試験（第187号・1925.7.11），第45回予備試験（第226号・1926.11.21）
　　第47回予備試験（第259号・1927.11.21），第47回本試験（第268号・1928.3.1）
　　第49回予備試験（第296号・1928.12.11），第51回本試験（第335号・1930.2.1）
　　第53回本試験（第372号・1931.2.21），第55回予備試験（第400号・1931.12.1）

第55回本試験（第404号・1932.2.1），第57回予備試験（第431号・1932.11.1）
第57回本試験（第437号・1933.1.11），第59回予備試験（第463号・1933.11.1）
第59回本試験（第469号・1934.1.11），第61回本試験（第508号・1935.3.11）
第63回予備試験（第541号・1936.2.21），第63回本試験（第542号・1936.3.1）
第65回予備試験（第573号・1937.1.21），第65回本試験（第573号・1937.1.21）
第67回予備試験（第601号・1937.11.1），第67回本試験（第610号・1938.2.11）
第69回予備試験（第647号・1939.3.1），第69回本試験（第649号・1939.3.21）
第71回本試験（第684号・1940.3.21），第73回本試験（第735号・1941.9.1）
第75回予備試験（第740号・1941.10.21），第75回本試験（第769号・1942.8.21）

m．：第49回本試験（第3巻第10号・1929.2.1），第51回予備試験（第4巻第10号・1930.1.1／第4巻第11号・1930.2.1／第5巻第4号・1930.7.1），第51回本試験（第5巻第5号・1930.8.1／第5巻第6号・1930.9.1／第6巻第6号・1931.9.1），第53回予備試験（第6巻第3号・1931.6.1），第53回本試験（第6巻第4号・1931.7.1），第55回本試験（第6巻第9号・1932.1.1），第57回本試験（第7巻第11号・1933.1.1），第61回予備試験（第9巻第9号・1934.12.1／第9巻第10号・1935.1.1／第9巻第11号・1935.2.1／第9巻第12号・1935.3.1），第67回予備試験（第12巻第9号・1937.12.1），第67回本試験（第12巻第12号・1938.3.1），第71回予備試験（第14巻第8号・1939.11.1），第71回本試験（第14巻第12号・1940.3.1），第77回予備試験（第17巻第11号・1942.11.1），第77回本試験（第18巻第6号・1943.6.1）

【資料編「歴史」試験問題についての凡例】
(1) 旧字は，可能な限り当用漢字に改めた。
(2) 仮名遣いについては，同一回の試験問題についても，出典により，ひらがなの場合も，カタカナの場合もあるが，基本的に発行年の古い文献の記載方法を採用し，その文献の仮名遣いをそのまま採用した。
(3) 誤字などと思われる箇所には，筆者が［ママ・訂正後の字］を付した。また，文献により表記が異なり，その正誤の判断が困難な場合には，例えば［宮内：(上記宮内『文検歴史科受験法』での）表記］という形で，筆者が補足を行った。
(4) 筆記試験以外の，教授法や口述試験の設問については，上記出典文献に記載された限りすべて載せた。ただし，記載がなくても実施されなかったのではない。本資料編では，第10回本試験から暫くの間，教授法の設問を欠いているが，『官報』の記事からは，第10回以降の本試験においても「教授法」が，第26回本試験以降は，「口述，教授法」が課せられていたことがわかる。

【その他の注記】
現時点において，第13回予備試験，第73回予備試験，第78回予備試験，第78回本試験の問題については，筆者は未見である。

1885年　第1回
日本，支那
第一　古来本邦政治上ノ形勢大凡幾タヒ変遷セシヤ又其変遷ノ概略如何

第二　支那周秦漢唐宋ノ封建ノ廃置沿革如何

第三　本邦中古貞観以降ノ地方形況ト唐末地方ノ形況トヲ比較スベシ

第四　鎌倉氏，室町氏，江戸氏ノ政略ノ異同得失ヲ論シ且大江広元，細川頼之，僧天海ヲ評スベシ

第五　左ノ事項ヲ簡単ニ説明スベシ
　五覇，合従連衡，五胡ノ乱，蒙古入寇（以上支那）
　保平ノ乱，承久ノ乱，南北朝，山崎ノ戦（以上本邦）

第六　張良，武光，緩漢，魏徴，世宗周，趙普，劉基，方孝儒，曹国藩ノ事業ヲ概記スベシ

万国史
第一　古代文明ト近世文明トノ異同如何

第二　羅馬帝国滅亡後ヨリ第十世紀ニ至ルマデ欧州一般ノ形況如何

第三　十字軍ノ結論ヲ論ジ并セテ第十五世紀ノ智力上ノ進歩諸発明諸発見ヲ記スベシ

第四　（イ）教法改革ノ源因如何
　　　（ロ）三十年ノ戦ノ顛末ヲ記スベシ

第五　英国ト仏国トノ国勢ノ沿革（主トシテ王室，貴族，人民ノ関係ニ就テヲ比較スベシ）

第六　シーザー，アリストートル，井シエリウ，デカー，フレデリツキ第二，クロムウエル，ペートル第一，チヤールス第十二（瑞典王），ウエリングトン，ナポレオン第三ノ事業ヲ概記スベシ

授業法
歴史ヲ教授スル最良ノ方法且特ニ本邦歴史ヲ教授スルニ尤モ注意スベキノ要点如何例ヲ挙テ之ヲ説明スベシ

1886年　第2回
日本支那歴史科
第一　孝徳帝ノ時古制度ヲ改革シタル源因及ヒ其制度ノ概略如何

第二　王朝時代ト鎌倉時代以後トニ於テ中央政府ト地方政府トノ関係ニ実際如何ナル異同アリヤ併セテ封建制度ノ由来ヲ説明スベシ

第三　天慶ノ乱承久ノ乱応仁ノ乱及関ヶ原ノ戦嘅概略並ニ各其結果如何

第四　春秋戦国時代ニ於テ文学技芸ノ発達シタル景況并其原因如何

第五　古来支那ト北虜トノ関係ヲ略叙スベシ

第六　唐宋二代ノ政略ノ異同得失如何

万国史
第一　上古ノ三大人種ノ事ヲ記スヘシ

第二　希臘ノ文明ハ羅馬ニ如何ナル影響ヲ及ホシタルヤ

第三　欧洲封建制度ノ由来及ヒ其当地ノ社会ニ及ホシタル利害如何

第四　宗教改革ハ政治宗教文学技芸上ニ如何ナル影響ヲ及ボシタルヤ

第五
（イ）ガスタヴス　アドルフハス　マザリン　クロムウエル　ペートル事業ノ略叙スベシ

（ロ）西班牙継続ノ戦及ヒ七年ノ戦ノ顛末ヲ略叙スベシ

第六　第十九世紀ノ上半ニ於テ欧洲諸国（日耳曼普魯士墺地利伊太利）ニ起リタル政治上の変動如何

授業法課

歴史ヲ教授スルニ於テ如何ナル事ヲ以テ主眼ト為スヤ又之ヲ教授スルノ方法如何

1887年 第3回
日本支那歴史
一 秦以前ノ支那人ノ性質ハ秦以後ノ支那人ト大ニ異ル者アルカ若シ有リトセハ何等ノ源因アリテ然ルカ

二 唐時代ニハ学芸等諸般ノ事隆盛ヲ極メタリト云フ其由来如何

三 宋元明各国滅亡ノ顛末ヲ記セ

四 仏教ノ我国ニ及シタル影響ヲ陳ヘヨ

五 我邦上古ノ骨政治ハ孝徳ノ朝ニ廃セラレ頼朝ノ時ニ更ニ封建ノ姿トナリタリト云フ其顛末ヲ記セ

六 醍醐後三条ノ二帝大江広元細川頼之板倉勝重等ノ事跡ヲ挙ケ徳川氏天下平定ノ顛末ヲ記セ

仝 (本項ト前項ノ題ヲ参酌シテ問フタリ故ニ重複ノ題アリ)[日下部]

一 仏法ハ何レノ時本邦ニ伝来シ何レノ時ニ最盛ニシテ如何ナル影響ヲ及シタルヤ

二 (イ)本邦上古ノカバ子ノ制ヲ説明シ又其何レノ時如何ナル源因ニ依テ廃セシカヲ論スヘシ

   (ロ)荘園トハ何ソヤ又其由来如何

三 室町氏ノ末ニ起リタル六雄并ニ各其起リタル事情ヲ略記スヘシ

四 秦以前ノ支那人ト其以後ノ支那人トニ異同アリヤ否ヤ若シ之アラハ其源因ヲ記セ

五 (イ)両漢ノ滅亡シタル顛末ヲ記シ各其始祖ノ政略ノ異同得失ニ論スヘシ

   (ロ)唐代学芸ノ発達及其由来如何

六 (イ)唐[ママ・?]世宗ト織田信長トヲ比較スヘシ

   (ロ)左ノ事蹟ヲ略記スヘシ
   ・宋ト蒙古トノ関係 ・靖難ノ変
   ・長髪賊ノ乱

万国歴史
一 波斯ノ戦ハ希臘ニ如何ナル影響ヲ与ヘタルヤ又「ピリクリーズ」時代雅典ノ形況如何

二 羅馬季世ノ形況ヲ記シ併セテ其滅亡ノ源因ヲ論スベシ

三 (イ)「サラセンス」人欧州侵入ノ顛末ヲ略記スベシ

   (ロ)印刷，火薬，羅針盤ノ発明ハ何レノ時ニアリテ欧州ノ開明ニ如何ナル影響ヲ及ボシタルヤ

四 第十一世紀第十二世紀ノ欧州分裂ノ形況ヲ以テ第十七世紀第十八世紀ノ統一ノ形況ニ比較シ英吉利仏蘭西日耳曼西班牙ノ事蹟ヲ挙テ其異同ヲ説明スベシ

五 左ノ事蹟ヲ略記スベシ
   (イ)ロシヤノ勃興 (ロ)プロシヤノ勃興及日耳曼帝国ノ連合
   (ハ)伊太利ノ統一

六 左ノ人々ニ就テ著名ノ事蹟及其年代ヲ記スベシ。
   ・ソーロン ・ヂャスチンヤン
   ・アチラ   ・シヤーレマン
   ・ガスタヴハス，アドルフハス
   ・ウ井ルヤム，オフ，オレンヂ
   ・フランクリン   ・マリヤ，テレサ
   ・アブラハム，リコルン

同授業法問題
従来ノ日本支那歴史ノ体裁ト西洋歴史トノ優劣ヲ比較シ其劣者ヲ教授スルニ方リ能ク其欠点ヲ補ヒ得ヘキ方法(若シ之アラバ)ヲ詳論スベシ

1888年　第4回
日本支那歴史
一　（イ）臣，連，伴造，国造，子代ノ民，部曲トハ何ゾヤ
　　（ロ）三韓及ビ支那ノ開化ハ各々本邦ニ如何ナル影響ヲ及ボシタルヤ
二　（イ）武人ノ由来如何
　　（ロ）足利氏ノ亡ビタル源因ト唐室ノ亡ビタル源因トヲ比較スヘシ
三　鎌倉以後ノ政治家，武将，漢学者及ビ和学者ノ最モ傑出シタル者各々三人ヲ挙ゲ其事業ヲ記スベシ
四　（イ）支那開化ノ止テ進マザリシ源因如何
　　（ロ）支那ニ於テ紙，墨及ビ印刷術ノ発明ハ各々何レノ時ニアリシヤ
五　（イ）周秦漢地方制ノ利弊ヲ略論スヘシ
　　（ロ）東漢末ノ形況ト明末ノ形況ヲト比較スヘシ
六　（イ）澶淵ノ役，元祐ノ党，莫須有ノ獄トハ何ゾヤ
　　（ロ）謝安，憑道，元太祖及ビ世祖ノ事ヲ記スヘシ

万国歴史
一　宗教改革ノ起原及ヒ其沿革ヲ記セヨ
二　雅典制度ノ沿革ヲ略述スヘシ
三　羅馬オーガスタス時代度文物ノ摂略如何
四　北米合衆国南北戦争ノ顚末ヲ問フ
五　左ノ人物ハ何時代何国ニテ如何ナル大功業ヲナセシヤ
　一　ウィクトルエマニエル
　二　ジョン，ソビユスキ
　三　ピートル大王
　四　グラッカスニ氏
　五　フレデリック大王

六　左ノ事件ノ要略ヲ述ブベシ
　一　英国千六百八十八年ノ革命
　二　ヴイエナ府大会議
　三　仏国千七百八十九年ノ国会

1891年　第5回
日本歴史
第一　物部蘇我両氏ノ争ヲ諸種ノ点ヨリ観察シテ其真相ナリト思ハルヽモノヲ述ブヘシ
第二　後三條天皇王権回復ノ志ヲ遂ゲラレザリシ［ママ］所以ヲ論セヨ
第三　徳川氏ガ皇室ニ対シテノ政略ト諸族ヲ駕馭セシ方策ヲ述ブベシ
第四　左ノ事柄ヲ簡単ニ説明セヨ
　（イ）上古史中ノ骨名及品部
　（ロ）租庸調
　（ハ）守護地頭
　（ニ）足利時代ノ徳政
　（ホ）南都比嶺ノ僧兵ノ嗷訴
第五
（甲）左ノ事柄ノ年代ヲ明記スベシ
　（イ）仏法ノ始メテ渡来セシ時
　（ロ）源頼朝ガ初メテ覇府ヲ開キシトキ
　（ハ）平安奠都
　（ニ）関ヶ原ノ戦
　（ホ）王政復古
（乙）左ノ人々ノ事蹟ヲ簡単ニ記スベシ
　（イ）阿部比良夫　（ロ）僧空海
　（ハ）狩野元信　　（ニ）賀茂真淵
　（ホ）物徂徠

支那歴史
第一　周以後支那文化ノ進歩セザリシ源因如何
第二
（甲）左ノ事柄ヲ説明スベシ
　（イ）結縄ノ政　（ロ）蝌蚪ノ文

424　資料編

　　（ハ）五服（旬服候服綏服要服荒服）
　　（ニ）巡狩　　（ホ）封禅
　（乙）後三代三国五胡南北朝五代トハ各々
　　何レノ代ヲ総称スルヤ
第三
　（甲）左ノ人々ノ事業ヲ簡単ニ記スベシ
　　（イ）周勃　　（ロ）晁錯　　（ハ）周瑜
　　（ニ）陶侃　　（ホ）劉淵
　（乙）左ノ事柄ヲ簡明ニ記スベシ
　　（イ）黄巾ノ賊　　（ロ）宸濠ノ乱
　　（ニ）阿片ノ戦
第四　唐代滅亡ノ源因ヲ論ス
第五　宋代儒学進歩ノ状況如何

万国歴史
第一　フイニシヤ人ノ重ナル殖民地ヲ問フ
第二　歴山大王ノ版図ヲ問フ
第三　左ノ人々ノ重大ナル事業ヲ簡単ニ記
　　　セ
　　（イ）コンスタンチン
　　（ロ）カルビン
　　（ハ）ウヲレンスタイン
　　（ニ）チルゴー
　　（ホ）ビクトル，エマニウエル第二世
第四　西羅馬帝国ノ季世諸人種移転ノ状況
　　　ヲ簡単ニ記スベシ
第五　十字軍ノ結果ヲ記セ
第六　第十五世紀ノ航海上発見ノ大略
第七　学術再興ノ状況ヲ簡単ニ記セ
第八　ヂエス井ト教会ノ組織及其宗派伝播
　　　ノ区域如何
第九　左ノ事柄ヲ説明スベシ
　　（イ）オリンピヤ遊技　（ロ）三人政治
　　（ハ）ヘジラ紀元　　（ニ）購罪制
　　（ホ）国力平均
第十　左ノ事柄ノ年代ヲ明記スベシ
　　（イ）サラミスノ戦争
　　（ロ）ザマノ戦争

　　（ハ）バーダン條約
　　（ニ）西羅馬帝国ノ滅亡
　　（ホ）英国大憲章
　　（ヘ）アーマダ艦体ノ賊
　　（ト）三十年戦争
　　（チ）仏蘭西大革命ノ初
　　（リ）ポーランドノ滅亡
　　（ヌ）ワートルローノ戦

授業法課
一　実物教授ノ主義ハ如何ナル方法ニヨリ
　　如何ナル程度マデ歴史科授業ノ上ニ実行
　　セラレ得ルカ
二　歴史ヲ教授スルニ当リ之ヲ以テ徳育ノ
　　一助トセント欲セバ教師ノ尤モ注意スベ
　　キ点ハ如何

1893年　第6回
一　「アレキサンドル」大王廻シテ［山上：
　　死亡して］中央亜細亜ニ如何ナル変動ヲ
　　生シタルヤ
二　露西亜ノ其地ヲ南ニ拓カントスルハ何
　　時頃ヨリ始マリ如何ナル国是ニ基ケルモ
　　ノナリシヤ
三　独逸ト神聖羅馬帝国トノ関係ヲ述べ特
　　ニ該関係ノ独逸歴史ニ及ホセル影響ヲ論
　　セヨ
四　英吉利ト北米ナル殖民地十三州トノ争
　　端ハ経済上如何ナル意味アルヤ
五　「ポーランド」ノ第一分割ヲ起シタル
　　事情ハ如何
六　左ノ称号ヲ説明スベシ
　　エフォロス　　Ephors
　　マヨル，ドームス　Maior domus
　　ゴールデン，ブル　Golden bull
　　クー，デタ―　Coup deter[Coup d,État]

日本，支那

一　歴代皇親待遇ノ沿革（任官食封賜姓侃薙髪及世襲親王等）ヲ述ベヨ
二　平安時代ヨリ鎌倉時代ニ亘リテ新ニ起リシ仏教ノ宗名ヲ挙ゲ各其盛衰ヲ述ベヨ
三　歴代地方制度ノ沿革ヲ述ベヨ
四　左ノ事項ヲ簡単ニ説明セヨ
　　イ　位階ニ由テ受ル所ノ利益
　　ロ　詔勅綸旨院宣庁宣ノ別
　　ハ　大犯三條
　　ニ　段銭棟別銭土銭［ママ・土倉］役
　　ホ　御朱印船
五　左ノ人々ハ何レノ時代ニ於テ如何ナル事実ヲ成シ，哉
　　イ　武甕槌命　　ロ　藤原保則
　　ハ　藤原隆家　　ニ　上杉憲実
　　ホ　河村瑞軒
六　漢土ハ絶大ノ版図ヲ有シナカラ歴代北狄ニ窘メラレ遂ニ覆滅ノ禍ヲ受ク其縁由如何
七　左ノ事項ヲ簡単ニ説明セヨ
　　イ　歴史（夏ヨリ清マデ）天子ノ姓
　　ロ　春秋五大戦
　　ハ　両漢三国晋南朝隋唐宋元明清建都ノ地
　　ニ　漢代郡国ノ別
　　ホ　後漢党鋼ノ禍
　　ヘ　唐ノ兵制三変
　　ト　宋時青苗法
　　チ　一世一元制定ノ時代
　　リ　明代土木ノ変
　　ヌ　科挙ノ法
八　左ノ人々ノ事跡ヲ略記セヨ
　　イ　商鞅　　ロ　班超　　ハ　耶律楚材
　　ニ　劉基　　ホ　乾隆帝

授業法
一　中学校師範学校ニ於テ歴史ヲ授クルニハ如何ナル方針ニ拠ルベキヤ
二　授業上古跡ヲ利用スル方法ハ如何

1894年　第7回
国史及支那史
一　延喜以前ニ愛国ノ事蹟ヲ以テ褒賞ヲ受ケタルモノアリ（詔書ニ愛国ノ文字アリ）其ノ人名ヲ問フ
二　鎌倉幕府ノ組織ヲ述ベヨ
三　左ノ事項ヲ説明セヨ
　　甲　大嘗会新嘗会ノ別　　乙　令外官
　　丙　吉宗将軍足高ノ制
四　左ノ人々ノ事蹟ヲ略述セヨ
　　甲　道臣命　　乙　宗良親王
　　丙　藤原実資　丁　池田光政
五　日本，支那交際ニ唐宋元明清ノ五代各別ニ其事実ヲ述ベヨ
六　支那歴代学術ノ沿革ヲ略述セヨ（周ヨリ清マデ）
七　左ノ諸項ヲ説明セヨ
　　甲　周代ノ兵制
　　乙　唐ノ両税法
　　丙　廿一史ノ目
八　左ノ人々事蹟ヲ略述セヨ
　　甲　公孫僑　　乙　宇文泰
　　丙　狄青　　　丁　曾国藩

外国史［ママ］
一　耶蘇誕生ノ紀念［山上：紀元］ヲ問フ
二　中世ノ末期ニ於ケル英仏独三国ニ起レル中央集権ノ顕象［山上：現象］ニ就キ其異同ノ点ヲ弁ゼヨ
三　「シユレスヴイク，ホルスタイン」ト普仏戦争トハ如何ナル関係アリヤ
四　左ニ挙グル人物ノ事蹟ヲ略述セヨ
　　甲　ランケ Ranke
　　乙　ヂユウプレイ Dupleix
　　丙　クセノフホン xenophon
　　丁　ボリバール Bolivar

戊　チユルゴー　Turgot
五　左ノ地名ニ関係アル顕著ナル事蹟ヲ問フ
　　甲　ソルフエリノ　Solferino
　　乙　キエニググレーツ　Kenggratz
　　丙　ポンペイ　Pompeii
　　丁　リーグニッツ　Liegnitz
　　戊　パルミユラ　Palmyra

教授法（師ノ部口頭）
一　北畠親房公ノ事蹟ヲ述ベタル後要点ノ説明
二　仁徳天皇炊烟ヲ望ミ給ヒシ事蹟ノ説明
三　普通教育ニ於テ外国歴史ヲ授クル心得

教授法（中，女ノ分筆記）
一　普通教育ニ於テ外国歴史ヲ授クル心得
二　左ノ問題ノーツヲ選ベ
　　甲　北畠親房公ノ事蹟ヲ述ベタル［ママ］要点ノ説明
　　乙　秦始皇帝ノ事蹟ヲ述ベタル［ママ］要点ノ説明
　　丙　「ワシントン」ノ事蹟ヲ述ベタル［ママ］要点ノ説明

1895年　第8回
本邦史
一　奈良時代平安時代ニ於ケル僧侶ノ宗教以外ノ事業ノ主ナルモノヲ問フ
二　室町時代ノ中葉ヨリ織豊時代ニ至ルマデノ間ニ於ケル皇室尊崇ノ事蹟ノ主ナルモノヲ挙ゲヨ
三　左ノ人々ノ事蹟ヲ簡単ニ述ベヨ
　　甲　御諸別王　乙　大蔵種財
　　丙　二階堂是円　丁　多賀高忠
　　戊　間宮林蔵
四　左ノ事柄ヲ簡単ニ説明セヨ
　　甲　柵戸，防人，衛士，大番

　　乙　八虐六議　丙　両六波羅ノ職権
　　丁　椀飯振舞　戊　寛政異学ノ禁

支那史
五　東漢ヨリ唐ニ至ル仏教興隆ノ状ヲ述ベヨ
六　唐ノ太宗高宗ノ世及元初五代ノ間ニ征服シタル諸国ノ名ヲ挙ゲヨ
七　左ノ事項ヲ簡単ニ説明セヨ
　　甲　封禅　乙　魏晋ノ九品中正
　　丙　唐ノ藩鎮ノ起原
　　丁　南宗［ママ・宋］偽学ノ禁
　　戊　清初三藩ノ叛
八　左ノ人々ノ顕著ナル事蹟ヲ簡単ニ述ベヨ
　　甲　慕容垂　乙　陸贄　丙　周敦頤
　　丁　于謙　戊　睿親王多爾袞

万国史［地名・人名のひらがな表記は，島村編による］
一　ぎりしやノ歴史トろーまノ歴史トニ於ケル異同ノ点ヲ弁ゼヨ
二　西ローマ分裂シテ現出シタル邦国ハ何々ナリヤ
三　ぶらじる国ノ始末ヲ記セヨ
四　左ノ地名ニ関連セル顕著ナル歴史事実ヲ簡単ニ述ベヨ
　　甲　おるみゃいづ［ママ・おるみゅっつ］Olmutz
　　乙　きえふ　Kiev
　　丙　のわら　Novara
　　丁　ねーずびい　Naseby
　　戊　ぐらなだ　Granada
　　巳　ばぐだつど　Bagdad
五　左ノ人々ノ顕著ナル事蹟ヲ簡単ニ述ベヨ
　　甲　やんふす　Jan（John）Huss
　　乙　たきつす　Tacitus

丙　ちゆらんぬ　Turenne
丁　さあへんりいろーりんそん　Sir Henry Rawlinson
戊　ぺとらるか　Petrarcha（Petrarch）
已　あれくさんでるふおんふんぼーると　Alexander Von Humboldt

教授法（筆記口頭トモ同問題）
一　普通教育ニ於テ外国歴史ヲ授クル心得
二　左ノ問題ノ一ツヲ選べ
　甲　平相国ノ事蹟ヲ述ベタル後要点ノ説明
　乙　諸葛亮ノ事蹟ヲ述ベタル後要点ノ説明
　丙　英国女皇エリサベスノ事蹟ヲ述ベタル後要点ノ説明

1896年　第9回
本邦史
一　大化ノ改革ヨリ平安時代ノ末葉ニ至ルマデニ殖産興業上ノ発達ト認ムベキ点ヲ列記セヨ
二　元亀天正ノ二十年間ニ起リタル重要ナル事件ヲ列記シ其歴史上如何ナル年代ナルカヲ論ゼヨ
三　左ノ事項ヲ簡明ニ述ベヨ
　甲　光明皇后冊立ノ詔勅
　乙　下剋上
　丙　心学
　丁　大内氏ノ外国交通
　戊　四度ノ使
四　左ノ人々ノ事蹟ヲ簡明ニ述ベヨ
　甲　堀勝名　　乙　物部算奇委沙奇
　丙　関孝和　　丁　洞院実世
　戊　足利家時

支那史
五　漢ヨリ唐末ニ至ル文章ノ変遷ヲ述ベヨ

六　宋ノ四京金ノ五京金ノ名ヲ挙ゲヨ
七　左ノ事項ヲ簡明ニ述ベヨ
　甲　東林ノ党禍　乙　唐ノ明経進士
　丙　尼布楚盟約
　丁　従［ママ・縦］横ノ策
　戊　靖康ノ変
八　左ノ人々ノ顕著ナル事蹟ヲ簡明ニ述ベヨ
　甲　鄭玄　　乙　旭烈兀　　丙　裴度
　丁　王守仁　　戊　義浄

万国史［地名・人名のひらがな表記は，島村編による］
一　葡萄牙ノ衰ヘタル諸原因ヲ問フ
二　本世紀初ニ保守的運動欧羅巴ニ盛ナリシハ何ニ因テ然ルヤ
三　千八百七十八年ノべるりん会議ノ結果ヲ問フ
四　左ノ地名ニ関連セル歴史事実ヲ簡明ニ述ベヨ
　甲　さらとが　Saratoga
　乙　あるばろんが　Alba Longa
　丙　なわりの　Nararino
　丁　あやくちを　Ayacucho
　戊　きれぬ（きれないか）Kyrene（Cyrenaica）
　已　まぐねしや　Magunesia
五　左ノ人々ノ顕著ナル事蹟ヲ簡明ニ述ベヨ
　甲　ふあんちいめん　Van Diemen
　乙　ふいぢあす　Phidias
　丙　せるわんてす　Cervantes
　丁　はるん，あるらしど　Harun al Raschid
　戊　こるべる　Colbert
　已　てげとほふ　Tegethoff

教授法

一　頼朝　一　商鞅　一　ペートル大帝
　右三者ノ中其一ヲ撰ミ其事蹟ノ要点ヲ説明セヨ

1897年　第10回　予備試験
日本史
　一　奈良時代及ヒ平安時代ニ於ケル商業貿易上ノ要地ヲ挙ケ又其景況ヲ略述セヨ
　二　源頼朝及ヒ豊臣秀吉ノ九州奥羽ノ経略ヲ比較シテ略叙スヘシ
　三　左ノ人々ノ事蹟ヲ述ベヨ
　　甲　蘇邪〔ママ・那〕曷叱智
　　乙　定朝
　　丙　夢想〔ママ・窓〕国師
　　丁　間部詮房
　四〔ママ〕
　　甲　親王ノ任国　　乙　土蜘蛛
　　丙　徳川幕府ニ於ケル諸侯ノ証人
　　丁　戦国時代ニ見エタル主ナル新税目

支那史
　五　漢唐宋元明清ノ太祖ノ姓名ヲ記セ
　六　長安洛陽開封建康ニ都セル歴朝ノ名ヲ記セ
　七　左ノ人々ノ顕著ナル事蹟ヲ記セ
　　甲　司馬光　　乙　孔安国
　八　左ノ地ニ関スル歴史上顕著ナル事蹟ヲ記セ
　　甲　剣閣　乙　襄陽　丙　沛
　九　左ノ語ヲ解釈セヨ
　　甲　革命　　乙　交鈔　　丙　貢挙
　十　英国ニ於ケル宗教改革ノ顛末ヲ記セ
　十一　サラセン国ノ盛衰興亡ヲ問フ
　十二　左ノ人々ノ顕著ナル事蹟ヲ記セ
　　甲　ワルレンスタイン
　　乙　グラックス（英グラッカス）
　　丙　ケプレル
　　丁　タレイラン

　　戊　ヘロドトス（英ヘロドタス）
　十三　左ノ語ヲ解釈セヨ
　　甲　エレクトル
　　乙　ヂクタトル（英ヂクテートル）
　　丙　ライン同盟
　　丁　プラグマチック，サンクシオン
　　戊　エツクレージア

1897年　第10回　本試験
日本史
　一　奈良朝時代及ヒ平安時代ニ於ケル橘氏ノ盛衰ヲ詳述セヨ
　二　鎌倉幕府創立ヨリ承久ノ乱ニ至ル間ノ朝廷ノ御有様ヲ述ベヨ
　三　左ノ人々事蹟ヲ記セ
　　甲　五條頼元　　乙　金地院崇伝
　　丙　穂積臣押山　　丁　吉川惟足
　四　左ノ事蹟ヲ解釈シ又地名ニ就キテハ其ノ所在及ビ其ノ本邦ニ関係アル事柄ヲ記セ
　　甲　駅馬伝馬助郷
　　乙　摂家清華堂上地下
　　丙　六昆ノピスポン〔ノビスポン〕占城
　　丁　三戒壇

万国史支那ノ部
　一　宋ノ神宗ノ政略ヲ述ヘヨ
　二　長髪賊ノ乱ノ顛末ヲ述ヘヨ
　三　左ノ人々ノ顕著ナル事蹟ヲ記セ
　　甲　石星　乙　邵雍　丙　智顗
　　丁　察合台　戊　劉晏
　四　左ノ事項ヒ地名ニ関シテ知ル所ヲ記セ
　　甲　舟山　乙　閣老　丙　遼東城
　　丁　石経　戊　台陳〔ママ・台諫〕給舎

万国史万国ノ部
　一　第四十字軍ノ顛末ヲ問フ

二　現世紀ニ於ケル英国選挙法改革ノ梗概ヲ述ベヨ
三　左ノ人々ノ顕著ナル事蹟ヲ記セ
　　甲　ヅイリウス　　乙　ハワード
　　丙　サラヂン
　　丁　ユスチニアヌス（英ヂアスチニアン）
　　戊　コブデン
四　左ノ事項及ヒ地名ニ関シテ知ル所ヲ述ヘヨ
　　甲　活版ノ発明
　　乙　フランクフルト，アム，マイン（英フランクフヲルト，ヲンヂ，メイン）
　　丙　武装中立
　　丁　デルヒ［ママ・デルフォイ］
　　戊　マガリヤエンス（英マゼラン）ノ世界周航ノ航路

1898年　第11回　予備試験
日本史ノ部
一　延元元年ニ起リシ大事件ヲ述ベヨ
二　徳川氏ノ武家諸法度中主要ナル箇條ヲ説明セヨ
三　左ノ人々事蹟
　　甲　葛城襲津彦　　乙　石上宅嗣
　　丙　細川藤孝　　　丁　僧兼寿
四　左ノ事項ヲ解釈シ又地名ニ就キテハ本邦歴史ニ関係アル事実ヲ記セ
　　甲　軍団　兵衛
　　乙　粛慎　渤海　多檷
　　丙　漢委奴国王ノ印
　　丁　神木入洛

支那史ノ部
五　赤壁ノ戦ノ顛末ヲ記セ
六　遼金二朝ノ南北宋ニ於ケル境界ヲ記セ
七　五胡十六国ノ名ヲ挙ゲヨ
八　左ノ人々ノ顕著ナル事蹟ヲ述ベヨ
　　甲　范雎　　乙　方孝孺　　丙　董卓

九　左ノ地名ニ関シタル歴史上顕著ナル事蹟ヲ記セヨ
　　甲　成都　　乙　厓山　　丙　馬陵

万国史ノ部
十　古エジプトノ文明ト古ギリシアノ文明トノ関係ヲ問フ
十一　イタリア一統トドイツ一統トノ関係ヲ問フ
十二　左ノ人人ノ顕著ナル事蹟ヲ述ベヨ
　　甲　モンロー　　乙　ピタゴラス
　　丙　ヲルテイル　丁　アチラ
　　戊　ダニエル，エブストル
十三　左ノ事項ヲ説明セヨ
　　甲　サウス，シー，バツブル
　　乙　ハンザ　　丙　インクイジシオン
　　丁　カルボナリ　　戊　ユグノー

1898年　第11回　本試験
日本史ノ部
一　平安時代ニ於ケル地方官ノ弊政ヲ述ベヨ
二　豊太閤征韓役ノ和約條件ヲ挙ゲヨ
三　左ノ事項ヲ説明セヨ
　　甲　庚午年籍
　　乙　鎌倉執権　京都所司代
　　丙　江戸評定所
四　左ノ文書（高野山金剛峰寺所蔵）ヲ簡単ニ説明セヨ

```
　　敬　白
　　　発願事
右今度之雌雄如恩者殊可致報賽
之誠之状如件
　元中二季九月十日　太上天皇寛成　敬白
```

支那ノ部
五　大臣簒奪シテ帝位ニ陞リシ者ヲ列挙セヨ

六　五代十国ノ名称及領地ヲ挙ゲヨ
七　明代倭寇ノ尤盛ナリシハ何帝ノ世ナルカ其侵擾状ヲ述ベヨ
八　左ノ人人ノ顕著ナル事蹟ヲ述ベヨ
　　甲　顧炎武　　乙　蘇定方
　　丙　梁王宗弼　丁　鄭和　戊　丙吉
九　左ノ地名ニ関スル歴史上顕著ナル事蹟ヲ述ベヨ
　　甲　雅克薩　乙　牧野　丙　襄陽
　　丁　開平　戊　太原

万国史ノ部
十　ワンダルノ盛衰興亡ヲ問フ
十一　ニル江口海戦ノ影響ヲ述ヘヨ
十二　ナポレオン三世トメキシコトノ交際ヲ記セ
十三　左ノ人人ノ顕著ナル事蹟ヲ述ヘヨ
　　甲　アルブケルケ　乙　アイスキロス
　　丙　チチアノ　　丁　フイルモール
　　戊　デライテル　巳　プリニウス
　　庚　セアンシモン［山上：セン・シモン］

1899年　第12回　予備試験
日本史ノ部
一　刀伊賊ノ入冦
二　源頼朝ガ守護地頭ヲ置キシ事蹟
三　永享ノ乱（足利持氏滅亡）
四　左ノ人々ノ事蹟
　　甲　僧道昭　乙　橘広相
　　丙　水野忠邦
五　左ノ事蹟ノ解釈
　　甲　四道将軍　乙　出挙稲
　　丙　参勤交代

東洋史ノ部
一　周七国ノ旧都ハ今ノ何省ナリヤ
二　唐高宗ノ百済高麗［ママ・高句麗］ヲ平ケシ事蹟

三　長髪賊ノ叛乱ノ始末
四　左ノ人々ノ事蹟
　　甲　楽毅　乙　王導　丙　韓佗冑
　　丁　朱成功

西洋史ノ部
一　北米合衆国南北戦争ノ原因
二　左ノ地名ニ関スル歴史上顕著ナル事蹟
　　甲　フイリッピ　乙　カノッサ
　　丙　ヘーチングス［ママ・ヘースティングズ］
　　丁　ロスバッハ
三　左ノ人々ノ事蹟
　　甲　エパミノンダス
　　乙　マリヤ　テレシヤ（英マリヤ　テレサ）
　　丙　サー　ウオーター　ローリー
　　丁　ヴオーバン
四　左ノ名目ノ解釈
　　甲　チエールゼター
　　乙　独乙関税組合

1899年　第12回　本試験
歴史科（日本史）
日本史科
一　大内義興ノ事蹟
二　元禄時代ノ重要ナル事件ノ列記
三　左ノ諸書ノ略解題
　　（イ）続日本紀　　（ロ）職原抄
　　（ハ）梅松論　　　（ニ）泰平年表
四　左ノ人々ノ略事蹟
　　（イ）橘宿禰三千代　（ロ）恒貞親王
　　（ハ）僧道元　　　　（ニ）今川貞世
五　左ノ事蹟ノ略解釈
　　（イ）院宣官符　（ロ）悲田院続命院
　　（ニ）半済

歴史科（東洋史）

万国史科
[小沢では上記のように記載。他の文献では「東西両洋史ノ部」として，以下の東洋史部分のみが記載され，西洋史部分は欠落したままとなっている]
一　宋太祖創業ノ事蹟
二　左ノ人々ノ事蹟
　　（イ）叔孫通　　（ロ）段秀実
　　（ハ）晋王宗翰一名粘没喝
　　（ニ）新羅武列王金春秋
三　左ノ地ニ関スル事蹟
　　（イ）城濮　　（ロ）鄂州今武昌府
　　（ハ）大梁今開封府
　　（ニ）雅克薩露名アルバジン
四　左ノ名称ノ解釈
　　（イ）都護府　　（ロ）濂洛関閩
　　（ハ）三蔵結集　（ニ）莫臥児帝国

歴史科（西洋史）

万国史科
[小沢では上記のように記載。他の文献には以下の部分なし]
一，井"ーン［ママ・ヴィーン］列国会議ノ重要ナル決議
二，左ノ地ニ関スル事蹟
　　（イ）ザマ　Zama
　　（ロ）ヲルマス　Worms
　　（ハ）リユツツエン　Lutzen
　　（ニ）井"［ママ・ヴィ］ルラフランカ
　　　　Villafranca
三，左ノ人々ノ事蹟
　　（イ）老カトー　Cato
　　（ロ）ダンテ　Dante
　　（ハ）ロヨラ　Loyola
　　（ニ）ポリニヤク　Polignac
四，露帝エカテリナ二世ノ外交事業

1900年　第13回　本試験

東洋史
一　元ト高麗トノ関係
二　突厥ノ興亡
三　左ノ人々ノ事蹟
　　甲　高観［ママ・高歓？］
　　乙　張浚
　　丙　アクバル大帝
　　丁　朝鮮大祖康献王
四　左ノ地ニ於ケル顕著ナル事蹟
　　甲　遼東城　　乙　江寧府
　　丙　撒馬児罕　丁　襄陽

西洋史
一　欧州封建制度ノ起原及ビ特質
二　南北アメリカニ於テ西班牙勢力ノ消長ノ要点
三　左ノ人々ノ事蹟
　　甲　クライステネース
　　乙　グーテンベルグ
　　丙　カノーワ
　　丁　チエール
四　左ノ地ニ関スル顕著ナル事蹟
　　甲　フアルザールス
　　乙　ワールスタット
　　丙　コルドバ
　　丁　サンステファノ

日本史
一　安和ノ変ノ顚末
二　院司記録ノ職制
三　大宝令ノ要目
四　帰化氏族ノ尤モ著シキモノ
五　足利時代ニ於ケル禅僧ノ事蹟
六　慶長年代朱印船ノ到リシ国々
七　左ノ人々ノ事蹟
　　甲　葛野王　　乙　林述斎
　　丙　尼子経久
　　丁　三條西実盛［ママ・実隆］

1900年　第14回　予備試験
日本史
一，承久乱以後鎌倉将軍ノ廃立ノ概略
二，織田信長ノ仏教徒及ビ耶蘇教徒ニ対スル態度
三，左ノ人々ノ事蹟
　　甲　紀長谷雄　　乙　大久保長安
　　丙　大伴古麻呂
四，左ノ名目ノ解釈
　　甲　僧綱　　　　乙　建武式目
　　丙　高家

東洋史
一，王安石ノ新法
二，英人ノ印度征服
三，左ノ人々ノ事蹟
　　甲　史可法　　　乙　林則徐
　　丙　旭烈兀　　　丁　宣祖昭敬王

西洋史
一，神聖同盟（Holy Alliance）ノ目的及其影響
二，左ノ人々ノ事蹟
　　甲　フォン　ハルデンベルグ
　　　　J-Fon Hardenberg
　　乙　ヂョン　キックリッフ
　　　　John Wickliffe
　　丙　ラムセス二世　Ramses II
三，左ノ地ニ関スル事蹟
　　甲　カンネー　Cannae
　　乙　ユートレヒト　Utrecht
　　丙　サドワ　Sadowa

1901年　第14回　本試験
日本史
一，推古天皇御代ノ顕著ナル事件
二，念仏宗ノ起原
三，秀吉ノ朝鮮再征ノ軍ヲ出シ、事情

四，左ノ人々ノ事蹟
　　甲　滋野貞主　　乙　山名氏清
　　丙　僧策彦
五，左ノ事項ノ説明
　　甲　公廨稲ノ処分　乙　小普請
　　丙　准三后

東洋史
一，東西魏分立ノ始末
二，元太祖西征ノ始末
三，左ノ人々ノ顕著ナル事蹟
　　甲　阿輸迦王　　乙　李舜臣
　　丙　左宗棠
四，左ノ地ニ起レル事蹟
　　甲　開城　　　　乙　撒馬児干
　　丙　仏陀伽耶

西洋史
一，中世紀間欧洲ニ及ボセル「アラビヤ」文化ノ影響ノ概略
二，一八三〇年白耳義和蘭両国分離ノ原因
三，左ノ人々ノ顕著ナル事蹟
　　甲　キモン　Cimon［ママ・Kimon。なお，国民教育会編：シモン Simon］
　　乙　アグリコラ　Agricola
　　丙　モリエール　Moliere
　　丁　ヂスレーリ　Disraeli
四，左ノ事項ノ説明
　　甲　神ノ平和　Treuga Dei=Truce of God
　　乙　ベルリン命令　Berlin Decree

1901年　第15回　予備試験
日本史東洋史科（日本史ノ部）
一，壬申ノ乱
二，足利時代ノ文学
三，左ノ人々ノ事蹟
　　天野遠景　　土井利勝　　慈覚大師

四，左ノ名称ノ解釈
　　斎宮斎院　　半済　　布衣

日本史東洋史科（東洋史ノ部）
　一，漢武帝ノ征伐
　二，仏教ノ東流
　三，木華黎ノ功業
　四，安南ニ関シタル清仏戦争

西洋史科
　一，中世間羅馬教ノ盛衰［国民教育会編と山上：羅馬教会］
　二，西班牙相続戦争ノ原因及ビ結果
　三，左ノ人々ノ顕著ナル事蹟
　　テミストクレース　Themistocles
　　オーマール　Omar
　　ポムバール　Pombal
　　少ピット　William Pitt, the young

1902年　第15回　本試験
日本史
　一，天智天皇ノ御代ニ於ケル外国関係
　二，新井白石ノ政治上ニ於ケル事蹟
　三，左ノ名称ノ解釈
　　甲　頭弁　頭中将　　乙　定免　見取
　　丙　常世国
　四，左ノ人々ノ事蹟
　　甲　藤原伊周　　乙　阿部正弘
　　丙　細川澄元

東洋史
　一，突厥ノ興亡
　二，清大宗ノ朝鮮征伐
　三，左ノ地ニ起レル戦争ノ勝敗及ビ結果
　　甲　鉅鹿　　乙　采石
　　丙　プラッシー（Plussey）
　四，左ノ人々ノ事蹟
　　甲　玄奘　　乙　王守仁

　　丙　ダルワージー（Dalboasie）［ママ・ダルフージー Dalhousie］

西洋史
　一，クリミヤ戦争及ビ伊太利統一ニ関スルナポレオン三世ノ政策
　二，ルーテル（Luther）ツ井ングリ（Zwingli）カル井ンノ（Culvin）教義ノ異同及ビ人々ノ事蹟［国民教育会編と山上：異同及ビ其ノ事蹟。『教育学術界』：異同及ビ其ノ流布ノ区域。］
　三，左ノ人々ノ事蹟
　　甲　アリストファー子ス　Aristophanes
　　乙　スチリコー　Stillico
　　丙　フィヒテ　Fichte
　　丁　スワ゚ロッフ　Suvarov［ママ・スヴォーロフ Suvorov］
　四，左ノ語ノ解釈
　　甲　トリビューンス オフ ゼピープル
　　　　Tribunes of the People 又 Tribuni plebis
　　乙　ハベアス コルプス アクト
　　　　Habeas Corpus Act

1902年　第16回　予備試験
●師範学校，中学校，高等女学校教員志願者ハ左ノ問題ニ答フベシ
日本史
　一，平治ノ乱ノ原因
　二，南北朝時代ノ文学
　三，左ノ名称ノ解釈
　　イ　新補地頭　　ロ　文殿
　　ハ　勘合符
　四，左ノ人々ノ事蹟
　　イ　石上宅嗣　　ロ　藤原保則
　　ハ　酒井忠清

東洋史
　一，唐太宗ノ征伐

二, 長髪賊ノ叛乱ノ結果
三, 帖木児大王ノ事蹟
四, 左ノ人々ノ事蹟
　　イ　劉向　　　　ロ　陸贄
　　ハ　高麗忠烈王　ニ　ヘスチングス

●女子師範学校，師範学校女子部，高等女学校ノミノ教員志願者ハ左ノ問題ニ答フベシ

日本史
一, 平治ノ乱ノ原因
二, 南北朝時代ノ文学
三, 左ノ名称ノ解釈
　　イ　尚侍　　ロ　准后　　ハ　領家
四, 左ノ人々ノ事蹟
　　イ　藤原百川　　ロ　上東門院
　　ハ　酒井忠清

東洋史
一, 唐太宗ノ征伐
二, 長髪賊ノ叛乱ノ結果
三, 班超ノ事蹟
四, 左ノ人々ノ事蹟
　　イ　周勃　　　　ロ　魏徴
　　ハ　百済近肖古王　ニ　クライヴ

●師範学校，中学校，高等女学校教員志願者ハ左ノ問題ニ答フベシ

西洋史
一, カルル大帝ノ行政ノ概略
二, 七年戦争ノ結果
三, 左ノ人々ノ事蹟
　　イ　ピタゴラス　　ロ　コルテス
　　ハ　ガムベッタ
四, 左ノ語ノ解釈
　　イ　コミチアトリプタ
　　ロ　ヒユーマニスト

●女子師範学校，師範学校女子部，高等女学校ノミノ教員志願者ハ左ノ問題ニ答フベシ

西洋史
一, 中世騎士ノ性質［国民教育会編と山上：特質］
二, 七年戦争ノ結果
三, 左ノ人々ノ事蹟
　　イ　イギリス女王エリザベス
　　ロ　タレーラン
四, 左ノ語ノ解釈
　　イ　コミチアトリプタ
　　ロ　ヒユーマニスト

1902年　第16回　本試験
●師範学校，中学校，高等女学校教員志願者ハ左ノ問題ニ答フベシ

西洋史
一, 中世ニ於ケルベ子テア（Vonexia 英 Venice）及ビジユノバ（Gonova Gono）両都府ノ盛衰
二, 十八世紀ニ於ケル革新文学ノ起原及ビ性質
三, 左ノ人々ノ重ナル事蹟
　　甲　トリポニアヌス　Tribonianus
　　乙　タリック　Tarik
　　丙　コル子ーユ　Corneille
　　丁　スタイン　Freiberr vom Stein
四, 左ノ地名ニ関スル事蹟
　　甲　レウクトラ　Leuktra
　　乙　モルガルテン　Morgarten
　　丙　チルヂット　Tilsit
　　丁　ポルターバ　Poltowa, Poltown

●女子師範学校，師範学校女子部，高等女学校ノミノ教員志願者ハ左ノ問題ニ答フベシ

西洋史

一，ゼスイト（耶蘇会教徒）ノ事業
二，十八世紀ニ於ケル革新文学ノ起原及ビ性質
三，左ノ人々ノ事蹟
　　甲　アゲシラオス　Agesilaos
　　乙　ミケルアンジエロ　Michel Angelo Buonairotti
　　丙　コルベール　Colbert
　　丁　ダルウイン　Darwin
四，左ノ地名ニ関スル事蹟
　　甲　リウツエン　Lutzen
　　乙　ナバリノ　Navarino

●師範学校，中学校，高等女学校教員志願者ハ左ノ問題ニ答フベシ
東洋史
一，唐代ノ文芸
二，元ノ西藩三汗国ノ末路
三，清ノ高宗ノ征伐
四，左ノ人々ノ事蹟
　　甲　班固　　　乙　顔真卿
　　丙　アウランゼブ　丁　ピニヨー

日本史
一，皇族賜姓ノ起原及事実
二，大内氏盛時ノ領域
三，天保ノ改革
四，左ノ名称ノ解釈
　　甲　名田　乙　貫高　丙　大番役
五，左ノ人々ノ顕著ナル事蹟
　　甲　僧源信　　乙　大蔵善行
　　丙　吉田了以　丁　藤原経房

●女子師範学校，師範学校女子部，高等女学校ノミノ教員志願者ハ左ノ問題ニ答フベシ
日本史
一，皇族賜姓ノ起原及事実

二，平政子ノ事蹟
三，天保ノ改革
四，左ノ名称ノ解釈
　　甲　名田　乙　貫高　丙　大番役
五，左ノ人々ノ顕著ナル事蹟
　　甲　僧法然　　乙　藤原種継
　　丙　吉田了以　丁　源隆国

東洋史
一，唐代ノ詩学
二，欽察汗国ノ末路
三，清ノ聖祖ノ征伐
四，左ノ人々ノ事蹟
　　甲　班昭　　　乙　顔真卿
　　丙　ヂヤハンギール　丁　安南ノ嘉隆帝

1903年　第17回　予備試験
西洋史ノ部
一，アウグスツス時代ノローマノ憲法
二，ナポレオン一世ニ対スルイギリスノ政略
三，左ノ人々ノ顕著ナル事蹟
　　フレデリキ　バルバロツサ
　　アレキサンデル　オフ　パルマ
四，左ノ地名ニ関スル事蹟
　　レウクトラ　　グラナダ　　プレブナ

●女子之部
一，アウグスツス時代ノローマノ憲法
二，ナポレオン一世ニ対スルイギリスノ政略
三，左ノ人々ノ顕著ナル事蹟
　　アーマン　　　シルレン
四，左ノ地名ニ関スル事蹟
　　サラミス　　センパハ　　セダン

日本史ノ部
一，古代ニ於ケル外蕃氏族ノ著名ナルモノ

二，文禄ノ役ニ於ケル講和ノ條件
三，左ノ人々ノ年代及ビ重ナル事蹟
　　イ　平時忠　　ロ　淡海三船
　　ハ　藤原宣房　ニ　高野長英
四，左ノ事項ノ解釈
　　甲　防人　　　乙　勘解由使
　　丙　小侍所　　丁　采女

東洋史ノ部
一，印度四等ノ種姓
二，唐ノ藩鎮ノ起原及ビ驕横
三，左ノ人々ノ顕著ナル事蹟
　　甲　李斯　　　乙　元世祖
　　丙　クライブ　丁　大院君

●女子之部
日本史ノ部
一，古代ニ於ケル外蕃氏族ノ著名ナルモノ
二，徳川時代ニ於ケル洋学ノ起原
三，左ノ人々ノ年代［国民教育会編：時代］
　　及ビ顕著ナル事蹟
　　イ　平時忠　　ロ　淡海三船
　　ハ　藤原宣房　ニ　高野長英
四，左ノ事項ノ解釈
　　甲　防人　　　乙　勘解由使
　　丙　小侍所　　丁　采女

東洋史ノ部
一，印度四等ノ種姓
二，唐ノ宦官ノ専横
三，左ノ人々顕著ナル事蹟
　　甲　李斯　　　乙　元世祖
　　丙　クライブ　丁　大院君

1904年　第17回　本試験
西洋史ノ部
一，中世ドイツ諸都府ノ有セシ重ナル権利
二，ウイーン列国会議ニ於ケル列強ノ政策

三，ルイス十四世時代ノフランス文学ノ概況
四，左ノ人々ノ重ナル事蹟
　　甲　リシツポス
　　乙　インノセント三世
　　丙　フルトン

●女子ノ部
一，中世ドイツ諸都府ノ有セシ重ナル権利
二，ウイーン列国会議ニ於ケル列強ノ政策
三，ギリシア建築ノ三式ノ区別
四，左ノ人々ノ重ナル事蹟
　　甲　コル子リア　乙　スラー
　　丙　バイロン

日本史ノ部
一，平安朝時代ニ於ケル奥羽地方ノ拓地［国民教育会編：拓植］
二，南朝三代説四代説双方ノ理由大要
三，左ノ人々ノ事蹟
　　甲　藤原能信　乙　細川高国
　　丙　堀田正篤　丁　僧高弁
四，左ノ事項ノ解釈
　　甲　子代屯倉　乙　出挙
　　丙　五奉行

東洋史ノ部
一，回紇ノ盛衰
二，乾隆帝ノ十功
三，左ノ地ニ起レル戦争ノ勝敗及ビ結果
　　甲　長平　乙　白江口（又ハ白村江）
　　丙　バクサール
四，左ノ人々事蹟
　　甲　鄧禹　　　乙　朱成功
　　丙　元ノ憲宗

●女子ノ部
日本史

一，平安朝時代ニ於ケル奥羽地方ノ拓植［国民教育会編：拓殖］
二，徳川家康幼時ノ境遇
三，左ノ人々ノ事蹟
　　甲　藤原能信　　乙　細川高国
　　丙　葛城襲津彦　丁　僧隠元
四，左ノ事蹟ノ解釈
　　甲　子代屯倉　　乙　出挙
　　丙　五奉行

東洋史ノ部
一，回紇ノ興起
二，乾隆帝ノ十功
三，左ノ地ニ起レル戦争ノ勝敗及ビ結果
　　甲　邯鄲　乙　白江口（又ハ白村江）
　　丙　バクサール
四，左ノ人々ノ事蹟
　　イ　馮異　　ロ　元ノ太宗
　　ハ　朱成功

1904年　第18回　予備試験
●師範学校，中学校，高等女学校教員志願者ハ左ノ問題ニ答フベシ
日本史
一，応永ノ乱
二，徳川時代に於ける日露の関係
三，左の事項を解釈すべし
　　甲　蔭子　　乙　六波羅探題
　　丙　禅宗三派の伝来
四，左の人々の事蹟を問ふ
　　甲　恒貞親王　乙　承明門院
　　丙　藤原豊成　丁　葛西清重

東洋史
一，三王五覇の名及び七国の都
二，元の西方三大藩の領地
三，左の人々の事蹟を問ふ
　　甲　衛青　乙　杜甫　丙　劉宗周

　　丁　左宗棠

●女子師範学校，師範学校女子部，高等女学校教員志願者ノミハ左ノ問題ニ答フベシ
日本史
一，応永ノ乱
二，徳川綱吉の性行及び治蹟
三，左の事項を解釈すべし
　　甲　蔭子　　乙　六波羅探題
　　丙　禅宗三派の伝来
四，左の人々の事蹟を問ふ
　　甲　恒貞親王　乙　承明門院
　　丙　藤原豊成　丁　葛西清重

東洋史
一，三王五覇の名
二，元の西方三大藩の領地
三，左の人々の事蹟を問ふ
　　甲　張良　乙　李白　丙　劉宗周
　　丁　曾国藩

●師範学校，中学校，高等女学校教員志願者ハ左ノ問題ニ答フベシ
西洋史
一，ユリウスケーザル（Julius Caesar）征討時代のガリア（Gallia）の状態
二，第十九世紀中ロシアとトルコとの関係
三，左の地名に関する顕著なる事蹟を問ふ
　　甲　シラクサ　Syracusae, Syracuse, Siracusa.
　　乙　トレント　Tridentum, Trient, Trento.
　　丙　ベルサイユ　Versailles.

●女子師範学校，師範学校女子部，高等女学校教員志願者ハ左ノ問題ニ答フベシ
西洋史
一，ユリウスケーザル（Julius Caesar）征

討時代のガリア（Gallia）の状態
二，第十九世紀中ロシアとトルコとの関係
三，左の人々の事蹟を問ふ
　　甲　アルフレド大王　Alfred the Great
　　乙　子ストリウス　Nestorius
　　丙　マクマオン　MacMahon

1905年　第18回　本試験
日本史
一，大宰府設置の由来
二，徳川吉宗の政治
三，班田の制の沿革
四，中先代の乱
五，左の人々の事蹟
　　甲　橘広相　　乙　武田信広
　　丙　東常縁　　丁　鳥居耀蔵

東洋史
一，孔子の略伝
二，中亜細亜に於ける英露の衝突
三，左の戦争の始末
　　甲　秦王苻堅の南伐
　　乙　清聖祖の台湾征服
　　丙　プラッシーの戦
四，左の人々の事蹟
　　甲　蒙恬　　　乙　宋濂
　　丙　東悉伯利亜総督ムラ井エフ

西洋歴史［ママ］
一，ローマ教会が東ローマ帝国と関係を絶つに至りし理由
二，三十年戦争に対するフランスの政策
三，左の語の説明
　　甲　アレオパゴス　Areopagos
　　乙　エミル アル オムラ　Emir al Omra
　　丙　ギベリン　Ghibellines
　　丁　チアーチスト　Chartists
四，左の人々の重なる事蹟

　　甲　エミリウス　パウルス　Aemilius Paullus
　　乙　レンブラント　Rembrandt
　　丙　アダム　スミス　Adam Smith
　　丁　フォン　ボイスト　von Beust

1905年　第19回　予備試験
日本史
一，武内宿禰ヨリ出デタル著名ナル氏族及ビ其ノ執政トナリシモノ
二，後三年ノ役
三，足利時代ニ於ケル支那朝鮮トノ交通
四，左ノ人々ノ事蹟
　　甲　菅原是善　　乙　二條良基
　　丙　伊能忠敬　　丁　僧慈鎮

東洋史
一，漢ヨリ唐マデ歴朝ノ建国者ノ姓名
二，元ノ太宗ノ大征伐
三，英人阿富汗戦争
四，左ノ人々ノ事蹟
　　甲　杜預　　　乙　李舜臣
　　丙　アクバル帝　丁　蘇軾

西洋史
一，スウイス同盟ガハプスブルグ家ノ管轄ヲ脱セシ顛末
二，ナポレオン一世トプロシアトノ関係
三，左ノ語ノ解釈
　　甲　コミチアケンツリアタ　Comitia centuriata
　　乙　選帝侯　Election, Kurfurst
　　丙　モンロー主義　The Monroe Doctrine
四，左ノ人々ノ事蹟
　　甲　クリステネス　Cleisthenes
　　乙　ベリサリウス　Belisarius
　　丙　レセップス　Lesseps

1906年　第19回　本試験
日本史
　一，延喜時代に於ける地方衰弊ノ事例
　二，明徳の乱
　三，徳川時代に於ける外国交通禁制ノ原因
　四，左の名称の解釈
　　　甲　引付衆　　乙　成功　　丙　徳政
　五，左の人々の事蹟
　　　甲　境部臣摩理勢　　乙　松平信明
　　　丙　三浦泰村　　　　丁　僧覚鑁

東洋史
　一，仏法の興起
　二，清太祖の創業
　三，左の戦争の始末
　　　甲　漢の武帝の大宛征伐
　　　乙　パーニパット三次の戦
　　　丙　アンゴラの戦
　四，左の人々の事蹟
　　　甲　田横　　　　乙　欧陽脩
　　　丙　ポヤルコフ　丁　利瑪竇

西洋史
　一，英国々会の起原及び其分立に至る顛末
　二，十九世紀間黒海々峡に関する諸條約の内容
　三，左の人々の事蹟
　　　甲　トルステンソン　Forstenson［ママ］
　　　乙　カトー　Cato
　　　丙　カウニッツ　Kaunitz
　四，左の語の解釈
　　　甲　サトラプ　Satrap
　　　乙　カーバ　Kaaba
　　　丙　ランドクネヒト　Landskneeht

1906年　第20回　予備試験
日本史
　一，福原遷都ノ原因
　二，藩籍奉還，廃藩置県ノ事蹟
　三，左ノ事項ノ解釈
　　　甲　紀伝道　　乙　施薬院　　丙　健児
　四，左ノ人々ノ事蹟
　　　甲　高市皇子　　乙　河野通有
　　　丙　長尾為景　　丁　杉田玄白

東洋史
　一，建康（江寧）ノ沿革
　二，唐ノ宦官ノ禍
　三，英人ノ第一第二ビルマ戦役
　四，左ノ人々ノ事蹟
　　　甲　趙普　　　乙　元ノ宗王合賛
　　　丙　左光斗　　丁　安南ノ嘉隆帝

西洋史
　一，ウオオムスニテ法王ト皇帝ト盟約セル條件（Concordat at Worms）
　二，イスパニア王フイリプ二世ノイギリス并ニフランスニ対スル政策
　三，左ノ人々ノ重ナル事蹟
　　　甲　ヂオクレチアヌス　Dioclertianus
　　　乙　コルベール　Colbert
　　　丙　パーマストン　Palmerston
　四，左ノ地名ニ関スル事蹟
　　　甲　プラテーエー　Plataeae
　　　乙　クストッツア　Custozzae
　　　丙　プレブナ　Plevna

1907年　第20回　本試験
日本史
　一，承和の変
　二，織田氏勤王ノ事蹟
　三，五摂家分立ノ次第
　四，左の名称の解釈
　　　甲　郷保　　乙　八虐　　丙　太閤
　五，左の人々の事蹟
　　　甲　齋部広成　　乙　板倉重昌

丙　渋川義鏡　　丁　僧良忍

東洋史
一，五経正義の成立
二，高麗朝鮮に於ける倭寇
三，左の地に於ける顕著なる事蹟
　　甲　和林　　　乙　カイバル越
　　丙　城濮　　　丁　厓山
四，左の人々の事蹟
　　甲　義浄　　乙　張禹　　丙　阿塔海
　　丁　劉永福

西洋史
一，ローマ諸帝と元老会との関係の重なる変遷
二，十九世紀に於ける，シュレスウィヒ，ホルスタインに関する紛擾の要領
三，左の人々の事蹟
　　甲　サラヂン　　Saladin
　　乙　ウィルレム・セシル　William Cecil
　　丙　タスマン　　Tasman
　　丁　チウルゴー　Turgot
四，左の語の解釈
　　甲　再洗礼派　Anabaptist
　　乙　航海條例　Navigation Act

1907年　第21回　予備試験
日本史
一，恵美押勝ノ乱
二，承久以後鎌倉歴代将軍ノ継承及ビ北條氏トノ関係
三，徳川家康ノ文教奨励
四，左ノ人々ノ事蹟
　　甲　近江毛野　　乙　藤原経宗
　　丙　伊勢貞親　　丁　羽太正養

東洋史
一，周末七国ノ領地ノ変遷
二，両漢ノ五経ト唐ノ五経トノ異同
三，東洋ニテノ蘭英二国ノ競争
四，左ノ人々事蹟
　　甲　馬超　　　乙　尸羅迭多（戒日王）
　　丙　合贈汗　　丁　孔有徳

西洋史　[山上では，この西洋史の問題は第20回本試験として記載されている]
一，百年戦争ノイギリス并ニフランスニ及ボセル影響
二，アメリカ合衆国ノ外交方針ノ変遷
三，左ノ人々ノ事蹟
　　甲　コンスタンチヌス大帝　Constantine the Great
　　乙　ミケランジェロ　Michelangelo
　　丙　メヘメット アリ　Mehemet Ali
四，左ノ語ノ解釈
　　甲　アルコン　Archon
　　乙　ハンザ　Hansa
　　丙　テスト アクト　Test Act

1908年　第21回　本試験
日本史
一，後光明天皇ノ御事蹟
二，摂関ノ起原
三，足利時代ニ於ケル宗氏ト朝鮮トノ関係
四，左ノ地ノ所在及歴史上ノ事蹟
　　甲　墨俣河　乙　愛発　丙　賀名生
　　丁　小弓
五，左ノ人々ノ事蹟
　　甲　大伴長徳　　乙　藤原実資
　　丙　北条泰家　　丁　中井積善

東洋史
一，開元天宝ノ治乱
二，慶長元年日明講和ノ始末
三，左ノ人々ノ事蹟
　　甲　蕭何　　乙　旭烈兀　　丙　胡宗憲

丁　睿親王多爾袞
四，左ノ語ニ関スル事蹟
　　甲　合従連衡　　乙　党錮ノ禍
　　丙　靖難ノ変　　丁　闖賊

西洋史
一，神聖ローマ帝国建設当時ノドイツノ国情
二，レパント（Lepanto）海戦ノ原因及ビ結果
三，左ノ人々ノ事蹟
　　甲　アンタルキダス　Antalkidas
　　乙　イギリス王リチアード一世
　　　　Richard Ⅰ.
　　丙　デロイテル　De Ruyter
　　丁　カルノー　Carnot
四，左ノ語ニ関スル事蹟
　　甲　詭弁学者
　　乙　アルビジオア派（Albigenres）
　　丙　宗教裁判所（Inquisition）
　　丁　長期議会（Long Parliament）

1908年　第22回　予備試験
日本史
一，継体天皇ノ御系及ビ御事蹟
二，永享ノ乱
三，左ノ事項ノ解釈
　　甲　京都五山　　乙　押領史
　　丙　食封
四，左ノ人々ノ事蹟
　　甲　栗隈王　　乙　藤原維幾
　　丙　仁木義長　丁　安藤直次

東洋史
一，漢ノ武帝ノ朝鮮征伐
二，伊犂事件
三，日清戦争ノ原因及ビ結果
四，左ノ人々ノ事蹟

　　甲　迦膩色迦王
　　乙　岳飛
　　丙　ムラビヨフ（Muraviev Amurski）
　　丁　金春秋

西洋史
一，デロス（Delos）同盟ノ起原規約及ビ結果
二，ルクセンブルグ（Luxemburg）問題ノ顛末
三，左ノ人々ノ事業
　　甲　キケロ　Cicero
　　乙　ドレーク　Drake
　　丙　ミラボー　Mirabeau
四，左ノ地ノ所在及ビ歴史上ノ事蹟
　　甲　アツカ　Akka
　　乙　リツカ［ママ・リツサ］　Lissa
　　丙　オルミウツ　Olmutz

1909年　第22回　本試験
日本史
一，荘園ノ起原，沿革
二，藤原秀衡ノ家系及ビ当時ニ於ケル奥羽ノ有様
三，左ノ名称ノ解釈
　　甲　城介　　乙　銀座
　　丙　斎宮，斎院
四，左ノ人々ノ事蹟
　　甲　兼明親王　　乙　平賀朝雅
　　丙　保科正之　　丁　僧光寿

東洋史
一，支那太古ノ伝説
二，唐代ニ流行セル西域ノ宗教
三，渤海国ノ興亡
四，左ノ人々ノ事蹟
　　甲　王安石　　乙　耶律楚材
　　丙　ヘースチングス（Hastings）

丁　スコベレフ（Skobelev）

西洋史
一，アメリカニ於ケルイスパニア植民政策
　　失敗ノ原因
二，一八五六年パリー和約ノ条件
三，左ノ人々ノ事蹟
　　甲　ポントス王ミトラドテス六世
　　　　Mithradates Ⅵ., King of Pontus
　　乙　イギリス王ヘンリ二世
　　　　Henry Ⅱ., King of England
　　丙　リューベンス　Rubens
　　丁　ビルヌーブ　Villeneuve
四，左ノ地ニ関スル事蹟
　　甲　ミレトス　Miletos
　　乙　ランニミード　Runnymede
　　丙　ナント　Nantes
　　丁　アブーキル　Aboukir

1909年　第23回　予備試験
日本史
一，斉明天皇ノ御事蹟
二，赤松氏ノ盛衰
三，左ノ事項ノ解釈
　　甲　公廨稲　　　乙　滝口
　　丙　武家法度
四，左ノ人々ノ事蹟
　　甲　百済王敬福　乙　池田光政
　　丙　北條実時　　丁　藤原伊尹

東洋史
一，周以後ニ於ケル支那歴代ノ帝都
二，突厥ノ興亡
三，唐代ノ仏教
四，左ノ人々ノ事蹟
　　甲　迦膩色迦　　乙　鄭玄
　　丙　張居正
　　丁　ゴローピン（Golovin.）

西洋史
一，アウグスツス（Augustus）ノ改造シ
　　タルローマ新政体ノ大要
二，無敵艦隊破滅ガイギリス，フランス，
　　オランダ，イスパニアニ及ボシタル影響
三，左ノ人々ノ事蹟
　　甲　ベリサリウス　Belisarius
　　乙　プロシア王フレデリキウイリアム一
　　　　世　Frederic William Ⅰ.
　　丙　セシル ローヅ　Cecil Rhodes
四，左ノ地ニ関スル事蹟
　　甲　アルテミシオン　Artemision
　　乙　マルタ　Malta
　　丙　ガスタイン　Gastein

1910年　第23回　本試験
日本史
一，後北条氏ノ民政
二，検非違使ノ職制
三，徳川時代ニ於ケル我国ト支那朝鮮トノ
　　関係
四，左ノ名称ノ解釈
　　甲　太占　　　　乙　大内義興
　　丙　藤原道家　　丁　阿知使主
五，左ノ人々［ママ］ノ事蹟
　　甲　源経信　　　乙　坂東，関東
　　丙　衛士，兵衛　丁　官符，国解

東洋史
一，漢代ニ於ケル封建制度ノ変遷
二，支那歴代ノ学風
三，高句麗ノ興亡
四，左ノ人名及ビ地名ニ関スル事蹟
　　甲　大秦　　乙　法顕　　丙　鄭夢周
　　丁　薩爾滸　戊　戈登（Gordon）

西洋史
一，エパミノンダス（Epaminondas）ガス

パルタノ勢力ヲ挫クタメニ用ヒタル政治的手段
二，一八四八年ニフランクフルト（Frankfort）ニ開キタル国会（Parliament）ノ経過及ビソノ失敗ノ理由
三，左ノ人々ノ事蹟
　甲　神聖ローマ皇帝ヘンリ三世　Henry Ⅲ.
　乙　カイルエツヂン　バルロツサ　Okaireuddin Barossa［ママ］
　丙　ワットタイラー　Wat Tyler
　丁　シオアジウー公　Chosseul［ママ・Choiseul］
四，左ノ地名ニ関スル事蹟
　甲　ヘースチングス　Hastings
　乙　カルロウイツツ　Carlowitz
　丙　バーゼル　Basel
　丁　サンビンテ　St. Vincent

1910年　第24回　予備試験
日本史
一，雄略天皇ノ御世ニ於ケル事蹟
二，古河御所ノ起原及ビ沿革
三，徳川時代ニ於ケル国学ノ勃興
四，左ノ人々ノ事蹟
　甲　田道間守　乙　兼明親王
　丙　三浦義明　丁　佐藤一斎

東洋史
一，隋唐時代ニ於ケル朝鮮半島ノ形勢
二，大食ト支那トノ関係
三，明代ノ文化
四，左ノ名称ニ関シテ知ル所ヲ記セ
　甲　忽汗城　乙　曾紀澤
　丙　軍機処　丁　二十四史

西洋史
一，ペロポネソス戦役ノ初ニ於ケルアテネ，スパルタノ勢力ノ比較并ニ其戦略
二，フランスノアルジエリア（Algeria）経略ノ梗概
三，左ノ人々事蹟
　甲　スチリコ　Stilicho
　乙　ユリウス二世　Julius Ⅱ.
　丙　ローン　Roon
四，左ノ地ニ関スル事蹟
　甲　カルレー　Cardlae［ママ・Calais］
　乙　ナンシー　Nancy
　丙　プレトリア　Pretoria

1911年　第24回　本試験
日本史
一，臣連伴造国造の解説
二，鎌倉時代に於ける北條氏と足利氏との関係
三，堀越公方の顛末
四，新井君美の外交及び貿易に関する政策
五，左の人々の事蹟
　甲　王辰爾　乙　藤原経宗
　丙　楠［ママ・楠木］正儀
　丁　長野主繕

東洋史
一，朝鮮李朝の起源
二，帖木児（Timurlenk）の事蹟
三，乾隆帝の外蕃経略
四，左の人名及び地名に関する事蹟
　甲　金の五京　乙　宋雲　丙　班勇
　丁　李舜臣　戊　上都

西洋史
一，アレクサンドル大王の東征時代に於けるペルシアの国情
二，ルイス十四世時代及びルイス十五世代に於けるフランス文化の比較
三，左の人々の事蹟

甲　トーマス・ベッケット　Thomas
　　　　　Becket
　　　乙　カロロ十世グスターフ　Charles X
　　　　　Gustavus
　　　丙　ピウス七世　Pius Ⅶ
　　　丁　アンドレアスホーフェル
　　　　　Andreeas Hofer
　　四．左の地名に関する事蹟
　　　甲　ハリス　Halys
　　　乙　スロイス　Slouys
　　　丙　アナーニ　Anagni［ママ・Ananie］
　　　丁　オムヅルマン　Omdurman

1911年　第25回　予備試験
日本史
　一．斎部氏ノ祖先及其後裔
　二．蛤門ノ変
　三．左ノ事項ノ解釈
　　　甲　式部省治部省　乙　蕃書調所
　　　丙　段銭棟別
　四．左ノ人々ノ事蹟
　　　甲　上杉憲実　　　乙　征西将軍宮
　　　丙　市辺押磐皇子　丁　安積澹泊

東洋史
　一．周初ノ制度
　二．唐代文化ノ隣国ニ及ボセル影響
　三．元ト高麗トノ関係
　四．左ノ名称ニ就キテ知ル所ヲ記セ
　　　甲　南懐仁　　　乙　両税法
　　　丙　南海寄帰伝　丁　柳成龍
　　　戊　瓦刺

西洋史
　一．第一ポエニ戦役ノ初ニ於ケルローマト
　　　カルタゴトノ国情比較
　二．ポーランド衰亡ノ原因
　三．左ノ人々ノ重ナル事蹟

　　　甲　ネストリウス　Nestorius
　　　乙　セルバンテス　Cervantes
　　　丙　セネカ　Seneca
　　　丁　カウニッツ　Kaunitz
　　四．左ノ地ニ関スル事蹟
　　　甲　アゼンクール　Azincourt
　　　乙　グラブロット　Gravelotte
　　　丙　カッペル　Kappel
　　　丁　サラトガ　Saratoga

1912年　第25回　本試験
日本史
　一．風土記編纂ノ始末及其現存セル書目
　二．両六波羅ノ起源及其滅亡
　三．左ノ名称ノ解釈
　　　甲　元享釈書　　乙　愚管抄
　　　丙　解由状　　　丁　鴻臚館
　四．左ノ人々ノ事蹟
　　　甲　穴穂部皇子　乙　小松帯刀
　　　丙　細川重賢　　丁　間部詮房

東洋史
　一．唐代吐蕃ノ形勢
　二．元朝滅亡ノ原因
　三．清露ノ関係
　四．左ノ名称ニ就キテ知ル所ヲ記セ
　　　甲　劉仁願　乙　祆教　丙　襄陽
　　　丁　黄宗義　戊　満洲八旗

西洋史
　一．ハンザ（Hansa）衰微ノ原因
　二．アメリカ独立戦争ノイギリスフランス
　　　并ニオランダニ及ボシタル影響
　三．左ノ人々ノ事蹟
　　　甲　ポリビウス　Polybius
　　　乙　ハンス ザックス　Hans Sachs
　　　丙　フツゲル　Fugger
　　　丁　ベルナドット　Bernadotte

四，左ノ地ニ関スル事蹟
　　甲　エーガチス諸島　Aegatias Islands
　　乙　クールトレー　Courtrai
　　丙　バヨンヌ　Bayonne
　　丁　ヘルゴランド　Helgoland［ママ・Heligoland］

1912年　第26回　予備試験
日本史
　一，大臣大連ノ諸家ト其盛衰
　二，足利義昭ノ末路
　三，左ノ人々ノ事蹟
　　甲　藤原常嗣　乙　鑑真
　　丙　北條時行　丁　佐藤信淵
　四，左ノ事項ノ解釈
　　甲　老中，若年寄
　　乙　宣旨，口旨，令旨
　　丙　異称日本伝
　　丁　建武式目

東洋史
　一，淝水ノ戦ノ原因及ビ結果
　二，渤海ノ興亡
　三，英国ノ東印度会社
　四，左ノ名称ニ就キテ知ル所ヲ記セ
　　甲　六朝　乙　遼東城
　　丙　兵処機［ママ］　丁　理藩院

西洋史
　一，ローマノ僧正ガ諸僧正中ニ卓越シタル地位ヲ占ムルニ至レル事情
　二，ドイツノアフリカニ於ケル植民政策
　三，左ノ人々ノ事蹟
　　甲　サボナロラ　Savonarola
　　乙　モンク　Monk
　　丙　ライブ［ママ・プ］ニッツ　Leibnitz
　四，左ノ地ニ関スル事蹟
　　甲　トラシメヌス　Trosimenus

　　乙　リユツツエン　Lutzen
　　丙　リユネビール　Luneville

1912年　第26回　本試験
日本史
　一，御歴代御諡号撰定ノ由来
　二，鎖国政策ノ利害
　三，左ノ人々ノ事蹟
　　甲　長井雅楽　乙　事代主神
　　丙　藤原種継　丁　僧崇伝
　四，左ノ事項ノ解釈
　　甲　四親王家　乙　践祚即位
　　丙　中国探題　丁　日本霊異記

東洋史
　一，西晋八王ノ乱
　二，西夏ト宋トノ関係
　三，欽察汗国ノ興亡
　四，左ノ名称ニ就キテ知ル所ヲ記セ
　　甲　丸都　乙　陸象山
　　丙　サマルカンド（Samarkand）
　　丁　推恩令

西洋史
　一，ローマノ社会ニ於ケル奴隷ノ影響
　二，イスパニア及ビポルトガルノ植民政策失敗ノ原因
　三，左ノ人々ノ事蹟
　　甲　ハンムラビ　Hammurabi
　　乙　イギリス王リチアード一世　Richard Ｉ.
　　丙　デユムリエー　Dumouriez
　　丁　ニエブール　Niebuhr
　四，左ノ地ニ関スル事蹟
　　甲　ジブラルタル　Gibraltar
　　乙　バレンヌ　Varennes
　　丙　サンドリバー　Sand River
　　丁　ボロヂノ　Borodino

1913年　第27回　予備試験
日本史
　一，光仁天皇ノ御事蹟
　二，和宮ノ東下
　三，左ノ人々ノ事蹟
　　　甲　長屋王　　　乙　上杉治憲
　　　丙　安達景盛　　丁　大内義隆
　四，左ノ事蹟ノ略解
　　　甲　成功重任　　乙　柵戸
　　　丙　雑訴決断所
　　　丁　武家諸法度ノ大要

東洋史
　一，支那三国時代ノ形勢ヲ論ゼヨ
　二，唐代ノ西域
　三，清初ノ制度
　四，左ノ名称ニ就イテ知ル所ヲ記セ
　　　甲　兀良哈台　　乙　陸游
　　　丙　泉蓋蘇文　　丁　廓爾喀

西洋史
　一，マホメット教ノヨーロッパ文明ニ与ヘタル影響
　二，三十年戦役ノ区分並ニ其ノ特徴
　三，左ノ人々ノ事業
　　　甲　アグリッパ　Agrippa
　　　乙　法王レヲ一世　Leo I.
　　　丙　ムリリヨ　Murillo
　　　丁　コブデン　Cobden
　四，左ノ地名ニ関スル事蹟
　　　甲　デケレア　Decelea
　　　乙　ナンシー　Nancy
　　　丙　ウルム　Ulm
　　　丁　チヤールストン　Charleston

1913年　第27回　本試験
日本史
　一，承久乱ノ結果
　二，徳川時代ノ蝦夷地
　三，左ノ人々ノ事蹟
　　　甲　豊城入彦命　　乙　藤原隆家
　　　丙　安積覚　　　　丁　蒲生氏郷
　四，左ノ名称ノ解釈
　　　甲　大饗　　乙　僧綱, 三綱
　　　丙　在庁　　丁　拾芥抄

東洋史
　一，支那南北朝分立ノ来歴
　二，唐代ニ於ケル満洲ノ形勢
　三，中央亜細亜ニ於ケル英露ノ衝突
　四，左ノ名称ニ就キテ知ル所ヲ記セ
　　　甲　陳湯　　乙　周留城　　丙　西域記
　　　丁　銭大所［ママ・銭大昕］

西洋史
　一，中古イタリヤ諸市ガ先ヅ発達セシ理由
　二，トルコ現憲法成立, 其重要ナル條項及ビ其ノ目的
　三，左ノ人々ノ事蹟
　　　甲　フアビウス　Fabius
　　　乙　クリソロラス　Chrysoloras
　　　丙　スカンデルベグ　Skanderbeg
　　　丁　ヤゲロー　Jagello
　四，左ノ地ニ関スル事項
　　　甲　ヴイア アッピヤ　Via Appia
　　　乙　レンス　Rheims
　　　丙　ネールウインデン　Neerwinden
　　　丁　アルジエシラス　Algeciras

1914年　第28回　予備試験
日本史
　一，藤原不比等及ビ其子女ノ事蹟
　二，勅使大原重徳ノ東下
　三，左ノ人々ノ事蹟
　　　甲　源通親　　乙　竹内式部
　　　丙　九條尚忠　丁　調伊企儺

四, 左ノ名称ニ就キテ知ル所ヲ記セ
　　甲　正倉院　　乙　東西本願寺
　　丙　検見定免

東洋史
一, 後漢ト西域トノ関係
二, 支那南北朝時代ニ於ケル南北文化ノ異同
三, 阿片戦争ノ来歴及ビソノ影響
四, 左ノ名称ニ就キテ知ル所ヲ記セ
　　甲　九品中正　　乙　虎思斡耳朶
　　丙　史可法　　　丁　阮福映

西洋史
一, 中世フランスニ於テ王権ノ発達シタル理由
二, ポーランド分割トフランス大革命トノ相互ノ影響
三, 左ノ人々ノ事蹟
　　甲　ピシストラツス　Pisistratus
　　乙　アブル, アツバス　Abul Abbas
　　丙　ヂドロー　Diderot
　　丁　ピウス九世　Pius IX.
四, 左ノ地ニ関スル事蹟
　　甲　シラクサ　Syracuse
　　乙　トリエント　Trient
　　丙　カツツバハ　Katzbach
　　丁　アルジエシラス　Algesiras

1914年　第28回　本試験
日本史
一, 王朝時代ノ兵制及其沿革
二, 寛政異学ノ禁ノ理由
三, 左ノ人々ノ事蹟
　　甲　支倉常永　　乙　高岳親王
　　丙　身狭青, 檜隈博徳　丁　僧疏行
四, 左ノ名称ニ就キテ知ル所ヲ記セ
　　甲　漢委奴国王印　乙　校田, 斑田
　　丙　御朱印船　　丁　神籠

東洋史
一, 清談ノ風習及ビ其影響
二, 唐ト波斯トノ関係
三, 清ノ太宗ノ朝鮮経略
四, 左ノ名称ニ就キテ知ル所ヲ記セ
　　甲　蒲鮮万奴　　乙　喀剌和林
　　丙　顧祖禹　　　丁　都察院

西洋史
一, ローマ共和政治ガ武断政治ニ変ジタル径路及ビ理由
二, 第十八世紀ニ於ケルヨーロツパ五強ノ国是及ビ其ノ発展
三, 左ノ人々ノ事蹟
　　甲　メケナス　Maecenas
　　乙　ヒメネス　Ximenes
　　丙　ジエームソン　Jemeson
　　丁　ヂユゲスレン　Du Gueslin〔ママ・Du Guesclin〕
四, 左ノ地ニ関スル事蹟
　　甲　クルトレー　Courtrai
　　乙　ウイスビー　Wisby
　　丙　レンス　Rheims
　　丁　ミレツス　Miletus

1915年　第29回　予備試験
日本史
一, 院政ノ得失
二, 廃藩置県
三, 左ノ人々ノ事蹟
　　甲　崇道尽敬皇帝　乙　長谷部信連
　　丙　渋川春海
四, 左ノ名称ノ解釈
　　甲　職事蔵人　　乙　天龍寺船
　　丙　本朝通鑑

東洋史
　一，南北朝時代ニ於ケル道仏二教ノ関係
　二，五代ノ形勢ヲ論ゼヨ
　三，愛琿條約
　四，左ノ名称ニ就イテ知ル所ヲ記セ
　　甲　広開土王　乙　提挙市舶使
　　丙　袁崇煥

西洋史
　一，アレクサンドル大王ノペルシヤ征服ノ影響
　二，老ウイリヤムピット（William Pitt, the older）ノフランスニ対スル政略及ビ戦略
　三，左ノ人々ノ事蹟
　　甲　キヤクサレス　Cyaxares
　　乙　バルボア　Balboa
　　丙　ガウス　Gauss
　　丁　バゼーヌ　Bazaine
　四，左ノ地ニ関スル事蹟
　　甲　エウリメドン　Eurymedon
　　乙　ワルトブルグ　Wartburg
　　丙　ダンバー　Dumbar
　　丁　リニー　Ligny

1915年　第29回　本試験
日本史
　一，貞観以後天慶マデノ地方ノ状況
　二，江戸時代ニ於ケル国学ノ発達
　三，左ノ名称ノ解釈
　　甲　改元難陳　乙　租庸調　徭役
　　丙　聚楽第ノ誓詞
　四，左ノ人々事蹟
　　甲　橘奈良麻呂　乙　山名氏清
　　丙　江川英龍　丁　高倉下

東洋史
　一，漢唐文化ノ異同
　二，抜都ノ東欧征伐
　三，戊戌ノ政変
　四，左ノ名称ニ就イテ知ル所ヲ記セ
　　甲　僧一行　乙　点憂斯［ママ・黠憂斯］
　　丙　花石綱　丁　徐光啓

西洋史
　一，ハンザ（Hansa）同盟ノ衰弱シタル原因
　二，第十六世紀及ビ第十七世紀ニ於ケルヨーロッパ大統一ニ関スル諸種ノ企図
　三，左ノ人々ノ事蹟
　　甲　ポリビウス　Polybius
　　乙　ロレンツオ，デ，メヂチ　Lorenzo de' Medici
　　丙　ドン，フワン，ドーストリヤ　Don Juan Daustria
　　丁　メヘメット，アリ　Mehemet Ali
　四，左ノ地ニ関スル事蹟
　　甲　ポンツス　Pontus
　　乙　バーゼル　Basel
　　丙　リガ　Riga
　　丁　アガヂル　Agadir

1916年　第30回　予備試験
日本史
　一，大伴氏ノ盛衰
　二，戦国時代ニ於ケル一向宗
　三，左ノ人々ノ事蹟
　　甲　来目部小楯　乙　山科言継
　　丙　藤原通憲　丁　坂本龍馬
　四，左ノ事項ニツキテ知ル所ヲ記セ
　　甲　三世一身法
　　乙　東鑑
　　丙　関原合戦ノ年月日
　　丁　正徳長崎新令

東洋史

一．大月氏ノ仏教
二．後魏孝文帝ノ改革
三．明末ニ於ケル泰西文化ノ輸入
四．左ノ名称ニツキテ知ル所ヲ記セ
　　甲　鄭吉　　乙　松岳
　　丙　色目人　丁　四庫全書

西洋史
一．十字軍ノ成功セザリシ理由
二．第十五世紀期末ヨリペートル大帝即位ニ至ルマデノロシヤノ沿革
三．左ノ人々ノ事蹟
　　甲　ガイウスグラックス　Gaius-Gracchus
　　乙　トスカネリ　Toscanelli
　　丙　ルーヴオア　Louvois
　　丁　ウオルポール　Walpole
四．左ノ地ニ関スル事蹟
　　甲　ハリス　Halys
　　乙　バーゼル　Basel
　　丙　テクセル　Texel
　　丁　バルセロナ　Barcelona

1916年　第30回　本試験
日本史
一．近江朝廷ノ政治ト飛鳥浄見原朝廷ノ政治トノ異同［宮内：政治トノ比較］
二．嘉吉ノ乱ノ顛末
三．左ノ人々ノ事蹟
　　甲　早良親王　乙　鞍作鳥
　　丙　浅見安正
四．左ノ名称ノ解釈
　　甲　神嘗祭　乙　壺切ノ御剣ノ由来
　　丙　大目付御目付［宮内：大目付小目付］
　　丁　新編追加

東洋史
一．秦ノ海内ヲ統一シ得タル原因

二．曹魏ト高句麗トノ関係
三．西遼ノ興亡
四．左ノ名称ニツキテ知ル所ヲ記セ
　　甲　買耽　　　乙　門生天子
　　丙　物力推排　丁　惠遠城

西洋史
一．中世ニ於ケル商工組合ノ制度
二．プロシア ガ一八〇五年ニ容易ニ打撃ヲ蒙リタル理由
三．左ノ人々ノ事蹟
　　甲　セネカ　Seneca
　　乙　ゲクレン　Guesclin, Bertrand du
　　丙　バンヤン　Bunyan
　　丁　スタニスラウス　レスチンスキ　Stanislaus Lesczinski
四．左ノ名称ニ関スル事蹟
　　甲　ミケネ　Mykene
　　乙　ヴェルダン　Verdun
　　丙　フロンド　Fronde
　　丁　サンドリヴアー　Sand River

1917年　第31回　予備試験
日本史
一．奈良時代の墾田
二．文久三年八月十八日の政変
三．左の人々の事蹟
　　甲　東福門院　乙　道首名
　　丙　僧源空　　丁　足利義尚
四．左の名称の解釈
　　甲　賀名生の行宮　乙　新補地頭
　　丙　交替式

東洋史
一．支那に於ける統一時代（周以後）の国都の名称及び現在の位置を示し且その遷都の理由を挙げよ
二．金の世宗の政策

三，明の成祖の漠北経略
四，左の名称に就きて知る所を記せ
 甲　函谷関　　乙　嚈噠
 丙　同平章事　丁　施琅

西洋史
一，フイリップ二世（Philip Ⅱ）死後のイスパニヤの国勢。
二，一九〇八年より一九一四年に至るまでのバルカン半島諸国の歴史。
三，左の人々の事蹟。
 甲　アルキメデス　Archimedes
 乙　エラスムス　Erasmus
 丙　フランス王チヤールス八世　Charles Ⅷ．
 丁　モンク　Monk
四，左の地名に関する事蹟。
 甲　クナクサ　Cunaxa
 乙　ナルヴア　Narva
 丙　リニー　Liguy
 丁　カルツーム　Khartum

1917年　第31回　本試験
日本史
一，上古の氏族制度
二，鎌倉時代の文化の特色
三，姉川の戦
四，左の名称の解釈
 甲　官幣社，国幣社　乙　親王宣下
 丙　私出挙　丁　三番頭

東洋史
一，漢代の文化
二，天宝の乱
三，清朝滅亡の原因
四，左の名称に就きて知る所を記せ
 甲　新羅武烈王　乙　耶律大石
 丙　澳門　丁　翰林院

西洋史
一，上古に於ける地中海海上勢力の争奪
二，宗教改革を促したるヨーロツパの気運
三，左の人々の事蹟
 甲　ロージャー ベーコン
  Roger Bacon
 乙　ボッシユエー　Bosseuet
 丙　グナイゼナウ　Gneisenau
 丁　カンロベール　Canrobert
四，左の地名に関する事蹟
 甲　カプア　Capua
 乙　ラ ロシエル　La Rochelle
 丙　モハチ　Mohacs
 丁　マグデブルグ　Magdeburg

1918年　第32回　予備試験
日本史
一，藤原広嗣の乱
二，江戸時代に於ける日露の交渉
三，左の人々の事蹟
 甲　円仁　乙　細井知慎
 丙　日羅　丁　畠山政長
四，左の名称の解釈
 甲　八省院　乙　知行国
 丙　済物浦條約　丁　難太平記

東洋史
一，宦官の起原及びその東漢に於ける専権の事蹟
二，元と高麗との関係
三，明代の儒学
四，左の名称に就きて知る所を記せ
 甲　安東都護府
 乙　文献考通［ママ・文献通考］
 丙　土木堡　丁　李昰應

西洋史
一，ローマの兵制の変遷

二，第十六世紀の前半の世界政策及びヨーロッパ政局の梗概
　（注意）此の時期以外に渉らざるを要す
三，左の人々の事蹟
　甲　アグリツパ　Agrippa
　乙　ブラマンテ　Bramante
　丙　ヂユ　ケーヌ　Du Qaesne
　丁　アレクサンドル　イプシランチ　Alexander Ypsilanti
四，左の名称に関する事蹟
　甲　カンタベリー　Canterbury
　乙　ナンシー　Nancy
　丙　タイユ　Taille
　丁　ウルトラモンターン　Ultramontan

1918年　第32回　本試験
日本史
一，保元乱以前［宮内：保元の乱以後］に於ける源平二氏の盛衰
二，戦国時代の対外関係［宮内：対外思想］
三，左の人々の事蹟
　甲　典仁親王　　乙　師錬
　丙　村国男依　　丁　清原頼業
四，左の名称の解釈
　甲　淳和院　　乙　律令格式
　丙　関所
　丁　保元大記［ママ・保建大記］

東洋史
一，漢代の思潮と陰陽五行説
二，唐と大食との関係
三，清の聖祖の塞外親征
四，左の名称に就きて知る所を記せ
　甲　南衙北司　　乙　濮議
　丙　王船山　　　丁　熱河

西洋史
一，アレクサンドリヤの創建とエジプト史との関係
二，七年戦役と世界の大勢及びヨーロッパの政局との関係
三，左の人々の事蹟
　甲　アルキメデス　Archimedes
　乙　トーマスモーア　Thomas More
　丙　スヴアロツフ　Suvaroff［ママ・Suvorov］
　丁　ジエツフアーソン　デーヴイス　Jefferson Davis
四，左の地に関する事蹟
　甲　ダマスクス　Damascus
　乙　バルセロナ　Barcelona
　丙　アミヤン　Amiens
　丁　ブカレスト　Bucharest

1919年　第33回　予備試験
日本史
一，壇浦に於ける源平両軍の勝敗の原因
二，室町時代の僧侶の社会事業
三，左の人々の事蹟
　甲　藤原惟方　　乙　松倉重政
　丙　聖一国師
四，左の名称の説明
　甲　香椎廟　　乙　梅松論　　丙　札差

東洋史
一，前漢の高視［ママ・高祖］と後漢の光武との比較
二，成吉斯汗の西征
三，左の人名の事蹟
　甲　阮籍　　乙　景浄
四，左の名称の説明
　甲　楽浪　　乙　制挙

西洋史
一，ローマ元老院（Senate）の勢力の消長
二，ドイツが三十年戦役後久しく国力を回

復し得ざりし理由
　三，左の人々の事蹟
　　甲　ヒエロ　Hiero
　　乙　バンヤン　Bunyan
　　丙　ルーヴオア　Louvois
　四，左の名称の説明
　　甲　ブカレスト　Bukharest
　　乙　タンネンベルヒ　Tanenberg
　　丙　ブルボン親族契約　Bourbon
　　　Family Compact

1919年　第33回　本試験
日本史
一，令外官の重なるもの二三を挙げ，その
　　創置の事情を記せ
二，左の詩を歴史的に説明せよ
　　　人生五十愧無功。花木春過夏巳中。
　　　満室蒼蝿掃難去。起尋蝉榻臥清風。
三，鎌倉幕府に於ける摂家将軍の更迭につ
　　きて記せ
四，幕末に於ける薩長同盟の顛末を略述せ
　　よ

東洋史
一，春秋時代と戦国時代との大勢比較
二，乾隆時代の文化
三，左の人名地名の説明
　　甲　蔡倫　乙　揚州
四，左の名称の説明
　　甲　青苗法　乙　軍機処大臣

西洋史
一，上古ギリシヤに於ける政体の変遷
二，第十九世紀の工業革命
三，左の人名地名に関する事蹟
　　甲　カヌート　Canute
　　乙　ネイ　Ney
　　丙　ニコメヂヤ　Nicomedie

　　丁　レヒフエルド　Lechfeld
　四，左の名称の解釈
　　甲　フオールム　Forum
　　乙　神の休戦　Truce of God
　　丙　穀物條例廃止同盟　Anti-Corn Law
　　　League
　　丁　文化戦争　Kulturkampf

1920年　第34回　予備試験
日本史
一，記紀撰進の顛末
二，吉野朝時代に於ける北畠氏の事蹟
三，左の人々の事蹟
　　甲　橘遠保　乙　智証大師
　　丙　清河八郎
四，左の名称の解釈
　　甲　院司　乙　俘囚　丙　宗門改

東洋史
一，北京の沿革
二，帖木児と明朝との関係
三，左の人名地名の説明
　　甲　班勇　乙　臨潢
四，左の名称の解釈
　　甲　大学士　乙　十七史

西洋史
一，極盛時に於けるローマ教会の権威並に
　　富力
二，一八七一年後フランスに対するビスマ
　　ルクの政策
三，左の人々の事業
　　甲　ガイウス　グラツクス　Gaius
　　　Gracchus
　　乙　カポヂストリヤス　Capo d' Istrias
　　丙　ゴルチヤコフ　Gortchakov
　　丁　ボリヴアル　Bolivar
　四，左の地に関する史実

甲　ケーロネヤ　Chaeronea
乙　コソヴオリエ　Kossovo Polye
丙　フアショダ　Fashoda
丁　ラ バンデー　La Vendee

甲　ルイ十四世　Louis XIV of France
乙　ローレー　Sir Walter Raleigh
丙　アルント　Ernst Moritz Arndt
丁　パスキエウイチ　Phskitewitch

1920年　第34回　本試験
日本史
一，三條天皇と藤原道長
二，江戸時代商業発達の一斑
三，左の人々の事蹟
　　甲　有間皇子　　乙　伊賀光季
　　丙　安藤信正
四，左の名称の説明
　　甲　武者所　　乙　綜芸種智院
　　丙　下克上

東洋史
一，支那古代（周より唐に至る）の土地制度
二，宋代の対外思想
三，左の人名の説明
　　甲　于謙　　乙　曾国荃
四，左の名称の説明
　　甲　常平倉
　　乙　努［ママ・奴］児干都司

西洋史
一，太古より文芸復興時代に至る西洋文化中心地の移動
二，トルコの隆興及衰頽の事情
三，
　（イ）左の地に起れる史実
　　甲　カルケミジ　Charchemish
　　乙　タウロツゲン　Tauroggen
　　丙　マルメー　Malmoe
　（ロ）古来パリーにて結ばれし平和条約の年代及当事国
四，左の人々の事蹟

口述試験
日本史
一，奈良時代に於ける国分寺設立の結果について
二，豊臣秀吉の朝鮮征伐の結果について右二件が国民にいかなる影響を及ぼしたるか中等学校に於て生徒に講授する程度に因りて説明せしむ

東洋史
一，筆記試験の答案につき不明の点を説明せしむ
二，十八史略中の一節中史料として抄出し，之を通読せしめ，且つ之に本づき中等学校の生徒に講授する程度に於て，後漢時代の制度を説明をなさしむ

西洋史
一，西洋建築様式の変遷を問ふ
二，米国共和民主両党の起源及勢力の消長に就いて述べしむ
三，右二項を中等学校に於て教授するに当り注意すべき点を述べしむ

1921年　第35回　予備試験
日本史
一，奈良時代の奥羽拓殖政策
二，元寇の北條氏に及ぼせる影響
三，左の人々の事蹟
　　甲　荒田別，鹿我別　　乙　源満仲
　　丙　虎関禅師　　丁　親子内親王
四，左の名称の解釈
　　甲　焼尾，荒鎮

乙　伎楽，田楽，猿楽
丙　絲割符商人　丁　勘定吟味役

東洋史
一，唐代宗教界の概況
二，明代に於ける満洲の形勢
三，左の人名地名の説明
　　甲　闕特勤　乙　徳勝
四，左の名称の解釈
　　甲　属国都尉　乙　使相

西洋史
一，古来アジヤ民族のヨーロツパに侵入せるものに就き之を時代順に述べよ
二，イギリス国が領土を拡張せし次第
三，左の地に起れる重なる史実
　　甲　カルレー　Carrhae
　　乙　パヴイヤ　Pavia
　　丙　ブレンハイム　Blenheim
　　丁　マルタ　Malta
四，左の人々の事蹟
　　甲　キモン　Cimon ［ママ・Kimon］
　　乙　トーマス アクイナス　Thomas Aquinas
　　丙　ニエル　Niel
　　丁　ピウス七世　Pius Ⅶ

1921年　第35回　本試験
日本史
一，十七條憲法と其の時勢
二，王朝時代及び江戸時代に於ける浪人
三，左の名称の解釈
　　甲　武庫水門　乙　徒然草
四，左の事項の解釈
　　甲　摂家，清華，堂上，地下
　　乙　明治四十一年の日米覚書

東洋史

一，春秋時代の弭兵会議
二，元時代と清時代とに於ける漢人待遇の異同
三，左の人名地名の説明
　　甲　高句麗長寿王　乙　蔡州
四，左の名称の解釈
　　甲　司隷校尉　乙　儲位密建法

西洋史
一，西洋史上に於ける世界統治思想の発現
二，アフリカに於ける独逸及び伊太利の経略
三，左の地に関する史実
　　甲　アクエーセクスチエ　Aquae-Sextiae
　　乙　カルマル　Kalmar
　　丙　ラロシエル　La Rochelle
　　丁　モハチ　Mohacs
四，左の人々の事蹟
　　甲　アンチオクス三世　Antiocus Ⅲ
　　乙　フレデリック　バルバロッサ　Frederick Barbarossa
　　丙　エラスムス　Erasmus
　　丁　アークライト　Arkwright

1922年　第36回　予備試験
日本史
一，奈良朝に於ける仏教と国家との関係
二，江戸時代初期に於ける国民の海外発展
三，左の人々の事蹟の概要
　　甲　天智天皇　乙　源頼朝
四，左の史的事項
　　甲　按察使　乙　日英同盟

東洋史
一，支那に於ける遠交近攻の史的実例
二，明清学風の相違
三，左の人名地名の説明

甲　鄭夢周　乙　明州
四．左の名称の説明
　　甲　交鈔
　　乙　東印度会社（East India Company）

西洋史
一．第三世紀前後のローマ帝国の経済状態。
二．第十八世紀に於ける英仏の対抗と其の欧州の国際関係に及ぼせる影響。
三．左の人々の事蹟。
　　甲　アツシシのフランシス　Francis of Assisi
　　乙　ジヨン　ラツセル　John Russell
　　丙　マツケンゼン　Mackensen
四．左の地に起れる史実。
　　甲　ヴエルダン　Verdun
　　乙　ヘレス　Xeres de la Frontera
　　丙　ガスタイン　Gastein

1922年　第36回　本試験
［国民教育会編輯部編では，以下の問題は第37回本試験として記載されている］
日本史
一．平安時代に於ける地方の状態。
二．室町幕府の政治組織。
三．左の人々の事蹟。
　　甲　物部麁鹿火　乙　少弐景資
　　丙　プーチヤチン［ママ・プチヤーチン］
四．左の名辞及び地名についての史的説明。
　　甲　名神大　乙　領国　丙　琉球

東洋史
一．六朝文化の特色。
二．明末清初の台湾。
三．左の人名地名の説明。
　　甲　多爾袞　乙　敦煌
四．左の名称の説明。
　　甲　震旦　乙　釐金税

西洋史
一．エジプト，バビロニヤ，ギリシヤの文化史的関係。
二．現今バルカン半島に拠れる諸国独立の事情。
三．左の人々の事蹟。
　　甲　ピルス　Pyrrhus［ママ・Pyrros］
　　乙　カツスルレー　Castlereagh
　　丙　アルフレツド大王　Alfred the Great
　　丁　コルテス　Hernando Cortez
四．
（イ）左の地の所在と史実。
　　甲　ガリポリ半島　Gallipoli Peninsula
　　乙　サラトガ　Saratoga
（ロ）地図を描きてハンザ同盟に属せし主要都市五個以上を記入せよ

口述試験問題
日本史
一．中等学校の国史教授に於ける国体に関する注意。
二．江戸時代の鎖国令の説明及びその教授上の注意。

東洋史
一．支那の統一と分裂に関する歴史的原因を説明せしむ。
二．東洋史教授に関して注意すべき点を問ふ。

西洋史
一．欧米最近事件に関する知識を検し其の由来を説明せしむ
二．西洋史教授に関する抱負を問ふ

1922年　第37回　予備試験

日本史
一，鎌倉時代に於ける禅宗の興隆。
二，江戸時代に於ける幕府の政治改革につきて知る所を記せ。
三，左の人々の事蹟の概要。
　　甲　橘諸兄　　乙　足利義尚
四，左の事項及地名の史的説明。
　　甲　氏ノ上　　乙　院司　　丙　得利寺

東洋史
一，過去に於ける支那分裂の原因。
二，宋代の党争。
三，左の人名地名の史的説明。
　　甲　アクバル（Akbar）　乙　赤壁
四，左の名称の史的解釈
　　甲　祇教　　乙　市舶司

西洋史
一，上古に於ける地中海制海権の沿革
二，封建制度が広くヨーロッパに流行せし［山上：行はれし］理由。
三，
（イ）左の年に起りし重大なる史実を記せよ。
　　甲　一〇七七年　　乙　一五七一年
　　丙　一九〇八年
（ロ）左の人々の事蹟
　　甲　オーガスチン　Augustine
　　乙　リューベンス　Rubens
四，左の地の所在及史実
　　甲　フイリッピ　Philippi
　　乙　スロイス　Sluys
　　丙　カヂス　Cadix［ママ・Cadiz］
　　丁　ヘルゴランド　Helgoland［ママ・Heilgoland］

1923年　第37回　本試験
　［国民教育会編輯部編では，以下の問題は第36回本試験として記載されている］

日本史
一，上代［宮内：上古］に於ける日韓の関係。
二，豊臣氏時代に於ける経済上の発達。
三，左の人々の事蹟の概要
　　甲　安達景盛　　乙　シーボルト
四，左の名称の史的説明
　　甲　出挙　　乙　大介　　丙　今切関所

東洋史
一，支那古代（周より唐に至るまで）の土地制度の概要
二，元代の交鈔と財政
三，左記の人名及び地名の史的説明
　　甲　葛洪　　乙　アンゴラ
四，左記名称の史的説明
　　甲　清真寺　　乙　永楽大典

西洋史
一，近古ヨーロッパに於ける都市発達の事情
二，第十九世紀の半より現今に至る英仏国際関係の変化
三，左の人々の事蹟
　　甲　ノックス　Knox
　　乙　ハムデン　Hampden
　　丙　シヤンプレン　Champlain
　　丁　シヤンポリオン　Champollion
四，
（イ）左の地の所在及び史実
　　甲　ピドナ　Pydna
　　乙　ルーヴエン　Louvain
（ロ）左の名称の解釈
　　甲　再洗礼派　Anabaptists
　　乙　ミズーリ交議　Missourie Compromise

口述試験

日本史
一，国史編纂に就て知るところを述べしむ。
二，幕末史教授の総括的整理に就て述べしむ。

東洋史
一，中等教育程度の東洋歴史教科書唐代の仏教の一節に就き模擬的説明をなさしむ。
二，右一節の諸事項に就き質問を試む。

西洋史
一，オーストリヤとホンガリヤとの歴史的関係を問ふ
二，西洋史教授上生徒の地理科によりて有する知識の利用に関する用意を問ふ

1923年　第38回　予備試験
日本史
一，大化改新
二，戦国時代に於ける欧州文化の影響。
三，左の人々の事蹟。
　　甲　藤原兼実　　乙　林述斎
四，左の名称の史的説明。
　　甲　宣命　　乙　土一揆　　丙　議政官

東洋史
一，秦の長城及び隋の運河を地図によりて説明すべし。
二，北虜南倭につきて知る所を記すべし。
三，左記の人名地名につきて知る所を記すべし。
　　甲　趙子昂　　乙　臥亜（Goa）
四，左記につきて知る所を記すべし。
　　甲　十八史略の名義及び内容
　　乙　社倉の起源及び性質

西洋史
一，西洋上古の文化と現代文化との関係。
二，ヨーロツパ方面に於けるロシヤ領土拡張の次第。
三，左の人々の事蹟。
　　甲　アッシユルバニパル　Asshurbanipal
　　乙　ブラマンテ　Bramante
　　丙　マールボロ　Marlborough
　　丁　マッチニ　Mazzini
四，左の地の所在及び史実
　　甲　キノスケフアレ　Cynoscphalae
　　乙　ブレチニ　Bretigny
　　丙　ガエタ　Gaeta
　　丁　ゲッチスバーグ　Gettysburg

1923年　第38回　本試験
日本史
一，上代国民生活の状態
二，貞永式目制定の事情及びその特色
三，明治時代に於ける條約改正
四，左記の名称につきて知る所を記せ
　　甲　今昔物語　　乙　藤原豊成
　　丙　堺港　　　　丁　町奴

東洋史
一，宋代に於ける儒教と仏教との関係
二，清朝覆亡の来歴
三，左記の地名人名につきて知る所を記せ
　　甲　函谷関（特に地図によりて其位置を示すべし）
　　乙　ゴロービン（Gorovin）
四，左記の名称につきて知る所を記せ
　　甲　刺史　　乙　資治通鑑

西洋史
一，共和時代に於けるローマの属州（Province）政治
二，イギリスが自由貿易政策を採るに至りし事情

三．左の地の所在及び史実
　　甲　ペルガモン　Pergamon
　　乙　カンブレー　Cambray
　　丙　ワイマル　Weimar
　　丁　レヂースミス　Ladysmith
四．左の人々の事蹟
　　甲　スパルタクス　Spartacus
　　乙　チヨーサー　Chaucer
　　丙　ソビエスキー　Sobieski
　　丁　ジヨンアダムス　John Adams

口述試験
日本史
一．吉野朝時代の教授上注意すべき諸点
二．幕末に於ける日米関係の経過

東洋史
一．満洲人の勃興の初大金の興起の一節右につき模擬教授をなさしめ諸事項につきて質問を試み併せて東洋史の諸事項に及ぶ

西洋史
一．中等教育程度の西洋史教科書中「リシユリユー」の事業に関する一節につき模擬授業を為さしむ
一．右一節中の諸事項につき質問を試む
一．今回の本試験筆記試験答案につき質問を試む

1923年　第39回　予備試験
日本史
一．遣唐使廃止以後蒙古襲来以前の日支関係
二．江戸時代泰平の持続せし所以
三．左の詞及び名辞の史的解釈
　　甲　残民争採首陽薇　處々閉盧鎖竹扉詞
　　　　〔宮内：詩〕興吟醱春二月　満城紅緑

為誰肥
　　乙　山門寺門　丙　毛見取
四．左の人々の事蹟
　　甲　武内宿禰　乙　上杉憲実
　　丙　岩瀬忠震

東洋史
一．古代支那人の天変地異に関する観念につきて
二．明末の党争につきて
三．左記の名辞の解釈
　　甲　酒酤　乙　大蔵経
四．左記の人名地名の解釈
　　甲　不空　乙　薩来（Sarai）

西洋史
一．アレクサンドル大王歿後其の領土内に起りたる諸国の興亡
二．十六世紀初より十八世紀末に至る欧洲諸国海上権の推移
三．左の人々の事蹟
　　イ　アルキメデス　Archimedes
　　ロ　ヴエルキンゲトリツクス　Vercingetorix
　　ハ　ダニエル　ウエブスター　Daniel Webster
　　ニ　シヤルンホルスト　Scharnhorst
四．左の地の所在及び史実
　　イ　ヂラキウム　Dyrrachium
　　ロ　アウグスブルグ　Augsburg
　　ハ　モハチ　Mohacs
　　ニ　サンチヤゴ　Santiago

1924年　第39回　本試験
日本史
一．東山時代の文化
二．日露戦役に於ける我が国の国際的地位
三．左の名辞の史的解釈

甲 屯倉　乙 海賊　丙 水帳
四，左の人々の事蹟
　　甲 淡海三船　乙 高弁
　　丙 安藤信正

東洋史
一，唐初の制度と其日本に及ぼせる影響
二，清初の蒙古経略
三，左の名辞の史的解釈
　　甲 枢密院　乙 市易法
四，左の人名地名の史的説明
　　甲 八思巴　乙 舟山

西洋史
一，ケーザルのガリヤ征服の政治的及文化的意義
二，ポルトガル人のアフリカ西海岸探検の動機
三，左の人々の事蹟
　　イ アウレリヤヌス　Aurelianus
　　ロ ナルセス　Narses
　　ハ ペン　William Penn
　　ニ フレシネー　Freycinet
四，左の地の所在及史実
　　イ ナウクラチス　Naucratis
　　ロ シノペ　Sinope
　　ハ クラカウ　Cracow（Krakau）
　　ニ キルク キリセ　Kirk Kilisse

1924年　第40回　予備試験
日本史
一，律令制定事業
二，宝暦事件の顛末
三，左の人々の事蹟
　　甲 大伴金村　乙 三浦胤義
　　丙 高島秋帆
四，左の名辞の説明
　　甲 新撰姓氏録　乙 段銭

丙 御朱印船

東洋史
一，漢時代の儒学につきて記すべし
二，帖木児大王の事蹟を記すべし
三，左の人名地名の説明
　　甲 顧炎武　乙 亀茲
四，左の名辞の説明
　　甲 唐の三省　乙 仏国記

西洋史
一，西ゴート族の移住と其の建国後の歴史
二，十七世紀に於ける英仏国情の比較
三，左の人々の事蹟
　　イ エラトステネス　Eratosthenes
　　ロ アエチウス　Aetius
　　ハ ジスカ　Zizka
　　ニ シワルツエンベルヒ
　　　　Schwarzenberg
四，左の地の所在及史実
　　イ ヴェルケレ　Vercellae
　　ロ カルマル　Kalmar
　　ハ プシエミスル　Przemysl
　　ニ ツオルンドルフ　Zorndof

1924年　第40回　本試験
日本史
一，上古の氏族制度
二，江戸時代の日蘭関係
三，左の人々の事蹟
　　甲 桂庵　乙 三宅観瀾
四，左の名辞の説明
　　甲 四度使　乙 家人

東洋史
一，支那に於ける道仏二教の争
二，中央亜細亜に於ける英露両国の衝突
三，左の人名地名の説明

甲　フエルビース（Verbiest）
　　乙　龍門
四，左の名辞の説明
　　甲　鴻臚寺　　乙　食貨志

西洋史
一，上古希臘の文化と東方文化との関係
二，一八七一年後世界大戦勃発までの露独関係
三，左の名称の史的説明
　　イ　ウオルムスの協約　Concordat of Worms
　　ロ　ロラード　Lollards
四，左の人名及び地名に関する史実
　　イ　ペトラルカ　Petrarca
　　ロ　プロンビエール　Plombiere
　　ハ　ベツサラビア　Bessabia
　　ニ　ボイスト　Beust

1924年　第41回　予備試験
日本史
一，大伴氏の盛衰
二，後北條氏の関東経略
三，左の人々の事蹟
　　甲　結城宗広　　乙　静寛院宮
四，左の名辞の説明
　　甲　本所　　　乙　白絲割符

東洋史
一，支那の運河に関する史的事実
二，漢代の東西交通
三，左記の人及び地に関する史実
　　甲　徐光啓　　乙　平城
四，左の名辞の説明
　　甲　都護府　　乙　四庫全書

西洋史
一，ゲルマニ諸国［山上編ではゲルマニ民族］中フランク王国の特に隆興せし理由
二，ポーランド衰亡の事情
三，左の史的名辞の説明
　　イ　長期議会　Long Parliament
　　ロ　文化闘争　Kulturkampf
四，左の地及び人に関する史実
　　イ　ヒメラ　Himera
　　ロ　バルボア　Balboa
　　ハ　ジエムソン　Jameson
　　ニ　ランニミード　Runnemede

1924年　第41回　本試験
日本史
一，平安時代に於ける政権の移動
二，幕末に於ける攘夷論の変遷
三，左の人々の事蹟
　　甲　祖元　　乙　西川如見
四，左の名辞の説明
　　甲　解由　　乙　庭訓往来

東洋史
一，唐宋二朝の過渡時代につきて述べよ
二，元の世祖の内治上の事蹟を記せ
三，左記の人及び地に関する史実
　　甲　耶律大石　　乙　営州
四，左記の名辞の説明
　　甲　刀貨　布貨　乙　通鑑綱目
注意　答案は問題毎に別紙に認むべし

西洋史
一，キリスト教弘通前ローマ帝国内に行はれたる宗教
二，イングランドとアイルランドとの史的関係
三，左の名称の説明
　　イ　テルミドリヤン　Thermidorians
　　ロ　ゼムストヴオ　Zemstvo
四，左の地及び人に関する史実

イ　フニヤヂ　Hunyadi
　ロ　シヨーモン　Chaumont
　ハ　パルミラ　Palmyra
　ニ　ヴエルジヤンヌ　Vergeunes
注意　答案は問題毎に別紙に認むべし

口述試験
日本史
一，我が国の年号中重要なるもの十箇を挙げ其選択の理由に付きて説明せしむ
二，江戸時代絵画界の状勢を教授するに付き注意すべき諸点を述べしむ

東洋史
一，南北朝時代の後魏の孝文帝時代に於ける事実に付き模擬授業をなさしめ質問して以て其学力を試験す
二，成吉思汗即義経説につき批評をなさしむ

西洋史
一，三十年戦役について教授細目を試問し且つ教授事項の内容に関する知識を検定す

1925年　第42回　予備試験
日本史
一，班田制施行とその廃頽
二，征韓役後に於ける朝鮮との修交始末
三，左の人々の事蹟
　　甲　藤原能保　乙　阿部正弘
四，左の名辞の説明
　　甲　御名代，御子代　乙　田楽

東洋史
一，宋時代の儒学につきて記すべし
二，明末清初の耶蘇教につきて記すべし
三，左記の人名地名につきて記すべし
　地名につきては地図を附記すべし
　　甲　寇謙之　乙　建康
四，左記の名辞につきて記すべし
　　甲　常平倉　乙　仏国記

西洋史
一，共和政時代のローマとエジプトとの政治的及び経済的関係
二，ヴァンダル民族の移動及び其の建国後の歴史
三，一八一四 — 一五年ウィーン会議に於ける主たる国際問題と之に対する列強の態度
四，左の地及び人に関する史実
　イ　コセンツァ　Cosenza
　ロ　エフィアルテス　Ephialtes
　ハ　グロチウス　Grotius
　ニ　ミソロンギ　Missolonghi

1925年　第42回　本試験
日本史
一，上代国民の宗教思想
二，江戸幕府の組織
三，左の人々の事蹟
　　甲　大伴家持　乙　長尾景仲
四，左の名辞の説明
　　甲　蔵人所　乙　御定書百箇條

東洋史
一，秦の以後の長城につきのべよ
二，英領印度の建設につきのべよ
三，左の人名地名につきて記せ
　　甲　劉秉忠　乙　丸都城
四，左の名辞の説明
　　甲　国子監　乙　二十二史剳記

西洋史
一，ヘレニズム文化の特色

二，中古フランスに於ける王権の発達
三，一九〇七年の英露協約
四，左の地及び人に関する史実
    イ　ポリビウス　Polybios
    ロ　センラック　Senlac
    ハ　クラウゼウイッツ　Clausewitz
    ニ　ブレスト　リトウスク　Brest Litovsk

口述試験
日本史
一，上古以来土地所有権の沿革概略
二，平安時代の院政を教授するにつき注意すべき諸点

東洋史
那珂通世著『那珂東洋史』第十八章「宋の初世」の一節を実地授業的に説明せしめ以て其の教授能力を測り且つ其一節中特に左の事項につきて質問し之に関する史的知識と見識とを考査す
一，節度使　二，禁軍　三，黄袍　四，宋の国都　五，支那歴朝の国都

西洋史
左の事項に関する知識を精査し同時に其の教授能力を検定す
一，ヘレニズム
二，一九〇七年の英露協約
三，マーカンチリズム

1925年　第43回　予備試験
日本史
一，北條氏の政策
二，長州征伐の顛末
三，左の人々の事蹟
    甲　鬼室福信　乙　藤原隆家
    丙　荻原重秀
四，左の名辞の説明
    甲　樵談治要　乙　目安箱

東洋史
一，唐代の諸外教
二，蒙古と高麗との関係
三，左記につきて知る所を記せ
    甲　鄭玄　乙　和林
四，左記につきて知る所を記せ
    甲　御史大夫　乙　王舎城

西洋史
一，上古に於けるギリシヤ民族分布の次第
二，ペートル大帝以前に於けるロシヤの沿革
三，ナポレオン一世のドイツに対する政策
四，左の地及び人に関する史実
    イ　コルキラ　Corcyra
    ロ　ダランベール　D'Alembert
    ハ　チユランヌ　Turenne
    ニ　バラクラヴア　Balaklava

1925年　第43回　本試験
日本史
一，奈良平安両時代に於ける兵制の変遷
二，天主教の伝来とその禁制
三，左の人々の事蹟
    甲　日羅　乙　四條隆資
    丙　海北友松
四，左の名辞の説明
    甲　六国史　乙　普化宗

東洋史
一，後魏の文化及び分裂の大勢
二，元清二朝の漢人統治策の異同
三，左記の人名地名の説明
    甲　史可法　乙　臨潢
四，左記の名称の説明

甲　義倉　　乙　南海寄帰伝

西洋史
一，ローマ兵制の変遷
二，バルト海沿岸地方の沿革
三，一八五〇年オルミュツツ協約締結の事情
四，左の地及び人に関する史実
　　イ　クナクサ　Cunaxa
　　ロ　トーマス　ベケット
　　　　Thomas Becket
　　ハ　クチユツク　カイナルヂ
　　　　Koutschouc Kainardji
　　ニ　シヤトーブリヤン　Chateaubriand

口述試験
［西洋史については記載なし］
日本史
一，神代史の性質及びその教授上取扱に関する注意
二，守護，地頭の教授に関する注意

東洋史
一，漢代の史漢［ママ・観］及びその史体につきて
二，漢唐二代の外国経略及びその教授研究に関する注意

1926年　第44回　予備試験
［山上編では西洋史の第44回予備試験と本試験が下記とは逆に記載されている。］
日本史
一，平城京以前の帝都に就いて。
二，元禄時代の世態。
三，左の人々の事蹟。
　　甲　三善清行　　乙　宗良親王
四，左の名辞の説明。
　　甲　能楽　　乙　文禄検地

東洋史
一，満蒙に於ける清露両国勢力の消長を略叙すべし。
二，漢学と宋学との相異を説明すべし。
三，左の人名地名の説明。
　　甲　王玄策　　乙　馬八児
四，左の名辞の説明。
　　甲　結集　　乙　文献通考

西洋史
一，ローマの海上権消長と海賊。
二，オーストリヤ継承戦役より七年戦役に至る間の欧洲国際関係。
三，左の名称の説明。
　　イ　リメス　Limes
　　ロ　マメルツク　Mamelukes
四，左の地及び人に関する史実。
　　甲　モンテ・カシノ　Monte Cassino
　　乙　ウルピヤヌス　Ulpianus
　　丙　レクシントン　Lexington
　　丁　フアーヴル　Favre

1926年　第44回　本試験
日本史
一，鎌倉室町時代両時代幕政の比較
二，日露間に於ける樺太問題の沿革
三，左の人名についての説明
　　甲　藤原緒嗣　　乙　中院通村
四，左の名称の説明
　　甲　部曲　　乙　新律綱領

東洋史
一，仏教の支那に渡来せる諸説を挙げ且つ之を批評せよ
二，元代諸汗国の盛衰を略述せよ（地図を附記すべし）
三，左の人名地名の説明
　　甲　崇厚　　乙　獅子国

四，左の名辞の史的説明
    甲　五行説　　乙　塩鉄論

西洋史
一，エーゲ海文明（Agean Civilization）の遺跡及び遺物
二，東西両羅馬帝国の対ゲルマニ政策
三，米国の太平洋方面の発展史
四，左の地及び人に関する史実
    イ　ナンシー　Nancy
    ロ　ハムデン　Hampden
    ハ　ヤーン　Jahn
    ニ　タウロツゲン　Tauroggen

口述試験
［山上編に西洋史口述試験問題のみあり］
西洋史
一，左の事項に関する知識を審査し其の教授上の能力を考定す
    甲　上古ローマの政治機関
    乙　ウエストフアリヤ条約

1926年　第45回　予備試験
日本史
一，平安時代の仏教界の状況
二，織田豊臣時代の特徴
三，左の人々の事蹟
    甲　足利高基　乙　高田屋嘉兵衛
四，左の名辞の説明
    甲　正倉院　　乙　職原抄

東洋史
一，支那に於ける地方行政区画の名称及び其の変遷を略叙せよ
二，犍陀羅美術の起源及び其の影響を略説せよ
三，左の地名人名につき知るところを記せ
    甲　渇槃陀　乙　朱紱

四，左の名辞を解釈せよ
    甲　市舶　　乙　東華録

西洋史
一，ローマの文化に及ぼせる奴隷の影響
二，地中海に於けるノルマンの活躍
三，上古よりウイーン会議に至るネーデルランド地方の沿革
四，左の地及び人に関する史実
    イ　デケレア　Decelea
    ロ　スパ　Spa
    ハ　ストラボ　Storabo
    ニ　イツルビデ　Iturbide

1926年　第45回　本試験
日本史
一，推古時代の文化
二，鎌倉時代の公武の関係
三，左の人々の事蹟
    甲　北畠満雅　乙　尾藤良助
四，左の名辞の解釈
    甲　門跡　　乙　蔵屋敷

東洋史
一，唐時代の支那と波斯大食との関係
二，明末清初天主教の東西布教
三，左の地名人名の史的説明
    甲　金陵　乙　馬鳴
四，左記の名辞の史的説明
    甲　記［ママ・紀］事本末体
    乙　色目人

西洋史
一，西地中海に於ける希臘民族勢力の消長
二，十字軍以後海上発見に至る欧亜間の商路
三，北米合衆国南北戦役以前に於ける同国とメキシコとの関係

四．左の地及び人に関する史実
　イ　エレウシス　Eleusis
　ロ　ボリヴアル　Bolivar
　ハ　ボルドー　Bordeaux
　ニ　アルント　Arndt

口述試験
日本史
一．後村上天皇崩後に於ける吉野朝廷の御事歴教授上最も注意すべき事項
二．明治維新史の教授上眼目とすべき主要点

東洋史
一．南方支那の開発
二．波斯と支那との交通

西洋史
一．数種の史実に関する年代観念の精粗の考査併せて教授上の用意の考査
二．エタージエネロー及びパールマンに関する知識の考査

1927年　第47回　予備試験
日本史
一．上古及び中古に於ける国史撰修の沿革
二．江戸時代蘭支両国との交通及び其の影響
三．左の人々の事蹟
　甲　藤原光親　　乙　日野富子
四．左の名辞の説明
　甲　刀狩　　乙　鎮台

東洋史
一．波斯アルサク，ササン両朝と支那との交渉を略説せよ
二．莫臥児帝国の興隆及び衰運について
三．左記人名地名の史的説明
　甲　宋雲　　　乙　居庸関
四．左記名辞の史的説明
　甲　三民主義　乙　租庸調

西洋史
一．十世紀後半に於けるドイツの情勢
二．耶蘇会徒（Jesuits）の海外活動
三．十七世紀及び十八世紀に於けるフランスとオーストリヤとの関係
四．左の地及び人に関する史実
　甲　レンス　Rheims
　乙　ダンチヒ　Danzig
　丙　ルイ　ブラン　Louis Blanc
　丁　マッキンリー　McKinley

1927年　第47回　本試験
日本史
一．仏教渡来前の我が国民の信仰
二．織田信長の民政
三．左の人々の事蹟
　甲　師錬　　乙　岩瀬忠震
四．左の名辞の説明
　甲　計帳　　乙　地頭

東洋史
一．渤海国興亡の意義と其五京を説明すべし
二．近世支那に於ける西洋学術の伝来を説明すべし
三．左記人名地名の史的説明
　甲　杜預　　乙　漢中
四．左記名辞の史的説明
　甲　十悪及び八議　乙　石経

西洋史
一．民族大移動以前に於けるローマ帝国とゲルマニヤ民族との関係
二．東ローマ帝国の西欧文化に対する貢献

三，ボヘミヤの沿革
　四，左の地及び人に関する史実
　　　甲　タウロッゲン　Tauroggen
　　　乙　ハイチ　Haiti
　　　丙　カックストン　Caxton
　　　丁　グロチウス　Grotius

口述試験
日本史
1. 天武天皇以後光仁天皇に至る皇位継承の次第とその教授上の注意とにつきて述べよ。
2. 古河公方の勢力の推移を概説してその教授上の注意を述べよ。

東洋史
1. 漢唐二代の儒学の解釈につきて内容上思想上如何なる相異ありや。
2. 上海に関する史実。

西洋史
1. トルコ盛衰の原因
2. イギリス議会に於ける両院関係の変遷

1928年　第49回　予備試験
日本史
　一，上古の地方制度
　二，室町時代の対外政策
　三，左の人々の事蹟
　　　甲　伊賀光季　　乙　平賀源内
　四，左の名辞の説明
　　　甲　記録所　　　乙　公卿補任

東洋史
　一，国都又は帝都としての北京の来歴を記せ
　二，露西亜の中央亜細亜経略を略説せよ
　三，左記人名地名の史的説明
　　　甲　好太王　　　乙　Delhi
　四，左記名辞の史的説明
　　　甲　大理寺　　　乙　文献通考

西洋史
　一，上古ギリシヤ植民地の起因及び其の特質
　二，修道院（Monastery）の組織と其の文化史的意義
　三，中古ラインランド（Rheinland）に於けるドイツ，フランス両民族の勢力消長
　四，左の語の説明
　　　イ　チャーチスト　Chartist
　　　ロ　シン フェイン　Sinn Fein
　五，左の地及び人に関する史実
　　　イ　ヴィルナ　Vilna
　　　ロ　ジッキンゲン　Franz von Sickingen

1928年　第49回　本試験
日本史
　一，建武中興と明治維新との比較
　二，切支丹禁制の沿革
　三，左の人々の事蹟
　　　甲　鬼室福信　　乙　策彦
　四，左の名辞の説明
　　　甲　四度使　　　乙　吾妻鏡

東洋史
　一，道教の発達に就いて記せよ
　二，満洲古来の歴史に就いて記せよ
　三，左記人名地名の史的説明
　　　甲　戒日王　　　乙　敦煌
　四，左記名辞の史的説明
　　　甲　提挙市舶　　乙　水滸伝
　注意
　（一）答案ハ問題毎ニ別紙ニ認ムベシ
　（二）日本史ノ証明書ヲ有スルモノハ東洋

史ノミニ，東洋史ノ証明書ヲ有スルモノ
ハ日本史ノミニ答フルコト。但シ此ノ場
合ハ二時間トス

西洋史
一，クラックスの遠征以前に於けるローマ
とパルチヤとの関係
二，宗教改革以後約百年間に於て新教の伝
播が阻害せられたる事情
三，左の史実の説明
　イ　カルマルの連合　Union of Kalmar
　ロ　ブレムセブロの平和　Peace of
　　　Bromsebro
四，左の地及び人に関する史実
　イ　リリベウム　Lilybaeum
　ロ　ヤゲロー　Jagello
　ハ　バーゴイン　Burgoyne
　ニ　グラーヴロット　Gravelotte
注意　答案ハ問題毎ニ別紙ニ認ムベシ

口述試験
日本史
一，浪人問題に就て教授上注意すべき点の
説明
二，関東管領の解説につき教授上の説明要
点

東洋史
一，仏教の印度より支那に伝る道筋，及び
北支に於ける仏教伝搬の状態に関し学識
と教授上の用意

西洋史
一，ローマ帝国成立の事情
二，仏国大革命以前の外交に関し知識及教
授上の用意

1929年　第51回　予備試験

日本史
一，平安時代に於ける国司制の変遷
二，江戸時代初期の文芸復興
三，左の人々の事蹟
　甲　葛城襲津彦　乙　重源
四，左の名辞の説明
　甲　ハルマ和解　乙　金禄公債

東洋史
一，支那の大運河につきて記し特に其の交
通上に於ける意義を明にすべし
（但地図を附記する事）
二，明末清初の耶蘇教につきて記せ
三，左記の人名地名の史的説明
　甲　楚王英　乙　楽浪
四，左記の名辞の史的説明
　甲　太史令　乙　帝範臣軌

西洋史
一，ケルト民族の移動
二，西地中海に於ける海上権の推移
三，左の名辞の説明
　甲　ミズーリの交譲　Missouri
　　　Compromise
　乙　汎アメリカ主義　Panamericanism
四，左の地及人に関する史実
　イ　エフエスス　Eqhesus［ママ・
　　　Ephesos］
　ロ　アウレリヤヌス　Aurelianus
　ハ　ラロシエル　La Rochelle
　ニ　オーマル　Omar

1929年　第51回　本試験
日本史
一，鎌倉時代に於ける支那文化の影響
二，帝国憲法制度の来歴
三，左の人々の事蹟
　甲　藤原実頼　乙　永井尚志

四，左の名辞の説明
　　甲　椿葉記　　乙　棄捐令

東洋史
一，南北朝時代の文化を説き特に南北の学術風俗等の異同を記すべし
二，仏蘭西の印度支那侵略
三，左の人名地名の史的説明
　　甲　耶律楚材　　乙　扶余
四，左記の名辞の史的説明
　　甲　禹貢　　乙　社倉

西洋史
一，エジプトとバビロニヤとの政治及文化に及ぼしたる地理的影響の比較
二，ノルマン侵寇のドイツとフランスとに及ぼしたる影響
三，ホッブスとロックとの政治思想と其の時代
四，一八七七－七八年露土戦役直前に於けるロシヤとオーストリヤとの関係

口述
日本史
一，履中天皇至継体天皇間ノ皇位継承及ビ執政家ノ盛衰ニ関スル注意事項ニツキテ述ベヨ
二，江戸時代初期ノ朝幕関係ニツキテ述ベヨ

東洋史
一，扶余民族ノ事ニ関シ質問ス
二，東洋史実ノ高等批判及ビ上古ノ史籍特ニ書経ニ関スル諸種ノ質問ヲナス

西洋史
世界大戦前ノオーストリヤ，ホンガリヤ国内ニ於ケル諸民族ノ勢力ノ消長及ビ一八三〇年ベルギー独立成功ノ原因ニ関スル事ヲ述ベヨ。同ジク之ガ教授上ノ用意ヲ問フ。

1930年　第53回　予備試験
日本史
一，江戸時代に於ける北辺の警備
二，奈良時代の文化
三，左の人々の事蹟
　　甲　源順　　乙　隠元
四，左の名辞の説明
　　甲　局務官務　　乙　保暦間記

東洋史
一，正統論について述べ我が国に及ぼしたる影響を論ぜよ
　［宮内：支那の正統論を記し併せて其日本に及せる影響を記すべし］
二，五代の大勢殊にその文化について記せ
　［宮内：五代十国時代の大勢特に同時代の文化につきて注意すべきことを記すべし］
三，左の人名地名の史的説明
　　甲　申叔舟　　乙　デリー
四，左記の名辞の史的説明
　　甲　青天白日旗　　乙　飛銭

西洋史
一，ローマ帝国内に移住建国したるゲルマン民族と在来のローマ州民との関係
二，ローマ法皇と文芸復興
三，英国が北米植民地に対して執りたるマーカンチリズムを基調とせる政策
四，左の史的名辞の説明
　　イ　レヴエラー　Levellers
　　ロ　デカブリスト　Decabrists

1930年　第53回　本試験
日本史

一，上古に於ける我が外交関係（遣隋使派遣以前）
二，鎌倉江戸両幕政の比較
三，左の人々の事蹟
　甲　藤原能信　　乙　舟橋秀賢
四，左の名辞の説明
　甲　国持衆，相伴衆，引付衆
　乙　西洋事情

東洋史
一，歴史的に見たる支那の南と北
二，明初に於ける外国経略
三，左記につきて知る所を記すべし
　甲　南懐仁　　乙　殷墟
四，左記の名辞の説明
　甲　抱朴子　　乙　五明

西洋史
一，上古ローマの食糧問題と其の政治上及び社会上に及ぼしたる影響
二，ハンザ同盟の諸市と其の海陸商路とを示す地図を描け
三，中古に於けるドイツ人とスラヴ人との民族的抗争
四，メッテルニヒ（Metternich）の保守主義政策とカニング（Canning）の自由主義政策との由来

口述
日本史
一，奈良時代ノ皇位継承並ニ事変ノ教授上注意スベキ要項ヲ説明セヨ
二，室町時代文化ノ教授上注意スベキ要項ヲ説明セヨ

東洋史
一，印度国名ノ諸名称ト支那国名ノ起源由来及ビ支那ト支那人ト云フ名称ノ範囲ニツキ説明セヨ

西洋史
一，上古ギリシヤニ対シヘレスポントノ有セシ政治的及ビ経済的価値
二，黒海北岸地方ニ於ケル民族トスラブ人ノ移住

1931年　第55回　予備試験
日本史
一，平安時代に於ける社寺の勢力
二，江戸時代洋学の発達
三，左の人々の事蹟
　甲　大伴古麻呂　　乙　妙葩
四，左の名辞の説明
　甲　太田文　　乙　開成所

東洋史
一，宋代の儒仏道三教の関係
二，支那の封建制度
三，左記の人名地名につきて知る所を記すべし
　甲　李退渓　　乙　天方
四，左記の史的名辞の解釈
　甲　通鑑綱目　　乙　釐金税

西洋史
一，イベリヤ半島とガリヤとのローマ化過程の比較
二，オーストリヤの起原
三，宗教改革がスウェーデンの国民的独立に及ぼしたる影響
四，モンロー主義宣言以後世界大戦に至る間に於ける米国と欧洲列強との関係

1931年　第55回　本試験
日本史
一，大覚寺持明院両統の御和睦と其の影響

二，明治時代国民思想の変遷
三，左の人々の事蹟
　　甲　紀大磐　　乙　小幡景憲
四，左の名辞の説明
　　甲　朝野群載　　乙　過所

東洋史
一，漢属四郡時代の朝鮮につきて記すべし但し地図を附記すること
二，清代の学術につきて記すべし
三，左記の人名地名の史的説明
　　甲　Stein　　乙　明州
四，左記の名辞の史的説明
　　甲　御史大夫　　乙　洛陽伽藍記

西洋史
一，セレウクス家とヘレニズム
二，ローマ共和政時代に於ける政治の形式と実際
三，イスパニア王フイリップ二世の内外政策とイスパニヤの衰因
四，フィンランドと帝政ロシアとの関係

口述
日本史
一，鎌倉時代仏教界状況の説明と教授上の注意
二，室町時代末に於ける欧洲文化の伝播及び其の伝播の説明と教授上の注意

東洋史
一，唐代の満洲の形勢事情及び喇嘛教の起原発達につき質問して受験者の学力を検す

西洋史
一，左の二項に関する知識と其の教授上に於ける用意とを検す

一，「ローマ」の「カルタゴ」を全滅せしめたる理由
二，神聖同盟崩壊の理由

1932年　第57回　予備試験
日本史
一，上代帰化人と我が文化
二，徳川吉宗の政治
三，左の人々の事蹟
　　甲　藤原百川　　乙　崇伝
四，左の名辞の説明
　　甲　長講堂領　　乙　徳政

東洋史
一，渤海国の興亡
二，道教の起源と発達
三，左記の人名及び地名の史的説明
　　甲　龍樹　　乙　亀茲
四，左記名称の史的説明
　　甲　刺史　　乙　平準書

西洋史
一，ギリシヤ傭兵の流行と其の史的意義
二，民族大移動後の新興諸国に於けるローマ，ゲルマニヤ両要素の融合
三，モスコー公国勃興の原因
四，ウィーン会議以後に於けるドイツの国民的統一計画と其の容易に実現せざりし理由

1932年　第57回　本試験
日本史
一，大宝令の後世に及ぼせる影響
二，安土桃山時代工業の発達
三，左記の人々の事蹟
　　甲　日羅　　乙　小栗上野介
四，左の名辞の説明
　　甲　寛平遺誡　　乙　兵粮米

東洋史
　一，宋代の史学関係の著述につきて
　二，西蔵古来の歴史につきて
　三，左記の人名及び地名の史的説明
　　　甲　閻立本　　乙　開平
　四，左記名称の史的説明
　　　甲　釈老志　　乙　軍機処

西洋史
　一，ギリシヤ及びローマの史家と其の著作
　二，ローマの小アジヤ政策
　三，ジロンド党が外国戦争を主張せし理由
　四，日英同盟成立当時に於ける英国と列強との関係

口述試験
日本史
　一，歴代山陵ノ調査及ビ修補ニ関スル事蹟ニ就キテ説明セシム
　二，足利義満ノ朝廷ニ対スル態度ニ就キテ説明セシム

東洋史
　一，古来蒙古方面ニ於テ現ハレタル諸民族ノ名称及ビソノ大勢ニツキテ

西洋史
　一，宗教改革ニ関スル知識ヲ検シ，之ガ教授ニ就イテノ用意ヲ問フ

1933年　第59回　予備試験
第一日ノ分
　一，平安時代の特色
　二，左の人々の事蹟
　　　甲　藤原豊成　　乙　渋川義鏡
　三，六朝の文化特に宗教につきて
　四，左記の人名地名の説明
　　　甲　蔡倫　　　乙　忽汗城

　五，ローマ興起以前イタリヤに於ける民族の分布
　六，中古西欧史上に於ける世界統治主義と民族主義との交錯
注意
（一）歴史科ノ内日本史東洋史ノ免許状・歴史科ノ内日本史又ハ東洋史ノ成績佳良証明書所有者及歴史科ノ内日本史東洋史ノ前回予備試験合格者ハ問題中第一問・第二問・第三問・第四問ニ答フルヲ要セズ，此ノ場合ノ解答時間ハ一時間トス。
（二）歴史科ノ内西洋史ノ免許状所有者又ハ歴史科ノ内西洋史ノ前回予備試験合格者ハ問題中第五問・第六問ニ答フルヲ要セズ，此ノ場合ノ解答時間ハ二時間トス。

第二日ノ分
　七，寛政異学の禁と其の影響
　八，左の名辞の説明
　　　甲　建武年中行事　乙　撰銭
　九，元の衰亡の源因
　一〇，左記の名称の説明
　　　甲　総理衙門　　　乙　西遊記
　一一，クチュク・カイナルヂ平和條約及び其の史的意義
　一二，英国の欧洲大陸に対する政策の史的考察
注意
（一）歴史科ノ内日本史東洋史ノ免許状・歴史科ノ内日本史又ハ東洋史ノ成績佳良証明書所有者及歴史科ノ内日本史東洋史ノ前回予備試験合格者ハ問題中第七問・第八問・第九問・第十問ニ答フルヲ要セズ，此ノ場合ノ解答時間ハ一時間トス。
（二）歴史科ノ内西洋史ノ免許状所有者又ハ歴史科ノ内西洋史ノ前回予備試験合格者ハ問題中第十一問・第十二問ニ答フルヲ要セズ，此ノ場合ノ解答時間ハ二時間トス。

1933年　第59回　本試験
日本史
　一，禅宗の伝承と其の影響
　二，近世に於ける都市の発達
　三，左の人々の事蹟
　　　甲　劉仁願　　乙　佐久間信盛
　四，左の名辞の説明
　　　甲　重任成功　乙　徴士貢士

東洋史
　一，万里長城の来歴
　二，印度に於ける英仏二国の競争
　三，左の人名地名の説明
　　　甲　汪直　　　乙　玉門関
　四，左の名辞の説明
　　　甲　社倉　　　乙　芸文志

西洋史
　一，エジプト文明の本質的特性
　二，ローマ帝政時代に於ける農業経済の変遷
　三，ホイッグ（Whig）トーリー（Tory）両党成立の事情
　四，近世的民族国家としてのフランスの発達

日本史口述試験
　（イ）浪人の起りし事情と其の意義の変遷

東洋史口述試験
　（イ）唐代の支那と印度との関係につきて
　（ロ）丞相、内閣等の支那歴代の官制につきて
　（附）平素閲読の歴史関係の雑誌につきて

西洋史口述試験
　（イ）本試験筆記試験の第二問及び第四問に関し更に其の知識を考査し且つ其の事項を教授するに就いての用意を問ふ。

1934年　第61回　予備試験
日本史
　一，平安時代武士の興起
　二，室町時代の学問につきて
　三，左の人々の事蹟
　　　甲　伊賀光季
　　　乙　中山忠熊［ママ・中山忠能］
　四，左の名辞の説明
　　　甲　内官家　　乙　集古十種

東洋史
　一，支那学術史上の漢代につきて
　二，露西亜の東亜細亜経略につきて
　三，左記の人名地名の説明
　　　甲　アクバール（Akbar）　乙　龍門
　四，左記の名称の史的説明
　　　甲　府兵　　　乙　春秋三伝

西洋史
　一，アテネの経済的発展と政治形態との関係
　二，西ローマ帝国滅亡後チヤールス大帝に至る迄のイタリヤに於ける政治的勢力の推移
　三，一七九一年のピルニッツの宣言
　四，一八五九年ヴィラフランカ休戦条約及び仮平和条約の要項と其の成立事情

1934年　第61回　本試験
日本史
　一，奈良時代の社会事業
　二，江戸時代美術工芸の発達
　三，左の人々の事蹟
　　　甲　慧慈　　　乙　佐々成政
　四，左の名辞の説明
　　　甲　阿衡の議　乙　新論

東洋史
一，唐時代の支那と中亜諸国との関係
二，元時代の漢人統治政策
三，左記の人名地名の史的説明
　　甲　楽毅　　　乙　薩爾滸
四，左記の名辞の史的説明
　　甲　三国史記　乙　石経

西洋史
一，プトレマイオス家の施政方針
二，オスマン・トルコ侵入直前に於けるバルカンの情勢
三，ドン・コサックの起源
四，近世フランスの対ドイツ政策を史実によりて概括せよ

口述問題
日本史
（一）戦国時代ヲ教授スルニツキテノ注意。
（二）幕末ニ於ケル攘夷論ノ変遷。

東洋史
（一）戦国時代ノ大勢及ヒ人物ニ関シテ質問。
（二）漢唐二代特ニ唐代ノ外国征服ニ関シテ質問。

西洋史
（一）一八七〇―七一年独仏戦役ニ対スル英国ノ態度ヲ問フ。
（二）西洋歴史教授上ニ類例ヲ用キルニ就キテノ用意ヲ問フ。

1935年　第63回　予備試験
日本史
一，遣唐使廃止の我が文化に及ぼせる影響
二，江戸幕府の社会秩序維持につきて述べよ
三，左の人々の事蹟
　　甲　大伴部博麻　乙　道隆
四，左の名辞の説明
　　甲　土倉役　　　乙　三国通覧

東洋史
一，支那に於ける土地制度の沿革
二，北清事変前後に於ける清国の政情
三，左記の人名地名の史的説明
　　甲　鄭夢周　乙　健駄羅（Gandhara）
四，左記の名辞の史的説明
　　甲　行省　　乙　九朝紀事本末

西洋史
一，古代史上に於けるヘレスポントの軍事的経済的価値
二，アルサス・ロレイヌ問題の史的考察
三，宗教改革がドイツの各階級に弘まりし理由
四，最近半世紀間に於て英国が海外領土に対して執りし政策

1935年　第63回　本試験
日本史
一，大化改新と明治維新との比較
二，五山文学と其の影響
三，左の人々の事蹟
　　甲　伊吉連博徳　乙　松平康英
四，左の名辞の説明
　　甲　経国集　　　乙　足高

東洋史
一，後漢の対外関係
二，東洋に於ける印刷術の発達
三，左記の人名地名の史的説明
　　甲　劉予　　乙　建康
四，左記の名辞の史的説明
　　甲　猛安謀克　乙　会典

西洋史
一, ローマ帝国内の交通とその国防及び産業との関係
二, 中古に於けるドイツ民族の東方進出
三, モスコー大公国勃興の原因
四, イタリヤのトリポリ及びキレナイカ併合に対する列国の態度

口述試験
日本史
一, 奈良時代の事変とその教授上の注意
二, 江戸時代経済発達の理由

東洋史
一, 都護の沿革と唐代六都護府の位置（地図により）
二, 韓国併合につき歴史教育上の取扱

西洋史
古代西ヨーロッパに於ける民族分布及びドイツの政治的統一の後れたる理由。
その教授に対する用意。

1936年　第65回　予備試験
日本史
一, 平安時代の対外関係
二, 江戸時代に於ける国史の研究
三, 左の人々の事蹟
　　甲　恵日　　乙　四條隆資
四, 左の名辞の説明
　　甲　御家流　　乙　後鑑

東洋史
一, 宋代の文化特に仏教につきて
二, 欽察汗国の興亡
三, 左記の人名地名の史的説明
　　甲　許慎　　乙　臨潢
四, 左記の名称の史的説明
　　甲　三公九卿　　乙　東華録

西洋史
一, ローマ帝国に於ける人口問題の史的意義
二, 十字軍が西ヨーロッパの経済生活に及ぼしたる影響
三, フランスとシュマルカルド戦争
四, 一八四八―九年フランクフルト国民議会のドイツ統一計画が失敗に終りし理由

1936年　第65回　本試験
日本史
一, 奈良時代の国民精神
二, 安土桃山時代に於ける外国文化の影響
三, 左の人々の事蹟
　　甲　藤原信実　　乙　玉木葦斎
四, 左の名辞の説明
　　甲　和名抄　　乙　大番役

東洋史
一, 漢代の支那と匈奴との関係
二, 支那に於ける基督教
三, 左記の人名地名の史的説明
　　甲　馬鳴　　乙　天台山
四, 左記の名辞の史的説明
　　甲　起居注　　乙　保甲

西洋史
一, フェニキヤとギリシヤとの文化的関係
二, サラセンの東ローマ帝国領略取を容易ならしめたる各種の事情
三, 十六世紀中頃以後に於けるイスパニヤ衰勢の原因
四, 一九〇八年青年トルコ党による革命の目的

口述試験

日本史
　一，武士ノ勃興ト武士道ノ発達ニツイテノ教授上ノ注意
　二，日英同盟ニ関スル教授上ノ注意

東洋史
　一，在満洲ニ起リタル諸民族諸国ノ事竝ニ満洲帝国ノ事ト冀東自治政府ノ事等
　二，支那史体史籍竝ニ支那ノ図書類別ト清朝四庫全書等ニツキテ質問シテ其学識ヲ検ス

西洋史
　一，欧洲ニ於ケル小［ママ・少］数民族問題ノ歴史ト「土耳古」国勢衰退ノ原因トニ関スル知識ヲ検ス

1937年　第67回　予備試験
日本史
　一，室町時代文化と其の後世に及ぼせる影響
　二，江戸時代交通の発達
　三，左の人々の事蹟
　　甲　紀夏井　　乙　兀庵
　四，左の名辞の説明
　　甲　家人　　乙　庚午年籍

東洋史
　一，秦の一統に関する記実及び評論
　二，明末清初の天主教宣伝
　三，左記人名・地名につきて記せ
　　甲　義浄　　乙　サマルカンド
　四，左記につきて記せ
　　甲　交鈔　　乙　愛琿條約

西洋史
　一，ケーザルの事業のローマ史に於ける意義
　二，対外政策が国内統一に利用せられたる西洋史上の実例
　三，一七八一年の露墺同盟及び一七八五年のドイツ君公聯盟
　四，日露戦役以後，欧洲の情勢が日露の関係に及ぼしたる影響

1937年　第67回　本試験
日本史
　一，律令政治と藤原氏
　二，明治時代に於ける立憲思想の発達
　三，左の人々の事蹟
　　甲　興良親王　　乙　安井算哲
　四，左の名辞の説明
　　甲　本所　　乙　西洋記聞

東洋史
　一，南北朝時代の儒学及び文学につきて
　二，英支両国の関係につきて
　三，左記の人名・地名につきて記せ
　　甲　超日王　　乙　井陘
　四，左記につきて記せ
　　甲　文廟　　乙　釈老志

西洋史
　一，第十八及び第十九王朝時代のエジプトと諸外国との交渉に関する史料
　二，西ローマ帝国滅亡後，ノルマン人の占有までのシシリーの沿革
　三，フランス第三共和政治の成立
　四，汎アメリカ主義と米国との関係

1938年　第69回　予備試験
日本史
　一，上古に於ける産業の発達
　二，戦国時代の特質と形勢の推移
　三，左の人々の事蹟
　　甲　文屋綿麻呂　　乙　宮崎安貞

四．左の名辞の説明
　　甲　長講堂領　　　乙　雲上明覧

東洋史
一．漢代の文化につきて
二．莫臥児帝国の興亡につきて
三．左記の人名地名につきて知る所を記すべし
　　甲　恭親王　　　　乙　龍門
四．左記名辞の史的説明
　　甲　二十二史劄記　乙　三民主義

西洋史
一．エーゲ文明とエジプト文明との関係
二．ボヘミヤ王国の盛衰
三．一八八七年のドイツ・ロシヤ協約
四．第一次第二次及び第三次日英同盟條約の要旨及びその異同

1938年　第69回　本試験
日本史
一．平安時代に於ける荘園の発達
二．江戸時代の平民文芸
三．左の人々の事蹟
　　甲　宏覚禅師　　　乙　川路聖謨
四．左の名辞の説明
　　甲　太田文　　　　乙　礼儀類典

東洋史
一．渤海国の興亡とその日本との関係
二．広東を主として観たる支那の外国貿易
三．左記の人名地名の史的説明
　　甲　李広利　　　　乙　鄂州
四．左記名辞の史的説明
　　甲　東西洋考　　　乙　行中書省

西洋史
一．アテネ民主政治の末路

二．サラセンのイベリヤ半島占拠の文化史的意義
三．ナントの勅令
四．フアショダ事件

1939年　第71回　予備試験
日本史
一．武士の興起と其の中央進出
二．江戸時代に於ける商工業の発達
三．左の人々の事蹟
　　甲　明恵　　　　　乙　西川如見
四．左の名辞の説明
　　甲　懐風藻　　　　乙　馬借

東洋史
一．唐太宗の経歴事業をのべ且つ之を評論すべし
二．康熙帝時代の清露両国の外交関係を記すべし
三．左記の人名地名の説明
　　甲　鳩摩羅什　　　乙　安息
四．左記の名辞の説明
　　甲　芸文志　　　　乙　三民主義

西洋史
一．ヘレニズム文化に於ける東方的要素
二．ドイツに於て近世的国家統一が英仏に比して後れたる理由
三．ファシストとイタリヤ憲法
四．左の地及び人に関する史実
　　イ　タウロッゲン　Tauroggen
　　ロ　ケプラー　Kepler
　　ハ　マサリク　Masaryk
　　ニ　グワダルペ　ヒダルゴ　Guadalupe Hidalgo

1940年　第71回　本試験
日本史

一．戦国時代の海外貿易
二．明治時代社会生活の変替
三．左の人名と地名の解説
　　甲　藤原明衡　　乙　日高見
四．左の名辞の解説
　　甲　新葉集　　乙　国持衆

東洋史
一．支那に於ける仏教初伝の諸説につきて記述批判せよ
二．清朝初期の蒙古経略
三．左の人名と地名の解説
　　甲　左宗棠　　乙　占城
四．左の名辞の解説
　　甲　回教　　乙　通鑑綱目

西洋史
一．共和政時代ローマのエーゲ海方面に於ける海上権の消長
二．ユスチニヤヌス帝の財政策と帝の歿後に於けるその影響
三．一八四八―九年フランクフルト国民議会のドイツ国民統一計画が遂に失敗に終りたる理由
四．左の人及び地に関する事蹟
　　イ　レンブラント　Rembrandt
　　ロ　ドロイゼン　Droysen
　　ハ　ヨークタウン　Yorktown
　　ニ　ナヴァリノ　Navarino

1941年　第73回　本試験
日本史
一．奈良平安時代に於ける国史撰修の意義
二．室町時代に於ける座の発達
三．左の人々の事蹟
　　甲　川路聖謨　　乙　慧安
四．左の名辞の説明
　　甲　法華経義疏　　乙　公廨

東洋史
一．北米合衆国ト東亜トノ関係
二．宋代儒仏二教ノ関係
三．左記ノ人名地名ノ史的説明
　　甲　王充　　乙　東京城
四．左記ノ名辞ノ史的説明
　　甲　三国史記　　乙　札薩克

西洋史
一．上古ギリシヤの政治的統一を妨げたる諸要素
二．回教勃興による欧州内部の政治上及び社会上の変化
三．一九〇七年の日露協約
四．米国の膨張

1941年　第75回　予備試験
日本史
一．奈良平安両時代に於ける墾田の発達。
二．桃山時代大陸への発展。
三．左の人々の事蹟。
　　甲　橘広相　　乙　結城宗広
四．左の名辞の説明。
　　甲　古史通　　乙　棄捐法

東洋史
一．周代の制度に就きて記述批判せよ。
二．蒙古帝国成立の次第を記せ。
三．左記の地名人名の史的説明。
　　甲　扶南　　乙　張居正
四．左記の名辞の史的説明。
　　甲　銭荒　　乙　海国図志

西洋史
一．ギリシヤ文化の発展に対する東方先進国文化の寄与。
二．民族大移動後ゲルマニヤ人の建てたる

諸国中フランク国の特に興隆せし理由。
三，ビルマルク［ママ・ビスマルク］の文化政策。
四，左記の地及び人に関する史実。
 1．ルパント　Lepanto
 2．グロチウス　Grotius
 3．ワイマル　Weimar
 4．マツキンリー　M'cKinley

1941年　第75回　本試験
日本史
一，鎌倉幕府衰亡の理由
二，江戸時代地方自治制とその現代に及ぼせる影響
三，左の人々の事蹟
 甲　石上宅嗣　　乙　伊勢貞親
四，左の名辞の説明
 甲　綜芸種智院　乙　廃仏棄釈

東洋史
一，唐代兵制の遷
二，西蔵の歴史
三，左の名辞の説明
 甲　粟特　　　　乙　李秀成
四，左の名辞の説明
 甲　五均六筦　　乙　三朝北盟会編

西洋史
一，帝政時代のローマ国家に於ける労力の問題
二，スウイス傭兵の欧州史上に演じたる役割
三，重商主義の英仏両国家に及ぼしたる影響
四，アメリカ合衆国の太平洋政策の起原

1942年　第77回　予備試験
日本史
一，平安時代に於ける奥羽の拓殖
二，宋学の伝播と国民文化
三，左の人人の事蹟
 甲　大伴金村　　乙　角倉了以
四，左の名辞の説明
 甲　和学講談所　乙　庭訓往来

東洋史
一，魏晋南北朝時代の社会
二，英領印度の成立
三，左の地名人名の解説
 甲　室利仏逝　　乙　司馬相如
四　左の名辞の解説
 甲　達魯花赤　　乙　陔餘叢考

西洋史
一，上古のギリシヤに対するヘレポントの経済的重要性
二，回教の勃興によりて起りしヨーロッパ情勢の変動
三，十八世紀に於けるフランス植民政策の失敗せし原因
四，一八六六－七〇年に於けるビスマルクの外交

1943年　第77回　本試験
日本史
一，奈良遷都の意義
二，室町時代の日鮮関係
三，左の人々の事蹟
 甲　藤原光親　　乙　中浜万次郎
四，左の名辞の説明
 甲　普化宗　　　乙　解体新書

東洋史
一，漢代の財政経済
二，清代の新疆
三，左の名辞の説明

甲　大理　　　乙　俺答
四，左の名辞の説明
　甲　嶺外代答　乙　国子監

西洋史
一，ユスチニヤヌス帝歿後東ローマ帝国の不振に陥りたる事情
二，オット大帝の権力の基礎
三，ユグノーのヨーロッパ経済史上に於ける貢献
四，米国の独立運動開始前に於ける英国の北米植民地に対する重商主義的政策

家事

1893年　第6回
一．居住すべき土地の撰択につき注意すべき
　　点を列記すべし
二．流行と衣服との関係を述ぶべし
三．一家の常食に関し献立をなし其可否につ
　　き理由を記して説明すべし
四．家計簿記の効用をあぐべし
五．記入法につきて特別に注意すべき事項を
　　問ふ
六．作法とは如何なるものなるか
七．接客につきて心得を記すべし
八．断乳期前後に於て小児の取扱ひ方を問ふ
九．小児に与ふる玩具は如何なる心得を以て
　　択ぶ可きや又之をもて教育上裨益あらしむ
　　方法如何例をあげて明記すべし

1897年　第10回
予備試験
一．衣服を調製するに当りて注意すべき事項
　　を列挙せよ
二．食物の原質并に調理法と其消化との関係
　　は如何日用食品に就き例を挙げて之を詳記
　　すべし
三．畳及建具の択び方に就きて必要なる事項
　　を記入すべし
四．嬰児の乳養に関する心得を問ふ
五．左の事項を日記帳に記入すべし

四月一日	清水焼煎茶器壱組	金壱円八拾銭
四月二日	来客接待用ビスケット二斤	金六拾銭
四月二日	湯札三拾枚	金三拾銭
四月三日	長女花子稽古用挿花代	金拾銭
四月四日	次郎風邪全快に付礼として医師	金五拾銭
四月五日	掃除会社本月分	金二拾銭
四月五日	洋服附属品洗濯代	金二拾二銭
四月六日	古新聞紙屑其他不用品売却代	金八拾銭
四月七日	茶一斤	金拾二銭
四月八日	日用半紙五帖	金拾二銭
四月九日	台湾地図一枚	金拾五銭
四月十日	貯蓄銀行へ貯金	金五円

本試験（5時間）
設問
一．刺激性食物とは何をいふや又其営養上の
　　利害は如何
二．建坪三十五坪以内の家屋の図面を製して
　　其間取の考案を表はすべし但し室の種類広
　　狭多少等は随意とす
三．家計簿記法の教授要目及教授の順序方法
　　を問ふ
四．小児に聴かしむべき説話の撰び方及び其
　　談話の方法に関する事項を詳述すべし

口頭
一．修業年限六ヶ年にして尋常小学校より連
　　続する高等女学校生徒に家事を教授するに
　　当り左の件に就きて考案を問ふ
　　　1．教授すべき要目　2．各綱目の配当
　　　3．教授の方法　　　4．毎週教授時数

1903年　第17回
本試験
設問（4時間）
一．新婦を迎へし後披露の祝宴を開くに当り
　　賓客の接待に関して必要なる事項を左の数
　　条によりて記載すべし
　　（1）玄関、携帯品置場、化粧室、待合室、
　　　　宴会室、右各室配置の図面並に装飾
　　（2）饗膳の献立
　　（3）余興
二．婢僕待遇の方法に就きて各自の考案を述

べよ
三．修業年限三ヶ年の高等女学校に授くべき家事科の教授細目を作るべし　但し教授時数第三学年に於て毎週三時間とす

口頭
一．家庭に於て児童に公徳を教ふるには如何にすべきか

1906年　第20回
予備試験（4時間）
一．夏期数十日間海浜の別荘に居住せんとす，左の諸項に就きて各自の考案を述ぶべし
　　（イ）準備　（ロ）子女教育上の注意
　　（ハ）主婦の日課　（ニ）交際の心得
　　（ホ）臨時客に対する饗膳の献立
二．左の場合に於て親戚の家に贈物をなすには如何なる品種を選ぶべきか又其返礼は如何にすべきか且つ総てに就きて装飾の方法を併せ記すべし。但し上下の等差并に季節は随意たるべし
　　（イ）金婚式祝　（ロ）男子誕生祝
　　（ハ）餞別（欧州漫遊の人を送る）
　　（ニ）洪水見舞　（ホ）弔問
三．中等の家庭に於ける支出の項目を列挙し各条に就きて経済上注意すべき要点を述ぶべし

1912年　第26回
予備試験（4時間）
一．小児部屋の設計図を調製して其諸設備並に諸器具の配置を記し且つ他室との連絡をも附記すべし　但し太郎八歳花子五歳と仮定し所在地を都会とす
二．一家に於ける会計剰余の管理法を詳説すべし
三．中等労働者の一日に要する保健食料につき献立の一例を挙げ，且つ米飯百二十匁，鰹の刺身三十匁中に含有する蛋白質，脂肪，含水炭素の総瓦数並に其等を分解して生ずる総温量を式を以て示せ　但し米飯・鰹の重量百分中含有する各栄養素の量左の如し

	蛋白質	脂肪	含水炭素
米飯	三.〇	〇.〇四	三三.七
鰹	二五.〇	一.二	〇

四．左の物品の手入法を説明せよ
　　飯櫃，鉄製七輪，トタン引バケツ，銅，真鍮製盥

本試験
設問
一．左の題目に由り女子師範学校生徒に授くべき教案を作製すべし
　　燃料の種類得失及び用法に関する注意
二．法令に於て定められたる伝染病消毒法を解説し家庭に於ける応用に言及すべし
三．曾祖父五十年の霊祭を行ふものとし，左の二項に就いて記載すべし
　　（1）賓客に送るべき案内状の用紙形式及び文体
　　（2）祭壇の装飾供具（但し宗教は各自の随意とす）
四．小児用白色木綿織前掛の洗濯法並に漂白法及び仕上方を問ふ

口頭
一．婢僕使用上の注意

1922年　第36回
予備試験（4時間）
一．脂油にて物を煮るは物理学的に見て普通の煮物と如何に相違するか。又この相違に基いて注意すべき事項如何
二．毛織物頭髪等を石鹸にて洗ふ際に，脂肪様の物質を生じて困ることあり，其の理由及び其の処理法を述べよ

三．食料として牛乳の価値を述べよ
四．小児の離乳に関して注意すべき要点を列挙して之を説明せよ
五．月収　百五十円
　　　家族　五人（夫婦と子供）　職業　教員
　　　住宅　借家
　　　　右の仮定によりて主婦が其の収入を最も有効に処理せんとする場合には如何なる案に依るべきか
六．衛生経済便利を主として最も簡単なる家を建てんとするに就て左の事項に答へよ
　　　但し家族は夫婦の外に子供三人とす
　　　（イ）総建坪　（ロ）間取の図解及び説明

本試験
筆記
一．生後一ヶ年に亘りて健康なる乳児の身体の発育状況を略記せよ
二．寝具につき左の事項に答へよ
　　　（1）旧来の寝具の欠点
　　　（2）改良寝具の具体案
三．玄米粒の縦断面を描き其各部に説明を与へよ

口述
一．食品の価値を決定する標準如何（中村委員）
二．家事科の教師は日常生活上如何なる心得を必要とするか（井上委員）
三．家事科教授の際教科書を如何に取扱ふべきか（喜多見委員）
四．入浴の際如何なる順序に洗ふか（近藤委員）

実地（50分）
一．左の教材にて二種の食品を作れ
　　　豚肉 二十匁切・馬鈴薯 一・小鯵 一・茗荷の子 一・調味料は別に与ふ

1931年　第55回
予備試験（4時間）
一．次の物の水溶液に稀硫酸を加ふれば，如何なる変化を起すかを略述せよ
　　1．洗濯曹達　2．重炭酸曹達
　　3．石鹸　　　4．漂白粉
　　5．蔗糖
二．或白米の成分が次表の如くなりとすれば，其の白米一合（一五〇瓦）を食して得らるべきエネルギー（勢力）は凡何程か。又其のエネルギーの六％が外部活動に利用せらるゝものとすれば，体重五〇瓩の人は幾何米の高さに登り得るか

蛋白質	脂肪	炭水化物	灰分
七．五	〇．九	七四．八	〇．七

繊維	水分
〇．七	一五．四

（注意）計算に必要なる数を忘れたる人は符号を代用して式を示すべし
三．明石織の洗濯法及び仕上法を記せ
四．八九歳の子供に適したる三食二日分の献立を作り，且其の調理法を述べよ
五．如何にして家庭経済の合理化を図るべきか。其の具体的方法を示せ
六．家事科教授を実際化し，地方化する具体的方法を示せ

本試験
筆記（4時間）
一．衣服につく害虫に就きて述べ，其の予防法を記せ
二．左の事項を説明せよ
　　1．地　形　2．破風造　3．冠木門
　　4．附書院　5．長　押　6．ベニヤ板
　　7．パ　テ　8．タイル
三．昼間に於ける室内の明るさは如何なる事項に関係するか，簡明に之を記述せよ

四．蛋白質の新陳代謝に就いて知るところを述べよ
五．食物の分量と活動の程度，年齢，身体の形，体重等との関係を述ぶべし
六．小児の経済的良習性を養ふ為に，家庭教育上執るべき具体案を示せ

口述
一．台所に於ける燃料費の節約を期するには如何なる諸点に留意すべきか（近藤委員）
二．無地染モスリンを色揚する時如何なる種類の染料を用ふるか尚家庭的に用意すべき薬品と其作用を述べよ（西野先生）〔7分〕
三．家事科教授に於て講義と実習とを同一教授時間に於て断続又は連続して行ふと，別の教授時間に於て行ふとの効果について比較批評せよ（井上委員）〔8分〕

実地
一．顕微鏡を使用して澱粉粒を検査し，その澱粉が小麦の澱粉なることを指摘せしむ（近藤委員）
二．左の材料を以て二品を作れ（約1時間）
　鯉，粉山椒，カリフラワー，メリケン粉，牛乳，バタ，味噌，塩，胡椒，パセリ

1937年　第67回
予備試験（4時間）
一．次の諸品に就て簡単なる化学上の説明を記せ
　イ．石鹸　ロ．フクラシ粉（焼粉）
　ハ．アミノ酸　ニ．グルタミン酸
　ホ．黒インキ
二．石油三〇〇瓦を燃して発生する熱を用ひ，重さ八瓩の鉄鍋に入れてある一立方米の水の温度を幾度上昇せしめ得べきか。但し石油の燃焼熱は一〇大カロリー，鉄の比熱は〇．一二，熱の利用率は四五％と見做す

三．モスリンの単衣とステーブルファイバーの単衣とを比較して其の得失を述べよ
四．米飯の代用食三例を挙げ，其の各の料理法と一食分の大略の分量とを記せ
五．国民体位の向上を期する為，家庭に於ける幼児の哺育上特に注意すべき諸点を挙げ，之を具体的に説明せよ
六．時局に鑑み，家政を掌る主婦として家庭生活更新の為に最も重要とする条項を列挙し，簡単に意見を附記せよ

本試験
筆記（4時間）
一．婦人の働き着に対し，望む所の要件を成るべく具体的に列記せよ
二．銘仙大裁袷長着の褪色したるものを家庭にて更正せしむる方法を詳記せよ
三．現今用ひられる宝竈（一名ムシカマド）・高圧鍋・アルマイト鍋・錆びない庖丁・琺瑯びき丼（一名ボール）につきて台所用具としての価値と其の使用上の注意とを述べよ
四．酸形成並にアルカリ形成食品の代表的なるものを挙げ保健上如何なる関係を有するかを説明せよ
五．人工呼吸法を行ふを要する場合を挙げ且つ其の実行方法を詳記せよ
六．時局に鑑み最も合理的なる家庭予算を編成し其の内容を具体的に示せ
　但し家族数は　大人三人　小児十二歳以下三人　月収入は　百弐拾円　俸給生活者

口述
一．我が国現今の家庭教育を批評し之が改むべき実行方法を述べよ（井上委員）
二．新式の洗濯物仕上器を示し，その使用法を教へ，その方法にて「シワのし」の効果の有無を問はれた（原理と結びつけての効果の有無を問はれる如く思はれた）（近藤

委員）
三．生徒に西洋料理の実習を指導し，後試食せしめんとす，こゝにある用具を並べて食卓を作れ
　　パン皿，スープ皿，シャンペンコップ，平野水サイダーコップ，コーヒー茶器，魚肉フォーク，肉切用フォーク，蒸焼鳥用フォーク，スープスプーン，魚肉ナイフ，肉切用ナイフ，フインガーボール，ナフキン・・・等（西野委員）

実地
一．庖丁の磨き方をなさしむ（近藤委員）
　　非常にいたんだ菜切庖丁，砥石，布帛，せと引水盤水
二．茶碗蒸しとサンドウイッチの二品を作らしむ（西野，井上委員）
　　材料：ヒキ肉，キス一疋，鳥肉二切，食パン三枚，クワキー，林檎1/5，三ッ葉，シイタケ一，パセリ，卵一，キウリ少々
　　調味料：醤油　ミリン　サトウ　バター　胡椒　酢　塩　鰹節

1943年　第78回
予備試験（4時間）
一．我国の家に於ける主婦の任務に就いて述べよ
二．カルシウムに就いて左の点を述べよ
　（イ）有りふれたるカルシウム化合物三種の名称
　（ロ）カルシウムに富める食品三種の名称
　（ハ）カルシウムと保健との関係
三．人間の活動のエネルギーと太陽の輻射エネルギーと科学的連繋に就いて説明せよ
四．従来行はる「煮る」「ゆでる」「焼く」「蒸す」の各調理法に就き，改善すべき点あらば，其の改善方法を具体的に述べよ
五．時局下男子中等労働者一日に要する熱量を供給すべき献立を作製し，各主要食品に就いて其の熱量の割当を示せ
六．牛乳及乳製品不足の場合，一乃至二歳の幼児の栄養上留意すべき事項について述べよ

本試験
筆記（4時間）
一．玄米の種々の炊方の中，自分の最も良しとする方法を記し併せて其の理由を述べよ
二．時局下，家庭に於て塩の節約せざるべからざる理由を記し，其の有数なる節約法に就いて述べよ
三．住宅に於ける押入の設け場所，及び其の用途に適する構造に就いて所見を述べよ
四．地震の揺れ方特徴を略記し，大地震の災禍を成るべく少くする為の心得に就いて述べよ
五．回復期にある腸チブス患者の食事上の注意を述べ，併せて之に適する食物五種を挙げて其の調理法を記せ
六．平時（支那事変前）と戦時（今日）とに於ける家庭予算を比較し，其の差を生ずる理由を述べよ

口述
一．時局下に於ける主婦の任務の最も重要と思はれる点につき述べよ（西野委員）
二．時局下燃料の節約の上から太陽熱の利用及効果につき述べよ（近藤委員）
　（1）体験による　（2）見聞による（何れかにつきて答へよ）

実地
一．小麦粉（約百グラム）　馬鈴薯（大半ヶ）葱（一本）　ほうれん草　鰯（二尾）醤油　塩
　　右を用ひて主食及び副食に適する料理を作れ

公民

1933年　第58回　第1期初回
予備試験（4時間）
1．公民科の目的を問ふ。
2．国家の要素としての公民の意義を問ふ。
3．臣民の公法上の権利及義務を説明すべし。
4．私法に於ける未成年者保護の制度を説明すべし。
5．通貨膨張の影響を説明すべし。

本試験（4時間）
1．公民科と修身科との関係を問ふ。
2．文化生活と遵法の精神との関係を問ふ。
3．帝国議会の組織及権限を説明すべし。
4．契約自由の原則を説明すべし。
5．物価と利潤との関係を説明すべし。

1934年　第60回
予備試験
1．公民教育の必要を論ず。
2．与論と社会的制裁との関係を問ふ。
3．国務大臣と各省大臣との関係を論ず。
4．家督相続と遺産相続との区別を説明すべし。
5．質屋の利子が銀行利子よりも高率なる理由如何。

本試験
1．公民科教授上留意すべき諸点を述べよ。
2．社会連帯の意義を問ふ。
3．国家と宗教団体との関係を論じ且現行法上神社は宗教団体と認めらるゝ否やを説明すべし。
4．代理権の発生原因を説明すべし。
5．独占業者が自由に価格を左右し得る限界如何。

1935年　第62回
予備試験
1．公民教育より観たる新聞の利弊を問ふ。
2．公民と政治道徳との関係を問ふ。
3．我国の行政裁判制度を論ず。
4．物権と債権との区別を説明すべし。
5．物の価格は其生産費に依りて決定せらるゝと云ふが果して然るか。

本試験
1．公民科の教材を論ず。
2．選挙の倫理的意義を問ふ。
3．緊急勅令，委任命令，執行命令及独立命令と法律との関係を論ず。
4．代理権を有せざる者が他人の代理として為したる契約の効力如何。
5．賃金の高低と利潤の増減との関係を説明すべし。

1936年　第64回
予備試験
1．公民科訓練を論ず。
2．公民の人格的要素としての文化を論ず。
3．条約と法律との関係を論ず。
4．慣習法の成立及効力を説明すべし。
5．資本蓄積の過程と其の蓄積増進に必要なる条件を説明すべし。

本試験
1．国民と公民との関係を論ず。
2．我が国の神を論じて神道に及ぶ。
3．衆議院議員選挙区及選挙の方法を論ず。
4．民法に於ける住所の要件及効力を説明すべし。
5．対米為替騰落の意味と其の騰落が我が国の産業に及ぼす影響とを説明すべし。

1937年　第66回
予備試験
1．我国公民教育の沿革を論ず。
2．職業の社会的意義を述べよ。
3．貴族院の構成及権限を論ず。
4．法人の意義及種類を説明すべし。
5．国民経済上に於ける自由競争の利害を論ずべし。

本試験
1．公民精神とは何ぞ。
2．公民教育より観たる日本精神の意義を問ふ。
3．市町村の構成要素及市町村の事務を論ず。
4．占有保護の法律的理由を説明すべし。
5．独占価格理論。

1938年　第68回　第2期初回
予備試験（4時間）
1．青年期に於ける公民教育の重要性を論ず。
2．公民教育より観たる国民精神総動員の意義を問ふ。
3．憲法の上諭に示されたる憲法制定の目的を挙げ之を帝国憲法の主要制度に就て概説すべし。
4．家督相続の本質を述べよ。
5．国民経済学の本質及び目的に就て述べよ。

本試験（4時間）
1．公民教育と職業教育との関係を述べよ。
2．時勢の進運と我が国民道徳との関係を述べよ。
3．非常大権の意義と範囲及びその発動の形式並に輔弼又は補佐の条件等に就いて説明せよ。
4．契約自由の原則とは何ぞ。
5．マルサスの人口学説を批判せよ。

1939年　第70回
予備試験
1．公民教育と文化との関係を問ふ。
2．公民教育より見たる支那事変の意義を問ふ。
3．わが国法に於ける立憲主義の特色を論ず。
4．左の問題中より一題を選びて解答せよ。
　（イ）無任所大臣を論ず。
　（ロ）統帥権の独立と軍人の政治関与禁止の原則との関係を述べよ。
5．民法に於ける上親子関係を概説せよ。
6．国民経済上に於ける自由競争の利害を論ず可し。

本試験
1．公民教育と政党の改革を論ず。
2．皇道精神を略述せよ。
3．公共団体の概念及び其の種類を述べよ。
4．損害賠償は如何なる場合に請求せられ得るか。
5．経済恐慌の発生原因を問ふ。

1940年　第72回
予備試験
1．支那事変下に於ける公民訓練を論ず。
2．科学精神の倫理を説述せよ。
3．自由民主主義の国家乃至憲法観を分析批判すべし。
4．我民法の由来及び内容を略述せよ。
5．世界主義的なる自由貿易論に対する国民主義的なる保護貿易論の主張を問ふ。

本試験
1．良き公民科教師とは何ぞ。

2．外来文化の我が家族制度に及ぼせる影響を略せよ。
3．議会の権限を述べよ。
4．質及び抵当の効用を述べよ。
5．経済倫理学の意義を問ふ。

1941年　第74回
予備試験
1．公民教育の施設を論ず。
2．祭祀の国民道徳上の意義を問ふ。
3．天皇大権を分類説明すべし。
4．隠居制度を論ぜよ。
5．貨幣数量の増減が一般物価に及ぼす影響を問ふ。

本試験
1．政治教育と公民教育の関係を問ふ。
2．日本民族の独創性について述べよ。
3．自治行政の観念を述べよ。
4．借地借家の法律関係を述べよ。
5．資本は如何にして形成せらるゝか。

1942年　第76回
予備試験
1．大東亜建設と公民教育との関係を問ふ。
2．我が国民道徳の普遍性を論述せよ。
3．領土権の性質を明らかにし且つ帝国領土の構成と其の沿革を記述すべし。
4．土地の民法関係を述べよ。
5．地代発生の原因を問ふ。

本試験
1．戦時に於て留意すべき公民教育の重点を問ふ。
2．神道の倫理を問ふ。
3．軍政を論ず。
4．民法中任意の制度を題材として法律と道徳との関係を論ぜよ。
5．労働の移動性を論ず。

1943年　第78回
予備試験行なわれず
本試験
1．公民科教授の重点を述べよ。
2．日本精神を略述せよ。
3．統帥大権の意義と範囲を説明せよ。
4．年齢と民法上の能力。
5．西洋経済学の諸方法を批判せよ。

【出典：『文部時報』『教育修身研究』『教育修身公民研究』】

国民道徳要領

1916年　第30回　初回
1．国民道徳ノ意義ヲ問フ。
2．教育ニ関スル勅語中ノ「国体ノ精華」ノ意義ヲ説明シ且之ニ就キテ感ズル所ヲ述ベヨ。
3．恭倹ノ徳ノ重ンズベキ理由ヲ述ベヨ。
4．国家ト個人トノ関係ヲ論ゼヨ。

1917年　第31回
1．教育に関する勅語中の「咸其徳ヲ一ニセンコト」の意義を説明し且これに就きて感ずる所を述べよ。
2．我が国に於て孝道の特に重んぜらるる理由を述べよ。
3．国民道徳の見地より我が立憲政体の特徴を論ぜよ。
4．国民道徳と人道との関係如何。

1918年　第32回
1．教育に関する勅語中の「国を肇むること宏遠に」の意義を説明せよ。
2．我が国に於ける家の観念を明かにし且之に対する心得を説け。
3．博愛の重んずべき理由を述べよ。
4．国民道徳と個人主義との関係如何。

1919年　第33回
1．教育に関する勅語と国民道徳との関係如何。
2．教育に関する勅語中の「徳器ヲ成就シ」の意義を説明し且之に関する工夫を述べよ。
3．忠君愛国の道を説明せよ。
4．国交に関する国民の心得を述べよ。

1920年　第34回
1．教育に関する勅語中の「之ヲ古今ニ通シテ謬ラス之ヲ中外ニ施シテ悖ラス」の意義を説明せよ。
2．公益を広め世務を開くの道を述べよ。
3．明治維新以来我が国に於ける道徳思想変遷の大要を記せ。
4．国民道徳の見地より自由平等の思想を批判せよ。

1921年　第35回
1．教育に関する勅語中の「天壤無窮ノ皇運ヲ扶翼スヘシ」の意義を説明し且之を実行する道を述べよ。
2．忠孝一致の理を説明せよ。
3．国民道徳の見地より地方自治の精神を説明せよ。
4．輿論の意義を説明し且之に対する心得を述べよ。

1922年　第36回　第1回
1．教育ニ関スル勅語中ノ「徳ヲ樹ツルコト深厚ナリ」ノ意義ヲ説明シ且コレニ就キテ感ズル所ヲ述ベヨ。
2．信義ノ重ンズベキ理由ヲ述ベヨ。
3．我ガ国民道徳ノ特質ヲ論ゼヨ。
4．現代思想ノ主ナルモノヲ挙ゲテ之ヲ批評セヨ。

1922年　第37回　第2回
1．教育に関する勅語中の「恭倹己ヲ持シ」の意義を説明し且これに就きて感ずる所を述べよ。
2．職業の道徳的意義を問ふ。
3．国民の公務の主なるものをあげて之を説明せよ。
4．国民道徳の見地より国際道徳上注意すべき事項を論ぜよ。

1923年　第38回　第1回
1．教育ニ関スル勅語中ノ「斯ノ道ハ実ニ我カ皇祖皇宗ノ遺訓ニシテ子孫臣民ノ倶ニ遵守スヘキ所」ノ意義ヲ説明セヨ。
2．国運ヲ発展セシムルノ道如何。
3．財産ノ道徳ノ意義ヲ問フ。
4．国家ノ意義ヲ述ベテ其ノ目的ヲ明カニセヨ。

1923年　第39回　第2回
1．教育ニ関スル勅語中ノ「国憲ヲ重シ国法ニ遵ヒ」ノ意義ヲ説明シ且コレニ就キテ感ズル所ヲ述ベヨ。
2．責任観念養成ノ道如何。
3．国民道徳ノ見地ヨリ人格ノ重ンズベキ理由ヲ説明セヨ。
4．儒教ノ国民道徳ニ及ボシタル影響ヲ問フ。

1924年　第40回　第1回
1．教育ニ関スル勅語中ノ「国体ノ精華」ノ意義ヲ説明セヨ。
2．国民精神作興ニ関スル詔書中ノ「浮華放縦ノ習漸ク萌シ軽佻詭激ノ風モ亦生ス」ノ意義ヲ説明シ且此ノ時弊ヲ矯正スル方法ヲ述ベヨ。
3．報恩ノ重ンズベキ理由ヲ述ベヨ。
4．自治的精神ノ意義ヲ説明シ且其ノ養成ノ道ヲ記セ。

1924年　第41回　第2回
1．教育ニ関スル勅語中ノ「爾祖先ノ遺風」トハ何ヲ指示サレタルモノナルカ。
2．戊申詔書中ノ「自彊息マサルヘシ」ノ意義ヲ説明セヨ。
3．国民道徳ノ見地ヨリ博愛共存ノ重ンスヘキ理由ヲ説明セヨ。
4．職業ノ倫理ノ意義ヲ問フ。

1925年　第42回　第1回
1．教育ニ関スル勅語中ノ「智能ヲ啓発シ徳器ヲ成就シ」ノ意義ヲ説明セヨ。
2．国民精神作興ニ関スル詔書中ノ「軽佻詭激ヲ矯メテ醇厚中正ニ帰シ」ノ意義ヲ説明シ且其ノ方法ヲ述ベヨ。
3．国家主義ト国際主義トノ関係ヲ述ベヨ。
4．国民道徳ノ見地ヨリ議員選挙ノ重ンズベキ理由ヲ説明セヨ。

1925年　第43回　第2回
1．教育ニ関スル勅語中ノ「其ノ道」トハ何ヲ指示シタマヘルカ。
2．戊申詔書中ノ「国史ノ成跡」ノ意義ヲ説明シ且コレニ就キテ感ズル所ヲ述ベヨ。
3．秩序ノ重ンズベキ理由ヲ説明セヨ。
4．法律ト道徳トノ関係如何。

1926年　第44回　第1回
1．教育ニ関スル勅語中ノ「我か皇祖皇宗国ヲ肇ムルコト宏遠ニ徳ヲ樹ツルコト深厚ナリ」ノ意義ヲ説明セヨ。
2．国民精神作興ニ関スル詔書中ノ「公徳ヲ守リ」ノ意義ヲ説明シ且コレニ就キテ感ズル所ヲ述ベヨ。
3．国家ト社会トノ関係ヲ述ベヨ。
4．廉恥ノ重ンズベキ理由ヲ問フ。

1926年　第45回　第2回　3問
1．教育ニ関スル勅語中ノ「教育ノ淵源」トハ何ゾ。
2．戊申詔書中ノ国交ニ関スル道徳ヲ説明セヨ。
3．自由ト服従トノ関係ヲ説明セヨ。

1927年　第46回　第1回
1．教育ニ関スル勅語中ノ「我カ臣民克ク

忠ニ克ク孝ニ億兆心ヲ一ニシテ世々厥ノ美ヲ濟セル」ノ意義ヲ説明セヨ．
2．国民精神作興ニ関スル詔書中ノ「責任ヲ重シ節制ヲ尚ヒ」ノ意義ヲ説明シ且コレニ就キテ感ズル所ヲ述ベヨ．
3．風習ト道徳トノ関係如何．
4．現代ニ於ケル諸種ノ思想ニ対シテ執ルベキ態度ヲ記セ．

1927年　第47回　第2回
1．教育ニ関スル勅語中「義勇公ニ奉シ」ノ意義ヲ説明セヨ．
2．戊申詔書ノ「方今人文日ニ就リ月ニ将ミ東西相倚リ彼此相濟シ以テ其ノ福利ヲ共ニス」ノ意義ヲ説明セヨ．
3．孝道ノ本質ヲ明カニシ且之ガ実践上ノ心得ヲ述ベヨ．
4．国民道徳ノ見地ヨリ武士道ニ就キテ取ルベキ点ヲ述ベヨ．

1928年　第48回　第1回
1．教育ニ関スル勅語中ノ「天壌無窮ノ皇運ヲ扶翼スヘシ」ノ意義ヲ説明シ且之ガ実践ノ道ヲ述ベヨ．
2．国民精神作興ニ関スル詔書中ノ「醇厚中正」ノ意義ヲ説明シ且之ニ就キ感ズル所ヲ述ベヨ．
3．反省ノ徳ノ重ンズベキ理由ヲ説明セヨ．
4．国民道徳ノ見地ヨリ普通選挙ノ精神ヲ説明セヨ．

1928年　第49回　第2回
1．教育ニ関スル勅語中ノ「学ヲ修メ業ヲ習ヒ以テ智能ヲ啓発シ徳器ヲ成就シ」ノ意義ヲ説明セヨ．
2．戊申詔書ノ「日進ノ大勢ニ伴ヒ文明ノ恵沢ヲ共ニセムトスル固ヨリ内国運ノ発展ニ須ツ」ノ意義ヲ説明シ且之ニ就キテ感ズル所ヲ述ベヨ．
3．公務ノ重ナルモノヲ挙ゲ且之ニ関スル心得ヲ述ベヨ．
4．信教ノ自由ノ意義ヲ説明セヨ．

1929年　第50回　第1回
1．教育ニ関スル勅語中ノ「是ノ如キハ独リ朕カ忠良ノ臣民タルノミナラス又以テ爾祖先ノ遺風ヲ顕彰スルニ足ラン」ノ意義ヲ説明セヨ．
2．国民精神作興ニ関スル詔書中ノ「教育ノ淵源ヲ崇ヒテ智徳ノ竝進ヲ努メ」ノ意義ヲ説明シ且之ニ就キテ感ズル所ヲ述ベヨ．
3．節制ノ徳ノ重ンズベキ理由ヲ説明セヨ．
4．神道ト国民道徳トノ関係ヲ述ベヨ．

1929年　第51回　第2回
1．教育ニ関スル勅語中ノ「斯ノ道ハ実ニ我カ皇祖皇宗ノ遺訓ニシテ子孫臣民ノ倶ニ遵守スヘキ所，之ヲ古今ニ通シテ謬ラス之ヲ中外ニ施シテ悖ラス」ノ意義ヲ説明セヨ．
2．戊申詔書ニ於ケル国運発展ノ道ヲ述ベヨ．
3．我ガ国孝道ノ特質ヲ述ベヨ．
4．経済ト道徳トノ関係如何．

1930年　第52回　第1回
1．教育ニ関スル勅語中ノ「父母ニ孝ニ兄弟ニ友ニ夫婦相和シ」ノ意義ヲ説明セヨ．
2．国民精神作興ニ関スル詔書中ノ「博愛共存ノ誼ヲ篤クシ」ノ意義ヲ説明シ且コレニ就テ感ズル所ヲ述ベヨ．
3．仏教ノ国民道徳ニ及ボシタル影響ヲ問フ．
4．政治ト道徳トノ関係如何．

1930度　第53回　第2回
1．教育ニ関スル勅語御下賜ニ就イテ知レル所ヲ記セ。
2．戊申詔書中ノ「宜シク上下心ヲ一ニシ忠実業ニ服シ勤倹産ヲ治メ惟レ信惟レ義醇厚俗ヲ華ヲ去リ実ニ就キ荒怠相戒メ自彊息マサルヘシ」ノ意義ヲ説明セヨ。
3．公民トシテ遵守スベキ主要ナル道徳ヲ列挙シ且之ヲ説明セヨ。
4．国民道徳ノ見地ヨリ敬神ノ意義ヲ説明セヨ。

1931年　第54回　第1回
1．教育ニ関スル勅語中ノ「朕爾臣民ト倶ニ拳々服膺シテ咸其徳ヲ一ニセンコトヲ庶幾フ」ノ意義ヲ説明セヨ。
2．国民精神作興ニ関スル詔書中ノ「一己ノ利害ニ偏セスシテ力ヲ公益世務ニ竭シ」ノ意義ヲ説明シ且之ニ就キテ感ズル所ヲ述ベヨ。
3．礼儀ヲ正シクスベキ理由ヲ説明セヨ。
4．国民道徳ノ見地ヨリ共存共栄ノ意義ヲ説明セヨ。

1931年　第55回　第2回
1．教育ニ関スル勅語中ノ「国体ノ精華」トハ何ゾ。尚コレニ関シテ感ズル所ヲ述ベヨ。
2．戊申詔書中ノ「維新ノ皇猷ヲ恢弘シ」ノ意義ヲ説明セヨ。
3．立憲自治ノ国民トシテ特ニ心得ベキ事項ヲ挙ゲテ之ヲ説明セヨ。
4．克己ノ徳ノ重ンズベキ理由ヲ説明セヨ。

1932年　第56回　第1回
1．教育ニ関スル勅語中ノ「国憲ヲ重ンシ国法ニ遵ヒ」ノ意義ヲ説明シ且此ノ御趣旨ヲ貫徹スル上ノ注意ヲ述ベヨ。

2．国民精神作興ニ関スル詔書中ノ「国家隆盛ノ本ハ国民精神ノ剛健ニ在リ」ノ意義ヲ説明シ且コレニ就キテ感ズル所ヲ述ベヨ。
3．国民道徳ノ見地ヨリ国際主義ヲ評論セヨ。
4．自由平等ノ観念ヲ明カニシ且コレヲ批評セヨ。

1932年　第57回　第2回
1．教育ニ関スル勅語中ノ「天壌無窮ノ皇運ヲ扶翼スヘシ」ノ意義ヲ説明シ且之ヲ遵守スル上ノ心得ヲ述ベヨ。
2．戊申詔書中ノ「維新ノ皇猷」トハ何ゾ。
3．国民道徳ノ見地ヨリ家族制度ノ意義ヲ説明セヨ。
4．忠実勤倹ノ重ンズベキ理由ヲ説明セヨ。

1933年　第58回　第1回
1．教育ニ関スル勅語中ノ「之ヲ古今ニ通シテ謬ラス之ヲ中外ニ施シテ悖ラス」ヲ説明シ且コレニ就キテ感ズル所ヲ述ベヨ。
2．国民精神作興ニ関スル詔書中ノ「一己ノ利害ニ偏セスシテ力ヲ公益世務ニ竭シ」ニ就キテ感ズル所ヲ述ベヨ。
3．質素ノ意義ヲ明カニセヨ。
4．時局ニ対スル国民ノ覚悟ヲ問フ。
5．人生ト国家トノ関係ヲ述ベヨ。

1933年　第59回　第2回
1．教育ニ関スル勅語中ノ「克ク忠ニ克ク孝ニ」ノ意義ヲ説明シ且コレニ就キテ感ズル所ヲ述ベヨ。
2．戊申詔書中ノ「惟レ信惟レ義」ニ就キテ感ズル所ヲ述ベヨ。
3．責任ノ重ンズベキ理由ヲ問フ。
4．国際聯盟離脱ニ関スル詔書ヲ拝読シソノ感ジタル所ヲ記セ。

5．国民道徳ノ見地ヨリ神社ノ意義ヲ説明セヨ。

1934年　第60回　第1回
1．教育ニ関スル勅語中ノ「恭倹己レヲ持シ」ノ意義ヲ説明シ且コレニ就キテ感ズル所ヲ述ベヨ。
2．国民精神作興ニ関スル詔書中ノ「国体ニ基キ淵源ニ遡リ」ノ意義ヲ説明セヨ。
3．忠孝一致ノ理ヲ説明セヨ。
4．誠心ノ意義ヲ説明シ且コレト諸徳トノ関係ヲ述ベヨ。
5．国民道徳ノ見地ヨリ民族主義ヲ批判セヨ。

1934年　第61回　第2回
1．教育ニ関スル勅語中ノ「国ヲ肇ムルコト宏遠ニ」ノ意義ヲ説明シ且コレニ就キテ感ズル所ヲ述ベヨ。
2．戊申詔書中ノ「我カ神聖ナル祖宗ノ遺訓」ノ意義ヲ説明セヨ。
3．昭和九年四月三日賜ハリタル勅語中ノ「国民道徳ヲ振作シ以テ国運ノ隆昌ヲ致ス」ノ意義ヲ問フ。
4．権利ノ尊重ト謙譲ノ徳トノ関係ヲ述ベヨ。
5．国民道徳ノ見地ヨリ職業ノ意義ヲ問フ。

1935年　第62回　第1回
1．教育ニ関スル勅語中ノ「教育ノ淵源」ノ意義ヲ説明シ且コレニ就キテ感ズル所ヲ述ベヨ。
2．国民精神作興ニ関スル詔書中ノ「是レ皆道徳ヲ尊重シテ国民精神ヲ涵養振作スル所以ニ洪謨ニ非サルナシ」ノ意義ヲ説明セヨ。
3．惟神ノ大道トハ何ゾヤ。
4．欽定憲法ノ意義ヲ説明セヨ。

5．国民道徳ノ見地ヨリ個人主義ヲ批判セヨ。

1935年　第63回　第2回
1．教育ニ関スル勅語中ノ「公益ヲ広メ世務ヲ開キ」ノ意義ヲ説明セヨ。
2．戊申詔書中ノ「醇厚俗ヲ成シ」ノ意義ヲ説明シ且コレニ就キテ感ズル所ヲ述ベヨ。
3．国民道徳上家ノ意義ヲ問フ。
4．礼節ノ重ンズベキ理由ヲ述ベヨ。
5．国民ノ公務トシテ議員選挙ノ意義ヲ述ベヨ。

1936年　第64回　第1回
1．教育ニ関スル勅語中ノ「天壌無窮ノ皇運ヲ扶翼スヘシ」ノ意義ヲ説明シ且此ノ聖旨ヲ奉体スルニ就キテノ態度ヲ述ベヨ。
2．国民精神作興ニ関スル詔書中ノ「綱紀ヲ粛正シ」ノ意義ヲ説明シ且コレニツキテ感ズル所ヲ述ベヨ。
3．我ガ国ニ於ケル国ト家トノ関係ヲ論ゼヨ。
4．和ノ徳ヲ重ンズベキ理由ヲ明カニセヨ。
5．大義名分トハ何ゾヤ。

1936年　第65回　第2回
1．教育ニ関スル勅語中ノ「徳器ヲ成就シ」ノ意義ヲ説明シ且コレニ就キテ感ズル所ヲ述ベヨ。
2．戊申詔書中ノ「国史ノ成跡」ノ意義ニ就キ例ヲ挙ゲテ之ヲ説明セヨ。
3．我ガ国ニ於ケル臣民ノ意義如何。
4．誠実ノ徳ノ重ンズベキ理由ヲ説明セヨ。
5．国民道徳ノ見地ヨリ立憲政治ノ意義ヲ明カニセヨ。

1937年　第66回　第1回

1．教育ニ関スル勅語中ノ「道」ト「徳」トノ意義ヲ明カニシ且両者ノ関係ヲ述ベヨ。
2．国民精神作興ニ関スル詔書中ノ「国本ヲ固クシ」ノ意義ヲ説明シ且コレニ対スル覚悟ヲ述ベヨ。
3．我カ国ニ於ケル祭ノ意義ヲ明カニセヨ。
4．秩序ノ重ンズベキ理由ヲ述ベヨ。
5．国民精神ノ意義ヲ問フ。

1937年　第67回　第2回
1．教育ニ関スル勅語中ノ「皇祖皇宗ノ遺訓」ノ意義ヲ明カニシ且コレニ就キテ感ズル所ヲ述ベヨ。
2．戊申詔書中ノ「庶政益々更張ヲ要ス」ノ御趣旨ヲ説明セヨ。
3．我ガ国ニ於ケル神ノ意義ヲ問フ。
4．孝ガ家族生活ノ主徳タル所以ヲ説明セヨ。
5．国民道徳ノ見地ヨリ海外発展ニ関スル心得ヲ述ベヨ。

1938年　第68回　第1回
1．天壌無窮ノ神勅ノ大意ヲ謹述セヨ。
2．教育ニ関スル勅語中ノ「斯ノ道」ヲ説明セヨ。
3．国民精神作興ニ関スル詔書中ノ「臣民ニ詔シテ忠実勤倹ヲ勧メ信義ノ訓ヲ申ネテ荒怠ノ誡ヲ垂レタマヘリ」ノ御趣旨ヲ説明セヨ。
4．我ガ国民道徳ト歴史トノ関係ヲ述ベヨ。
5．国民精神総動員ニ対スル覚悟ヲ問フ。

1938年　第69回　第2回
1．教育ニ関スル勅語中ノ「徳ヲ樹ツルコト深厚ナリ」ヲ説明セヨ。
2．戊申詔書中ノ「自彊息マサルヘシ」ヲ説明シ且コレヲ奉体スル上ノ心得ヲ述ベヨ。
3．八紘一宇ノ精神ヲ問フ。
4．質素ノ重ンズベキ理由ヲ説キ且コレガ実践上ノ工夫ヲ述ベヨ。
5．道徳ト法律トノ関係ヲ論ゼヨ。

1939年　第70回　第1回
1．教育ニ関スル勅語中ノ「億兆心ヲ一ニシテ世々厥ノ美ヲ済セル」ヲ説明セヨ。
2．国民精神作興ニ関スル詔書中ノ「綱紀ヲ粛正シ風俗ヲ匡励シ」ノ意義ヲ説明シ且其ノ方法ヲ述ベヨ。
3．四大節トハ何ゾ。
4．国民道徳ノ見地ヨリ時局ニ処スル心得ヲ述ベヨ。
5．信義ノ重ンズベキ理由ヲ説明セヨ。

1939年　第70回　第1回
1．教育ニ関スル勅語中ノ「億兆心ヲ一ニシテ世々厥ノ美ヲ済セル」ヲ説明セヨ。
2．国民精神作興ニ関スル詔書中ノ「綱紀ヲ粛正シ風俗ヲ匡励シ」ノ意義ヲ説明シ且其ノ方法ヲ述ベヨ。
3．四大節トハ何ゾ。
4．国民道徳ノ見地ヨリ時局ニ処スル心得ヲ述ベヨ。
5．信義ノ重ンズベキ理由ヲ説明セヨ。

1939年　第71回　第2回
1．教育ニ関スル勅語中ノ「一旦緩急アレハ義勇公ニ奉シ」ヲ説明セヨ。
2．戊申詔書中の「日進ノ大勢ニ伴ヒ文明ノ恵沢ヲ共ニセムトスル固ヨリ内国運ノ発展ニ須ツ」ヲ説明セヨ。
3．昭和一四年五月二十二日青少年学徒ニ賜ハリタル勅語ノ大意ヲ説明シテ聖旨奉体ノ工夫ヲ述ベヨ。
4．「以和為貴」ノ意義ヲ説明シ且和ヲ致

スノ道ヲ述ベヨ．
5．時局ニ際シ消費節約ノ重ンズベキ理由ヲ述ベヨ．

1940年　第72回　第1回
1．教育ニ関スル勅語中ノ「克ク忠ニ克ク孝ニ」ノ意義ヲ説明シ且忠ト孝トノ関係ヲ論ゼヨ．
2．青少年学徒ニ賜ハリタル勅語中ノ「各其ノ本分ヲ恪守シ」ヲ謹解セヨ．
3．皇国ノ道トハ何ゾヤ．
4．国民道徳ノ見地ヨリ時艱克服ノ要道ヲ述ベヨ．

1940年　第73回　第2回
1．教育ニ関スル勅語中ノ「祖先ノ遺風」ヲ説明セヨ．
2．国民精神作興ニ関スル詔書中ノ「国力ノ振興」ト「国民ノ精神」トノ関係ヲ述ベヨ．
3．師表タルモノノ徳化トハ何ゾヤ．
4．国民道徳ノ見地ヨリ国家ノ意義ヲ明カニセヨ．

1941年　第74回　第1回
1．教育ニ関スル勅語ノ全文ヲ謹書シテ「斯ノ道」ノ意義ヲ述ベヨ．
2．青少年学徒ニ賜ハリタル勅語中ノ「其ノ思索ヲ精ニシ其ノ識見ヲ長ジ」ヲ説明シ且其ノ方法ヲ述ベヨ．
3．国運発展ノ道ヲ問フ．
4．国民道徳ノ見地ヨリ東亜ノ諸国民ニ対スル心得ヲ問フ．

1941年　第75回　第2回
1．教育ニ関スル勅語ノ全文ヲ謹書シテ「公

益ヲ広メ世務ヲ開キ」ノ意義ヲ述ベヨ．
2．国民精神振興ニ関スル詔書中ノ「責任ヲ重シ節制ヲ尚ヒ」ヲ説明セヨ．
3．惟神ノ大道トハ何ゾヤ．
4．修文ト練武トノ関係如何．

1942年　第76回　第1回
1．教育ニ関スル勅語ノ全文ヲ謹書シテ「国体ノ精華」ノ意義ヲ述ベヨ．
2．戊申詔書中ノ「益々国交ヲ修メ友義ヲ淳シ」ノ意義ヲ説明セヨ．
3．寛容ノ重ンズベキ理由ヲ明カニセヨ．
4．国民道徳ノ見地ヨリ現時ノ経済生活ニ関スル要道ヲ述ベヨ．

1942年　第77回　第2回
1．教育ニ関スル勅語ノ全文ヲ謹書シテ「以テ天壌無窮ノ皇運ヲ扶翼スベシ」ノ意義ヲ述ベヨ．
2．青少年学徒ニ賜ハリタル勅語中ノ「気節ヲ尚ビ廉恥ヲ重ンジ」ヲ謹解セヨ．
3．文道ト武道トノ関係ヲ論ゼヨ．
4．長期戦ニ処スル国民ノ覚悟ヲ問フ．

1943年　第78回　第1回
1．教育ニ関スル勅語ノ全文ヲ謹書シテ「公益ヲ広メ世務ヲ開キ」ノ意義ヲ説明セヨ．
2．戊申詔書ニ示サレタル「国運発展ノ本」ヲ述ベヨ．
3．八紘為宇ノ本義ヲ問フ．
4．時局ニ鑑ミ廉恥ノ重ンズベキ理由如何．

【出典：『教育学術界』『教育時論』『文部時報』『家事及裁縫』】

2．試験委員略歴

凡　例

　　委員は，学科目毎，委員就任順に掲載されている。掲載内容は，名前（ふりがな），生没年，①最終学歴・卒業（修了）年，②委員就任時の所属・職階，③略歴・著書など，である。
　　なお他の委員と異なり，外国人の氏名は『官報』に掲載されていないため，「英語」の外国人試験委員については『英語青年』を典拠としている。

英語

外山　正一（とやま　まさかず）1848〜1900
①1876年，米国ミシガン大学化学科②東京大学教授③76年開成学校教授，化学を教える。77年東京大学文学部教授，心理学と英語を担当。81年文学部長。88年文学博士。97年尋常中学校教科細目調査委員会委員長，同年東京帝国大学総長，98年文部大臣。『新体詩抄』（矢田部良吉・井上哲次郎と共著，1887），『正則文部省英語読本』（全5巻，1889），『英語教授法』（1897）。

矢田部　良吉（やたべ　りょうきち）1851〜99
①1876年，米国コーネル大学（植物学）②東京大学教授③76年開成学校教授，77年東京大学教授（〜91年），植物学講座を担当。88年理学博士。95年高等師範学校附属中学，尋常中学科英語教授嘱託，同年高等師範学校の英語専修科設置とともに主任教授，98年高等師範学校長兼教授。発音に対する厳しさは同僚にも及んだといわれる。『新体詩抄』（外山・井上哲次郎と共著，1887）。

神田　乃武（かんだ　ないぶ）1857〜1923
①1879年，米国アマースト・カレッジ②東京大学講師③80年東京大学予備門に雇われ，81年教諭となり英語と史学を担当。85年東京大学理学部・文学部講師。86年第一高等中学校教諭，帝国大学文科大学教授兼任。93年高等商業学校教授。97年尋常中学校教科細目調査委員。1900年英語教授法研究のため英独へ留学。02年学習院教授兼任。貴族院議員。*The New King's Crown Readers*（全5巻，1916）など教科書編纂多数。

小島　憲之（こじま　けんし）1857〜1918
①1879年，米国コーネル大学（建築学）②第一高等中学校教授③73年米国留学，はじめ中学校に入学。81年帰国し文部省御用掛，次いで東京大学理学部勤務。82年に東京大学予備門兼務，同年東京大学教授。88年東京美術学校創立とともに幾何画法授業を嘱託。90年第一高等中学校教授，のち第一高等学校勅任教授。英語の主任ではあったものの英語は受け持たず，もっぱら用器画を担当。文検「用器画」の試験委員でもあった。

熊本　謙二郎（くまもと　けんじろう）1867〜1938
①帝国大学法科大学中退②東京高等師範学校教授③1887年第一高等中学校卒業，引き続き大学に入るが病気退学。英語に転じ88年兵庫県尋常中学校教諭。のち東京高等師範学校教授矢田部に認められ，98年第三高等学校教授を経て翌年高等師範学校教授。1902年神田の希望で学習院教授。19年欧米へ1か年留学。21年早稲田大学高等師範部教授。「理論の岡倉，実地の熊本」と言われた。*New English Drill Books*（全5巻，1907）など教科書編纂多数。

津田　梅子（つだ　うめこ）1864〜1929
①1892年，米国ブリンマー・カレッジ選科②女子英学塾塾長③71年開拓使派遣女子留学生のひとりとして山川捨松らと米国へ。小学校を経て82年女学校アーチャー・インスティテュート卒業，同年帰国。86年華族女学校教授。89年再度米国留学。98年女子高等師範学校教授兼任。1900年両校を辞し，女子英学塾（現津田塾大学）創設。教科書 *Girls' New Taisho Readers*（全5巻，熊本と共著，1916）などがある。

2．試験委員略歴　497

浅田　栄次（あさだ　えいじ）1865〜1914
①1893年，米国シカゴ大学大学院博言学科（Ph.D.）②東京外国語学校教授③87年帝国大学理科大学入学。翌年同大を退学し米国留学。93年帰国，青山学院教授。97年高等商業学校附属外国語学校教授，99年同外国語学校が独立，東京外国語学校（校長神田乃武）となるとともに，教務主任。1907年文部省中等学校英語教授法調査委員。*Asada's English Readers*（全5巻，1909），*Asada's Practical Readers*（全3巻，1912）。

茨木　清次郎（いばらぎ　せいじろう）1876〜没年不詳
①1899年，東京帝国大学文科大学英文学科②文部省督学官③第四高等学校教授を経て，1901年文部省留学生となり，英国へ3か年留学。08年文部次官沢柳政太郎に認められて文部省視学官（13年督学官と改称）となる。17年東京音楽学校長，18年東京外国語学校長，19年松本高等学校初代校長，21年東京女子高等師範学校長，27年浦和高等学校長。行政的な仕事が主だったためか，英語教育面の業績は少ない。

岡田　みつ（おかだ　みつ）1875〜1940
①1898年，女子高等師範学校高等師範学科②東京女子高等師範学校教授③女子高等師範学校卒業後直ちに同校助教諭。1901年文部省留学生となり，英語および英語教授法研究のため米国ウエズレー大学に3か年半留学。05年帰国，同年東京女子高等師範学校教授。*Irving*（英米文学評伝叢書，1935），『女子英語教育論』（英語教育叢書，1936）。

岡倉　由三郎（おかくら　よしさぶろう）1868〜1936
①1890年，帝国大学文科大学博言学科選科②東京高等師範学校教授③91年京城の日本語学校教師兼校長（日本語・英語）。96年東京高等師範学校講師，翌年教授。98年文検「国語」試験委員。1901年文部省留学生となり，英語および語学教授法研究のため独英へ3年間留学。07年文部省中等学校英語教授法調査委員。25年立教大学英文科長。26年からラジオ英語講座担当。『英語発音学大綱』（1906），『英語教育』（1911），*The Globe Readers*（全5巻，1907）など。

市河　三喜（いちかわ　さんき）1886〜1970
①1909年，東京帝国大学文科大学言語学科②東京帝国大学助教授③東京帝国大学大学院を経て12年欧米に留学。16年帰国，東京帝国大学助教授，ついで20年教授。23年文学博士。25年帝国学士院会員。その間に日本英文学会会長，英語教授研究所理事長，同所長等を歴任。『英文法研究』（1912），『英語発音辞典』（1923），*A New Concise School Grammar*（1928）など。

石川　林四郎（いしかわ　りんしろう）1879〜1939
①1903年，東京帝国大学文科大学英文学科②東京高等師範学校教授③東京帝国大学大学院在学中の03年東京高等師範学校講師。07年第六高等学校教授，09年東京高等師範学校教授。20〜22年英米留学。29年東京文理科大学設置とともに英文科主任教授。パーマーに協力し，新教授法の普及に尽力，36年英語教育研究所長。『英語教育の理論と問題』（1937），*The New Pacific Readers*（全5巻，1925），*The Girls' English Readers*（全5巻，1933）など。

片山　寛（かたやま　ひろし）1877～1977

①1900年，東京外国語学校英語科②東京外国語学校教授③高等師範学校および附属中学校で教え，02年東京外国語学校講師，05年教授。『英語発音学』（マッケローと共著，1902），『我国に於ける英語教授法の沿革』（1935），*New Empire Readers*（全5巻，浅田栄次と共著，1916），*The World's Herald Readers for Girls*（全5巻，1937）など。

上條　辰蔵（かみじょう　たつぞう）1880～1939

①1901年，東京外国語学校英語科②東京商科大学教授③卒業後直ちに母校助教授。08年東京高等師範学校に移り，翌年教授。15年東京外国語学校教授兼任（～20年）。16～19年米国留学，23年東京商科大学教授。*Primary English*（全2巻，1913），*New Taisho Readers*（全5巻，横地良吉と共著，1915）など。

沢村　寅二郎（さわむら　とらじろう）1885～1945

①1910年，東京帝国大学文科大学英文学科②東京帝国大学助教授③卒業後直ちに第八高等学校教授，23年東京高等学校教授，42年東京帝国大学助教授。*New Standard Readers*（全5巻，1926），*The Imperial Readers*（全5巻，1935）など。

斎藤　勇（さいとう　たけし）1887～1982

①1911年，東京帝国大学文科大学英文学科②東京帝国大学教授③13年東京帝国大学講師，17年東京女子高等師範学校教授を経て，23年東京帝国大学助教授となり欧米へ留学，25年帰国。27年文学博士，31年教授。日本英文学会長。48年東京女子大学長。75年文化功労者。『研究社英米文学辞典』（1937），『イギリス文学史』（改訂増補版，1957），*New Readers*（全5巻，1929），*Girls' English Readers*（全5巻，1933）など。

木村（内田）　ふみ（きむら　ふみ）1890～没年不詳

①1920年，米国ブリンモア大学②東京女子高等師範学校教授③13年神戸女学院専門部英語部卒業，翌年4月同女学院教授，12月第28回文検「英語」合格。20年米国より帰国，同年東京女子高等師範学校講師，翌年教諭兼教授。49年お茶の水女子大学教授（～56年）。

牧　一（まき　いつ）1884～1971

①1912年，米国イリノイ大学（B.A.）②東京商科大学予科教授③07年広島高等師範学校本科英語部卒業，翌年米国留学。大学卒業後，13年までコロンビア大学ティーチャーズ・カレッジ研究科在学。同年帰国して広島高等師範学校講師，翌14年広島高等師範学校教諭兼教授，22年東京商科大学予科教授。*The Sun Readers*（全5巻，1926），*The New Method Sun Readers*（全5巻，1932）など。

井手　義行（いで　よしゆき）1889～1972

①1913年，東京帝国大学文科大学英文学科②東京外国語学校教授③卒業後直ちに東京外国語学校講師，17年教授。45年東京外事専門学校と名称を変えた同校の校長に任ぜられ，49年東京外国語大学学長事務取扱。同年退職，50年中央大学教授。

福原　麟太郎（ふくはら　りんたろう）1894～1981

①1917年，東京高等師範学校英語部②東京文理科大学教授③東京高等師範学校附属中学校教諭を経て，21年東京高等師範学校助教授。29年より2か年英国キングスカレッジに留学。31年東京文理科大学助教授，39年教授。46年

日本英文学会長。大正時代半ばから『英語青年』の編集に関わり、31年からは同誌に英学時評を書き続け、日本の英語教育界の大きな指針となった。学習指導要領委員。『近代の英文学』(1926)、『英文学を如何に読むか』(1927)など。

中野 好夫（なかの　よしお）1902〜85
①1926年、東京帝国大学文学部英文学科②東京帝国大学助教授③卒業後、成田中学校、東京府立第二高等女学校等の教諭を経て、34年東京女子高等師範学校助教授。翌年東京帝国大学文学部助教授、48年東京大学教授（〜53年）。50年日本英文学会長。『アラビアのロレンス』(1940)など。

森下 捨己（もりした　すてみ）1900〜79
①1926年、米国カリホルニア州立大学（英語）②青山学院専門学校教授③22年青山学院高等学部英語師範科卒業の後、カリホルニア州立大学、コロンビア大学に学ぶ。27年青山学院高等学部教授。48年青山学院専門学校長、翌年大学に改編され文学部長。学習指導要領委員。中学校生用英語自習読本 *Let's enjoy English*（1949)、『英語会話 理論と実際』(1952)など。

ロイド（Arthur Lloyd）1852〜1911
①1874年、英国ケンブリッジ大学②東京帝国大学講師③英国人。84年伝道のため来日、かたわら慶應義塾等で教え、在日6年で離日。93年再び来日し慶應義塾で英文学主任教授、また立教学院総理。東京高等商業学校でも教える。1903年にハーンの後任として東京帝国大学文科大学で英文学を講義し、在職中に死去。*New English Readers*（全5巻、1902)、日本研究書 *Everyday Japan*（1909)、翻訳書 *Gold Demon*（『金色夜叉』、1905)など。

スイフト（John T. Swift）1861〜1928
①1884年、米国エール大学②東京高等師範学校・東京帝国大学講師③米国人。88年YMCA教師団の一員として来日、明治学院助教授。98年帰国して、エール大学でMAを取得。翌年東京高等師範学校の招聘に応じて来日、同校教師。1900年東京帝大文科大学英語講師。14年東京高等師範学校を辞任、東京高等商業学校に移る。日米協会の月刊誌 *America-Japan*（1920-22）の主筆。

クレメント（Ernest W. Clement）1860〜1941
①米国シカゴ大学②第一高等学校講師③米国人。大学卒業年は不詳だが、後にMAを取得（1883年）。数年間米国で教え、87年に来日し、94年から Duncan Academy（関東学院の前身）の校長（〜1911年）。その後16年間は第一高等学校で英語を教えるが、同校に招いたのは校長新渡戸稲造といわれる。*Elementary Lessons in the English Language for Japanese Students*（1896)、*Eclectic Fifth Reader*（岡田実麿と共著、1915)。

パーマー（Harold E. Palmer）1887〜1949
①1903〜04年、ベルギーのリエージュ大学で学ぶ②文部省英語教授顧問③英国人。ロンドン大学講師。22年文部省英語教授顧問として来日、直ちに語学教授法について東京帝国大学や東京高等師範学校などで講演・講習会活動を展開。翌年文部省内に英語教授研究所を創立、以後帰国する36年まで所長として教授法の改善に務める。*The Principles of Language-Study*（1921)など多数。教科書も *The Standard English Readers*（全7巻、1927)など。

ブランチ（N. H. Blanch）生没年不詳

①英国ケンブリッジ大学②東京高等師範学校講師③1926年東京高等師範学校講師（〜30年）。教科書に *King's English Readers*（全5巻，鈴木熊太郎と共著，1928）がある。

デル・レー（Arundel del Re）1892〜1974

①英国オックスフォード大学②東京帝国大学講師③イタリア生まれ。ロンドン大学でも学び，卒業後は同大学で教える。1927年来日し，東京帝国大学文学部講師。パーマーと親交があり，英語教授研究所の理事をつとめた。30年台北帝国大学へ転任。戦争中収容所に収監。戦後最初の「学習指導要領」作成にGHQを代表して関与，戦後の英語教育がパーマーらの新教授法の主旨によって運営される基礎を作ったといわれている。

トーマス（Andrew. F. Thomas）生年不詳〜1951（享年は55歳位といわれている）

①英国オックスフォード大学②東京高等師範学校雇外国人教師兼東京文理科大学講師③英国人。はじめ福島高等商業学校にいたが，石川林四郎の目にとまり，1929年東京高等師範学校，東京文理科大学に招かれる。41年日英関係が険悪になり離日。*How to Teach English*（1939），*English and American Manners and Customs*（1935）など。

ホーンビー（Albert S. Hornby）1898〜1978

①英国ロンドン大学②東京高等師範学校講師③英国人。1924年来日し大分高等商業学校で教え，34年東京高等師範学校と東京外国語学校で教える。36年パーマーの依頼で英語教授研究所顧問となる。第75回文検も「英語」試験委員を担当。数日後の大戦勃発と同時に収容所入りとなるものの，交換船で英国へ送還。『基本英語学習辞典』（石川林四郎と共著，1940），*The Standard English Readers For Girls*（パーマーと共著，1933）など。

クラーク（Clarke）生没年不詳

第二次世界大戦後の第77，78回の試験委員であったこと以外，不詳。

ブライス（Reginald H. Blyth）1898〜1964

①1923年，英国ロンドン大学②東京大学講師③英国人。24年来日し，京城帝国大学予科傭入外国人教師。40年第四高等学校傭入外国人教師。41年帰化願いを出すものの，12月8日石川県警に保護され，翌年交戦国民間人抑留所に収容。45年12月学習院傭入外国人教師，また天皇人間宣言の英文草案を作成。46年皇太子の英語教師，東京大学講師。51年学習院教授。『禅と英文学』（英文，1942）など。

数 学

桜井　房記（さくらい　ふさき）1852〜1928
①1878年，東京大学理学部仏語物理学科②東京師範学校教諭③79年東京師範学校雇教員。英国留学後，83年教諭，同年文部省普通学務局兼勤。90年第五高等中学校教諭兼同校教頭。同年教授（〜1907年）。東京物理学校創設者の一人。『ボス　中等教育代数学』（千本との共訳，1888）は，関数とグラフを扱ったフランス流の教科書。

山口　鋭之助（やまぐち　えいのすけ）1861〜1945
①1884年，東京大学理学部物理学科②東京大学予備門御用掛（第2回臨時委員就任時）③第1回臨時委員就任時の肩書きは不明。86年第一高等中学校教諭。90年教授。97年より京都帝国大学理工科大学教授。京都帝国大学総長の推薦により理学博士（1901年）。のち学習院院長（05〜07年）。07年宮中顧問官

千本　福隆（せんぼん　よしたか）1854〜1918
①1878年，東京大学理学部仏語物理学科②文部省専門学務局③陸軍士官学校勤務を経て，81年文部省専門学務局に着任。85年仏国サンクルー高等師範学校に留学。88年帰国し，高等師範学校教諭，90年教授（〜1914年）。東京物理学校創立者の一人。

寺尾　寿（てらお　ひさし）1855〜1923
①1878年，東京大学理学部仏語物理学科②東京大学教授③大学卒業後パリ大学に留学。83年帰国し，東京大学理学部星学科講師，翌年教授。関数論を日本で最初に講義。88年以後東京天文台所長を兼任。東京物理学校創立者の一人で初代校長。『中等教育算術教科書』（1888）は「理論流儀算術」の代表作。『理論応用算術講義』（藤野了祐との共著，1917）は文検受験生に親しまれた。

谷田部　梅吉（やたべ　うめきち）1857〜1903
①1879年，東京大学理学部仏語物理学科②第一高等中学校教諭兼幹事③東京大学予備門教諭を経て，1886年第一高等中学校教諭兼幹事。翌年山口高等中学校教諭兼教頭。東京物理学校創立者の一人。

菊池　大麓（きくち　だいろく）1855〜1917
①1877年，英国ケンブリッジ大学セント・ジョーンズ・カレッジ②帝国大学教授③蘭学者箕作阮甫の孫。蕃書調所で学んだ後，イギリスで中等教育・高等教育を受ける。77年東京大学教授。97年文部省学務局長兼任。翌年東京帝国大学総長。1901年には文相として小学校の国定教科書制度創始に尽力。04年男爵。12年以降枢密院顧問官。『初等幾何学教科書』（1888）によってユークリッド流の幾何学を日本に導入。レトリックの意義を説いた『修辞及華文』（1879）など啓蒙的な訳書も多い。

三輪　桓一郎（みわ　かんいちろう）1861〜1920
①1880年，東京大学理学部仏語物理学科②帝国大学助教授③81年東京大学御用掛，翌年助教授。学習院教授を経て，1900年京都帝国大学理工科大学教授。03年より独仏に留学。13年沢柳総長のとき辞職。東京物理学校創立者の一人。著書に『中等算術教科書』（1897），『中等物理教科書』（1896）。

野口　保興（のぐち　やすおき）→①②「家事」の欄参照

③『通信教授数理学』(1889)は開発社が行った通信講座のテキストで，「理論流儀算術」の最も初期の文献。他の著作に『理論応用算数学』(1891)．『中等教育地理教科書』(1896)などの他分野の著作も多い。東京物理学校では，寺尾とともに長年「算術」を担当。

北条　時敬（ほうじょう　ときゆき）1859～1929
①1885年，東京大学理学部数学科②第一高等中学校教諭③金沢の啓明学校にて和算家の関口開に学ぶ。大学卒業後，石川県専門学校教諭。西田幾多郎に数学を教える。88年第四高等中学校，91年第一高等中学校に着任。高等学校長，東北帝国大学総長，学習院院長(1917～20年)を歴任。

藤沢　利喜太郎（ふじさわ　りきたろう）1861～1933
①1886年，シュトラスブルグ大学（ドイツ領時代）(Ph.D.)②帝国大学教授③東京大学理学部数学物理学及星学科に入学。82年物理学科を卒業し，英独に留学。86年帝国大学理科大学教授（～1921年）。大学にゼミナールを導入。高木貞治や吉江琢児が育つ。『算術教科書』(1896),『初等代数学教科書』(1898)は1900年前後の標準的な教科書。分科の区別を重視した「中学校教授要目」(02年)と「数え主義」で知られる初の国定教科書『小学算術書』(05年から使用開始)の編纂に影響力。

飯島　正之助（いいじま　まさのすけ）生没年不詳
①1889年，帝国大学理科大学星学科②第一高等中学校教授（94年3月官報）③1892年12月官報には肩書きの記載なし。第一高等中学校を経て，第一高等学校に勤務。『小学算術書』の編集委員長。『チャールス・スミス　代数学』（藤沢利喜太郎と共訳，1889）は，行列式などを含むイギリス流の内容。高等中学校で使用された。

三守　守（みもり　まもる）1859～1932
①1880年，東京大学理学部仏語物理学科②東京工業学校教諭③85年東京職工学校教諭。その後校名変更に伴い，90年東京工業学校教諭，1901年東京高等工業学校教授（～16年）。12年には『工業学校数学教科調査報告』を行う。19年日本中等教育数学会初代副会長，27年第2代会長。東京物理学校創立者の一人でのち専任講師。

平山　信（ひらやま　しん）1867～1945
①1888年，帝国大学理科大学星学科②帝国大学教授③星学科の最初の卒業生の一人。英独留学後，94年帝国大学講師，翌年教授（～1928年）。1899年総長推薦により理学博士。

中村　清二（なかむら　せいじ）1869～1960
①1893年，帝国大学理科大学物理学科②第一高等学校嘱託教員③1900年東京帝国大学助教授，11年教授（～30年）。理学部長も務めた（26～29年）。『近世物理学教科書』(1899),『自然と数理』(1931)など著書多数。

保田　棟太（やすだ　むねた）1856～1919
①1880年，東京大学理学部仏語物理学科②第一高等学校教授③83年文部省御用掛，翌年東京大学予備門教諭。86年第一高等中学校教諭，90年第一高等学校教授（～1919年）。東京物理学校創立者の一人。『ルビール　三角法教科書』(1896)は文検受験生に親しまれた。

本間　義次郎（ほんま　よしじろう）1870～1908
①1894年，帝国大学理科大学物理学科②第

一高等学校教授③立教大学で教えた後，中央気象台に入る。1904年ドイツに留学。07年空中電気に関する研究で理学博士。広島高等師範学校教授も務める。『女子教育物理学教科書』（大島鎮治との共著，1907）。

坂井　英太郎（さかい　えいたろう）1871～1948
①1895年，帝国大学理科大学物理学科②東京帝国大学助教授③96年山口高等学校教授。98年東京帝国大学助教授，1904年教授。13年理学博士。専門は解析学。『輓近高等数学講座』『続輓近高等数学講座』を監修。数回にわたり高等学校数学科教授要目の原案を作成。『高等教育微分積分学』（1904）は初期の文検参考書。

国枝　元治（くにえだ　もとじ）1879～1954
①1916年，英国ケンブリッジ大学（Ph.D.）②東京高等師範学校教授③1898年東京帝国大学理科大学星学科卒業。同年東京高等師範学校講師，翌年教授。1914年より2年間英独米に留学。整数論を研究。19年日本中等教育数学会初代副会長，29年第3代会長。小倉金之助らの形式陶冶否定論に反発するなど，穏健な立場。29年東京文理科大学教授（～40年）。36年数学教科調査委員会委員長。第10回国際数学者会議（オスロ）にて『日本における数学教育最近の傾向』を報告。

中川　銓吉（なかがわ　せんきち）1876～1942
①1898年，東京帝国大学理科大学数学科②東京高等師範学校教授③98年第二高等学校教授。翌年東京高等師範学校教授。1901年より3年間ドイツに留学。その間，東京帝国大学理科大学助教授に。14年教授。専門は幾何学。高等学校教科書『新撰解析幾何学教科書』（竹内端三との共著，1920）は文検受験生の必読書。21年，吉江琢児とともに，『帝国大学理科大学数学科教科調査報告』を行った。

森　岩太郎（もり　いわたろう）1861～1925
①帝国大学理科大学選科②女子高等師範学校教諭③1882年東京師範学校体操伝習科を卒業。その後，無試験にて体操，物理，数学の教員免許状を取得。選科を経て，（東京）女子高等師範学校で長年教鞭を執る。1912年『女子高等師範学校数学科教科調査報告』を行う。『女学校用算術教科書』（1904）は07年時点で最も広く使用された。樺正董，林鶴一，国枝元治らとともに，日本中等教育数学会の創立主唱者の一人。

数藤　斧三郎（すとう　おのさぶろう）1871～1915
①1894年，帝国大学理科大学数学科選科②第一高等学校教授③89年理科大学簡易講習科第一部を首席で卒業。藤沢利喜太郎の勧めにより選科に入学。選科修了後，95年久留米尋常中学明善校教諭。97年第二高等学校教授。病を得て退職するも，98年第一高等学校数学授業嘱託，翌年教授（～1915年）。『リチャードソン，ラムゼイ　近世平面幾何学』（菊池大麓との共訳，1895）は，平面射影幾何学の平易な解説書。

吉江　琢児（よしえ　たくじ）1874～1947
①1897年，帝国大学理科大学数学科②東京帝国大学助教授③99年ドイツに留学。留学中に東京帝国大学助教授。1909年教授。専門は微分方程式論。15年より東宮御学問所御用掛（～21年）。高等学校高等科教員検定試験委員も務める。著書に『常微分方程式』（1931）。

高木　貞治（たかぎ　ていじ）1875〜1960

①1897年，帝国大学理科大学数学科②東京帝国大学教授③岐阜県尋常中学校において，数学を樺正董に，英語を斉藤秀三郎に学ぶ。第三高等中学校，帝国大学を経て98年ドイツに留学。1900年東京帝国大学助教授，04年教授。専門は代数的整数論。類体論で日本の数学研究を世界的水準に引き上げた。高等学校高等科教員検定試験委員も務める。『新式算術講義』（1904）では算術を高い「立脚点」から「観察」すると述べて，F. クラインの思想を紹介していたが，実用性の重視やグラフの導入など，数学教育改造運動の主張にはおおむね批判的。

熊沢　鏡之助（くまざわ　きょうのすけ）1862〜没年不詳

①1885年，東京大学理学部数学科②休職陸軍教授（1907年6月官報）③北条時敬とともに東京大学数学科の第2回卒業生。臨時委員就任時の官報（1906年12月）には，肩書きの記載なし。1885年7月の東京数学物理学会常会において，『東京数学物理学会記事』をローマ字表記にすることを提案。編書に『新撰幾何学』（小林堅好との合編，1897）。

渡辺　孫一郎（わたなべ　まごいちろう）1885〜1955

①1908年，東京帝国大学理科大学数学科②第一高等学校教授③第八高等学校教授を経て，1913年第一高等学校教授。19年に東北帝国大学より学位，22年東京商科大学教授。29年東京工業大学教授（〜45年）。専門は，確率論と解析学。39年日本中等教育数学会第4代会長。『確率論』（1926）は確率に関する当時唯一の単行書。

黒田（伊達木）　稔（くろだ　みのる）1878〜1922

①1899年，東京高等師範学校数学専修科②東京高等師範学校教授③家の都合により尋常小学校雇教員となるが，向学心やまず東京高等師範学校に入学。卒業と同時に東京高等師範学校訓導兼助教諭。翌年教諭。1910年独英米に留学。クラインに学ぶかたわら，学校を多数参観。『幾何学教科書』（1916）は百以上の学校で採用された。帰納と実験を重視した幾何の低学年導入を主張するも，主任教授の国枝と対立。多数の原稿は，佐藤良一郎により出版された（『数学教授ノ新思潮』，1927）。

阿部　八代太郎（あべ　やよたろう）1883〜1951

①1909年，京都帝国大学理工科大学数学科②東京高等師範学校教授③東京高等師範学校を経て，大学を首席で卒業。1911年東京高等師範学校教授兼訓導（〜47年）。19年英独米に留学。専門は代数学。43年日本中等教育数学会第5代会長。『現代新幾何』（1931）など教科書編纂多数。

黒河　龍三（くろかわ　りゅうぞう）1892〜1935

①1916年，東京帝国大学理科大学数学科②第一高等学校教授③第一高等学校で学ぶ。大学卒業と同時に，第一高等学校講師。18年教授（〜35年）。著書に『平面幾何学』（秋山武太郎との共著，1930），『高等立体幾何学通論』（中川銓吉との共著，1932）。

竹内　端三（たけのうち　たんぞう）1887〜1945

①1910年，東京帝国大学理科大学数学科②第一高等学校教授③第一高等学校時代数藤の勧めにより数学科専攻を決める。10年第五高

等学校教授。第八高等学校，第一高等学校を経て，22年藤沢利喜太郎の後任として東京帝国大学教授。『高等微分学』『高等積分学』(1923)は，文検受験者の必読書。

掛谷　宗一（かけや　そういち）1886〜1947
①1909年，東京帝国大学理科大学数学科②東京高等師範学校教授③1909年第一高等学校講師，11年教授。翌年東北帝国大学理科大学助教授。18年ハーバード大学に留学。20年東京高等師範学校教授。29年東京文理科大学教授。36年東京帝国大学教授（〜46年）。師範学校専攻科向けの『高等数学概要』(1920)は，高等数学の入門書として活用された。

杉浦　徳次郎（すぎうら　とくじろう）1890〜没年不詳
①1916年，東京帝国大学理科大学数学科②東京女子高等師範学校教授③21年より東京女子高等師範学校に勤務（〜25年）。その後，東京商科大学予科教授。27〜30年ドイツに留学。著書に『保険数学』(1931)。

杉村　欣次郎（すぎむら　きんじろう）1889〜1981
①1912年，東京帝国大学理科大学数学科②東京高等師範学校教授③東京高等師範学校附属中学校で黒田稔に学ぶ。第三高等学校を経て，大学を首席で卒業。13年第一高等学校講師。18年東京高等師範学校教授。26年独仏に留学。30年東京文理科大学教授。40年数学教育再構成研究会の東部研究会世話役。50年第6代日本数学教育学会長。著書に『平面立体解析幾何学』(1933)，『射影幾何学』(1936)。

辻　正次（つじ　まさつぐ）1894〜1960
①1919年，東京帝国大学理学部数学科②第一高等学校教授③22年より第一高等学校に勤務（〜27年）。25年東京帝国大学数学科助教授。35年ドイツに留学。37年教授（〜55年）。38年理学博士。専門は関数論。著書に『複素変数関数論』(1930)，『集合論』(1933)。

岩間　緑郎（いわま　ろくろう）1893〜没年不詳
①1923年，東京帝国大学理学部数学科②東京女子高等師範学校教授③17年東京高等師範学校を卒業し，東京府立第一高等女学校教諭。翌年外国語学校独逸語部に入学。大学卒業後，松江高等学校講師を経て，25年東京女子高等師範学校教授。

関口　雷三（せきぐち　らいぞう）1884〜1944
①1910年，東京帝国大学理科大学数学科②学習院高等科教授③父は和算家の関口開。静岡新発田各中学校教諭，広島高等師範学校教授，文部省図書監修官を経て，23年より没するまで学習院高等科に勤務。中等科長も務めた。かたわら東京物理学校でも教えた。著書に『平面球面三角法』(1928)，『微分積分学通論』(1932)。

渡辺　秀雄（わたなべ　ひでお）生没年不詳
①1920年，東京帝国大学理学部数学科②第一高等学校教授③1935年より『日本中等教育数学会雑誌』編集幹事（〜42年）。編集主任も務めた。著書に『輓近高等数学講座　方程式論』(1929)，『輓近高等数学講座　高等平面三角法』(1928)。

野村　武衛（のむら　たけえ）1895〜1987
①1923年，東京帝国大学理学部数学科②東京高等師範学校教授③19年東京高等師範学校理科第一部（数学）を卒業。教生時代は，附属中学校教諭佐藤良一郎の指導を受ける。第

五高等学校を経て，35年東京高等師範学校教授。戦後文部省に転出。視学官としてCIEの担当官と折衝。千葉大学初代教育学部長，東京学芸大学教授の他，三重大学長三期。

黒田　成勝（くろだ　しげかつ）1905～72
①1928年，東京帝国大学理学部数学科②東京女子高等師範学校教授③東京帝国大学数学科助手を経て，33年東京女子高等師範学校教授。42年名古屋帝国大学理学部創設とともに数学教室教授。45年整数論の研究により理学博士。戦後は名大理学部長を務めた。著書に『岩波講座数学　数学基礎論』（1932）など。

彌永　昌吉（いやなが　しょうきち）1906～
①1929年，東京帝国大学理学部数学科②東京帝国大学助教授③31年ハンブルグ大学とパリ大学に留学。35年帰国し，東京帝国大学助教授。42年教授（～67年）。整数論，代数学などの分野で業績。小平邦彦ら多数の後進を育てた。戦後はICMI会長を務めるなど，数学教育にも貢献。戦前の著作に『純粋数学の世界』（1942）。

末綱　恕一（すえつな　じょいち）1898～1970
①1922年，東京帝国大学理学部数学科②東京帝国大学教授③九州帝国大学工学部講師，助教授を経て，24年東京帝国大学助教授。27年理学博士。27年ドイツに留学。抽象代数学を日本に紹介。35年教授（～59年）。後年は，西田哲学を拠り所として数学の基礎付けを試みた。戦前の著書に『続輓近高等数学講座　整数論及代数学』（1930）。

黒須　康之助（くろす　こうのすけ）1893～1970
①1917年，東北帝国大学理科大学数学科②東京高等学校教授③11年東京物理学校数学科卒。大学を経て，17年海軍機関学校教官。25年東京高等学校教授。41年東京物理学校教授。44年東京高等学校教授。43年日本数学教育会副会長。専門は変分学，連分数論。

佐藤　良一郎（さとう　りょういちろう）1891～1992
①1937年，英国ロンドン大学（Ph.D.）②東京高等師範学校教授③16年東京高等師範学校理科数物化学部卒業。教生時代黒田稔に学ぶ。17年東京高等師範学校教諭兼訓導。高木貞治の長男と次男を教える。29年教授。この間，23年と30年に中学校数学科教授要目調査委員を務める。後者は31年の「中学校教授要目」として実現。35年イギリスに留学し統計学を研究。58年第8代日本数学教育学会会長。戦前の著作に，『初等数学教育の根本的考察』（1924），『数学教育各論』（1929），『改正教授要目と数学教育』（1933）。

歴 史

田中　稲城（たなか　いなぎ）1856〜1925
①1881年，東京大学文学部和漢文学科②東京大学助教授③81年東京大学御用掛，さらに助教授となる。86年文部省に入省，東京図書館に勤務。87年文部省書記官。90年帝国大学文科大学教授兼東京図書館館長に就任。93年東京図書館館長専任。近代図書館確立に主導的役割を果たした図書館学者。

三上　参次（みかみ　さんじ）1865〜1939
①1889年，帝国大学文科大学和文学科②女子高等師範学校教授③帝国大学文科大学大学院を経て，90年臨時編年史編纂掛編纂助手嘱託，92年女子高等師範学校嘱託（〜93年），帝国大学文科大学助教授。95年史料編纂委員。99年東京帝国大学文科大学教授（〜1926年），史料編纂掛主任。著書に没後講義録をまとめた『江戸時代史』（全2冊，1943-44）などがある。日本史における近世史研究が専門の中心。

三宅　米吉（みやけ　よねきち）1860〜1929
①1872年〜75年，慶應義塾で学ぶ②高等師範学校教授③76年官立新潟英語学校教員心得。80年千葉師範学校教師。81年東京師範学校教諭，95年教授。下村三四吉らと考古学会を創設。1920年東京高等師範学校校長。29年東京文理科大学初代学長。日本史における考古学研究が専門の中心で，考古学界の初期の功労者。

大森　金五郎（おおもり　きんごろう）1867〜1937
①1894年，帝国大学文科大学国史科②学習院教授③97年第一高等中学校講師。99年学習院教授（〜1919年）。日本歴史地理研究会の発起人の一人。著作は『日本中世史論考』（1928）など。日本史における中世史が専門。

萩野　由之（はぎの　よしゆき）1860〜1924
①1886年，東京大学文学部古典講習科②東京帝国大学教授（文検「歴史」試験委員就任時）③92年学習院教授。高等師範学校教授兼女子高等師範学校教授。帝国大学文科大学講師を経て，1901年東京帝国大学文科大学教授（〜23年）。著書は『日本制度通』（共著，1880），『日本古代法典』（編，1892）等。日本史における古代史と国文学が専門。第9回から文検「国語」試験委員。

下村　三四吉（しもむら　みよきち）1868〜1938
①1896年，帝国大学文科大学国史科選科②東京女子高等師範学校教授③89年東京師範学校中学師範科卒業。山梨県山梨尋常中学校教諭を経て，大学に入学。98年東京女子高等師範学校教諭となり，のち教授（〜1932年）。この間，考古学会の創立に関与。日本史における考古学研究が専門。

和田　英松（わだ　ひでまつ）1865〜1937
①1888年，帝国大学文科大学古典講習科②東京帝国大学史料編纂所史料編纂官③88年『古事類苑』編修嘱託，『平安通史』編纂員嘱託。95年帝国大学史料編纂助員。99年学習院教授。1900年東京帝国大学史料編纂員。一貫して『大日本史料』編纂にあたる。07年東京帝国大学史料編纂所史料編纂官（〜33年）。日本史と国文学の研究者。

黒板　勝美（くろいた　かつみ）1874〜1946
①1896年，帝国大学文科大学国史科②東京帝国大学教授③帝国大学大学院を経て，1901

年東京帝国大学史料編纂員。02年東京帝国大学文科大学講師。05年助教授，史料編纂官を兼務（～20年）。19年東京帝国大学教授（～35年）。古文書学の体系化をはかり，文化財保存に力を注いだ。著書に『国史の研究』(1908)等。また田口卯吉の『国史大系』の編纂事業を引き継いで，『新訂増補国史大系』刊行事業を行った。日本史における古代史と古文書学が専門。

辻　善之助（つじ　ぜんのすけ）1877～1955
①1899年，東京帝国大学文科大学国史科②東京帝国大学助教授③東京帝国大学大学院を経て，1902年東京帝国大学史料編纂掛史料編纂員。05年史料編纂掛史料編纂官。11年東京帝国大学文科大学助教授。20年史料編纂掛事務主任。26年東京帝国大学文学部教授（～38年）兼史料編纂官。29年史料編纂所所長。『大日本史料』の編纂など史料の編纂事業に尽力した。著書に『日本仏教史之研究』(1919)など。日本史における仏教史が専門。

渡邊　世祐（わたなべ　よすけ）1874～1957
①1900年，東京帝国大学文科大学国史科②東京帝国大学史料編纂所史料編纂官③埼玉県熊谷中学校教頭を経て，03年東京帝国大学文科大学大学院入学。04年同史料編纂掛史料編纂員嘱託。05年同史料編纂補助，同文科大学講師。15年同史料編纂官（～36年）。著書に『関東中心足利時代之研究』(1926)など。日本史における中世史の専門家。

松本　彦次郎（まつもと　ひこじろう）1880～1958
①1908年，東京帝国大学文科大学史学科国史専修②東京文理科大学教授③03年京都帝国大学法科大学史学科に入学し，04年東京帝国大学に入学。10年慶應義塾普通部及び大学部史学科教員。米国への留学を経て，19年第六高等学校教授。30年東京文理科大学助教授兼東京高等師範学校教授。31年東京文理科大学教授（～43年）。著書に『日本文化史論』(1942)など。日本史における中世史・文化史が専門。

那珂　通世（なか　みちよ）1851～1908
①1874年，慶應義塾を正則卒業②第一高等中学校兼高等師範学校教授③77年千葉県師範学校教師長兼千葉女子師範学校教師長。ついで千葉中学校総理を兼ねる。79年東京女子師範学校教諭兼総理。91年華族女学校教授。94年第一高等中学校（～97年）兼高等師範学校教授。96年帝国大学文科大学講師（～1904年）及び東京専門学校講師。『支那通史』(1888-90)等の著作をのこした。日本における東洋史学の開拓者。

市村　讚次郎（いちむら　さんじろう）1864～1947
①1887年，帝国大学文科大学古典科（漢書課）②東京帝国大学助教授③90年学習院助教授。98年東京帝国大学文科大学助教授，兼任学習院教授。1905年東京帝国大学文科大学教授（～24年）。『東洋史要』(1897)，『東洋史統』(1939)など中国史の概説を書くことに力を注いだ。東洋史における中国本土の歴史が専門。

白鳥　庫吉（しらとり　くらきち）1865～1942
①1890年，帝国大学文科大学史学科②東京帝国大学教授③学習院教授（～1921年）兼歴史地理科長。1904年東京帝国大学文科大学史学科教授（～25年）。ランケ史学を伝えたリースに学んだ。研究範囲はアジア全域に及び，とりわけ，西域・「満洲」などの諸民族の歴史・

言語の研究を開拓，東洋文庫など各種研究機関の創設も行い，東洋史学を発展させた人物として知られる。

桑原　隲蔵（くわばら　じつぞう）1870～1931

①1896年，帝国大学文科大学漢学科②京都帝国大学教授③帝国大学文科大学大学院を経て，98年第三高等学校教授，99年高等師範学校教授。1909年京都帝国大学教授（～30年）。中国文化史や東西交通史に関する研究が多く，西欧近代の研究法を採用した東洋史学の建設者として知られるとともに，本格的東洋史教科書として最初の『中等東洋史』（1898）を著し，日本における東洋史教育の確立者の一人としても知られる。第13～20回は文検「漢文」試験委員。

中村（中山）　久四郎（なかむら　きゅうしろう）1874～1961

①1899年，東京帝国大学文科大学漢学科②東京帝国大学文科大学大学院を経て，東京高等師範学校教授③留学してドイツで東洋史を研究。1905年広島高等師範学校教授。10年東京高等師範学校教授。東京帝国大学講師，史料編纂官を兼任。29年東京文理科大学教授（～40年）。41年満洲国軍官学校教頭（～43年）。著書に『清代文化の日本に及ぼせる影響』（1940）等。東洋史学者。

箭内　亙（やない　わたり）1875～1926

①1901年，東京帝国大学文科大学史学科②東京帝国大学助教授③東京帝国大学文科大学大学院を経て，第一高等学校で教鞭をとる。一方，南満洲鉄道株式会社歴史地理調査部(14年に東京帝国大学に委託）の設立時からの部員。13年東京帝国大学講師，25年教授（～26年）。著書に没後まとめられた『蒙古史研究』

（1930）など。また『東洋読史地図』（1912）を出版。モンゴル史，遼・金・元朝史を開拓した東洋史学者。

藤田　豊八（ふじた　とよはち）1869～1929

①1895年，帝国大学文科大学漢学科②東京帝国大学教授③帝国大学文科大学大学院を経て，中国で教育活動に従事。その後1923年早稲田大学教授。26年東京帝国大学教授。28年台北帝国大学教授（～29年）。著書に没後まとめられた『東西交渉史の研究』（全2冊，1932）等がある。東西交通史，南海史，西域史が研究の中心であった東洋史学者。

和田　清（わだ　せい）1890～1963

①1915年，東京帝国大学文科大学史学科東洋史学専修②東京帝国大学助教授③27年東京帝国大学助教授，33年教授（～51年）。『東亜史論藪』（1942）等，著書多数。「満州」，モンゴル史研究，また清朝史研究を中心として数多くの研究を行った東洋史学者。

有高　巖（ありたか　いわお）1884～1968

①1911年，京都帝国大学文科大学史学科②東京文理科大学教授③福岡師範学校から東京高等師範学校に進み，大学へ進学。その後，佐賀高等学校教授となり，29年東京高等師範学校教授。30年東京文理科大学助教授，のち教授。元・明・清朝史を専門とした東洋史学者。著書に『概観東洋通史』（1937）など。また37年の中学校教授要目改正の「東洋史」を担当するなど，中等教育における東洋史教育に影響をもった人物。

棚橋　一郎（たなはし　いちろう）1863～1942

①1884年，東京大学文学部和漢文学科②東京大学予備門教諭③1885年から東京大学予備

門教諭，第一高等中学校教諭。89年に自ら私立郁文館を設立し，98年同校校長。1902年衆議院議員。08年から東京市会議員に累選された。

坪井　九馬三（つぼい　くめぞう）1858～1936

①1881年，東京大学文学部政治理財科。85年，同理学部応用化学科②帝国大学講師③86年帝国大学文科大学講師，91年教授（～1923年）。1904年東京帝国大学文科大学学長。著書に『史学研究法』（1903）等。西洋史が専門だが，史学研究法・歴史地理学・対外交渉史など，近代日本における史学研究の開拓者として知られる。

磯田　良（いそだ　りょう）1867～1924

①1890年，帝国大学文科大学史学科②帝国大学講師③92年帝国大学文科大学講師，93年文部省試補となり，その後東京高等師範学校教授。文検「歴史」の第5回，第7回に嘱託の試験委員として関わった。

箕作　元八（みつくり　げんぱち）1862～1919

①独国チュービンゲン大学②第一高等中学校教授③1885年に東京大学理学部動物学科を卒業したのち歴史研究に転じ，チュービンゲン大学で学位を取得。92年第一高等中学校教授。帰国したリースにかわって1902年に東京帝国大学教授となり，日本における近代的な西洋史学の創始者となった。没後出版された『フランス大革命史』（1919-20）等，18，19世紀のとりわけフランス革命史に関する講義や著作で知られている。

村川　堅固（むらかわ　けんご）1875～1946

①1898年，東京帝国大学文科大学史学科②東京帝国大学教授③1906年東京帝国大学文科大学助教授，12年教授。『西洋上古史』(1916)等の著書で知られ，ローマ史やギリシア史など，日本における西洋古代史研究の確立者。また西洋史教科書や参考地図を通じて中等学校の歴史教育にも寄与した。

斎藤　清太郎（さいとう　せいたろう）1872～1941

①1895年，帝国大学文科大学史学科②東京帝国大学助教授③1901年東京女子高等師範学校教授。08年東京帝国大学文科大学助教授，26年教授。西洋最近世史，現代ロシア史，とりわけ外交史の周到・綿密な研究で知られた。

今井　登志喜（いまい　としき）1886～1950

①1911年，東京帝国大学文科大学史学科西洋史学専修②東京帝国大学助教授③18年第一高等学校教授。23年東京帝国大学助教授，のち教授。著作に没後講義録をまとめて刊行された『英国社会史』(1953-54)，『歴史学研究法』(1953) 等。都市史の比較史研究，綜合的な社会史研究などに強い特徴をもつ西洋史研究者。

中川　一男（なかがわ　かずお）1893～1949

①1921年，東京高等師範学校研究科②東京高等師範学校教授③16年東京高等師範学校地理歴史科卒業。著書に『歴史学及歴史教育の本質』(1927)，『西洋中世史新論』(1942)，『近世フランス経済文化の研究』(1947) など。西洋中世史がその中心的研究。

> 家　事

後閑　菊野（ごかん　きくの）1866～1931
　①1884年，東京女子師範学校小学師範学科②女子高等師範学校助教諭③東京女子師範学校附属小学校卒業後，東京女子師範学校に入学。卒業と同時に同校御用掛となり，訓導・助教諭・教諭を経て教授（～1918年）。1893年4月師範学校女子部・高等女学校「家事」「国語」教員免許状を無試験検定によって取得。1918年宮内庁御用掛，24年桜蔭高等女学校校長（～31年）。高等女学校教授要目取調委員，師範学校学科程度取調委員，文部省視学委員等を歴任。

野口　保興（のぐち　やすおき）1860～1943
　①1880年，仏国大学アンセイニウマン・スコンデール・スペシャル卒業証書取得②女子高等師範学校教授③81～82年仏国馬耳寒大学理学部においても学ぶ。82年東京師範学校教員，91年女子高等師範学校教授（～1910年）。1885年12月全学科目の中等教員免許状を無試験検定によって取得。89年から文検「数学」試験委員を務める。後閑以前の東京女子師範学校の家事科を担当したと自ら証言している。1911年帝国女子専門学校教授。『家事の新研究』(1916)。

佐方　鎮（さかた　しず）1857～1929
　①1879年，東京女子師範学校小学師範学科②女子高等師範学校教授③早くから漢文学を学び，第一回生として東京女子師範学校に入学。卒業後ただちに東京女子師範学校附属小学校・幼稚園・高等女学校の教員に採用され，後に教授（～1917年）。1893年4月師範学校女子部「国語」教員免許状を無試験検定によって取得。後閑とともに1901年愛国婦人会発起人。退職後は神田高等女学校校長。『高等女学校用家事教科書』（全2巻，後閑と共著，1911）。

宮川（大江）　壽美（みやがわ　すみ）1875～1948
　①1901年，女子高等師範学校高等師範学科②東京女子高等師範学校教授③1894年東洋英和女学校卒業後，母校で教鞭を執り，97年女子高等師範学校に入学。卒業と同時に沖縄県師範学校・同高等女学校の教諭（～1902）。02～07年文部省から家政学研究のため英国留学を命ぜられ，ペットホードカレッジ衛生科に学ぶ。07年女子高等師範学校教諭兼教授（～25年）。25年東京家政学院を設立。28年汎太平洋婦人会議に出席。『応用家事精義』(1916)。

近藤　耕蔵（こんどう　こうぞう）1873～1955
　①1901年，東京高等師範学校理科理化数学部②東京女子高等師範学校教授③1896年神奈川県尋常師範学校卒業後，1年間大磯小学校（神奈川県）教員を勤め，東京高等師範学校に入学。福井県師範学校教諭を経て，1904年女子高等師範学校助教授，11年教授（～39年）。06年東京外国語学校専修科ドイツ語科も修了。25～26年英米独留学。退職後は東京女子高等師範学校講師（～49年）。文検「理科」の試験委員も務める。『日用物理学講義』（全2巻，1917）。

甫守（尾見）　ふみ（ほもり　ふみ）1868～没年不詳
　①1893年，女子高等師範学校高等師範学科②東京女子高等師範学校教諭③84年京都府立女学校卒業。女子高等師範学校卒業後，京都・奈良・福岡・岐阜の県立高等女学校教諭を経て，1906年女子高等師範学校教諭，21年第六

臨時教員養成所教授（〜24年）。後千代田女子専門学校などの講師。勤倹奨励婦人団体委員会委員。『新編家事教科書』（全2巻，1911）。

喜多見（杉野）　さき（きたみ　さき）1863〜1924
①1881年，東京女子師範学校小学師範学科②東京女子高等師範学校教授③98年6月第11回文検「家事」「裁縫」合格。山梨・東京・愛媛・宮城の師範学校教員を勤めた後，1900年女子高等師範学校教諭兼舎監となり，後教授。『割烹教科書』（1907）。

井上　秀（いのうえ　ひで）1875〜1963
①1904年，日本女子大学校家政学部②日本女子大学校家政学部長③1895年京都府立高等女学校卒業。日本女子大学校設立準備から関わり，舎監を勤めながら第一回生となる。1905年同校付属高等女学校教諭に始まり，10年教授，19年家政学部長を経て31年校長（〜46年）。08〜10年米国留学，コロンビア大学ティーチャーズカレッジ等で学び，英・仏等を視察。22年ワシントンでの世界婦人軍縮会議，28年ハワイでの汎太平洋婦人会議に出席。生活改善同盟会理事（20〜41年），大日本青少年団副団長（41〜45年）。『最新家事提要』（1928）。

湯原　元一（ゆはら　げんいち）1863〜1931
①1889年，帝国大学文科大学選科②東京女子高等師範学校校長③84年東京大学予備門卒業後，文科大学では教育学特約生としてハウスクネヒトの下で教育学を専攻。89年山口高等中学校教授を皮切りに，第五高等学校教授，宮崎中学校校長，新潟県中学校校長，新潟県視学官，北海道庁事務官，東京音楽学校長などを歴任し，1917年東京女子高等師範学校校長（〜21年），後東京高等学校長（〜27年）。

20〜21・27年には教員検定委員会常任委員を務める。

中村　栄代（なかむら　えいよ）生没年不詳
②日本女子大学校教授③「家庭看護法」（下田次郎他『家庭教育』＜日本女子大学講義＞女子大学講義発行所）。

由井（橋本）　テイ（ゆい　てい）生没年不詳
①1909年，東京女子高等師範学校家事専修科②東京女子高等師範学校教諭③三重県立高等女学校教諭を経て，25年東京女子高等師範学校教諭，後に教授。35年から師範学校専攻科高等女学校高等科専攻科教員検定試験委員を務める。

竹島　茂郎（たけしま　しげろう）生没年不詳
①1902年，東京高等師範学校博物学部②第六臨時教員養成所教授③03年女子高等師範学校に採用され，後東京女子高等師範学校教諭兼第六臨時教員養成所教授。文検「理科」の試験委員も務める。『模範教育我家の新家庭』（1905）。

西野（恵比須）　みよし（にしの　みよし）1879〜1959
①1904年，女子高等師範学校技芸科②東京女子高等師範学校教授③1898年宮城尋常師範学校卒業後小学校教員を経て，1900年女子高等師範学校に入学。04年山形県立酒田高等女学校，05年宮城県立第一高等女学校，08年三輪田高等女学校の教員を歴任し，26年東京女子高等師範学校教授（〜47年）。28年文部省視学委員，29年文部省督学官。国定高等女学校用家事教科書執筆。『家事新編』（全2巻，1927）。

裁縫

福田（露木）米子（ふくだ　よねこ）1840〜1915
　①　②女子高等師範学校助教授③1873年に官立東京女学校教官となり、77年に東京女子師範学校に転任する。92年女子高等師範学校助教授兼舎監、99年教諭（〜1900年）。1893年4月師範学校女子部・高等女学校「家事」教員免許状を無試験検定によって取得。

谷田部（今村）じゅん（順）（やたべ　じゅん）1867〜1924
　①1884年、東京女子師範学校小学師範学科②女子高等師範学校助教諭③81年秋田県女子師範学校卒業後、東京女子師範学校へ入学。84年富士見小学校（東京）訓導、87年高等英和学校教員、91年麹町区公立高等小学校教員、93年鹿児島県師範学校訓導。93年女子高等師範学校裁縫教授法取調を嘱託され、98年附属高等女学校授業嘱託、99年助教諭、その後教諭を経て教授（〜1914年）。小笠原式女礼も修める。小学校裁縫教科書編纂委員、教授要目等の調査委員を務める。『裁縫教授法』(1912)。

神田　順（かんだ　じゅん）1866〜没年不詳
　①共立女子職業学校②女子高等師範学校助教授③1900年女子高等師範学校助教諭、09年同校及び第六臨時教員養成所教授（〜27年）。25年実践女学校教授。『裁縫新教授書』(1906)。

竹内　豊（たけうち　とよ）生没年不詳
　②東京女子高等師範学校助教授③1890年女子高等師範学校助教諭。96年8月高等女学校「裁縫」教員免許状を無試験検定によって取得。

成田（南部）順（なりた　じゅん）1887〜1976
　①1909年、東京女子高等師範学校技芸科②東京女子高等師範学校教諭③05年京都府師範学校卒業後、東京女子高等師範学校に入学。卒業後ただちに東京女子高等師範学校訓導、17年教諭、28年教授、お茶の水女子大学教授（〜54年）。25〜28年には英仏独に留学し、29年には文部省督学官となる。35年からは師範学校専攻科高等学校高等科専攻科教員検定試験委員も務める。『裁縫科の時代化』(1924)。

茂木（内山）ヒイ（もぎ　ひい）1890〜没年不詳
　①1913年、東京女子高等師範学校技芸科②東京女子高等師範学校助教授③新潟県立長岡高等女学校教諭兼舎監を経て、16年東京女子高等師範学校助教諭、20年助教授（〜21年）。退職後は実践女子専門学校教授。

高橋（山田）イネ（意年）（たかはし　いね）1882〜没年不詳
　①1914年、東京女子高等師範学校研究科(乙部裁縫)②東京女子高等師範学校助教授③07年女子高等師範学校技芸科卒業。山形県立高等女学校・宮城県立高等女学校の教員を経て、東京女子高等師範学校研究科に進学。修了後、岩手県一関高等女学校・女子美術学校教員を歴任して、19年東京女子高等師範学校助教授兼教諭（〜25年）。30〜33年英米仏留学、英国裁縫科受験検定によって免許状を得る。帰国後山脇高等女学校等の講師。『裁縫教授法』(1925)。

市橋　なみ（いちはし　なみ）1875〜没年不詳
　①1893年、福井県高等女学校②東京女子高等師範学校助教授③奥好義について音楽を学

び，訓導として福井県・名古屋市の小学校に勤める。文検「裁縫」は1902年2月（第15回），「家事」は03年11月（第17回）に合格，「手芸（造花・袋物）」中等教員免許状も08年12月に取得。02年女子高等師範学校嘱託，03年訓導，16年第六臨時教員養成所講師，20年東京女子高等師範学校助教授（～25年）。退職後は同校講師。06年小学校裁縫科教科書編纂委員，26年文部省教員検定委員会無試験検定調査事務。『中等学校・専門学校裁縫の教材と其指導』（和服篇，1936）。

寺尾（石野）　きく（てらお　きく）1889～没年不詳

①1918年，東京女子高等師範学校研究科②東京女子高等師範学校助教諭③13年東京女子高等師範学校技芸科卒業後，石川県七尾実科高等女学校教諭兼舎監を勤め，東京女子高等師範学校研究科へ進学。修了後は，埼玉女子師範学校教諭兼舎監を経て，20年東京女子高等師範学校助教授，後に教授（～31年）。退職後は同校講師。『応用自在なる新洋服裁縫書』（共著，1923）。

石田　はる（いしだ　はる）1894～没年不詳

①1921年，東京女子高等師範学校研究科②東京女子高等師範学校教諭③18年東京女子高等師範学校家事科第一部卒業。研究科修了後直ちに助教授兼助教諭。『和服裁縫系統的精説』（1933）。

中村（廣田）　ヨシ（なかむら　よし）生没年不詳

①1919年，東京女子高等師範学校家事科②東京女子高等師範学校教諭③21年東京女子高等師範学校助教授兼助教諭。『教育大意と裁縫教授法』（1928）。

越智（本間）　延（おち　　　）1894～没年不詳

①1924年，東京女子高等師範学校研究科②東京女子高等師範学校助教諭③愛媛県立松山高等女学校卒業。18年東京女子高等師範学校家事科第一部卒業。大分県北海部郡立実科高等女学校，20年愛媛県新居浜実科高等女学校の教諭を歴任し，東京女子高等師範学校研究科へ進学。24年女子美術大学教員を経て，26年東京女子高等師範学校に就職，助教授兼助教諭。

公　民

木村（瀬口）　正義（きむら　まさよし）
1890〜1952

①1915年，東京帝国大学法科大学法律学科独逸法兼修②政友会代議士③在学中の14年文官高等試験行政科に合格。内務省官吏，文部書記官（欧米教育事情視察），文部省参事官兼文部大臣秘書官，文部省実業学務局長を歴任。中等学校公民科新設に尽力。31年「公民科教授要目」制定に直接関与。32年1月総選挙出馬のため実業学務局長を辞職。政友会代議士となり4期連続当選。『公民教育』（1925），『新制公民科教科書教授用参考書』（1939）など。

深作　安文（ふかさく　やすぶみ）1874〜1962

①1900年，東京帝国大学文科大学哲学科②東京帝国大学教授③東京帝国大学講師，助教授を経て教授（〜37年）。16年には欧州留学。21年文学博士。水戸学精神と西洋倫理学を基に，自我創作イコール国家創作という「人格的国家主義」を提唱，社会主義・民主主義批判を精力的に展開。27年，井上哲次郎の後任として文検「修身」試験委員，33年には「公民」新設とともに兼任。『国民道徳概説』（1929），『公民倫理概説』（1935）など。

野村　淳治（のむら　じゅんじ）1876〜1950

①1900年，東京帝国大学法科大学法律学科英吉利法兼修②東京帝国大学教授③00年文官高等試験行政科に合格，同年内務省衛生局属。その後，東京帝国大学助教授，教授（〜37年）。ドイツ，フランスに留学。10年法学博士。30年文検「法制及経済」試験委員。34年美濃部達吉定年退官の講座を引き継ぎ，その学説もほぼ美濃部と同方向。しかし天皇機関説問題後も文官高等試験委員および文検「公民」試験委員を継続。『憲法提要・上』（1932），『行政法総論・上』（1937）など。

遊佐　慶夫（ゆさ　よしお）1889〜1944

①1911年，早稲田大学専門部法律科②早稲田大学教授③ドイツ，イギリス等へ留学。講師，助教授を経て教授。日本ではほとんど未開拓分野であった信託法制の研究を開拓し，25年法学博士。27年専門部法律科長，42年法学部長（在職中に死去）。早稲田大学法科の基礎を築いた生え抜き教授。『民法概論（総則篇）』（増訂改版，1920），『古バビロニア法の研究』（1935）など。

気賀　勘重（きが　かんじゅう）1873〜1944

①1895年，慶応義塾大学部文学科②慶応義塾大学教授③慶応義塾普通部教員，ドイツへ留学。1902年，ライプチッヒ大学でPh.D取得。03年大学部教授，16年法学博士。26年経済学部長（〜30年）。英米中心の慶応経済学にドイツ・オーストリアの影響を与えた。得意分野は農業政策。大正時代に小作争議が激化すると，いちはやくその経済学的必然性を認めた。『世界経済政策最近の動向』（共著，1933），フィッシャー『利子論』（共訳，1935）など。

高橋　誠一郎（たかはし　せいいちろう）1884〜1982

①1908年，慶応義塾大学部政治科②慶応義塾大学教授③慶応義塾普通部教員，大学部予科教員。11年ロンドン留学，12年病気のため帰国。14年経済学部教授，20年法学部教授兼任，34年経済学部長（〜38年），46年慶應義塾々長（〜47年）。経済学前史，重商主義経済学説研究で著名。戦後も文部大臣，芸術院院長，

東京国立博物館長など歴任。『経済学前史』(1929)，『経済学史』(1929)など。

中野　登美雄（なかの　とみお）1891～1948
①1916年，早稲田大学政治経済学科②早稲田大学教授③アメリカ，ドイツ，フランスへ留学。早稲田大学助教授，教授。36年法学博士。42年政治経済学部長，44年早稲田大学総長（～46年）。戦後，公職追放されたまま死去。天皇主権説に立ち，『統帥権の独立』(1934)『戦時の政治と公法』(1940)は，軍国主義時代の理論的憲法学の典型。

我妻　栄（わがつま　さかえ）1897～1973
①1920年，東京帝国大学法科大学法律学科独逸法兼修②東京帝国大学教授③在学中の19年文官高等試験行政科に合格。ドイツ，イギリス，アメリカへ留学。東京帝国大学助教授，27年教授（～57年）。現代民法は個人自由の思想を根本原理とするので，その構成は理論的にも形式的にも「個人の権利本位」にできていると主張（『民法Ⅰ』1933）。戦後は，農地改革，家族法改正など多くの審議会委員として活躍。『近代法における債権の優位的地位』(1953)など。

穂積　重遠（ほづみ　しげとお）1883～1951
①1908年，東京帝国大学法科大学法律学科独逸法兼修②東京帝国大学教授③在学中の07年文官高等試験行政科に合格。東京帝国大学講師，助教授。12年から5か年，独仏英米へ留学。16年教授（～43年）。17年法学博士。19年臨時法制審議会委員（～28年）。民法改正審議では封建的家父長制度の強化に反対。法文・判決文の口語化を提唱，平易な法律書を積極的に執筆。末弘厳太郎とともに東大セツルメント設立にも尽力。『民法読本』(1927)，『親族法』(1933)など。

3．文検受験用参考書一覧　517

3．文検受験用参考書（手引き書・問題集）一覧

（発行年順）

	編 著 者	書　名	発 行 年 月	発 行 所
1	日下部三之介編	尋常師範学校尋常中学校高等女学校教員学力試験問題	1888（明治21）年7月	東京教育社
2	牧野吉弥編	教育科試験問題答案	1890（明治23）年4月	浦和文華堂
3	日下部三之介編	尋常師範学校尋常中学校高等女学校教員学力試験問題及答案	1892（明治25）年12月	八尾書店
4	木村兼吉	教員検定師範学校尋常中学校大学校入学試験問題及答案	1893（明治26）年5月	
5	松本兼編	教員志望者必携（尋常中学校，尋常師範学校，高等女学校）	1894（明治27）年6月	
6	堀内政固編	尋常師範学校尋常中学校高等女学校教員検定試験問題集	1896（明治29）年12月	
7	若山文二郎編	教員試験問題例解	1897（明治30）年	
8	田中照治編	師範学校中学校高等女学校教員検定試験問題集	1899（明治32）年5月	経世社
9	〃	師範学校中学校高等女学校教員検定試験問題解　解析，幾何，微分，積分之部	〃 年7月	教書閣
10	国民教育会編	師範学校中学校高等女学校教員検定試験問題答案	〃 年12月	金昌堂
11	師範教育学会編	尋常師範学校尋常中学校高等女学校教員検定試験問題答解	1900（明治33）年11月	金昌堂
12	横川伺天編	教育興論史	〃 年	
13	国民教育学会編	中学校師範学校高等女学校教員受験者必携	1901（明治34）年6月	国民教育社
14	小沢覚編	師範学校中学校高等女学校教員検定試験問題答解	〃 年	
15	森啓助編	中等教員検定試験数学問題答案　第1－15回	1902（明治35）年5月	数学研究会
16	藤井藤三郎編	尋常師範学校尋常中学校高等女学校教員検定試験問題集	1903（明治36）年2月	明進堂
17	国文雑誌社編	国語漢文中等教育志望者必携	〃 年	明雅書院
18	種村宗八等著	文部省教員検定試験問題擬示	〃 年	早稲田大学
19	北川三友，若山操編	中学校師範学校高等女学校教員受験講要	1904（明治37）年7月	修学堂
20		家事科教縫科受験便覧	1905（明治38）年6月	女子修養会
21		中等教員検定試験数学問題答案　第1－18回	〃 年11月	金莉労流堂
22	島村茂洋編	裁縫科家事科検定試験問題答案集　初回－19回	1906（明治39）年9月	女子修養会
23		文部省教員検定試験問題集　初回－19回	〃 年〃月	修学堂
24	成功雑誌社	現代受験法	1907（明治40）年7月	修学堂

No.	編者	書名	年	出版社
25	受験学会編	師範学校中学校高等女学校教員検定受験案内	1909（明治42）年	東華堂
26		文部省検定試験受験指針	〃 年5月	内外教育評論社
27	東洋大学編輯局編	文部省教員検定試験修身科問題解答	〃 年7月	東洋大学出版部
28	菊地久吉編	文部省教員検定試験国語漢文科問題解答	〃 年9月	東洋大学出版部
29	女子手芸研究会編	文部省教員検定試験家事裁縫手芸科問題解答	〃 年10月	東京敬愛女学校出版部
30	吉留正之助編	最近9年間文部省教員検定・官立諸学校入学試験歴史科問題集	〃 年	宝文館
31	三幣嶺南編	国語漢文検定試験答案	1910（明治43）年8月	大学館
32	稲毛金七・近藤新一	文検修身教員検定試制経済問題解答	1913（大正2）年5月	内外教育館
33	宮坂三重編	文部省教員検定試験数物化学科受験参考	〃 年	光風館
34	東京物理学校同窓会編	文部省教員検定試験数学科問題解義集	1914（大正3）年1月	東京物理学校同窓会
35	吉波彦作	文部省検定中等教員国語漢文受験要訣	〃 年5月	内外教育評論社
36	岡田稔	文検国語科問題解義	〃 年9月	正文館
37	狩野力治	文検中等教員各科受験法	〃 年	国民教育会
38	川西繁次郎編	最近十ヶ年文部省検定試験問題集	〃 年	修学堂
39	森周一・古瀬伝蔵編	文部省中等教員検定試験農業科受験指針	1915（大正4）年	文検農業科研究会
40	佐藤鐘太郎編	文部省教員検定受験案内	1916（大正5）年8月	東華堂書店
41	内外教育評論社編輯部編	文検修身教員検定試制経済受験提要	〃 年	
42	国民教育会編	文検問題集	1917（大正6）年5月	国民教育会
43	内外教育評論社	最近8箇年全学科文検問題集	〃 年12月	
44	内外教育評論社編	文検各科目必読参考書解題	1918（大正7）年2月	
45	受験文庫会編纂	文部省試験問題集	〃 年	弘明館
46	石川誠	文検受験国語漢文提要	〃 年	広文堂
47	国民教育会編集部編	文検標準書解説	1920（大正9）年5月	国民教育会
48	近藤新一	最近十箇年文検修身教育問題解答	〃 年9月	啓文館
49	教育学術会編	文検教育大要国民道徳要領問題解答	〃 年9月	大同館書店
50	岡野秋月編	文部省検定試験問題集 日本歴史	〃 年	錦吟社

3．文検受験用参考書一覧　519

51	曽根松太郎編	文検受験者のために	1921（大正10）年5月	明治教育社
52	国民教育会編集部編	系統的文検準備法要義	〃　年8月	国民教育会
53	中文館編輯部編	文部省教員検定試験受験者案内	〃	明治図書
54	長谷川有太郎編	文検受験の栞	1922（大正11）年2月	内外教育評論社
55	河原弥市郎編	文部教員検定試験受験指針	〃　年4月	啓文社書店
56	市川一郎編著	文部省検定中等教員各科受験指針	〃　年5月	啓文社書店
57	文検受験研究会編著	初回より最近まで文検修身科重要問題解答	〃　年6月	大日本学術協会
58	尼子止水・岡田怡川・吉原川共著	問題対照修身教育科要論	〃　年8月	同会
59	群鷺会編	文検受験書道研究法	〃　年	書道研究文検実力養成会
60	横山峯香	文検の設問は必ず満点をうる研究書	1924（大正13）年1月	大同館書店
61	文検研究会編	文検受験用修身科問題詳解	〃　年3月	大日本学術協会
62	尼子止水・岡田怡川編	文検受験指針	〃　年6月	モナス
63	尼子止水・岡田怡川共著	問題対照修身科要論	〃　年9月	大同館書店
64	文検受験研究会編	文部省検定中等教員各科受験指針	〃　年11月	都村有為堂東京出版部
65	守屋貫秀	問題対照文検修身要説	〃　年	大同館書店
66	文検研究会編	文検受験用修身科最近十箇年問題詳解	〃　年	大同館書店
67	中文館編	文部省教員検定試験受験者案内	〃　年	東京裁縫女学校出版部
68	東京裁縫女学校出版部編	文部省教員検定試験家事裁縫科問題解答集	1925（大正14）年2月	大同館書店
69	伊東勇太郎	文検対照英語科研究者の為めに	〃　年2月	啓文社書店
70	渡部政敏編	文検定教育科受験提要	〃　年4月	大同館書店
71	龍沢良芳	文検定用国語漢文科問題詳解	〃　年5月	泰山堂
72	泰山堂編輯部編	中等教員実業科定総覧	〃　年5月	都村有為堂
73	戸所ヾヾ	問題対照文検家事科要説	〃　年5月	芳文堂出版部
74	霜鳥勇気男	文検定国語漢文文検受験提要	〃　年6月	文教書院
75	文教書院編輯部編	中等教員実業教員高等科文検受験要覧	〃　年7月	教育研究会
76	文検受験協会編	文検受験各科必勝法指針		

77	笠井義夫	文検受験用字科予科研究者のために	〃	年9月	大同館書店
78	文検受験研究会編	文部検定修身科教案提要	〃	年10月	啓文社書店
79	植田新	文部検定農業科受験提要	〃	年	啓文社書店
80	大元茂一郎編	文検家事合格指針	〃	年	文光社
81	法治協会事業部編	現行検定試験総覧	〃	年	
82	吉本俊二	文検受験用法制経済科研究者のために	〃	年	大同館書店
83	霜島勇気男	文部検定国語漢文受験提要	〃	年	芳文堂
84	高橋勇	文検参考問題中心教育学講義	〃	年	三友社
85	吉波彦作	文部検定国語漢文受験要訣	1926 (大正15)	年3月	啓文社書店
86	三浦圭三	文部検定教員試験国語科受験準備	〃	年	啓文社書店
87	細見豊秀・南波九一	最近六箇年間文検体操科問題解答	〃	年	木下製作所
88	石川誠	文検受験検定文科研究者の為に	1927 (昭和2)	年5月	大同館書店
89	佐藤種治	文検日本史東洋史研究者の為に	〃	年7月	啓文社書店
90	水口賢壽	文部省検定修身科受験準備の指導	〃	年9月	修文館
91	保仙寅太郎	最近20年間問題解説文検身科提要	〃	年9月	啓文社書店
92	文検受験研究会編	文部検定地理科重要問題解説	〃	年	啓文社書店
93	稲毛金七・近藤新一	文検修身教育法制経済問題解答	〃	年	内外教育評論社
94	山上徳信	文検受験検定西洋史研究者の為に	〃	年	大同館書店
95	森口保平	文部省検定生理衛生科受験準備の指導	〃	年	啓文社書店
96	清水伝市	文部省検定植物科受験準備の指導	〃	年	啓文社書店
97	東京裁縫女学校出版部編	文部省検定試験家裁縫科問題解答集	〃	年	東京裁縫女学校出版部
98	松田友吉	上京と文検	1928 (昭和3)	年4月	厚生閣書店
99	奥山錦洞	文部省検定字科受験準備の指導	〃	年5月	啓文社書店
100	東京物理学校同窓会編	文部省検定教員試験数学科問題解義集	〃	年8月	東京物理学校同窓会
101	小野角次郎	文検受験科研究者のために	〃	年10月	大同館書店
102	井口亘・清水伝吉	文部省検定図画科受験準備の指導	〃	年	啓文社書店

3．文検受験用参考書一覧

103	教育学術会編	文検受験用教育科研究者の為に	〃	年11月	大同館書店
104	高橋勇	文検参考問題中心教育学精義	〃	年	三友社
105	鳥為男	文検の一一通受験法	〃	年	モナス
106	小林博	文検歴史受験法と問題の要解	〃	年	大同館書店
107	目黒祺一	文部省検定日本史受験準備の指導	〃	年	啓文社書店
108	井上孝一	文部省検定英語科受験準備の指導	〃	年	啓文社書店
109	鈴木忠康	文検受験用植物科研究者の為に	〃	年	大同館書店
110	香川幹一	地理文検の最短路	〃	年	地平線社
111	三橋直喜	文部省検定西洋史受験準備の指導	〃	年	啓文社書店
112	渡辺女学校出版部	文部省検定試験家事裁縫科問題解答集	〃	年	渡辺女学校出版部
113	浦木金太郎	文検参考問題中心心理学及論理学精義	〃	年	三友社
114	大川栄次	提要文検生理衛生の組織的研究	1929（昭和4）	年2月	啓文社書店
115	石川誠	文検受験用国語科研究者の為に	〃	年2月	大同館書店
116	谷忠一	文部省検定家事科受験準備の指導	〃	年4月	啓文社書店
117	鈴木忠康	文検受験用生理衛生研究者の為に	〃	年6月	啓文社書店
118	大月静夫	最新指導文検国語受験法	〃	年	大同館書店
119	宮本五郎	文検英語問題解答集	〃	年	大同館書店
120		文検家事合格要領	〃	年	文光社
121	藤谷保	文部省検定法制経済科問題解説と其構成	〃	年	啓文社書店
122	橘文七	総括的文検国語科説問準備精説	〃	年	啓文社書店
123	渡部政盛	提要文検教育科の組織的研究	〃	年	啓文社書店
124	清水伝吉	文部省検定理科受験準備の指導	〃	年	啓文社書店
125	工藤暢須	文部省検定地理科受験準備の指導	1930（昭和5）	年2月	啓文社書店
126	裁縫研究会編	文検参考問題中心裁縫教授法精義	〃	年3月	三友社書店
127	小野角次郎	文検受験用体操科研究者の為に	〃	年5月	大同館書店
128	実方清	最新指導文検標準英語科の研究	〃	年5月	大同館書店

129	日高長平	文部省検定手工科受験準備の指導	〃 年7月	啓文社書店
130	浜野宮之助	訂正増補文検参考問題中心修身科精義	〃 年9月	三友社
131	深谷覚太郎	提要文検修身科の組織的研究	〃 年9月	啓文社書店
132	佐々木謙之助	提要文検漢文科の組織的研究	〃 年10月	啓文社書店
133	坂本猛	中等教員文検試験問題正解	〃 年10月	東京・教文社
134	奥山錦洞	文検習字科の組織的研究	〃 年10月	啓文社書店
135	笠松彬雄	文検漢文科合格の秘訣	〃 年11月	大同館書店
136	奥村秀夫	文検蚕業科受験要訣	〃 年	大同館書店
137	藤井伝平	文部省検定漢文科受験準備の指導	〃 年	啓文社書店
138	高橋勇	文検参考問題中心教育史精義	〃 年	三友社
139	大明堂編輯部	文検中等教員家事科予備試験・本試験最近問題集	〃 年	大明堂書店
140	大明堂編輯部	文検中等教員教育科予備試験・本試験最近問題集	〃 年	大明堂書店
141	大明堂編輯部	文検中等教員裁縫科予備試験・本試験最近問題集	〃 年	大明堂書店
142	大明堂編輯部	文検中等教員修身科予備試験・本試験最近問題集	〃 年	大明堂書店
143	大明堂編輯部	文検中等教員数学科予備試験・本試験最近問題集	〃 年	大明堂書店
144	大明堂編輯部	文検中等教員地理科予備試験・本試験最近問題集	〃 年	大明堂書店
145	大明堂編輯部	文検中等教員法制経済科予備試験・本試験最近問題集	〃 年	大明堂書店
146	大明堂編輯部	文検中等教員歴史科予備試験・本試験最近問題集	〃 年	大明堂書店
147	荻原貞一	文部省検定動物科受験準備の指導	1931（昭和6）年3月	啓文社書店
148	富田義雄	1ヶ年必勝文検修身科の指導	〃 年5月	日本教育学会
149	香川幹一	文検地理科短期準備受験法	〃 年5月	大明堂書店
150	泉安雄	文部省検定東洋史受験準備の指導	〃 年5月	啓文社書店
151	小栗宇市	文検（図画科）用器画問題の深究	〃 年7月	大同館書店
152	柘植茂三郎	文部省検定数学科受験準備の指導	〃 年	啓文社書店
153	石川誠	文検国語科受験及就職の手引	1932（昭和7）年1月	大同館書店
154	松田友吉	文検教育科問題解答	〃 年3月	大同館書店

3．文検受験用参考書一覧

155	神合ユキへ	文部省検定裁縫科受験準備の指導	〃 年4月	啓文社書店
156	今井柳三	最新指導文検習字科受験法	〃 年9月	大同館書店
157	鳥為男・富田義雄	文検修身科問題解義	〃 年6月	モナス
158	藤原信	文検教育科短期合格新準備法	〃 年	啓文社書店
159	松田友吉	最新指導文検教育科受験法	〃 年	大同館書店
160	岡田怡川	教育指導修身文検受験指針及問題全集	〃 年	モナス
161	家事及裁縫社編	家事裁縫最近試験問題集	1933（昭和8）年1月	家事及裁縫社
162	鈴木賛吉	文検習字科精義	〃 年1月	東洋図書
163	藤谷保	文部省検定公民科受験準備の指導	〃 年2月	啓文社書店
164	大明堂編輯部	文検数学科独学受験法	〃 年3月	大明堂書店
165	宮内弥助	最新指導文検歴史科受験法	〃 年4月	大同館書店
166	大明堂編輯部	文検教育科・修身科独学受験法	〃 年5月	大明堂書店
167	清水清成	文検植物科提要	〃 年	博美社
168	啓文社編	最近文検国語科問題詳解	〃 年	啓文社書店
169	目黒禧一	新制文検歴史科受験準備新指導	1934（昭和9）年1月	啓文社書店
170	松田友吉	最新指導文検修身科受験法	〃 年5月	大同館書店
171	大島庄之助	文検国語科について	〃 年7月	建文館
172	塚本勝義編著	文検中等教員漢文科独学受験法	〃 年8月	大明堂書店
173	山上悳信編著	文検歴史科独学受験法	〃 年10月	大明堂書店
174	諏佐末吉	文検体操科の新研究	〃 年10月	文泉堂書房
175	石川格一郎編著	文検習字科独学受験法	〃 年11月	大明堂書店
176	大和喜栄編著	文検作業科・手工科独学受験法	〃 年	大明堂書店
177	高須豊	文検英語科の徹底的研究	〃 年	大同館書店
178	田中芳恵	文検英語科受験法	〃 年	日英書林
179	平良良恩・富田義雄	文検修身教育科教員の思想研究	〃 年	大同館書店
180	水口広	音楽検定受験必成	〃 年	共益商社書店

181	小栗宇市	文検受験用図画科研究者の為に	1935 (昭和10)	年 1 月	大同館書店
182	古今書院編輯部	地理受験雑話	〃	年 2 月	古今書院
183	坏富司	文検受験用公民科研究者の為に	〃	年 3 月	大同館書店
184	山下賤夫	文検指定国語科必流書の研究	〃	年 4 月	大倉広文堂
185	大川栄次	提要文検体操科の組織的研究	〃	年	啓文社書店
186	渡部政盛	提要文検教育科の組織的研究	〃	年	
187	岡野直	文検公民科一年通過受験法	〃	年	モナス
188	西川良一	文検国語科の新研究	〃	年	文泉堂書房
189	吉川純粋	最新指導文検鉱物科受験法	〃	年	大同館書店
190	安達久	文部省検定教育科受験準備の指導	〃	年	啓文社書店
191	小野(安達)久	文検公民科受験指針	〃	年	啓文社書店
192	大日本体育研究会	文検体操科試験問題解説	〃	年	第一相互出版社
193	五十嵐勝三	最近十ヶ年文検国語科問題解答	〃	年	啓文社書店
194	峯岸義秋	文検中等教員高等教員国語科独学受験法	1936 (昭和11)	年 2 月	大明堂書店
195	長尾英一	文検教育科短期組織的研究	〃	年 8 月	国民教育会
196	小森忠雄	文検国語科精義	〃	年 8 月	東洋図書
197		文検中等教員漢文科予備本試験最近問題集	〃	年 9 月	大明堂書店
198	東條省一郎	文検物理化学研究者の為に	〃	年12月	大同館書店
199	村田良三	文検手工科の新研究	〃	年	文泉堂
200	山室寛二	文検地理科短期受験法と問題解答	〃	年	国民教育会
201	小野久	文検公民科受験指針	〃	年	啓文社書店
202	藤谷保	文部省検定修身科受験準備の指導	〃	年	啓文社書店
203	髙尾こいし編著	裁縫科教員検定試験系統的受験法	〃	年	大明堂書店
204	猪股徳一	小学校・中学校中等教員検定試験科教員系統的受験法	〃	年	大明堂書店
205	書之友編輯局	文検習字科必勝法	1937 (昭和12)	年10月	雄山閣
206	末広令三編	文検中等教員・高等教員英語科独学受験法	〃	年	大明堂書店

3．文検受験用参考書一覧 525

207	松田友吉	最新指導文検教育科問題解答	〃	年	大同館書店
208	奥山錦洞	文検習字科受験準備の指導	1938（昭和13）	年10月	啓文社
209	則井堅太郎	文検農業科問題解義	〃	年	モナス
210	松田友吉	最新指導文検修身科受験法　全	1939（昭和14）	年2月	大同館書店
211	宮辺富次郎	文検教育科試験問題答案例	〃	年3月	建文館
212	則井堅太郎	文検法制及経済科公民科問題解義	〃	年4月	モナス
213	桜庭武	文検体操科試験問題答案例	〃	年4月	建文館
214	大明堂編	文検公民科独学受験法	〃	年5月	大明堂書店
215	大明堂編	文検中等教員国語科予備本試験最近問題集	〃	年6月	大明堂書店
216	川原孝治	文検公民科新準備法と問題解答	〃	年	国民教育会
217	和田鶴蔵	系統的公民科倫理教育文受験提要	1940（昭和15）	年5月	啓文社
218	松井よし	文検受験用裁縫科精義	〃	年	啓文社
219	鳥為男編著	文部省中等教員検定試験公民全試験問題解答	〃	年	精神文化学会
220	井出栄二編	最近文検地理科模範答案集	1941（昭和16）	年	古今書院
221	大明堂編	文検教育科修身科独学受験法	1942（昭和17）	年2月	大明堂書店

〔備考〕

(1) この一覧は、前著である寺崎昌男・「文検」研究会編『「文検」の研究』（学文社、1997年）に収録された同名の資料の増補版である。
(2) ここに収録した文献は、「文検」に関する受験案内書および問題集である。この一覧表から、以下のものは除いている。
    ① 「教育大意」に関する参考書。
    ② 各学科目の内容解説を主とする参考書。たとえば、渡部政盛監修『文検受験用教育学講義』（大同館、1929年）のような、いわゆる「受験プロ」が著した文献で、学説書ではないし、受験案内的な情報を提供する文献でもない文献を指している。
    ③ 教育雑誌等の広告で発行されたことは判明しているが、入手できておらず、発行年月が不明の文献。
(3) 発行年月は初版のものである。

4．文検出願者数・合格者数・合格率 （1891～1939年）

年	出願者数 A	出願者数 B	出願者数 C	合格者数 A'	合格者数 B'	合格者数 C'	合格率 A'/A	合格率 B'/B	合格率 C'/C
1891（明治24）	543	122	665	169	118	287	31.12%	96.72%	43.16%
1892（〃 25）	——	182	182	——	179	179	——	98.35%	98.35%
1893（〃 26）	737	159	896	156	157	313	21.17%	98.74%	34.93%
1894（〃 27）	699	179	878	148	174	322	21.17%	97.21%	36.67%
1895（〃 28）	2,135	610	2,745	199	219	418	9.32%	35.90%	15.23%
	811	179	990	165	172	337	20.35%	96.09%	34.04%
1896（〃 29）	2,478	403	2,881	198	315	513	7.99%	78.16%	17.81%
	934	243	1,177	163	230	393	17.45%	94.65%	33.39%
1897（〃 30）	1,860	824	2,684	245	735	980	13.17%	89.20%	36.51%
	1,082	292	1,374	207	264	471	19.13%	90.41%	34.28%
1898（〃 31）	2,127	1,063	3,190	338	983	1,321	15.89%	92.47%	41.41%
	1,453	273	1,726	289	248	537	19.89%	90.84%	31.11%
1899（〃 32）	3,258	1,439	4,697	411	1,360	1,771	12.62%	94.51%	37.70%
	2,101	450	2,551	359	418	777	17.09%	92.89%	30.46%
1900（〃 33）	3,222	1,081	4,303	385	591	976	11.95%	54.67%	22.68%
	2,920	907	3,827	375	510	885	12.84%	56.23%	23.13%
1901（〃 34）	4,521	306	4,827	474	264	738	10.48%	86.27%	15.29%
	3,964	239	4,203	465	222	687	11.73%	92.89%	16.35%
1902（〃 35）	4,777	381	5,158	480	304	784	10.05%	79.79%	15.20%
	4,331	284	4,615	468	242	710	10.81%	85.21%	15.38%
1903（〃 36）	4,798	351	5,149	422	326	748	8.80%	92.88%	14.53%
	4,323	299	4,622	416	279	695	9.62%	93.31%	15.04%
1904（〃 37）	4,543	482	5,025	412	428	840	9.07%	88.80%	16.72%
	4,053	363	4,416	403	336	739	9.94%	92.56%	16.73%
1905（〃 38）	4,381	531	4,912	424	485	909	9.68%	91.34%	18.51%
	4,067	426	4,493	410	396	806	10.08%	92.96%	17.94%
1906（〃 39）	4,322	776	5,098	385	668	1,053	8.91%	86.08%	20.66%
	3,982	629	4,611	378	568	946	9.49%	90.30%	20.52%
1907（〃 40）	5,153	734	5,887	441	446	887	8.56%	60.76%	15.07%
	4,720	602	5,322	414	384	798	8.77%	63.79%	14.99%
1908（〃 41）	5,397	638	6,035	629	522	1,151	11.65%	81.82%	19.07%
	4,969	547	5,516	594	446	1,040	11.95%	81.54%	18.85%
1909（〃 42）	3,357	716	4,073	404	606	1,010	12.03%	84.64%	24.80%
	3,160	598	3,758	394	521	915	12.47%	87.12%	24.35%
1910（〃 43）	3,711	499	4,210	436	423	859	11.75%	84.77%	20.40%
	3,377	391	3,768	427	344	771	12.64%	87.98%	20.46%
1911（〃 44）	3,904	468	4,372	435	358	793	11.14%	76.50%	18.14%
	3,668	379	4,047	417	305	722	11.37%	80.47%	17.84%
1912（明治45・大正元）	3,549	474	4,023	374	397	771	10.54%	83.76%	19.16%
	3,392	397	3,789	373	343	716	11.00%	86.40%	18.90%
1913（〃 2）	4,256	532	4,788	364	450	814	8.55%	84.59%	17.00%
	4,021	462	4,483	358	394	752	8.90%	85.28%	16.77%
1914（〃 3）	4,069	643	4,712	373	525	898	9.17%	81.65%	19.06%
	3,854	493	4,347	368	401	769	9.55%	81.34%	17.69%
1915（〃 4）	4,460	682	5,142	425	526	951	9.53%	77.13%	18.49%
	4,243	551	4,794	415	428	843	9.78%	77.68%	17.58%

4. 文検出願者数・合格者数・合格率

年度	A	A'	C	B	B'	C'			
1916 (〃 5)	4,276	678	4,954	351	552	903	8.21%	81.42%	18.23%
	4,044	538	4,582	344	440	784	8.51%	81.78%	17.11%
1917 (〃 6)	4,398	675	5,073	345	584	929	7.84%	86.52%	18.31%
	4,175	529	4,704	342	473	815	8.19%	89.41%	17.33%
1918 (〃 7)	4,111	748	4,859	313	634	947	7.61%	84.76%	19.49%
	3,932	589	4,521	308	499	807	7.83%	84.72%	17.85%
1919 (〃 8)	3,857	810	4,667	463	707	1,170	12.00%	87.28%	25.07%
	3,698	647	4,345	460	575	1,035	12.44%	88.87%	23.82%
1920 (〃 9)	4,321	851	5,172	578	805	1,383	13.38%	94.59%	26.74%
	4,154	738	4,892	565	698	1,263	13.60%	94.58%	25.82%
1921 (〃 10)	6,559	1,393	7,952	702	1,184	1,886	10.70%	85.00%	23.72%
	6,318	1,174	7,492	662	995	1,657	10.48%	84.75%	22.12%
1922 (〃 11)	9,330	2,590	11,920	995	2,087	3,082	10.66%	80.58%	25.86%
	9,055	2,165	11,220	978	1,721	2,699	10.80%	79.49%	24.06%
1923 (〃 12)	9,423	3,249	12,672	802	2,925	3,727	8.51%	90.03%	29.41%
	9,118	2,803	11,921	785	2,513	3,298	8.61%	89.65%	27.67%
1924 (〃 13)	9,320	4,710	14,030	809	3,909	4,718	8.68%	82.99%	33.63%
	8,909	3,854	12,763	790	3,199	3,989	8.87%	83.00%	31.25%
1925 (〃 14)	10,219	4,754	14,973	782	4,022	4,804	7.65%	84.60%	32.08%
	9,829	3,708	13,537	771	3,143	3,914	7.84%	84.76%	28.91%
1926 (大正15・昭和元)	11,972	9,006	20,978	819	7,427	8,246	6.84%	82.47%	39.31%
	11,613	7,258	18,871	809	6,032	6,841	6.97%	83.11%	36.25%
1927 (〃 2)	9,176	11,547	20,723	793	9,587	10,380	8.64%	83.03%	50.09%
	8,891	9,503	18,394	787	7,943	8,730	8.85%	83.58%	47.46%
1928 (〃 3)	12,596	12,691	25,287	709	9,961	10,670	5.63%	78.49%	42.20%
	12,366	10,639	23,005	704	8,213	8,917	5.69%	77.20%	38.76%
1929 (〃 4)	9,089	11,483	20,572	688	10,134	10,822	7.57%	88.25%	52.61%
	8,693	9,448	18,141	682	8,308	8,990	7.85%	87.93%	49.56%
1930 (〃 5)	8,632	11,503	20,135	672	10,482	11,154	7.78%	91.12%	55.40%
	8,537	9,656	18,193	669	8,840	9,509	7.84%	91.55%	52.27%
1931 (〃 6)	7,951	12,883	20,834	607	10,532	11,139	7.63%	81.75%	53.47%
	7,877	10,836	18,713	603	8,832	9,435	7.66%	81.51%	50.42%
1932 (〃 7)	7,328	12,928	20,256	574	11,476	12,050	7.83%	88.77%	59.49%
	7,237	11,615	18,852	574	10,266	10,840	7.93%	88.39%	57.50%
1933 (〃 8)	6,937	15,449	22,386	592	14,187	14,779	8.53%	91.83%	66.02%
	6,484	7,949	14,433	560	7,269	7,829	8.64%	91.45%	54.24%
1934 (〃 9)	6,819	14,301	21,120	548	11,214	11,762	8.04%	78.41%	55.69%
	6,654	7,774	14,428	546	6,417	6,963	8.21%	82.54%	48.26%
1935 (〃 10)	6,726	14,651	21,377	622	11,018	11,640	9.25%	75.20%	54.45%
	6,520	8,093	14,613	620	6,918	7,538	9.51%	85.48%	51.58%
1936 (〃 11)	6,528	13,932	20,460	577	12,725	13,302	8.84%	91.34%	65.01%
	6,374	10,424	16,798	573	9,676	10,249	8.99%	92.82%	61.01%
1937 (〃 12)	6,056	10,892	16,948	549	9,782	10,331	9.07%	89.81%	60.96%
	5,908	7,750	13,658	584	7,081	7,665	9.88%	91.37%	56.12%
1938 (〃 13)	5,737	10,137	15,874	589	9,072	9,661	10.27%	89.49%	60.86%
	5,600	7,179	12,779	586	6,508	7,094	10.46%	90.65%	55.51%
1939 (〃 14)	5,349	9,767	15,116	624	8,696	9,320	11.67%	89.03%	61.66%
	5,234	7,061	12,295	623	6,345	6,968	11.90%	89.86%	56.67%

各年度の『文部省年報』より作成した。
A：文検の出願者数　A'：文検の合格者数　B：無試験検定の出願者数　B'：無試験検定の合格者数　C，C'：それぞれの欄の合計を示す。1895（明治28）年以降の上段は延べ人数、下段は実人数を示す。

あ と が き

　本書の内容やねらい，その基礎となった共同研究の経緯などについては，おおよそ「まえがき」と序論の中に記したので，ここに繰り返すことはやめよう。
　1998年度以来続けてきた研究がこうして公刊できることを心から嬉しく思っている。研究会主宰者としては，専攻の学識をフルに生かしながら面倒な問題分析やヒアリング・雑誌検索などにあたられたメンバーの方々に，また研究会メンバーを代表しては，さまざまな協力や示唆を頂いた関係者の方々に，あらためて厚く感謝したい。
　研究の途上，とくに各教科の問題収集と分析を重ねるなかで第一に発見したのは，序論にも記したように，各教科の試験問題研究が，中等教育史・中等教員養成史研究の一部であるにとどまらないということであった。
　本書で分析を試みた学科目にとどまらず，もし全面的に「文検」試験問題研究が完遂されるならば，実は「近代日本の学問研究と教育との関連」という，たびたび論じられながらも実体的には定かでないテーマに迫ることができる。1948年，つまり今から55年前までで消えた中等教員検定試験問題の累積とその背景とは，この大きなテーマに迫りうる有効かつ希少な鉱脈である。すでに前著『「文検」の研究』の際に戦前教育学の歴史と「教育科」試験問題分析に際して気付いたこの感想は，今回いよいよ深まった。すなわち，本書の2－6章からは，単に中等教育教員が獲得を期待された専門学識は何かというポイントだけでなく，その背後にあった近代日本諸学，すなわち英語学，数学，歴史学，家政学等々の諸学問分野の有力な担い手とディシプリンの発展，時代状況のなかにおけるそれらの変化を読みとることができるであろう。研究活動のなかでは，茂住實男，佐藤英二，奈須恵子，井上惠美子，竹中暉雄の各氏が，教科教育に関するそれぞれの蓄積を生かしながら，問題の内容把握とその変化とを明らかにするという難題に取り組んで下さった。

発見の第二は、書くまでもないが、「文検」という試験制度そのものの歴史的性格とその役割についても、なおさまざまな研究課題が残されており、また今後もなるべく早い時期に、さらなる整理が行われることが必要だという点である。なぜ急がれるかといえば、資料の散逸が心配されるとともに、受験体験者や合格者、学習組織指導者といった「当事者」の方々が、すでにかなりの高齢を迎えておられるからである。すでに歴史用語となった「検定出身者」という言葉そのものも、若い世代の人々にとってはイメージと対応せず、風化することが予想されるのである。上記2テーマのうち、歴史的性格については「文検論史」というかたちで、役割については、合格者が中等教育現場で占めた地位と貢献について「受験記にあらわれた文検受験者・合格者」の章の中で取り扱われた。前者を担当されたのは船寄俊雄氏、後者を担当されたのは菅原亮芳氏である。いずれも多忙な校務を抱えておられたにも拘わらず、研究を纏められた。

　第三に、中等教員に期待された教職教養については「教育ノ大意」と「国民道徳要領」の試験問題の検討が中心となり、樽松かほる、竹中の両氏が分担された。両者の分析と、各学科目試験分析のなかで触れられている「口述試問」の内容とを併せて読まれれば、これまで明らかになっていなかった両テーマに関する新知見を得られるであろう。

　共同研究の経過の中でまことに残念でありかつ読者にお詫びしなければならないのは、「国語」についての章を完成できなかったことである。共同研究発足当初は担当者が決まっていたが、私的事情のため中途で辞退された。その後、編者である寺﨑自身がこれを担当する覚悟を決め、全員の協力によって試験問題や参考書、出題委員の経歴や意見なども膨大に集めることができた。日本教育学会第61回大会ではあえて中間報告も行った。受験者・合格者の学習体験と合格後の動向に関しては、「国語」を主題的に取り上げた分析ができたとはいえ、試験問題については、専攻を異にする分野のため徹底的な分析ができず、自信を持てないまま、最後の段階で文章化を諦めざるをえなかった。「国語」は最大規模の受験生を集めた分野である。それを欠いたことは、読者の方々並びに

早い時期からヒアリングに応じその後も声援を惜しまれなかった協力者の方々に対して，まことに申し訳ないことであった。今後折りがあれば，国語・国文学専攻者で教育史に関心のある方とともに収集資料を生かして研究を完成し，何らかの形で発表できないかと願っている。研究代表者としても深く不明・不敏を恥じる次第である。

　研究会はほとんどすべて合宿のかたちで，前著のための共同研究当時同様，東京・八王子市の財団法人日本私学教育研究所の研修棟を使わせて頂いて行った。資料収集と実証的研究にこだわり，かつ趣味嗜好を同じくする，しかし30歳代から60歳代末にわたる研究者の集まりは十分に刺激的であり，また楽しいものであった。編者を加えて参加者9人は，出身大学院もほとんど重ならず，また教育史研究のなかでの専攻テーマも異なっている。しかし隔意なく励まし合い，磨き合うことができた。研究に学閥はない，というのが編者の年来の信念であるが，前著『「文検」の研究』と同様，この考えを通して今日を迎えたことを，心から嬉しく思っている。この間，忙しい校務の中，実質上の幹事役として会計運営および会場準備に当たって下さった樽松，菅原の両氏には，グループを代表して心からお礼申し上げたい。

　研究の過程でお世話にあずかった方々も多い。元・長野県教育史編集主任の中村一雄先生には研究の初期に長野県における文検出身者の状況やお名前について懇篤な教示をたまわった。また今回の最初のヒアリング対象となって下さった富澤恒雄先生を紹介して下さったのも中村先生である。高知在住の元四国女子大学教授浜田清次先生および岩村東陽先生には長時間のインタビューの機会を頂いた。このほか，資料の面では上田良子氏，横山篤夫・浅水一則の両先生，資料を提供して下さった三上敦史氏にも厚く感謝申し上げる。

　最後に，文部科学省の研究成果公開促進費の交付があったとはいえ，出版事情厳しいなかで本書の刊行を快く引き受けて下さった学文社特に三原多津夫氏に深く謝意を表したい。

　　2002年9月

　　　　　　　　　　　　　　　　　　　　　　　　　　寺﨑　昌男

索　引

　基本的に序章から結章までの本文に登場する人名・事項・書名に限って作成し,「はしがき」「あとがき」, 注および資料編については省いた。なお, 学科目名については「　」を, 書名については『　』を付した。

(人　名)

あ

青木武助　　141
我妻　栄　　250
浅田栄次　　48
阿部重孝　　5, 9
阿部八代太郎　　88
天野郁夫　　6
新井　彰　　343
荒木良雄　　338
有高　巌　　123, 155
安藤貫一　　340
井口あくり　　207
伊沢修二　　299
石川林四郎　　39, 50
石田はる　　204, 206
石田吉貞　　338
石原得重　　344
石山脩平　　5
泉　安雄　　157
磯田　良　　160, 161, 171-174
板垣源次郎　　344
稲垣忠彦　　6
市河三喜　　49, 64
市橋なみ　　205, 206
市村讚次郎　　123, 153, 154, 156-158
伊藤千真三　　276, 277, 279
井上哲次郎　　261, 291, 296, 299
井上　秀　　204-207, 209, 215, 219-221
茨木清次郎　　48
今井信之　　340
岩武　旦　　210
岩部　曉　　279

岩村東陽　　345, 348
上田庄三郎　　345
上村百代　　207
牛山栄治　　27
宇津木与平　　344
宇野哲人　　295, 296
江木千之　　260, 297
江原素六　　262, 264, 298, 299
大泉　博　　271
大江スミ(宮川壽美)　　204-206, 211-215, 221
大窪　実　　298
大島正徳　　291
大瀬甚太郎　　269, 270, 273
大伴元一郎　　276
大村喜吉　　338
大元茂一郎　　215, 219, 222
大森金五郎　　132
岡倉由三郎　　48, 49
岡田怡三雄(怡川)　　276, 277
岡田みつ　　50, 207
岡田与市　　343
岡本　昌　　340
小川正行　　279
奥里将建　　337
小倉金之助　　86, 93
越智　延　　204, 206
乙竹岩造　　269, 270, 283

か

加藤朗一　　83
金子志ゑ　　207
嘉納治五郎　　16

鎌田栄吉　262, 298
河村重次郎　342
神田　順　204, 207
神田つね　207
神田乃武　37, 38, 45, 47-49, 51-54, 58, 64
樺　正董　73-75, 86
菊池大麓　78, 79
喜多見さき　204, 206, 215
北村友圭　344
城戸幡太郎　23, 24, 28
儀同　保　335
木下一雄　23, 24, 28
紀平正美　296
木村ふみ　49, 50, 207
木村正義　236, 238, 244, 251
木山熊次郎　268
日下テツ　207
国枝元治　85, 86, 88-90, 93
熊本謙二郎　48, 49
玖村敏雄　24
久米邦武　141
倉橋惣三　22, 24, 27
黒板勝美　123, 132, 136, 137, 141
黒河龍三　88
黒田　稔　91
桑原隲蔵　123, 153, 158, 159
幸田　延　207
河野清丸　276
後閑菊野　196, 204-206, 210-215, 221
小島憲之　41, 49, 59
近藤耕蔵　204-206, 209, 213, 215, 219, 221
近藤光治　265

さ

斎藤清太郎　162, 171, 172, 176
斉藤始雄　344
佐方　鎮　204, 206, 209, 211-213, 218
桜井時太郎　157
桜井房記　90
小砂丘忠義　345
佐藤熊次郎　279
佐藤タネ　343
佐藤種治　141

佐藤春重　344
佐藤保胤　340
佐藤由子　5, 8, 10, 307, 315, 355
佐藤良一郎　86, 91, 95
沢柳政太郎　16, 62, 261, 263, 265, 299, 367
澤山勇三郎　76, 79
重野安繹　141
篠田利英　269, 270
篠原助市　279
柴崎寅松　344
柴田徹士　342
島　為男　247
島田三郎　298, 299
下田次郎　269, 270
下村三四吉　123, 132, 137, 139, 140
白井伝三郎　89
白鳥庫吉　123, 143, 153, 156, 158, 180
新町徳之　337
吹田佳三　341
杉村欣次郎　88
杉森此馬　341
鈴木正弘　122
須磨サダ　205
スキフト (Swift, J.T.)　59
千本福隆　90
曾根松太郎　276

た

高木貞治　95
高桑駒吉　157, 159
高須　豊　56
高田早苗　289, 290
高梨健吉　338
高野辰之　337
高橋イネ　205, 206
高嶺秀夫　299
竹島茂郎　206
竹原常太　341
武部欽一　287
田中稲城　122, 131, 160
田中菊雄　340
田中鹿之助　344
田中重太郎　338

索　引　**535**

田中睦夫	340
棚橋一郎	122, 160
谷　忠一	210
谷本　富	265, 298
田山花袋	367
中條澄清	76
辻善之助	123, 136, 137
津田梅子	48, 49, 207
常見育男	220
坪井九馬三	123, 160
手塚　雄	341
寺尾きく	205, 206
寺尾　寿	76-81, 90
戸倉ハル	207
富田俊一	344
外山正一	45, 47, 48, 54, 64, 298
豊原繁尾	207

な

中川一男	172, 176
中沢岩太	298
中沢宗弥	344
中野登美雄	242, 246, 250
中野好夫	48
那珂通世	123, 143, 157, 158
中村(中山)久四郎	123, 153-155, 157-159
中村伝喜	344, 345, 347, 348
中村栄代	205
中村ヨシ	204
長岡　拡	52
長尾十三二	3
長倉矯介	246
永野武一郎	341
成田　順	204, 206
南日恒太郎	336
仁尾愷太郎	209, 321, 333
二階堂トクヨ	207
西野みよし	204-206, 209, 219
西村　桐	341
西村　誠	9
西山哲治	16
根生　誠	74, 86

野口保興	77, 206
野村淳治	234, 238, 239, 240, 242
野村八良	337

は

パーマー(Palmer, H.E.)	51, 53, 58, 62, 63
ハウスクネヒト(Hausknecht, E.)	51, 260, 261, 263, 265, 296-299, 364, 367
波木井九十郎	73, 76
萩野由之	132, 137, 141
長谷川泰	298
波多野貞之助	269
鳩山和夫	262
浜田清次	345, 348
早川武夫	342
林　鶴一	86, 90, 93
稗方弘毅	20, 23, 24, 27
樋田豊太郎	241
平野智治	73, 74
深作安文	233, 238, 239, 243, 292
深沢由次郎	341
福井久蔵	335
福島四郎	219
福田米子	199, 204-206
藤沢利喜太郎	80, 81, 83
藤田豊八	123, 154, 158
藤森良蔵	73-75, 95
ヘルバルト(Herbart, J.E.)	260, 286
星野あい	24, 28
星野　恒	141
穂積重遠	18, 250, 366
甫守ふみ	204, 206, 213-215
本田増次郎	52

ま

牧　正一	18, 366
松田福松	341
松本彦次郎	137
三浦圭三	337
三浦藤作	276, 277, 279
三浦ヒロ	207
三上参次	123, 131, 132, 140
三上義夫	73

南石福二郎　　341
峯岸義秋　　338
箕作元八　　123, 160, 171
美濃部達吉　　238, 242
三宅米吉　　123, 132, 136, 140, 299
務台理作　　20, 24, 25, 27
村川堅固　　162, 171, 172
茂木ヒイ　　205, 206
元良勇次郎　　268
森　有礼　　10
森岡常蔵　　269, 296
森本清吾　　73, 75, 95

山崎貞　　341
山田昇　　30
山田孝雄　　337
山本キク　　205
由井テイ　　205, 206
遊佐慶夫　　233, 234, 238
湯原元一　　206
湯本武比古　　299
横井時雄　　262
吉田文　　6
吉田熊次　　260, 268, 269, 273, 274, 276, 279, 281, 285, 286, 292, 296
吉田静致　　292

や

谷田部梅吉　　76, 90
谷田部じゅん　　204-206
矢田部良吉　　49
箭内　亙　　123, 154
山上徳信　　173, 175
山川健次郎　　16
山口吾八　　344
山崎犀二　　241

ら

ロイド(Lloyd, A.)　　50

わ

渡辺善次郎　　341
渡辺孫一郎　　88
渡邊世祐　　123, 137-139
亘理章三郎　　290-292, 296
和田清　　123, 154, 155, 157, 159

（事項・文献）

CI&E　29
Kanda's New Series of English Readers　47
New National Readers　46
The Monbushō Conversational Readers　46

あ

『愛知教育会雑誌』　196
「編物」　195
「英語」　37-71, 82, 207, 233, 316, 348, 355, 356, 361-363, 365, 366, 368
英語科合格者のキャリア　338-342
『英語教育史資料第五巻』　338
『英語教授法』　47
『英語青年』　7, 39, 47, 54, 310, 313
永福同学の会　307, 358
「欧米史」　127
「音楽」　207

か

『外交時報』　174
『外国史』　115
『解析幾何大意』　86, 91
『解析幾何』　73-75
「化学」　232, 233
「家事」　193-227, 356, 362, 363, 366
「家事及裁縫」　193-227, 355, 365
「家事及裁縫」　201, 310
『家事裁縫』　310
『家事実習教科書』　214
『家事教科書』　211
「家政科」　195, 200, 201
「家政科家政」　201
「家政科被服」　201
学科目　6
学科目及其程度　10
学科目の序列　229
学校騒動　265
「家庭科」　201
『家庭科教育』　201
『考へ方』　95

『官報』　41, 198-201, 207
「幾何」　74, 75, 77-79, 83-85
教案作成　232, 249
教育　229, 308
「教育科」　4, 5, 7, 11, 94, 222, 257, 267, 269, 283, 288, 296, 307, 308, 313-315, 325, 348, 355, 356
『教育界』　276, 310
『教育学』　279
教育学教授法　263, 264, 289, 298, 299
『教育学術界』　307
教育刷新委員会　19-29, 33-35
『教育修身研究』　307
教育職員免許法　29-35, 367
『教育時論』　265
教育審議会　16-19, 367
『教育制度論』　47
「教育大意」　267, 287, 356, 364
『教育大意受験法』　271
『教育大意　全』　276
『教育大意要義』　276, 279, 281
「教育ノ大意」　5, 11, 41, 42, 57, 257-287
「教育ノ大要」　267
『教育報知』　122, 196
教員供給　4, 32
教員検定委員会　19, 29, 31
教員検定合格者　32
教員検定制度　17, 35
教員検定ニ関スル規程　257, 258, 264, 309
教員検定ニ関スル規程中改正　200, 201
教員検定の方法　28
教員資格　19, 29
教員動態　9
教員免許状　4, 26, 29-31, 257
教員免許令　11, 257, 288
教学刷新評議会　300
教職教養　11, 41, 42, 257-306, 364, 365, 368
教職的課程　26-28
教職的教養　34
『教師論』　265
教授要目　10, 86, 122, 231, 234, 236, 237,

240, 241, 245, 246, 361, 362, 364, 368
『極南』　345
『群馬県人名大事典』　342
『系統的教育学』　274
合格基準　366
合格時の職業　308, 314
合格率　18
高等学校教官養成之議　297
高等学校高等科教員検定試験　90
高等女学校ノ学科及其程度ニ関スル規則　40
高等教育会議　251, 260-263, 264, 287, 298
高等試験　232, 233
高等女学校及実科高等女学校教授要目　209, 214
高等女学校規程（1895年）　193, 198, 211, 214
高等女学校規程（1943年）　252
高等女学校教授要目（1903年）　92, 214
高等女学校教科教授及修練指導要目　200
高等女学校令　40
高等女学校令施行規則　40
『高等数学研究』　95
「高等数学初歩」　85, 91
「公民・公民科」　18, 207, 229-256, 294, 309, 355, 356, 362, 363, 365, 366
『公民教育』　238
『公民倫理概論』　238
「国語」　229, 348, 355, 363-366
「国語漢文」　240, 242, 251, 316
国語合格者のキャリア　335-338
「国際事情」　174
「国際時報」　174
「国史」　127
『国史眼』　141
「国史教育」　276
『国史之研究』　141
『国体の本義』　241
「国民科国語」　42
「国民科歴史」　127
「国民教育」　308, 310, 311
「国民道徳要領」　11, 41, 42, 277, 287-306, 365
国家検定試験　11
国家試験　19, 21-24, 26, 28

さ

『最新家事提要』　220
『最新教育大意』　279
「裁縫」　193-207, 362, 366
「作業科」　309
「三角法」　73-75, 77
「算術」　74, 75, 77, 78, 79, 82-85, 90, 93
『算術教科書』　80
「算術代数幾何」　73-75, 79, 82, 85, 86
『史学雑誌』　157
試験委員補助　204, 205
試験検定　9, 32-35, 177, 178, 367
試験検定合格者　321, 326, 328-333
試験検定受験資格　263, 309
試験検定制度　4, 20, 31
試験検定要目　201
「刺繡」　195
「実業」　229, 242
実地授業　17
「支那史」　109, 142, 143, 153, 156, 157
『支那政治史綱要』　157
『支那通史』　157, 158
師範学校規程（1907年）　199
師範学校規程（1943年）　252
師範学校教授要目(1910年）　271, 290
師範学校教授要目説明　290
師範学校修身科教員講習会　290
師範学校中学校高等女学校教員検定規程　241
師範教則大綱　196
試補制度　17, 24-28, 33
修学歴　308, 310, 313
「修身」　19, 212, 222, 229, 232, 235, 237, 240, 242, 251, 266, 287, 288, 293, 296, 355, 366
「習字」　9, 19
『十八史略』　159
「手芸」　193, 195, 206, 207
『受験界』　310
受験動機　5, 315-326, 351, 356
『受験と学生』　310
『春旅秋旅』　345

索　引　**539**

小学校本科正教員免許状　257, 288
『女子作法書』　212
女子用学科目　193, 195, 222
『新式算術講義』　95
尋常師範学校教員免許規則　195
尋常師範学校女生徒ニ課スヘキ学科程度ノ事　199, 211, 212
尋常師範学校尋常中学校高等女学校教員免許規則　199, 260
尋常師範学校尋常中学校及高等女学校教員免許規則　195
尋常師範学校ノ学科及其程度　193, 196, 199
尋常師範学校ノ学科及其程度改正　212, 271
尋常小学校本科正教員免許状　288
尋常中学校ノ学科及其程度　44
「数学」　8, 19, 73-107, 355, 356, 361, 363-366
『数学叢書』　90
成績佳良証明書　120, 201, 259
「西洋史」　109, 123, 126, 127, 159-177, 180, 366
全国師範学校中学校高等女学校数学科教員協議会　73, 86
全国中学校長会議　251, 289, 290
『戦前の地理教師』　5, 8
「造花」　195
『続初等代数学教科書』　81, 82

た

「代数」　74, 75, 77, 79, 81, 83-85
「代数幾何」　74, 75, 77
「体操」　207
『高崎市教育史人物編』　342
『タゴラ』　95
「大東亜史」　127
第二種学校　92
「地軸」　345
中学校規程　252
中学校教員資格勅令案　296, 297
中学校教員学術上及実務上資格試験勅令案　260
中学校教授要目（1902年）　44-47, 64, 91, 161

中学校教授要目改正（1911年）　47, 48
中学校教授要目改正（1931年）　91
中学校教則大綱　42, 44
中学校校長会議　266
中学校高等女学校教員検定規程　200, 252
中学校高等女学校教員検定規程中改正　42, 201
中学校師範学校教員免許規程　195
中学校令　44
中学校令施行規則　44
中学校令施行規則改正　229
中等学校令　252
中等学校教員資格構成　327
『中等教育算術教科書』　77, 80
『中等東洋史』　158, 159
「地理」　8, 229, 232, 240, 242, 251, 307, 308, 314, 315, 316, 355
『地理学』　307
『地理教育』　307
『帝国教育』　16, 276
天皇機関説　239, 248
天皇機関説問題　238, 240, 241, 363
『東亜関係特殊条約彙纂』　157
『独学者列伝』　335, 338
同舟会　307
「東洋史」　109, 123, 126, 127, 142-159, 177, 180, 366
『東洋史講座』　159
『東洋史統』　154
『東洋史要』　157
『東洋歴史集成』　157
『東洋歴史通覧』　157, 159
土佐綴方人の会　345
土佐梁山泊　308, 335, 344, 345, 347, 356

な

『内外教育評論』　268, 269, 291, 307, 308, 310, 311, 313
南北朝正閏問題　136, 363
『日本近代教育百年史』　9, 326
「日本史」　109, 115, 123, 126, 127, 130-141, 177, 180, 363
『日本史講話』　141

「日本史東洋史」 115, 126
『日本大歴史』 141
日本中等教育数学会 86, 90, 94
ネイティブ・スピーカー 61-63

は

『膚に刻んだ教育五十年史』 358
『輓近高等数学講座　数学教授法』 88
「万国史」 109, 115, 159-161
「微積分大意」 86, 91
「微分積分」 73-75
部 6, 8
副科目 42, 201
『婦女新聞』 219
付帯科目 259, 287, 290, 296, 299, 364
「物理」 232, 233, 366
『物理学校雑誌』 7
『文検英語科の徹底的研究』 56
『文検受験生』 7, 308, 310, 312
『文検受験用　教育大意』 276-278, 280
『文検受験用国民道徳要領』 292
『文検受験用西洋史研究者の為に』 173
『文検世界』 307, 308, 310, 312
『文検日本史東洋史研究者の為に』 141
文検廃止論 16
『ペテルゼン幾何学作図題解法』 82
「法制及経済」 229, 230, 233-236, 241, 242, 246, 248, 251, 252

ま

宮城中学校学則 42
『民法大要』 238
無資格教員 4, 263, 333, 357
無試験検定 4, 9, 21, 32-35, 177, 178, 287, 289, 321, 325, 367
無試験検定合格者 326, 328, 329, 331, 362
無試験検定資格 298
無試験検定受験資格 262-264
無試験検定制度 4, 9, 13, 20-23, 26, 31
無試験検定認可学校 358
無試験制度 25
『文部省検定東洋史受験準備の指導』 157
『文部省年報』 196, 356, 357
『文部時報』 7, 53

や

有資格教員 4, 198, 263, 327, 333, 357

ら

臨時委員 7
臨時教育会議 16, 367
「歴史」 8, 82, 109-191, 207, 229, 232, 240, 242, 251, 316, 355, 356, 362, 363, 365
『歴史教育』 157
『歴史地理』 157

わ

『我が国体と国民道徳』 292

編者・執筆者紹介 （執筆順）

寺﨑　昌男（はじめに，序章，あとがき）
　　　1932年福岡県生　東京大学大学院教育学研究科博士課程修了
　　　教育学博士　桜美林大学大学院教授　東京大学名誉教授
　　　［主著］『日本における大学自治制度の成立』（評論社，1979年，増補，2000年），『教員養成』（共著，東京大学出版会，1971年），『御雇教師ハウスクネヒトの研究』（共著，東京大学出版会，1991年），『「文検」の研究——文部省教員検定試験と戦前教育学』（共著，学文社，1997年），『大学の自己変革とオートノミー』『大学教育の創造』『大学教育の可能性』（いずれも東信堂，1998年，1999年，2002年）等

船寄　俊雄（第1章）
　　　1956年京都府生　広島大学大学院教育学研究科博士課程修了
　　　博士（教育学）　神戸大学教授
　　　［主著］『近代日本中等教員養成論争史論』（学文社，1998年），『「文検」の研究——文部省教員検定試験と戦前教育学』（共著，学文社，1997年）等

茂住　實男（第2章）
　　　1941年鳥取県生　青山学院大学大学院文学研究科博士課程単位取得退学
　　　文学博士　拓殖大学教授
　　　［主著］『洋語教授法史研究』（学文社，1989年），『資料集成　旧制高等学校全書』（全9巻，共編著，旧制高等学校資料保存会，1985年），「横浜英学所」（上中下，『大倉山論集』第29，30，32号，1991〜92年）等

佐藤　英二（第3章）
　　　1964年石川県生　東京大学大学院教育学研究科博士課程単位取得退学
　　　博士（教育学）　武蔵工業大学専任講師
　　　［主要論文］「藤沢利喜太郎の数学教育理論の再検討——『算術』と『代数』の関連に注目して——」（『教育学研究』第62巻第4号，1995年）等

奈須　恵子（第4章）
　　　1965年東京都生　東京大学大学院教育学研究科博士課程単位取得退学
　　　立教大学助教授
　　　［主著］『近代日本における知の配分と国民統合』（共著，第一法規出版，1993年）等

井上　惠美子（第5章）
　　　1957年愛知県生　名古屋大学大学院教育学研究科博士課程後期課程単位取得退学
　　　フェリス女学院大学助教授
　　　［主著］『ジェンダーと教育の歴史』（共著，川島書店，2003年）等

竹中　暉雄（たけなか　てるお）（第6章，第7章第1節，第3節，結章）
　　1943年京都府生　京都大学大学院教育学研究科博士課程単位取得退学
　　桃山学院大学教授
　　［主著］『ヘルバルト主義教育学』（勁草書房，1987年），『御雇教師ハウスクネヒトの研究』（共著，東京大学出版会，1991年），『囲われた学校——1900年』（勁草書房，1994年），『エーデルヴァイス海賊団』（勁草書房，1998年）等

榑松　かほる（くれまつ　かほる）（第7章第2節）
　　1946年東京都生　立教大学大学院文学研究科修士課程修了
　　桜美林大学教授
　　［主著］『御雇教師ハウスクネヒトの研究』（共著，東京大学出版会，1991年），『教育関係雑誌目次集成』（共編著，日本図書センター，1986～94年），『「文検」の研究——文部省教員検定試験と戦前教育学』（共著，学文社，1997年），『小泉郁子の研究』（学文社，2000年）等

菅原　亮芳（すがわら　あきよし）（第8章）
　　1953年山形県生　立教大学大学院文学研究科博士課程後期課程満期退学
　　高崎商科大学教授
　　［主著］『教育関係雑誌目次集成』（共編著，日本図書センター，1986～94年），『近代日本における知の配分と国民統合』（共著，第一法規出版，1993年），『「文検」の研究——文部省教員検定試験と戦前教育学』（共著，学文社，1997年）等

「文検」試験問題の研究
――戦前中等教員に期待された専門・教職教養と学習

2003年2月25日　第1版第1刷発行

寺﨑　昌　男 編
「文検」研究会

発行者　田中　千津子	〒153-0064　東京都目黒区下目黒3-6-1 電話　03 (3715) 1501 ㈹
発行所　株式 　　　　会社　学文社	FAX 03 (3715) 2012 http://www.gakubunsha.com

Ⓒ M. Terasaki/ 'Bunken' 2003　　　　　　　　印刷　新灯印刷
乱丁・落丁の場合は本社でお取替えします。
定価は売上カード，カバーに表示

ISBN4-7620-1192-4

寺﨑昌男・「文検」研究会編
「文 検」の 研 究
―― 文部省中等教員検定試験と戦前教育学 ――
A5判 466頁 本体5000円

「文検」とは文部省検定中等学校教員資格試験を意味し、戦前日本の中学校、高等女学校、実業学校等の教員の40%前後は、この試験の合格者によって構成されていた。いま、はじめてその全貌解明に迫る。
0698-X C3037

神戸大学 船寄俊雄著
近代日本中等教員養成論争史論
―「大学における教員養成」原則の歴史的研究―
A5判 283頁 本体6000円

日本の教員養成に多大の貢献をなしてきた教育系大学・学部の存立意義の確立に教育研究の立場より探究。特に高等師範学校と帝国大学間の確執および「師範大学論争」について徹底した実証を行う。
0764-1 C3037

TEES研究会編
「大学における教員養成」の歴史的研究
―― 戦後「教育学部」史研究 ――
A5判 483頁 本体5800円

戦後教育養成理念と法制、教育学部の成立・展開過程にかかわる諸問題を再整理。またそれらにもとづく認識と提言をここにまとめた。「教師養成教育」「教育学教育」「教育学研究」を貫く原理と方法を求める。
1005-7 C3037

武蔵大学 黒澤英典著
戦 後 教 育 の 源 流
A5判 308頁 本体3495円

敗戦直後、文部大臣前田多門の教育再建にかける理念と施策、ならびに戸田貞三の教育改革への情熱的取組みを克明に跡づけるとともに、ときの公民科、社会科の歴史的経緯を実証的に明らかにした労作。
0532-0 C3037

桜美林大学 槫松かほる著
小 泉 郁 子 の 研 究
A5判 232頁 本体2800円

桜美林大学創立者、小泉郁子の全生涯を入手できるかぎりの資料・文献からたどる。なにが郁子を共学へ駆り立てたのか。どう共学論を築いたのか。共学論をかかげ、どんな主張をし、どんな生を全うしたのか。
0998-9 C3037

鹿屋体育大学 平沢信康著
五 無 斎 と 信 州 教 育
―― 野人教育家・保科百助の生涯 ――
四六判 438頁 本体3500円

閉塞感が語られ、野性の復権が叫ばれて久しい。五無斎こと保科百助こそ、強烈な野趣に富む教育家として注目すべき教育者のひとりである。勇気とユーモアをふるい、ひた生きた彼から力が賦活されよう。
1007-3 C3037

黒澤英典・和井田清司・若菜俊文・宇田川宏著
高校初期社会科の研究
―「一般社会」「時事問題」の実践を中心として―
A5判 219頁 本体2400円

直面する社会的諸問題の探究であった一般社会・時事問題の解体までに社会系の弱点が集約された。当時の実践者履修者の声を収集、内実調査した意欲的な成果であり、今後の社会系教科に示唆する試考。
0811-7 C3037

（明治大学）北田耕也著
明治社会教育思想史研究
A5判 267頁 本体5000円

近代日本教育史の大枠がさし迫った「政治的課題」をし、「教育的課題」を孕むかたちで政策化、実行に移される態をあらしめたならば、本書はかかる政治思想史の社会教育的見地からする読み換えとなる。
0871-0 C3037